公路工程监理培训用书

Gongcheng Zhiliang Jianli

工程质量监理

（第三版）

中国交通建设监理协会 组织编写
交通运输部工程质量监督局 审 定
李宇峙 秦仁杰 主 编

人民交通出版社
China Communications Press

内 容 提 要

本书为公路工程监理培训用书之一，内容包括绪论、数理统计基础及应用、路基工程施工质量监理、路面工程施工质量监理、桥梁工程施工质量监理、隧道工程施工质量监理、交通安全设施的质量监理、机电工程质量监理。

本书主要作为公路工程监理人员培训用书、公路工程监理工程师过渡考试参考用书，也可供公路工程建设单位及监理单位的技术及管理人员参考。

图书在版编目(CIP)数据

工程质量监理/中国交通建设监理协会组织编写
.—3 版.—北京:人民交通出版社，2013.6
公路工程监理培训用书
ISBN 978-7-114-10687-3

Ⅰ.①工… Ⅱ.①中… Ⅲ. ①道路工程—工程质量—质量管理—技术培训—教材 Ⅳ.①U415.12

中国版本图书馆 CIP 数据核字(2013)第 118502 号

公路工程监理培训用书
书　　名:工程质量监理（第三版）
著 作 者:中国交通建设监理协会
责任编辑:孙 玺　刘永超
出版发行:人民交通出版社
地　　址:（100011）北京市朝阳区安定门外外馆斜街 3 号
网　　址:http://www.ccpress.com.cn
销售电话:（010）59757973
总 经 销:人民交通出版社发行部
经　　销:各地新华书店
印　　刷:大厂回族自治县正兴印务有限公司
开　　本:787 x 1092　1/16
印　　张:33.25
字　　数:821 千
版　　次:1999 年 9 月　第 1 版　2007 年 3 月　第 2 版
　　　　2013 年 6 月　第 3 版
印　　次:2019 年 5 月　第 3 版　第 12 次印刷
书　　号:ISBN 978-7-114-10687-3
定　　价:66.00 元

《公路工程监理培训用书》

编审委员会

主 任 委 员:黄　勇

副主任委员:翁优灵　周元超

编写委员会:（按姓氏笔画排序）

王　成　王建平　王晓明　王富春　史小丽

关　可　朱文喜　许宏科　张艳杰　李宇峙

杨玉胜　陈忠达　周科峰　周　娴　罗　娜

赵忠杰　赵锋军　原　驰　秦仁杰　袁志英

袁剑波　郭云开　梁华刚　黄自力　彭余华

蒋应军

审定委员会:（按姓氏笔画排序）

马文翰　石勇民　关长禄　刘　君　吕翠玲

邢凤歧　吴梦军　张翠兰　顾新民　樊见维

颜韶辉　魏家根

序

交通运输行业是最早开展工程监理制度试点的行业之一，交通建设监理制度与项目法人责任制、招标投标制、合同管理制共同构成我国交通运输基础设施建设的“四项基本制度”。

为了提高公路水运工程监理人员的业务能力与水平，交通运输部工程质量监督局(原交通部基本建设质量监督总站)自1990年开始，组织行业内的有关高校编写了公路水运工程监理培训教材，并开展监理业务培训工作，到目前为止，先后有近20多万人参加培训，近7万人获得交通运输部颁发的公路水运工程监理工程师执业资格证书。作为交通建设监理队伍骨干的监理工程师和专业监理工程师，已经成为交通基础设施建设不可或缺的重要技术管理力量。

为满足公路水运工程建设监理业务教育培训需要，同时为参加交通运输部公路水运工程监理工程师过渡考试人员提供复习参考，中国交通建设监理协会组织相关专家学者对公路、水运工程监理培训教材(第二版)进行了修订完善。修订后的公路工程监理培训用书共分五册，分别是《监理概论》、《工程质量监理》、《工程进度监理》、《工程费用监理》和《合同管理》；水运工程监理培训用书共分六册，分别是《监理概论》、《质量控制》、《进度控制》、《费用控制》、《合同管理》和《机电设备控制》。

本套培训用书以我国公路水运工程建设实际和最新颁布的法规、标准、规范为依据，既注重工程监理基本理论、基本方法的阐述，又充分反映了工程建设管理和监理实践的发展与变化，同时兼顾了公路水运工程监理工程师过渡考试的相关要求，内容系统性与实践指导性并重，可满足广大公路水运工程监理人员学习及提高业务水平需要，同时也作为公路水运工程监理工程师过渡考试主要参考资料。

目前我国交通运输业正处于加快改革发展的重要战略机遇期，交通建设的持续发展，给广大立志从事工程建设监理事业的技术人员提供了更广阔的舞台，让我们不断提升自身业务素质与水平，进一步增强责任感与使命感，为交通基础设施建设的科学发展、安全发展做出新的贡献。

交通运输部工程质量监督局 李彦武

2013 年 5 月

前　言

为满足公路工程建设需要，提高监理从业人员业务水平和现场工作能力，经交通运输部工程质量监督局同意，中国交通建设监理协会联合人民交通出版社于2012年10月10日在北京召开了《公路水运工程监理培训用书》修订工作会议，确定了编写大纲。在教材的修订过程中，编写人员吸纳教学过程中收集的意见和建议，结合公路工程建设实际和监理工作需要，力争体现国际和国内工程建设管理与工程监理领域的新理念、新方法、新进展，修订后的新教材经专家函审、编者修改、专家会审定后出版。

本教材是在公路工程监理培训教材《工程质量监理》(第二版)的基础上，进行修订完善而成。修订时，紧密结合《交通运输部公路工程监理工程师过渡考试大纲》中有关《道路与桥梁》、《隧道工程》、《公路机电工程》三个科目的考试要求，补充完善了相应内容，特别是对隧道工程、机电工程监理内容进行了较大规模的调整与补充，以便参加公路工程监理工程师过渡考试的人员复习参考，同时结合培训过程中收集到的反馈意见和建议，对与新规范不符的内容等进行了相关的调整，并补充完善了有关新技术、新材料和新工艺方面的监理内容。另外，由于有关施工环境保护监理已有专门的培训教材出版，所以本次修订时，删除了环境保护工程质量监理的内容，相关内容参见《交通建设工程施工环境保护监理》。

本书由长沙理工大学李宇峙、秦仁杰主编，具体编写分工如下：第一、三章由秦仁杰、李宇峙编写，第二章由长安大学陈忠达、蒋应军编写，第四章由长沙理工大学李宇峙、周科峰编写，第五章由长沙理工大学赵锋军、李宇峙编写，第六、七章由重庆交通大学王成编写，第八章由长安大学许宏科、赵忠杰、关可、梁华刚、王建平编写，全书由李宇峙、秦仁杰、赵锋军统稿。

本教材由交通运输部工程质量监督局组织审定，颜韶辉、樊见维、吴梦军、顾新民、刘君、关长禄为主审，对本书的成稿和内容质量的提升提出许多建设性意见，在此向部工程质量监督局领导和主审专家表示衷心感谢！

限于编者的水平和经验，教材中谬误和疏漏之处在所难免，敬请读者批评指正。

编　者

2013 年 5 月

目　　录

第一章 绪 论

第一节 工程质量管理概述

在公路工程建设中，质量是工程建设的关键，任何一个环节、任何一个部位出现问题，都会给工程的整体质量带来严重的后果，直接影响到公路的使用效益，甚至返工重建造成巨大的经济损失。因此，工程质量是公路工程建设的生命。

一、工程质量管理的重要性

随着改革开放的不断深入和发展，我国的建筑工程质量和服务质量的总体水平不断提高。多年来，我国一直强调必须贯彻“百年大计、质量第一”的方针，这对建立和发展社会主义市场经济和扩大对外开放发挥了重要作用。质量管理工作已经越来越为人们所重视，企业领导清醒地认识到了高质量的产品和服务是市场竞争的有效手段，是争取用户、占领市场和发展企业的根本保证。但是与国民经济发展水平和国际水平相比，我国的质量水平仍有很大差距。世界著名的管理专家桑德霍姆教授说：“质量是打开世界市场的金钥匙”。美国的质量专家朱兰博士对90年代的经济发展提出了质量改进理论。日本的质量管理专家明确阐述了质量经济的思路。这些质量管理理论都极大地推动了各国经济的发展，特别是国际标准化组织（ISO）于1987年发布了通用的ISO 9000《质量管理和质量保证》系列标准，并得到国际组织的认可和采用，已逐步成为世界各国共同遵守的工作规范。有人比喻当今世界正在进行“第三次世界大战”。这不是一场使用枪炮的流血战争，而是一场商业竞争大战、贸易大战。而这场战争中制胜的武器就是质量。谁赢得质量，谁就赢得了这场战争的主动权。因此，从发展战略的高度来认识质量问题，质量已关系到国家的命运、民族的未来，质量管理的水平已关系到行业的兴衰、企业的命运。

作为建设工程产品的工程项目，投资和耗费的人工、材料、能源都相当大，投资者（业主）付出巨大的投资，要求获得理想的、满足使用要求的产品，以期在一定时间内能发挥作用，为社会经济建设和物质文化生活需求作出贡献。如果工程质量差，不但不能发挥应有的效用，而且还会因质量、安全等问题影响国计民生和社会环境安全。

工程质量的优劣，直接影响到国家建设的速度，工程质量差本身就是最大的浪费，低劣的质量一方面需要大幅度增加返修、加固、补强等人工、器材、能源消耗，另一方面还将给用户增加使用过程中的维修、改造费用。同时，低劣的质量必然缩短工程的使用寿命，使用户遭受经济损失。此外，质量低劣还会带来其他间接损失，给国家和使用者造成的浪费、损失将会更大。因此质量问题直接影响着我国经济建设的速度。对监理工程师来说，把质量管理放在头等重要的位置是刻不容缓的当务之急。

二、工程质量的概念

1. 质量

根据我国国家标准(GB/T 6583—92)和国际标准(ISO 8462—86),质量的定义是"反映产品或服务满足明确或隐含需要能力的特征和特性的总和"。定义中"产品或服务"是质量的主体。简单地说,所谓质量,一是必须符合规定要求,二是要满足用户期望。

2. 产品质量

产品质量是指满足人们在生产及生活中所需的使用价值及其属性。它们体现为产品的内在和外观的各种质量指标。根据质量的定义,可以从两个方面理解产品质量。第一,产品质量好坏和高低是根据产品所具备的质量特性能否满足人们需要及满足程度来衡量的。第二,产品质量具有相对性。即一方面,对有关产品所规定的要求及标准、规定等因时而异,会随时间、条件而变化;另一方面,满足期望的程度由于用户需求程度不同,因人而异。

3. 工程项目质量

工程项目质量包括建筑工程产品实体和服务这两类特殊产品的质量。

工程实体作为一种综合加工的产品,它的质量是指建筑工程产品适合某种规定的用途,满足人们要求其所具备的质量特征的程度。

"服务"是一种无形的产品。服务质量是指企业在推销前、推销时、售后服务过程中满足用户要求的程度。其质量特性依服务业内不同行业而异,但一般均包括:服务时间、服务能力、服务态度。

结合建筑施工项目的特点,即投资额较大、生产周期较长,因此服务质量同样是工程项目质量中的主要因素之一。建筑业的服务质量既可以是定量的,也可以是定性的。例如同驻现场的监理和其他施工单位之间的协作配合、工程竣工后的保修等。

4. 公路工程质量

公路工程质量可以定义为反映公路工程满足相关标准规定或合同约定的要求,包括安全、使用功能及其在耐久性能、环境保护等方面所有明显和隐含能力的特性总和。

5. 工作质量

工作质量是指参与工程的建设者,为了保证工程的质量所从事工作的水平和完善程度。

工作质量包括:社会工作质量、生产过程工作质量等。工程质量的好坏是建筑工程的形成过程的各方面各环节工作质量的综合反映,而不是单纯靠质量检验检查出来的,要保证工程质量就要求有关部门和人员精心工作,对决定和影响工程质量的所有因素严加控制,即通过工作质量来保证和提高工程质量。施工技术经验表明,要保证公路施工处于较高的工作质量水平,必须从人(Man)、材料(Materiac)、设备(Machine)、方法(Method)和环境(Enviroment)五大要素着手,简称"4M1E"。

三、质量管理的发展

所谓质量管理,广义地说,是为了最经济地生产出适合使用者要求的高质量产品所采用的各种方法体系。随着科学技术的发展和市场竞争的需要,质量管理已越来越为人们所重视,并逐渐发展成为一门新兴的学科。最早提出质量管理的国家是美国。日本在第二次世界大战后引进美国的一套质量管理技术和方法,结合本国实际,又将其向前推进,使质量管理走上了科学的道路,取得了世界瞩目的成绩,质量管理作为企业管理的有机组成部分,它的发展也是随着企业管理的发展而发展的,其产生、形成、发展和日益完善的过程大体经历了以下几个阶段。

1. 质量检验阶段(20 世纪 20 ~40 年代)

20 世纪前,主要是手工业和个体生产方式,依靠生产操作者自身的手艺和经验来保证质量。进入 20 世纪,由于生产力的发展,机械化大生产方式与手工作业的管理制度的矛盾,阻碍了生产力的发展,于是出现了管理革命。美国的泰勒研究了从工业革命时期以来的大工业生产的管理实践,创立了"科学管理"的新理论。他提出了计划与执行、检查与生产的职能需要分开的主张,即企业中设置专职的质量检验部门和人员,从事质量检验。这使产品质量有了基本保证,对提高产品质量、防止不合格产品出厂或流入下一道工序有积极的意义。由于这个阶段的特点是质量管理单纯依靠事后检验,剔出废品。因此,它的管理效能有限。按现在的观点来看,它只是质量管理中的一个必不可少的环节。

1924 年,美国统计学家休哈特提出了"预防缺陷"的概念。他认为,质量管理工作除了事后检查以外,还应做到事先预防,应在有不合格产品出现苗头时,就应发现并及时采取措施予以制止。他创造了统计质量控制图等一套预防事故的理论。与此同时,还有一些统计学家提出抽样检验的方法,把统计方法引入了质量管理领域,使得检验成本得到降低。但由于当时不为人们充分认识和理解,故未得到真正执行。

2. 统计质量管理阶段(20 世纪 40 ~50 年代)

第二次世界大战初期,由于战争的需要,美国许多民用生产企业转为军用品生产。由于事先无法控制产品质量,造成废品量很大,耽误了交货期,甚至因军火质量差而发生事故。同时,军需品的质量检验大多属于破坏性检验,不可能进行事后检验。于是人们采用了休哈特的"预防缺陷"的理论。美国国防部请休哈特等研究制定了一套美国战时质量管理方法,强制生产企业执行。这套方法主要是采用统计质量控制图,了解质量变动的先兆,进行预防,使不合格率大为下降,对保证产品质量起到了较好的效果。这种用数理统计方法来控制生产过程影响质量的因素,把单纯的质量检验变成了过程管理,使质量管理从"事后"转到了"事中",较单纯的质量检验进了一大步。但因为对数理统计知识的掌握有一定的要求,在过分强调的情况下,给人们以统计质量管理是少数数理统计人员责任的错觉,而忽略了广大生产与管理人员的作用,结果是既没有充分发挥数理统计方法的作用,又影响了管理功能的发展,把数理统计在质量管理中的应用推向了极端。到了 20 世纪 50 年代人们认识到统计质量方法并不能全面保证产品质量,进而导致了"全面质量管理"新阶段的出现。

3. 全面质量管理阶段(20 世纪 60 年代以后)

20 世纪 60 年代以后,随着社会生产力的发展和科学技术的进步,经济上的竞争也日趋激烈。特别是一大批高安全性、高可靠性、高科技和高价值的技术密集型产品和大型复杂产品的质量在很大程度上依靠对各种影响质量因素的控制,才能达到设计标准和使用要求。人们对质量控制的认识有了升华,意识到单纯靠检验手段已不能满足要求了,大规模的工业化生产,质量保证除与设备、工艺、材料、环境等因素有关外,还与职工的思想意识、技术素质、企业的生产技术管理等相关。同时检验质量的标准与用户需要的质量标准之间也存在差异,必须及时地收集反馈信息,修改制定满足用户需要的质量标准,使产品具有竞争性。20 世纪 60 年代,美国的菲根堡姆首先提出了较系统的"全面质量管理"的概念。其中心意思是,数理统计方法是重要的,但不能单纯依靠它,只有将它和企业管理结合起来,才能保证产品质量。这一概念通过不断完善,便形成了今天的"全面质量管理"。

全面质量管理阶段的特点是针对不同企业的生产条件、工作环境及工作状态等多方面因素的变化,把组织管理、数理统计方法以及现代科学技术、社会心理学、行为科学等综合运用于质量管理,建立适用和完善的质量工作体系,对每一个生产环节加以管理,做到全面运行和控制,通过改善和提高工作质量来保证产品质量;通过对产品形成和使用全过程管理,全面保证产品质量;通过形成生产(服务)企业全员、全企业、全过程的质量工作系统,建立质量体系以保证产品质量始终满足用户需要,使企业用最少的投入获得最佳的效益。

四、质量管理与质量保证标准的形成

质量检验、统计质量管理和全面质量管理三个阶段的质量管理理论和实践的发展,促使世界各发达国家和企业纷纷制定出新的国家标准和企业标准,以适应全面质量管理的需要。这样的做法虽然促进了质量管理水平的提高。却也出现了各种各样的不同标准。各国在质量管理术语、概念、质量保证要求、管理方式等方面都存在很大差异,这种情况显然不利于国际交往与合作的进一步发展。

近三十年左右,国际化的市场经济迅速发展,国际间商品和资本的流动空间增长,国际间的经济合作、依赖和竞争日益增强,有些产品已超越国界形成国际范围的社会化大生产。特别是不少国家把提高进口商品的质量作为限入奖出的保护手段,利用商品的非价格因素竞争设置关贸壁垒。为了解决国际间质量争端、消除和减少技术壁垒、有效地开展国际贸易、加强国际间技术合作、统一国际质量工作语言、制定共同遵守的国际规范,各国政府企业和消费者都需要一套通用的、具有灵活性的国际质量保证模式。在总结发达国家质量工作经验的基础上,20 世纪 70 年代末,国际标准化组织着手制定国际通用的质量管理和质量保证标准。1980 年 5 月,国际标准化组织的质量保证技术委员会在加拿大应运而生。它通过总结各国质量管理的经验,于 1987 年 3 月制定和颁布了 ISO 9000 系列质量管理及质量保证标准。此后又不断对它进行补充、完善。标准一经发布,相当多的国家和地区表示欢迎,等同或等效采用该标准,指导企业开展质量工作。

质量管理和质量保证的概念和理论是在质量管理发展的三个阶段的基础上,逐步形成的,是市场经济和社会化大生产发展的产物,是与现代生产规模、条件相适应的质量管理工作模式。因此 ISO 9000 系列标准的诞生,顺应了消费者的要求,为生产方提供了当代企业寻求发展的途径,有利于一个国家对企业的规范化管理,更有利于国际间贸易和生产合作。

第二节 质量管理体系标准

一、ISO 9000族标准简介

1987年3月国际标准化组织(ISO)正式发布了ISO 9000《质量管理和质量保证》系列标准后,世界各国和地区纷纷表示欢迎,并等同或等效采用该标准。我国于1992年发布了等同采用国际标准的GB/T 19000—ISO 9000《质量管理和质量保证》系列标准。这一系列标准是为了帮助企业建立、完善质量体系,提高质量意识和质量保证能力,提高管理素质和市场经济条件下的竞争能力。

ISO 9000系列标准是在ISO 8402—80《质量—术语》的基础上产生的。我国等同采用ISO 9000系列标准制定的GB/T 19000系列标准由五个标准组成:

GB/T 19000—ISO 9000《质量管理和质量保证—选择和使用指南》。

GB/T 19001—ISO 9001《质量体系—设计/开发、生产、安装和服务的质量保证模式》。

GB/T 19002—ISO 9002《质量体系—生产、安装和服务的质量保证模式》。

GB/T 19003—ISO 9003《质量体系—最终检验和试验的质量保证模式》。

GB/T 19004—ISO 9004《质量管理和质量体系要素—指南》。

无论合同环境还是非合同环境,从企业生存和发展的角度出发,为了提高竞争能力和市场占有率,企业都要建立质量体系,开展内部与外部质量保证活动。

二、建立质量体系的原则性工作

GB/T 19004标准对企业建立质量体系明确了几项基本的原则性工作,主要为:确定质量环;明确和完善体系结构;质量体系要文件化;要定期进行质量体系审核与质量体系复审。

1. 确定质量环

质量环是从产品立项到产品使用全过程各个阶段中影响质量的相互作用的活动的概念模式,这些阶段如市场调研、设计、采购、售后服务等构成了产品形成与使用的全过程。每个阶段中包括若干直接质量职能和间接质量职能活动。满足要求的产品质量是质量环各个阶段质量职能活动的综合效果。

GB/T 19004《质量管理和质量体系要素—指南》给定的通用的典型质量环,把产品质量分为11个阶段,即:

(1)营销和市场调研。

(2)设计/规范的编制和产品开发。

(3)采购。

(4)工艺策划和开发。

(5)生产制造。

(6)检验、试验和检查。

(7)包装和储存。

(8)销售和分发。

(9)安装和运行。

(10)技术服务和维修。

(11)用后处治。

在上述相互作用的活动中,应强调营销和设计的重要性,特别是:

(1)确定顾客的需要和期望,并规定对产品或服务的要求。

(2)提出运用现行规范以最佳成本生产产品或提供服务的设想(包括依据)。

建筑施工企业的特定产品对象是工程,无论其工程复杂程度、结构形式怎样变化,其建造和使用的过程、程序和环节基本是一致的。在参照 GB/T 19004 质量环的基础上,对照施工程序,对建筑施工企业质量环建议由如下 8 个阶段组成:

(1)工程调研和任务承接。

(2)施工准备。

(3)材料采购。

(4)施工生产。

(5)试验与检验。

(6)建筑物功能试验。

(7)竣工交验。

(8)回访与保修。

2. 完善质量体系结构,并使之有效运行

根据 GB/T 19004 标准规定,企业决策层领导及有关管理人员要负责质量体系的建立、完善、实施和保持各项工作的开展,使企业质量体系达到预期目标。

质量体系的有效运行要依靠相应的组织机构网络。这个机构要严密完整,充分体现各项质量职能的有效控制。一般来讲,一个企业只有一个质量体系,其下层基层单位的质量管理和质量保证活动以及质量机构和质量职能只是企业质量体系的组成部分,是企业质量体系在该特定范围的体现。对不同产品对象的基层单位,如混凝土构件厂、试验室、搅拌站等则应根据其生产对象和生产环境特点补充或调整体系要素,使其在该范围更适合产品质量保证的最佳效果。

3. 质量体系要文件化

质量体系文件化是很重要的工作特征。质量体系结构、采用的各项质量要素、要求和规定等各项工作必须有系统、有条理地制定为质量体系文件,要保证这些文件在该体系范围内使有关人员、有关部门理解一致,得到有效的贯彻与实施。

质量体系文件主要分为质量手册、质量计划、工作程序文件及质量记录等几项分类文件。

上述质量体系文件的内容在 GB/T 19004 标准中作了清楚的规定。

4. 定期质量体系审核

质量体系能够发挥作用,并不断改进和提高工作质量,主要是在建立体系后应坚持体系审核和评审(评价)活动。

为了查明质量体系的实施效果是否达到了规定的目标要求,企业管理者应制订内部审核计划,定期进行质量体系审核。

质量体系审核由企业内能胜任的管理人员对体系各项活动进行客观评价,这些人员应独立于被审核的部门和活动范围。质量体系审核范围如下:

(1)组织机构。

(2)管理和工作程序。

(3)人员、装备和器材。

(4)工作区域、作业和过程。

(5)制品符合规范和标准的程度。

(6)文件、报告和记录。

质量体系审核一般以质量体系运行中各项工作文件的实施程度及产品质量水平为主要工作对象,一般为符合性评价。

5. 质量体系评审和评价

质量体系的评审和评价,是由上级领导亲自组织的,对质量体系、质量方针、质量目标等各项工作所开展的适合性评价。就是说,质量体系审核时主要精力放在是否将计划工作落实,效果如何;而质量体系评审和评价的重点为该体系的计划、结构是否合理有效,尤其是结合市场及社会环境、企业情况进行全面的分析与评价,一旦发现这方面的不足,就应对其体系结构、质量目标、质量政策提出改进意见,以使企业管理者采取必要的措施。

质量体系的评审和评价也包括各项质量体系审核范围的工作。

与质量体系审核不同的是,质量体系评审更侧重于质量体系的适合性,而且,一般评审与评价活动要由企业领导直接组织。

三、质量体系的建立和运行

1. 建立和完善质量体系的程序

按照国际标准 ISO 9000 和国家标准 GB/T 19000 建立一个新的质量体系或更新、更完善的现行的质量体系,一般都经历以下步骤:

1)企业领导决策

企业领导要下决心走质量效益型的发展道路,有建立质量体系的迫切需要。建立质量体系是涉及到企业内部很多部门的一项全面性工作,如果没有企业主要领导亲自领导、亲自实践和统筹安排,是很难搞好这项工作的。因此,领导真心实意地要求建立质量体系,是建立、健全质量体系的首要条件。

2)编制工作计划

工作计划包括培训教育、体系分析、职能分配、配备仪器、仪表、设备等内容。

3)分层次教育培训

组织学习 ISO 9000 和 GB/T 19000 系列标准,结合本企业的特点,了解建立质量体系的目的和作用,详细研究与本职工作有直接联系的要素,提出控制要素的办法。

4)分析企业特点

结合施工企业的特点和具体情况,确定采用哪些要素和采用程度。

要素要对控制过程实体质量起主要作用,能保证过程的适用性、符合性。

5)落实各项要素

企业在选好合适的质量体系要素后,要进行二级要素展开,制订实施二级要素所必需的质量活动计划,并把各项质量活动落实到具体部门或个人。

一般,企业在领导的亲自主持下,合理地分配各级要素与活动,使企业各项职能部门都明确各自在质量体系中应担负的责任,应开展的活动和各项活动的衔接办法。分配各级要素与活动的一个重要原则就是责任部门只能有一个,但允许有若干个配合部门。

在各级要素和活动分配落实后,为了便于实施、检查和考核,还要把工作程序文件化,即把企业的各级管理标准、工作标准、质量责任制、岗位责任制等,编制成与各级要素和活动相对应的有效运行文件。

6)编制质量体系文件

质量体系文件按其作用可分为法规性文件和见证性文件两类。质量体系法规性文件是以规定质量管理工作为原则的,是阐述质量体系的构成,明确有关部门和人员的质量职能,规定各项活动的目的、要求、内容和程序的文件。在合同环境下这些文件是供方向需方证实质量体系适用性的证据。质量体系的见证性文件是用以表明质量体系的运行情况和证实其有效性的文件。这些文件记载了各质量要素的实施情况和工程实体质量的状态,是质量体系运行的见证。

2. 质量体系的运行

保持质量体系的正常运行和持续实用、有效,是企业质量管理的一项重要任务,是质量体系发挥实际效能、实现质量目标的主要阶段。

质量体系运行是执行质量体系文件、实现质量目标、保持质量体系持续有效和不断优化的过程。

质量体系的有效运行是依靠体系的组织机构进行组织协调、实施质量监督、开展信息反馈、进行质量体系审核和复审实现的。

1)组织协调

质量体系是人选的软件体系,它的运行是借助于质量体系组织结构的组织和协调来进行运行的。组织和协调工作是维护质量体系运行的动力。质量体系的运行涉及企业众多部门的活动。就公路施工企业而言,计划部门、施工部门、技术部门、试验部门、测量部门、检查部门等都必须在目标、分工、时间和联系方面协调一致,责任范围不能出现空当,保持体系的有序性。这些都需要通过组织和协调工作来实现。实现这种协调工作的人,应是企业的主要领导,只有主要领导主持,质量管理部门负责,通过组织协调才能保持体系的正常运行。

2)质量监督

质量体系在运行过程中,各项活动及其结果不可避免地会发生偏离标准的可能。为此,必须实施质量监督。

质量监督有企业内部监督和外部监督两种,需方或第三方对企业进行的监督是外部质量监督。需方的监督权是在合同环境下进行的,就施工企业来说,叫作甲方的质量监督。按照合同规定,从路基开始,甲方对隐蔽工程就要进行检查签证。第三方的监督,是对单位工程和重要分部工程进行质量核定，并在工程开工前检查企业的质量体系，施工过程中，监督企业质量体系的运行是否正常。

质量监督是符合性监督。质量监督的任务是对工程实体进行连续性的监视和验证。发现偏离管理标准和技术标准的情况时要及时反馈，要求企业采取纠正措施，严重者责令停工整顿，从而促使企业的质量活动和工程实体质量均符合标准所规定的要求。

实施质量监督是保证质量体系正常运行的手段。外部质量监督应与企业本身的质量监督考核工作相结合，杜绝重大质量事故的发生，促使企业各部门认真贯彻各项规定。

3）质量信息管理

企业的组织机构是企业质量体系的骨架，而企业的质量信息系统则是质量体系的神经系统，是保证质量体系正常运行的重要系统。在质量体系的运行中，通过质量信息反馈系统对异常信息的反馈和处理，进行动态控制，从而使各项质量活动和工程实体质量保持受控状态。

质量信息管理和质量监督、组织协调工作是密切联系在一起的，异常信息一般来自质量监督，异常信息的处理要依靠组织协调工作，三者的有机结合，是使质量体系有效运行的保证。

4）质量体系审核与评审

企业进行定期的质量体系审核与评审，一是对体系要素进行审核、评价，确定其有效性；二是对运行中出现的问题采取纠正措施，对体系的运行进行管理，保持体系的有效性；三是评价质量体系对环境的适应性，对体系结构中不适应的采取改进措施。开展质量体系审核和评审是保持质量体系持续有效运行的主要手段。

第三节 质量监理的依据、任务和方法

为加强公路工程质量管理，控制工期和工程费用，提高投资效益及工程管理水平，使施工监理工作法制化、标准化、规范化、程序化，根据《公路建设市场管理办法》，“公路工程实行政府监督、法人管理、社会监理、企业自检的质量保证体系”。监理单位应通过招标、聘请、委托等方式确定。业主应在工程施工招标之前确定监理单位并签订监理服务合同。

监理单位和监理人员应认真贯彻执行有关施工监理的各项方针政策、法规，制订详细的监理计划和监理细则，明确岗位职责，严格检查制度，努力做好施工监理工作。

一、质量监理的依据

监理机构应依据以下法律、法规、文件展开工作：

（1）国家和地方法律、法规。

（2）国家和行业、地方有关标准、规范、规程。

（3）监理合同。

（4）施工合同。

（5）工程前期有关文件。

（6）工程设计文件和图纸。

（7）工程实施过程中有关的函件。

二、质量监理的特点

实行公路工程施工监理是公路建设管理体制改革的重要内容,是强化质量管理、控制工程造价、提高投资效益及施工管理水平的有效方法。那么与以往的内部管理体制相比,实行质量监理有何特点呢?

(1)监理工程师对工程质量的监理权受法律保护。这与过去的内部质量管理和行政监督是根本不同的。在承包人和业主签订的承包合同中详细地、明确地规定了监理工程师在质量控制中的作用和权利。这就以合同的形式赋予了监理工程师采取各种手段进行工程质量控制的权力,使质量管理变得有法可依和依法办事,减少了过去内部管理中的“扯皮”现象。

(2)工程质量监理是监理工程师对一项工程实行全过程、全方位和全天候的全面质量监督和管理。这与内部管理和质量监督部门的抽查是完全不一样的。这样能使工程的所有部分的质量得到有效、全面的控制。

(3)工程质量监理强调事先监理和主动监理。监理的重点放在施工前的准备阶段和施工阶段,即对原材料、施工机械和施工技术方案的检验和审查,以及施工过程中各环节的质量监理,以便及早发现问题,“防患于未然”。这与过去等工程结束后再进行检查验收的事后监督办法是完全不同的。

(4)质量监理与工程的支付挂钩,质量好坏直接影响到承包人的经济效益。这是工程监理制度的最大特点。按合同条件规定,未经监理工程师验收并签字认可的工程项目,一律不支付费用。监理工程师有了这个权力,就能运用经济杠杆的作用有效地保证工程质量。

由上述可以看出,工程质量监理不是单一的技术管理,而是集技术、经济、法律于一身的一种综合性管理。

三、质量监理的任务

施工阶段建设工程质量监理的主要任务是通过对施工投入、施工、安装过程和产出品进行全过程控制,以及对参加施工的单位和人员的资源、材料和设备、施工机械和机具、施工方案和方法、施工环境实施全面控制,以期按标准达到预定的施工质量目标。

为完成施工阶段质量监理任务,监理工程师应当做好以下工作:协助业主做好施工现场准备工作,为施工单位提交质量合格的施工现场;确认施工单位资质;审查确认施工分包单位;做好材料和设备检查工作,确认其质量;检查施工机械和机具,保证施工质量;审查施工组织设计;检查并协助搞好各项生产环境、劳动环境、管理环境条件;进行施工工艺过程质量控制工作;检查工序质量,严格工序交接检查制度;做好各项隐蔽工程的检查工作;做好工程变更方案的比选,保证工程质量;进行质量监督,行使质量监督权;认真做好质量签证工作;行使质量否决权,协助做好付款控制;组织质量协调会;做好中间质量验收工作;做好竣工验收工作;审核竣工图等。

四、质量监理的程序和方法

1.质量监理的程序

为保证监理工程师能有效地控制质量,使质量监理工作标准化、程序化,必须制订一套质量监理程序来指导工程的施工和监理，以规范承包人的施工活动和监理工程师为监督、检查和管理而确定的工作步骤。它以框图的形式表示出来，实际上是一个指导工程质量监理工作的流程图。一经确定，承包人和监理人员都必须严格执行。

质量监理流程图的通用形式如图 1-1 所示。

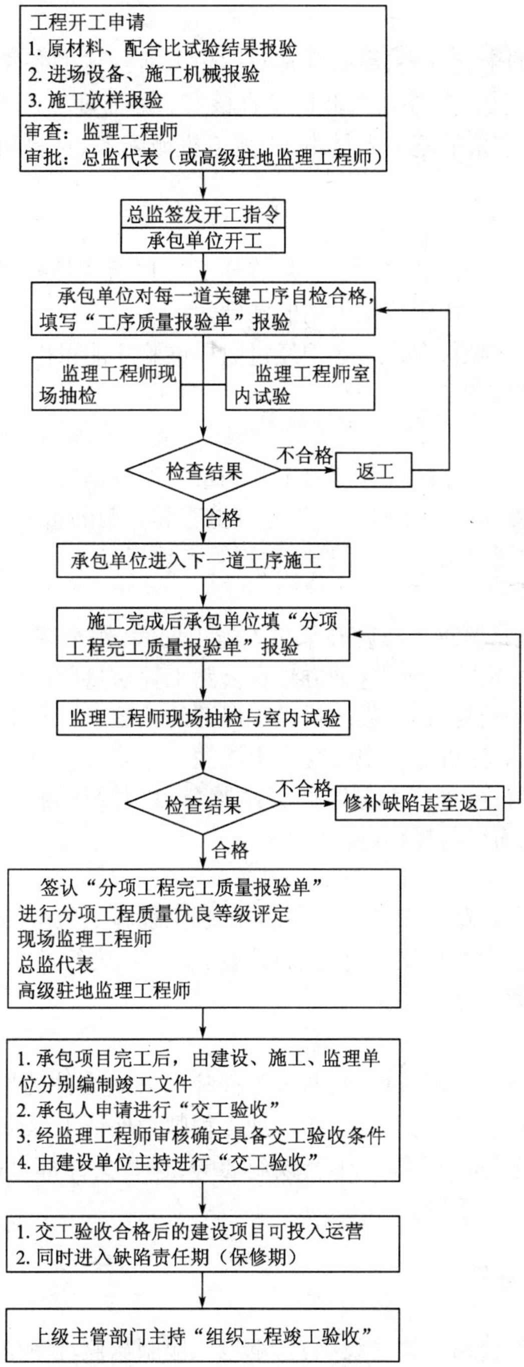

图 1-1 工程质量监理工作流程图

2. 质量监理的基本方法

公路工程质量监理是对公路工程施工中各个环节、各道工序进行严格、系统、全面地监督和管理,以保证达到质量监理的目标。一般可以采用以下监理手段来开展质量监理工作:检查核实、试验、测量、旁站、巡视和指令文件。

1)检查核实

监理工程师在施工的全过程中,需要经常对承包人所报送的各类报表和质量数据进行检查核算(内业)或进行现场核实(外业),此即检查核实。如监理工程师审批承包人提交的开工报告时,对承包人为开工准备的施工人员组织、施工机械配备、材料质量和配合比试验及施工放样等进行检查和核实。

2)试验

试验包括室内试验和现场试验两大类,是监理工程师确认各种材料及施工部位质量的主要依据,是监理工程师坚持一切用数据说话的基础。

公路工程的施工质量判断,有许多必须经过取样试验才能得出结论,因此试验是监理工程师控制工程质量的一个重要手段。

3)测量

在整个施工监理过程中,监理工程师离不开测量。测量是监理工程师在质量监理过程中,对施工各部位的平面位置、高程、几何尺寸等进行检查和控制的重要手段,主要包括施工放样、现场复核、施工过程中的测量跟踪、工程验收检测等各项工作。

4)旁站

旁站即"盯现场",就是监理工程师在承包人施工期间,用全部或部分时间盯在施工现场,对承包人的各项活动进行跟踪监理,这种方法在公路工程质量监理中十分重要。实际工作中,监理工程师对施工条件比较复杂、工程质量难于保证的关键工序及工程关键部位,一般进行全过程的旁站监督,如钻孔灌注桩施工中的混凝土灌注工序等;而对施工质量相对稳定且由多道施工工序组成的施工项目,可进行部分时间旁站监督,只对影响施工质量的关键工序进行旁站、抽检。如水泥混凝土面层的摊铺等。

5)巡视

巡视是监理工程师在公路工程的施工中,为了解工程施工质量的全貌,利用相对较短的时间,对工程的整体(包括工程的较次要部位、较次要工序等)进行巡查、检视。这也是监理工程师进行质量监理的基本方法之一。

6)指令文件

指令文件一方面指施工监理过程中,监理工程师以书面文件的形式提醒承包人注意施工中存在的质量隐患或质量问题;另一方面指监理工程师为保证工程质量,向承包人发布的工程变更、补充技术标准、施工技术要求、工地会议纪要等,这些文件都直接关系到工程质量,是进行工程质量监理必不可少的手段。

五、承包人的基本义务

对于实行监理制度的公路工程建设项目,承包人应服从监理单位的监督管理,配合监理单位搞好监理工作;建立和加强自身的质量保证体系;建立各级质量管理责任制度;配备专职的质量自检人员。项目工程质量的管理原则一般是:“先自检,后转序”,即承包人在完成分项或分部工程后应先进行自检,发现不符合设计要求的,应自行组织纠正;在自检合格以后,再填写自检单报请监理工程师现场验收签证,经监理工程师签证认可之后才进行下一道工序施工。凡监理工程师检查后认为不合格的工程,应按监理指令要求返工纠正,直至监理工程师认为合格为止。

由此表明,承包人应主动对工程质量承担责任,也就是说,承包人在质量控制方面起主导作用,并与施工监理相配合来共同把好质量关。为了与施工监理相配合共同控制工程质量,承包人应注意做好如下工作:

(1)承包人必须按照施工图纸施工,并要及时发现和反映与实际情况不符合的设计问题,如需要变更设计,应按规定程序报经施工监理或建设单位同意。

(2)在分部或分项工程开工前,应将相应的分部或分项工程的开工报告提供给监理工程师审批,经监理工程师签字同意后方能使用。

(3)各项隐蔽工程必须经施工监理到现场检查认可并签字后方能覆盖。

(4)做好质量自检工作,对自检不合格的工程,应主动进行返工和修补,直至合格。

(5)认真做好施工原始记录,尤其是材料试验记录及隐蔽工程记录,以备施工监理检查。

当承包人不能履行质量管理方面的义务,并在工程中对质量有不规范行为时,监理人员应毫不留情地指令其改正、停工或返工,以达到惩前毖后的目的。

六、FIDIC 条款中的质量控制体系简介

1. 转让与分包

FIDIC 合同条件通用条件第 3 条规定只有业主明确同意,才能将工程或合同权益转让给第三方,资金和保险方面的合理需要除外。事实上业主极少同意转让合同,因为这样做显然违背招标选择承包商的目的。如果发生了合同转让,工程质量控制就应在考虑新承包商的基础上重新安排。

合同条件第 4 条规定了分包事项的几条原则。分包是引起质量问题的重要原因,因为分包商的素质、分包合同、分包商的管理都可能潜伏不利因素。关于分包的条款要点如下:

(1)承包商不能将整个工程分包出去。

(2)除合同另有规定外,无监理工程师的同意不能将任何工程部分分包出去。

(3)分包商对承包商负责,承包商不能因分包而解除或减少合同规定的任何义务或责任。

(4)劳务供应协议和材料采购合同不属于分包。

一般来说,分包的工程应是专业技术性较强的工作,分包商在该专业更有专长和经验,这样的分包有利于工程质量的提高。

2. 合同文件

第 6 条规定了图纸和文件的提供与保管的办法和程序。

第 7 条规定监理工程师有权为完成工程和修补缺陷发出补充图纸和指示,承包商必须执行。

当合同规定由承包商设计部分永久工程时,承包商应将全部设计资料和使用维修资料提

交给监理工程师批准。但即使监理工程师批准,也不能解除承包商对该部分设计的任何责任。

3. 材料、工程设备和工艺

FIDIC 合同条件在这一部分里对工程质量控制作出了重要的规定。

第 36.1 款规定,一切材料、工程设备和工艺均应达到合同所规定的品级,并符合监理工程师的指示要求。监理工程师随时可以在任何有关地点进行检验。承包商不仅要负责提交样品,还应为检验工作提供全面的协助和工作条件。这一条的许多具体内容要在其他合同文件中,尤其在规范中作详细的说明。

第 37.1 款规定了监理工程师及所属人员随时进入施工现场的权力。

第 37.2 款规定监理工程师对材料和设备在制造或装配过程中进行检查和检验的权力。如制造场不属于承包商,则承包商应为监理工程师所许可。这一款对构件定购后的检验这一典型情况提供了处理办法。

第 37.3 款表明应对检验的次数和日期作出安排,以及监理工程师没有参加预定检验时的处理办法。

第 37.4 款列出了监理工程师对材料、工程设备和工程拒收的规则。本款连同第 36.1 款确立了监理工程师在质量控制中的核心地位和广泛权力,这些权力是监理工程师搞好质量控制的必要条件。

第 37.5 款用来将检验工程的权力委托下放给检查员或监理员。

第 38 条规定没有监理工程师的批准,工程的任何部分不得覆盖。承包商应通知监理工程师或保证监理工程师有机会检查将要覆盖的工程。

不论以前是否作过检查,监理工程师仍有权随时令承包商将隐蔽工程剥露或开孔进行检查。

第 39 条规定了监理工程师指示拆除和更换不合格的材料或工程的权力。这一条保证了监理工程师的权威。

4. 工程的竣工

第 48.1 款说明颁发移交证书的条件和程序。颁发移交证书的条件是全部工程基本完工、通过了竣工检验、承包商申请移交(发出通知并附上一份在缺陷责任期内及时完成未完工作的书面保证)。如果监理工程师认为尚有剩余工程和缺陷影响工程竣工,则承包商应完成剩余工程并修补好所指出的任何缺陷后的 21d 内,使监理工程师满意后,承包商有权取得移交证书。

由于 FIDIC 方法要求每道工序或工程部分均应验收,整个工程的竣工验收工作在施工的环节中就完成了。因而竣工检验的内容并不多。

5. 缺陷责任

第 49 条规定了承包商完成未完工作和修补缺陷的责任。

第 50 条则规定,如果监理工程师要求,承包商有义务调查任何缺陷和质量问题的原因。

6. 工程变更

工程变更对工程质量的影响主要体现在两个方面,一是监理工程师直接就工程的质量水平或要求作出变更,二是其他变更工程或工作往往缺少质量要求和标准,因为规范是针对工程量清单中的已有项目的。在这种情况下,监理工程师应制订详细的质量要求。

7. 承包商的违约

第 36.1 款列出了承包商违约的几种情况，其中“无视监理工程师事先的书面警告，仍一贯固执地或公然地忽视履行合同规定的义务”，包括严重地偏离进度计划或规范。可见，质量控制最严厉手段就是证明承包商违约，承包商将赔偿损失或被终止雇用。

七、监理工程师在质量控制方面的主要职责

监理工程师的职责权限应严格按业主和监理单位签订的监理服务合同所授予的职权范围以及按业主和承包人签订的合同文件明确规定的各项内容执行。

监理工程师在工程质量监理方面的主要职责是：

(1)向承包人书面提供图纸中的原始基准点、基准线和基准高程等资料，进行现场交验并验收承包人施工放样。

(2)在开工前和施工过程中，检查用于工程的材料、设备，对于不符合合同要求的，有权拒绝使用。

(3)签发各项工程的开工申请，必要时通知施工单位暂时停止整个工程或任何部分工程的施工。

(4)对承包人的检验、测试工作进行全面监理，有权利用施工单位或自备的测试仪器设备，对工程质量进行检验，凭数据对工程质量进行监理。

(5)按施工程序旁站，对每道工序、每个部位进行质量检查和现场监督，对重要工程跟班检查，对质量符合施工合同规定的部分和全部工程予以签认；对不符合质量要求的工程，有权要求承包人返工或采取其他补救措施，以达到合同规定的技术要求。

第四节 公路工程施工质量监理的阶段划分与内容

公路工程施工监理阶段划分为施工准备、施工、交工验收与缺陷责任期三个阶段。监理合同签订之日至合同工程开工令确定的开工之日为施工准备阶段；合同工程开工之日至合同工程交工验收申请受理之日为施工阶段；合同工程交工验收申请受理之日至缺陷责任中止证书签发之日为交工验收与缺陷责任期阶段。公路机电工程监理应增加试运行期阶段。

一、施工准备阶段监理的内容

1. 准备工作

1)配备试验室设备

总监办中心试验室应按监理合同要求配备常规的试验检测设备；驻地办试验室应按监理合同要求配备现场抽查常用的试验检测设备。

2)熟悉合同文件

监理机构应组织监理人员熟悉监理机构应依据的法律、法规、文件，当发现有关文件不一

致或有错误时,应及时书面报告建设单位。

3)调查施工条件

监理工程师应对施工合同约定的施工条件进行调查,掌握有关情况。

4)编制监理计划

总监理工程师应在合同规定的期限内主持编制监理计划,按合同规定报批后执行。

监理计划应明确监理目标、依据、范围和内容,监理机构各部门及岗位职责,监理人员和设备的配备及进退场计划,监理方案,监理制度,监理程序及表格,监理设施等。

5)编制监理细则

驻地监理工程师应根据监理计划在相应工程开工前主持编制监理细则,明确监理的重点、难点、具体措施及方法步骤,保证可操作性,经总监理工程师批准后实施。

2. 监理工作内容

1)参加设计交底

监理工程师应参加设计交底,掌握本工程的设计意图、设计标准和要点及对材料与工艺的要求,施工中应特别注意的事项,以及对施工安全、环保工作的要求等,澄清有关问题,收集资料并记录。

2)审批施工组织设计

总监理工程师应在合同规定的期限内及时审批施工单位提交的施工组织设计及总体进度计划。重点审核施工单位组织设计的审批手续是否齐全有效;安全技术措施、施工现场临时用电方案及工程项目应急救援方案是否符合要求;施工质量、安全、环保、进度、费用目标是否与合同一致;质量、安全和环保等保证体系(包括预案)是否健全有效;施工总体部署与施工方案和安全、环保等应急预案是否合理可行。

技术复杂或采用新技术、新工艺或在特殊季节施工的分项、分部工程和危险性较大的分部工程,应要求施工单位编制专项施工方案,并由驻地监理工程师审核、总监理工程师批准后实施。

3)检查保证体系

监理工程师应检查施工单位质量、安全和环保等保证体系是否落实,重点检查项目经理、技术负责人、工地试验室负责人的资格,质量、安全、环保人员的履约到位情况。

4)审核工地试验室

监理工程师应审核施工单位工地试验室的人员、设备和试验检测能力是否满足合同要求,管理制度是否健全。

5)审批复测结果

监理工程师应对施工单位提交的原始基准点、基准线和基准高程的复测结果进行审核和平行复测。当双方复测结果一致并满足规范要求时,监理工程师应在合同规定的期限内批复。

6)验收地面线

监理工程师应监督施工单位在原始地面线未被扰动前测定地面线,并对测定结果进行抽测,抽测频率应能判定施工单位测定结果是否真实可靠,且不低于施工单位测点的30%。监理工程师应对施工单位提交的土石方工程量计算资料进行审核。

7)审批工程划分

总监理工程师应于总体工程开工前对施工单位提交的分项、分部、单位工程划分予以批复并报建设单位备案。

8)确认场地占用计划

监理工程师应对施工单位提交的场地占用计划及临时增减的用地予以确认,并及时提交建设单位。

9)核算工程量清单

监理工程师应对施工单位提交的工程量清单复核结果进行核算。

10)签发开工预付款支付证书

总监理工程师应在施工单位提交了开工预付款担保后,按合同规定的金额签发开工预付款支付证书,并报建设单位审批。

11)召开监理交底会

总监理工程师应在合同工程开工前主持召开由施工单位项目经理、技术负责人及相关人员参加的监理交底会,介绍监理计划的相关内容。

12)召开第一次工地会议

总监理工程师应主持召开第一次工地会议。会议的组织和要求应符合有关规定。

13)签发合同工程开工令

监理工程师收到施工单位提交的合同工程开工申请后,应对合同工程的开工条件进行核查。具备开工条件的,由总监理工程师签发合同工程开工令,并报建设单位备案。

二、施工阶段质量监理的内容

这个阶段是工程主体的实施阶段。承包人按规范规定的施工方法和监理工程师批准的施工方案及进度计划实施工程,以达到设计文件的要求。在这一阶段中,监理工程师质量监理的主要工作具体有以下几项:

1. 审查工程分包

监理工程师应按有关规定对工程分包进行审查。

2. 审批施工测量放线

监理工程师应检查施工单位使用的测量仪器是否按规定进行了校准,审查其提交的施工测量放线数据、图表及放线成果并予以批复。

监理工程师应对从基准点引出的工程控制桩进行复测,对施工放线的重点桩位100%复测,对其他桩位不低于30%抽测。

3. 审批工程原材料与混合料

监理工程师应审查施工单位申报的原材料、混合料试验资料。对原材料应独立取样进行平行试验;对混合料可在施工单位标准试验的基础上进行试验验证,必要时做标准试验,在合同规定的期限内予以批复。

监理工程师应对施工单位申请使用的商品混凝土或商品混合料配合比进行审查,并进行试验验证。

4. 审查施工组织及人员配备

分项工程开工前,监理工程师应审查该分项工程的施工组织,包括项目负责人、技术负责人及质量、安全、环保等施工管理、自检人员及主要施工操作人员的配备是否符合合同要求并满足施工需要。

5. 审查施工机械设备

监理工程师应审查施工单位进场的施工机械设备是否满足合同要求,重点审查机械设备是否满足施工质量、安全、环保、进度等要求。施工单位如使用合同约定外的施工机械,监理工程师应要求施工单位另行提出使用申请。

6. 审查施工方案及主要工艺

监理工程师审查施工单位提交的分项、分部工程的施工方案及主要工艺;对技术复杂或采用新技术、新工艺、新设备的工程,应根据试验工程结果进行审批。

7. 审批分项、分部工程的开工申请

监理工程师应要求施工单位提交分项、分部工程的开工申请,在合同规定的时间内按规定审查其是否具备开工条件,以确定是否批复其开工申请。

8. 验收构、配件或设备

对施工单位外购或订做用于永久工程的构、配件或设备,监理工程师应要求施工单位提交产品合格证和自检报告。可采用常规仪器设备进行检测的,监理工程师应按不低于施工单位自检频率的20%进行抽检,合格后方可准予使用。

9. 巡视

监理人员应重点巡视:正在施工的分项、分部工程是否已批准开工;质量检测、安全管理人员是否按规定到岗;特种作业人员是否持证上岗;现场使用的原材料或混合料、外购产品、施工机械设备及采用的施工方法与工艺是否与批准的一致;质量、安全及环保措施是否实施到位;试验检测仪器、设备是否按规定进行了校准;是否按规定进行了施工自检和工序交接。

监理人员每天对每道工序的巡视应不少于1次,并按规定的格式详细做好巡视记录。

10. 旁站

监理人员应对试验工程、重要隐蔽工程和完工后无法检测其质量或返工会造成较大损失的工程进行旁站。

旁站监理人员应重点对旁站项目的工艺过程进行监督,并对巡视中规定的内容进行检查,对发现的问题应责令立即改正;当可能危及工程质量、安全或环境时,应予制止并及时向驻地监理工程师或总监理工程师报告。

旁站监理人员应如实、准确地按规定的格式详细地做好旁站记录。

旁站项目完工后,监理工程师应组织检查验收,验收合格的方可进行下道工序。

11. 抽检

监理工程师应按规定重点对施工过程中使用的水泥、钢材、沥青、石灰、粉煤灰、砂砾、碎石等主要原材料及各种混合料进行抽检,抽检频率不低于施工单位自检频率的20%,其余材料不低于10%;对已完工工程实体质量的抽检频率应不低于施工单位自检频率的20%。

监理工程师对材料或工程的质量产生怀疑时应随时进行抽检,必要时可要求施工单位增加自检频率。

监理抽检的原始资料等在完工后移交建设单位。

12. 关键工序签认

完工后无法检验的关键工序,在承包人自检合格后,须经监理工程师检查验收签认,并留存相应的图像资料,未经签认不得进行下道工序施工。

关键工序是指在分项工程中与《公路工程质量检验评定标准》(JTG F80/1—2004)中涉及结构安全和使用功能的关键实测项目[即《公路工程质量检验评定标准》(JTG F80/1—2004)中以△标识的实测项目]相关的施工工序。

13. 中间交工验收

监理工程师收到分项工程中间交工申请后,应检查各道工序的自检记录、交接单及监理工程师签认的关键工序的交验单;检查分项工程的质量自检和质量等级评定资料;检查质量保证资料的完整性。

驻地办应按合同规定对交工的分项工程进行质量等级评定并签发《中间交工证书》。

14. 质量评定

监理工程师应按有关规定及时对已完工程进行质量等级评定。

三、交工验收与缺陷责任期监理的内容

1. 审查交工验收申请

监理工程师应按合同及有关规定,审查施工单位提交的合同工程交工验收申请。重点检查:合同约定的各项内容的完成情况、施工自检结果、各项资料的完整性、工程数量核对情况、工程现场清理情况等。

2. 评定工程质量与编制监理工作报告

监理工程师应及时汇总、整理监理资料,对工程的质量等级进行评定,按有关规定编制监理工作报告,并提交建设单位。

3. 参加交工验收

监理工程师应参加建设单位组织的合同工程交工验收,接受对监理独立抽检资料、监理工作报告及质量评定资料的检查,协助建设单位检查施工单位的合同执行情况,核对工程数量,评定各合同段的工程质量。

4. 签认交工结账证书

合同工程交工验收证书签发后,监理工程师应认真审核施工单位提交的合同工程交工结账单,并在规定期限内签认合同工程交工结账证书,并报建设单位审批。

5. 缺陷责任期的监理

在合同工程的缺陷责任期内,监理工程师应检查施工单位剩余工程的实施,巡视检查已完工程,记录发生的工程缺陷,指示施工单位进行修复,并对工程缺陷发生的原因、责任及修复费用进行调查、确认;督促施工单位按合同规定完成竣工资料。

6. 签发缺陷责任终止证书

在合同工程缺陷责任期结束,收到施工单位向建设单位提交的终止缺陷责任的申请后,监理工程师应进行检查。符合条件时,经建设单位同意,监理工程师应在合同规定的时间内签发合同工程缺陷责任终止证书。

监理工程师应在缺陷责任期结束后,合同规定的时间内向建设单位提交《缺陷责任期监理工作总结》。

7. 签认最后支付证书

监理工程师收到施工单位提交的最后结帐单及所附资料后应进行审核。审核后的最后结帐单经施工单位认可后,由总监理工程师签认并报建设单位审批。

8. 参加工程竣工验收

监理单位应参加工程竣工验收工作,负责提交监理工作报告,提供工程监理资料,配合竣工验收检查工作。

第五节　监理试验室

监理工程师在合同签订后,工程正式开工前这段时间内,为了保证对施工全过程实施质量监控,必须建立一套科学的、行之有效的质量检测系统,必须具备必要的试验、测量设备,即要成立监理试验室。

一、监理试验室的任务与职责

1. 监理试验室的任务

监理试验室的任务是,通过对承包人工地试验室的试验检测工作进行全面监督、检查和管理,并对工程原材料、商品构件(成品或半成品)、设备和工程实体等独立进行平行、见证试验及抽检(或通过第三方检测),为监理工作提供数据支持,以便监理工程师准备把握原材料质量、施工控制参数、现场施工过程质量和工程实体质量等环节,实现对工程质量的有效控制,确保各项工程质量符合设计文件、施工规范及质量验收标准的要求。

2. 监理试验室的职责

监理的职责是对工程的实施进行全过程、全方位的监督管理。监理试验室的职能介于施工企业和政府监督之间,既有监督的一面,也有被监督的一面。其职责主要是进行复核或平行试验。

(1)评估初验。标段试验室在起用前要经过监理试验室的评估验收,包括试验室用房、设备到位及安装情况、衡器及测力设备检定校验情况、人员及其资质情况、规章制度及管理情况等,以决定是否同意报审。

(2)验证试验。对各种原材料或商品构件,按施工企业提供的样品、产品合格证和试验报告等进行订货前预检,以决定是否同意采购。

(3)标准试验。对各种混合材料的配合比例、标准击实及所用原材料进行平行复核试验,以决定是否同意批准使用。

(4)工艺试验。参与施工企业的有关工艺性的试验,包括各类试验路、混合材料预拌等过程中的试验工作,以决定是否同意正式开工。

(5)抽检试验。在工程实施过程中,按规定的抽检频率,对工程所用原材料、成品或半成品材料的性能及压实度、强度等作全程跟踪抽检试验。

(6)验收试验。对已完工的工程项目进行试验检测,以准确地评价工程内在品质,多指中间交验的分部及分项工程,以决定是否接收。

(7)监管作用。对施工企业试验室的工作实施全面监督管理,包括质量保障体系管理、试样管理、试验工作管理、仪器设备管理、文献资料管理等。

以上工作任务有些要由监理中心试验室来完成,有些由现场监理人员在标段试验室人员的协助下来完成,也可由现场监理人员利用标段试验室的设备独立来完成。

二、监理试验室的基本试验工作

监理试验室的基本试验工作包括验证试验、标准试验、工艺试验、抽样试验与验收试验。

1. 验证试验

验证试验是对材料或商品构件进行预先鉴定,以决定是否可以用于工程。验证试验应按以下要求进行:

(1)在材料或商品构件订货之前,应要求承包人提供生产厂家的产品合格证书及试验报告。必要时监理人员还应对生产厂家生产设备、工艺及产品的合格率进行现场调查了解,或由承包人提供样品进行试验,以决定同意采购与否。

(2)材料或商品构件运入现场后,应按规定的批量和频率进行抽样试验,不合格的材料或商品构件不准用于工程,并应由承包人运出场外。

(3)在施工进行中,应随机对用于工程的材料或商品构件进行复核性的抽样试验检查。

(4)随时监督检查各种材料的储存、堆放、保管及防护措施。

2. 标准试验

标准试验也是现场质量控制的重要手段。标准试验是对各项工程的内在品质进行施工前的数据采集,是控制和指导施工的科学依据,包括各种标准击实试验、集料的级配试验、混合料的配合比试验、结构的强度试验等。应按以下要求进行:

(1)在各项工程开工前,合同规定或合理的时间内,应由承包人先完成标准试验,并将试验报告及试验材料提交监理试验室审查批准。试验监理工程师应派出试验监理人员参加承包人试验的全过程,并进行有效的现场监督检查。

(2)监理试验室应在承包人进行标准试验的同时或以后,平行进行复核(对比)试验,以肯定、否定或调整承包人标准试验的参数或指标。

3. 工艺试验

工艺试验也是监理试验室的一项工作内容。工艺试验是依据有关技术规范的规定,在动工之前对路基、路面及其他需要通过预先试验方能正式施工的分项工程预先进行工艺试验,然

后依其试验结果全面指导施工。工艺试验应按下列要求进行:

(1)监理工程师应要求承包人提出工艺试验的施工方案和实施细则并予以审查批准。

(2)工艺试验的机械组合、人员配额、材料、施工程序、预埋观测以及操作方法等应有两组以上方案,以便通过试验作出选定。

(3)监理工程师应对承包人的工艺试验进行全过程的旁站监理,并应作出详细记录。

(4)试验结束后由承包人提交试验报告,并经监理工程师审查批准。

4. 抽样试验

抽样试验是监理试验室实现质量监控的一个关键环节。抽样试验是对各项工程实施中的实际内在品质进行复核性的检查,内容包括各种材料的物理性能、土方及其他填筑施工的密实度、混凝土及沥青混凝土的强度等的测定和试验。抽样试验应按以下要求进行:

(1)监理工程师应随时派出试验监理人员,对承包人的各种抽样频率、取样方法及试验过程进行检查。

(2)在承包人的工地试验室(流动试验室)按技术规范的规定进行全频率抽样试验的基础上,监理试验室应按10% ~20%的频率独立进行抽样试验,以鉴定承包人的抽样试验结果是否真实可靠。

(3)当施工现场的旁站监理人员对施工质量或材料产生疑问并提出要求时,监理试验室随时进行抽样试验,必要时还应要求承包人增加抽样频率。

5. 验收试验

验收试验是对各项已完工程的实际内在品质作出评定,应按以下要求进行:

(1)监理工程师应派出试验监理人员,对承包人进行的钻芯抽样试验的频率、抽样方法和试验过程进行有效的监督。

(2)监理工程师应对承包人按技术规范要求进行的加载试验或其他检测试验项目的试验方案、设备及方法进行审查批准;对试验的实施进行现场检查监督;对试验结果进行评定。

第六节　质量缺陷与质量事故的处理

质量缺陷是指工程中出现的质量问题,不仅包括工程施工中存在的一般性质量缺陷,而且包括需要部分或全部返工的重大质量事故。

根据交通部“公路工程质量管理办法”(交公路发[1999]90号)中建立的“公路工程质量事故等级划分和报告制度”和“质量事故的调查处理实行统一领导、分级负责的原则”,即:“重大质量事故由国务院交通主管部门会同省级交通主管部门负责调查处理;一般质量事故由省级交通主管部门负责调查处理;质量问题(质量缺陷、质量隐患)则由建设单位或企业负责调查处理。因“质量问题”基本上可在合同范围内处理,故列为“可由监理机构处理的质量缺陷、质量隐患”;其他两级质量事故则“不属于监理机构处理的质量事故”。监理工程师应区别不同级别的质量事故而主持或配合调查处理工作。

在任何工程施工中,由于种种主观客观的原因,出现一种质量缺陷,甚至质量事故是在所难免的。那么在质量问题发生后,监理工程师应采取什么程序进行处理呢?

一、质量缺陷的处理原则

对质量缺陷的处理必须坚持以下原则：

(1)监理工程师具有质量否决权。

(2)质量缺陷处理须事先进行调查，分清责任，以明确处理费用的归属。

(3)施工中，前道工序有缺陷，在未经监理工程师认可之前不准进行下一道工序。如土方施工中局部压实度不足，必须进行补充压实，并达到设计标准的要求，否则不准进行下层土方的施工。

(4)承包人必须执行监理工程师对质量缺陷的处理意见。

(5)承包人对质量缺陷的处理方案和措施必须经过监理工程师批准方可实施。

(6)承包人对质量缺陷的处理完成后必须接受监理工程师的检查、验收。

二、质量缺陷的现场处理

在各项工程的施工过程中或完工以后，现场监理人员如发现工程项目存在着技术规范所不容许的质量缺陷，应根据质量缺陷的性质和严重程度，按如下方式处理。

(1)当因施工而引起的质量缺陷处在萌芽状态时，应及时制止，并要求承包人立即更换不合格的材料、设备或不称职的施工人员；或要求立即改变不正确的施工方法及操作工艺。

(2)当因施工而引起的质量缺陷已出现时，应立即向承包人发出暂停施工的指令(先口头后书面)，待承包人采取了能足以保证施工质量的有效措施，并对质量缺陷进行了正确的补救处理后，再书面通知恢复施工。

(3)当质量缺陷发生在某道工序或单项工程完工以后，而且质量缺陷的存在将对下道工序或分项工程产生质量影响时，监理工程师应在对质量缺陷产生的原因及责任作出了判定并确定了补救方案后，再进行质量缺陷的处理或下道工序或分项工程的施工。

(4)在交工使用后的缺陷责任期内发现施工质量缺陷时，监理工程师应及时指令承包人进行修补、加固或返工处理。

(5)对于一些复杂的工程缺陷，在作出决定前，可采取下述的方法作进一步的研究：

①试验验证：监理工程师根据试验的数据，进行详细的分析，然后再作出决策。

②定期观测：对于某些存在缺陷的工程，由于损坏的程度尚未稳定，在短时间内可能对工程的影响并不十分明显，需要进行较长时间的观测。在这种情况下，监理工程师应当与业主和承包人协商，如果他们同意，则可以修改合同，采取延长缺陷责任期的办法进行处理。

③专家论证：对于一些工程缺陷，可能涉及的技术领域较广，甚至有时往往根据合同规范也难以决策。在这种情况下，可邀请有关专家进行论证，监理工程师根据专家的分析结论和合同条件，作出最后的决定。

三、质量缺陷的修补与加固

(1)对因施工原因而产生的质量缺陷的修补和加固，应先由承包人提出修补方案及方法，经监理工程师批准后方可进行；对因设计原因而产生的质量缺陷，应通过业主提出处理方案及方法，由承包人进行修补。

（2）修补措施及方法应不降低质量控制指标和验收标准，并应是技术规范允许的或是行业公认的良好工程技术。

（3）如果已完工程的缺陷，并不构成对工程安全的危害，并且满足设计和使用要求时，经征得业主同意，可不进行加固或变更处理。如工程的缺陷属于承包人的责任，应通过与业主及承包人的协商，降低对此项工程的支付费用。

四、质量事故的处理

当某项工程在施工期间（包括缺陷责任期间）出现了技术规范所不允许的断层、裂缝、倾斜、倒塌、沉降、强度不足等情况时，应视为质量事故。可按如下程序处理：

（1）监理工程师应立即指令承包人暂停该项工程的施工，并采取有效的安全措施。

（2）监理工程师应要求承包人尽快提出质量事故报告并报告业主。质量事故报告应详实反映该项工程名称、部位、事故原因、应急措施、处理方案以及损失的费用等。

（3）监理工程师应组织有关人员在对质量事故现场进行审查、分析、诊断、测试或验算的基础上，对承包人提出的处理方案予以审查、修正、批准，并指令恢复该项工程施工。

（4）监理工程师应对承包人提出的有争议的质量事故责任予以判定。判定时应全面审查有关施工记录、设计资料及水文地质现状，必要时还要实际检验测试。在分清技术责任时，应明确事故处理的费用数额、承担比例及支付方式。

应当注意的是，无论是质量缺陷的补救或质量事故的处理，不应以降低质量标准或使用要求为前提，而且还要考虑对造型及美观的影响。当别无选择且不影响使用要求的情况下而降低标准时，应特别注意征得业主的同意，并应在竣工报告及竣工资料中特别提出。

第七节　质量评定与验收

一、概述

根据建设任务、施工管理和质量检验评定的需要，应在施工准备阶段按《公路工程质量检验评定标准》（JTG F80/1—2004）将建设项目划分为单位工程、分部工程和分项工程。施工单位、工程监理单位和建设单位应按相同的工程项目划分进行工程质量的监控和管理。

1. 单位工程

在建设项目中，根据签订的合同，具有独立施工条件的工程。

2. 分部工程

在单位工程中，应按结构部位、路段长度及施工特点或施工任务划分为若干个分部工程。

3. 分项工程

在分部工程中，应按不同的施工方法、材料、工序及路段长度等划分为若干个分项工程。

工程质量检验评分以分项工程为单元，采用100分制进行。在分项工程评分的基础上，逐级计算各相应分部工程、单位工程、合同段和建设项目评分值。

工程质量评定等级分为合格与不合格，应按分项、分部、单位工程、合同段和建设项目逐级评定。

施工单位应对各分项工程按《公路工程质量检验评定标准》（JTG F80/1—2004）所列基本要求、实测项目和外观鉴定进行自检，按《公路工程质量检验评定标准》（JTG F80/1—2004）附录J中“分项工程质量检验评定表”及相关施工技术规范提交真实、完整的自检资料，对工程质量进行自我评定。

工程监理单位应按规定要求对工程质量进行独立抽检，对施工单位检评资料进行确认，对工程质量进行评定。

建设单位根据对工程质量的检查及平时掌握的情况，对工程监理单位所做的工程质量评分及等级进行审定。

质量监督部门、质量检测机构可依据《公路工程质量检验评定标准》（JTG F80/1—2004）对公路工程质量进行检测、鉴定。

二、工程质量评分

1. 分项工程质量评分

分项工程质量检验内容包括基本要求、实测项目、外观鉴定和质量保证资料四个部分。只有在其使用的原材料、半成品、成品及施工工艺符合基本要求的规定，且无严重外观缺陷和质量保证资料真实并基本齐全时，才能对分项工程质量进行验收评定。

涉及结构安全和使用功能的重要实测项目为关键项目，其合格率不得低于90%（属于工厂加工制造的桥梁金属构件不低于95%，机电工程为100%），且检测值不得超过规定极限值，否则必须进行返工处理。

实测项目的规定极值是指任一单个检测值都不能突破的极限值，不符合要求时该实测项目为不合格。

采用《公路工程质量检验评定标准》（JTG F80/1—2004）附录B至附录I所列方法进行评定的关键项目，不符合要求时则该分项工程评为不合格。

分项工程的评分值满分为100分，按实测项目采用加权平均法计算。存在外观缺陷或资料不全时，应予减分。

$$\text{分项工程得分} = \frac{\sum[\text{检查项目得分} \times \text{权值}]}{\sum \text{检查项目权值}}$$

$$\text{分项工程评分值} = \text{分项工程得分} - \text{外观缺陷减分} - \text{资料不全减分}$$

1）基本要求检查

分项工程所列基本要求，对施工质量优劣具有关键作用，应按基本要求对工程进行认真检查。经检查不符合基本要求规定时，不得进行工程质量的检验评价。

2）实测项目计分

对规定检查项目采用现场抽样方法，按照规定频率和下列计分方法对分项工程的施工质量直接进行检测计分。

检查项目除按数理统计方法评定的项目以外,均应按单点(组)测定值是否符合标准要求进行评定,并按合格率计分。

$$\text{检查项目合格率}(\%)=\frac{\text{检查合格的点(组)数}}{\text{该检查项目的全部检查点(组)数}}\times 100$$

$$\text{检查项目得分}=\text{检查项目合格率}\times 100$$

3)外观缺陷减分

对工程外表状况应逐项进行全面检查,如发现外观缺陷,应进行减分。对于较严重的外观缺陷,施工单位须采取措施进行整修处理。

4)资料不全减分

分项工程的施工资料和图表残缺,缺乏最基本的数据,或有伪造涂改者,不予检验和评定。资料不全者应予减分,减分幅度可按《公路工程质量检验评定标准》(JTG F80/1—2004)中质量保证资料所列各款逐款检查,视资料不全情况,每款减1~3分。

2. 分部工程和单位工程质量评分

《公路工程质量检验评定标准》(JTG F80/1—2004)附录A所列分项工程和分部工程区分为一般工程和主要(主体)工程,分别予以1和2的权值。进行分部工程和单位工程评分时,采用加权平均值计算法确定相应的评分值。

$$\text{分部(单位)工程评分值}=\frac{\sum[\text{分项(分部)工程评分值}\times\text{相应权值}]}{\sum\text{分项(分部)工程权值}}$$

3. 合同段和减少项目工程质量评定

合同段和建设项目工程质量评分值按《公路工程竣(交)工验收办法》计算。

4. 质量保证资料

施工单位应有完整的施工原始记录、试验数据、分项工程自查数据等质量保证资料,并进行整理分析,负责提交齐全、真实和系统的施工资料和图表。工程监理单位负责提交齐全、真实和系统的监理资料。质量保证资料应包括以下六个方面:

(1)所用原材料、半成品和成品质量检验结果。

(2)材料配合比、拌和、加工控制检验和试验数据。

(3)地基处理、隐蔽工程施工记录和大桥、隧道施工监控资料。

(4)各项质量控制指标的试验记录和质量检验汇总图表。

(5)施工过程中遇到的非正常情况记录及其对工程质量影响分析。

(6)施工过程中如发生质量事故,经处理补救后,达到设计要求的认可证明文件。

三、工程质量等级评定

1. 分项工程质量等级评定

分项工程评分值不小于75分者为合格,小于75分者为不合格;机电工程、属于工厂加工制造的桥梁金属构件不小于90分者为合格,小于90分者为不合格。

评定为不合格的分项工程,经加固、补强或返工、调测,满足设计要求后,重新评定其质量等级,但计算分部工程评分值时按其复评分值的90%计算。

2. 分部工程质量等级评定

所属各分项工程全部合格,则该分部工程评为合格;所属任一分项工程不合格,则该分部工程评为不合格。

3. 单位工程质量等级评定

所属各分部工程全部合格,则该单位工程评为合格;所属任一分部工程不合格,则该单位工程评为不合格。

4. 合同段和建设项目质量等级评定

合同段和建设项目所含单位工程全部合格,其工程项目质量等级为合格;所属任一单位工程不合格,则合同段建设项目评为不合格。

四、工程验收

1. 交工验收

(1)工程交工验收工作一般按合同段进行,并应具备以下条件:

①合同约定的各项内容已全部完成。各方就合同变更的内容达成书面一致意见。

②施工单位按《公路工程质量检验评定标准》(JTG F80/1—2004)及相关规定对工程质量自检合格。

③监理单位对工程质量评定合格。

④质量监督机构按"公路工程质量鉴定办法"对工程质量进行检测,并出具检测意见。检测意见中需整改的问题已经处理完毕。

⑤竣工文件按公路工程档案管理的有关要求,完成"公路工程项目文件归档范围"内容的收集、整理及归档工作。

⑥施工单位、监理单位完成本合同段的工作总结报告。

(2)交工验收程序:

①施工单位完成合同约定的全部工程内容,且经施工自检和监理检验评定均合格后,提出合同段交工验收申请并报监理单位审查。交工验收申请应附自检评定资料和施工总结报告。

②监理单位根据工程实际情况、抽检资料以及对合同段工程质量评定结果,对施工单位交工验收申请及其所附资料进行审查并签署意见。监理单位审查同意后,应同时向项目法人提交独立抽检资料、质量评定资料和监理工作报告。

③项目法人对施工单位的交工验收申请、监理单位的质量评定资料进行核查,必要时可委托有相应资质的检测机构进行重点抽查检测,认为合同段满足交工验收条件时应及时组织交工验收。

④对若干合同段完工时间相近的,项目法人可合并组织交工验收。对分段通车的项目,项目法人可按合同约定分段组织交工验收。

⑤通过交工验收的合同段,项目法人应及时颁发"公路工程交工验收证书"。

⑥各合同段全部验收合格后,项目法人应及时完成"公路工程交工验收报告"。

(3)交工验收的主要工作内容:

①检查合同执行情况。

②检查施工自检报告、施工总结报告及施工资料。

③检查监理单位独立抽检资料、监理工作报告及质量评定资料。

④检查工程实体,审查有关资料,包括主要产品的质量抽(检)测报告。

⑤核查工程完工数量是否与批准的设计文件相符,是否与工程计量数量一致。

⑥对合同是否全面执行、工程质量是否合格作出结论。

⑦按合同段分别对设计、监理、施工等单位进行初步评价。

(4)各合同段的设计、施工、监理等单位参加交工验收工作,由项目法人负责组织。路基工程作为单独合同段进行交工验收时,应邀请路面施工单位参加。拟交付使用的工程,应邀请运营、养护管理等相关单位参加。交通运输主管部门、公路管理机构、质量监督机构视情况参加交工验收。

(5)工程各合同段交工验收结束后,由项目法人对整个工程项目进行工程质量评定,工程质量评分采用各合同段工程质量评分的加权平均值。

(6)交工验收工程质量等级评定分为合格和不合格,工程质量评分值大于等于75分的为合格,小于75分的为不合格。

(7)交工验收不合格的工程应返工整改,直至合格。

交工验收提出的工程质量缺陷等遗留问题,由项目法人责成施工单位限期完成整改。

(8)对通过交工验收工程,应及时安排养护管理。

2. 竣工验收

(1)按照公路工程管理权限,各级交通运输主管部门应于年初制订年度竣工验收计划,并按计划组织竣工验收工作。列入竣工验收计划的项目,项目法人应提前完成竣工验收前的准备工作。

(2)公路工程竣工验收应具备以下条件:

①通车试运营2年以上。

②交工验收提出的工程质量缺陷等遗留问题已全部处理完毕,并经项目法人验收合格。

③工程决算编制完成,竣工决算已经审计,并经交通运输主管部门或其授权单位认定。

④竣工文件已完成"公路工程项目文件归档范围"的全部内容。

⑤档案、环保等单项验收合格,土地使用手续已办理。

⑥各参建单位完成工作总结报告。

⑦质量监督机构对工程质量检测鉴定合格,并形成工程质量鉴定报告。

(3)竣工验收准备工作程序:

①公路工程符合竣工验收条件后,项目法人应按照公路工程管理权限及时向相关交通运输主管部门提出验收申请,其主要内容包括:

a. 交工验收报告。

b. 项目执行报告、设计工作报告、施工总结报告和监理工作报告。

c. 项目基本建设程序的有关批复文件。

d. 档案、环保等单项验收意见。

e. 土地使用证或建设用地批复文件。

f. 竣工决算的核备意见、审计报告及认定意见。

②相关交通运输主管部门对验收申请进行审查,必要时可组织现场核查。审查同意后报负责竣工验收的交通运输主管部门。

③以上文件齐全且符合条件的项目,由负责竣工验收的交通运输主管部门通知所属的质量监督机构开展质量鉴定工作。

④质量监督机构按要求完成质量鉴定工作,出具工程质量鉴定报告,并审核交工验收对设计、施工、监理初步评价结果,报送交通运输主管部门。

⑤工程质量鉴定等级为合格及以上的项目,负责竣工验收的交通运输主管部门及时组织竣工验收。

(4)竣工验收主要工作内容:

①成立竣工验收委员会。

②听取公路工程项目执行报告、设计工作报告、施工总结报告、监理工作报告及接管养护单位项目使用情况报告。

③听取公路工程质量监督报告及工程质量鉴定报告。

④竣工验收委员会成立专业检查组检查工程实体质量,审阅有关资料,形成书面检查意见。

⑤对项目法人建设管理工作进行综合评价。审定交工验收对设计单位、施工单位、监理单位的初步评价。

⑥对工程质量进行评分,确定工程质量等级,并综合评价建设项目。

⑦形成并通过《公路工程竣工验收鉴定书》。

⑧负责竣工验收的交通运输主管部门印发《公路工程竣工验收鉴定书》。

⑨质量监督机构依据竣工验收结论,对各参建单位签发"公路工程参建单位工作综合评价等级证书"。

(5)竣工验收委员会由交通运输主管部门、公路管理机构、质量监督机构、造价管理机构等单位代表组成。国防公路应邀请军队代表参加。大中型项目及技术复杂工程,应邀请有关专家参加。

项目法人、设计、施工、监理、接管养护等单位代表参加竣工验收工作,但不作为竣工验收委员会成员。

(6)参加竣工验收工作各方的主要职责是:

竣工验收委员会负责对工程实体质量及建设情况进行全面检查。对工程质量进行评分,对各参建单位及建设项目进行综合评价,确定工程质量和建设项目等级,形成工程竣工验收鉴定书。

项目法人负责提交项目执行报告及验收工作所需资料,协助竣工验收委员会开展工作。

设计单位负责提交设计工作报告,配合竣工验收检查工作。

施工单位负责提交施工总结报告,提供各种资料,配合竣工验收检查工作。

监理单位负责提交监理工作报告,提供工程监理资料,配合竣工验收检查工作。

接管养护单位负责提交项目使用情况报告,配合竣工验收检查工作。

公路建设项目设计、施工、监理、接管养护等有多家单位的,项目法人应组织汇总设计工作报告、施工总结报告、监理工作报告、项目使用情况报告等。竣工验收时选派代表向竣工验收委员会汇报。

(7)竣工验收工程质量评分采取加权平均法计算,其中交工验收工程质量得分权值为0.2,质量监督机构工程质量鉴定得分权值为0.6,竣工验收委员会对工程质量的评分权值为0.2。

对于交工验收和竣工验收合并进行的小型项目,质量监督机构工程质量鉴定得分权值为0.6,监理单位对工程质量评定得分权值为0.1,竣工验收委员会对工程质量的评分权值为0.3。

工程质量评分大于等于90分为优良,小于90分且大于等于75分为合格,小于75分为不合格。

(8)对建设项目出现以下特别严重问题的合同段,整改合格后,合同段工程质量不得评为优良,质量鉴定得分按照整改前的鉴定得分,超出75分的按75分,不足75分的按原得分;建设项目竣工验收工程质量等级和综合评定等级直接确定为合格。

①路基工程的大段落路基沉陷、大面积高边坡失稳。

②路面工程车辙深度大于10mm的路段累计长度超过该合同段车道总长度的5%。

③特大桥梁主要受力结构需要或进行过加固、补强。

④隧道工程渗漏水经处治效果不明显,衬砌出现影响结构安全裂缝,衬砌厚度合格率小于90%或有小于设计厚度二分之一的部位,空洞累计长度超过隧道长度的3%或单个空洞面积大于$3m^2$。

⑤重大质量事故或严重质量缺陷,造成历史性缺陷的工程。

(9)对建设项目出现以下严重问题的合同段,整改合格后,合同段工程质量不得评为优良,质量鉴定得分按75分计算;并视对建设项目的影响,由竣工验收委员会决定建设项目工程质量是否评为优良。

①路基工程的重要支挡工程严重变形。

②路面工程出现修补、唧浆、推移、网裂等病害路段累计长度超过路线总长度的3%或累计面积大于总面积的1.5%;竣工验收复测路面弯沉合格率小于90%。

③大桥、中桥主要受力结构需要或进行过加固、补强。

(10)竣工验收委员会对项目法人及设计、施工、监理单位工作进行综合评价。评定得分大于等于90分且工程质量等级优良的为好,小于90分且大于等于75分为中,小于75分为差。

(11)竣工验收建设项目综合评分采取加权平均法计算,其中竣工验收工程质量得分权值为0.7,参建单位工作评价得分权值为0.3(项目法人占0.15,设计、施工、监理各占0.05)。

评定得分大于等于90分且工程质量等级优良的为优良,小于90分且大于等于75分为合格,小于75分为不合格。

(12)发生过重大及以上生产安全事故的建设项目综合评定等级不得评为优良。

(13)根据《国务院关于促进节约用地的通知》(国发[2008]3号)要求,竣工验收时需要核验建设项目依法用地和履行土地出让合同、划拨等情况。

本章小结

施工项目的质量是工程建设的核心，是决定工程建设成败的关键。本章从工程质量的概念出发，介绍了质量管理发展的几个阶段，即质量检验阶段、统计质量管理阶段、全面质量管理阶段，并针对公路工程质量监理的特点，重点强调了质量监理的一些基本原理。主要从如下几个方面进行论述：

（1）监理的依据，主要是根据国家法律和有关技术、经济法规以及公路工程标准、规范等由业主和承包人签订的施工合同文件，监理单位与业主签订（或委托）的监理服务合同所明确的各项任务，监理工程师和承包人在工程实施过程中有关的会议记录、函电和其他文字记载以及经监理工程师批准的所有图纸、监理工程师发出的所有指令等。

（2）质量监理的任务，主要从目前公路工程中常采用的总监办和驻地办的不同责任来分述。

（3）质量控制程序，主要控制开工报告、工序自检报告、工序检查认可、中间交工报告、中间交工证书、中间计量等环节。

（4）公路工程施工质量监理分为三个阶段，即施工准备阶段、施工阶段、交工及缺陷责任期阶段，并详细地介绍了不同阶段质量监理的工作内容。

（5）为了保证工程质量、进行行之有效的质量检测，介绍了监理试验室的职责。

（6）介绍了工程质量事故处理的程序和要求。

（7）介绍了工程质量评分、工程质量等级的评定方法。

思 考 题

1. 何谓质量、工程质量？

2. 质量管理的发展经历了哪几个阶段？

3. 质量体系的建立经历了哪几个阶段？

4. 质量监理的依据是什么？

5. 现场监理机构有哪几种类型？高级驻地监理工程师和专业监理工程师的主要责任有哪些？

6. 质量控制按什么样的程序进行？

7. 试述施工准备阶段，监理工程师的主要工作内容。

8. 工程缺陷责任终止证书签发的必要条件是什么？

9. 进行标准试验的基本要求是什么？

10. 试述质量缺陷、质量事故处理的程序。

第二章 数理统计基础及应用

第一节 数理统计基础

一、总体、个体与样本

在工程质量检验中，对无限总体中的个体，如果采用全部逐个检查的方法考察其某个质量特性，不但费时费工不合算，而且是不可能的；即使对有限总体，其个体数量虽不大，但质量检验方法通常具有破坏性，采用全数考察的方法同样不可取。因此，除特殊项目外，在工程质量检验中通常采用抽样检查的方法（有关工程质量抽样检验方法将在第三节中讨论），即通过抽取总体中的一小部分个体加以考察，以便了解和分析总体质量状况。

总体又称母体，是统计分析中所要研究对象的全体。总体中的每个单元称为个体。

总体分为有限总体和无限总体，如果是一批产品，由于其数量有限，所以称其为有限总体；如果是一道工序，由于工序总在源源不断地生产出产品，有时是一个连续的整体，所以这样的总体称为无限总体。

从总体中抽取一部分个体就是样本（又称子样）。例如，从每一桶沥青中抽取两个试样，一批沥青有100桶，抽查了200个试样做试验，则这200个试样就是样本。而组成样本的每一个个体，即为样品。例如，上述200个试样中的某一个，就是该样本中的一个样品。

样本容量（有时也称样本数）是样本中所含样品的数量，通常用n表示样本容量。上例中样本容量$n=200$。样本容量的大小，直接关系到判断结果的可靠性，一般来说，样本容量愈大，可靠性愈好，但检测所耗费的工作量亦愈大，成本也就愈高。样本容量与总体中所含个体的数量相等时，是一种极限情况。

二、质量数据

在这里，我们把反映某产品的某项质量特性指标的原始数据称为质量特性数据，简称为质量数据。如一批沥青的针入度数据、含蜡量数据、延度数据等，都可以称为质量数据。质量数据是质量信息的重要组成部分，工程质量控制、评价是以数据为依据的，质量控制中常说的"一切用数据说话"，就是要求用数据来反映工序质量状况及判断质量效果。只有通过对质量数据的收集、处理、分析，才可以达到对生产施工过程的了解、掌握以至控制和管理。没有质量数据，就不可能有现代化的科学的质量控制和管理。因此，质量数据的作用是十分重要的。

质量数据的来源，主要是工程建设过程中的各种检验，即材料检验、工序检验、竣工验收检验，当然也包括使用过程中的必要检验。可以说质量检验为质量控制提供了全面的、大量的质量数据，依据它才能正常开展质量控制及质量管理活动。

1. 质量数据的分类

质量数据就其本身的特性来说，可以分为计量值数据和计数值数据。

1）计量值数据

计量值数据是可以连续取值的数据，表现形式是连续性的。如长度、厚度、直径、强度、化学成分等质量特征，一般都是可以用检测工具或仪器等测量（或试验）的，类似这些质量特征的测量数据，一般都带有小数，如长度为 1.15m，1.18m 等。在工程质量检验中得出的原始检验数据大部分是计量值数据。

2）计数值数据

计数值数据是指不能连续取值，只能计算个数的数值。如不合格品数、不合格的构件数、缺陷的点数等，都是计数值，它们的每一次取值只可能是零或自然数。计数值的特点是非连续性，并只能出现 0，1，2，…非负的整数，在任何两个计数值之间不可能插入无穷多个数位，不可能有小数，否则将出现不能表达原意义的数值。如非计划停工次数 1（次）与 4（次）之间，最多只能插入 2（次）和 3（次）两个数值，再想插入任何不同于 2 和 3 的数值如 2.5，则不能表达停工次数的含义，因为停工次数不可能为 2.5 次。一般来说，以判定方法得出的数据和以感觉性检验方法得出的数据大多属于计数值数据。

计数值数据有两种表示方法：一种是直接用计数出来的次数、点数来表示（称 P_n 数据）；一种是把 P_n 数据与总检查次或点数相比，用百分数表示（称 P 数据）。P 数据在工程检验中是经常使用的，如某分项工程的质量合格率为 90%，即是表示经检查为合格的点或次数与总检查点或次数的比值为 90%。但也应注意，不是所有的百分数表示的数据都是计数值数据，因为当分子为计量值数据时，则计算出来的百分数也应是计量值数据。可以这样说，在用百分数表示数据时，当分子、分母为计量值数据时，分数值为计量值数据；当分子、分母为计数值数据时，分数值为计数值数据。

2. 质量数据的特性

表现工程质量的统计数据有两个基本特性：一是统计数据的差异性；二是统计数据的规律性。

1）差异性

实践证明，任何一个生产施工过程，不论客观条件多么稳定，设备多么精确，操作水平多么高，其生产施工出来的工程都不会完全相同，也就是工程质量不可能绝对一样，或多或少总会有差异，这就是所谓的工程质量波动性，因此反映工程质量的统计数据的重要特性就是它的差异性。

2）规律性

虽然通过质量检验获取的质量数据千变万化、各不相同，但并非杂乱无章，总是存在一定的规律性，即变化是有一定范围或局限性的，其中多数向某一数值集中，同时又分散在这个数值的两旁，因此质量数据既分散又集中、既有差异性又有规律性。

质量控制，就是要用数理统计的方法从反映工程质量的数据的差异性中寻找其规律性，从而预测和控制工程质量。

3. 质量数据的修约

质量数据获得后,还涉及数据的定位问题,也就是出现了规定精确程度范围之外的数字,如何进行取舍的问题,即数值修约。在统计中一般常用的数值修约规则如下:

(1)拟舍去的数字中,其最左面的第一位数字小于5时,则舍去,留下的数字不变。

(2)拟舍去的数字中,其最左面的第一位数字大于5时,则进1,即所留下的末位数字加1。

(3)拟舍去的数字中,其最左面的第一位数字等于5,而后面的数字并非全部为0时,则进1,即所留下的末位数字加1。

(4)拟舍去的数字中,其最左面的第一位数字等于5,而后面无数字或全部为0时,所保留的数字末位数为奇数(1、3、5、7、9)则进1,如为偶数(0、2、4、6、8)则舍去。

如下列的数据修约到小数点后的第一位:

18.2432→18.2(拟舍去的数字中最左面的第一位数字是4,故舍去)。

26.4843→26.5(拟舍去的数字中最左面的第一位数字是8,故应进1)。

1.0501→1.1(拟舍去的数字中最左面的第一位数字是5,5后面的数字还有01,故应进1)。

0.05→0.0(其拟舍去的数字中最左面的第一位数字是5,5后面无数字,因所留末位数为“0”,是偶数,故舍去)。

0.15→0.2(其拟舍去的数字中最左面的第一位数字是5,5后面无数字,因所留末位数为“1”,是奇数,故进1)。

0.25→0.2(其拟舍去的数字中最左面的第一位数字是5,5后面无数字,因所留末位数为“2”,是偶数,故舍去)。

实行数据修约时,应在确定修约位数后一次完成,即对于拟舍去的数字并非单独的一个数字时,不得对该数值连续进行修约,应按拟舍去的数字中最左面的第一位数字的大小,照上述各条一次修约完成。例如,将15.4546修约成整数时,不应按15.4546→15.455→15.46→15.5→16进行,而应按15.4546→15进行修约。

上述数值修约规则(有时称为“奇升偶舍法”)与以往惯用的“四舍五入法”区别在于,用“四舍五入”法对数值进行修约,从很多修约后的数值中得到的均值偏大。用上述修约规则,进舍的状况具有平衡性,进舍误差也具有平衡性,若干数值经过这种修约后,修约值之和变大的可能性与变小的可能性是一样的。

三、数据的统计特征量

用来表示统计数据分布及其某些特性的特征量分为两类:一类表示数据的集中位置,例如算术平均值、中位数等;一类表示数据的离散程度,主要有极差、标准离差、变异系数等。

1. 算术平均值

算术平均值是表示一组数据集中位置最有用的统计特征量,经常用样本的算术平均值来代表总体的平均水平。总体的算术平均值用μ表示,样本的算术平均值则用$\bar{x}$表示。如果n个样本数据为x_1、x_2、…、x_n,那么,样本的算术平均值为:

$$\bar{x} = \frac{1}{n}(x_1 + x_2 + \cdots + x_n) = \frac{1}{n}\sum_{i=1}^{n} x_i \tag{2-1}$$

2. 中位数

在一组数据 x_1、x_2、…、x_n 中，按其大小次序排序，以排在正中间的一个数表示总体的平均水平，称之为中位数，或称中值，用 $\tilde{x}$ 表示。n 为奇数时，正中间的数只有一个；n 为偶数时，正中间的数有两个，取这两个数的平均值作为中位数，即：

$$\tilde{x} = \begin{cases} x_{\frac{n+1}{2}} & n \text{ 为奇数} \\ \frac{1}{2}(x_{\frac{n}{2}} + x_{\frac{n}{2}+1}) & n \text{ 为偶数} \end{cases} \tag{2-2}$$

3. 极差

在一组数据中最大值 $x_{\max}$ 和最小值 $x_{\min}$ 之差，称为极差，记作 R：

$$R = x_{\max} - x_{\min} \tag{2-3}$$

极差没有充分利用数据的信息，但计算十分简单，仅适用于样本容量较小（$n<10$）的情况。

4. 标准偏差

标准偏差有时也称标准离差、标准差或称均方差，是衡量样本数据波动性（离散程度）的指标。在质量检验中，总体的标准偏差 σ 一般不易求得。样本的标准偏差 S 按式(2-4)计算：

$$S = \sqrt{\frac{(x_1 - \bar{x})^2 + (x_2 - \bar{x})^2 + \cdots (x_n - \bar{x})^2}{n-1}} = \sqrt{\frac{\sum_{i=1}^{n}(x_i - \bar{x})^2}{n-1}} \tag{2-4}$$

5. 变异系数

标准偏差反映样本数据的绝对波动状况，当测量较大的量值时，绝对误差一般较大；测量较小的量值时，绝对误差一般较小，因此，用相对波动的大小，即变异系数更能反映样本数据的波动性。变异系数用 C_v 表示，是标准偏差 S 与算术平均值 $\bar{x}$ 的比值，即：

$$C_v = \frac{S}{\bar{x}} \times 100\% \tag{2-5}$$

例 2.1　某路段沥青混凝土面层抗滑性能检测，摩擦系数的检测值（共 10 个测点）分别：58、56、60、53、48、54、50、61、57、55（摆值）。求摩擦系数的算术平均值、中位数、极差和标准偏差。

解：由式(2-1)可得摩擦系数的算术平均值为：

$$\overline{f_B} = \frac{1}{10}(58 + 56 + 60 + 53 + 48 + 54 + 50 + 61 + 57 + 55)$$
$$= 55.2\text{（摆值）}$$

检测值按大小次序排列为：61、60、58、57、56、55、54、53、50、48（摆值），则由式(2-2)可得中位数为：

$$\tilde{f} = \frac{1}{2}(f_{B(5)} + f_{B(6)}) = \frac{1}{2}(55 + 56) = 55.5\text{（摆值）}$$

由式(2-3)可得极差为：

$$R = f_{B\max} - f_{B\min} = 61 - 48 = 13(\text{摆值})$$

由式(2-4)可得标准偏差为:

$$S = \left\{\frac{1}{10-1}[(58-55.2)^2 + (56-55.2)^2 + (60-55.2)^2 + (53-55.2)^2 + (48-55.2)^2 + (54-55.2)^2 + (50-55.2)^2 + (61-55.2)^2 + (57-55.2)^2 + (55-55.2)^2]\right\}^{\frac{1}{2}}$$

$= 4.13$(摆值)

例 2.2 若甲路段沥青混凝土面层的摩擦系数算术平均值为55.2(摆值),标准偏差为4.13(摆值);乙路段的摩擦系数算术平均值为60.8(摆值),标准偏差为4.27(摆值)。则两路段的变异系数为:

甲路段 $$C_v = \frac{S}{\bar{x}} \times 100\% = \frac{4.13}{55.2} = 7.48\%$$

乙路段 $$C_v = \frac{S}{\bar{x}} \times 100\% = \frac{4.27}{60.8} = 7.02\%$$

从标准偏差看,$S_{甲} < S_{乙}$。但从变异系数分析,$C_{v甲} > C_{v乙}$,说明甲路段的摩擦系数相对波动比乙路段的大,面层抗滑稳定性较差。

四、数据的分布特征

质量数据具有一定的规律性,这种规律性一般用概率分布来描述。概率分布的形式很多,在公路工程质量控制和评价中,常用到正态分布和 t 分布。

1. 正态分布

正态分布是应用最多、最广泛的一种概率分布,而且是其他概率分布的基础。正态分布的概率密度函数为:

$$f(x) = \frac{1}{\sqrt{2\pi}\sigma} e^{-\frac{(x-\mu)^2}{2\sigma^2}} \quad (-\infty < x < +\infty) \tag{2-6}$$

式中:x——随机变量;

μ——正态分布的平均值;

σ——正态分布的标准偏差。

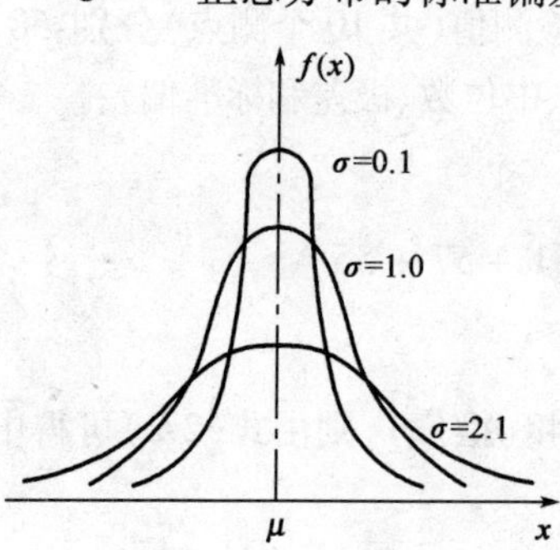

图 2-1 正态分布曲线

平均值 μ 是 $f(x)$ 曲线的位置参数,决定曲线最高点的横坐标。标准偏差 σ 是 $f(x)$ 曲线的形状参数,它的大小反映了曲线的宽窄程度。σ 越大,曲线低而宽,随机变量在平均值 μ 附近出现的密度越小;σ 越小,曲线高而窄,随机变量在平均值 μ 附近出现的密度越大(图 2-1)。

正态分布具有以下特点:

(1)正态分布曲线对称于 $x=\mu$,即以平均值为中心。

(2)当 $x=\mu$ 时,曲线处于最高点,当 x 向左右偏离时,曲线不断地降低,整个曲线呈中间高、两边低的形状。

(3)曲线与横坐标轴所围成的面积等于1,即:

$$\int_{-\infty}^{\infty} \frac{1}{\sqrt{2\pi} \cdot \sigma} e^{-\frac{(x-\mu)^2}{2\sigma^2}} dx = 1$$

一般地，随机变量 x 服从参数 μ 与 σ 的正态分布，可记作 $x \sim N(\mu,\sigma)$。特别地，当 $\mu=0$、$\sigma=1$ 时的正态分布，称为标准正态分布，用 $N(0,1)$ 表示。它的概率密度函数为：

$$f(x) = \frac{1}{\sqrt{2\pi\sigma}} e^{-\frac{x^2}{2}} \tag{2-7}$$

对于正态分布 $N(\mu,\sigma)$，它的测量值落入区间 (a,b) 的概率，用 $P(a<x<b)$ 表示：

$$P(a < x < b) = \Phi\left(\frac{b-\mu}{\sigma}\right) - \Phi\left(\frac{a-\mu}{\sigma}\right) \tag{2-8}$$

式中：$\Phi(a) = \int_{-\infty}^{a} \frac{1}{\sqrt{2\pi}} e^{-\frac{x^2}{2}} \mathrm{d}x$

$$\Phi(b) = \int_{-\infty}^{b} \frac{1}{\sqrt{2\pi}} e^{-\frac{x^2}{2}} \mathrm{d}x \tag{2-9}$$

利用式(2-8)，可以求得双边置信区间的几个重要数据（图 2-2）：

$$P\{\mu - \sigma < x \leqslant \mu + \sigma\} = 0.682\,6$$

$$P\{\mu - 1.96\sigma < x \leqslant \mu + 1.96\sigma\} = 0.950\,0$$

$$P\{\mu - 2\sigma < x \leqslant \mu + 2\sigma\} = 0.954\,4$$

$$P\{\mu - 3\sigma < x \leqslant \mu + 3\sigma\} = 0.997\,3$$

双边置信区间可统一写成：

$$\mu - u_{(1-\beta/2)} \cdot \sigma < x \leqslant \mu + u_{(1-\beta/2)} \cdot \sigma \tag{2-10}$$

式中：　β——显著性水平；

$1-\beta$——置信水平；

$u_{(1-\beta/2)}$——双边置信区间的正态分布临界值；

$\mu - u_{(1-\beta/2)} \cdot \sigma$——置信下限；

$\mu + u_{(1-\beta/2)} \cdot \sigma$——置信上限。

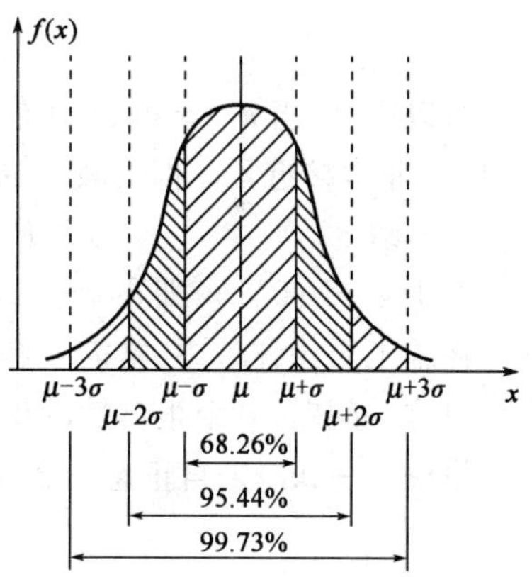

图 2-2　正态分布与置信区间

同理可得，单边置信区间的几个重要数据：

$$P\{x \leqslant \mu + \sigma\} = P\{x \geqslant \mu - \sigma\} = 0.841\,3$$

$$P\{x \leqslant \mu + 2\sigma\} = P\{x \geqslant \mu - 2\sigma\} = 0.977\,2$$

$$P\{x \leqslant \mu + 3\sigma\} = P\{x \geqslant \mu - 3\sigma\} = 0.998\,7$$

$$P\{x \leqslant \mu + 1.645\sigma\} = P\{x \geqslant \mu - 1.645\sigma\} = 0.950\,0$$

其置信区间可表示为：

$$x \leqslant \mu + u_{(1-\beta)} \cdot \sigma \quad 或 \quad x \geqslant \mu - u_{(1-\beta)} \cdot \sigma \tag{2-11}$$

式中：$\mu - u_{(1-\beta)} \cdot \sigma$——单边置信下限；

$\mu + u_{(1-\beta)} \cdot \sigma$——单边置信上限。

在公路工程质量检验与评价中，常把式(2-10)、(2-11)中 u 称为保证率系数（常用 Z_a 表示），其取值与公路等级有关，而且常常用样本平均值 $\bar{x}$ 与标准偏差 S 分别代替上述公式中 μ 与 σ。

2. t 分布

t 分布的概率密度函数为：

$$t(x,n) = \frac{\Gamma(\frac{n+1}{2})}{\Gamma(\frac{n}{2})\sqrt{n\pi}}\left(1+\frac{x^2}{n}\right)^{-\frac{n+1}{2}} \tag{2-12}$$

式中:x——随机变量;

n——样本容量,在数理统计学中称自由度。

当随机变量 x 服从自由度为 n 的 t 分布时,记作 $x \sim t(n)$,其分布图形如图 2-3 所示。

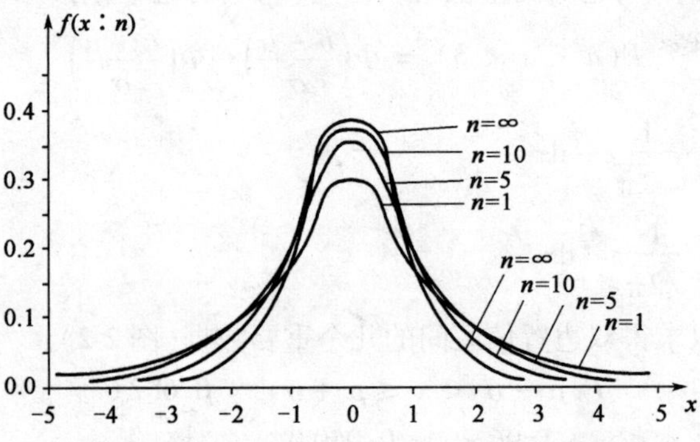

图 2-3　t 分布曲线

可以证明:当 $n \to \infty$ 时,t 分布趋于正态分布,一般说来,当 $n>30$ 时,t 分布与正态分布 $N(0,1)$就非常接近了。但对较小的 n 值,t 分布与正态分布之间有较大的差异,且:

$$P\{|T| \geqslant t_0\} \geqslant P\{|x| \geqslant t_0\} \tag{2-13}$$

其中 $x \sim N(0,1)$,即在 t 分布的尾部比在标准正态分布的尾部有着更大的概率。

在施工质量评价中,常需要解决总体标准偏差 σ 未知,如何估计平均值置信区间的问题。为解决这一问题,一个很自然的想法,就是利用样本标准偏差 S 代替总体标准偏差 σ。

设$(x_1,\cdots,x_n)$来自正态分布总体,根据抽样分布定理可知:

$$T = \frac{\bar{x}-\mu}{\frac{S}{\sqrt{n}}} \sim t(n-1) \tag{2-14}$$

因此,根据给定的 β 和自由度 $n-1$,由《t 分布概率系数表》查得 $t_{1-\beta/2}(n-1)$之值,由此得平均值 μ 的双边置信区间:

$$\left(\bar{x}-S\cdot\frac{t_{(1-\beta)/2}(n-1)}{\sqrt{n}},\bar{x}+S\cdot\frac{t_{(1-\beta)/2}(n-1)}{\sqrt{n}}\right) \tag{2-15}$$

同理可得 μ 单边置信的区间:

$$\mu < \bar{x}+S\cdot\frac{t_{(1-\beta)/2}(n-1)}{\sqrt{n}} \quad 或 \quad \mu > \bar{x}-S\cdot\frac{t_{(1-\beta)/2}(n-1)}{\sqrt{n}} \tag{2-16}$$

五、可疑数据的取舍方法

在一组条件完全相同的重复试验中,个别的测量值可能会出现异常,如测量值过大或过小,这些过大或过小的测量数据是不正常的,或称为可疑的。对于这些可疑数据应该用数理统计的方法判别其真伪，并决定取舍。常用的方法有拉依达（PaИTa）法、肖维纳特（Chavenet）法、格拉布斯（Grubbs）法等。

1. 拉依达法

在产品质量控制和材料试验研究中，遇到的总体绝大部分都服从正态分布，而由正态分布的 3σ 原则可知，对于每个测量值落在区间$(\bar{x}-3S,\bar{x}+3S)$的概率为 99.73%，而落在这个区间之外的概率仅为 0.27%，也就是在近 400 次试验中才能遇到 1 次，在有限次的测量中发生这种情况的可能性是很小的，因而一旦有这样的数据出现，就认为该测量数据是不可靠的，应予以剔除。拉依达法正是基于这一原则提出的，故也称 3S 准则。即当试验次数较多时，可简单地用 3 倍标准偏差（3S）作为确定可疑数据取舍的标准（简称 3S 法）。当某一测量数据（x_i）与其测量结果的算术平均值（$\bar{x}$）之差大于 3 倍标准偏差时，用公式表示为：

$$|x_i-\bar{x}|>3S \tag{2-17}$$

则该测量数据应舍弃。

另外，当测量值与平均值之差大于 2 倍标准偏差（即$|x_i-\bar{x}|>2S$）时，则该测量值应保留，但需存疑。如发现生产（施工）、试验过程中，有可疑的变异时，该测量值则应予舍弃。

拉依达法简单方便，不需查表，但要求较宽，当试验检测次数较多（$n>50$）或要求不高时可以应用，当试验检测次数较少时如 $n<10$，在一组测量值中即使混有异常值，也无法舍弃。

2. 肖维纳特法

进行 n 次试验，其测量值服从正态分布，以概率 $1/(2n)$ 设定一判别范围（$-k_n\cdot S$，$k_n\cdot S$），当离差（测量值 x_i 与其算术平均值$\bar{x}$之差）超出该范围时，就意味着该测量值 x_i 是可疑的，应予舍弃。判别范围由式（2-18）确定：

$$\frac{1}{2n}=1-\int_{-k_n}^{k_n}\frac{1}{\sqrt{2\pi}}e^{-\frac{t^2}{2}}\mathrm{d}t \tag{2-18}$$

式中：k_n——肖维纳特系数，与试验次数 n 有关，可由正态分布系数表得到，如表 2-1 所示。

肖维纳特系数 k_n 表 2-1

n	k_n	n	k_n	n	k_n	n	k_n	n	k_n	n	k_n
3	1.38	8	1.86	13	2.07	18	2.20	23	2.30	50	2.58
4	1.53	9	1.92	14	2.10	19	2.22	24	2.31	75	2.71
5	1.65	10	1.96	15	2.13	20	2.24	25	2.33	100	2.81
6	1.73	11	2.00	16	2.15	21	2.26	30	2.39	200	3.02
7	1.80	12	2.03	17	2.17	22	2.28	40	2.49	500	3.20

因此，肖维纳特法可疑数据舍弃的标准为：

$$\frac{|x_i-\bar{x}|}{S}\geqslant k_n \tag{2-19}$$

肖维纳特法改善了拉依达法，但从理论上分析，当 $n\to\infty$，$k_n\to\infty$，此时所有异常值都无法舍弃。此外，肖维纳特系数与置信水平之间无明确联系，已逐渐被格拉布斯法所代替。

3. 格拉布斯法

格拉布斯法假定测量结果服从正态分布，根据顺序统计量来确定可疑数据的取舍。作 n

次重复试验,测得结果为 x_1、x_2、…、x_i、…、x_n,而且 x_i 服从正态分布。

为了检验 $x_i(i=1,2,\cdots,n)$ 中是否有可疑值,可将 x_i 按其值由小到大顺序重新排成,得:

$$x(1)\leqslant x(2)\leqslant\cdots\leqslant x(n) \tag{2-20}$$

根据顺序统计原则,给出标准化顺序统计量 g:

$$\left.\begin{array}{ll}\text{当最小值 } x_{(1)} \text{ 可疑时,则} & g=\dfrac{\bar{x}-x_{(1)}}{S}\\ \text{当最大值 } x_{(n)} \text{ 可疑时,则} & g=\dfrac{x_{(n)}-\bar{x}}{S}\end{array}\right\}$$

根据格拉布斯统计量的分布,在指定的显著性水平 α(一般 $\alpha=0.05$)下,求得判别可疑值的临界值 $g_0(\alpha、n)$,格拉布斯法的判别标准为:

$$g\geqslant g_0(\alpha、n) \tag{2-21}$$

则可疑值 $x_{(i)}$ 是异常的,应予舍去。其中 $g_0(\alpha、n)$ 值列于表 2-2。

格拉布斯系数 $g_0(\alpha、n)$ 表 2-2

n	α		n	α		n	α	
	0.01	0.05		0.05			0.01	0.05
3	1.15	1.15	13	2.61	2.33	23	2.96	2.62
4	1.49	1.46	14	2.66	2.37	24	2.99	2.64
5	1.75	1.67	15	2.70	2.41	25	3.01	2.66
6	1.94	1.83	16	2.74	2.44	30	3.10	2.74
7	2.10	1.94	17	2.78	2.47	35	3.18	2.81
8	2.22	2.03	18	2.82	2.50	40	3.24	2.87
9	2.32	2.11	19	2.85	2.53	50	3.34	2.96
10	2.41	2.18	20	2.88	2.56	100	3.59	3.17
11	2.48	2.24	21	2.91	2.58			
12	2.55	2.29	22	2.94	2.60			

利用格拉布斯法每次只能舍弃一个可疑值,若有两个以上的可疑数据,应该一个一个数据的舍弃,舍弃第一个数据后,检测次数由 n 变为 $n-1$,以此为基础再判别第二个可疑数据是否应舍去。

例 2.3 试验室进行同配比的混凝土强度试验,其试验结果为($n=10$):23.0、24.5、26.0、25.0、24.8、27.0、25.5、31.0、25.4、25.8MPa,分别试用 3S 法、肖维纳特法和格拉布斯法判别其取舍。

解:分析上述 10 个测量数据,$x_{\min}=23.0$MPa 和 $x_{\max}=31.0$MPa 最可疑。故应首先判别 $x_{\min}$ 和 $x_{\max}$。经计算:$\bar{x}=25.8$MPa,$S=2.1$MPa。

(1)3S 法

因:

$$|x_{\max}-\bar{x}|=|31.0-25.8|=5.2\text{MPa}<3S=6.3\text{MPa}$$

$$|x_{\min}-\bar{x}|=|23.0-25.8|=2.8\text{MPa}<3S=6.3\text{MPa}$$

故上述测量数据均不能舍弃。

(2)肖维纳特法

查表 2-1,当 $n=10$ 时,$k_n=1.96$。对于测量值 31.0,则有:

$$\frac{|x_i - \bar{x}|}{S} = \frac{|31.0 - 25.8|}{2.1} = 2.48 \geqslant k_n = 1.96$$

说明测量数据 31.0 是异常的,应予舍弃。这一结论与拉依达法的结果是不一致的。

(3)格拉布斯法

测量数据按小到大次序排列如下:23.0、24.5、24.8、25.0、25.4、25.5、25.8、26.0、27.0、31.0。

$$g(1) = \frac{\bar{x} - x_{(1)}}{S} = \frac{25.8 - 23.0}{S} = 1.33$$

$$g(10) = \frac{x_{(10)} - \bar{x}}{S} = \frac{31.0 - 25.8}{S} = 2.48$$

由于 $g(1) < g(10)$,首先判断 $x_{(10)}$。取 $\alpha=0.05$,并根据 $\alpha=0.05$ 和 $n=10$,由表 2-2 查得 $g_0(0.05,10)=2.18$。由于 $g(10)=2.48>g_0(0.05,10)=2.18$,所以 $x_{(10)}=31.0$ 为异常值,应予舍弃。这一结论与肖维纳特法结论是一致的。

仿照上述方法继续对余下的 9 个数据进行判别,经计算没有异常值。

第二节　常用的数理统计方法与工具

工程质量控制与评价是以数理统计方法作为基本手段,所谓数理统计方法,就是运用统计性规律,收集、整理、分析、利用数据,并以这些数据作为判断、决策和解决质量问题的依据。

质量控制中比较常用而有效的统计方法有直方图法、排列图法、因果分析图法、控制图法、分层法、相关图法和统计调查分析法等。限于篇幅,本节主要介绍直方图、控制图和相关图等方法。

一、频数直方图法

频数直方图即质量分布图,简称直方图,是把收集到的质量数据,按顺序分成若干间隔相等的组,以组距为横坐标,以落入各组的数据频数为纵坐标,按比例构成的若干矩形条排列的图。直方图适用于对大量计量值数据进行整理加工、找出其统计规律,即分析数据分布的形态,以便对其总体分布特征进行推断的方法。

1. 直方图的绘制

频数是指在重复试验中,随机事件出现的次数。频数的统计方法有两种:一是以单个数值进行统计,即某个数据重复出现的次数就是它的频数;二是按区间数值进行统计,即是在已收集的数据中按照一定划分范围把整个数值分成若干区间,按每个区间内数值重复出现的次数作为这个区间的频数。在质量控制中,一般多采用第二种方法,也就是按区间进行频数统计。

下面结合实例说明绘制频数分布直方图的方法与步骤。

例 2.4　某沥青混凝土拌和过程中,油石比的抽检结果列于表 2-3。

油石比检测数据　表 2-3

顺序	数据										最大	最小	极差
1	6.12	6.35	5.84	5.90	5.95	6.14	6.05	6.03	5.81	5.86	6.35	5.81	0.54
2	5.78	5.25	5.94	5.80	5.90	5.86	5.99	6.16	6.18	5.79	6.25	5.78	0.44
3	5.67	5.64	5.88	5.71	5.82	5.94	5.91	5.84	5.68	5.91	5.94	5.64	0.30
4	6.03	6.00	5.95	5.96	5.88	5.74	6.06	5.81	5.76	5.82	6.06	5.74	0.32
5	5.89	5.88	5.64	6.00	6.12	6.07	6.25	5.74	6.16	5.66	6.25	5.64	0.61
6	5.58	5.73	5.81	5.57	5.93	5.96	6.04	6.09	6.01	6.04	6.09	5.57	0.52
7	6.11	5.82	6.26	5.54	6.26	6.01	5.98	5.85	6.06	6.01	6.26	5.54	0.72
8	5.86	5.88	5.97	5.99	5.84	6.03	5.91	5.95	5.82	5.88	5.99	5.82	0.17
9	5.85	6.43	5.92	5.89	5.90	5.94	6.00	6.20	6.14	6.07	6.43	5.85	0.58
10	6.08	5.86	5.96	5.53	6.24	6.19	6.21	6.32	6.05	5.97	6.32	5.53	0.79

1)收集数据

一般应不少于 50 ~ 100 个数据。理论上讲数据越多越好,但因收集数据需要耗费时间、人力和费用,所以收集的数据有限。本例为 100 个数据。

2)数据分析与整理

从收集的数据中找出最大值与最小值,并计算其极差。

本例中最大值:

$$x_{max} = 6.43$$

最小值:

$$x_{min} = 5.53$$

极差值:

$$R = x_{max} - x_{min} = 6.43 - 5.53 = 0.9$$

3)确定组数与组距

通常先定组数,后定组距。组数用 B 表示,应根据收集数据总数而定。当数据为 50 以下时,$B = 5 \sim 7$ 组;总数为 50 ~ 100 时,$B = 6 \sim 10$ 组;总数为 100 ~ 250 时,$B = 7 \sim 12$ 组;总数为 250 以上时,$B = 10 \sim 20$ 组。

组距用 h 表示,其计算公式为:

$$h = \frac{R}{B} \tag{2-22}$$

本例中取组数 $B = 10$,则组距,$h = \frac{0.9}{10} = 0.09$

4)确定组界值

确定组界值时,应使数据的全体落在第一组的下界值与最后一组(第 k 组)的上界值所组成的开区间之内;同时,为避免数据恰好落在组界上,组界值要比原数据的精度高一位。组界值具体确定方法如下:

$$第一组的下界值 = x_{min} - h/2$$

$$第一组的上界值 = x_{min} + h/2$$

第一组的上界值就是第二组的下界值,第二组的下界值加上组距 h 即为第二组的上界值,以此类推。

本例中第一组界值为：

$$(5.53-0.09/2)\sim(5.53+0.09/2)=5.485\sim5.575$$

5）统计频数

组界值确定后按组号，统计频数、频率（相对频数），作频数分布统计表。

本例的统计结果列于表 2-4。

频数分布统计表　　　　表 2-4

序　　号	分组区间	频　　数	相对频数
1	5.485 ~ 5.575	3	0.03
2	5.575 ~ 5.665	4	0.04
3	5.665 ~ 5.755	6	0.06
4	5.755 ~ 5.845	14	0.14
5	5.845 ~ 5.935	21	0.21
6	5.935 ~ 6.025	20	0.20
7	6.025 ~ 6.115	14	0.14
8	6.115 ~ 6.205	9	0.09
9	6.205 ~ 6.295	6	0.06
10	6.295 ~ 6.385	2	0.02
11	6.385 ~ 6.475	1	0.01
合　　计		100	1.0

6）绘制直方图

以横坐标为质量特性，纵坐标为频数（或频率）作直方图，如图 2-4 所示。

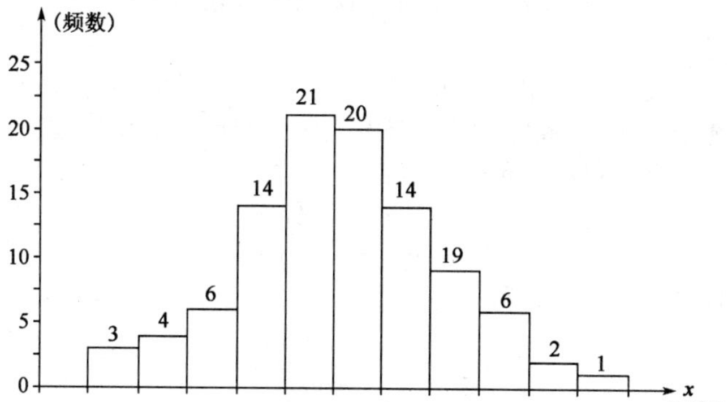

图 2-4　直方图

由图 2-4 可知，如果收集的检测数据数愈来愈多，分组愈来愈细，直方图就转化为一条光滑的曲线。这条曲线就称为概率分布曲线。

2. 直方图的应用

通过直方图形状，可以观察与判断产品质量特性分布状况（质量是否稳定，质量分布状态是否正常），判断生产过程是否正常，判断工序是否稳定，找出产生异常的原因，以决定是否采取相应的处理措施；计算工序能力，估算生产过程不合格率。

1）估算可能出现的不合格率

质量评定标准,一般都有上下两个标准界限值,上限为 T_u,下限为 T_L,故不合格率有超上限不合格率 P_u 和超下限不合格率 P_L,总的不合格率则为:

$$P = P_u + P_L \tag{2-23}$$

为了计算 P_u 与 P_L,引入相应的系数:

$$\left.\begin{aligned} K_u &= \frac{|T_u - \bar{x}|}{S} \\ K_L &= \frac{|T_L - \bar{x}|}{S} \end{aligned}\right\} \tag{2-24}$$

根据 K_u、K_L 查《正态分布概率系数表》(附表一),即可确定相应的超上限不合格率 P_u 和超下限不合格率 P_L。

例 2.5 在例 2.4 中,已知油石比的质量标准为 $T_u = 6.50\%$ 与 $T_L = 5.50\%$,试计算可能出现的不合格率 P。

解:经计算 $\bar{x} = 5.946\%$、$S = 0.181\%$,则:

$$K_u = \frac{|T_u - \bar{x}|}{S} = \frac{|6.50 - 5.946|}{0.181} = 3.06$$

$$K_L = \frac{|T_L - \bar{x}|}{S} = \frac{|5.50 - 5.946|}{0.181} = 2.46$$

查《正态分布概率系数表》:

$K_u = 3.06$ 时　　$P_u = 0.0011$

$K_L = 2.46$ 时　　$P_L = 0.00695$

故可能出现的不合格率为:

$$P = P_u + P_L = 0.00805 = 0.805\%$$

2)考察工序能力

工序能力是指工序处于稳定状态下的实际生产合格产品的能力,通常用工序能力指数 C_P 表示。工序能力指数就是质量标准范围 T 与该工序生产精度的比值,其计算方法如下:

(1)当质量标准中心与质量分布中心重合时

$$C_P = \frac{T}{6 \cdot S} = \frac{T_u - T_L}{6 \cdot S} \tag{2-25}$$

(2)当质量标准中心与质量分布中心不重合时

$$C_{PK} = \frac{T}{6 \cdot S} = \frac{T_u - T_L}{6 \cdot S}(1 - K) \tag{2-26}$$

式中:K——相对偏移量。

$$K = \frac{\left|\dfrac{T_u + T_L}{2} - \bar{x}\right|}{\dfrac{T_u - T_L}{2}} \tag{2-27}$$

(3)当质量标准只有下限或上限时

$$\left.\begin{aligned} C_P &= \frac{\bar{x} - T_L}{3 \cdot S} \quad \text{下限控制} \\ C_P &= \frac{T_u - \bar{x}}{3 \cdot S} \quad \text{上限控制} \end{aligned}\right\} \tag{2-28}$$

若 $\bar{x} < T_L$ 或 $\bar{x} > T_u$，则认为 $C_P = 0$，即完全没有工序能力。

从上式可以看出，C_P 值是工序所生产的产品质量分布范围能满足质量标准的程度。判断工序能力，主要用 C_P 值来衡量，其判断标准见表 2-5。

工序能力判断标准　　表 2-5

C_P 值	工序能力判断
$C_P > 1.33$	工序能力充分满足要求，但 C_P 值越是大于 1.33 说明工序能力越有潜力，应考虑标准是否订得过宽，工序是否经济
$C_P = 1.33$	理想状态
$1 \leq C_P < 1.33$	较理想状态，但 C_P 值接近或等于 1 时，则有发生不合格品的可能，应加强质量控制
$0.67 \leq C_P < 1$	工序能力不足，应采取措施改进工艺条件
$C_P < 0.67$	工序能力非常不足

例 2.6　试计算例 2.4 的工序能力指数，并作出判断。

解：

$$C_P = \frac{T_u - T_L}{6 \cdot S} = \frac{6.50 - 5.50}{6 \times 0.181} = 0.92$$

$$K = \frac{\left|\dfrac{6.50 + 5.50}{2} - 5.946\right|}{\dfrac{6.50 - 5.50}{2}} = 0.108$$

$$C_{PK} = C_P(1 - K) = 0.92 \times (1 - 0.108) = 0.82$$

按判断标准说明本例工序能力不够，需要从人、机器、材料和工艺方法等四个方面去查找影响工序能力的因素，进行改进，对 C_P 值作必要的修正。

3）判断质量分布状态

当生产条件正常时，直方图应该是中间高，两侧低，左右接近对称的正常型图形，如图 2-5a）所示。当出现非正常型图形时，就要进一步分析原因，并采取措施加以纠正。常见的非正常型图形有图 2-5 b）~ f）五种类型。

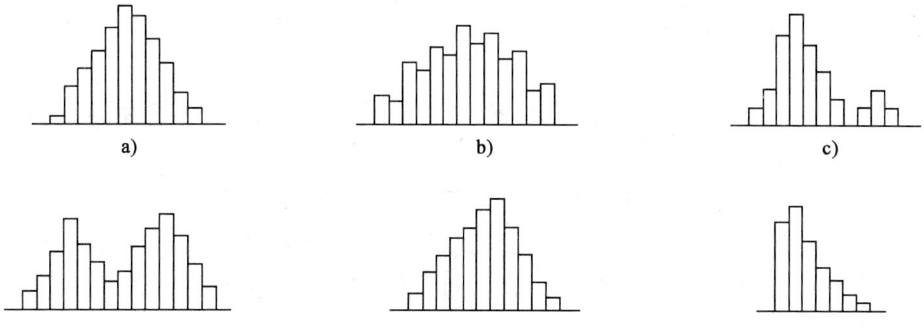

图 2-5　常见的直方图图形

（1）折齿形。图形出现凹凸状，如图 2-5b）所示，这多数是由于分组不当或组距确定不当所致。

（2）孤岛形。出现孤立的小直方图，如图 2-5c）所示，这是由于少量材料不合格，或短时间内工人操作不熟练所造成的。

（3）双峰形。图形出现了两个峰顶，如图 2-5d）所示，一般是由于两组生产条件不同的数据混淆在一起所造成的。

(4)缓坡形。图形向左或向右呈缓坡状,即平均值$\bar{x}$过于偏左或偏右,如图2-5e)所示,这是由于工序施工过程中的上控制界限或下控制界限控制太严所造成的。

(5)绝壁形。直方图的分布中心偏向一侧,如图2-5f)所示,常是由操作者的主观因素所造成的,即一般多是因数据收集不正常(如剔除了不合格品的数据),或是在工序检验中出现了人为的干扰现象。这时应重新进行数据统计或重新按规定检验。

4)判断施工能力

将正常型直方图与质量标准进行比较,即可判断实际生产施工能力。如图2-6所示,T表示质量标准要求的界限,B代表实际质量特性值分布范围。比较结果一般有以下几种情况:

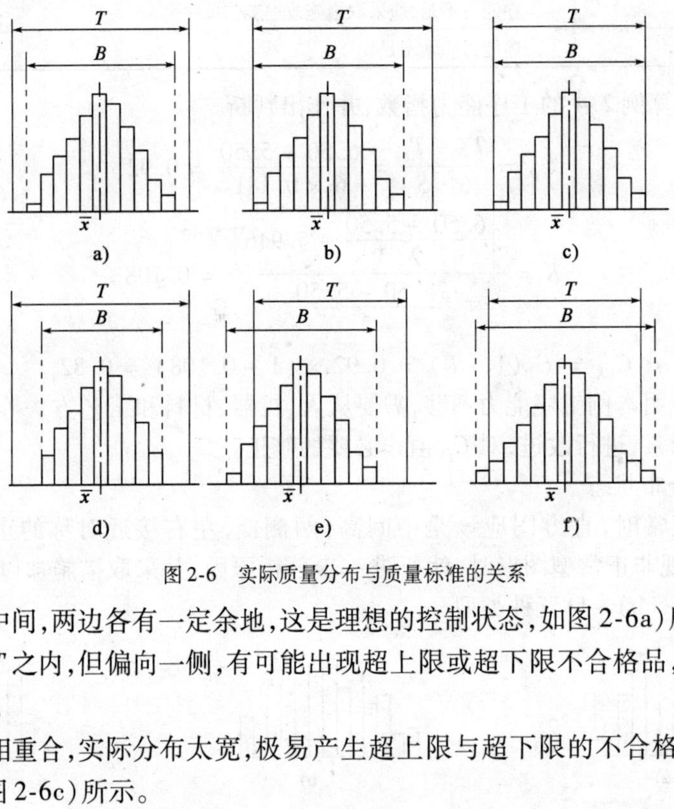

图2-6 实际质量分布与质量标准的关系

(1)B在T中间,两边各有一定余地,这是理想的控制状态,如图2-6a)所示。

(2)B虽在T之内,但偏向一侧,有可能出现超上限或超下限不合格品,要采取纠偏措施,如图2-6b)所示。

(3)B与T相重合,实际分布太宽,极易产生超上限与超下限的不合格品,要采取措施提高工序能力,如图2-6c)所示。

(4)B过分小于T,说明工序能力过大,不经济,如图2-6d)所示。

(5)B过分偏离T的中心,已经产生超上限或超下限的不合格品,须要调整,如图2-6e)所示。

(6)B大于T,已经产生大量超上限与超下限的不合格品,说明工序能力不能满足技术要求,如图2-6f)所示。

二、控制图法

控制图法又称管理图法,是典型的动态质量管理方法,由美国贝尔研究所的休哈特博士于1924年首先提出,目前已成为质量控制常用的统计分析工具。动态质量管理是过程控制的重要手段,旨在对生产过程进行实时监控,科学的区分出生产过程中产品质量的随机波动与异常波动,从而对生产过程的异常趋势及时提出预警,以便生产管理人员及时采取措施,消除异常,提高或恢复施工过程的质量稳定性，从而达到提高和控制质量的目的。

与直方图相比，控制图最大的特点是引入了时间序列或样本序列，通过观察样本点相关统计值是否在控制限内以判断过程是否受控，通过观察样本点排列是否随机从而及时发现异常。换句话说，控制图较直方图在质量预防和过程控制能力方面大为改进。

1. 控制图的基本原理

1）质量的波动性

在工程施工过程中，工程质量的波动是不可避免的，是由人（Man）、机具设备（Machine）、材料（Material）、工艺方法（Method）和环境（Enviroment）等因素（简称4M1E）的波动影响所致。波动分为两种：正常波动和异常波动。

正常波动是偶然性原因（偶因）造成的，其出现带有随机性质的特点，如原材料成分和性能发生微小变化，工人操作的微小变化，周围环境的微小变化等。这些因素在生产施工中大量存在，但就其个别因素来说，对产品质量影响程度很小，而且不容易识别和消除，甚至消除这些因素在经济上也不合算，所以又称这类因素为不可避免的原因。由这类原因造成的质量波动是正常的波动，不需加以控制，即认为生产过程处于稳定状态。在此状态下，当有大量的质量特性值时，其分布服从正态分布的规律。

异常波动是由系统原因（异因）造成的，对产品质量影响很大，如原材料质量规格的显著变化，工人不遵守操作规程，机械设备的调整不当，检测仪器的使用不合理，周围环境的显著变化等。但这类原因一般比较容易识别，能够采取措施避免和消除，并且一经消除，其作用和影响就不复存在，所以这类因素是可以避免的。一般情况下，异常波动在生产过程中不允许存在，一旦出现，必须立即查明原因，消除异常波动。

质量控制的目的就是要防止、发现、排除这些异常波动，保证生产过程在正常波动状态（即稳态）下进行。

2）控制图的原理

当随机变量 x 服从正态分布 $N(\mu,\sigma)$，则事件 $\mu-3\sigma<x<\mu+3\sigma$ 发生的概率是0.997 3。这一结论告诉我们，不论 μ 和 σ 是何数值，产品质量计量值在界限 $(\mu-3\sigma,\mu+3\sigma)$ 之间出现的可能性大小（即概率）为99.73%，在 $\mu\pm3\sigma$ 界限之外出现的概率为100% − 99.73% = 0.27%（图2-7）。也可从另一角度来理解，如果测量1 000个产品的质量特性值，则可能有997个左右产品的质量特性值落在 $(\mu-3\sigma,\mu+3\sigma)$ 的界限内，这几乎是肯定的事。

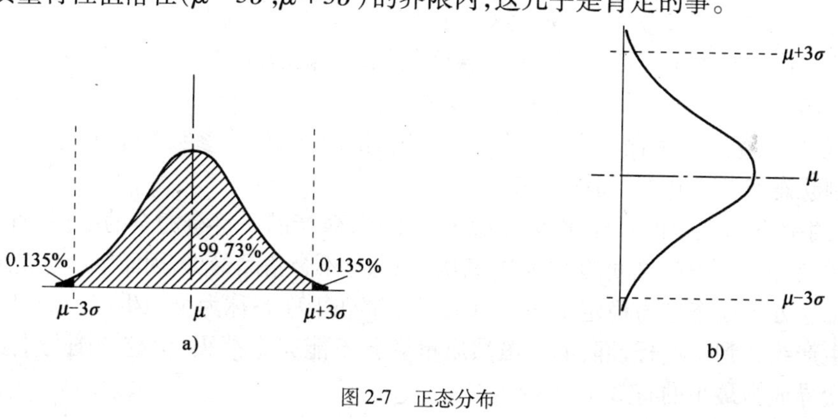

图2-7　正态分布

我们将图 2-7a)旋转 90°成为图 2-7b),以平均值μ为中心,在$\mu \pm 3\sigma$处各画两条控制界限(Control Limit),就成为控制图。控制图由三条水平线构成(图 2-8),中间的一条线(μ线)叫中心线(Central Line),记为 CL;上面的一条线($\mu + 3\sigma$线)为控制上限(Upper Control Limit),记为 UCL;下面的一条线($\mu - 3\sigma$)叫控制下限(Lower Control Limit),记为 LCL。

中心线、控制上限和控制下限的一般计算式为:

$$\mathrm{CL} = \bar{x}$$

$$\mathrm{UCL} = \bar{x} + 3S$$

$$\mathrm{LCL} = \bar{x} + 3S$$

在制作控制图时,怎样计算控制上限、中心线、控制下限,在以后介绍各种类型控制图时予以简单介绍。

3)控制图预防原则的贯彻

控制图是如何贯彻预防原则的呢?这可以由以下面几点看出:

一是应用控制图对生产过程不断监控,当异常波动刚一冒出苗头,甚至在未造成不合格品之前就能及时被发现。例如,在图 2-9 中点子有逐渐上升的趋势,故可以在这种趋势造成不合格品之前就采取措施加以消除,这样就起到了预防的作用。

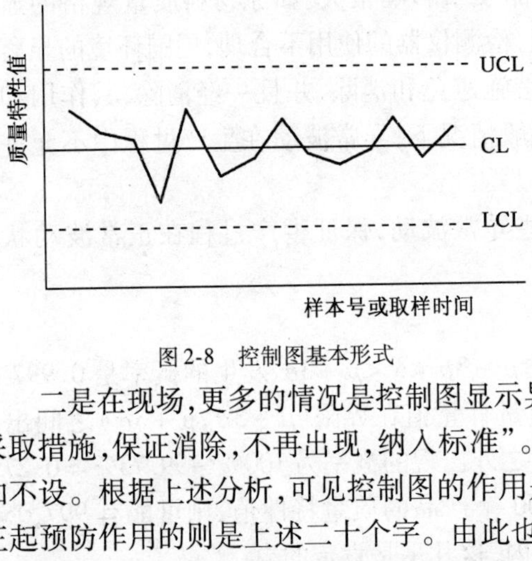

图 2-8 控制图基本形式

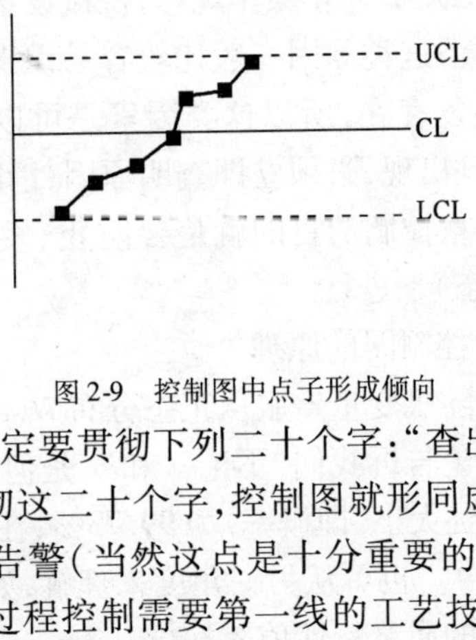

图 2-9 控制图中点子形成倾向

二是在现场,更多的情况是控制图显示异常,这时一定要贯彻下列二十个字:“查出异因,采取措施,保证消除,不再出现,纳入标准”。如果不贯彻这二十个字,控制图就形同虚设,不如不设。根据上述分析,可见控制图的作用是能够及时告警(当然这点是十分重要的);而真正起预防作用的则是上述二十个字。由此也可见,推行过程控制需要第一线的工艺技术人员把它作为日常生产工作来做,因为执行这二十个字只有他们才能做到。

每贯彻一次这二十个字(即经过一次这样的循环)就消除一个异因,使它永不再出现,从而起到了预防的作用。由于异因只有有限多个,故经过有限次循环后,最终可以达到这样一种状态:在过程中只存在偶因而不存在异因,由于这时分布的统计参数稳定不变,故这种状态称为统计控制状态或稳定状态,简称稳态。

稳态是生产过程追求的目标,因为在稳态下生产,对产品质量有完全的把握,质量特性值有 99.73% 落在上下控制界限之间的范围内;其次,稳态下不合格品最少,因而生产也是最经济的。

一道工序处于稳态称为稳定工序。每道工序都处于稳态称为全稳生产线。过程控制就是通过全稳生产线达到全过程预防的。虽然质量变异不能完全消灭,但控制图与上述二十个字是使质量变异成为最小的有效工具。

由此可见，控制图法就是利用生产过程处于稳定状态下的产品质量特性值分布服从正态分布这一统计规律，来识别生产过程的异常因素，控制生产过程由于系统性原因造成的质量波动，保证工序处于控制状态。

4）控制图的种类及控制界限的计算

根据质量数据种类，控制图分为二大类，控制图名称、特点及用途见表2-6。

控制图的种类 表2-6

种类	名称	表示符号	主要用途及特点
计量值控制图	平均值-极差控制图	$\bar{x}-R$	属于双值控制图，它所提供的情报系统完整，适于产品批量大，加工过程稳定的情况
	中位数-极差控制图	$\tilde{x}-R$	管理图的特性同上。用$\tilde{x}$代替$\bar{x}$，处理简单，检出过程不稳定能力比$\bar{x}$差
	单值移动-极差控制图	$x-R_s$	用于产品批量小，单件加工时间长，无法抽取多个样品，不需一次测取多个数据的情况
	平均值-标准差控制图	$\bar{x}-\sqrt{S}$	同$\bar{x}-R$图，理论根据充分，对生产过程不稳定检出能力强
计数值控制图	不合格品数控制图	P_n	控制对象是不合格品的件数，每组样本大小相同，适用于大批量生产
	不合格品率控制图	P	控制产品的不合格品率，每组样本抽取大小不能一致
	缺陷数控制图	C	服从泊松分布，控制对象为产品缺陷数量，每个样本大小一定
	单位缺陷数控制图	U	样本大小不固定，测定单位数量（如单位长度、单位面积）的缺陷数来控制产品的质量

各类控制图的控制界限计算公式及公式中采用的系数见表2-7和表2-8。

控制界限计算公式 表2-7

数据	控制图种类	控制界限	中心线	备注
计量值	平均值$\bar{x}$	$\bar{\bar{x}} \pm A_2\bar{R}$	$\bar{\bar{x}}=\sum_{i=1}^{K}\bar{x}_i/K$	$A_2\bar{R}=3S$
	极差R	D_4R, D_3R	$\bar{R}=\sum_{i=1}^{K}R_i/K$	$D_4R=\bar{R}+3S$ $D_3R=\bar{R}-3S$
	中位数$\tilde{x}$	$\bar{\tilde{x}} \pm m_3A_2\bar{R}$	$\bar{\tilde{x}}=\sum_{i=1}^{K}\tilde{x}_i/K$	$m_3A_2\bar{R}=3S$
	单值x	$x \pm E_2\bar{R}$	$\bar{x}=\sum_{i=1}^{K}x_i/K$	$E_2\bar{R}=3S$
计数值	不合格品数P_n	$P_n \pm 3\sqrt{n\bar{P}(1-\bar{P})}$	$\bar{P}_n=\sum_{i=1}^{K}P_{ni}/K$	$\sqrt{n\bar{P}(1-\bar{P})}=S$
	不合格品率P	$P_n \pm 3\sqrt{\frac{\bar{P}(1-\bar{P})}{n}}$	$\bar{P}=\sum_{i=1}^{K}P_i/K$	$\sqrt{\frac{\bar{P}(1-\bar{P})}{n}}=S$
	缺陷数C	$\bar{C} \pm 3\sqrt{C}$	$\bar{C}=\sum_{i=1}^{K}C_i/K$	$\sqrt{\bar{C}}=S$
	单位缺陷数U	$\bar{U} \pm 3\sqrt{U}$	$\bar{U}=\sum_{i=1}^{K}U_i/K$	$\sqrt{\bar{U}}=S$

注：表中"K"为样本组数。

控制图用系数表 表2-8

样本数	$\bar{x}$控制图	R 控制图		$\tilde{x}$ 控制图	x 控制图
n	A_2	D_4	D_3	m_3A_2	E_2
2	1.880	3.267	—	1.88	2.66
3	1.023	2.575	—	1.19	1.77
4	0.729	2.282	—	0.80	1.46
5	0.577	2.115	—	0.69	1.29
6	0.483	2.004	—	0.55	1.18
7	0.419	1.924	0.076	0.51	1.11
8	0.373	1.864	0.136	0.43	1.05
9	0.337	1.816	0.184	0.41	1.01
10	0.308	1.777	0.223	0.36	0.98

注:表中"—"表示不考虑下控制界限。

2.$\bar{x}-R$ 控制图的绘制

$\bar{x}-R$ 控制图采用两种控制图联用,通常将$\bar{x}$图放在上方,用于监控工序平均值的变化,R 图放在下方,用来监控工序散差的变化。$\bar{x}-R$ 控制图的理论根据比较充分,检测生产过程不稳定的能力也强,因此是施工质量控制中最常用的一组控制图。同时,限于篇幅,本章仅以$\bar{x}-R$为例简单介绍控制图的绘制。

例2.7 表2-9是路面基层厚度检测结果。该路面基层厚度的$\bar{x}-R$ 控制图绘制方法如下。

基层厚度检测结果与计算表 表2-9

日期	组号	实测偏差(cm)					$\sum x_1$	平均值 x_1	极差 R_1
		x_1	x_2	x_3	x_4	x_5			
5/3	1	2	-0.5	-1	-0.5	0.8	0.8	0.16	3.0
6/3	2	0	1.7	-1	1	-1	0.7	0.14	2.7
7/3	3	-1	1	1	-0.5	1	1.5	0.30	2.0
8/3	4	1	-1	0	0	0	0	0	2.0
9/3	5	1	1	0.5	1.5	-1	3.0	0.60	2.5
10/3	6	1	2	-1	0.5	2	4.5	0.90	3.0
11/3	7	2	0.5	2	1	0	5.5	1.10	2.0
12/3	8	2	2.5	0.5	1	1	7	1.40	2.0
13/3	9	2	-1	1.5	1	1.5	5	1.00	3.0
14/3	10	0	0.5	0	0	1.5	1	0.20	2.0
合计							29	5.8	24.2

(1)收集数据并整理。原则上要求收集50~100个以上数据。本例收集实测数据50个。

(2)把数据按时间和分批的顺序排列、分组。本例中 $n=5$,$K=10$,见表2-9。

(3)计算各组平均值$\bar{x}_i$、极差 R_i,并列入表2-9。

(4)计算各组平均值的平均值、极差的平均值。

$$\bar{x} = \frac{\bar{x}_1 + \bar{x}_2 + \cdots \bar{x}_K}{K} = \frac{5.8}{10} = 0.58$$

$$\bar{R} = \frac{R_1 + R_2 + \cdots R_K}{K} = \frac{24.2}{10} = 2.42$$

(5)计算控制界限

从表 2-8 中查得 $n=5$ 时，$A_2=0.577$，$D_4=2.11$，$D_3=0$。

$\bar{x}$控制图：

$$CL = \bar{x} = 0.58$$

$$UCL = \bar{x} + A_2\bar{R} = 0.58 + 0.577 \times 2.42 = 1.98$$

$$LCL = \bar{x} - A_2\bar{R} = 0.58 - 0.577 \times 2.42 = -0.82$$

R 控制图：

$$CL = \bar{R} = 2.42$$

$$UCL = D_4R = 2.115 \times 2.42 = 5.12$$

$$LCL = D_3R = 0$$

(6)建立坐标，画出控制图

中心线用实线表示，控制界限用虚线表示，并将样本数据按抽样顺序描在图上。$\bar{x}$ 控制图用“·”表示，R 控制图用“×”表示，出界限的点用“⊙”和“⊗”表示，如图 2-10 所示。

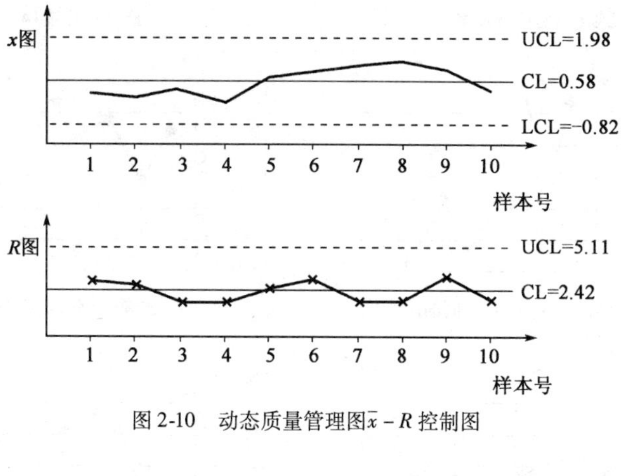

图 2-10　动态质量管理图$\bar{x}-R$ 控制图

3. 控制图的应用

通过上述$\bar{x}-R$ 控制图的绘制过程及分析可知，应用控制图的主要目的是分析判断生产过程是否稳定；及时发现生产中异常情况，预防不合格品产生；检查生产设备和工艺装备的精度是否满足生产要求；对产品进行质量评定。

怎样用控制图来分析判断生产过程是正常还是异常呢？当控制图的点子满足以下两个条件：一是点子没有跳出控制界限；二是点子随机排列没有缺陷，就认为生产过程基本上处于控制状态，即生产正常。否则，就认为生产过程发生了异常变化，必须把引起这种变化的原因找出来，排除掉。图 2-11 给出了一组用于解释常规控制图的八个模式检验示意图。

虽然图 2-11 模式检验可以作为一组基本的检验，但是分析者还应留意任何可能表明过程受到特殊原因影响的独特模式。因此，每当出现可查明原因的征兆时，这些检验就应该仅仅看作是采取行动的实用规则。这些检验中所规定的任何情形的发生都表明已出现变差的可查明原因,必须加以诊断和纠正。

上下控制限分别位于中心线之上与之下的 3σ 距离处。为了应用上述检验,将控制图等分为 6 个区,每个区宽 1σ。这 6 个区的标号分别为 A、B、C、C、B、A,两个 A 区、B 区及 C 区都关于中心线对称。这些检验适用于 $\bar{x}$ 图和单值(x)图。这里假定质量特性 x 的观测值服从正态分布。

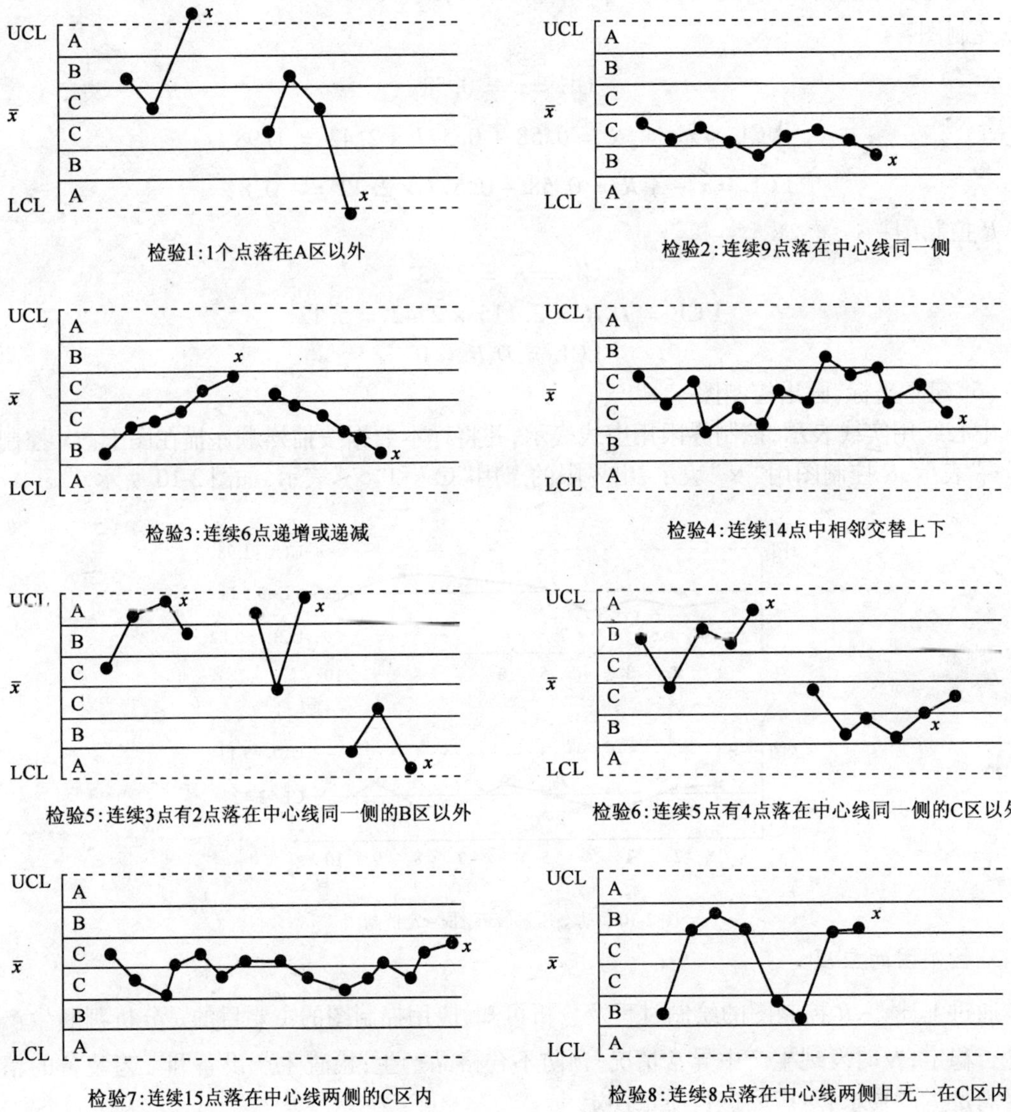

图 2-11　控制图的异常现象

三、相关图法

在质量控制中,常会接触到各个质量因素之间的关系。这些变量之间的关系往往不能进行解析描述,不能由一个(或几个)变量的数值精确地求出另一个变量的值,我们称为非确定性关系。相关图又称散布图,就是将两个非确定性关系变量的数据对应列出,标记在坐标图上，从点的散布情况来分析研究两种数据之间关系的图。在质量控制中借助相关图进行相关分析，可研究质量结果和原因之间的关系，进一步弄清影响质量特性的主要因素。

1. 相关图的绘制

（1）数据收集。成对地收集两种特性的数据做成数据表，数据应在 30 组以上。

（2）设计坐标。在坐标纸上以要因作 x 轴，结果（特性）作 y 轴。找出 x、y 的最大值和最小值，以最大值与最小值的差，定坐标长度，并定出适当的坐标刻度。

（3）数据打点入座。将集中整理后的数据依次相应用“·”标出纵横坐标交点，当两个同样数据的交点重合时用⊙表示。

（4）注说明。在图中适当位置写明数据个数、收集时间、工程部位名称、制图人和制图日期等。

2. 相关图的应用

1）确定两变量（因素）之间的相关性

两变量之间的散布图大致可分为如图 2-12 所示的六种情形。

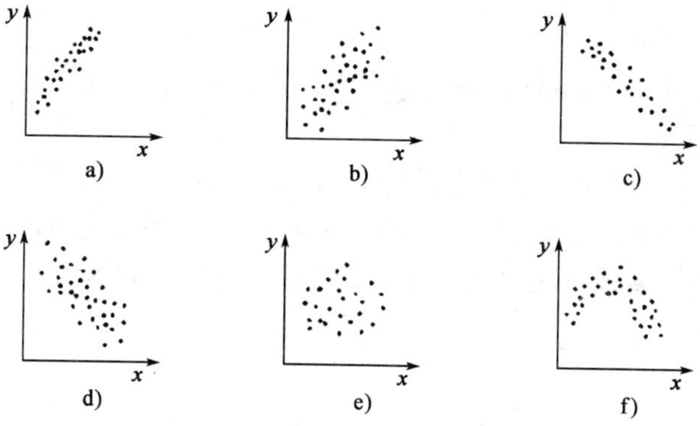

图 2-12　相关图的基本类型

在该图中，分别表示以下关系：

（1）强正相关，如图 2-12a）所示，x 增大，y 也随之线性增大。x 与 y 之间可用直线 $y = a + bx$（b 为正数）表示。此时，只要控制住 x，y 也随之被控制住了。

（2）弱正相关，如图 2-12b）所示，点分布在一条直线附近，且 x 增大，y 基本上随之线性增大，此时除了因素 x 外可能还有其他因素影响 y。

（3）强负相关。如图 2-12c）所示，x 与 y 之间可用直线 $y = a + bx$（b 为负数）表示。y 随 x 的增大而减小。此时，可以通过控制 x 而控制 y 的变化。

（4）弱负相关。如图 2-12d）所示，x 增加，y 基本上随之线性减小，但点的分布不像强负相关那样呈直线状，此时除 x 之外，可能还有其他因素影响 y。

（5）不相关。如图 2-12e）所示，x 增减对 y 无影响，即 x 与 y 没有关系。

（6）非线性相关。如图 2-12f）所示，点的分布呈曲线状，x、y 之间可用曲线方程进行拟合，根据两变量之间的曲线关系，可以利用 x 的控制调整，实现对 y 的控制。

2）变量控制

通过分析各变量之间的相互关系。确定出各变量之间的关联性类型及其强弱。当两变量之间的关联性很强时,可以通过对容易控制(操作简单、成本低)的变量的控制达到对难控制(操作复杂、成本高)的变量的间接控制。

3)可以把质量问题作为因变量,确定各种因素对产品质量的影响程度

当同时分析各种因素对某一质量指标的作用关系时,或某一质量现状的引发因素包含多种因素时,应尽可能将质量数据按照各种可能因素类型进行分层,如按操作人员分层、按使用设备分层、按工作时间分层、按使用原材料分层、按工艺方法分层或按工作环境分层等。将因素分层之后使原来无关的数据得以进一步细分,从而提示出更准确的内在联系。

3. 回归分析

作出相关图后,即可根据回归分析揭示两个变量(因素)之间的相关关系,并可确定它们之间的定量表达式—回归方程。因此,回归分析是研究各变量相关关系的一种数学工具。

在实际问题中,有时两个变量之间的关系是线性,而有时两个变量之间则存在非线性关系。因此,一般情况下,试验结果的数学表示包括三个方面的工作:

(1)确定回归方程的类型。

(2)确定回归方程中的回归系数。

(3)回归方程相关关系的判断。

由于篇幅限制,下面仅讨论线性回归分析,对于非线性问题,往往可以通过变量变换转化为线性回归问题进行处理。

一元线性回归是工程中经常遇到的配直线的问题。通过试验,可以得到若干组的对应数据,根据这些数据画出相关图,当点大致分布在一条直线附近时,说明两变量之间存在线性关系,即可以用一条适当的直线来表示这两变量的关系。此直线方程为:

$$Y = a + bx \tag{2-29}$$

式中:x——自变量;

Y——因变量;

a、b——回归系数。

平面上的直线很多,而 a、b 值构成的最优直线必须使 $Y = a + bx$ 方程的函数值 Y_i 与实际观察值 y_i 之差为最小。为此,根据最小二乘法原理,当所有数据偏差的平方和最小时,所配的直线最优。根据这个条件可以求得:

$$b = \frac{L_{xy}}{L_{xx}} \tag{2-30}$$

$$a = \overline{y} - b\overline{x} \tag{2-31}$$

式中:$L_{xy} = \sum_{i=1}^{n}(x_i - \overline{x})(y_i - \overline{y}) = \sum_{i=1}^{n}x_i y_i - n\,\overline{x}\,\overline{y}$;

$L_{xx} = \sum_{i=1}^{n}(x_i - \overline{x})^2 = \sum_{i=1}^{n}x_i^2 - n\,\overline{x}^2$。

任何两个变量 x、y 的若干组试验数据,都可以按上述方法回归出一条直线,假如两变量 x、y 之间根本不存在线性关系,那么所建立的回归方程就毫无实际意义。因此,需要引入一个数量指标来衡量其相关程度,这个指标就是相关系数,用 r 表示:

$$r = \frac{L_{xy}}{\sqrt{L_{xx}L_{yy}}} \tag{2-32}$$

式中：$L_{yy}=\sum_{i=1}^{n}(y_i-\bar{y})^2=\sum_{i=1}^{n}y_i^2-n\bar{y}^2$。 (2-33)

相关系数 r 是描述回归方程线性相关的密切程度的指标；其取值范围为 $-1\leqslant r\leqslant 1$，r 的绝对值越接近于1，x 和 y 之间的线性关系越好，当 $r=\pm 1$ 时，x 与 y 之间符合直线函数关系，称 x 与 y 完全相关，这时所有数据点均在一条直线上。如果 r 趋近于0，则 x 与 y 之间没有线性关系，这时 x 与 y 可能不相关，也可能是曲线相关。

对于一个具体问题，只有当相关系数 r 的绝对值大于临界值 r_α 时，才可用直线近似表示 x 与 y 之间的关系，也就是 x 与 y 之间存在线性相关关系，其中临界值 r_α 与测量数据的个数 n 和显著性水平 α 有关，其值列于附表三。

例 2.8 不同灰水比（C/W）的混凝土 28d 强度（R_{28}）试验结果如表 2-10 所示，试确定 $C/W\sim R_{28}$ 之间的回归方程及其相关系数 r（取显著性水平 $\alpha=0.05$）。

$C/W\sim R_{28}$ 试验结果及回归计算 表 2-10

序 号	$x(C/W)$	$y(R_{28})$(MPa)	x^2	y^2	xy
1	1.25	14.3	1.562 5	204.49	17.875
2	1.50	18.0	2.25	324	27
3	1.75	22.8	3.062 5	519.84	39.9
4	2.00	26.7	4	712.89	53.4
5	2.25	30.3	5.062 5	918.09	68.175
6	2.50	34.1	6.25	1 162.81	85.25
Σ	11.25	146.2	22.187 5	3 842.12	291.6
	$\bar{x}=1.875$ $(\sum x)^2=126.562\,5$ $L_{xx}=1.093\,75$		$\bar{y}=124.4$ $(\sum y)^2=21\,374.44$ $L_{yy}=279.713\,3$		$(\sum x)(\sum y)=1\,644.75$ $L_{xy}=17.475$

解：为计算方便，列表进行，有关计算列于表 2-10 中。

根据式（2-30）和（2-31），求得：

$$b=\frac{L_{xy}}{L_{xx}}=15.98,a=\bar{y}-b\bar{x}=-5.56$$

则回归方程为：

$$Y=15.98x-5.56$$

或

$$R_{28}=15.98(C/W)-5.56$$

相关系数：

$$r=\frac{L_{xy}}{\sqrt{L_{xx}L_{yy}}}=\frac{17.475}{\sqrt{1.093\,75\times 279.713\,3}}=0.999\,1$$

由试验次数 $n=6$，显著性水平 $\alpha=0.05$，查本书附表三，得相关系数临界值 $r_{0.05}=0.811$。故 $r>r_{0.05}$，说明混凝土 28d 的抗压强度 R_{28} 与灰水比（C/W）是线性相关的，所确定的直线回归方程是有意义的。

第三节　抽样检验基础

检验是指通过测量、试验等质量检测方法,将工程产品与其质量标准相比较,并作出质量评判的过程。工程质量检验是工程质量控制的一个重要环节,是保证工程质量的必要手段。

检验可分为全数检验和抽样检验两大类。全数检验是对一批产品中的每一个产品进行检验,从而判断该批产品质量状况;抽样检验是从一批产品中抽出少量的单个产品进行检验,从而推断该批产品质量状况。全数检验较抽样检验可靠性好,但检验工作量非常大,往往难以实现;抽样检验方法以数理统计学为理论依据,具有很强的科学性和经济性,在许多情况下,只能采用抽样检验方法。公路工程不同于一般产品,是一个连续的整体(即无限总体),且采用的质量检测手段又多属于破坏性的。所以,就公路工程质量检验而言,不可能采用全数检验,而只能采用抽样检验。即从待检工程中抽取样本,根据样本的质量检验结果,推断整个待检工程的质量状况,如图2-13所示。

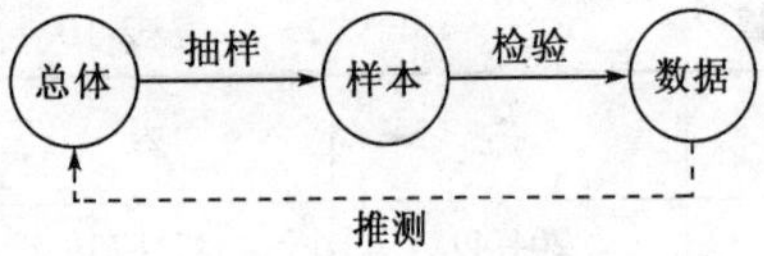

图2-13　总体与样本的关系

一、抽样检验的类型

抽样是从总体中抽取样本的过程,并通过样本了解总体。总的来说,抽样检验分为非随机抽样与随机抽样两大类。

1. 非随机抽样

人为的有意识的挑选取样即为非随机抽样。非随机抽样中,人的主观因素占主导作用,由此所得到的质量数据,往往会对总体作出错误的判断。例如,有些部门(如施工单位)希望抽取质量较好的试样,以便得到较好的检验结果;而有些部门(如质量监督部门)则希望抽取质量较差的试样,使工程整体质量得以提高。因此,采用非随机抽样方法所得的检验结论,其可信度较低。

2. 随机抽样

随机抽样排除了人的主观因素,使待检总体中的每一个单位产品具有同等被抽取到的机会。只有随机抽取的样本才能客观地反映总体的质量状况。这类方法所得到的数据代表性强,质量检验的可靠性得到了基本保证。因此,随机抽样是以数理统计的原理,根据样本取得的质量数据来推测、判断总体的一种科学抽样检验方法,因而被广泛使用。

二、随机抽样的方法

先举一个例子,说明随机抽样的方法。假如有一批产品,共100箱,每箱20件,从中选择200个样本。一般有以下几种抽样方法。

(1)从整批中,任意抽取200件。

(2)从整批中,先分成10组,每组为10箱,然后分别从各组中任意抽取20件。

(3)从整批中,分别从每箱中任意抽取2件。

(4)从整批中,任意抽取10箱,对这10箱进行全数检验。

上述四种方法,分别称为单纯随机抽样、系统抽样、分层抽样和密集群抽样。

因此,随机抽样的方法有多种,适合于公路工程质量检验的随机抽样方式一般采用以下3种。

1. 单纯随机抽样

在总体中,直接抽取样本的方法即为单纯随机抽样。这是一种完全随机化的抽样方法。要实现单纯随机抽样,首先要对总体中各个个体进行编码。随机抽样并不意味着随便地、任意地取样,而是应采取一定的方式获取随机数,以确保抽样的随机性。而随机数可以利用随机数表获得,也可以利用掷骰子和抽签的方法获得。

2. 系统抽样

系统地将总体分成若干部分,然后从每一个部分中抽取一个或若干个个体,组成样本,这一方法称为系统抽样。系统抽样的实现主要有3种方式:

(1)将比较大的总体分为若干部分,再根据样本容量的大小,在每部分按比例进行单纯随机抽样,将各部分抽取的样品组合成一个样本。

(2)间隔定时法。每隔一定的时间,从工作面抽取一个或若干个样品。该方法适合于工序质量控制。

(3)间隔定量法。每隔一定数量的产品,抽取一个或若干个样品,该方法主要适合于工序质量控制。

3. 分层抽样

一项工程或工序往往是由若干个不同的班组施工的。分层抽样法就是根据此类情况,将工程或工序分为若干层。如同一个班组施工的工程或工序作为一层,若某项工程或工序是由3个不同的班组施工的,则可分为3层,然后按一定比例确定每层应抽取样品数,对每层则按单纯随机抽样法抽取样品。分层时,应尽量使层内均匀,而层间不均匀。分层抽样法便于了解每层的质量状况,分析每层产生质量问题的原因。

三、路基路面现场随机取样方法

为了公正、合理地反映工程质量状况,取样的位置不应带有任何倾向性,应该根据随机数表来确定现场取样的具体位置。

应用随机数表确定现场取样位置时,应事先准备好编号从1~28共28块硬纸片,并将其装入布袋中。下面分测定区间或断面和测点位置两种情况加以讨论。

1. 测定区间或断面确定方法

(1)路段确定,根据路基路面施工或验收、质量评定方法等有关规范决定需检测的路段。它可以是一个作业段、一天完成的路段或路线全程,在路基路面工程检查验收时,通常以1km为一个检测路段,此时,检测路段的确定也应按本方法的步骤进行。

(2)将确定的测试路段划分为一定长度的区间或按桩号间距(一般为20m)划分若干个断

面,并按1、2、……、T进行编号,其中T为总的区间数或断面数。

(3)从布袋中随机摸出一块硬纸片,硬纸片上的号数即随机数表上的栏号,从1~28栏中选出该栏号的一栏。

(4)按照测定区间数、断面数的频度要求(总的取样数为n,当$n>30$时应分次进行),依次找出与A列中01、02、…、n对应的B列中的值,共n对对应的A、B值。

(5)将n个B值与总的区间数或断面数T相乘,四舍五入成整数,即得到n个断面的编号。

例2.9 按照有关规范规定,拟从K36+000~K37+000的1km检测路段中选择20个断面测定路面宽度、高程、横坡等外形尺寸,断面决定方法如下:

(1)1km总长的断面数$T=1\,000/20=50$个,编号1,2,……,50。

(2)从布袋中摸出一块硬纸片,其编号为14,即使用随机数表的第14栏。

(3)从第14栏A列中挑出小于等于20所对应的B列数值,将B与T相乘,四舍五入得到20个编号,并得到20个断面的桩号,如表2-11所示。

路面宽度、高程、横坡检测断面随机取样计算表 表2-11

断面编号	14栏 A列	B列	B×T	断面号	桩号	断面编号	14栏 A列	B列	B×T	断面号	桩号
1	17	0.089	4.45	4	K36+080	11	16	0.527	26.35	26	K36+520
2	10	0.149	7.45	7	K36+140	12	05	0.797	39.85	40	K36+800
3	13	0.244	12.2	12	K36+240	13	15	0.801	40.05	40	K36+820
4	08	0.264	13.2	13	K36+260	14	12	0.836	41.80	42	K36+840
5	18	0.285	14.25	14	K36+280	15	04	0.854	42.70	43	K36+860
6	02	0.340	17.0	17	K36+340	16	11	0.884	44.20	44	K36+880
7	06	0.359	17.95	18	K36+360	17	19	0.886	44.30	44	K36+900
8	20	0.387	19.35	19	K36+380	18	07	0.929	46.45	46	K36+920
9	14	0.392	19.60	20	K36+400	19	09	0.932	46.60	47	K36+940
10	03	0.408	20.40	20	K36+420	20	01	0.970	48.50	49	K36+980

2.测点位置确定方法

(1)从布袋中任意取出一块硬纸片,纸片上的号数即为随机数表中的栏号。从1~28栏中选出该栏号的一栏。

(2)按照测点数的频度要求(总的取样数为n)依次找出栏号的取样位置数,每个栏号均有A、B、C三列。根据检验数量n(当$n>30$时应分次进行),在所定栏号的A列找出等于所需取样位置数的全部数,如01、02、…、n。

(3)确定取样位置的纵向距离,找出与A列中相对应的B列中的数值,以此数乘以检测区间的总长度,并加上该段的起点桩号,即得出取样位置距该段起点的距离或桩号。

(4)确定取样位置的横向距离,找出与A列中相对应的C列中的数值,以此数乘以检查路基路面的宽度,再减去宽度的一半,即得出取样位置距路中心线的距离。如差值是正值,表示在中心线的右侧;如差值是负值,表示在中心线的左侧。

例 2.10　按照有关规范规定，检查验收时拟在 K36 +000 ~ K37 +000 的 1km 检测路段中选择 6 个测点进行钻孔取样检验压实度、沥青用量和矿料级配等，钻孔位置决定方法如下：

(1)选定的随机数栏为栏号 3。

(2)栏号中从上至下的数为：01、06、03、02、04 及 05。

(3)随机数表栏号 3 的 *B* 列中与这 6 个数相对应的数为 0.175、0.310、0.494、0.699、0.838、及 0.977。

(4)取样路段长度 1 000m，计算得出 6 个乘积(取样位置与该段起点的距离)分别为 175m、310m、494m、699m、838m、977m。

(5)随机数表栏号 3 的 *C* 列中与 *A* 列中的数值相对应的数为 0.647、0.043、0.929、0.073、0.166 及 0.494。

(6)路面宽度为 10m，计算得 6 个乘积分别是 6.47、0.63、9.29、0.73、1.66 及 4.94m。因此，6 个取样的横向位置分别是右 1.41m、左 4.37m、右 4.29m、左 4.27m、左 3.34m 及左 0.06m。

上述计算结果可采用表 2-12 的方式表示。

钻孔位置取样选点计算表　　表 2-12

栏　号　3		取样路段长 1 000m			路面宽度 10m		测点数 6 个
编号	*A* 列	*B* 列	距起点距离(m)	桩号	*C* 列	距路边缘距离(m)	距中线位置(m)
No. 1	01	0.175	175	K36 +175	0.647	6.47	右 1.47
No. 2	06	0.310	310	K36 +310	0.043	0.43	左 4.57
No. 3	03	0.494	494	K36 +494	0.929	9.29	右 4.29
No. 4	02	0.699	699	K36 +699	0.073	0.73	左 4.27
No. 5	04	0.838	838	K36 +837	0.166	1.66	左 3.34
No. 6	05	0.977	977	K36 +977	0.494	4.94	左 0.06

四、抽样检验的评定方法

抽样检验的目的，就是根据样本取得的质量数据来推测样本所属的一批产品或工序的质量状况，并判断该批产品或该工序是否合格。抽样检验评定基本原理可以用图 2-14 表示。图中，N 为一批产品数量(即批量)，n 为从该批量中随机抽取的样本数；d 为抽出样本中不合格品数；c 为抽样中允许不合格品数(或称合格判定数)。若 $d \leqslant c$，则认为该批产品合格，可以接受；若 $d > c$，则说明该批产品不合格，应拒绝接收。

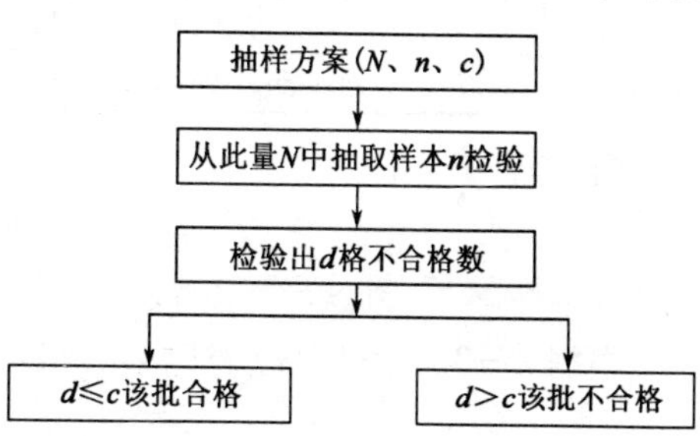

图 2-14　抽样检验评定原理

根据《公路工程质量检验评定标准》(JTG F80/1—2004)，公路工程质量评定采用合格率与评分的方法，也就是根据检查值是否符合标准要求进行评定，按合格率计分，合格率与评定分值按下述公式计算：

$$检查项目合格率(\%) = \frac{检查合格的点(组)数}{该检查项目的全部检验点(组)数} \times 100 \quad (2\text{-}34)$$

$$检查项目评定分值 = 检查项目合格率 \times 100 \quad (2\text{-}35)$$

对于路基路面的压实度、弯沉值、路面结构层厚度、半刚性材料强度、水泥混凝土抗压和抗折强度等检查项目,应采用数理统计的方法进行评定计分。下面举例说明上述检验项目的评定方法,具体的评定方法请参阅《公路工程质量检验评定标准》(JTG F80/1—2004)。

例 2.11 某新建高速公路竣工后,在不利季节测得某路段路面的弯沉值如表 2-13 所示,路面设计弯沉值为 40(0.01mm),试判断该路段的弯沉值是否符合要求?取保证率系数 $Z_\alpha = 1.645$。

弯沉值检测结果(0.01mm)　　表 2-13

序号	1	2	3	4	5	6	7	8	9	10	11
l_i	30	29	31	28	27	26	33	32	30	30	31
序号	12	13	14	15	16	17	18	19	20	21	22
l_i	29	27	26	32	31	33	31	30	29	28	28

解:经计算:

$$\bar{l} = 29.6(0.01\text{mm})$$
$$S = 2.09(0.01\text{mm})$$

弯沉代表值为弯沉检测值的上波动界限,即:

$$l = \bar{l} + Z_\alpha S = 29.6 + 1.645 \times 2.09 = 33.0(0.01\text{mm})$$

因为弯沉代表值 $l < l_d = 40(0.01\text{mm})$,所以该路段的弯沉值是满足要求的。

例 2.12 某路段水泥混凝土路面板厚度检测数据如表 2-14 所示。保证率为 95%,设计厚度 $h_d = 25\text{cm}$,代表值允许偏差 $\Delta h = 5\text{mm}$,试对该路段的板厚进行评价。

水泥混凝土路面板厚度检测结果(cm)　　表 2-14

序号	1	2	3	4	5	6	7	8	9	10
厚度 h_i	25.1	24.8	25.1	24.6	24.7	25.4	25.2	25.3	24.7	24.9
序号	11	12	13	14	15	16	17	18	19	20
厚度 h_i	24.9	24.8	25.3	25.3	25.2	25.0	25.1	24.8	25.0	25.1
序号	21	22	23	24	25	26	27	28	29	30
厚度 h_i	24.7	24.9	25.0	25.4	25.2	25.1	25.0	25.0	25.5	25.4

解:经计算:

$$\bar{h} = 25.05(\text{cm})$$
$$S = 0.24(\text{cm})$$

根据 $n = 30, \alpha = 95\%$,查附表二得:

$$\frac{t_\alpha}{\sqrt{n}} = 0.310$$

厚度代表值 h 为算术平均值的下置信界限,即:

$$h = \bar{h} - S \cdot \frac{t_\alpha}{\sqrt{n}} = 25.05 - 0.24 \times 0.31 = 24.98(\text{cm})$$

因为 $h > h_d - \Delta h = 24.5\text{cm}$，所以该路段的板厚满足要求。

例 2.13　某新建公路路基施工中，对其中的一段压实质量进行检查，压实度检测结果如表 2-15 所示，压实度标准 $K_0 = 96\%$。请按保证率 95% 计算该路段的压实度代表值并进行质量评定。

压实度检测结果　　表 2-15

序号	1	2	3	4	5	6	7	8	9	10
压实度 K_i(%)	96.4	95.4	93.5	97.3	96.3	95.8	95.9	96.7	95.3	95.6
序号	11	12	13	14	15	16	17	18	19	20
压实度 K_i(%)	97.6	95.8	96.8	95.7	96.1	96.3	95.1	95.5	97.0	95.3

解：经计算：

$$\bar{K} = 95.97(\%)$$

$$S = 0.91(\%)$$

压实度代表值 K 为算术平均值的下置信界限，即：

$$K = \bar{K} - S \cdot \frac{t_\alpha}{\sqrt{n}} = 95.97 - 0.91 \times 0.387 = 95.62(\%)$$

由于压实度代表值 $K < K_0 = 96\%$，所以该路段的压实质量不合格。

本 章 小 结

数理统计是工程质量控制与评定的理论基础，本章重点讨论了以下三个方面的内容。

1. 数理统计基础

工程质量控制与评价是以数据为依据，质量数据可以分为计量值数据和计数值数据，它有两个基本特性，即差异性和规律性，差异性反映了工程质量的波动性，规律性可以用数据统计特征量与分布来表示。公路工程质量检验与评价中，常用的概率分布有正态分布与 t 分布，而正态分布应用最广泛，是其他概率分布的基础。

数据统计特征量有算术平均值 $\bar{x}$、中位数 $\tilde{x}$、极差 R、标准偏差 S 和变异系数 C_v，其中应用最多的是 $\bar{x}$、S 和 C_v。根据抽样检验的理论，由样本的算术平均值 $\bar{x}$ 和标准偏差 S 可分别推算总体的算术平均值 μ 和标准偏差 σ。

可疑数据取舍的方法常用拉依达法、肖维纳特法和格拉布斯法，舍弃的标准统一表示为：$|x_i - \bar{x}| \geq KS$。其中，拉依达法 $K = 3$；肖维纳特法 $K = K_n$，与试验次数 n 有关；格拉布斯法 $K = g_0$，与试验次数 n 和显著性水平 α 有关。

2. 数理统计方法与工具

分别介绍了频数分布图、控制图和相关图的作图方法。

频数分布直方图的主要作用是估计可能出现的不合格率、考察工序能力、判断质量分布状态和判断施工能力。

控制图属于动态分析法，控制图的类型较多，常用的是单值—移动极差控制图（$x - R_s$ 图）、平均值与极差控制图（$\bar{x} - R$ 图），主要用以分析判断生产过程是否稳定。

相关图可以用来分析两个因素之间的相关关系和分析影响质量特性的主要因素。根据相关图,可进行回归分析(仅讨论一元线性回归),确定两因素之间的定量表达式—回归方程,并根据相关系数 r 判断线性相关性。

3. 抽样检验基础

检验分为全数检验和抽样检验两大类,而抽样检验又有随机抽样与非随机抽样之分,随机抽样是运用数理统计原理的一种抽样方法。适用于公路工程的随机抽样方式有单纯随机抽样、系统抽样和分层抽样 3 种。

以《公路路基路面现场测试规程》(JTJ 059—95)为基础,介绍了路基路面现场(测定区间或断面、测点位置)随机取样方法,以实例说明了路基路面压实度、弯沉、路面结构层厚度等运用数理统计原理的评定方法。

思考题

1. 何谓总体、样本?

2. 质量数据的基本特性是什么? 质量数据可分为哪两类?

3. 频数分布直方图有哪些用途?

4. 什么叫抽样? 随机抽样有哪几种方法?

5. 某一级公路水泥稳定砂砾基层压实厚度检测值为 21.3、22.1、20.1、19.7、18.8、20.4、21.6、21.7、22.8、19.9(cm),试计算检测值的算术平均值、中位数、极差、标准偏差和变异系数;并计算其厚度代表值(保证率为 99%)。

6. 某路段二灰稳定碎石基层无侧限抗压强度试验结果为:0.80、0.30、0.96、0.80、0.44、0.90、0.70、0.42、0.50、1.08、0.82(MPa),请分别用拉依达法、肖维纳特法和格拉布斯法对上述数据进行取舍判别。

7. 某路段路基施工质量检查中,用标准轴载测得 10 点的弯沉值分别为 100、101、102、110、95、98、93、96、103、104(0.01mm),设计弯沉值为 120(0.01mm),请计算该路段的代表性弯沉值(保证率系数 $Z_a = 1.645$),并判断该路段的弯沉值是否符合要求?

8. 某新建高速公路路基施工中,对其中某一路段压实质量进行检查,压实度检测结果分别为 96.6%、95.4%、93.9%、97.3%、96.3%、95.9%、95.9%、96.8%、95.3%、95.9%,请按保证率 95% 对该路段的压实质量进行评定。

第三章　路基工程施工质量监理

第一节　路基工程概述

一、路基的形式及对路基的基本要求

1. 路基

公路是一种线形工程构造物。它主要承受和满足汽车荷载的重复作用,以及经受各种自然因素的长期影响。由于地形、地质和经济条件的限制,公路中线在平面上有弯曲,在竖直方向上有起伏,因此,它是一条空间曲线,其形状称为公路的线形。

路基是公路线形的主体,它贯穿公路全线,并与沿线的桥梁、隧道和涵洞等相连接,路基是路面的基础,它与路面共同承担汽车荷载的作用,路面靠路基来支承,没有稳固的路基就没有稳固的路面。

路基是按照路线位置和一定的技术要求修筑的作为路面基础的带状构造物。

2. 路基的形式

路基的横断面如图 3-1 所示。由于地形的变化,道路设计高程与天然地面高程的相互关系不同,一般常见的路基横断面形式有路堤和路堑两种,高于天然地面的填方路基称为路堤[图 3-1a)],低于天然地面的挖方路基称为路堑[图 3-1b)]。介于两者之间的称为半填半挖路基[图 3-1c)]。

为了保证路基的稳定,必须修建适宜的排水系统,用以排除地面水和地下水(如边沟、截水沟、排水沟、跌水、急流槽和盲沟、渗沟、渗井等排水设施)。在修建山区公路时,还常需修筑各种防护工程和特殊构筑物,如在山坡较陡时,为了保证路基的稳定和节省土方量,往往需修筑挡土墙(图 3-2);石砌边坡(图 3-3)和护脚;再如为保护岩石路堑边坡避免自然因素侵蚀,而砌筑的护面墙和为防止土质路堤免受常年积水的影响而修筑的护坡(图 3-4)。

3. 对路基的基本要求

(1)具有足够的整体稳定性。路基是在天然地面上填筑或挖去一部分而建成。路基修建后,改变了原地面的天然平衡状态,当地质不良时,修建路基可能加剧原地面的不平衡状态,从而发生沉陷、滑坍、崩塌等病害,造成路基损害。为防止路基在行车荷载及自然因素作用下,发生较大的变形或破坏,必须因地制宜采取一些措施来保证路基整体稳定性。

(2)具有足够的强度。路基强度是指在行车荷载作用下,路基抵抗变形的能力。行车荷载及路基路面自重同时对路基下层及地基形成一定压力,这些压力都可能使路基产生变形,直

接影响路面结构的使用性能。为保证路基在外力及自重作用下,不致产生超过容许范围的变形,要求路基具有足够的强度。

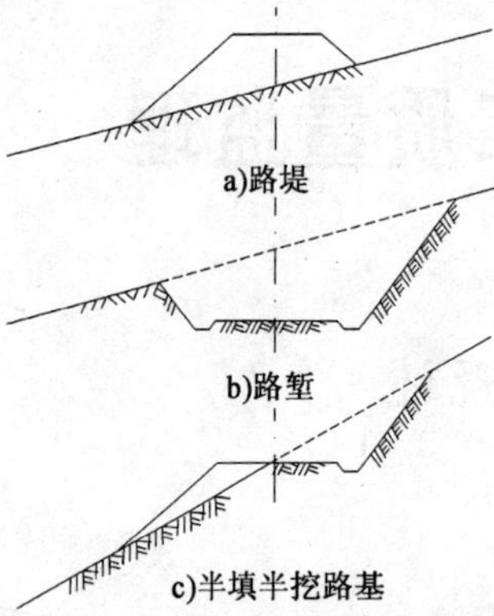

图 3-1　路基横断面形式

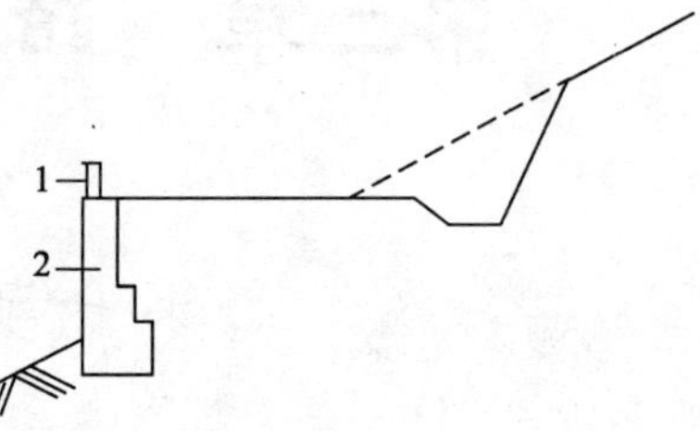

图 3-2　挡土墙

1-护栏;2-挡土墙

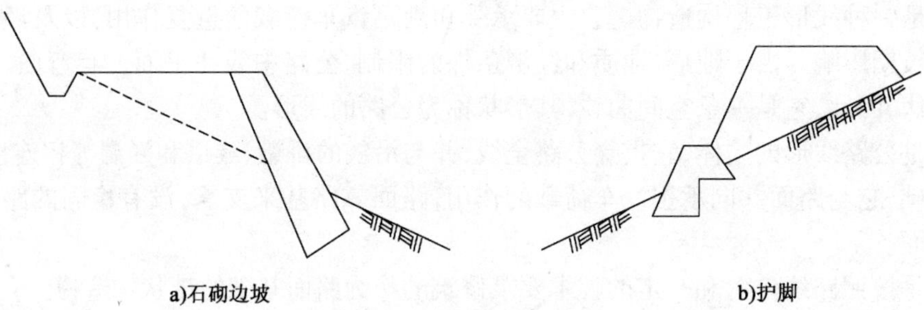

图 3-3　石砌边坡与护脚

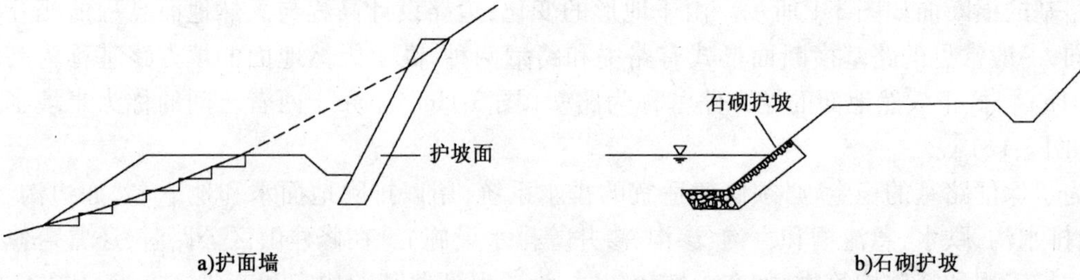

图 3-4　护面墙与护坡

(3)具有足够的水温稳定性。水稳性差的路基在地面水及地下水的作用下,其强度将会显著降低。特别是在冰冻地区,由于水温的变化,路基发生周期性冻融作用,形成冻胀与翻浆,路基的强度急剧下降。因此,路基不仅要求有足够的强度,还应采取措施确保路基在不利的水温状况下强度不致过度的降低,这就要求路基应具有一定的水温稳定性。

4.路基的几何要素

路基的几何要素主要指路基宽度、路基高度和路基边坡坡度。

公路路基的宽度是指路基某一横断面上两路肩外缘之间的宽度,它一般为行车道与路肩宽度之和。当设有中间带、变速车道、爬坡车道、紧急停车带时,还应包括这部分的宽度。

路基高度是指路堤的填筑高度或路堑的开挖深度，是路基设计高程与原地面高程之差。

由于原地面横向往往有倾斜，在路基宽度范围内，两侧的相对高差常有不同，通常，路基高度是指路中心线处的设计高程与该处原地面高程之差，但对路基边坡高度来说，则指坡脚、坡顶边缘高程与路肩边缘高程之差。所以，路基高度有中心高度与边坡高度之分。在正常条件下，可根据土质类别的不同，将边坡高度小于1m的填方路基称为矮路堤，将大于18m(土质)或20m(石质)的填方视为高路堤，将大于20m的挖方视为深路堑。

为保证路基稳定而在其两侧做成的具有一定坡度的坡面称为路基边坡。公路路基的边坡坡度，可用边坡高度 H 与边坡宽度 b 之比值表示，并取 $H=1$。路基边坡坡度对路基的稳定起着重要的作用，边坡坡度的大小，取决于边坡的土质、岩石的性质及水文地质条件等自然因素和边坡的高度。

二、高等级公路路基工程的特点

众所周知，公路工程建设的特点是线长面广，工程量大，投资大，影响因素复杂。随着公路等级的提高，几何线形的标准也随之提高，使得高等级公路路基的设计和施工均有别于一般公路。高等级公路的路基工程具有以下特点。

1. 高填或深挖的路基增多

为了减少横向交通干扰，必须在高等级公路上设置供横穿公路的行人和车辆行走的设施。对于山丘区，可利用地形布置天桥式横穿道。对于平原区，则只能以提高路基填土高度来满足设置下穿式通道的要求。因此，在平原区修筑高等级公路，其路基填土高度一般应在4~5m以上。

填土高度的增加，既增加了填土路堤的工程量，又要求填土材料具有良好的均匀性，施工时含水率和压实度也应尽量均匀一致，以免引起路基体发生过大的或不均匀的沉降变形。

由于高等级公路线形要求纵坡平缓、弯道半径大，当路线通过山区或丘陵区时，则会出现较多的高填或深挖问题。对于深挖路堑，有可能因地质、土质和水文地质情况的变化，使路堑的路基体出现软弱土层及地下水浸袭，而使路基体强度降低。对于高填方路堤，应特别注重填筑质量。无论是深挖路堑还是高填路堤，均有高边坡的稳定问题，需要在设计和施工中考虑好支挡、护坡及施工工序和工艺的合理性。

2. 特殊地质条件的路基增多

由于高等级公路线形的重要性，路线通过不良地质地段的机会较多。尤其在丘陵区，往往由于深挖和高填，使路基坐落在软土或强风化岩层上的机会比较多。在冲积平原和三角洲地区修筑高等级公路，通常会遇到大面积的和深层的软土地基。以上情况，对路基而言，则需要考虑换土或改良和加固路基土的问题，这就要求采取特殊的施工工艺。

3. 路基中的桥涵和通道增多

高等级公路一般采取全封闭或半封闭的方式，以保证车辆的快速通行和安全行驶。由于公路要通过广大农村地区，为解决农村人口生产和生活，需要增设较多的小桥和过水涵洞、灌溉虹吸管，以及人行或拖拉机的通道。对于这些情况，则要求路基施工时对桥涵和通道台背填土碾压密实。

4. 取土、弃土矛盾增大

当路线通过山区和丘陵区时，由于线形标准的提高，在设计时难以考虑好土方的填挖平衡，有可能增大借土数量和扩大公路用地范围。这些问题在设计时必须充分考虑到。当路线通过平原区时，由于路基两侧大都为良田，征地的费用较高，且我国的人均耕地极少，为了减小取土占地的矛盾，有时不得不将路基设计成高架桥的形式。

第二节 路基施工质量监理

一、路基施工准备阶段的监理

在路基施工准备阶段(即承包人进场至正式签发开工令之前)，监理人的主要工作重点是：根据合同条件，对承包人开工前的准备工作进行检查。除检查材料、施工机械、施工方案、自检系统外，还应检查承包人进行的施工测量。

1. 一般规定

(1)路基开工前，承包人应在全面理解设计要求和设计交底的基础上，进行现场调查和核对。

(2)在详尽的现场调查后，监理人应根据设计要求、合同、现场情况等，审查承包人编制的实施性施工组织设计，并按管理规定报批。

(3)路基开工前，监理人应督促承包人建立健全质量、环保、安全管理体系和质量检测体系，并对各类施工人员进行岗位培训和技术、安全交底。

(4)临时工程，应满足正常施工需要，应保证路基施工影响范围内原有道路、结构物及农田水利等设施的使用功能。

2. 测量

(1)控制性桩点，应进行现场交桩，并保护好交桩成果。

(2)控制测量。

①各级公路的平面控制测量等级应符合《公路路基施工技术规范》(JTG F10—2006)的规定；

②三角测量技术要求应符合《公路路基施工技术规范》(JTG F10—2006)的规定；

③导线测量技术要求应符合《公路路基施工技术规范》(JTG F10—2006)的规定；

④四级 GPS 控制网的主要技术参数应符合《公路路基施工技术规范》(JTG F10—2006)的规定；

⑤各级公路的水准测量等级应符合《公路路基施工技术规范》(JTG F10—2006)的规定；

⑥公路高程测量应采用水准测量。在水准测量有困难的地段，四、五等水准测量可以采用三角高程测量。采用三角高程测量时，起讫点应为高一个等级的控制点；

⑦水准测量精度应符合《公路路基施工技术规范》(JTG F10—2006)的规定；

⑧路基施工与隧道、桥梁施工共用的控制桩，应分别满足《公路隧道施工技术规范》

(JTG F60—2009)、《公路桥涵施工技术规范》(JTG/T F50—2011)的规定;

⑨路基施工期间应根据情况对控制桩点进行复测。季节性冻土地区,在冻融以后应进行复测;

⑩其他方面应符合《公路勘测规范》(JTG C10—2007)的规定。

(3)导线复测。

①导线测量精度应符合《公路路基施工技术规范》(JTG F10—2006)的规定;

②原有导线点不能满足施工需要时,可增设满足相应精度要求的附合导线点;

③同一建设项目内相邻施工段的导线应闭合,并满足同等级精度要求;

④对可能受施工影响的导线点,施工前应加以固定或改移,从开工至竣工验收的时间段内应保证其精度。

(4)水准点复测与加密。

①水准点测量精度应符合《公路路基施工技术规范》(JTG F10—2006)的规定;

②沿路线每500m宜有一个水准点。在结构物附近、高填深挖路段、工程量集中及地形复杂路段,宜增设水准点。临时水准点应符合相应等级的精度要求,并与相邻水准点闭合;

③当水准点有可能受到施工影响时,应进行处理。

(5)中线放样。

①路基开工前,应进行全段中线放样并固定路线主要控制桩,高速公路、一级公路宜采用坐标法进行测量放样;

②中线放样时,应注意路线中线与结构物中心、相邻施工段的中线闭合,发现问题应及时查明原因,进行处理;

③设计图和实际放样不符时,应查明原因后进行处理。

(6)路基放样。

①路基施工前,应对原地面进行复测,核对或补充横断面,发现问题时,应进行处理;

②路基施工前,应增设标识桩,对路基用地界、路堤坡脚、路堑坡顶、取土坑、护坡道、弃土堆等的具体位置标识清楚;

③对深挖高填路段,每挖填3~5m或者一个边坡平台(碎落台)应复测中线和横断面;

④高速公路和一级公路施工中,高程控制间距不宜大于200m;

⑤施工过程中,应保护好所有控制桩点,并及时恢复被破坏的桩点。

(7)每项测量成果必须进行复测,原始记录应存档。

3. 试验

(1)路基施工前,应按照有关规定和要求,建立试验室。

(2)路基施工前,应对路基基底土进行相关试验。每千米至少取两个点;土质变化大时,视具体情况增加取样点数。

(3)应及时对来源不同、性质不同的拟作为路堤填料的材料进行复查和取样试验。土的试验项目包括天然含水率、液限、塑限、标准击实试验、CBR试验等,必要时应做颗粒分析、相对密度、有机质含量、易溶盐含量、冻胀和膨胀量等试验。

(4)使用特殊材料作为填料时,应按相应标准做相应试验,必要时还应进行环境影响评价,经批准后方可使用。

4. 场地清理

(1)公路用地范围内原有构造物,应根据合同、设计和规范要求进行处理。

(2)二级及二级以上公路路堤和填方高度小于1m的公路路堤,应将路基基底范围内的树根全部挖除,并将坑穴填平夯实;填方高度大于1m的二级以下公路路堤,可保留树根,但树根不能露出地面。取土坑范围内的树根应全部挖除。

(3)应对路幅范围内、取土坑的原地面表面层腐殖土、表土、草皮等进行清理,填方地段还应按设计要求整平压实。清出的表层土宜充分利用。

5. 试验路段

(1)下列情况下,应进行试验路段施工:

①二级及二级以上公路路堤;

②填石路堤、土石路堤;

③特殊地段路堤;

④特殊填料路堤;

⑤拟采用新技术、新工艺、新材料的路基。

(2)试验路段应选择在地质条件、断面形式等工程特点具有代表性的地段,路段长度不宜小于100m。

(3)路堤试验路段施工应包括以下内容:

①填料试验、检测报告等;

②压实工艺主要参数:机械组合;压实机械规格、松铺厚度、碾压遍数、碾压速度;最佳含水率及碾压时含水率允许偏差等;

③过程质量控制方法、指标;

④质量评价指标、标准;

⑤优化后的施工组织方案及工艺;

⑥原始记录、过程记录;

⑦对施工设计图的修改建议等。

二、路基施工的一般规定

1. 一般要求

路基施工应做好施工期临时排水总体规划和建设,临时排水设施应与永久性排水设施综合考虑,并与工程影响范围内的自然排水系统相协调。

2. 路基填料应符合下列规定

(1)含草皮、生活垃圾、树根、腐殖质的土严禁作为路基填料。

(2)泥炭、淤泥、冻土、强膨胀土、有机质土及易溶盐超过允许含量的土,不得直接用于填筑路基;确需使用时,必须采取技术措施进行处理,经检验满足设计要求后方可使用。

(3)液限大于50%、塑性指数大于26、含水率不适宜直接压实的细粒土,不得直接作为路堤填料;确需使用时,必须采取技术措施进行处理,经检验满足设计要求后方可使用。

(4)粉质土不宜直接填筑于路床,不得直接填筑于浸水部分的路堤及冰冻地区的路床。

(5)填料强度和粒径,应符合表3-1的规定。

路基填料最小强度和最大粒径要求 表3-1

填料使用部位(路床顶面以下深度)(m)		填料强度(CBR)(%)			填料最大粒径(mm)
		高速公路、一级公路	二级公路	三、四级公路	
路堤	上路床(0~0.3)	8	6	5	100
	下路床(0.30~0.80)	5	4	3	100
	上路堤(0.80~1.50)	4	3	3	150
	下路堤(大于1.50)	3	2	2	150
零填及挖方路基	0~0.30	8	6	5	100
	0.30~0.80	5	4	3	100

注:(1)表列强度按现行《公路土工试验规程》规定的浸水96h的CBR试验方法测定。

(2)三、四级公路铺筑沥青混凝土和水泥混凝土路面时,应采用二级公路的规定。

(3)表中上、下路堤填料最大粒径150mm的规定,不适用于填石路堤和土石路堤。

三、挖方路基施工与质量控制

1. 土方工程

(1)开挖施工应符合下列规定:

①可作为路基填料的土方,应分类开挖分类使用。非适用材料应按设计及规范要求或作为弃方按规定进行处理。

②土方开挖应自上而下进行,不得乱挖超挖,严禁掏底开挖。

③开挖过程中,应采取措施保证边坡稳定。开挖至边坡线前,应预留一定宽度,预留的宽度应保证刷坡过程中设计边坡线外的土层不受到扰动。

④路基开挖中,基于实际情况,如需修改设计边坡坡度、截水沟和边沟的位置和尺寸等时,应及时按规定报批。边坡上稳定的孤石可保留。

⑤开挖至零填、路堑路床部分后,应尽快进行路床施工;如不能及时进行,宜在设计路床顶面高程以上预留至少300mm厚的保护层。

⑥应采取临时排水措施,确保施工作业面不积水。

⑦挖方路基路床顶面终止高程,应考虑因压实而产生的下沉量,其值可通过试验确定。

(2)边沟与截水沟应从下游向上游开挖。截水沟通过地面坑凹处时,应将凹处填平夯实。边沟及截水沟开挖后,应及时进行防渗处理,不得渗漏、积水和冲刷边坡及路基。

(3)挖方路基施工遇到地下水时,应按下列规定处理:

①应采取排导措施,将水引入路基排水系统,不得随意堵塞泉眼。

②路床土含水率高或为含水层时,应采取设置渗沟、换填、改良土质、土工织物等处理措施,路床填料应符合规定,还应具有良好的透水性能。

(4)土质路基开挖应根据地面坡度、开挖断面、纵向长度及出土方向等因素,结合土方调配,选用安全、经济的开挖方案。

2. 石方工程

(1)石方开挖应根据岩石的类别、风化程度、岩层产状、岩体断裂构造、施工环境等因素，确定开挖方案。

(2)深挖路基施工，应逐级开挖，逐级按设计要求进行防护。

(3)爆破作业必须符合《爆破安全规程》(GB 6722—2011)的规定。爆破施工组织设计应按相关规定报批。

(4)石方开挖严禁采用峒室爆破，近边坡部分宜采用光面爆破或预裂爆破。

(5)爆破法开挖石方，应先查明空中电缆线、地下管线的位置，开挖边界线外可能受爆破影响的建筑物结构类型、居民居住情况等，然后制订详细的爆破技术安全方案。

(6)爆破开挖石方，宜按以下程序进行：爆破影响调查与评估；爆破施工组织设计、培训考核；技术交底；主管部门批准；清理爆破区施工现场的危石等；炮眼钻孔作业；爆破器材检查测试；炮孔检查合格；装炸药及安装引爆器材；布设安全警戒岗；堵塞炮孔；撤离施爆警戒区和飞石、震动影响区的人、畜等；爆破作业信号发布及作业；清除盲炮；解除警戒；测定、检查爆破效果(包括飞石、地震波及对施爆区内构造物的损伤、损失等)。

(7)边坡整修及检验。

①挖方边坡应从开挖面往下分段整修，每下挖 2 ~ 3m，宜对新开挖边坡刷坡，同时清除危石及松动石块。

②石质边坡不宜超挖。

③石质边坡要求边坡上无松石、危石。

(8)路床清理及验收。

①欠挖部分必须凿除。超挖部分应采用无机结合料稳定碎石或级配碎石填平碾压密实，严禁用细粒土找平。

②石质路床底面有地下水时，可设置渗沟进行排导，渗沟宽度不宜小于 100mm，横坡不宜小于 0.6%。渗沟应用坚硬碎石回填。

③石质路床的边沟应与路床同步施工。

3. 深挖路基

(1)施工前应理解设计的边坡方案，并编制详细的施工方案，获批准后实施。

(2)施工过程中，应根据开挖情况随时进行地质核查，并对边坡稳定性进行监测。如实际情况与设计不符，应会同设计单位等进行处理。

(3)应根据地形特征设置边坡控制点。

4. 弃方

(1)施工前，应对设计提供的弃方方案进行现场核对，若有疑问，应及时处理。

(2)弃土不得占用耕地。

(3)沿河弃土不得影响排洪、通航，不得加剧河岸冲刷。不得向水库、湖泊、岩溶漏斗及暗河口处弃土。禁止在贴近桥墩台、涵洞口处弃土。

(4)沿线弃土堆设置应符合设计要求；设计无要求时应符合下列规定：

①弃土应相对集中堆放，并与周边环境相协调，严禁随意处理。

②弃土堆的几何尺寸、压实程度、位置，应保证路基边坡和弃土堆自身的稳定。弃土堆的边坡不陡于1∶1.5，顶面向外设不小于2%的横坡，其内侧高度不宜大于3m。

③在地面横坡陡于1∶5的路段，不得在高于路堑边坡顶的山坡上方设弃土堆。

④在山坡上侧的弃土堆，应连续而不间断，并在弃土堆上侧设置截水沟。山坡下侧的弃土堆，应每隔50～100m设宽度不小于1m的缺口排水，排水主流方向不得对地面结构物及农田等造成不利影响，必要时可设人工沟渠导引排水。弃土堆坡脚应进行防护和加固。

(5)弃土应按设计要求进行压实。

(6)应按设计要求及时完成弃土场的防护、排水工程。

四、路堤填筑施工质量监理

1. 施工取土

(1)路基填方取土，应根据设计要求，结合路基排水和当地土地规划、环境保护要求进行，不得任意挖取。

(2)施工取土应不占或少占良田，尽量利用荒坡、荒地，取土深度应结合地下水等因素考虑，利于复耕。原地面耕植土应先集中存放，以利再用。

(3)自行选定取土方案时，应符合下列技术要求：

①地面横向坡度陡于1∶10时，取土坑应设在路堤上侧。

②桥头两侧不宜设置取土坑。

③取土坑与路基之间的距离，应满足路基边坡稳定的要求。取土坑与路基坡脚之间的护坡道应平整密实，表面设1%～2%向外倾斜的横坡。

④取土坑兼作排水沟时，其底面宜高出附近水域的常水位或与永久排水系统及桥涵出水口的高程相适应，纵坡不宜小于0.2%，平坦地段不宜小于0.1%。

⑤线外取土坑等与排水沟、鱼塘、水库等蓄水(排洪)设施连接时，应采取防冲刷、防污染的措施。

(4)对取土造成的裸露面，应采取整治或防护措施。

2. 土质路堤

(1)地基表层处理应符合下列规定：

①二级及二级以上公路路堤基底的压实度应不小于90%；三、四级公路应不小于85%。路基填土高度小于路面和路床总厚度时，基底应按设计要求处理。

②原地面坑、洞、穴等，应在清除沉积物后，用合格填料分层回填分层压实，压实度符合规范规定要求。

③泉眼或露头地下水，应按设计要求，采取有效导排措施后方可填筑路堤。

④地基为耕地、松散土、水稻田、湖塘、软土、高液限土等时，应按设计要求进行处理，局部软弹的部分也应采取有效的处理措施。

⑤地下水位较高时，应按设计要求进行处理。

⑥陡坡地段、土石混合地基、填挖界面、高填方地基等，都应按设计要求进行处理。

(2)路堤填筑应符合下列规定：

①性质不同的填料，应水平分层、分段填筑，分层压实。同一水平层路基的全宽应采用同一种填料，不得混合填筑。每种填料的填筑层压实后的连续厚度不宜小于500mm。填筑路床顶最后一层时，压实后的厚度应不小于100mm。

②潮湿或冻融敏感性小的填料应填筑在路基上层。强度较小的填料应填筑在下层。在有地下水的路段或临水路基范围内，宜填筑透水性好的填料。

③在透水性不好的压实层上填筑透水性较好的填料前，应在其表面设2%～4%的双向横坡，并采取相应的防水措施。不得在由透水性较好的填料所填筑的路堤边坡上覆盖透水性不好的填料。

④每种填料的松铺厚度应通过试验确定。

⑤每一填筑层压实后的宽度不得小于设计宽度。

⑥路堤填筑时，应从最低处起分层填筑，逐层压实；当原地面纵坡大于12%或横坡陡于1:5时，应按设计要求挖台阶，或设置坡度向内并大于4%、宽度大于2m的台阶。

⑦填方分几个作业段施工时，接头部位如不能交替填筑，则先填路段，应按1:1坡度分层留台阶；如能交替填筑，则应分层相互交替搭接，搭接长度不小于2m。

(3)选择施工机械，应考虑工程特点、土石种类及数量、地形、填挖高度、运距、气候条件、工期等因素，经济合理地确定。填方压实应配备专用碾压机具。

(4)土质路基压实度应符合表3-2的规定。

土质路基压实度标准 表3-2

填挖类型		路床顶面以下深度(m)	压实度(%)		
			高速公路、一级公路	二级公路	三、四级公路
路堤	上路床	0～0.3	≥96	≥95	≥94
	下路床	0.3～0.8	≥96	≥95	≥94
	上路堤	0.85～1.50	≥94	≥94	≥93
	下路堤	>1.50	≥93	≥92	≥90
零填及挖方路基		0～0.3	≥96	≥95	≥94
		0.3～0.8	≥96	≥95	—

注：(1)表列压实度系按现行《公路土工试验规程》重型击实试验法为准。

(2)三、四级公路铺筑沥青混凝土和水泥混凝土路面时，其压实度应采用二级公路的规定值。

(3)路堤采用特殊填料或处于特殊气候地区时，压实度标准应根据试验路在保证路基强度要求的前提下可适当降低。

(4)特别干旱地区的压实度标准可降低2%～3%。

(5)压实度检测应符合以下规定：

①用灌砂法、灌水(水袋)法检测压实度时，取土样的底面位置为每一压实层底部；用环刀法试验时，环刀中部处于压实层厚的1/2深度；用核子仪试验时，应根据其类型，按说明书要求办理。

②施工过程中，每一压实层均应检验压实度，检测频率为每1000m^2至少检验2点，不足1 000m^2时检验2点，必要时可根据需要增加检验点。

(6)路堤填筑至设计高程并整修完成后，其施工质量应符合表3-3的规定。

土质路堤施工质量标准

表 3-3

项次	检查项目	规定值或允许偏差			检验方法和频率
		高速公路、一级公路	二级公路	三、四级公路	
1	压实度	符合规定	符合规定	符合规定	施工记录
2	弯沉	不大于设计值	不大于设计值	不大于设计值	
3	纵断高程(mm)	+10，-15	+10，-20	+10，-20	每200m测4个断面
4	中线偏位(mm)	50	100	100	每200m测4点,弯道加测HY、YH两点
5	宽度	不小于设计值	不小于设计值	不小于设计值	每200m测4处
6	平整度(mm)	15	20	20	3m直尺:每200m测2处×10尺
7	横坡(%)	±0.3	±0.5	±0.5	每200m测4个断面
8	边坡坡度	不陡于设计坡度	不陡于设计坡度	不陡于设计坡度	每200m抽查4处

3. 填石路堤

(1)填料应符合以下规定：

①膨胀岩石、易溶性岩石不宜直接用于路堤填筑,强风化石料、崩解性岩石和盐化岩石不得直接用于路堤填筑。

②路堤填料粒径应不大于500mm,并不宜超过层厚的2/3,不均匀系数宜为15~20。路床底面以下400mm范围内,填料粒径应小于150mm。

③路床填料粒径应小于100mm。

(2)基底处理应符合以下要求：

①承载能力应满足设计要求。

②在非岩石地基上,填筑填石路堤前,应按设计要求设过渡层。

(3)填筑应符合以下规定：

①路堤施工前,应先修筑试验路段,确定满足规定空隙率标准的松铺厚度、压实机械型号及组合、压实速度及压实遍数、沉降差等参数。

②路床施工前,应先修筑试验路段,确定能达到最大压实干密度的松铺厚度、压实机械型号及组合、压实速度及压实遍数、沉降差等参数。

③二级及二级以上公路的填石路堤应分层填筑压实。二级以下砂石路面公路在陡峻山坡地段施工特别困难时,可采用倾填的方式将石料填筑于路堤下部,但在路床底面以下不小于1.0m范围内仍应分层填筑压实。

④岩性相差较大的填料应分层或分段填筑。严禁将软质石料与硬质石料混合使用。

⑤中硬、硬质石料填筑路堤时,应进行边坡码砌。码砌边坡的石料强度、尺寸及码砌厚度应符合设计要求。边坡码砌与路基填筑宜基本同步进行。

⑥压实机械宜选用自重不小于18t的振动压路机。

⑦在填石路堤顶面与细粒土层之间应按设计要求设置过渡层。

(4)填石路堤施工质量应符合以下规定：

①上、下路堤的压实质量标准如表3-4所示。

填石路堤上、下路堤压实质量标准　　表3-4

分区	路床顶面以下深度(m)	硬质石料空隙率(%)	中硬石料空隙率(%)	软质石料空隙率(%)
上路堤	0.8~1.50	≤23	≤22	≤20
下路堤	>1.50	≤25	≤24	≤22

②填石路堤施工过程中的每一压实层,可用试验路段确定的工艺流程和工艺参数,控制压实过程;用试验路段确定的沉降差指标检测压实质量。

③填石路堤填筑至设计高程并整修完成后,其施工质量应符合表3-5的要求。

填石路堤施工质量标准　　表3-5

项次	检查项目		规定值或允许偏差		检查方法和频率
			高速公路和一级公路	其他等级公路	
1	压实度		符合试验路确定的施工工艺		施工记录
			沉降差≤试验路确定的沉降差		水准仪:每40m检测1个断面,每个断面检测5~9点
2	纵面高程(mm)		+10,-20	+10,-30	水准仪:每200m测4个断面
3	弯沉		不大于设计值		
4	中线偏位(mm)		50	100	经纬仪:每200m测4点,弯道加HY、YH两点
5	宽度		不小于设计值		米尺:每200m测4处
6	平整度(mm)		20	30	3m直尺:每200m测4点×10尺
7	坡度(%)		±0.3	±0.5	水准仪:每200m测4个断面
8	边坡	坡度	不陡于设计值		每200m抽查4处
		平顺度	符合设计要求		

④填石路堤成型后的外观质量标准:路堤表面无明显的孔洞;大粒径石料不松动,铁锹挖动困难;边坡码砌紧密、密实,无明显孔洞、松动,砌块间承接面应向内倾斜,坡面平顺。

4. 土石路堤

(1)填料应符合以下规定:

①膨胀岩石、易溶性岩石等不宜直接用于路堤填筑,崩解性岩石和盐化岩石等不得直接用于路堤填筑。

②天然土石混合填料中,中硬、硬质石料的最大粒径不得大于压实层厚的2/3;石料为强风化石料或软质石料时,其CBR值应符合规范要求,石料最大粒径不得大于压实层厚。

(2)基地处理应满足规范要求。在陡、斜坡地段,土石路堤靠山一侧,应按设计要求做好排水和防渗处理。

(3)填筑应符合以下规定:

①压实机械宜选用自重不小于18t的振动压路机。

②施工前,应根据土石混合材料的类型分别进行试验路段施工,确定能达到最大压实干密度的松铺厚度、压实机械型号及组合、压实速度及压实遍数、沉降差等参数。

③土石路堤不得倾填,应分层填筑压实。

④碾压前应使大粒径石料均匀分散在填料中,石料间孔隙应填充小粒径石料、土和石渣。

⑤压实后透水性差异大的土石混合材料,应分层或分段填筑,不宜纵向分幅填筑;如确需纵向分幅填筑,应将压实后渗水良好的土石混合材料填筑于路堤两侧。

⑥土石混合材料来自不同料场,其岩性或土石比例相差较大时,宜分层或分段填筑。

⑦填料由土石混合材料变化为其他填料时,土石混合材料最后一层的压实厚度应小于300mm,该层填料最大粒径宜小于150mm,压实后,该层表面应无孔洞。

⑧中硬、硬质石料的土石路堤,应进行边坡码砌。码砌边坡的石料强度、尺寸及码砌厚度应符合设计要求。边坡码砌与路堤填筑宜基本同步进行。软质石料土石路堤的边坡按土质路堤边坡处理。

(4)中硬、硬质石料土石路堤质量应符合以下规定:

①施工过程中的每一压实层,可用试验路段确定的工艺流程和工艺参数,控制压实过程;用试验路段确定的沉降差指标,检测压实质量。

②路基成型后的质量应符合规范规定要求。

(5)软质石料填筑的土石路堤,应符合相关规范要求。

(6)土石路堤的外观质量标准:路基表面无明显孔洞;大粒径填石无松动,铁锹挖动困难;中硬、硬质石料土石路基边坡码砌紧贴、密实,无明显孔洞、松动,砌块间承接面应向内倾斜,坡面平顺。

5. 高填方路堤

(1)高填方路堤填料宜优先采用强度高、水稳性好的材料,或采用轻质材料。受水淹、浸的部分,应采用水稳性和透水性均良好的材料。

(2)基底处理应符合下列规定:

①基底承载能力应满足设计要求。特殊地段或承载能力不足的地基,应按设计要求进行处理。

②覆盖层较浅的岩石地基,宜清除覆盖层。

(3)高填方路堤填筑过程应符合下列规定:

①施工中应按设计要求预留路堤高度与宽度,并进行动态监控。

②施工过程中宜进行沉降观测,按照设计要求进行控制填筑速率。

③高填方路堤宜优先安排施工。

6. 桥涵构造物基坑及台背回填

(1)填料宜采用透水性材料、轻质材料、无机结合料等,非透水性材料不得直接用于回填。

(2)基坑回填必须在隐蔽工程验收合格后方可进行,基坑回填应分层填筑、分层压实,分层厚度应统一,宜为100~200mm。二级及二级以上公路,采用小型夯实机具时,基坑回填的分层压(夯)实厚度不宜大于150mm,并应压(夯)实到设计要求的压实度。

(3)台背与路堤间的回填施工应符合以下规定:

①二级及二级以上公路应按设计做好过渡段,过渡段路堤压实度应不小于96%,并应按设计做好纵向和横向防排水系统。

②二级以下公路的路堤与回填的联结部,应按设计要求预留台阶。

③台背回填部分的路床宜与路堤路床同步填筑。

④桥台背和锥坡的回填施工宜同步进行,一次填足并保证压实整修后能达到设计宽度要求。

(4)涵洞回填施工应符合以下规定:

①洞身两侧,应对称分层回填压实,填料粒径宜小于150mm。

②两侧及顶面填土时,应采取措施防止压实过程对涵洞产生不利后果。

7.半填半挖路基、路堤与路堑过渡段

(1)基底处理应符合下列规定:

①应从填方坡脚起向上设置内侧倾斜的台阶,台阶宽度不小于2m,在挖方一侧,台阶应与每个行车道宽度一致、位置重合。

②石质山坡,应清除原地面松散风化层,按设计开凿台阶。

③孤石、石笋应清除。

④纵向填挖结合段,应合理设置台阶。

⑤有地下水或地面水汇流的路段,应采用合理措施导排水流。

(2)施工应符合下列规定:

①路基应从最低高程处的台阶开始分层填筑,分层压实。

②填筑时,应严格处理横向、纵向、原地面等结合界面,以确保路基的整体性。

③路基填筑过程中,应及时清理设计边坡外的松土、弃土。

④高度小于800mm的路堤、零填及挖方路床的加固换填宜选用水稳定性较好的材料。

8.粉煤灰路堤

(1)用于高速公路、一级公路路堤的粉煤灰,烧失量宜小于20%;烧失量超过标准的粉煤灰应做对比试验,分析论证后采用。

(2)粉煤灰的粒径,宜在0.001~1.18mm之间,小于0.075mm的颗粒含量宜大于45%。粉煤灰中不得含团块、腐殖质及其他杂质。

(3)包边土和顶面封层的填料,宜采用塑性指数不小于12的黏性土。隔离层和土质护坡中的盲沟所用砂砾料、矿渣料等,最大粒径应小于75mm,4.75mm以下细料含量小于50%,含泥量小于5%。

(4)施工前应铺筑试验路段。

(5)储运粉煤灰应符合下列规定:

①调节粉煤灰含水率宜在储灰场或灰池中进行。

②粉煤灰运输、装卸、堆放,应采取有效措施防止扬尘、流失与污染环境。

③储灰场地,应排水畅通,地面应硬化。大的储存场宜设置雨水沉淀池。堆场应安装洒水设备,防止干灰飞扬。

(6)粉煤灰路堤填筑应符合下列规定:

①温度在0℃以上方可施工,并避开大风季节。

②颗粒组成、最大干密度和最佳含水率有显著差别的灰源应分别堆放,分段填筑。

③按设计要求铺筑隔离层,隔离层界面的路拱横坡应与路堤同坡。

④粉煤灰路堤应采用水平分层填筑施工。当分成不同作业段填筑时,先填地段应分层预留台阶,每个压实层应相互重叠搭接,搭接长度宜大于1.5m,相邻作业段接头范围内的压实度应达到规定要求。

⑤土质包边土施工,应与粉煤灰填筑同步进行。土质护坡铺筑宽度应保证削坡后的净宽满足设计要求,同时应按设计要求做好土质护坡的排水盲沟,底层盲沟应具有一定的高程,以避免地表水倒灌。

⑥施工过程中,应及时洒水,防止干灰飞扬。

⑦粉煤灰摊铺后,必须及时碾压,做到当天摊铺,当天碾压完毕。

⑧粉煤灰路堤的压实,应遵循先轻后重、先低后高的原则。

⑨铺筑上层时,宜采取洒水湿润,控制卸料车行驶路线、速度、掉头、紧急制动等措施,防止压实层松散。

⑩若暂时不能及时铺筑上层粉煤灰,除特殊情况外,禁止车辆通行,并洒水湿润,防止表面干燥松散。施工间隔较长时,应在路堤顶面覆盖适当厚度的封闭土层,并压实,横坡宜稍大于路拱。当铺筑至粉煤灰路堤顶层时,宜及时按设计要求做封闭层。应按设计要求做好粉煤灰与混凝土结构、金属结构物等接触界面的防护。

(7)粉煤灰路堤压实度应符合表3-6的规定。

粉煤灰路堤压实度标准　　表3-6

填料应用部位(路床顶面以下深度)(m)		压　实　度(%)	
		二级及以上公路	其他等级公路
上路床	0~0.30	≥95	≥93
下路床	0.30~0.80	≥93	≥90
上路堤	0.80~1.50	≥92	≥87
下路堤	>1.50	≥90	≥87

注:(1)表列压实度以现行《公路土工试验规程》重型击实试验法为准。
(2)特别干旱或潮湿地区的压实度标准可降低1%~2%。
(3)包边土和顶面封层压实度应符合规范规定。

9. EPS路堤

(1)EPS块体在工地堆放时,应采取防火、防风、防雨水滞留、防有机溶剂及石油类油剂的侵蚀等保护措施,还应采取措施避免强阳光直接照射。

(2)垫层厚度应均匀、密实,垫层宽度宜超过路基边缘0.5~1m。

(3)EPS块体铺筑应符合下列规定:

①非标准尺寸EPS块体宜在生产车间加工。现场加工时,宜用电热丝进行切割。

②施工基面必须保持干燥。EPS块体应逐层错缝铺设。允许偏差范围之内的缝隙或高差,可用砂或无收缩水泥砂浆找平。

③严禁重型机械直接在EPS块上行驶。

④与其他填料路堤或旧路基的接头处,EPS块体应呈台阶状铺设。

⑤最底层块体与垫层之间、同一层块体侧面联结、不同层的块体之间的联结应牢固,联结件应进行防锈处理。

⑥EPS 块体顶面的钢筋混凝土薄板、土工膜或土工织物等,应覆盖全部 EPS 块体,并向土质护坡延伸 0.5 ~ 1.0m。

⑦EPS 路堤两边的土质护坡,坡面法向厚度应不小于 0.25m,分层碾压夯实,防渗土工膜宜分级回包。

(4)EPS 路堤质量应符合表 3-7 的规定。

EPS 路堤质量标准 表 3-7

项次	检查项目		规定值或允许偏差	检查方法和频率
1	EPS 块体尺寸	长度	1/100	卷尺丈量,抽样频率 < 2 000m^3,抽检 2 块,2 000 ~ 5 000m^3 抽检 3 块,5 000 ~ 10 000m^3 抽检 4 块,≥10 000m^3 每 2 000m^3 抽检 1 块
		宽度	1/100	
		厚度	1/100	
2	EPS 块体密度		≥设计值	天平,抽样频率同项次 1
3	基底压实度		≥设计值	环刀法或灌砂法,每 1 000m^2 检测 2 点
4	垫层平整度(mm)		10	3m 直尺,每 20m 检查 3 点
5	EPS 块体之间平整度(mm)		20	3m 直尺,每 20m 检查 3 点
6	EPS 块体之间缝隙、错台(mm)		10	卷尺丈量,每 20m 检查 1 点
7	EPS 块体路堤顶面横坡(%)		±0.5	水准仪,每 20m 检查 6 点
8	护坡宽度		≥设计值	卷尺丈量,每 40m 检查 1 点
9	钢筋混凝土板厚度(mm)		+10,-5	卷尺丈量,量板边,每块 2 点
10	钢筋混凝土板宽度(mm)		20	卷尺丈量,每 100m 检查 2 点
11	钢筋混凝土板强度		符合设计要求	抗压试验,每工作台班留 2 组试件
12	钢筋网间距(mm)		±10	卷尺丈量

10. 路基拓宽改建施工

(1)路堤拓宽施工应符合下列规定:

①应按设计拆除老路路缘石、旧路肩、边坡防护、边沟及原有构造物的翼墙或护墙等。

②施工前,应截断流向拓宽作业区的水源,开挖临时排水沟,保证施工期间排水畅通。

③拓宽部分路堤的地基处理应按设计和规范的有关条款处理。

④老路堤与新路堤交界的坡面,挖除清理的法向厚度不宜小于 0.3m,然后从老路堤坡脚向上按设计要求挖设台阶;老路堤高度小于 2m 时,老路堤坡面处理后,可直接填筑新路堤。严禁将边坡清挖物作为新路堤填料。

⑤拓宽部分的路堤采用非透水性填料时,应在地基表面按设计铺设垫层,垫层材料一般为砂砾或碎石,含泥量不大于 5%。

⑥拓宽路堤的填料宜选用与老路堤相同的填料,或选用水稳定性较好的砂砾、碎石等填料。

(2)拓宽施工中的挖方路基按规范的相关要求执行。

(3)拓宽施工中的半填半挖路基,按规范的相关要求执行。

(4)边通车边拓宽时,应有交通管制和安全防护措施。

(5)拓宽施工不得污染环境,不得破坏或污染原有水系。

11. 填方路基现场压实质量的评定

在压实过程中，施工单位的自检人员应经常检查压实度是否符合要求。检测频率为每200m每压实层测4处，必要时可增加检查点数，以防止压实不足处漏检。

压实度的评定以1～3km长的路段压实层为检验评定单元，如检验不合格要及时补压，不致等待过久而含水率变化过大。检验评定段的压实度K_1按式(3-1)计算，若$K_1 \geqslant$压实度的标准值K_0，且单点压实度K_i全部大于等于规定值减2个百分点时，评定路堤的压实度合格率为100%；当$K_1 \geqslant$压实度的标准值K_0，且单点压实度全部大于等于规定极值时，按测定值不低于规定值减2个百分点的测点数计算合格率。$K_1 < K_0$或某一单点压实度K_i小于规定极值时，该评定路段压实度为不合格，相应分项工程评为不合格。

$$K_1 = K - t_\alpha S/\sqrt{n} \geqslant K_0 \tag{3-1}$$

式中：K——检验评定段内各检验点压实度的算术平均值；

t_α——t分布表中随测点数和保证率（或置信率）而变的系数，通常保证率为95%；

S——检验值的标准差；

n——检验点数。

第三节　特殊路基施工质量监理

一、概述

特殊路基包括特殊土（岩）路基、不良地质路基和特殊条件下路基。路线通过特殊路段，应进行综合地质勘察，查明特殊地质体的性质、成因类型、规模、稳定状况及发展趋势；特殊路基设计所需要的物理力学参数，宜采用原位测试数据，并结合室内试验资料综合分析确定。

特殊路基设计应考虑地质和环境等因素对路基的影响，以及这些因素的发展变化规律。路基病害整治应遵循以防为主、防治结合、力求根治的原则，通过综合技术经济比较，因地制宜，采取合理的整治方案和有效的工程措施。如果分期整治，应保证在各种因素的变化过程中不降低路基的安全度。

存在多种特殊土（岩）或特殊地质条件路基的工点应进行综合设计。

特殊路基施工的一般规定如下：

(1)特殊路基施工，应进行必要的基础试验，编制专项施工组织设计，批准后实施。

(2)施工中如实际地质情况与设计不符或设计处治方案因故不能实施，应按有关规定办理。

(3)采用新技术、新工艺、新设备、新材料时，必须制定相应的工艺和质量标准。

(4)用湿黏土、红黏土和中、弱膨胀土作为填料直接填筑时，应符合下列规定：

①填料液限在40%～70%之间且CBR值满足规定。

②碾压时填料稠度应控制在1.1～1.3之间。

③压实度标准可比规定降低1%～5%，具体降低数应根据当地土质的情况通过试验

确定。

④不得作为二级及二级以上公路路床、零填及挖方路基0~0.8m范围内的填料;不得作为三、四级公路上路床、零填及挖方路基0~30cm范围内的填料。

二、湿黏土地区路基施工质量监理

(1)用不符合相关要求的湿黏土填筑路基时,应进行处理,处理后应符合前述的相关规定,压实质量应符合路堤施工的相关规定。

(2)基底为软土时,应按相关的要求进行处治。

(3)不同类的填料,不得填筑在同一压实层上。

(4)路堤填筑时,每层宜设2%~3%的横坡。当天的填土,宜当天完成压实。

(5)填筑层压实后,应采取措施防止路基工作面暴晒失水。

(6)水稻田地段路基施工应符合下列规定:

①水稻田地段路基施工,不得影响农田排灌。

②施工前应采取措施排除公路用地范围内的地表水。疏干地表水确有困难时,应按设计要求进行处治。

③二级及二级以上公路路堑段,应在边坡顶适当距离外,筑埂并挖截水沟;土质、风化岩石边坡,应浆砌护墙或护坡;路堑路段宜加大边沟尺寸并采用浆砌。

(7)河、塘、湖地段路堤施工应符合以下规定:

①受水浸润作用的路堤部分,宜用水稳定性好、塑性指数不大于6、压缩性小、不易风化的透水性填料填筑。

②在洪水淹没地段的路堤,两侧不得取土;三、四级公路,特殊情况下可在下游侧距路堤安全距离外取土。

③两侧水位相差较大的河滩路堤,根据具体情况,宜放缓下游一侧边坡、设滤水趾和反滤层、在基底设隔渗墙或隔渗层。

④防洪工程应在洪水期前完成,施工期间应注意防洪。

(8)多雨潮湿地区路基施工应符合下列规定:

①多雨潮湿地区施工,应注意排水。机具停放、库房、生活区域应选在地势较高不易被水淹的地点,并有完善的排水防洪设施。

②多雨潮湿地区,应按设计要求对基底过湿土层进行处理。

三、软土地区路基施工质量监理

1.一般规定

软土地基处治的施工必须保证施工质量,科学地做好施工组织设计,加强工地技术管理,严格按照有关的操作规程实施,严格执行有关安全、劳保和环境保护等规定。

所有运至工地的软土地基处置材料必须分类堆放,妥善保管,按有关标准进行质量检验;不合格材料不得用于工程中。

软土处治施工前,应做好施工期间的排水措施;对常年地表积水、水塘地段,应按设计要求先做好抽水、排淤、回填工作。

施工中应遵守“按图施工”的原则和“边观察、边分析”的方法；如发现现场地质情况与设计提供资料不符，或原设计的处治方法因故不能实施需改变设计时，应及时报告监理并根据有关规定报请变更设计。

采用新技术、新机具、新工艺、新材料、新测试方法时，必须制定不低于规范水平的质量标准和工艺要求，并应征得监理工程师认可。

2. 质量监理程序框图

软土地基处理施工程序流程及监理工作项目内容如图 3-5 所示。

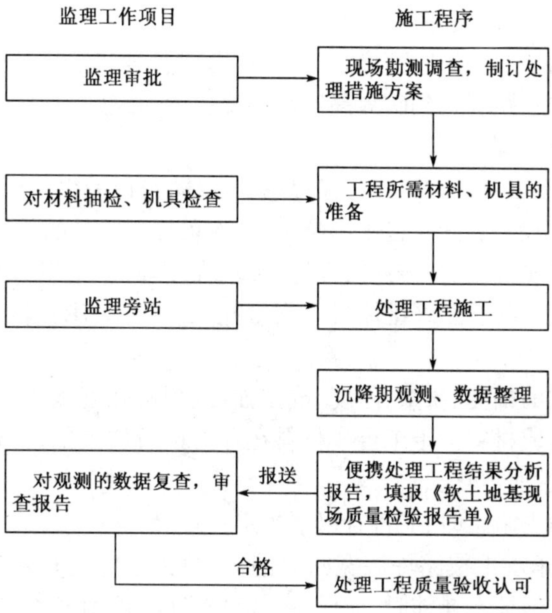

图 3-5　软土地基处理施工流程及监理工作项目内容框图

3. 软土地基处治施工方法及质量要求

1）砂垫层

砂垫层为设置于路堤填土与软土地基之间的透水性垫层，可起排水作用，可保证填土荷载作用下地基中孔隙水的顺利排出，从而加快了地基的固结。

砂垫层材料宜采用洁净中、粗砂，含泥量不应大于 5%，并应将其中的植物、杂质除净。也可采用天然级配砂砾料，其最大粒径不应大于 5cm，砾石强度不低于四级（即洛杉矶法磨耗率小于 60%）。

摊铺后适当洒水，分层压实，压实厚度宜为 15 ~ 20cm。如采用砂砾石，应无粗细粒料分离现象。砂垫层宽度应宽出路基边脚 0.5 ~ 1.0m，两侧端以片石护脚或采用其他方式防护，以免砂料流失。

2）浅层处治

表层分布厚度小于 2 ~ 3m 的软土时，可采用换填、抛石挤淤的方法进行处治。

软土、泥沼地区采用换填地基时,其填筑、压实的施工与监理应按照前述的规定执行。

抛石挤淤是强迫换土的一种形式,它不必抽水挖淤,施工简便。抛石挤淤应采用不易风化的石料,片石厚度或直径不宜小于300mm。

当软土地层平坦、软土呈流动状时,抛投应沿路中线向前成三角形方向投放片石,再渐次向两侧全宽范围扩展。软土地层横坡陡于1:10时,应自高侧向低侧抛投,并在低侧坡脚外一定宽带内同时抛填而形成片石平台。

片石抛出软土面后,应用较小石块填塞垫平,并碾压密实。

3)反压护道

反压护道是在路堤一侧或两侧填筑一定宽度和高度的护道,运用力学平衡原理,平衡路堤自重作用而产生的滑动力矩,以提高路基的稳定性。

用作反压护道填料材质及护道的高度、宽度应符合设计要求。反压护道施工宜与路基同时填筑,分开填筑时,必须在路堤达到临界高度前将反压护道筑好。

4)土工合成材料加筋路堤

用变形小、老化慢的土工合成材料作为路堤的加筋体,可以减少路堤填筑后的地基不均匀沉降,又可以提高地基承载能力,同时也不影响排水,故可提高路基的整体性和稳定性。

土工合成材料应具有质量轻、整体连续性好、抗拉强度较高、抗腐蚀性和抗微生物侵蚀性好、施工方便等优点;非织型的土工纤维应具有当量孔隙直径小、渗透性好、质地柔软、能与土很好结合的性质。

应根据出厂单位提供的幅宽、质量、厚度、抗拉强度、顶破强度和渗透系数等测试数据,选用满足设计要求的土工合成材料。土工合成材料在存放以及施工铺设过程中,应尽量避免长时间暴露或暴晒,以免其性能劣化。

土工合成材料加筋路堤施工时,应符合以下规定:

(1)应在平整好的下承层上按路堤底宽断面铺设,摊铺时应拉直平顺,紧贴下承层,不使出现扭曲、折皱、重叠。在斜坡上摊铺时,应保持一定松紧度(可用U形钉控制)。

(2)铺设土工聚合物,应在路堤每边各留足够的锚固长度,回折覆裹在压实的填料面上,平整顺适,外侧用土覆盖,以免人为破坏。锚固长度应满足设计要求。

(3)应保证土工合成材料的整体性,当采用搭节法连接时,搭节长度宜为30~60cm;采用缝接法时,缝接宽度应不小于5cm,缝接强度应不低于土工合成材料的抗拉强度;采用黏结法时,黏结宽度不应小于5cm,黏合长度应不低于土工合成材料的抗拉强度。

(4)现场施工中发现土工合成材料有破损时必须立即修补好。双层土工合成材料上、下层接缝应交替错开,错开长度不应小于0.5m。

5)袋装砂井

采用一定的施工方法在地基中获得按一定规律排列的孔眼,在孔眼中灌入砂袋即形成了袋装砂井。袋装砂井的主要材料是袋和砂。宜选用聚丙烯或其他适用的编织料制成袋,抗拉强度应能保证承受砂袋自重,装砂后砂袋的渗透系数应不小于砂的渗透系数。砂则宜采用渗水率较高的中、粗砂,大于0.6mm的砂的含量宜占总重的50%以上,含泥量不应大于3%,渗透系数不应小于5×10^{-2}mm/s。

袋装砂井的主要施工机具为导管式振动打桩机,在行进方式上普遍采用的有轨道门架式、履带臂架式、吊机导架式等。

袋装砂井施工的质量应符合以下规定：

(1)袋装砂井的井距、井长、井径及灌砂率，均应符合设计规定，砂井的竖直度允许偏差为1.5%。

(2)砂袋灌入砂后，露天堆放应有遮盖，切忌长时间暴晒，以免砂袋老化。砂袋入井，应使用桩架吊起垂直起吊，以防止砂袋发生扭结、缩颈、断裂和砂袋磨损。

(3)为控制砂井的设计入土深度，在钢套管上应划出标尺，以确保井底高程符合设计要求。拔钢套管时应注意垂直起吊，以防止带出或损坏砂袋。施工中若发现上述现象，应在原孔边缘重打；连续两次将砂袋带出来时，应停止施工，待查明原因后再施工。

(4)砂袋留出孔口长度应保证伸入砂垫层至少30cm，并不得卧倒。

6)塑料排水板

塑料排水板是由芯体和滤套组成的复合体，或是由单一材料制成的多孔管道板带(无滤套)。

芯板是由聚乙烯或聚丙烯加工而成的多孔管道或其他形式的板带，应具有足够的抗拉强度和垂直排水的能力。其抗拉强度不应小于130kN/cm；当周围土体压力在15cm深度范围内不大于250kPa或在大于15cm范围内不大于350kPa条件下，其排水能力应不低于$30cm^3/s$。芯板应具有耐腐蚀性和足够的柔性，保证塑料排水板在地下的耐久性并在土体固结变形时，不会发生折断或破坏。

滤套一般由无纺织物制成，应具有一定的隔离土颗粒和渗透功能，应等效于0.025mm孔隙，其最小自由透水表面积宜为$1500cm^2/m$，渗透系数应不小于$5\times10^{-2}mm/s$。

用塑料排水板处治软土的主要施工机具是插板机，也可与袋装砂井打设机具共享，但应将圆形套管换成矩形套管。

施工质量应符合以下规定：

(1)施工现场堆放的塑料排水板应加以适当覆盖，以防暴露在空气中老化。

(2)插入过程中导轨应垂直，钢套管不得弯曲，施工中防止泥土等杂物进入套管内，一旦发现应及时清除，透水滤套不应被撕破和污染，排水板底部应有可靠的锚固措施，以免拔出套管时将芯板带出。

(3)塑料排水板留出孔口长度应保证伸入砂垫层不小于50cm，使其与砂垫层贯通，并将其保护好，以防机械、车辆进出时受损，影响排水效果。

(4)塑料排水板禁止搭接。

(5)塑料排水板的板长要求不小于设计值，板距容许偏差为$-15\sim+15cm$，竖直度偏差不大于1.5%。

7)砂桩

采用一定的施工方法在地基中获得按一定规律排列的孔眼，在孔眼中灌入中、粗砂即形成砂桩。砂桩顶面应铺设砂垫层，以构成完整的地基排水系统。用作砂桩的砂，其要求同袋装砂井，也可使用含泥量小于5%的砂和角砾混合料。

砂桩的施工机具有振动打桩机、柴油打桩机，其成型工艺有冲击式和振动式，桩管下端装有活瓣钢桩靴。砂桩的施工工艺流程为：整平原地面──→机具定位──→桩管沉入──→加料压密──→拔管──→机具移位。

砂桩的施工质量应符合以下规定:

(1)砂的含水率对桩体密实度有很大影响,应根据成桩方法分别符合以下规定:

当采用单管冲击法、一次打桩管成桩法或复打成桩法施工时,应使用饱和砂。

采用双管冲击法、重复压拔法施工时,可使用含水率为7% ~9%的砂,饱和土中施工也可用天然湿砂。

(2)地面以下1 ~2m土层由于侧向约束软弱,不利成桩,应取超量投砂法,通过压挤提高表层砂的密实程度。

(3)桩体在施工中应确保连续、密实;在软弱黏性土中成型困难时,可隔行施工,各行中也可间隔施工。

(4)实际灌砂量未达到设计用量要求时,应在原位将桩管打入,补充灌砂后复打一次,或在旁边补桩一根。

(5)砂桩的桩长、桩径、灌砂量应符合设计要求,桩距允许偏差为 -15 ~ +15cm,竖直度偏差应小于1.5%。

8)碎石桩

采用砾石、碎石等散粒材料,以专用振动沉管机械或水震冲器施工形成碎石桩,碎石桩与周围地基组成复合地基。粒料桩对地基有置换、挤密和竖向排水作用。

碎石桩的填料应为未风化的干净砾石或轧制碎石,粒径宜为19 ~63mm,含泥量不应大于10%。一般可饮用水均可用于碎石桩的施工。

施工前应按规定做成桩试验,监理工程师应检查承包人冲孔、清孔、制桩时间和深度、冲水量、水压、压入碎石量及电流的变化等记录。经验证设计参数和施工控制的有关参数作为碎石桩施工的控制指标。

碎石桩的主要施工机具是振冲器、吊机或施工专用平车和水泵。其施工工艺的程序为:整平原地面──→振冲器就位对中──→成孔──→清孔──→加料振密──→关机停水──→振冲器移位。

碎石桩施工质量控制应符合以下规定:

(1)碎石桩施工应根据制桩试验成果,严格控制水压、电流和振冲器在固定深度位置的留振时间。

水压视土质及其强度而定,一般对强度较低的软土,水压要小些;对强度较高的软土,水压宜大。成孔时水压宜大,制桩振密时水压宜小。水量要充足,使孔内充满水,以防塌孔。

应严格控制电压稳定,一般为(380 ±20)V。应控制加料振密过程中的密实电流,密实电流的规定值应根据现场制桩试验定出,宜为潜水电动机的空载电流加上10 ~15A,或为额定电流的90%左右;严禁在超过额定电流的情况下作业。

振冲器在固定深度位置的留振时间宜为10 ~20s。

(2)填料要分批加入,不宜一次加料过量,原则上要"少吃多餐",保证试桩标定的装料量,一般制作最深桩体时填料偏多。每一深度的桩体在未达到规定的密实电流时应继续加料,继续振实,严格防止"断桩"和"缩颈桩"的发生。

(3)施工时碎石桩的桩径、桩长、灌碎石量均应符合设计要求,桩距施工允许误差为

±15cm,竖直度偏差小于1.5%。

(4)碎石桩密实度自检频率宜抽查2%,要求用重Ⅱ型动力触探测试,贯入量10cm时,击实不小于5次。

9)加固土桩

用某种深层拌和的专用机械,将软土地基的局部范围内用固化材料加以改善、加固,即形成加固土桩。加固土桩与桩间土形成复合地基。

(1)加固土桩的固化材料可用水泥、生石灰、粉煤灰或NCS固化剂等,其质量规格应符合设计要求。

生石灰是磨细的,最大粒径应小于0.236cm。生石灰应无杂质,氧化镁和氧化钙含量不应小于85%,其中氧化钙含量不低于80%。

水泥宜采用普通水泥或矿渣水泥。严禁使用过期、受潮、结块、变质的劣质水泥。

粉煤灰化学成分中要求二氧化硅和三氧化二铝的含量应大于70%,烧失量应小于10%。

有条件地区可采用石膏粉作为掺加剂,以利于强度的提高。

施工实际使用的固化剂和外掺剂,必须通过室内试验的检验,符合设计要求后、方可使用。

(2)加固土桩施工前必须进行成桩试验,应达到下列要求并取得以下技术参数:

①满足设计喷入量的各种技术参数,如钻进速度、提升速度、搅拌速度、喷气压力、单位时间喷入量等;

②应确定能保证胶结料与加固软土拌和均匀性的工艺;

③掌握下钻和提升的阻力情况,选择合理的技术措施;

④根据地层、地质情况确定覆喷范围,成桩工艺性试验桩数不宜少于5根。

(3)施工工艺应按以下程序进行:

整平原地面──→钻机定位──→钻杆下沉钻进──→上提喷粉(或喷浆)强制搅拌──→复拌──→提杆出孔──→钻机移位。

(4)施工前应丈量钻杆长度,并标上显著标志,以掌握钻杆钻入深度、复拌深度,保证设计桩长。

(5)施工机械应按固化剂喷入的形态(浆液或粉体),采用不同的施工机械组合。

对浆液固化剂:主机为深层搅拌机,有双搅拌轴中心管输浆方式和单搅拌轴叶片喷浆方式两种;配套机械主要有灰浆拌制机、集料斗、灰浆泵、控制柜及计量装置。

对粉体固化剂:主要为钻机、粉体发送器、空气压缩机、搅拌钻头。

(6)施工质量应符合以下规定:

①采用浆液固化剂时

a.固化剂浆液应严格按预定的配比拌制。制备好的浆液不得离析,不得停置过长,超过2h的浆液应降低等级使用;浆液倒入集料时应加筛过滤,以免浆内结块,损坏泵体。

b.泵送浆液前,管路应保持潮湿,以利输浆。现场拌制浆液,应有专人记录固化剂、外掺剂用量,并记录泵送浆开始、结束时间。

c.根据成桩试验确定的技术参数进行施工。操作人员应记录每米下沉时间、提升时间,记录送浆时间、停泵时间等有关参数的变化。

d. 供浆必须连续,拌和必须均匀。一旦因故停浆,为防止断桩和缺浆,应使浆搅拌机下沉至停浆面以下 0.5m,待恢复供浆后再喷浆提升。如因故停机超过 3h,为防止浆液硬结堵管,应先拆卸输浆管路,清洗后备用。

e. 搅拌机提升至地面以下 1m 时宜用慢速;当喷浆口即将出地面时,应停止提升,搅拌数秒以保证桩头均匀密实。

②采用粉体固化剂时

a. 粉喷桩施工应根据成桩试验确定的技术参数进行;操作人员应随时记录压力、粉喷量、钻进速度、提升速度等有关参数的变化。

b. 严格控制粉喷高程和停粉高程,不得中断喷粉,确保桩体长度;严禁在尚未喷粉的情况下进行钻杆的提升作业。严格控制粉喷时间、停粉时间和喷入量。应采取措施防止桩体上下喷粉不匀、下部剂量不足、上下部强度差异大等问题,应按设计要求的深度复搅。

c. 当钻头提升到地面以下不足 50cm 时,送灰器应停止喷灰,并用人工回填同剂量的混合土压实。

d. 桩身根据设计要求在一定深度即在地面以下 1/3 ~ 1/2 桩长并不小于 5m 的范围内必须进行重复搅拌,使固化料与地基土均匀拌和。

e. 施工中,发现喷粉量不足,应整桩复打,复打的喷粉量应不小于设计用量。如遇停电、机械故障等原因,喷粉中断时,必须复打,复打重叠孔段应大于 1m。

f. 施工机具设备的粉体发送器必须配置粉料计量装置,并记录水泥的瞬时喷入量和累计喷入量。严禁无粉料喷入计量装置的粉体发送器投入使用。

g. 储灰罐容量应不小于一根桩的用灰量加 50kg;当储量不足时,不得对下一根桩开钻施工。

h. 钻头直径的磨损量不得大于 1cm。

(7)粉喷桩的桩径、桩长、单桩粉喷量均应符合设计要求,应 28d 后在桩体三等分段各钻取芯样一个,一根桩取三个试块进行强度测试,强度应不低于设计要求。桩距允许偏差为 ±10cm,竖直度偏差应小于 1.5%。

四、盐渍土地区路基施工质量监理

(1)在盐渍土地区施工时,路堤填料应符合下列要求:

①路堤填料的含盐量不得超出规定允许值,不得夹有盐块和其他杂物。盐渍土地区路堤填料的可用性见《公路路基施工技术规范》(JTG F10—2006)中的规定。

②对填料的含盐量及其均匀性应加强施工控制检测,路床以下每 1000m^3 填料、路床部分每 500m^3 填料至少做一组测试,每组取 3 个土样,取土不足上列数量时,亦应做一组试件。

③在内陆盆地干旱地区,如当地无其他适用的填料,需用易溶盐含量超过规定值的土、砾等作填料时,应根据当地气候、水文地质等条件,通过试验决定填筑措施。

④用石膏土作填料时,应先破坏其蜂窝状结构。

(2)盐渍土路堤应分层铺填分层压实,每层松铺厚度不大于 20cm,砂类土松铺厚度不大于 30cm。碾压时应严格控制含水率,不应大于最佳含水率 1 个百分点。雨天不得施工。

(3)盐渍土地区路堤施工前,应测定其基底(包括护坡道)表土的含盐量和含水率及地下水位，根据测得的结果，分别按设计规定进行处理。

①如表土不符合规范规定时，应在填筑路堤前予以挖除，如路堤高度小于规范规定时，除将基底含盐量较大的表土挖除外，还应按设计要求换填透水性较好的土。

②原基底土的含水率如超过液限的土层厚度在1m以内时，必须全部换填透水性材料；如含水率介于液限和塑限之间时，应铺10～30cm的渗水性材料；如含水率在塑限以下时，可直接填筑黏性土。

③当清除软弱土体达到地下水位以下时，则应换填透水性强的粗粒土，并应高出地下水位30cm以上，再填黏性土。

④在内陆盆地干旱地区设计为沥青混凝土、水泥混凝土或沥青表处路面的地段，路床的填料应符合规定要求。土层应设法洒水压实到规定要求，同时还应在路堤下部设置封闭性隔断层（采用不透水材料如沥青砂、防渗薄膜、聚丙烯薄膜编织布等），隔水层铺设前应清除植物根茎，将基底做成2%的横坡，整平压实，沿横坡均匀铺平。

（4）在地表为过盐渍土的细粒土地区或有盐结皮和松散土层时，应将其铲除。铲除的深度，应通过试验确定。如地表过盐渍土过厚，亦可铲除一部分，并设置封闭隔断层。隔断层设置深度宜在路床顶以下80cm深度外。若有盐胀问题存在，隔断层应设在产生盐胀的深度以下。

（5）排水应符合下列要求：

①施工中应及时合理地布置好排水系统，不应使路基及其附近有积水现象。

②取土坑底部距离地下水位不应小于15cm；底部应向路堤外有2%～3%排水横坡。

③排水困难地段或取土坑有被水淹没可能时，应在取土坑外采取适当处治措施。

④在地下水位较高地段，除挡导表面水外，应加深两侧边沟或排水沟，以降低路基下的地下水位。

⑤盐渍土地区的地下排水管与地面排水沟渠，必须采取防渗措施。盐渍土地区不宜采用渗沟。

（6）高速公路、一级公路的盐渍土路基的路肩及坡面，应采用防护措施或加宽路基措施；其他等级公路，亦宜采用防护措施。

（7）盐渍土路基的施工，应从基底清除开始，连续施工。即从基底到路床表面应分段一次完成，不可间断，在设置隔水层的地段，至少一次做到隔水层的顶部。

（8）施工季节，在地下水位高的黏性土盐土地区，以夏季施工为宜；砂性土盐土地区，以春季和夏初施工为宜；强盐渍土地区，在表层含盐量较低的春季施工为宜。

五、风沙地区路基施工质量监理

（1）风沙地区路基宜在少风、风速较小或有雨季节分段集中施工，并在大风来临前配套完成。若当地风力较强或需在风季施工时，应采取临时防护措施；对设计的永久防护工程，若材料运输有困难，需待通车后施工时，可采取临时防护过渡。填筑路堤当日不能完工地段，对坡面和路肩应加以覆盖；开挖路堑，应从一开始就随挖随用平铺式栅栏或草席、芦苇等将坡面、路肩护好，周围用小木桩固定或用大石块或混凝土预制块压住。

（2）风沙地区路基施工应采取措施保护线路两侧的地表原有植被和地表硬壳。施工前，应准备充分的防护材料。对因施工作业使两侧地表受损部分，应按设计要求在新出露的沙面上及时填筑砾卵石土防护层。施工的路基应集中力量完成一段,防护一段。

(3)填方取土要根据当地风向情况选择取土坑位置。在单一风向地区,取土坑宜设在路堤下风一侧距路堤坡脚至少5m;在有反向风交替作用的地区,取土坑可设在路堤两侧,施工完成后应将其边坡修成缓坡,使其断面成浅槽形。应尽量利用挖方材料,如需废弃,应弃于背风坡一侧的低地或距路堑坡顶不小于10m处,并应摊平。

(4)路基压实应符合下列要求:

①对风沙地区用粉沙或细沙填筑路堤时,仍应分层压实。根据现场自然条件、沙的特性及水源分布等情况确定压实机械和压实方法,宜采取机械振动压实为主,结合蓄水、快成型、快防护的施工方法。

②对缺土、缺水,压实确有困难的风积沙路基,可采用土工合成材料(编织袋、编织布)对路基进行加固。土工布横向搭接宽度应不小于300mm,纵向搭接长度应不小于500mm,搭接部应采用有效方法连接。土工布铺好后,宜采用振动压路机静压一遍,增强沙路基表层密实度,然后方可铺筑垫层。

(5)在地形开阔的风沙地段,应将路基两侧20~50m范围内的小沙滩、弃土堆、小土丘等凡可引起积沙的障碍物予以清除、摊平。

(6)植物固沙是防治沙害的根本措施,在有条件的地方采用植物固沙法施工时,要严格按照设计要求的树苗或灌木种类和设计规定的种植间隔尺寸及布置形式进行栽种。

在无条件采用植物固沙的地区及采用植物固沙的初期,为防治沙害并为植物固沙创造条件应采用工程防沙措施。在林带前缘,为防止积沙,亦应适当设置工程防沙设施。采用天然砂砾或黏土等覆盖地表面时,粒径应不大于63mm。

工程防沙有固、阻、输、导四种类型,应根据设计并结合路基施工情况及时配套完成。

(7)格状沙障施工应做到稳固、牢实、风吹不走。有水源条件的,可在草方格内播撒适于沙漠生长的植物种籽,使方格内生长沙生植物。路线如通过牧区,还应在路基两侧设置铁丝隔离栅,防止人畜进入破坏草方格。

设置草方格沙障时,在迎风侧应先设主带(垂直主风向),后设副带(平行主风向);在背风侧应先设副带,后设主带,施工时均应先远后近,由上而下。有新月形沙丘,应从迎风坡脚开始设置。

埋设防风栅栏(立式沙障)应整平两侧地面,插铺草束,压沙插实,埋设稳固,防止栅栏底部被风吹掏空。

(8)沙质路基主体应按设计要求进行全面防护。在路基顶面、边坡面及坡脚外5~10m地面范围内,用黏性土、盐盖、砾(卵)石、乳化沥青等材料进行平铺覆盖或处理。

黏性土封闭防护是风沙地区路基常用的一种经济而有效的防护措施。采用黏性土时,应通过试验测定其塑性指数,符合设计要求的方可使用。

(9)风沙地区筑路时,路线主要控制桩、护桩、水准基点桩、路基边桩等均应设置明显的标志,并妥善保护,以防被沙埋没。

六、黄土地区路基施工质量监理

(1)在黄土地区填路堤时,路基基底处理应按设计要求进行施工并应符合以下要求:

①若基底为非湿陷性黄土,且无地下水活动时,可按一般黏性土地基进行基底处理,同时

做好两侧的施工排水、防水措施。

②若基底为湿陷性黄土,应采取拦截、排除地表水的措施,防止地表水下渗,减少地基地层湿陷性下沉。其地下排水构造物与地面排水沟渠必须采取防渗措施,路侧严禁积水。

③若地基土层具有强湿陷性或较高的压缩性,应按设计要求进行处理。

(2)用黄土填筑路堤应符合下列要求:

①新、老黄土均为路堤适用填料。老黄土透水性差,干湿难以调节,大块土料不易粉碎,使用前应通过试验确定措施,路床填料不得使用老黄土。新黄土为良好的填料,可用于填筑路床。黄土路堤应分层填筑,分层压实,大于10cm的块料,必须打碎,并应在接近土的压实最佳含水率时碾压密实。

②黄土路堤施工时,应做好填挖界面的结合(纵向),清除坡面杂草,挖好向内倾斜的台阶。如结合面陡立无法挖成台阶时,可采用土钉加强结合。

③黄土路堤的边坡应刷顺,整平拍实,并应及时予以防护,防止路表水冲刷。

④浸水路堤不得使用黄土填筑。

(3)黄土路堤的压实要求与一般黏性土相同,并应符合下列要求:

①黄土含水率过小,应均匀加水再行碾压;如含水率过大,可翻松晾晒至需要含水率再进行碾压,也可掺入适量石灰进行处理,以降低含水率。掺石灰后应将土、灰拌匀,其最大干密度应通过击实试验确定。

②黄土地区路床土基强度应符合设计要求,当不能满足要求时,应对原土进行技术处治。

(4)高路堤路基施工期间,应在两侧或一侧(超高段)设临时阻水、拦水设施,以防雨水冲毁边坡。路堤填至设计高程后,应根据设计及时修筑外侧边缘的拦水、截水沟构造物和急流槽,将水引至坡脚以外。对高度大于20m的路堤,应按设计预留竣工后路堤自重压密固结产生的压缩下沉量。

(5)黄土路堑边坡,应严格按设计坡度开挖,如设计为陡坡时(如1∶0.1),施工中不得放缓,以免引起边坡冲刷。

路堑施工,当挖到接近设计高程时,应对上路床部分的土基整体强度和压实度进行检测。

如路堑路床土质不符合设计规定,则应将其挖除,另行取土分层摊铺、碾压至规定的压实度。挖除厚度根据道路等级对路床的要求而定,高速公路及一级公路宜挖除50cm,其他公路可挖除30cm。

如路堑路床的密实度不足,土质符合设计规定,则视其含水率情况,经洒水或经翻松晾晒至要求含水率再行整平碾压至规定压实度。

(6)黄土地区应特别注意路基排水,对地表水应采取拦截、分散、防冲、防渗、远接远送的原则,根据设计及时做好综合排水设施,将水迅速引离路基。在填挖交界处引出边沟水时,应做好出水口的加固。

①湿陷性黄土路基的地下排水管道与地面排水设施,应根据设计进行加固和采取防渗措施。

②黄土路基水沟的加固类型,宜用浆砌片石或混凝土板。如用预制混凝土板拼砌时,其接缝处应牢固无渗漏。

(7)黄土陷穴应进行处理。处理时,首先要查清陷穴的供给来源、水量、发展方向及对路

基可能造成的危害,视具体情况采取以下相应的处理方法:

①在路堑顶部及路堤的靠山侧做好排水工程,将地表水、地下水引入有防渗层的水沟内排走。

②对通过路基路床的陷穴,要向上游追踪至发源地点。在发源地点把陷穴进口封填好,并引排周围地表水,使其不再向陷穴进口流入。

③对现有的陷穴、暗穴,可以采用灌砂、灌浆、开挖回填等措施,开挖的方法可以采用导洞、竖井和明挖等。

a. 灌砂法:本法适用小而直的陷穴,以干砂灌实整个洞穴。

b. 灌浆法:本法适用于洞身不大,但洞壁起伏曲折较大,并离路基中线较远的小陷穴,施工时先将陷穴出口用草袋装土堵塞,再在陷穴顶部每隔 4 ~ 5m 打钻孔作为灌浆孔,待灌好的土浆凝固收缩后,再在各孔做补充灌浆,一般需重复 2 ~ 3 次。有时为了封闭水道也可灌水泥砂浆。

c. 开挖回填夯实:本法适用于各种形状的陷穴,填料一般用就地黄土分层夯实。

d. 导洞和竖井:本法适用较大、较深的洞穴。由洞内向外逐步回填夯实,在回填前,应将穴内虚土和杂物彻底清除干净。当接近地面 0.5m 时,应有老回填或新回填加 10% 的石灰拌匀回填夯实。

④处理好的陷穴,其土层表面均应采用石灰与土比例为 3∶7 的石灰土填筑夯实或铺填老黄土等不透水材料加以改善。石灰土厚度应按设计严格执行。如原设计未要求时,其厚度不宜小于 30cm,并将流向陷穴的附近地面水引离,防止形成地表积水或水流集中产生冲刷。

(8)黄土陷穴的处理范围,应视具体情况而定,宜在路基填方或挖方边坡外,上侧 50m,下侧 20m 以外。若陷穴倾向路基,虽在 50m 以外,仍应做适当处理。对串珠状陷穴应彻底进行处治。

七、多雨潮湿地区路基施工质量监理

(1)多雨潮湿地区进行路基施工时,应特别注意排水。机具停放地、库房、生活区域,都必须选在地势较高不易被水淹没的地点,并有可靠的排水防洪设施,预防洪水造成危害。

(2)开工前场地准备工作应特别注意排除地面水。低洼地带沿用地两边应挖大断面的纵向排水沟并引向出水口。在纵向排水沟之间,应挖掘横向排水沟并互相贯通疏干地表,以达到地面不积水。

(3)多雨潮湿地区,原地面多为含水率过大的过湿土,应按下列方法处理:

①含水率过大的潮湿土深度在 2m 以内时,可挖去湿土,换填适用的干土或挖方石渣、天然砂砾等,并分层压实达到标准。

②挖去淤泥后将土层湿土翻松耙碎掺入 5% ~ 10% 的生石灰粉压实,其层厚以能达到规定压实度为准,使之成为稳定土加固层。

③当有非风化大块岩石可利用时,在挖去软湿土后铺筑厚 50cm 左右石块层,嵌填石渣后,用重型压路机碾压成型,再于其上填筑路堤。二级以下公路可以采用抛填片石挤淤,整理碾压成型后填筑路堤。

④当软湿土深度大于 2m 时,按软土路基的规定处理。

(4)利用潮湿土填筑路堤时,应按下列压实标准和方法进行:

①当天然稠度小于1.1、液限大于40、塑性指数大于18的黏质土用作高速公路、一级公路和二级公路上路床的填料时,应采用各种措施达到规定的压实度;上述土用作下路床及上、下路堤的填料时,当进行处治或采用重型压实度确有困难,可采用轻型压实标准。填料经翻拌晾晒分层压实后,压实度应满足规定要求。

②碾压潮湿土填筑的路堤适宜的压路机型式、规格、填层的适宜厚度、所需碾压遍数和压实度,应通过试验确定。

③碾压完成后的路段,若不立即铺筑路面,且不需维持通车时,应在路床顶再铺盖一层碾压紧密的防水黏土层或沥青封闭层。

④填料的天然稠度为0.9~1.0时,宜将土摊开翻拌晾晒,当含水率接近最佳含水率时,即可碾压密实。

⑤填料的天然稠度为0.5~0.9时,宜在土中掺入生石灰等外掺剂拌和均匀后,分层填筑压实。

(5)多雨潮湿地区,土的含水率大,地下水位高,容易影响路基稳定。填方边坡宜用浆砌护坡防护。二级以下公路也宜采取相应的防护措施。

(6)路堤填筑每层表面宜做成2%~4%的横坡以利排水。当天的填土,必须当天完成压实。

(7)路堤坡脚护坡道外,应设置加大断面的石砌边沟,以降低地下水位。

八、季节性冻融翻浆地区路基施工质量监理

(1)冻融翻浆地区施工,必须贯彻“以防为主、防治结合”的原则。

(2)翻浆地区路基,首先应做好路基排水,保证路基填土高度和对压实度的要求。高速公路、一级公路除考虑强度因素外,还需考虑冻胀对路基、路面的影响。

(3)施工前,应对冻胀翻浆地区进行详细的现场调查,根据各段水文地质情况,做好场地排水、填料选择、料场规划等工作,并根据地区特点、翻浆类型、严重程度,按照因地制宜、就地取材和路基路面综合处理的原则提出处治方案。

(4)翻浆防治可根据公路等级、冻融程度、地带类型、当地料源采用下述处治措施。

①换填土法:采用水稳定性好、冻稳定性好、强度高的粗粒土换填路基上部;换填选料原则,冻胀时路面不致产生有害变形,冻融时路床承载能力不致下降,换填厚度应控制在最大冻深的70%~100%。

②隔离层法:深度应设在聚冰层以下和地下水以上适当处;隔离层宜高出地表水位25cm,有效厚度一般为20cm。为防淤塞,上下面宜设防淤层,亦可在上下面反铺草皮或土工织物防淤。隔离层材料可用碎石、砾石、粗砂、土工布等,上下面宜设3%~4%的拱度。采用何种防淤层,应视道路等级而定。

不透水隔离层可选3cm厚沥青8%~10%的沥青土或6%~8%的沥青砂,或沥青油毡、塑料膜等。

③隔温层法:设置在路基上部或路面底基层处,以延缓和减小负气温的强度;材料可选择炉渣、矿渣、碎砖,厚度一般为20~50cm。

④降低水位法:在低于现有地下水位的两侧边沟底部位设置管沟或渗沟。

⑤土工布排水法:将过滤型土工布(也可用塑编布)直接铺在土基上,上面铺填 30 ~ 40cm 砂砾层。

⑥改善路面结构法:如设置石灰底基层、二灰砂砾基层、水泥稳定基层、砂砾垫层等,厚度可根据计算确定。

上述各法可根据具体情况采用一种或两种以上。

(5)不论路堤或路堑,在修筑路面结构层前,应用不小于 20t 的压路机或等效碾压机械对路基进行检验(2 ~ 3 遍),发现软弹现象时应进行处理。

(6)涎流冰地区在涎流冰溶解期,能渗浸路基,降低强度,导致翻浆,融雪洪流通过受阻时还易引起路基水毁,应采取排、挡、截等措施防治。

当采用暗管、渗沟等疏排方法时,管沟等结构应埋在冰冻线以下,并不低于路面以下 2m。上口通过封闭式渗池与含水层衔接,下口于路基下侧边坡坡面以外排出,并做好出口处的保温和加固设施。

暗管适用于不产砂石的地区。

(7)季节性冻融翻浆地区路基施工时,应符合以下规定:

①排水:施工前应认真了解地形及水文地质情况,凡是可能危害路基强度和稳定性的地面水和地下水,均应采取有效的临时性或永久性措施,使水能迅速排出路基之外;路床面应保持良好的排水状态;从路堑到路堤必须修建过渡边沟并无阻塞现象;各层填土应有路拱,使表面无积水;施工后,各式沟、管、井、涵等能形成完整有效的排水系统。

②路堤:

a. 原地面处理:水文地质不良和湿软地段,可视情况在地表铺填厚度不小于 30cm 的砂砾,或做局部挖除换填处理。

当路堤高度低于 20cm 时(包括挖方土质路段)应翻松 30 ~ 50cm 并分层整形压实,其压实度为 94% ~ 96%,高速公路、一级公路取高限,其他公路取低限。

b. 填料:宜选用水稳定性好的土填筑路基;路基上部受冰冻影响部位,应选用水稳定性和冻稳定性均较好的粗粒土;冻土、非渗水性过湿土、腐殖土禁止用于填筑各层路堤;压实时的含水率应控制在最佳含水率 ±2% 范围内。

c. 取土场:宜设置集中取土场,排水困难地段更宜集中取土。

d. 碾压:各层表面碾压前应用平地机进行整平和修整路拱,切实控制松铺厚度以及填料的均匀性。压实后各层表面的平整度,用 3m 直尺丈量,其间隙高度不宜大于 20mm;成型后路床顶面强度按规定进行检查或用不小于 20t 的压路机碾压检验有无"软弹"现象。

e. 路堤高度:应满足路基全年能处于干燥或中湿状态;修低路堤时,应根据具体情况采取相应技术措施。

f. 为使路基强度和稳定性满足设计要求,施工中各类冻融翻浆防治方法可综合选用。

③路堑:

a. 石方段超挖回填部位应选用符合要求的石渣,压实度不得小于 96%;禁止使用劣质开山料或覆盖土回填或找平;超挖部分不规则或不超过 8cm 时,可用混凝土修补找平;整平层宜采用级配碎石或水泥稳定碎石、二灰稳定碎石类等半刚性材料。

b. 土质路堑或遇水崩解软化的风化泥质页岩等类路堑的路床压实度，如不符合规定时，应翻松压实或根据土质情况，换填符合路床强度并满足压实度要求的足够厚度的好土，并予以压实；然后加强排水措施，如封闭路肩、浆砌边沟等。

c. 有裂隙水、层间水、潜水层、泉眼等路段，应按规定分别采取切断、拦截、降低等措施，如加深边沟、设置渗沟、渗管、渗井等。

九、多年冻土地区路基施工质量监理

(1)施工前，应核查沿线冻土分布、类型、冻土上下限、冰层上限、地面水、地下水以及有无其他如热融(湖、塘)、冰丘、冰椎等不良地质路基地段情况。

(2)施工必须严格遵循保护冻土的原则，使路基施工后仍处于热学稳定状态。路基原则上均应采取路堤形式，尤其在厚冰发育地段，并尽可能避免零填或浅挖断面，以免造成严重热融沉陷等病害，弱融沉或不融沉的多年冻土地区，路基施工可按融化原则进行。

(3)路基排水与加固除满足水力和土力条件外，还应考虑由于施工因素如排水系统修筑等引起的热力变化不会导致多年冻土上限的下降。

(4)填方路基的施工应符合以下要求。

①排水：当路基位于永久冻土的富冰冻土、饱冰冻土或含土冰层地段时，必须保持路基及周围的冻土处于冻结状态，排水系统与路基坡脚应保持足够距离；在高含冰量冻土集中路段，严禁坡脚滞水、路侧积水，边坡应及时铺填草皮。

在少冰与多冰冻土地段，也应避免施工时破坏土基热流平衡。排水沟与坡脚距离不应小于2m；沼泽湿地地段不应小于8m；饱冰冻土及含土冰层地段，应避免修建排水沟和截水沟，宜修建挡水埝(堰)，距坡脚不应小于6m，若修建排水沟则不应小于10m。

②基底处理：填方基底为含冰过多的细粒土，且地下冰层不厚，可挖除并用渗水性土回填压实，再填路基。

当基底为排水困难的低洼沼泽地段时，其底部应设置毛细水隔水层，其厚度宜在路堤沉落后至少高出水面0.5m，并在其上铺设反滤层；泥沼地段路堤基底生长塔头草时，可利用其作隔温层。上述地段路堤应预加沉落度，并在修筑路面结构之前，路基沉降基本趋于稳定。

③路基高度：应达到防止翻浆与不超过路基冻胀值要求的最小填土高度；按保持冻结原则施工的路段，应同时满足冻土上限不下降要求。

④取土：宜设置集中取土场，富冰冻土、饱冰冻土及含土冰层路段，确需就近解决部分土源时，应在路基坡脚10m以外取土；斜坡地表路堤，取土坑应设在上坡一侧。取土坑深度不得超过当地多年冻土上限以上土层厚度的80%，坑底应有坡度，积水应有出口，水能及时排出，同时取土坑的外露面，亦宜用草皮铺填。

⑤填料：应选用保温隔水性能均较好的细粒土。采用黏性土或透水性不良的土填筑路堤时，要控制土的湿度，碾压时含水率不能超过最佳含水率的±2%。不得用冻土块或草皮层及沼泽地含草根的湿土填筑路基。通过热融湖(塘)路堤，水下部分必须用渗水良好的土填筑，并应高出最高水位0.5m。

⑥压实：压实检查应采用重型击实标准。成型后路床强度应符合设计要求，用不小于20t的压路机或等效碾压机械进行碾压检验2~3遍，无轮迹和软弹现象。

⑦侧向保护:靠近基底部位有饱冰冻土层且有可能融化时,宜设保温护道或护脚。保温材料宜就地取材。用草皮时,草根应向上一层一层叠铺,最外一层应带泥,以便拍实形成保护层;沿线两侧20m内植被和原生地貌应严加保护。

(5)挖方路基施工应符合以下要求。

①排水:对于地下水发育地段,路基边沟均应有防渗措施。路堑坡顶避免设置截水沟或排水沟,宜修挡水埝并与坡顶距离不小于6m。若必须修排水沟或截水沟,距挡水埝外距离不应小于4m。

②土质边坡加固铺砌厚度均应满足保温层要求。如用草皮铺砌,应水平叠砌,错缝嵌紧,缝隙用黏土或草皮填塞严密,连成整体。草皮要及时铺填。

③对于饱冰冻土、含土冰层地段路堑,为防止开挖后基底冻胀翻浆,可根据需要换填足够厚度的渗水性土。

(6)路基处于其他不良地质地段时,应按下列规定施工:

冰椎、冰丘地段采用冻结、拦截、截水墙、保温渗沟排水等方法处理;热融湖(塘)地段的路堤水下部分应采用渗水性土;松软基底两侧宜设反压护道;沼泽冻土地段路堤下部应设置隔离层和隔温层,并保护好两侧地表植被;水鼓丘较重路段,可在上游主流处设地下渗沟或将水引到一定距离外的地面积冰场。

十、岩溶地区路基施工质量监理

(1)影响路基稳定的溶洞,不论采用何种处理方法,在施工中均不应堵塞溶洞水路。

(2)路基基底的岩溶泉或冒水,不论采用何种方法排出,均应保证路床范围的土石方不受浸润;当修建高级或次高级路面时,应保证不因温差作用而使水汽上升,聚集在路面基层下。

(3)对路基上方岩溶泉或冒水,可采用排水沟将水引离路基,不宜堵塞;对路基基底的岩溶泉或冒水,宜设置涵洞(管)将水排除;流量较大的暗洞及消水洞,可用桥涵跨越通过。

(4)路堑边坡上危及路基稳定的干溶洞,可用干砌片石或浆砌片石堵塞。

(5)路基基底的溶洞,应采用桥涵通过,当为干溶洞且又不大时,可采用砂砾石、碎石、干、浆砌片石等回填密实。

(6)路基基底干溶洞的顶板太薄或顶板较破碎时,可采用加固或将顶板炸除之后,采用桥涵跨越。

(7)路基基底干溶洞的顶板较完整,有较大厚度时,可按路基设计规范给出的路基基底溶洞顶板安全厚度的公式,予以验算,并根据验算的结果,确定处治方案。

(8)当路基溶洞位于边沟附近、而且较深时,可采用钢筋混凝土板封闭,并应防止边沟水渗漏到溶洞内。

(9)为防止溶洞的沉陷或坍塌,以及处理岩溶水引起的病害,可视溶洞的具体情况分别采用洞内加固(如桩基加固、衬砌加固)、盖板加固、封闭加固(如锚喷加固)等方法。

(10)对影响路基稳定的人工坑洞(如煤洞、古墓、枯井、捣砂坑、防空洞等),应查明后,参照岩溶处治方法进行处理。

十一、膨胀土地区路基施工质量监理

(1)膨胀土地区的路基施工,应避开雨季作业,加强现场排水,保证地基和已填筑的路基不被水浸泡。

(2)膨胀土地区路基施工,开挖后各道工序要紧密衔接,连续施工,分段完成。路基填筑后不应间隔太久或越冬后做路面。

(3)路堑施工前,先开挖截水沟并铺设浆砌圬工,其出口应延伸至桥涵进出口。

(4)路堤、路堑边坡按设计修整后,应立即浆砌护墙护坡,防止雨水直接浸蚀。

(5)膨胀土稳定性差,不应作为路基填料;中等膨胀土宜经过加工、改良处理后作为填料;弱膨胀土可根据当地气候、水文情况以及道路等级加以应用,对直接使用中、弱膨胀土填筑路堤时,应及时对边坡及顶部进行防护。

①高速公路、一级公路、二级公路等采用中等膨胀土用作路床填料时,应做掺灰改性处理。改性处理后要求胀缩总率不超过0.7为宜。

②限于条件,高速公路、一级公路用中等膨胀土填筑路堤时,路堤填成后,应立即做浆砌护坡封闭边坡。当填至路床底面时,应停止填筑,改用符合规定强度的非膨胀土或改性处理的膨胀土填至路床顶面设计高程并严格压实。如当年不能铺筑路面,作为封层的填筑厚度,不宜小于30cm,并做成不小于2%的横坡。

③使用膨胀土作填料时,为增加其稳定性,可采用石灰处治,石灰剂量可通过试验确定,要求掺灰处理后的膨胀土,其胀缩率接近零为佳。

④可用接近最佳含水率的中等膨胀土填筑路堤,但两边边坡部分要用非膨胀土作为封层。路堤顶面也要用非膨胀土形成包心填方。挖方地段当挖到距路床顶面以下30cm时,应停止向下开挖,并挖好临时排水沟。待作路面时,再挖至路床顶面以下30cm,并用非膨胀土回填,并按要求压实。

(6)高速公路、一级公路路堤原地面的处理,应按下列规定进行:

①填高不足1m的路堤,必须挖去地表30cm的膨胀土,换填非膨胀土,并按规定压实。

②地表为潮湿土时,必须挖去湿软土层换填碎、砾石土,砂砾或挖方坚硬岩石碎渣,或将土翻开掺石灰稳定并按规定压实。

(7)膨胀土地区路堤施工前,应按规定做试验路段。

(8)膨胀土地区路堑开挖,应按下列规定办理:

①挖方边坡不要一次挖到设计线,沿边坡预留厚度30~50cm的一层,待路堑挖完时,再削去边坡预留部分,并立即浆砌护坡封闭。

②膨胀土地区的路堑,高速公路、一级公路的路床应超挖30~50cm,并立即用粒料或非膨胀土分层回填或用改良性土回填,按规定压实。

(9)膨胀土地区,路基碾压应符合下列规定:

①根据膨胀土自由膨胀率的大小,选用工作质量适宜的碾压工具,碾压时应保持最佳含水率;压实土层松铺厚度不得大于30cm;土块应击碎至粒径5cm以下。

②在路堤与路堑交界地段,应采用台阶防水搭接,其长度不应小于2m,并碾压密实。

十二、滑坡地段路基施工质量监理

(1)对于滑坡的处治,应分析滑坡的外形地形、滑动面、滑坡体的构造、滑动体的土质及饱水情况,以了解滑坡体的形式和形成的原因,根据公路路基通过滑坡体的位置、水文、地质等条件,充分考虑路基稳定的施工措施。

(2)路基滑坡直接影响到公路路基的稳定时,不论采用何种方法处理,都必须做好地表水及地下水的处理。

(3)对于滑坡顶面的地表水,应采取截水沟等措施处理,不让地表水流入滑动面内。必须在滑动面以外修筑1~2条环形截水沟;对于滑坡体下部的地下水源应截断或排出。

(4)在滑坡体未处治之前,禁止在滑坡体上增加荷载(如停放机械、堆放材料、弃土等),严禁在滑坡前缘减载。

(5)对于挖方路基上边坡发生的滑坡,应修筑一条或数条环形水沟,但最近一条必须离滑动裂缝面最少5m以外,以截断流向滑动面的水流。截水沟可采用砂浆封面浆或砌片(块)石修筑,滑坡上面出现裂缝须填土进行夯实,避免地表水继续渗入,或结合地形、修建树枝形及相互平行的渗水沟与支撑渗沟,将地表水及渗水迅速排走。

(6)当挖方路基上边坡发生的滑坡不大时,可采用刷方(台阶)减重、打桩或修建挡土墙进行处理,以达到路基边坡稳定;采用打桩时,桩身必须深入到滑动面以下设计要求的深度;采用修建挡土墙时,挡土墙基础必须置于滑动面以下的硬岩层上。同时,宜修筑排水沟、暗沟(或渗沟)排出地下水。滑坡较大时,可修建挡土墙、钢筋混凝土锚固桩或预拉应力锚索等方法处理,不论采用何种处理方法,其基础都必须置于滑动面以下的硬岩层上或达到设计要求的深度。同时,宜修筑深渗沟、排水涵洞(管)或集水井等排除地下水或修建地下截水墙截断地下水。

(7)对于填方路堤发生的滑坡,可采用反压土方或修建挡土墙等方法处理。当滑坡较大时,或采用反压土方或修建挡土墙、钢筋混凝土锚固桩、预拉应力锚索等方法处理,修建构造物的基础必须置于滑动面以下硬岩层上或达到设计要求的深度。

(8)对于沿河路基发生的滑坡,可修建河流调治构造物(如堤坝、丁坝、稳定河床等)、挡土墙等方法处理,其构造物的基础必须置于河流冲刷线以下要求的深度或硬岩上。

(9)滑坡表面处治可采用整平夯实山坡,填筑积水坑,堵塞裂隙或进行山坡绿化固定表土。

十三、崩塌岩堆地段路基施工质量监理

(1)公路路基通过岩石容易崩塌地区,不论采用何种方法处治,都必须排除崩塌地段对路基造成损坏的潜在威胁或隐患。

(2)在崩塌地区进行公路路基施工,必须采取预防岩石坍落的安全措施,以保障施工中的安全。

(3)公路通过岩堆地区,不论采用何种方法处治,应尽量避免扰动岩堆体,保持岩堆稳定,施工时不宜破坏原有的边坡率,同时应处理好岩堆地段的渗入水及地下水。

(4)对于挖方边坡及原自然坡面岩石裂隙较多,岩石比较破碎,或由于雨水浸蚀容易引起风化,或由于冰冻作用而引起岩石剥落、破碎而容易发生崩坍的地段,施工中宜采用喷射水泥砂浆稳定,砂浆厚度宜为5~10cm;在气候条件比较恶劣或寒冷地区,厚度宜为10cm以上;对于长而高或较陡的边坡,宜嵌入直径为2~6mm、间距为100~200mm的铁丝网(挂网)固定在边坡上,在$1m^2$内固定1~2处,然后再喷射水泥砂浆稳定;也可用浆砌片(块)石封面,厚度应为30cm以上,并宜在$2m^2$内设置一处泄水孔。

(5)对岩石裂缝较大,节理比较发育,容易产生崩坍危险的边坡,宜用混凝土块、片(块)石浆砌铺筑处理,厚度应为30~40cm。

(6)在岩堆上部的挖方地段,如有塌落危险的危岩,用一般防护工程不能防止塌落时,应采用清除的办法处理(清除过程中,应作好安全防护措施,保障施工安全),或采用修筑防止落石工程如岩石加固(或锚固)工程,落石防护栅、防护棚等进行防护。

(7)在比较稳定的或厚度不大的岩堆上修筑路基,应设置护面墙或挡土墙。当设置上挡土墙时,其高度应达到与原岩堆的边坡坡率保持一致;设置下挡土墙时,应保持表面活动层的稳定,同时应设置泄水孔以排出渗入水或地下水。

(8)在比较大而稳定性较好的岩堆上修筑路基,应采取措施治理岩堆,保持岩堆的稳定,在开挖范围内,可采用注水泥砂浆使岩堆稳定后开挖,但应避免采用大、中型炮爆破,以防止岩堆体受扰动而滑移,同时宜修建护面墙或挡土墙以稳定岩堆,其设置高度应达到与原岩堆的边坡率保持一致,并应设置泄水孔排出渗入水或地下水。

对较大而稳定性较差的岩堆,应尽量避免路基通过,若必须通过时,应采用综合治理的办法处治岩堆,先修筑下挡土墙稳定岩堆脚,然后在岩堆体上分段注入水泥砂浆,待岩堆体较稳定后,逐步开挖。边坡较长时,分阶梯形成边坡,或修筑护面墙稳定边坡,同时应做好岩堆体的排水工程。

十四、红黏土地区路基施工质量监理

(1)压缩系数大于$0.5MPa^{-1}$的红黏土不得直接用于填筑路堤。

(2)不符合规范规定的红黏土拟作为路基填料时,应进行处理,处理后的红黏土应符合规范规定,压实度应符合规范规定。

(3)路堤施工前,应做好临时排水及防渗设施,截断流向路堤作业区的水源,疏干地表水。

(4)路堤填筑应符合下列规定:

①应尽量避免雨季施工。雨季施工时,应防止松土被雨淋湿。施工中应保持作业面横坡不小于3%。雨后作业面,应经晾干且重新压实合格后,方可进行下道工序的施工。

②填料应随挖随用。摊铺后必须及时碾压,做到当天摊铺当天完成碾压。

③路堤填料应连续,碾压完成后,应采取措施防止路堤作业面因暴晒失水。

(5)包边法施工应符合以下规定:

①包边材料应为透水性较差的低液限黏土、石灰土等,CBR应符合前述规定,严禁采用粉土、砂土等低塑性土包边。

②分层填筑时,先摊铺包边土,后摊铺红黏土。碾压前,应控制两种填料的各自含水率,使

两种填料在同一压实工艺下能达到压实标准。包边土的压实度应符合规范规定。

③碾压应从两边向中间进行,对不同填料的结合处要增加碾压遍数1~2遍。

④超高弯道的碾压应自低处向高处进行。

(6)路堑边坡应按设计要求及时进行防护和综合排水施工。

(7)挖方边坡坡脚应按设计要求及时施工支挡工程。

十五、涎流冰地区路基施工质量监理

(1)施工前,应对当地地形、地质、气象涎流冰的水源、类型及规模、危害情况,当地防治经验等进行调查核对,确定合理的处治措施及施工方案。

(2)施工应尽量减少对原有自然排水系统的影响。在修建排、挡、截等结构物时,不得随意挖掘取土,并注意保留(护)原自然形成的疏水系统。

(3)在冰冻或高寒的涎流冰地区,路基宜选用水稳定性良好的砂砾石土作为填料。

(4)采用浆砌片(块)石砌筑的挡土墙,砌筑砂浆必须饱满、密实,未达到设计强度前不得浸水遭受冻胀破坏,采用干砌时,应采用大块石砌筑。挡冰墙外的聚冰坑应按设计要求进行施工。土质地段的聚冰坑,应按设计要求砌筑,并做好防渗施工。

(5)在施工过程中,应对涎流冰进行监控。

(6)地下排水施工应符合以下规定:

①应按设计要求在冻结深度以下,并在不低于路面以下2m处做好地下排水设施的隔水层或反滤层。

②地下排水设施应在路基完工前完成。

③地下排水结构开挖中,应采取有利于排水的方法分层进行,随时排出地下渗水和流水。上口通过封闭式渗池与含水层衔接,下口位于路基下侧边坡坡面以外,出水口应有保温措施。

十六、雪害地区路基施工质量监理

(1)应充分理解和掌握防雪工程的设计意图,进行详细现场勘察,核查公路沿线雪害的类型、范围、规模、分布位置等。

(2)应本着不破坏自然景观及生态环境的原则,采用科学的施工工艺,尽量减少在施工过程中造成额外的公路雪害。及时清理现场,严禁随意破坏地表植被。

(3)雪崩地段施工应制订安全预案。

(4)在修筑高路堤、开挖储雪场及整修山坡的施工中,及时查明工程地质及水文地质变化,根据实际情况,采取相应的措施。

(5)路基排水应充分考虑春季融雪水的渗透作用,根据当地稳定积雪深度及融雪水的情况,采取措施保证路基的稳定及构造物的抗冻融性。路基的纵横向排水、防水系统要完善,保证融雪水顺畅排出。

(6)积雪地段及构造物应采用水稳性和抗冻融性较好的材料,对填料的性能指标及其均匀性应加强施工控制检测,以保证雪害地段路基及防雪工程的稳定性。

(7)坡面防护施工应适时,以防止温度变化、春融雪水作用破坏边坡坡面。

(8)雪崩地段路基施工:

①应配备专门的观测仪器和人员进行监测,及时预报警示山头塌方、碎石跌落、降雨降雪天气、大量地下水涌出等可能造成的山体变化情况,应制订安全预案,避免施工安全事故。

②应及时监测和预防施工机械运转振动造成的坍塌、碎落及山体滑坡。

③在同一个雪崩区,防雪工程应从雪崩源头开始施工,上一个单项工程完成后方可开始相邻的下一个单项工程施工。其他类似工程亦可按此要求依次施工。

④挖方施工时,应沿等高线开挖水平台阶,按从上到下的顺序开挖台阶,废方堆于台阶下方。

⑤稳雪栅栏可沿等高线设置。稳雪栅栏宜设置多排,最高一排栅栏应尽可能在雪崩裂点附近及雪檐下方,应保证基础的稳定性及锚固钢筋的锚固要求,回填土压实度应不小于95%,栅栏与坡面的交角严格按设计要求施工。

⑥防雪林的布置应从雪崩源头开始到雪崩运动区,从上到下分期种植适合当地环境的速生树种。

⑦修筑钢筋混凝土或浆砌圬工防雪走廊时,原地基及回填土压实度应不小于95%。应注意结构物的防水。排水及冻融要求,墙后填土应与山坡相顺接。

(9)风吹雪地段路基施工:

①路基两侧距边坡坡脚不小于30m范围内的废方及障碍物应清除,并对地表进行整平,否则,应设置防雪设施。

②根据当地主风向、风速等情况选择取土坑的位置。在单一风向的地段,取土坑宜设在路堤背风侧,与路堤边坡坡脚最小距离50m。在有两向交替风作用的路段,宜集中设置取土坑,与路堤边坡坡脚最小距离100m,施工完成后应将其边坡修成缓坡,使其平行于主风向的断面平顺通畅。根据需要,填方路堤的取土坑也可用作储雪场。

③风吹雪路段路基弃方位置,应位于背风一侧、距离大于100m的低地或距路堑坡顶的距离不小于100m,并应将其整理平顺。

④石方路堑(包括积雪平台)超挖处理应符合以下规定:

a. 严禁使用劣质开山料或覆盖土回填。

b. 超挖回填部分应选用水稳定性和抗冻融性好的材料,压实度应符合规范规定。

c. 超挖部分不规则或超挖深度超过80mm时,应用混凝土填补找平。

d. 边坡、积雪平台应按以上要求进行施工整理,并设向路基坡脚外2%的坡度,应将积雪平台内进行硬化处理。

⑤土质路堑或遇水崩解软化的风化泥质页岩类路堑的路床(包括积雪平台)压实度,应满足规范要求,积雪平台应设向外2%的坡度,路基边坡应严格按防雪设计要求施工,将废方或障碍物清理到设计指定的位置。

⑥挖方路基边坡一般不陡于1:4。当外侧剩余台地工程量不大时,宜全部挖除。

十七、泥石流地区路基施工质量监理

(1)施工前,应结合设计详细调查泥石流的成因、规模、特征、活动规律、危害程度等相关情况,核实泥石流形成区、流动区和堆积区,确定适宜的施工方案。

(2)泥石流地区路基施工,应设置专职巡查人员,监测泥石流动态,遇有异常情况应及时处理,确保施工安全。

(3)采用桥梁形式跨越泥石流地段时,应按设计要求采取防护加固措施。

(4)采用排泄道、排导沟、明洞、涵洞、渡槽等排导功能为主的结构进行泥石流治理时,排导构造物应符合下列规定:

①排导构造物基础应牢固,强度、断面与高度应符合设计要求。

②排导构造物平面线性应圆滑、渐变,上下游应有足够长的衔接段,行进段沟槽不宜过分压缩,出口不宜突然放宽。流向改变处的转折角不宜超过15°,避免因急弯突然收缩和扩大而造成淤塞。

③排导构造物行进段和出口段的纵坡应满足设计要求或大于沟槽的淤积平衡坡度。

(5)永久性调治构造物采用浆砌片(块)石时,应采用质地坚硬、不易风化的片(块)石,基础应置于设计要求的深度,强度应符合设计要求。

(6)利用植被治理泥石流时,植物种类应选择生长期短、见效快、根系发达,适宜本地区生长的品种。

十八、采空区路基施工质量监理

(1)施工前,应结合设计详查路幅内采空区类型(平洞、竖井或斜井)、水文地质、地下水高度和顶板地层厚度,复核设计方案的可行性,编制施工组织设计,完善处治措施。

(2)路基边沟及排水沟底部,应采取措施防止地表水渗漏到采空区内。

(3)采空区路基基底采用砂砾石、碎石、干(浆)砌片石等回填时,填料质量和填筑压实度应符合设计要求,片石强度应满足设计要求。

(4)开挖回填处治采空区,应按设计要求的处理长度、宽度、深度进行处理。

(5)采空区采用充填注浆处理时,处理后地基应满足设计对沉降稳定的要求。

十九、沿河、沿溪地区路基施工质量监理

(1)沿河、沿溪地区路基施工应根据设计要求和现场情况,合理选择施工方法。

(2)路基弃方应妥善处理,严禁向河中倾弃。

(3)受水位涨落影响及常水位以下的路堤,宜用水稳定性好、不宜风化的透水性材料填筑,填料粒径不宜大于300mm。

(4)沿河、沿溪地区的高填方、半填半挖、拓宽路段的新老交界面,应按设计要求采取措施保证路基稳定,峡谷地段宜采用石质填料。

(5)路基边坡有潜水或渗水时,应按规范中有关规定按设计要求设置排水设施,将水引出路基范围之外。

二十、水库地区路基施工质量监理

(1)库区路基施工,应采取措施减少对水库水体及周围环境的污染。

(2)库区路基施工应根据设计线位与库岸的位置关系,合理选择施工方法。

(3)沿水库边缘修筑的路基,或路基离岸 10m 以内时,应按设计要求预先对库岸进行防护。

(4)路堤填料宜选择透水性较好的材料。

(5)边坡防护材料应采用强度较高、不易风化的硬质石料。在冰冻地区当护坡采用片石防护时,应选择抗冻性好的石料。在水库上游地段,护坡基础埋置深应符合设计要求。

(6)库区浸水路基施工要求如下:

①填料应采用不易风化的硬质石料。

②路堤外侧边坡的码砌厚度应满足设计要求,码砌石块粒径宜大于 300mm,错缝台阶式砌筑,块体紧贴边坡,块体接触面向内倾斜,路堤边坡符合设计要求。

③路基较高且浸水较深的路段,可在靠水库库心一侧的迎水坡面护脚上设置片石石垛,石块尺寸应不小于码砌厚度。

二十一、滨海地区路基施工质量监理

(1)滨海地区路基施工应根据设计要求和现场水文地质情况,合理选择施工方法。

(2)滨海地区路基应采用水稳定性较好的填料填筑。

(3)斜坡式路堤施工要求如下:

①应采取措施保证路堤填料不被海流冲移、浸蚀。

②护坡采用条石、块石或混凝土人工块体、土工合成材料时,所采用的材料质量必须满足相关要求,坡面平整,块体接触面向内倾斜,紧贴坡面。

③胸墙应在路堤的沉降基本完成以后再修筑。

(4)直墙式路堤施工要求如下:

①直墙式路堤应采用块石填筑,石块的大小应以石块能够沉达到位,且能确保路堤安全稳定为原则。

②采用抛石方法形成的明基床或暗基床应满足设计要求。

第四节　路基排水工程、支挡与防护工程施工质量监理

一、路基排水工程

由于各种地面水与地下水对路基的强度和稳定性影响极大,必须修建路基排水设施,保证危害路基的地面水和地下水排出路基范围之外。在施工中,应不断完善排水系统,使全线沟渠、管道、桥涵组成完整的排水系统。

在施工前,应校核全线排水设计是否完善、合理,必要时应提出补充和修改意见,使全线的沟渠、管道、桥涵组合成完整的排水系统;临时排水设施应尽量与永久排水设施相结合,排水方案应因地制宜、经济实用,并宜先完成临时排水设施。在施工期间,应经常维护临时排水设施,保证水流畅通。路堤施工各作业层面应设 2% ~4% 的排水横坡,层面上不得有积水,并采取

措施防止水流冲刷边坡;路堑施工应及时将地表水排走,施工中应对地下水文情况进行记录并及时反馈。

路基排水工程主要分为地面排水设施和地下排水设施。地面排水设施包括:边沟、截水沟、排水沟、跌水、急流槽、拦水缘石与蒸发池等;地下排水设施包括:暗沟、渗沟、渗井、隔离层等,渗沟也可分为填石渗沟、管式渗沟、洞式渗沟和支撑渗沟四种形式,四种渗沟均应设置排水层(或管、洞)、反滤层和封闭层。

路基排水工程施工质量监理的工作要点如下:

(1)根据路基施工的现场情况核对路基排水设计,如设计与现场情况相符时,应检查各类排水设施的位置、断面、尺寸、坡度、高程。如果需要变更,施工监理师应根据实际需要确定,做到高接远送。

(2)各类排水设施要求纵坡顺适、沟底平整、排水畅通,无冲刷和无阻水现象。

(3)检查沟槽护砌片石的强度,严禁采用风化岩石;检查确定护面砌体所用砂浆和混凝土的配合比,抽样检查其强度。

(4)检查沟槽护面砌体的质量(包括砂浆饱满程度和密实程度),要求砌体咬扣紧密,勾缝平顺无脱落,缝宽大体一致。

(5)检查渗沟、渗井及隔离层的底面高程及尺寸,确保地下排水设施的埋设深度符合设计要求。

(6)检查渗沟、渗井回填渗透材料的规格尺寸。

(7)严格检查地下排水设施的施工程序,上一道工序的质量未经施工监理检查认可,不得进行下一道工序的施工。

(8)旁站地下排水设施的施工后,对施工单位填报的《隐蔽工程记录单》进行审核检查,确认符合设计要求方能认可。

各类路基排水工程质量标准应符合规范规定。

二、涵洞及通道

涵洞按照形式可分为管式涵、盖板涵、拱涵与箱涵等。每座涵洞由涵身与进、出洞口组成。洞口的建筑形式有八字翼墙式、直墙式、端墙式,必要时尚需铺砌进洞口处的路堤,以防水流的冲刷。一般涵洞的设计可使用标准图。涵洞的施工一般可分为基础开挖、涵身砌筑与进、出洞口砌筑几道工序。

与涵洞构造形式相同,但不是过水而属于过人或过人力车、马车和拖拉机的低等级立交构造物称为通道。

1. 基坑开挖

(1)基坑开挖应符合图纸要求。开挖基坑时,应核对地质情况,检查基底土质的均匀性、地基稳定性及承载力(小桥和涵洞的地基检验,一般采用直观或触探方式,必要时可进行土质分析试验和试压试验)。

(2)检查基底表面位置、尺寸大小、基底高程,并检查施工原始记录。

(3)基坑开挖后,应紧接着进行垫层铺设,并紧接着进行下一工序的施工,承包人应采取措施，保护基坑的暴露面不致破坏。

（4）垫层和基座：砂砾垫层应为压实的连续材料层，应分层摊铺压实不得有离析现象，其压实度应在90%以上。混凝土基座浇筑时，应防止混凝土中的水分被基底吸收或积水渗入混凝土中而降低混凝土的强度，基座的尺寸应符合图纸要求，并按图纸要求设置沉降缝。

2. 涵管敷设与涵身砌筑

1）涵管敷设

（1）管节安装从下游开始，使接头面向上游，每节涵管应紧贴于垫层或基座上，使涵管受力均匀，所有管节应按正确的轴线和坡度敷设，如管壁厚度不同，应使内壁齐平。

（2）涵管接缝宽度不应大于10mm，并应用沥青麻絮或其他具有弹性的不透水材料填塞接缝的内、外侧，以形成一柔性密封层，不得有裂缝、空鼓、漏水等现象。

（3）如果图纸有规定，在管节接缝填塞好后，应在其外部设置C20混凝土箍圈。箍圈环绕接缝浇筑好后，应给予充分养生使其达到规定的强度，且不产生裂缝、脱落等现象。

（4）当管节采用承插式接缝时，在承口端应先座以干硬性水泥砂浆，在管节套接以后再在承口端的环形孔隙内塞以砂浆使接头紧密，并将内壁表面抹平。

2）盖板涵施工

（1）混凝土的涵台及基础分别浇筑时，基础顶面与涵台相接部分应拉毛。涵台或盖板可按图纸设置的沉降缝处分段修筑。

（2）当设计有支撑梁时，应在安装或浇筑盖板之前完成。图纸有要求将钢筋混凝土盖板用锚栓与涵台锚固在一起时，应按图纸规定或监理工程师批准的其他方法固定锚栓。

（3）盖板安装前，应检查成品及边墙尺寸，并检查涵台强度是否达到设计强度的70%以上。盖板安装时必须坐浆稳固。

（4）盖板安装后，盖板上的吊装装置，应用砂浆填满，相邻板块之间采用1∶2水泥砂浆填塞密实。

3）箱涵现场浇筑

（1）在浇筑底板以前，应清除基座上的杂物，然后按图纸立模板，绑扎钢筋，浇筑混凝土。

（2）底板达到设计强度后，方可在底板上绑扎钢筋、立模浇筑侧板及顶板。

（3）为保证搭板与箱体的连接，在浇筑侧板上的牛腿时，应按图纸预埋锚固筋。

（4）严格按图纸所示的高程，纵坡和预拱度设置垫层、基座以及立模和浇筑混凝土。

4）石拱涵施工

（1）拱架、支架、模板等由承包人负责设计，经监理工程师批准后进行施工。

（2）拱圈圬工砌筑，应由两端的拱脚向中间同时的对称进行，砌筑时拱圈或支架不得有变形。

（3）拱圈砂浆强度达到设计强度70%后，方可拆除拱架；拱顶填土，必须达到设计强度后方可进行。

（4）沉降缝、防水层应按设计规定施工。

（5）涵身直顺，涵底铺砌密实平整，拱圈圆滑。

3. 进出水口

(1)进出水口应采用混凝土或圬工修筑。所用原材料及砂浆应符合设计要求。

(2)帽石及一字墙应表面平整、轮廓清晰、线条平直。

(3)进出水口与上下游沟槽连接顺适,流水畅通。

4. 回填

(1)回填所用材料,应采用透水性土,严禁使用含有淤泥、杂草、腐殖物、含冻土块的土。

(2)回填材料的压实,应在接近最佳含水率时分层填筑和夯实。

(3)对圆管涵在检验管节安装及接缝符合要求后,在管节两侧分层回填至与涵管中心齐平。夯实作业方式应不使涵管和接缝部位引起任何损坏或扰动。

(4)盖板涵及箱涵台背填土必须在支撑梁(或涵底铺砌)及盖板安装且砂浆强度达到70%以后,方可进行;填土时应在两个台背同时对称填筑,盖板上面填土时,第一层土的摊铺及碾压厚度分别不得少于30cm和20cm,并防止受到剧烈的冲击。

(5)拱涵拱顶填土必须在拱圈砂浆达到设计强度后,方可进行。

三、路基防护与支挡

路基防护与支挡的作用是防止路基变形或支挡路基本身保证路基稳定性。常用的路基防护与支挡包括坡面防护、挡土墙、边坡锚固、抗滑桩。坡面防护主要包括植物防护、骨架植物防护和圬工防护,支挡构造物主要包括各种挡土墙、护肩、砌石、石垛等。砌石、石垛多用干砌,护肩、挡墙则多为浆砌。

石砌防护构造物主要起隔离作用,以防止冲刷和风化。常用的石砌防护构造物包括护坡和护面墙。支挡及石砌防护构造物施工一般分为挖基、构造物砌筑和回填等工序。挖基与回填的质量控制与涵洞的相同。

构造物施工时应注意以下事项:

(1)沿构造物长度方向地面有纵坡时,应沿纵向挖成台阶。

(2)用来修筑构造物的片石、砂浆、混凝土等材料应满足规范要求。

(3)砌筑基础的第一层时,如基底为基岩或混凝土基础,应先将其表面加以清洗、湿润、坐浆砌筑。

(4)砌体应分层砌筑,砌筑上层时,不应振动下层。

(5)砌石分层错缝,砌筑时坐浆挤紧,嵌填饱满密实,无空洞。

(6)沉降缝、伸缩缝、防水层、泄水孔的位置和数量应符合图纸规定。

(7)墙背填料应符合设计要求。用作挡土墙泄水孔进口处的反滤层和墙背渗水层,其材料为砾石、砂石、砂或其组合,其级配应符合设计要求。泄水孔施作必须坡度向外、孔底平顺、孔内无堵塞。

(8)抗滑桩在桩基开挖过程中,应随时核对滑动面位置,及时进行岩性资料编录,当其实际情况与设计不符时,应进行处理。

各类路基防护与支挡工程的质量标准应符合规范的规定。

第五节　路基工程常见质量问题与防治

整个路基及其各部分都处在自重、行车荷载及许多自然因素的作用之下，行车荷载与路堤自重相比，一般是不大的。

对路基稳定性起主要作用的自然因素有水分（流动的和不流动的）、温度变化（特别是从正温度过渡到负温度，或者从负温度过渡到正温度）以及风蚀作用等。由于这些力与因素的作用，路基及其各部分将产生弹性的（可回复的）和残留的（不能回复的）变形。

路基在自重、土的干缩以及汽车车轮的重复作用下所产生的残留变形，可能使土的密实度和强度有所增加，但若作用剧烈和变形过大，则可能危害路基稳定性。

在正确设计、修建和养护路基中，变形不应达到危及路基及其各部分的完整性和稳定性。

一、路基变形、破坏及其原因

1. 路堤的沉陷

路基因填料（主要指填土）不适、填筑方法不合理、压实不足，在荷载、水和温度的综合作用下，堤身可能向下沉陷。所谓填筑方法不合理，包括不同土混杂、未分层填筑和压实、土中含有未经打碎的大土块或冻土块等。填石路堤亦因石料规格不一、性质不匀，或就地爆破堆积，乱石中空隙很大，在一定期限内（例如经过一个雨季）亦可能产生局部的明显下沉。此外，原地面比较软弱，例如遇到泥沼、流沙或垃圾堆积等，填筑前未经换土或压实，造成地基下沉，亦可能引起路堤下陷。路堤不均匀下陷会造成局部路段破坏，影响车辆通行。

填土因季节性交替地发生含水率变化及温度变化的物理作用，会使土体发生膨胀、收缩以及冬季冻胀、春季融化，强度减弱，形成翻浆而破坏路基。

2. 路基边坡的塌方

路基边坡的塌方，是最常见的路基病害，亦是水毁的普遍现象。按照破坏规模与原因的不同，路基边坡塌方可以分为剥落、碎落、滑坍、崩坍及塌坍等。

剥落是指边坡表土层或风化岩层表面，在大气的干湿或冷热的循环作用下，表面发生胀缩现象使零碎薄层成片状从边坡上剥落下来，而且老的剥落后，新的又不断产生。此种破坏现象，对于填土不均匀和易溶盐含量大的土层，以及泥灰岩、泥质页岩、绿泥岩等松软岩层而言，较易产生。路堑边坡剥落的碎屑，堆积在坡脚下，堵塞边沟，影响路基的稳定，妨碍车辆通行。

碎落是岩石碎块的一种剥落现象，其规模与危害程度比剥落严重。产生碎落的主要原因是路堑边坡较陡（大于45°），岩石破碎和风化严重，在胀缩、振动及水的浸蚀与冲刷作用下，块状碎屑沿坡面向下滚落。如果落下的岩块较大（直径为40cm以上），以单个或多块落下，此种碎落现象可称为落石或坠落。落石的石块较大，降落速度极快，所产生的冲击力可使路基结构物遭到破坏，亦会威胁到行车和行人的安全，有时还会引起其他病害同时发生。

滑坍是指路基边坡土体或岩石,沿着一定的滑动面成整体状向下滑动,其规模与危害程度,较碎落更为严重,有时滑动体可达数百立方米以上,造成严重的阻车。产生滑坍的主要原因是原山坡具有倾向公路的软弱构造面,由于施工以及水的浸蚀、冲刷改变了原山坡平衡状态,使山坡在重力作用下沿软弱面整体滑动。如岩层倾向公路,层间又有软弱夹层或风化层、覆盖层,基岩的界面倾向公路,特别是有地下水时,均可能形成滑坍。

崩坍是整体岩块在重力作用下发生倾倒、崩落。主要崩坍的主要原因是岩体风化破碎,边坡较高,这是比较常见,而且危害较大的路基病害之一。它同滑坍的主要区别,就在于崩坍无固定滑动面,坡脚线以下地基无移动现象,崩坍体的各部分相对位置在移动过程中完全打乱,其中较大石块翻滚较远,边坡下部形成倒石堆或岩堆。此外,还有塌坍(亦称为堆塌)等。其成因与形态同崩坍相似,但塌坍主要是土体(或土石混杂的堆积物)遇水软化,在 45° ~60° 的较陡边坡无支撑情况下,自身重量所产生的剪应力,超过黏聚力和摩擦力所构成的抗剪力,而沿松动面坠落散开,其变形速度比崩坍慢,很少有翻滚现象。

3. 路基沿山坡滑动

在较陡的山坡上填筑路基,当原地面未清除杂草、凿毛或人工挖台阶,坡脚又未进行必要支撑,特别是又受水的润湿时,填方与原地面之间的抗剪力很小,填方在自重和荷载作用下,有可能使路基整体或局部沿原地面向下移动。此种破坏现象虽然不普遍,但亦不应忽视,如果不针对上述产生破坏原因采取相应的预防措施,路基的稳定性就得不到保证,破坏将难以避免。

4. 特殊地质水文情况的毁坏

公路通过不良地质和水文地带,或遇较大的自然灾害,如滑坡、岩堆、错落、泥石流、雪崩、岩溶、地震及特大暴雨等,均可能导致路基结构出现严重破坏。

二、原因的综合分析

由上面简要介绍可知,路基病害的原因是多方面的,各种病害既有各自的特点,又往往具有共同原因,大致可归纳为以下几个方面:

(1)不良的工程地质和水文地质条件,如地质构造复杂,岩层走向与倾角不利,岩性松软、风化严重、土质较差、地下水位较高,以及其他地质不良灾害等。

(2)不利的水文与气候因素,如降雨量大、洪水猛烈、干旱、冰冻、积雪或温差大等。

(3)设计不合理,如断面尺寸不合要求,其中包括边坡取值不当,挖填布置不符合要求,最小填土高度不足,以及排水、防护与加固不当等。

(4)施工不合规定,如填筑顺序不当,土基压实不足,盲目采用大型爆破,以及不按设计要求和操作规程进行施工,工程质量不符合标准等。

上述原因中,地质条件是影响路基工程质量和产生病害的基本前提,水是路基病害的主要原因,为此,设计前应进行地质与水文的勘察工作,针对具体条件及各种因素的综合作用,采取正确的设计方案与施工方法,才能消除和尽可能减轻路基病害,确保路基工程达到规定的质量要求。

本章小结

路基是按照路线位置和一定的技术要求修筑的作为路面基础的带状构造物。路基是公路的主体,贯穿公路全线,并与沿线的桥梁、隧道和涵洞等相连接;路基是路面的基础,它与路面共同承担汽车荷载的作用,路面靠路基来支撑,没有稳固的路基就没有稳固的路面。本章主要从路基施工的工序和特殊路基的施工处理以及排水三个方面来分述。

1. 路基施工质量监理

主要从目前路基施工的分项来进行质量控制,即从表土清理与压实、挖方路基的施工、路堤填筑施工三个方面来叙述。

2. 特殊路肩施工质量监理

详细列举了湿黏土地区、软土地区、盐渍土地区、风沙地区、黄土地区、多雨潮湿地区、季节性冻融翻浆地区、多年冻土地区、岩溶地区、膨胀土地区、滑坡地段、崩塌岩堆地段、红黏土地区、涎流冰地区、雪害地区、泥石流地区、采空区、沿河沿溪地区、水库地区及滨海地区的路基施工质量监理要点。

3. 路基排水、支挡与防护结构

由于各种地面水和地下水对路基的强度和稳定性影响极大,必须修建路基的底面和地下排水设施,并针对不同的涵洞形式,提出了质量监理的要点,同时为了满足路基的使用性能,论述了支挡及石砌防护构造物的施工监理内容。

思考题

1. 什么是路基?路基的形式分为哪几种?对路基的基本要求是什么?
2. 试述高等级公路路基工程的特点。
3. 试述路基压实的机理。
4. 填方施工过程中,监理人应注意检查的内容有哪些?
5. 如何对现场压实质量进行评定?
6. 试述路基排水工程施工质量监理的工作要点。
7. 涵洞一般分为哪几种形式?
8. 试述构造物施工时应注意的事项。
9. 某高速公路施工中,工地试验室对某段路基施工压实度抽样检测结果如下:96.6%,95.4%,93.6%,97.3%,96.3%,95.9%,95.9%,96.9%,95.3%,95.9%。按要求压实度应为95%,试按95%的保证率对该段的压实质量进行评价。

第四章　路面工程施工质量监理

第一节　路面工程概述

一、路面的功能与构造

1. 路面的功能

路面是用各种筑路材料铺筑在路基上供车辆行驶的层状构造物。路面不仅直接承受车辆荷载的作用,而且要经受自然因素(日光、温度和水等)和其他人为因素的作用。因此,高速公路、一级公路的路面必须具备下述功能:

(1)全天候地、稳定地供汽车行驶,即应保证路面良好的行车性能,使之不受任何季节和气候的影响。

(2)保证汽车高速和舒适地行驶,即路面应具有和保持较好的平整度,使汽车在高速行驶时不发生颠簸。

(3)保证汽车安全和经济地行驶,即路面表面应具有和保持一定的粗糙度,使汽车在高速行驶中需要紧急制动时不致因路滑而产生侧向或超长的纵向滑移,乃至冲撞事故。

2. 对路面的基本要求

路面应具有下述一系列性能:

(1)强度和刚度,指路面整体结构能够抵抗各种外力综合作用,而不发生破坏和过大变形的性能。

(2)稳定性,指路面在日光、大气、温度、湿度等自然因素影响之下,其整体强度不致迅速降低的性能。

(3)耐久性,指路面在自然因素和行车荷载多次重复作用下,材料不致迅速衰变、结构不致因疲劳而破坏的性能。

(4)表面性能,指路面表面的平整度和粗糙度,平整度用路面纵向凹凸量的偏差值表示,而粗糙度则用路面与轮胎的摩擦系数和路表纹理深度表示。

3. 路面构造及结构层次的划分

路面构造及结构层次的划分如图 4-1 所示。

路面由行车道、硬路肩、土路肩、路缘石及中央分隔带等组成。路面结构层次至上而下可分为面层、基层、垫层,有时在面层之下还设有联结层。路面结构组成如图 4-2 所示。各结构层次的作用如下:

(1)面层。面层是直接同行车和大气接触的表面层次,它承受较大的行车荷载的垂直力、水平力和冲击力作用,同时还受到降水的浸蚀和气温变化的影响。因此,同其他层次相比,面层应具备较高的结构强度,抗变形能力好,较好的水稳定性和温度稳定性,而且应当耐磨,不透水,其表面还应有良好的抗滑性和平整度。

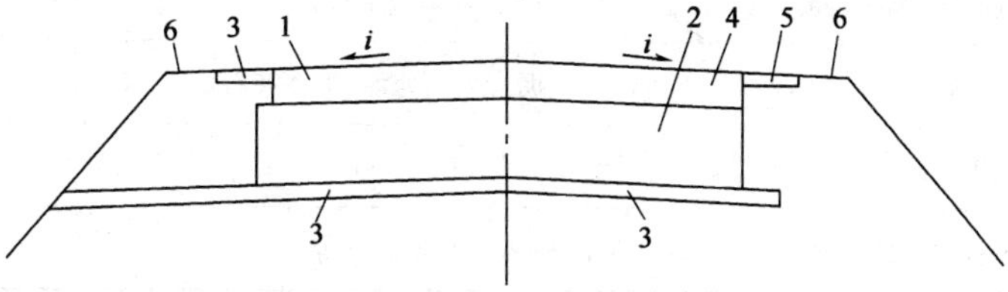

图 4-1　路面构造及结构示意图

i-路拱横坡度;1-面层;2-基层(有时包括底基层);3-垫层;4-路缘石;5-加固路肩;6-土路肩

修筑面层所用的材料主要有:水泥混凝土、沥青混凝土、沥青碎(砾)石混合料、砂砾或碎石掺土或不掺土的混合料以及块料等。

(2)基层。基层主要承受由面层传来的车辆荷载的垂直力,并扩散到下面的垫层和土基中去。实际上基层是路面结构中的承重层,它应具有足够的强度和刚度,并具有良好的扩散应力的能力。基层遭受大气因素的影响虽然比面层小,但是仍然有可能经受地下水和通过面层渗入雨水的浸蚀,所以基层结构应具有足够的水稳定性。基层表面虽然不直接供车辆行驶,但仍然要求有较好的平整度,这是保证面层平整度的基本条件。

修筑基层的材料主要有各种结合料(如石灰、水泥或沥青等)稳定土或稳定碎(砾)石、贫水泥混凝土、天然砂砾、各种碎石或砾石、片石、块石或圆石,各种工业废渣(如煤渣、粉煤灰、矿渣、石灰渣等)和土、砂、石所组成的混合料等。

(3)垫层。垫层介于土基与基层之间,它的功能是改善土基的湿度和温度状况,以保证面层及基层的强度、刚度和稳定性不受土基水文状况变化所造成的不良影响。另一方面的功能是将基层传下的车辆荷载应力加以扩散,以减小土基产生的应力和变形。同时也能阻止路基土挤入基层中,影响基层结构的性能。

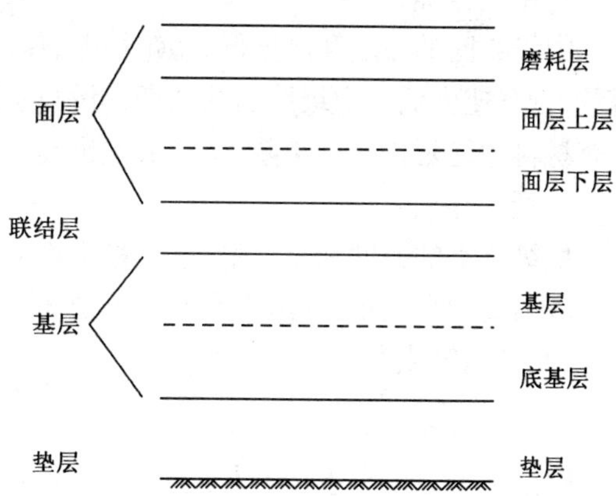

图 4-2　路面结构组成

修筑垫层的材料,强度要求不一定高,但水稳定性和隔温性能要好。常用的垫层材料分为两种:一类是由松散粒料,如砂、砾石、炉渣等组成的透水性垫层;另一类是用水泥或石灰稳定土等修筑的稳定类垫层。

二、路面的分级与分类

1. 路面的分级

通常按路面面层的使用品质,材料组成类型以及结构强度和稳定性,将路面分为四个等级,如表4-1所示。

各等级路面所具有的面层类型及其所适用的公路等级　表4-1

路面等级	面层类型	所适用的公路等级
高级	水泥混凝土、沥青混凝土、厂拌沥青碎石、整齐石块或条石	高速、一级、二级
次高级	沥青贯入碎(砾)石、路拌沥青碎(砾)石、沥青表面处治、半整齐石块	二级、三级
中级	泥结或级配碎(砾)石、水结碎石、不整齐石块、其他粒料	三级、四级
低级	各种粒料或当地材料改善土,如炉渣土、砾石土和砂砾土等	四级

1)高级路面

高级路面的特点是强度高、刚度大、稳定性好、使用寿命长、能适应较繁重的交通量,路面平整、无尘埃,能保证高速行车。高级路面养护费用少,运输成本低,但初期建设投资高,需要用质量高的材料来修筑。

2)次高级路面

次高级路面与高级路面相比,强度和刚度较差,使用寿命较短,所适应的交通量较小,行车速度也较低,次高级路面的初期建设投资虽较高级路面低些,但要求定期修理,养护费用和运输成本也较高。

3)中级路面

中级路面的强度和刚度低,稳定性差,使用期限短,平整度差,易扬尘,仅能适应较小的交通量,行车速度低。中级路面的初期建设投资虽然很低,但是养护工作量大,需要经常维修和补充材料才能延长使用年限,运输成本也高。

4)低级路面

低级路面的强度和刚度最低,水稳定性差,路面平整性差,易扬尘,故只能保证低速行车,所适应的交通量最小,在雨季有时不能通车。低级路面的初期建设投资最低,但要求经常养护修理,而且运输成本最高。

2. 路面的分类

路面类型可以从不同的角度来划分,但是一般都按面层所用的材料区划,如水泥混凝土路面、沥青路面、砂石路面等。但是在工程设计中,主要从路面结构的力学特性和设计方法的相似性出发,将路面划分为柔性路面、刚性路面和半刚性路面三类。

1)柔性路面

柔性路面的总体结构刚度较小,在车辆荷载作用之下产生较大的弯沉变形,路面结构本身的抗弯拉强度较低,它通过各结构层将车辆荷载传递给土基,使土基承受较大的单位压力。路基路面结构主要靠抗压强度和抗剪强度承受车辆荷载的作用。柔性路面主要包括各种未经处理的粒料基层和各类沥青面层、碎(砾)石面层或块石面层组成的路面结构。

2)刚性路面

刚性路面主要指用水泥混凝土作面层或基层的路面结构。水泥混凝土的强度高,与其他筑路材料比较,它的抗弯拉强度高,并且有较高的弹性模量,故呈现出较大的刚性。在车辆荷载作用下，水泥混凝土结构层处于板体工作状态，竖向弯沉较小，路面结构主要靠水泥混凝土板的抗弯拉强度承受车辆荷载，通过板体的扩散分布作用，传递给基础上的单位压力较柔性路面小得多。

3）半刚性路面

用水泥、石灰等无机结合料处治的土或碎（砾）石及含有水硬性结合料的工业废渣修筑的基层，在前期具有柔性路面的力学性质，后期的强度和刚度均有较大幅度的增长，但是最终的强度和刚度仍远小于水泥混凝土。由于这种材料的刚性处于柔性路面与刚性路面之间，因此把这种基层和铺筑在它上面的沥青面层统称为半刚性路面。这种基层称为半刚性基层。

刚性路面、柔性路面和半刚性路面，这种以力学特性为标准的分类方法主要是为了便于从功能原理和设计方法出发进行分区，并没有绝对的定量分界界线。近年来材料科学的发展正在逐步改变这种属性，如水泥混凝土的增塑研究正在使它的刚性降低而保留它的高强性质，沥青的改性研究使得沥青混凝土随气候而变化的力学性质趋于稳定，大幅度提高其刚度。这说明事物都是在相互转化之中。

三、路面工程材料选择

（一）沥青面层材料选择

1. 沥青的分类

沥青材料是由一些极其复杂的高分子碳氢化物和这些碳氢化物的非金属（O、S、N 等）衍生物所组成的混合物，其中 C 占 80～87%，H 占 10～15%，O、S、N 小于 0.3%，此外还有少量的金属元素。石油沥青的化学组分按三组分法分为油分、树脂和沥青质；按四组分法分为饱和分、芳香芬、胶质和沥青质。

沥青路面采用的沥青结合料，主要有两大类：一类来源于石油系统，或天然存在，或经人工提炼而得到，称为地沥青；另一类为各种有机物干馏的焦油，经过再加工而得到，称为焦油沥青（图 4-3）。

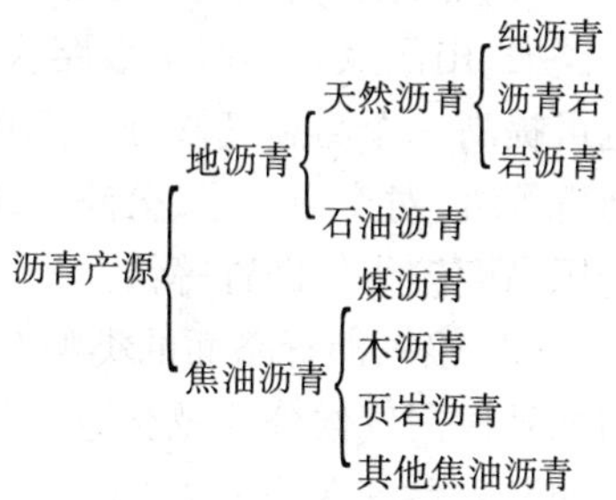

图 4-3　沥青材料按产源分类

地沥青按其产源又可分为天然沥青和石油沥青。天然沥青是天然条件下，地球物理因素作用而形成的产物，其中又以湖状、泉状等存在的纯地沥青，渗透于岩石中的岩地沥青，与岩石和砂石相混的地沥青岩等。石油沥青是指石油经过精制加工成油品后，最后加工而得到的产品。

焦油沥青按其为获得焦油所加工的有机物的名称而命名，如煤焦油获得的沥青称油煤焦油沥青，其他还有木沥青、泥炭沥青等。我国常用的焦油沥青是煤沥青。

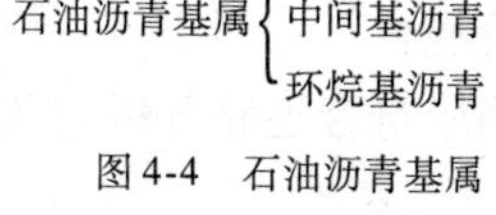

图 4-4　石油沥青基属

石油沥青的性质不仅与产源有关，而且与制造沥青的石油基属有关。据此，可将石油沥青分为石蜡基沥青、中间基沥青和环烷基沥青（图 4-4）。

按状态可分为液体沥青和黏稠沥青。

按照交通标准分,可分为重交通沥青、轻交通沥青和中交通沥青。

按照使用的道路等级和层位,可分为A级沥青和B级沥青和C级沥青。

目前我国在炼油厂中生产沥青的主要工艺方法有:蒸馏法、氧化法、半氧化法、溶剂脱沥青法和调配法等,由于制造方法不同,沥青性质亦产生很大差异。

2. 沥青路面材料的选择

1)沥青

拌制沥青混合料用的沥青材料的技术性质,随气候条件、交通性质、沥青混合料的类型和施工条件等因素而异。通常在较热的气候区、较繁重的交通情况下,细粒式或砂粒式的混合料则应采用黏度较高的沥青;反之,采用黏度较低的沥青。在其他配料条件相同的情况下,较黏稠的沥青配置的混合料具有较高的力学强度和稳定性,但如果黏度过高,则沥青混合料的低温变形能力较差,沥青路面容易产生裂缝。反之,在其他配料条件相同的条件下,采用黏度较低的沥青,虽然配置的混合料在低温时具有较好的变形能力,但在夏季高温时,往往会因稳定性不足而使路面产生推挤现象。

根据现行技术规范规定,道路石油沥青适用于各类沥青面层,道路石油沥青应符合表4-2要求,高速公路的表面层和中面层所采用的沥青质量应符合A级沥青技术要求,高速公路的下面层、沥青稳定碎石基层、一、二级公路沥青质量应符合A级或B级沥青技术要求,C级沥青宜用于三级及三级以下的公路。同时沥青面层所采用的沥青标号,宜根据公路的等级、气候条件、交通条件、路面类型及在结构层位、施工方法等,结合当地的使用经验,经过技术认证后确定。

(1)按照沥青路面气候分区的条件综合选择沥青的标号,通常情况下按表4-2选用。对夏季温度高、高温时间长的地区,宜采用黏度大的沥青,也可提高一个高温气候分区选用沥青等级;对冬季寒冷的地区,宜选用黏度小、低温延度大的沥青;对温度日较差、年温差大的地区应选用针入度指数大的沥青。

(2)根据交通条件调整选择的沥青标号。对重载交通量路段、高速公路等实行渠化交通的路段、山区及丘陵区上坡路段、服务区、停车场等行车速度慢的路段,宜采用黏度大的沥青,也可提高一个高温气候分区选用沥青等级,同时又是炎热地区时可以提高两个气候分区选择沥青等级;对交通量小、公路等级低、混合交通的路段选用黏度较小的沥青等级;对旅游公路应选用黏度较小的沥青等级。

(3)根据沥青路面的类型及施工工艺选择沥青的标号,对于热拌沥青混合料使用的沥青的标号根据气候分区及交通条件按表4-2选用,不满足要求时宜采用改性沥青;对于SMA结构的沥青黏度在按表4-2选择的基础上黏度大一个等级或采用改性沥青。

沥青面层用的沥青标号,应根据气候、路面类型、施工方法和矿料类型等来选用。通常面层的上层采用较稠的沥青,下层或黏结层采用较稀的沥青。对于渠化交通的道路,宜采用较稠的沥青。其他各层的沥青可采用相同的标号,也可采用不同标号。当沥青标号不符合使用要求时,可采用不同标号的沥青掺配,但掺配后的技术指标应符合要求。

2)粗集料

沥青混合料用的粗集料,可以采用碎石、破碎砾石和矿渣等。沥青混合料用粗集料应该洁净、干燥、无风化、不含杂质。在力学性质方面,压碎值和洛杉矶磨耗率应符合道路等级的要求(表4-3)。

表 4-2

道路石油沥青技术要求

指标	单位	等级	沥青标号																	试验方法①
			160号④	130号④	110号			90号					70号③					50号	30号④	
针入度(25℃,5s,100g)	0.1mm		140~200	120~140	100~120			80~100					60~80					40~60	20~40	T 0604
适用的气候分区⑥			注④	注④	2-1	2-2	3-2	1-1	1-2	1-3	2-2	2-3	1-3	1-4	2-3	2-3	2-4	1-4	注④	附录A⑤
针入度指数PI②		A	-1.5~+1.0																	T 0604
		B	-1.8~+1.0																	
软化点(R&B)不小于	℃	A	38	40	43			45			44		46		45			49	55	T 0606
		B	36	39	42			43			42		44		43			46	53	
		C	35	37	41			42					43					45	50	
60℃动力黏度②不小于	Pa·s	A	—	60	120			160			140		180		160			200	260	T 0620
10℃延度②不小于	cm	A	50	50	40			45	30	20	30	20	20	15	25	20	15	15	10	T 0605
		B	30	30	30			30	20	15	20	15	15	10	20	15	10	10	8	
15℃延度不小于	cm	A、B	100															80	50	
		C	80	80	60			50					40					30	20	
蜡含量(蒸馏法)不大于	%	A	2.2																	T 0615
		B	3.0																	
		C	4.5																	

续上表

指　标	单位	等级	沥青标号							试验方法①
			160 号④	130 号④	110 号	90 号	70 号③	50 号	30 号④	
闪点　不小于	℃		230			245	260			T 0611
溶解度　不小于	%		99.5							T 0607
密度(15℃)	g/cm³		实测记录							T 0603
TFOT(或 RTFOT)后⑤										T 0610 或 T 0609
质量变化　不大于	%		±0.8							
残留针入度比 不小于	%	A	48	54	55	57	61	63	65	T 0604
		B	45	50	52	54	58	60	62	
		C	40	45	48	50	54	58	60	
残留延度(10℃) 不小于	cm	A	12	12	10	8	6	4	—	T 0605
		B	10	10	8	6	4	2	—	
残留延度(15℃) 不小于	cm	C	40	35	30	20	15	10	—	T 0605

注:①试验方法按照现行《公路工程沥青及沥青混合料试验规程》(JTG E20—2011)规定的方法执行。用于仲裁试验求取 PI 时的 5 个温度的针入度关系的相关系数不得小于 0.997。

②经建设单位同意,表中的 PI 值、60℃动力黏度、10℃延度可作为选择性指标,也可不作为施工质量检验指标。

③70 号沥青可根据需要要求供应商提供针入度范围为 60~70 或 70~80 的沥青,50 号沥青可要求提供针入度范围为 40~50 或 50~60 的沥青。

④30 号沥青仅适用于沥青稳定基层。130 号和 160 号沥青除寒冷地区可直接在中低级公路上直接应用外,通常用作乳化沥青、稀释沥青、改性沥青的基质沥青。

⑤老化试验以 TFOT 为准,也可以 RTFOT 代替。

⑥气候分区见《公路沥青路面施工技术规范》(JTG F40—2004)附录 A。

沥青混合料用粗集料质量技术要求　　表4-3

指　　标	单位	高速公路及一级公路		其他等级公路	试 验 方 法
		表面层	其他层次		
石料压碎机,不大于	%	26	28	30	T 0316
洛杉矶磨耗损失,不大于	%	28	30	35	T 0317
表观相对密度,不小于		2.60	2.50	2.45	T 0304
吸水率,不大于	%	2.0	3.0	3.0	T 0304
坚固性,不大于	%	12	12	—	T 0314
针片状颗粒含量(混合料),不大于	%	15	18	20	T 0312
其中粒径大于9.5mm,不大于	%	12	15	—	
其中粒径小于9.5mm,不大于	%	18	20	—	
水洗法 <0.075mm 颗粒含量,不大于	%	1	1	1	T 0310
软石含量,不大于	%	3	5	5	T 0320

注:1. 坚固性试验可根据需要进行。

2. 用于高速公路、一级公路时,多孔玄武岩视密度限度可放宽至2.45t/m^3,吸水率可放宽至3%,但必须得到建设单位的批准,且不得用于SMA路面。

3. 对S14即3~5规格的粗集料,针片状颗粒含量可不予要求,<0.075mm含量可放宽到3%。

对于用于抗滑表层的沥青混合料中的粗集料,应该选用坚硬、耐磨、韧性好的碎石或碎砾石,矿渣及软质集料不得用于防滑表层。对于坚硬石料来源缺乏的情况下,允许掺加一定比例普通集料作为中等或小颗粒的粗集料,但掺加比例不应超过粗集料总质量40%。

破碎砾石的技术要求与碎石相同。但破碎砾石用于高速公路、一级公路、城市快速路、主干路沥青混合料时,5mm以上的颗粒用有一个以上破碎面的含量不得少于50%(质量)。

钢渣作为粗集料时,仅限于一般道路,并应经过试验论证取得许可后使用。钢渣应有6个月以上的存放期,质量应符合上表的要求。

经检验,属于酸性岩石的石料如花岗岩、石英岩等用于高速公路、一级公路、城市快速路、主干路时,宜使用针入度较小的沥青,并采用下列抗剥离措施,使其对沥青的黏附性符合要求:

(1)用干燥的生石灰或消石灰粉、水泥作为填料的一部分,其用量宜为矿料总量的1%~2%。

(2)在沥青中掺加抗剥离剂。

(3)将粗集料用石灰浆处理后使用。

3)细集料

用于拌制沥青混合料的细集料,宜采用碱性人工砂,受限时可以采用天然砂,或优质未风化石屑。

细集料应洁净、干燥、无风化、不含杂质,并有适当的级配范围。对于细集料的技术要求列于表4-4。

沥青混合料用细集料质量要求

表 4-4

项　　目	单位	高速公路、一级公路	其他等级公路	试 验 方 法
表观相对密度,不小于	—	2.50	2.45	T 0328
坚固性(>0.3mm 部分),不小于	%	12	—	T 0340
含泥量(小于 0.075mm 的含量),不大于	%	3	5	T 0333
砂当量,不小于	%	60	50	T 0334
亚甲蓝值,不大于	g/kg	25	—	T 0349
棱角性(流动时间),不小于	s	30	—	T 0345

注:坚固性试验可根据需要进行。

热拌沥青混合料的细集料宜采用优质的天然砂或人工砂,在缺砂地区,也可使用石屑,但高速公路、一级公路、城市快速路、主干路沥青混凝土面层及抗滑表层不得使用石屑。

细集料应与沥青有良好的黏结能力,高速公路、一级公路、城市快速路、主干路沥青面层禁止使用酸性人工砂,当采用天然砂时应掺加抗剥落剂。

细集料的级配,天然砂宜按表 4-5 中的粗砂、中砂或细砂的规格选用机制砂或石屑宜按表 4-6 的规格选用。但集料的级配在沥青混合料中的适用性,应以其与粗集料和填料配置成砂制混合料后,判定其是否符合矿质混合料的级配要求来决定。当一种细集料不能满足级配要求时,可采用两种或两种以上的细集料掺和使用。

沥青混合料用天然砂规格

表 4-5

筛孔尺寸(mm)	通过各筛孔的质量百分率(%)		
	粗砂	中砂	细砂
9.5	100	100	100
4.75	90~100	90~100	90~100
2.36	65~95	75~90	85~100
1.18	35~65	50~90	75~100
0.6	15~30	30~60	60~84
0.3	5~20	8~30	15~45
0.15	0~10	0~10	0~10
0.075	0~5	0~5	0~5

沥青混合料用机制砂或石屑规格

表 4-6

规格	公称粒径(mm)	水洗法通过各筛孔的质量百分率(%)							
		9.5	4.75	2.36	1.18	0.6	0.3	0.15	0.075
S15	0~5	100	90~100	60~90	40~75	20~55	7~40	2~20	0~10
S16	0~3	—	100	80~100	50~80	25~60	8~45	0~25	0~15

注:当生产石屑采用喷水抑制扬尘工艺时,应特别注意含粉量不得超过表中要求。

4)填料

沥青混合料的填料宜采用石灰岩或岩浆岩中的强基性岩石(憎水性石料)经磨细得到的

矿粉。原石料中泥土含量应小于3%，并不得有其他杂质。矿粉要求干燥、洁净，其质量应符合表4-7的技术要求。当采用水泥、石灰、粉煤灰作填料时，其用量不宜超过矿料总量的2%。

沥青混合料用矿粉质量要求　　表4-7

项　目	单　位	高速公路、一级公路	其他等级公路	试验方法
表观密度，不小于	t/m^3	2.50	2.45	T 0352
含水率，不大于	%	1	1	T 0103
粒度范围 <0.6mm <0.15mm <0.075mm	% % %	100 90～100 75～100	100 90～100 70～100	T 0351
外观	—	无团粒结块		—
亲水系数	—	<1		T 0353
塑性指数	%	<4		T 0354
加热安定性	—	实测记录		T 0355

粉煤灰作为填料使用时，烧失量应小于12%，与矿粉混合后的塑性指数应小于4%，其余质量要求与矿粉相同。粉煤灰的用量不宜超过填料总量的50%，并应经试验确认与沥青有良好的黏附性，沥青混合料的水稳定性能满足要求。

拌和机采用干法除尘，石粉尘可作为矿粉的一部分回收使用，但每盘用量不得超过填料总量的25%。湿法除尘、石粉尘回收使用时应注意干燥粉尘处理，且不得含有杂质、回收粉尘的用量不得超过填料总量的50%，掺入粉尘填料的塑性指数不得大于4%，其余质量要求与矿粉相同。二级颗粒可回收使用，一级粉尘必须废弃。

由粗集料、细集料和填料组成的矿质混合料，应保证具有足够的密实度和高的初始内摩擦角，其组成级配应符合现行《公路沥青路面施工技术规范》(JTG F40—2004)的规定范围。密级配沥青混合料宜根据公路等级、气候及交通条件按表4-8选择采用粗型(C型)或细型(F型)混合料，并在表4-8范围内确定工程设计级配范围，通常情况下，工程设计级配范围不宜超出表4-9的要求，其他类型的混合料宜直接以表4-8～表4-14作为工程设计级配范围。

粗型和细型密集配沥青混凝土的关键性筛孔通过率　　表4-8

混合料类型	公称最大粒径(mm)	用以分类的关键性筛孔(mm)	粗型密级配		细型密级配	
			名称	关键性筛孔通过率(%)	名称	关键性筛孔通过率(%)
AC－25	26.5	4.75	AC－25C	<40	AC－25F	>40
AC－20	19	4.75	AC－20C	<45	AC－20F	>45
AC－16	16	2.36	AC－16C	<38	AC－16F	>38
AC－13	13.2	2.36	AC－13C	<40	AC－13F	>40
AC－10	9.5	2.36	AC－10C	<45	AC－10F	>45

密集配沥青混凝土混合料矿料级配范围 表4-9

级配类型		通过下列筛孔(mm)的质量百分率(%)												
		31.5	26.5	19	16	13.2	9.5	4.75	2.36	1.18	0.6	0.3	0.15	0.075
粗粒式	AC－25	100	90～100	75～90	65～83	57～76	45～65	24～52	16～42	12～33	8～24	5～17	4～13	3～7
中粒式	AC－20		100	90～100	78～92	62～80	50～72	26～56	16～44	12～33	8～24	5～17	4～13	3～7
	AC－16			100	90～100	76～92	60～80	34～62	20～48	13～36	9～26	7～18	5～14	4～8
细粒式	AC－13				100	90～100	68～85	38～68	24～50	15～38	10～28	7～20	5～15	4～8
	AC－10					100	90～100	45～75	30～58	20～44	13～32	9～23	6～16	4～8
砂粒式	AC－5						100	90～100	55～75	35～55	20～40	12～28	7～18	5～10

沥青玛蹄脂碎石混合料矿料级配范围 表4-10

级配类型		通过下列筛孔(mm)的质量百分率(%)											
		26.5	19	16	13.2	9.5	4.75	2.36	1.18	0.6	0.3	0.15	0.075
中粒式	SMA－20	100	90～100	72～92	62～82	40～55	18～30	13～22	12～20	10～16	9～14	8～13	8～12
	SMA－16		100	90～100	65～85	45～65	20～32	15～24	14～22	12～18	10～15	9～14	8～12
细粒式	SMA－13			100	90～100	50～75	20～34	15～26	14～24	12～20	10～16	9～15	8～12
	SMA10				100	90～100	28～60	20～32	14～26	12～22	10～18	9～16	8～13

开级配排水式磨耗层混合料矿料级配范围 表4-11

级配类型		通过下列筛孔(mm)的质量百分率(%)										
		19	16	13.2	9.5	4.75	2.36	1.18	0.6	0.3	0.15	0.075
中粒式	OGFC－16	100	90～100	70～90	45～70	12～30	10～22	6～18	4～15	3～12	3～8	2～6
	OGFC－13		100	90～100	60～80	12～30	10～22	6～18	4～15	3～12	3～8	2～6
细粒式	OGFC－10			100	90～100	50～70	10～22	6～18	4～15	3～12	3～8	2～6

密级配沥青稳定碎石混合料矿料级配范围 表4-12

级配类型		通过下列筛孔(mm)的质量百分率(%)														
		53	37.5	31.5	26.5	19	16	13.2	9.5	4.75	2.36	1.18	0.6	0.3	0.15	0.075
特粗式	ATB-40	100	90～100	75～92	65～85	49～71	43～63	37～57	30～50	20～40	15～32	10～25	8～18	5～14	3～10	2～6
	ATB-30		100	90～100	70～90	53～72	44～66	39～60	31～51	20～40	15～32	10～25	8～18	5～14	3～10	2～6
粗粒式	ATB-25			100	90～100	60～80	48～68	42～62	32～52	20～40	15～32	10～25	8～18	5～14	3～10	2～6

半开级配沥青碎石混合料矿料级配范围 表4-13

级配类型		通过下列筛孔(mm)的质量百分率(%)											
		26.5	19	16	13.2	9.5	4.75	2.36	1.18	0.6	0.3	0.15	0.075
中粒式	AM-20	100	90~100	60~85	50~75	40~65	15~40	5~22	2~16	1~12	0~10	0~8	0~5
	AM-16		100	90~100	60~85	45~68	18~40	6~25	3~18	1~14	0~10	0~8	0~5
细粒式	AM-13			100	90~100	50~80	20~45	8~28	4~20	2~16	0~10	0~8	0~6
	AM-10				100	90~100	35~65	10~35	5~22	2~16	0~12	0~9	0~6

开级配沥青碎石混合料矿料级配范围 表4-14

级配类型		通过下列筛孔(mm)的质量百分率(%)														
		53	37.5	31.5	26.5	19	16	13.2	9.5	4.75	2.36	1.18	0.6	0.3	0.15	0.075
特粗式	ATPB-40	100	70~100	65~90	55~85	43~75	32~70	20~65	12~50	0~3	0~3	0~3	0~3	0~3	0~3	0~3
	ATPB-30		100	80~100	70~95	53~85	36~80	26~75	14~60	0~3	0~3	0~3	0~3	0~3	0~3	0~3
粗粒式	ATPB-25			100	80~100	60~100	45~90	30~82	16~70	0~3	0~3	0~3	0~3	0~3	0~3	0~3

(二)水泥混凝土面层材料选择

普通混凝土(简称为混凝土)是由水泥、砂、石和水所组成。在混凝土中,砂、石起骨架作用,称为集料,也称骨料;水泥与水形成水泥浆,水泥浆包裹在集料表面并填充其空隙。在硬化前,水泥浆起润滑作用,赋予拌和物一定和易性,便于施工。水泥浆硬化后,则将集料胶结成一个坚实的整体。混凝土的技术性质在很大程度上是由原材料的性质及其相对含量决定的。同时也与施工工艺有关,因此,我们必须了解其原材料的性质、作用及其质量要求,合理选择原材料,这样才能保证混凝土的质量。

1. 水泥

配制水泥混凝土一般可采用硅酸盐水泥、普通硅酸盐水泥、矿渣硅酸盐水泥、火山灰质硅酸盐水泥和粉煤灰硅酸盐水泥。必要时也可采用快硬硅酸盐水泥或其他水泥。采用何种水泥,应根据混凝土工程的特点和所处的环境条件进行选择。

1)定义

(1)硅酸盐水泥

凡由硅酸盐水泥熟料、0% ~5%石灰石或粒化高炉矿渣、适量石膏磨细制成的水硬性胶凝材料,称为硅酸盐水泥(通称波特兰水泥)。硅酸盐水泥分两种类型:不掺加混合材料的称I型硅酸盐水泥,代号P.I;在硅酸盐水泥熟料粉磨时掺加不超过水泥质量5%石灰石或粒化高炉矿渣混合材料的称为II型硅酸盐水泥,代号P.II。

(2)普通硅酸盐水泥

凡由硅酸盐水泥熟料、6% ~15%混合材料和适量石膏磨细制成的水硬性胶凝材料,称为普通硅酸盐水泥(简称普通水泥),代号P.O。

掺活性混合材料时,最大掺量不得超过15%,其中允许用不超过水泥质量5%的窑灰或不超过水泥质量10%的非活性混合材料来代替。掺非活性混合料时最大掺量不得超过水泥质量10%。

2)组分材料

(1)硅酸盐水泥熟料(clinker):凡以适当成分的生料,烧至部分熔融,所得以硅酸钙为主要成分的产物称为硅酸盐水泥熟料(简称熟料)。

(2)石膏(gypsum):天然石膏必须符合现行国家标准《天然石膏》(GB/T 5483)的规定。工业副产石膏是工业生产中以硫酸钙为主要成分的副产品。采用工业副产石膏时必须经过试验,证明对水泥性能无害。

(3)活性混合材料(active admixture):指符合现行标准《用于水泥和混凝土中的粉煤灰》(GB/T 1596)的粉煤灰、符合现行标准《用于水泥中的火山灰质混合料》(GB/T 2847)的火山灰质混合材料和符合现行标准《用于水泥中的粒化高炉矿渣》(GB/T 203)的粒化高炉矿渣。

(4)非活性混合材料(inactive admixture):活性指标低于GB/T 1596、GB/T 2847和GB/T 203标准要求的粉煤灰、火山灰质混合材料和粒化高炉矿渣以及石灰石和砂岩。石灰石中Al_2O_3含量不得超过2.5%。

(5)窑灰(kiln dust):从回转窑窑尾废气中收集下来的粉尘,品质指标应符合现行标准《掺入水泥中的转窑灰》(JC/T 742)的规定。

硅酸盐水泥熟料主要由CaO、SiO_2、Al_2O_3和Fe_2O_3四种氧化物组成,其含量总和通常都在95%以上。现代生产的硅酸盐水泥熟料,各氧化物含量的波动范围为:CaO 62%~67%,SiO_2 20%~24%,$Al_2O_3$34%~37%,$Fe_2O_3$2.55%~6.0%。

硅酸盐水泥熟料中CaO、SiO_2、Al_2O_3和Fe_2O_3不是以单独的氧化物存在,而是以两种或两种以上的氧化物经高温化学反应而生成的多种矿的集合体。其结晶细小,一般为30~60μm。它主要有以下四种矿物:硅酸三钙($3CaO \cdot SiO_2$,简写为C_3S)、硅酸二钙($2CaO \cdot SiO_2$,简写为C_2S);铝酸三钙($3CaO \cdot Al_2O_3$,简写为C_3A)、铁相固溶体(通常以铁铝酸四钙$4CaO \cdot Al_2O_3 \cdot Fe_2O_3$作为代表式,简写成$C_4AF$)。此外,还有少量游离氧化钙、方镁石(结晶氧化镁)、含碱矿物及玻璃体。

另外,水泥粉磨时还允许加入主要起助磨作用而不损害水泥性能的助磨剂,其加入量不得超过水泥质量1%。使用助磨剂、工业副产石膏时,须经省、市、自治区以上建材行业主管部门批准,投产后定期进行质量检验。

3)强度等级

硅酸盐水泥分为42.5、42.5R、52.5、52.5R、62.5、62.5R六个强度等级;普通硅酸盐水泥分为32.5、32.5R、42.5、42.5R、52.5、52.5R六个强度等级。R型水泥属于快硬型,对其3d强度有较高的要求。

4)技术要求

(1)不溶物(insoluble residue):I型硅酸盐水泥中不溶物不得超过0.75%;II型硅酸盐水泥中不溶物不得超过1.50%。

(2)氧化镁:水泥中氧化镁含量不得超过5.0%。如果水泥经压蒸安定性试验合格,则水泥中氧化镁含量允许放宽到6.0%。

(3)三氧化硫:水泥中 SO_3 含量不得超过3.5%。

(4)烧失量(ignition loss):I 型硅酸盐水泥中烧失量不得大于3.0%,II 型硅酸盐水泥中烧失量不得大于3.5%。普通水泥中烧失量不得大于5.0%。

(5)细度(fineness):硅酸盐水泥比表面积大于300m^2/kg,普通水泥80μm 方孔筛筛余不得超过10.0%。

(6)凝结时间(setting time):硅酸盐水泥初凝不得早于45min,终凝不得迟于6.5h。普通水泥初凝不得早于45min,终凝不得迟于10h。

(7)安定性(soundness):用沸煮法检验必须合格。

(8)强度(strength):水泥强度等级按规定龄期的抗压强度和抗折强度来划分,各强度等级水泥各龄期强度不得低于表4-15中数值。

各龄期、各类型水泥强度[《通用硅酸盐水泥》(GB 175—2007)] 表4-15

品　　种	强度等级	抗压强度(MPa)		抗折强度(MPa)	
		3d	28d	3d	28d
硅酸盐水泥	42.5	17.0	42.5	3.5	6.5
	42.5R	22.0	42.5	4.0	6.5
	52.5	23.0	52.5	4.0	7.0
	52.5R	27.0	52.5	5.0	7.0
	62.5	28.0	62.5	5.0	8.0
	62.5R	32.0	62.5	5.5	8.0
普通水泥	32.5	11.0	32.5	2.5	5.5
	32.5R	16.0	32.5	3.5	5.5
	42.5	16.0	42.5	3.5	6.5
	42.5R	21.0	42.5	4.0	6.5
	52.5	22.0	52.5	4.0	7.0
	52.5R	26.0	52.5	5.0	7.0

(9)碱:水泥中含量用 $Na_2O + 0.658K_2O$ 计算值来表示,若使用活性骨料,用户要求提供低碱水泥时,水泥中碱含量不得大于0.60%或由供需双方商定。

2.粗集料的技术性质

普通混凝土常用的粗集料有碎石和卵石,由天然岩石或卵石经破碎、筛分而得。

1)物理性质

(1)物理常数

①表观密度。粗集料表观密度是单位体积(含颗粒固体及其闭口孔隙体积)物质颗粒的干质量。测定方法见《公路工程集料试验规程》(JTG E42—2005)。

②毛体积密度。粗集料的毛体积密度同石料的毛体积密度。测定方法见《公路工程集料试验规程》(JTG E42—2005)。

③堆积密度。粗集料的堆积密度是单位体积(含物质颗粒固体及其闭口、开口孔隙体积及颗粒间空隙体积)物质颗粒的质量。测定方法见《公路工程集料试验规程》(JTG E42—2005)。

④空隙率。粗集料空隙率是集料的颗粒之间空隙体积占集料总体积的百分比。

(2)级配

粗集料中各组成颗粒的分级和搭配称为级配,级配是通过筛分试验确定的。筛分试验和有关参数的计算详见细集料技术性质中的内容。

(3)坚固性

粗集料坚固性按《公路工程集料试验规程》(JTG E42—2005)选取规定数量,分别装在金属网篮中浸入饱和硫酸钠溶液中进行干湿循环试验,经一定的循环次数后,观察其表面破坏情况,并用质量损失百分率来计算其坚固性。

(4)针片状颗粒含量

粗集料颗粒的最大长度(或宽度)方向与最小厚度(或直径)方向的尺寸之比大于3倍的颗粒含量。

(5)含泥量和泥块含量

①含泥量是指颗粒小于0.08mm颗粒的含量。

②泥块含量是指颗粒大于5mm,经水洗,手捏后可破碎成小于2.5mm的颗粒含量。

2)化学性质

(1)有害杂质含量

有害杂质含量主要指硫化物和硫酸盐的含量。

(2)碱集料反应

当水泥混凝土中碱含量较高时,应鉴定集料与碱发生潜在有害反应,即水泥混凝土-硅酸盐反应的可能性。

3)力学性质

(1)强度

通常岩石的抗压强度由碎石生产单位提供。试验方法同《公路工程岩石试验规程》(JTG E41—2005)。

(2)压碎值

压碎值是按规定方法测得的石料抵抗压碎的能力,以压碎试验后小于规定粒径的石料质量百分率表示,试验方法见《公路工程集料试验规程》(JTG E42—2005)。

3. 细集料的技术性质

普通混凝土中的细集料一般采用天然砂,它是岩石风化后所形成的大小不等、由不同矿物散粒组成的混合物,一般有河砂、海砂及山砂,当采用海砂时要评估其腐蚀危害。

1)物理常数

细集料的表观密度或堆积密度和空隙率等物理常数的含义与粗集料完全相同。

2)级配

级配是集料各级粒径颗粒的分配情况,砂的级配可通过砂的筛分试验确定。砂的筛分试验是取试样500g,在整套标准筛上进行筛分,分别求出试样存留在各筛上质量的一种试验方法。级配有关参数按如下方法计算:

(1)分计筛余百分率:某号筛上的筛余质量占总质量的百分率。

(2)累计筛余百分率:某号筛的分计筛余百分率和大于某号筛的各筛余百分率之总和。

(3)通过百分率:通过某筛的质量占试样总质量的百分率,亦即100与累计筛余百分率之差。

(4)细度模数 M_x：

$$M_x = \frac{(A_2 + A_3 + A_4 + A_5 + A_6) - 5A_1}{100 - A_1} \quad (4\text{-}1)$$

式中：A_1、A_2、A_3、A_4、A_5、A_6 分别为5mm、2.5mm、1.25mm、0.63mm、0.315mm、0.16mm各筛上的累计筛余百分率。

通常砂的粗细程度用细度模数来表示。砂按细度模数分三级：粗砂(M_x=3.1~3.7)；中砂(M_x=3.0~2.3)；细砂(M_x=2.2~1.6)。

3)有害杂质含量

砂中常含有的有害杂质主要有泥、泥块、云母轻物质、硫酸盐硫化物和有机质，有害质含量大时应采用水洗或过筛。

4. 粗集料的技术要求

配制混凝土时所采用的粗、细集料的技术要求有以下几个方面：

1)粗集料技术要求

水泥混凝土用粗集料的技术要求应符合表4-16的规定。

水泥混凝土用粗集料的技术要求　　表4-16

技术指标	技术要求		
	Ⅰ级	Ⅱ级	Ⅲ级
碎石压碎指标(%)，<	10	20	30
卵石压碎指标(%)，<	12	16	16
针片状颗粒含量(%)，<	5	15	25
含泥量(%)，<	0.5	1.0	1.5
泥块含量(%)，≤	0	0.5	0.7
有机物含量(比色法)	合格	合格	合格
硫化物及硫酸盐含量(按 SO_3 计)，<	0.5	1.0	1.0
坚固性(%)，<	5	8	12
岩石抗压强度(MPa)	在饱水状态下，火成岩不小于100MPa；变质岩不小于80MPa；水成岩不小于30MPa		
密度与空隙率	表观密度>2 500kg/m^3；松散堆积密度>1 350kg/m^3；空隙率<47%		
碱—集料反应	经碱—集料反应试验后，由卵石、碎石、碎乐、卵石配制的试件无裂缝、酥裂、胶体外溢等现象，在规定试验龄期的膨胀率应小于0.10%		

注：1. Ⅲ级碎石的压碎指标，用做路面时，应小于20%；用做下面层或基层时，可小于25%。
2. Ⅲ级粗集料的针片状颗粒含量，用做路面时，应小于20%；用做下面层或基层时，可小于25%。

2)粗集料的坚固性

碎石或卵石的坚固性是指集料在气候、环境变化或其他物理因素作用下抵抗碎裂的能力。用硫酸钠溶液法检验，试样经5次循环后，其质量损失应符合表4-16的规定。

3)有害物质含量

碎石或卵石中的硫化物和硫酸盐含量，以及卵石中有机质含量，应符合表4-17规定。

碎石或卵石中有害物质含量 表4-17

项　　目	品 质 指 标
硫化物及硫酸盐含量(折算成 SO_3 按质量计,%)≤	1
卵石中有机质含量(用比色法试验)	颜色不深于标准色。如深于标准色,则应配置混凝土进行强度试验,抗压强度应不低于95%

注:如含有颗粒硫酸盐或硫化物,则要进行混凝土耐久性试验,确认能满足要求时方能采用。

4)碱集料反应

当水泥混凝土中碱含量较高时,应采用下列方法鉴定集料与碱发生潜在有害反应,即水泥混凝土碱-硅酸盐反应和碱-硅酸反应的可能性。

(1)用岩相法检验(T 0324—94)确定哪些集料可能与水泥中的碱发生反应。当集料中下列材料含量为1%或更少时即有可能成为有害反应的集料,这些材料包括下列形式的二氧化硅:蛋白石、玉髓、鳞石英、方石英;在流纹岩、安山岩或英安岩中可能存在的中性重酸性(富硅)的火山玻璃;某些沸石和千枚岩等。

(2)用砂浆长度法检验(T 0325—94)集料产生有害反应的可能性。如果用高碱硅酸盐水泥制成的砂浆长度膨胀率3个月低于0.05%或者6个月低于0.10%,即可判定为非活性集料。超过上述数值时,应通过混凝土试验结果作出最后评定。

5)水泥混凝土用粗集料级配规格

(1)混凝土用碎石或卵石的颗粒级配应符合表4-18的规定。

碎石或卵石的颗粒级配规格 表4-18

级配情况	公称粒径(mm)	累计筛余(按质量计,%)											
		圆孔筛筛孔尺寸(mm)											
		2.5	5	10	16	20	25	31.5	40	50	63	80	100
连续级配	5~10	95~100	80~100	0~15	0								
	5~16	95~100	90~100	30~60	0~10	0							
	5~20	95~100	90~100	40~70	—	0~10	0						
	5~25	95~100	90~100	—	30~70	~	0~5	0					
	5~31.5	95~100	90~100	70~90	—	15~45	—	0~5	0				
	5~40	—	95~100	75~90	—	30~60	—	—	0~5	0			
单级配	10~20	—	95~100	85~100	—	0~15	0						
	16~31.5	—	95~100	—	85~100	—	—	0~10	0				
	20~40	—	—	95~100	—	80~100	—	—	0~10	0			
	31.5~63	—	—	—	95~100	—	—	75~100	45~75	—	0~10	0	
	40~80	—	—	—	—	95~100	—	—	70~100	—	30~60	0~10	0

(2)根据工程要求,连续粒级可与单粒级配合使用,也允许直接采用单粒级,但必须避免混凝土离析。

(3)2.5mm以下的石屑、石粉,易黏附在颗粒上,对水泥混凝土和易性影响很大,因此,这种细料含量不宜超过5%。

(4)若生产的集料规格不符合表4-18的规定，但确认与其他材料掺配后的级配符合规格时，可以使用。

5. 细集料技术要求

1)分类、等级和规格

(1)用于水泥混凝土中的砂是指粒径小于5mm的岩石碎屑，主要是在江河湖海水域中水流冲刷自然形成的，也可以是破碎岩石过程中形成的岩石碎屑(人工砂)。其技术要求应符合表4-19。

细集料技术要求　　表4-19

项目				技术要求		
				Ⅰ级	Ⅱ级	Ⅲ级
人工砂	压碎指标(%)，<			20	25	30
	亚甲蓝试验	MB值<1.4或合格	石粉含量(%)，<	3.0	5.0	7.0
			泥块含量(%)，<	0	1.0	2.0
		MB值≥1.4或不合格	石粉含量(%)，<	1.0	3.0	5.0
			泥块含量(%)，<	0	1.0	2.0
天然砂	含泥量(%)，<			1.0	2.0	3.0
	泥块含量(%)，<			0	1.0	2.0
有害杂质含量(%)	氯化物含量(按氯离子质量计)，<			0.01	0.02	0.06
	云母含量，<			1.0	2.0	2.0
	有机物含量(比色法)			合格	合格	合格
	硫化物及硫酸盐含量(按SO_3质量计)，<			0.5	0.5	0.5
	轻物质含量			1.0	1.0	1.0
坚固性(%)，<				6	8	10
密度和空隙率				表观密度>2 500kg/m^3；松散堆积密度>1 350kg/m^3；空隙率<47%		

注：天然Ⅲ级砂用做路面时，含泥量应小于3%；用做贫混凝土时，可小于5%。

(2)按国家标准，用于水泥混凝土中的砂按其细度模数分为三大类，如表4-20所示。

水泥混凝土中的砂按其细度模数分类　　表4-20

分类	粗　砂	中　砂	细　砂
细度模数M_x	3.7～3.1	3.0～2.3	2.2～1.6

注：细度模数主要反映全部颗粒的粗细程度，不完全反映颗粒的级配情况，混凝土配制时应同时考虑砂的细度模数和级配情况。

2)颗粒级配

对用于水泥混凝土中细度模数为3.7～1.6的砂，其颗粒级配应处于表4-21种任何一个级配区内。

砂颗粒级配区表　　表4-21

累计筛余(%) 级配区 / 筛孔尺寸(mm)	Ⅰ区	Ⅱ区	Ⅲ区	累计筛余(%) 级配区 / 筛孔尺寸(mm)	Ⅰ区	Ⅱ区	Ⅲ区
5.00	10~0	10~0	10~0	0.63	85~71	70~41	40~16
2.50	35~5	25~0	15~0	0.315	95~80	92~70	85~55
1.25	65~35	50~10	25~0	0.16	100~90	100~90	100~90

注:1.砂的实际颗粒级配,除5.00mm、0.63mm、0.16mm筛孔外,其余各筛孔累计筛余允许超出本表的规定界限,但不应超出5%。

2.Ⅰ区砂宜提高砂率以配低流动性混凝土,Ⅱ区砂宜优先选用以配不同等级混凝土,Ⅲ区砂宜适当降低砂率以保证混凝土强度。

3.对于高强泵送混凝土用砂宜选用中砂,细度模数为2.9~2.4。2.5mm筛孔的累计筛余量不得大于15%。0.315mm筛孔的累计筛余量宜在85%~92%范围内。

3)含泥量及泥块含量

水泥混凝土用砂的含泥量(即粒径小于0.08mm的尘屑、淤泥和黏土的总含量百分比)及泥块(即原颗粒大于1.25mm,经水洗、手压后可破碎成小于0.63mm的颗粒)含量,应符合表4-22的规定。

砂含泥量即泥块含量　　表4-22

混凝土强度等级	大于或等于C30	小于C30	试验方法	混凝土强度等级	大于或等于C30	小于C30	试验方法
含泥量(按质量计,%)	≤3	≤5	T 0333—94	其中泥块含量(按质量计,%)	≤1.0	≤2.0	T 0335—94

注:1.对有抗冻、抗渗或其他特殊要求的混凝土用砂,总含泥量应不大于3%,其中泥块含量应不大于1.0%。

2.对于C10及以下的混凝土用砂,根据水泥强度等级,其含泥量及泥块含量可予以放宽。

4)细集料坚固性

用于水泥混凝土的砂的坚固性是指砂在气候、环境变化或其他物理因素作用下抵抗破碎的能力。用硫酸钠溶液法检验,试样经5次循环后,其质量损失应符合表4-23的规定。

砂的坚固性指标　　表4-23

混凝土所处的环境条件	循环后的质量损失(%)	试验方法
在寒冷地区室外使用,并经常处于潮湿或干湿交替状态下的混凝土	≤8	T 0340—94
在其他条件下使用的混凝土	≤12	

注:1.寒冷地区系指最寒冷月份的月平均温度低于-5℃的地区。

2.当同一产源的砂,在类似的气候条件下使用已有可靠经验时,可不作坚固性试验。

3.对于有抗疲劳、耐磨、抗冲击要求的混凝土用砂,或有腐蚀介质作用及经常处于水位变化区的地下结构混凝土用砂,其坚固性质量损失率应小于8%。

5)有害物质含量

用于水泥混凝土的砂中云母、轻物质(表观密度小于2.0,如煤和褐煤等)、有机物、硫化物和硫酸盐等有害物质,其含量应符合表4-19的规定。

6. 水

清洗集料、拌和混凝土及养生所用的水，不应含有影响混凝土质量的油、酸、碱、盐类、有机物等。饮用水一般均适用于混凝土，非饮用水，经化验符合下列要求时也可使用。

(1)硫酸盐含量(按 SO_4^{2-} 计)小于 2.7mg/m^3。

(2)含盐量不得超过 5mg/cm^3。

(3)pH 值大于 4。

7. 外加剂

外加剂的质量应符合现行的国家标准《混凝土外加剂》(GB 8076—2008)的规定。

第二节　路面基层(底基层)施工质量监理

一、基层的作用及对材料的基本要求

路面基层与底基层主要承受由面层传来的车辆荷载的垂直力，并扩散到下面的垫层和土基中去，实际上基层与底基层是路面结构中的承重层，一般应具备有足够的强度和刚度、有足够的水稳定性和冰冻稳定性、有足够的抗冲刷能力、收缩性小、有足够的平整度、与面层结合良好等性能。公路路面常用的基层与底基层材料可分为三大类：柔性基层、半刚性基层、刚性基层。也可以分为：无机结合料稳定类、有机结合料稳定类和粒料类。我国常用的基层材料包括：水泥稳定土、石灰稳定土、石灰工业废渣稳定土、级配碎石、级配砾石或级配砂砾、填隙碎石等类型。

在粉碎的或原状松散的土中掺入一定量的无机结合料(包括水泥、石灰或工业废渣等)和水，经拌和得到的混合料在压实与养生后，其抗压强度符合规定要求的材料称为无机结合料稳定材料。无机结合料稳定类基层与底基层主要有：水泥稳定土、石灰稳定土、石灰工业废渣稳定土等。其中土作为基层材料的骨架，水泥和石灰则属于基层材料的胶凝物质。由于胶凝的机理不同，水泥属于水硬性胶凝材料，而石灰属于气硬性胶凝材料。无机结合料稳定土由于胶凝性质的不同和材料配比的多变性原因，其工程性质千差万别，相应的试验检测方法也较复杂。

粒料类基层是用加工轧制碎石(或砾石)按嵌挤原理铺压而成的结构。粒料类基层的强度主要依靠石料的嵌挤锁结作用以及填充结合料的黏结作用。嵌挤力的大小主要取决于石料的内摩阻角。黏结作用(用材料的黏结力表示)的大小主要取决于填充结合料本身的内聚力及其与矿料之间的黏附力大小。

有关有机结合料稳定类的技术要求和试验方法参见有关专著。本章主要介绍了无机结合料稳定材料的力学特性、碎(砾)石路面的力学特性、无机结合料稳定粒料基层与底基层指标的试验检测方法、级配碎砾石、填隙碎石与天然砂砾基层与底基层检测方法等内容。

1. 用于路面基层材料土的一般定义

按照土中单个颗粒(指碎石、砾石和砂颗粒)的粒径大小和组成，将土分为细粒土、中粒土

和粗粒土。

(1)细粒土:颗粒的最大粒径小于10mm,且其中小于2mm的颗粒含量不少于90%。

(2)中粒土:颗粒的最大粒径小于30mm,且其中小于20mm的颗粒含量不少于85%。

(3)粗粒土:颗粒的最大粒径小于50mm,且其中小于40mm的颗粒含量不少于85%。

2. 无机结合料稳定土组成材料要求

无机结合料稳定土的力学特性取决于材料组成,因此首先应对其材料的基本性质有所了解。

1)土

(1)水泥稳定土

凡能被粉碎的土都可用水泥稳定,其最大颗粒和颗粒组成应满足规范的要求。对于细粒土而言,土的均匀系数应大于5,液限不应超过40,塑性指数不应大于17。

集料的压碎值要求为:

对于二级和二级以下公路基层不大于35%;

对于二级和二级以下公路底基层不大于40%;

对于高速公路和一级公路不大于30%。

(2)石灰稳定土

塑性指数15~20的黏性土以及含有一定数量黏性土的中粒土和粗粒土均适宜于用石灰稳定。塑性指数在15以下的黏性土更适宜于综合稳定。塑性指数在10以下的亚砂土和砂土用石灰稳定时,应采取适当的措施或采用水泥稳定。

石灰稳定土中集料压碎值要求:

一般公路的底基层不大于40%;

高速公路和一级公路的底基层、二级以下公路的基层不大于35%;

二级公路的基层不大于30%。

(3)石灰工业废渣土

宜采用塑性指数12~20的黏性土(亚黏土),有机质含量超过10%的土不宜选用。最大颗粒和颗粒组成应满足规范的要求。集料压碎值要求同水泥稳定土。

2)水泥

普通水泥、矿渣水泥、火山灰水泥等都可使用,但应选用终凝时间较长(宜在6h以上)的水泥,快硬水泥、早强水泥以及已受潮变质的水泥不应使用。宜采用强度等级较低(如强度等级为32.5MPa)的水泥。

3)石灰

石灰质量应符合Ⅲ级以上的生石灰或消石灰的技术指标,要尽量缩短石灰的存放时间。石灰在野外堆放时间较长时,应妥善覆盖保管,不应遭日晒雨淋。

对于高速公路和一级公路,宜采用磨细生石灰粉。

4)粉煤灰

粉煤灰中SiO_2、Al_2O_3和Fe_2O_3的总含量应大于70%,烧失量不应超过20%;其比面积宜大于2 500cm^2/g。

干粉煤灰和湿粉煤灰都可以应用。干粉煤灰如堆在空地上应加水，防止飞扬造成污染。湿粉煤灰的含水率不宜超过35%。

使用时，应将凝固的粉煤灰块打碎或过筛，同时清除有害杂质。

5)煤渣

煤渣是经锅炉燃烧后的残渣，它的主要成分是 SiO_2 和 Al_2O_3，它的松干密度在(700～1 100)kg/m^3 之间。煤渣的最大粒径不应大于30mm，颗粒组成宜有一定级配，且不含杂质。

6)强度标准

无机结合料稳定土强度标准如表4-24所示。

强度标准(MPa)　　表4-24

材料名称	高速和一级公路		二级和二级以下公路	
	基层	底基层	基层	底基层
水泥稳定土	3～5	1.5～2.5	2.5～3.0	1.5～2.0
石灰稳定土		≥0.8	≥0.8①	0.5～0.7②
二灰稳定土	0.8～1.1	≥0.6	0.6～0.8	≥0.5

注：①在低塑性土(塑性指数小于7)地区，石灰稳定砂砾土和碎石土的7d浸水抗压强度应大于0.5MPa。
②低限用于塑性指数小于7的黏性土，高限用于塑性指数大于7的黏性土。

二、路面基层的类型

基层(底基层)可分为粒料类和无机结合料稳定类。

1. 粒料类基层(底基层)

粒料类常分为嵌锁形和级配型，目前常用的有填隙碎石(嵌锁型)、级配碎(砾)石、天然砂砾(级配型)几种。粒料类基层(底基层)的主要特点是透水性好、施工方便。我国大都将此类结构作为高速公路、一级公路的底基层或垫层，有些国家用级配碎(砾)石修筑基层或底基层，还用作沥青面层与半刚性基层间的联结层。

嵌锁型粒料基层的整体强度主要依靠碎石颗粒之间的嵌锁和摩阻作用，颗粒间的黏结力很小，即这种结构层的抗剪强度主要取决于剪切面上的法向应力和材料的内摩阻角。内摩阻角由三项因素构成：粒料表面的相互滑动摩擦、剪切时体积膨胀而需克服的阻力、粒料重新排列而受到的阻力。因此，嵌锁型结构强度主要取决于石料的强度、形状、尺寸、均匀性、表面粗糙度以及施工时的压实程度。当石料强度高，形状接近立方体、有棱角、尺寸均匀、表面粗糙、压实度高时，结构层的强度就高。

级配型粒料基层的强度和稳定性取决于内摩阻角和黏结力的大小。即其强度与稳定性在很大程度上取决于集料的类型(碎石、砾石或碎砾石)、集料的最大粒径和级配以及混合料中0.5mm以下细粒的含量及塑性指数。同时还与其密实程度有关系。因此，对级配型粒料，主要控制最大粒径、细粒含量及其塑性指数和现场压实度。

2. 无机结合料稳定类基层(底基层)

无机结合料稳定类基层又称半刚性基层，常用的半刚性基层的类型有：

(1)水泥稳定类。主要有水泥稳定土、水泥稳定碎石(或砂砾)及水泥稳定为筛分碎石(或石屑、石渣)等。

(2)石灰稳定类。主要有石灰土、石灰碎石土、石灰砾石土以及石灰土稳定级配碎石和级配砂砾等。

(3)综合稳定类。主要有水泥石灰综合稳定土、水泥石灰稳定碎石(或砾石)、水泥石灰稳定煤渣等。

(4)石灰工业废渣类。主要有石灰粉煤灰(简称二灰)土、二灰砂、二灰砂砾、二灰碎石等,石灰煤渣、石灰煤渣土、石灰煤渣碎石(或砂砾)、石灰煤渣矿渣等。

半刚性基层(底基层)具有良好的力学性能,强度高、水稳定性好、板体性好。其强度不仅与使用材料本身性质有关,更主要的是混合料加水拌和碾压后发生的一系列物理-化学作用,强度随时间增长而逐渐提高。但这类基层的最大缺点是干缩或低温收缩时易产生裂缝,为减少开裂,可在混合料中掺入60% ~80%的粒料。无机结合料稳定粒料基层中,水泥稳定碎石(或石屑)的强度较高,适宜于大交通重轴载道路的基层,而无机结合料稳定土(如水泥土、石灰土、二灰土等)仅适宜于作高级路面的底基层。

由此可见,无机结合料稳定类基层的力学特性不仅与各组成材料本身的性质有关,而且与混合料的配合比有关。

三、混合料配合比设计

1. 混合料试验项目

1)重型击实试验

确定最佳含水率和最大干密度,以规定工地碾压时的合适含水率和应达到的最大干密度;确定制备强度试验和耐久性试验的试件所应该用的含水率和干密度;确定制备承载比试件的材料含水率。

2)承载比

求工地预期干密度下的承载比,确定材料是否适宜做基层或底基层。

3)抗压强度

进行材料组成设计,选定最适宜用于水泥或石灰稳定的材料(包括土),规定施工中所用的结合料剂量,为工地提供质量评定标准。

4)耐久性

用干湿循环或冻融循环试验确定适宜用石灰或水泥稳定的材料,探索石灰水泥稳定材料在潮湿冰冻条件下的使用性能。

2. 混合料配合比设计的一般方法

1)一般原则

混合料配合比设计要求达到的目标是:所设计的混合料组成在强度上满足设计要求,抗裂性达到最优且便于施工,而配合比设计的基本原则是结合料剂量合理,尽可能采用综合稳定及集料应有一定的级配。

混合料组成中,结合料剂量太低则不能成为半刚性材料,剂量太高则刚度太大,容易脆裂。实际上,限制低剂量是为了保证整体材料具有基本的抗拉强度,以满足荷载作用的强度要求,限制高剂量可使模量不致过大，避免结构产生太大的拉应力，同时降低收缩系数，使结构层不会因温度变化而引起拉伸破坏。

采用水泥、石灰综合稳定时，混合料中有一定水泥可提高早期强度，有一定石灰可使刚度不会太大，掺入一定数量的粉煤灰可以降低收缩系数，必要时可根据材料性质和施工季节，加入早强剂或其他外掺剂。

集料应有一定的级配，集料数量以达到靠拢而不紧密为原则，其空隙由无机结合料填充，形成各自发挥优势的稳定结构。因此，较为理想的基层材料应是石灰、粉煤灰、水泥综合稳定粒料半刚性材料。半刚性基层材料中结合料和集料的种类繁多，应以就地取材为前提，并根据以上原则通过试验求得合理组成，以充分发挥其优势。

2）配合比设计方法

混合料配合比设计的主要内容是根据表4-25的强度标准值，通过试验选取适宜于稳定的材料，确定材料的配比及最大干密度和最佳含水率。表中所列数值指7d（湿养6d、浸水1d）的无侧限抗压强度。

无机结合料稳定类材料的抗压强度（MPa）　　表4-25

公路等级		高速公路、一级公路	二级及二级以下公路
水泥稳定类材料	基层	3.0～4.0	2.0～3.0
	底基层	≥2.0	≥1.5
石灰稳定类材料	基层	—	≥0.8
	底基层	≥0.8	>0.5～0.7(1)
二灰稳定类材料	基层	≥0.8	≥0.6
	底基层	≥0.5	≥0.5

注：低限与高限分别用于塑性指数小于7和大于7的土。

具体设计步骤如下：

（1）制备同一种土样、不同结合料剂量的混合料，水泥和石灰的剂量可参考表4-26、表4-27所列数值。

水泥剂量参考值　　表4-26

土　类	层位	水泥剂量（%）				
中粒土和粗粒土	基层	3	4	5	6	7
	底基层	3	4	5	6	7
塑性指数小于12的土	基层	5	7	8	9	11
	底基层	4	5	6	7	9
其他细粒土	基层	8	10	12	14	16
	底基层	6	8	9	10	12

石灰剂量参考值　　表4-27

土　类	层位	石灰剂量(%)				
砂砾土和碎石土	基层	3	4	5	6	7
塑性指数小于12的黏性土	基层	10	12	13	14	16
	底基层	8	10	11	12	14
塑性指数大于12的黏性土	基层	5	7	9	11	13
	底基层	5	7	8	9	11

二灰稳定类混合料试件的制备可根据不同情况进行。对硅铝粉煤灰,采用石灰粉煤灰做基层或底基层时,石灰与粉煤灰之比可以是1:2~1:9。采用石灰粉煤灰土做基层或底基层时,石灰与粉煤灰之比常用1:2~1:4(对于粉土,以1:2为宜)。石灰粉煤灰与细粒土的比例可以是30:70~90:100。采用石灰粉煤灰粒料做基层或底基层时,石灰与粉煤灰的配比常用1:2~1:4,石灰粉煤灰与级配粒料(中粒土和粗粒土)的配比可以是1:6~1:4,石灰粉煤灰与粒料的配比也可以用1:1左右,但后者可能强度较低,裂缝较多。

(2)采用重型击实试验确定各种混合料的最佳含水率和最大干密度。至少做三个不同水泥或石灰剂量混合料的击实试验,即最小剂量、中间剂量和最大剂量。其他剂量混合料的最佳含水率和最大干密度用内插法确定。

(3)按工地预定达到的压实度,分别计算不同结合料剂量时试件应有的干密度。

(4)按最佳含水率和计算得到的干密度制备试件,进行强度试验。作为平行试验的试件数量应符合表4-28中的规定。如试验结果的偏差系数大于表中规定的值,则应重做试验,并找出原因,加以解决。如不能降低偏差系数,则应增加试验数量。

最少的试验数量　　表4-28

稳定土类型	下列偏差系数时的试验数量		
	小于10%	10%~15%	小于20%
细粒土	6	9	
中粒土	6	9	13
粗粒土		9	13

(5)试件在规定温度下保湿养生6d,浸水1d,进行无侧限抗压强度试验,试验温度为:冰冻地区20±2℃,非冰冻地区25±2℃。计算试验结果的平均值和偏差系数。

(6)根据强度标准,选定合适的结合料剂量。此剂量试件室内试验结果的平均抗压强度R应满足下式的要求:

$$R \geqslant \frac{R_d}{(1 - Z_\alpha C_v)} \tag{4-2}$$

式中:R_d——设计抗压强度;

C_v——试验结果的偏差系数(以小数计);

Z_α——标准正态分布中随保证率(或置信度α)而变的系数。高速公路上应取保证率95%,此时$Z_\alpha=1.645$。

工地实际采用的石灰或水泥剂量应较室内试验确定的剂量多0.5~1.0%。

石灰土稳定碎石和石灰土稳定砂砾，仅对其中的石灰土进行组成设计，对碎石和砂砾，只要求它具有较好的级配。石灰土与碎石砂砾的质量比宜为1:4。二灰稳定粒料的组成设计，则应包括全部混合料（或25mm以下的粒料）。条件不具备时，可仅对二灰进行组成设计，确定二灰的配合比后，在二灰中掺入一定比例的粒料。

四、基层（底基层）施工准备阶段的质量控制

基层（底基层）施工前，监理人应检查审核以下几个方面：

（1）施工机械设备：主要指摊铺设备、压实机械及其他机械设备的数量、型号，生产能力等。

（2）混合料拌和场的位置、拌和设备以及运输车辆能否满足质量要求及连续施工的要求。

（3）路用原材料：检查土、粗细集料、结合料等各种原材料，要求满足《公路路面基层施工技术规范》（JTJ 034—2000）的要求。

（4）混合料配合比设计试验报告，检查原材料的试验结果及混合料的击实试验、承载比、抗压强度的试验结果。

（5）试验路段施工与总结报告

在正式开工前至少一个月，承包人应在监理人批准的地点自费铺筑一段面积为500～2 000m^2的基层（底基层）试验路段。如经验收合格，可作为主体工程的一部分。

承包人应提供用于试验路段的原材料、混合料组成设计，以及备料、拌和、摊铺、碾压、养生设备一览表和施工程序、施工工艺及操作计划等详细书面说明，并报监理人审核批准。

铺筑试验路段的目的是：检验承包人提出施工方案和施工方法的适用性，检验拌和、摊铺与压实机械所具有的实际效果，检验和确认基层（底基层）施工中各道工序的质量控制指标，并提出保证质量的有效措施及质量检验的试验方法。最终获得大面积基层（底基层）施工时的各项技术参数。

通过试验路段的修筑，需提交正式施工的技术参数有：

①用于正式施工的基层（底基层）材料的配合比。

②材料的松铺系数。

③水泥稳定类材料施工的允许延迟时间。

④标准的施工方法：

a. 混合料的数量控制方法；

b. 混合料摊铺方法和适用的机具；

c. 拌和机械是否适用，正确的拌和方法、拌和深度及拌和遍数；

d. 混合料最佳含水率的控制方法；

e. 压实机械的选择和组合，压实的顺序、速度和遍数；

f. 现场密实度的检查方法，初定每一作业段的最小检查数量；

g. 整平和整型的合适机具和方法。

⑤确定每一作业段的合适长度。

⑥确定一次铺筑的合适厚度。

（6）签发《路面底基层和基层开工通知单》。

五、基层(底基层)施工阶段的质量控制

1.水泥稳定砂砾(碎石)、石灰粉煤灰稳定砂砾(碎石)施工

1)拌和与运输

(1)水泥稳定混合料或二灰稳定混合料的拌和应采用厂拌机铺法。

(2)厂拌的设备及布置位置应在拌和以前提交监理人并取得批准。水泥、石灰、粉煤灰与集料应准确过秤,按质量比例掺配,并以质量比加水。拌和时加水应采用高精度流量计准确控制,并提交监理人检验。

(3)当进行拌和操作时,稳定料加入方式应能保证自始至终均匀分布于被稳定材料中。应在通向称量漏斗或拌和机的供应线上为抽取试样提供安全方便的设备。拌和机内的死角中得不到充分搅动的材料,应及时排除。

(4)运输混合料的运输设备,应分散设备的压力,均匀地在已完成的铺筑层整个表面上通过,速度宜缓,以减少不均匀碾压或车辙。

(5)当厂拌离摊铺距离较远,混合料在运输中应加覆盖以防水分蒸发,保持装载高度均匀以防离析。应注意卸料速度、数量与摊铺厚度及宽度。拌和好的混合料要尽快摊铺。

2)摊铺和整型

(1)摊铺必须采用监理人批准的机械进行,使混合料按要求的松铺厚度,均匀地摊铺在要求的宽度上。

(2)摊铺时混合料的含水率宜高于最佳含水率0.5%~1.0%,以补偿摊铺及碾压过程中的水分损失。

(3)当压实层厚度超过20cm时,应分层摊铺,最小压实厚度为10cm。先摊铺的一层应经过整型和压实,经监理人批准后,采用洒布水泥浆等层间处置措施后再继续摊铺上层。并按规定的路拱进行整型。

3)碾压

(1)混合料经摊铺和整型后,应立即在全宽范围内进行碾压。直线段,由两侧向中心碾压;超高段,由内侧向外侧碾压。每道碾压应与上道碾压相重叠,使每层整个厚度和宽度完全均匀地压实到规定的密实度为止。压实后表面应平整无轮迹或隆起,且断面正确,路拱符合要求。

(2)碾压过程中,混合料的表面应始终保持潮湿。如表面水蒸发得快,应及时补洒少量的水。

(3)严禁压路机在已完成的或正在碾压的路段上“掉头”和紧急制动,以保证结构层表面不受破坏。

(4)施工中,从加水拌和到碾压终了的延迟时间不应超过规定。

4)接缝和“掉头”的处理

施工接缝和压路机“掉头”,应按《公路路面基层施工技术规范》(JTJ 034—2000)的规定处理。

5)养生

碾压完成后应立即进行养生。养生时间不应少于7d。养生方法可视具体情况采用土工布覆盖洒水，或采用沥青乳液等。养生期间应封闭交通，不能封闭时，应将车速限制在30km/h以下，且应禁止重型车辆通行。

6）气候条件

工地气温低于5℃时，不应进行施工。雨季施工，应特别注意天气变化，勿使水泥和混合料受雨淋。降雨时应停止施工，但已摊铺的混合料应尽快碾压密实。

7）取样和试验

混合料应在施工现场每天取样一次或每拌和250t混合料取样一次，并按《公路工程无机结合料稳定材料试验规程》（JTG E51—2009）标准方法进行含水率、稳定剂用量和无侧限抗压强度试验。按《公路工程无机结合料稳定材料试验规程》（JTG E51—2009）规定进行压实度试验，并检查其他项目。所有试验结果，均报监理人审批，所发生的一切费用，由承包人自负。

2. 石灰土稳定砂砾基层、水泥石灰稳定土基层施工

1）一般要求

（1）石灰土稳定砂砾、水泥石灰稳定土基层应在温度适中时组织施工，高温时尽量夜间施工，低温时最低气温应在5℃以上。多雨地区，应避免在雨季进行施工。

（2）石灰土稳定砂砾、水泥石灰稳定土宜用中心站集中拌和的办法施工。也可用路拌法施工。

（3）基层压实宜优先采用20t以上单钢轮振动压路机振动碾压，当采用12～15t三轮压路机碾压时，每层的压实厚度不应超过15cm，用18～20t三轮压路机碾压时，每层的压实厚度不应超过20cm。压实厚度超过上述规定时，应分层铺筑，分层最小压实厚度为10cm。

（4）当铺筑层不只一层时，先铺筑的一层，将表面轻轻地耙松，在铺筑下一层之前洒水湿润并洒水泥浆后施工。

2）准备工作

（1）在新完成并经验收的下承层上测量恢复中线，直线段每20～25m设一排桩，平曲线每10～15m设一排桩，并进行水平测量以确定基层的铺装厚度。

（2）根据监理人批准的配合比在料场用强制式拌和机或双转轴桨叶式拌和机生产集料，拌和时应做到：

①土块要粉碎。

②配料要准确。

③含水率要略大于最佳含水率。

④拌和要均匀。

3）摊铺

（1）混合料堆置时间不应过长，尤其雨季施工一定要做到当天拌和，当天摊铺、整型、碾压。

（2）用平地机或摊铺机按摊铺厚度将混合料摊铺均匀，如发现有粗细颗粒离析现象，应用机械或人工补充拌匀。

4）碾压

（1）整型后，当混合料处于最佳含水率±1%时进行碾压，如表面水分不足，应适当洒水。

(2)用12t以上三轮压路机、重型轮胎压路机或振动压路机在路基全宽内进行碾压,直线段,由两侧路肩向路中心碾压;平曲线段,由内侧路肩向外侧路肩进行碾压。碾压时,后轮应重叠1/2的轮宽,并且必须超过两段的接缝处。后轮压实路面全宽时,即为一遍,进行碾压直到要求的密度为止。一般需碾压6~8遍。压路机的碾压速度,头两遍以采用1挡(1.5~1.7km/h)为宜,以后用2挡(2.0~2.5km/h)。

(3)在路面的两侧,应多压2~3遍。

(4)严禁压路机在作业段上掉头和紧急制动。

(5)在碾压结束前,应进行检测,使其纵向顺适,路拱及超高均符合设计要求。

5)养生

(1)每一段碾压完成并经压实度检查合格后,即开始进行养生。

(2)应用湿砂进行养生。用砂覆盖时,砂层应厚7~10cm。砂铺均匀后,立即洒水。在整个养生期间都应使砂保持潮湿状态。也可以用潮湿的帆布、粗麻布、草帘或其他合适的材料覆盖,但不得用湿黏性土覆盖。养生结束后,必须将覆盖物清除干净。

(3)应用土工布覆盖洒水养生。每天洒水次数应视气候而定,要求在整个养生期间始终保持表面潮湿,不应时干时湿。

(4)养生不宜少于7d。除洒水车外,应封闭交通。

(5)养生期满后,进行工程质量检收,立即喷洒透层沥青,并在5~7d内铺筑沥青面层。

3. 粒料基层(底基层)施工

1)级配碎石施工

级配碎石施工的一般要求如下:

(1)用于二级和二级以上公路底基层的级配碎石应预先筛分成几组不同粒径的碎石(如37.5~19mm,19~9.5mm,9.5~4.75mm的碎石)及4.75mm以下的石屑组配而成。

(2)在其他等级公路上,级配碎石可用未筛分碎石和石屑组配而成。

(3)缺乏石屑时,可以添加细砂砾或粗砂。也可以用颗粒组成合适的含细集料较多的砂砾与未筛分碎石组配成级配碎砾石。

(4)级配碎石可用于各级公路的基层和底基层。

(5)级配碎石可用做较薄沥青层与半刚性基层之间的中间层。

(6)当级配碎石用做二级和二级以下公路的基层时,其最大粒径应控制在37.5mm以内;当级配碎石用作高速公路和一级公路的基层以及半刚性路面的中间层时,其最大粒径宜控制在31.5mm以下。

(7)级配碎石层施工时,应遵守下列规定:

①颗粒组成应是一根顺滑的曲线。

②配料必须准确。

③塑性指数应符合规定。

④混合料必须拌和均匀,没有粗细颗粒离析现象。

⑤在最佳含水率时进行碾压,直到达到按重型击实试验法确定的要求压实度:中间层100%;基层98%;底基层96%。

⑥应使用12t以上的三轮压路机碾压,每层的压实厚度不应超过15~18cm。用重型振动

压路机和轮胎压路机碾压时，每层的压实厚度可达20cm。

⑦级配碎石基层未洒透层沥青或未铺封层时，禁止开放交通，以保护表层不受破坏。

(8)级配碎石用做半刚性路面的中间层以及用做二级以上公路的基层时，应采用集中厂拌法拌制混合料，并用摊铺机摊铺混合料。

级配碎石中心站集中厂拌法施工：

(1)级配碎石混合料可以在中心站用多种机械进行集中拌和，如强制式拌和机、卧式双转轴桨叶式拌和机、普通水泥混凝土拌和机等。

(2)对于高速公路和一级公路的级配碎石基层和中间层，宜采用不同粒级的单一尺寸碎石和石屑，按预定配合比在拌和机内拌制级配碎石混合料。

(3)不同粒级的碎石和石屑等细集料应隔离，分别堆放。

(4)细集料应有覆盖，防止雨淋。

(5)在正式拌制级配碎石混合料之前，必须先调试所用的厂拌设备，使混合料的颗粒组成和含水率都能达到规定的要求。

(6)在采用未筛分碎石和石屑时，如未筛分碎石或石屑的颗粒组成发生明显变化，应重新调试设备。

(7)将级配碎石用于高速公路和一级公路时，应用沥青混凝土摊铺机或其他碎石摊铺机摊铺碎石混合料，摊铺机后面应设专人消除粗细集料离析现象。级配碎石用于二级和二级以下公路时，如没有摊铺机，也可用摊铺箱或自动平地机进行摊铺施工。

(8)在任何情况下，拌和的混合料都应均匀，含水率适当，无粗细颗粒离析现象。

(9)级配碎石应在最佳含水率时遵循先轻后重的原则进行碾压，并碾压至要求的压实度。用振动压路机、三轮压路机进行碾压。

①摊铺后，当混合料的含水率等于或略大于最佳含水率时，立即用12t以上三轮压路机、振动压路机或轮胎压路机进行碾压。直线和不设超高的平曲线段，由两侧路肩开始向路中心碾压；在设超高的平曲线段，由内侧路肩向外侧路肩进行碾压。碾压时，后轮应重叠1/2轮宽；后轮必须超过两段的接缝处。后轮压完路面全宽时，即为一遍。碾压一直进行到要求的密实度为止。一般需碾压6~8遍，应使表面无明显轮迹。压路机的碾压速度，头两遍以采用1.5~1.7km/h为宜，以后用2.0~2.5km/h。

②路面的两侧应多压2~3遍。

③严禁压路机在已完成的或正在碾压的路段上掉头或紧急制动。

(10)级配碎石基层，如没有摊铺机，也可用自动平地机(或摊铺箱)摊铺混合料。

①根据摊铺层的厚度和要求达到的压实干密度，计算每车混合料的摊铺面积。

②将混合料均匀地卸在路幅中央，路幅宽时，也可将混合料卸成两行。

③用平地机将混合料按松铺厚度摊铺均匀。

④设一个三人小组跟在平地机后面，及时消除粗细集料离析现象。对于粗集料"窝"和粗集料"带"，应添加细集料，并拌和均匀；对于细集料"窝"，应添加粗集料，并拌和均匀。

(11)用平地机摊铺级配碎石基层混合料后的整型应按下列步骤进行：

①混合料拌和均匀后，立即用平地机初步整平和整型。在直线段，平地机由两侧向路中心进行刮平；在曲线段，平地机由内侧向外侧进行刮平。必要时，再返回刮一遍。

②用推土机、平地机或轮胎压路机立即在初平的路段上快速碾压一遍,以暴露潜在的不平整。

③用平地机再进行整型,再碾压一遍。

④对于局部低洼处,应用齿耙将其表面层5cm以上耙松,并用新拌的水泥混合料进行找补整平。

⑤再用平地机整型一次。

⑥每次整型都应按照规定的横坡和路拱进行。应特别注意接缝必须顺适平整。

⑦当用人工整型时,应用揪和耙先将混合料摊平,用路拱板进行初步整型。用推土机初压1~2遍后,根据实测的压实系数,确定纵横断面的高程,并设置标记和挂线。利用揪耙按线整型,再用路拱板校正成型。

⑧在整型过程中,严禁任何车辆通行,并配合人工消除粗细集料窝。

(12)集中厂拌法施工时的横向接缝按下述方法处理:

①用摊铺机摊铺混合料时,靠近摊铺机当天未压实的混合料,可与第二天摊铺的混合料一起碾压,但应注意此部分混合料的含水率。必要时,应人工补充洒水,使其含水率达到规定的要求。

②用平地机摊铺混合料时,两作业段的衔接处,应搭接拌和。第一段拌和后,留5~8m不进行碾压,第二段施工时,前段留下未压部分与第二段一起拌和整平后进行碾压。

(13)应避免纵向接缝。如摊铺机的摊铺宽度不够,必须分两幅摊铺时,宜采用两台摊铺机一前一后相隔约5~8m同步向前摊铺混合料。在仅有一台摊铺机的情况下,可先在一条摊铺带上摊铺一定长度后,再开到另一条摊铺带上摊铺,然后一起进行碾压。

(14)在不能避免纵向接缝的情况下,纵缝必须垂直相接,不应斜接,并按下述方法处理:

①在前一幅摊铺时,在靠后一幅的一侧应用方木或钢模板做支撑,方木或钢模板的高度与级配碎石层的压实厚度相同。

②在摊铺后一幅之前,将方木或钢模板除去。

③如在摊铺前一幅时未用方木或钢模板支撑,靠边缘的30cm左右难于压实,而且形成一个斜坡,在摊铺后一幅时,应先将未完全压实部分和不符合路拱要求部分挖松并补充洒水,待后一幅混合料摊铺后一起进行整平和碾压。

2)级配砾石施工

级配砾石施工一般要求如下:

(1)天然砂砾符合规定的级配要求,而且塑性指数在6到9以下时,可以直接用做基层。

(2)塑性指数偏大的砂砾,可加少量石灰降低其塑性指数,也可以用无塑性的砂或石屑进行掺配,使其塑性指数降低到符合要求,或塑性指数与细土(粒径小于0.5mm的颗粒)含量的乘积符合要求。

(3)可在天然砂砾中掺加部分碎石或轧制碎石,以提高混合料的强度和稳定性。天然砂砾掺加部分未筛分碎石组成的混合料的强度和稳定性介于级配碎石和级配砾石之间。

(4)级配砾石可适用于轻交通的二级和二级以下公路的基层以及各级公路的底基层。

(5)级配砾石层施工时,应遵循下列规定:

①颗粒级配应符合规定。

②配料应准确。

③塑性指数应符合规定。

④混合料应拌和均匀，没有粗细颗粒离析现象。

⑤在最佳含水率时进行碾压，直到达到下列按重型击实试验法确定的要求压实度：

基层　98%

底基层　96%

⑥级配砾石应用12t以上三轮压路机碾压，每层的压实厚度不应超过15～18cm。用重型振动压路机和轮胎压路机碾压时，每层的压实厚度不应超过20cm。

⑦级配砾石基层未洒透层沥青或未铺封层时，禁止开放交通，以保护表层不受破坏。

级配砾石施工：

(1)级配砾石施工的工艺流程如下：准备下承层→施工放样→运输和摊铺主要集料→运输和摊铺掺配集料→洒水拌和→整形→碾压。

(2)准备下承层，同半刚性基层施工的要求。

(3)施工放样，同半刚性基层施工的要求。

(4)计算材料用量。根据各路段基层或底基层的宽度、厚度及预定的干密度，计算各段需要的集料数量。如级配砾石系用两种集料合成时，分别计算两种集料的数量；根据料场集料的含水率以及所用运料车辆的吨位，计算每车材料的堆放距离。

(5)运输和摊铺集料。

①集料装车时，应控制每车料的数量基本相等。

②同一料场供料的路段内，由远到近将料按前述计算的距离卸置于下承层上。卸料距离应严格掌握，避免料不够或过多。采用两种集料时，应先将主要集料运到路上，待主要集料摊铺后，再运另一种集料并摊铺。如粗细两种集料的最大粒径相差很多，应在粗集料处于潮湿状态下摊铺细集料。

③料堆每隔一定距离应留一缺口。

④集料在下承层上的堆置位置时间不宜过长。运送集料较摊铺集料工序宜只提前数天。

⑤应通过试验确定集料的松铺系数，并确定松铺厚度。人工摊铺混合料时，其松铺系数约为1.40～1.50；平地机摊铺混合料时，其松铺系数为1.25～1.35。

⑥用平地机或其他合适的机具将料均匀地摊铺在预定的宽度上，表面应力求平整，并有规定的路拱。应同时摊铺路肩用料。

⑦检查松铺材料层的厚度是否符合预计要求，必要时，应进行减料或补料工作。

(6)拌和及整形

①用平地机拌和时，每一作业段的长度宜为300～500m。

a.拌和时，平地机刀片的安装角度宜符合规定。

一般需拌和5～6遍。拌和过程中，用洒水车洒足所需的水分。

拌和结束时，混合料的含水率应均匀，并较最佳含水率大1%左右。应无粗细颗粒的离析现象。

b.使用符合级配要求的天然砂砾时，如摊铺后混合料有粗细颗粒离析现象，应用平地机进行补充拌和。

c. 用平地机将拌和均匀的混合料按规定的路拱进行整平和整形。

d. 用拖拉机、平地机和轮胎压路机在已初平的路段上快速碾压一遍，以暴露潜在的不平整。

e. 再用平地机进行整平和整形。

②用拖拉机牵引四铧犁或五铧犁进行拌和时，每一作业段的长度宜为100～150m。第一遍由路中心开始，将混合料向中间翻，同时机械应慢速前进。第二遍则应从两边开始，将混合料向外翻。拌和过程中，用洒水车洒足所需水分。拌和遍数以双数为宜，一般需拌和6遍。

拌和结束时，混合料含水率应均匀，并较最佳含水率大1%左右，且无离析现象。

用平地机或用其他机具按规定的路拱进行整平和整形。在整形过程中，严禁任何车辆通行。

(7)碾压的有关要求同级配碎石施工。

(8)横缝的处理同级配碎石施工。

(9)纵缝的处理同级配碎石施工。

3)填隙碎石

填隙碎石施工的一般规定：

(1)用单一粒径的粗碎石和石屑组成的填隙碎石可用干法施工，也可用湿法施工。干法施工的填隙碎石特别适宜于干旱缺水地区。

(2)填隙碎石的一层压实厚度，可取碎石最大粒径的1.5～2.0倍。

(3)缺乏石屑时，可以添加细砾砂或粗砂等细集料，但其技术性能不如石屑。

(4)填隙碎石可用于各等级公路的底基层和二级以下公路的基层。

(5)填隙碎石施工时，应遵循下列规定：

①细集料应干燥。

②应采用振动轮每米宽质量不小于1.8t的振动压路机进行碾压。填隙料应填满粗碎石层内部的全部孔隙。碾压后，表面粗碎石间的孔隙应填满，但不得使填隙料覆盖粗集料而自成一层，表面应看得见粗碎石。碾压后基层的固体体积率应不小于85%，底基层的固体体积率应不小于83%。

③填隙碎石基层未洒透层沥青或未铺封层时，禁止开放交通。

填隙碎石的施工：

(1)填隙碎石的施工工艺流程见《公路路面基层施工技术规范》(JTJ 034—2000)的规定。

(2)准备下承层，同半刚性基层施工的要求。

(3)施工放样，同半刚性基层施工的要求。

(4)备料。根据各路段基层或底基层的宽度、厚度及松铺系数，计算各段需要的粗碎石数量；根据运料车辆的车厢体积，计算每车料的堆放距离。

(5)运输和摊铺粗碎石。

①碎石装车时，应控制每车料的数量基本相等。

②在同一料场供料的路段内，由远到近将粗碎石按前述计算的距离卸置于下承层上。卸料距离应严格掌握，避免有的路段料不够或料过多。

③料堆每隔一定距离应留一缺口。

④用平地机或其他合适的机具将粗碎石均匀地摊铺在预定的宽度上，表面应力求平整，并

有规定的路拱。应同时摊铺路肩用料。

⑤检查松铺材料层的厚度是否符合预计要求，必要时，应进行减料或补料工作。

（6）撒铺填隙料和碾压

①干法施工

a. 初压。用8t两轮压路机碾压3~4遍，使粗碎石稳定就位。在直线和不设超高的平曲线上，碾压从两侧路肩开始，逐渐错轮向路中心进行；在设超高的平曲线上，碾压从内侧路肩开始，逐渐错轮向外侧路肩进行。错轮时，每次重叠1/3轮宽。在第一遍碾压后，应再次找平。初压终了时，表面应平整，并具有要求的路拱和纵坡。

b. 撒铺填隙料。用石屑撒布机或类似的设备将干填隙料均匀地撒铺在已压稳的粗碎石层上，松铺厚度为2.5~3.0cm。必要时，用人工或机械扫匀。

c. 碾压。用振动压路机慢速碾压，将全部填隙料振入粗碎石间的孔隙中。如没有振动压路机，可用重型振动板。碾压方法同初压，但路面两侧应多压2~3遍。

d. 再次撒布填隙料。用石屑撒布机或类似的设备将干填隙料再次撒铺在粗碎石层上，松铺厚度为2.0~2.5cm。用人工或机械扫平。

e. 再次碾压。用振动压路机按前述进行碾压。在碾压过程中，对局部填隙料不足之处，人工进行找补。局部多余的填隙料应扫除。

f. 再次碾压后，如表面仍有未填满的孔隙，则应补撒填隙料，并用振动压路机继续碾压，直到全部孔隙填满为止。同时，应将局部多余的填隙料铲除或扫除。填隙料不应在粗碎石表面自成一层。表面必须能看得见粗碎石。

如填隙碎石层上为薄沥青面层，应使粗碎石的棱角外露3~5mm。

g. 当需分层铺筑时，应将已压成的填隙碎石层表面粗碎石外露5~10mm，然后在上摊铺第二层粗碎石，并按前述要求进行施工。

h. 填隙碎石表面孔隙全部填满后，用12~15t三轮压路机再碾压1~2遍。在碾压过程中，不应有任何蠕动现象。在碾压之前，宜在表面先洒少量水，洒水量宜为$3kg/m^2$以上。

②湿法施工

a. 开始工序同干法施工的a~f条要求相同。

b. 粗碎石层表面孔隙全部填满后，立即用洒水车洒水，直到饱和，但应注意避免多余水浸泡下承层。

c. 用12~15t三轮压路机跟在洒水车后进行碾压。在碾压过程中，将湿填隙料继续扫入所出现的孔隙中。需要时，再添加新的填隙料。洒水和碾压应一直进行到填隙料和水形成粉砂浆为止。粉砂浆应填塞全部孔隙，并在压路机轮前形成微波纹状。

d. 干燥。碾压完成的路段应让水分蒸发一段时间。结构层变干后，表面多余的细料以及细粒覆盖层都应扫除干净。

e. 当需要分层铺筑时，应待结构层变干后，将已压成的填隙碎石层表面的填隙料扫除一些，使表面粗碎石外露5~10mm，然后在上摊铺第二层粗碎石，并按本条a~d要求施工。

六、基层(底基层)完工验收阶段的质量控制

基层(底基层)完工验收阶段的质量控制要求应符合表4-29规定。

基层(底基层)完工验收阶段的质量控制要求

表 4-29

项次	水泥土基层和底基层				水泥稳定粒料基层和底基层				石灰土基层和底基层				石灰稳定粒料基层和底基层				石灰、粉煤灰土基层和底基层				石灰、粉煤灰稳定粒料基层和底基层				级配碎(砾)石基层和底基层				填隙碎石(矿渣)基层和底基层				检查方法和频率
基本要求	1)土质应符合设计要求,土块应经粉碎;2)水泥、石灰、土的用量应按设计要求控制准确;3)路拌深度应达到层底;4)混合料处于最佳含水率状况下,用重型压路机碾压至要求的压实度。水泥稳定类从加水拌和到碾压终了的时间不应超过3~4h,并应短于水泥的终凝时间;5)碾压检查合格后应立即覆盖或洒水养生,养生期应符合规范要求;6)粒料应符合设计和施工技术规范要求,并应根据当地料源选择质坚干净的粒料;矿渣应分解稳定,未分解渣块应予剔出;7)矿料级配应按设计控制准确;8)摊铺时应注意消除离析现象;9)石灰质量应符合设计要求,灰块须经充分消解才能使用,未消解的生石灰块必须剔出;10)混合料配合比应准确,不得含有灰团和生石灰块;11)二灰稳定类应先用轻型压路机稳压,后用重型压路机碾压至要求的压实度;12)级配碎(砾)石基层和底基层配料必须准确,塑性指数必须符合规定;13)填隙碎石(矿渣)基层应用振动压路机碾压,使填封料(5mm以下的轧制细料或粗砂)填满粗粒料空隙。																																	
实测项目:检查项目	规定值或允许偏差																																
	基层		底基层		基层		底基层		基层		底基层		基层		底基层		基层		底基层		基层		底基层		基层		底基层		基层		底基层		
	高速一级	其他公路	高速一级	其他公路	高速一级	其他公路	高速一级	其他公路	高速一级	其他公路	高速一级	其他公路	高速一级	其他公路	高速一级	其他公路	高速一级	其他公路	高速一级	其他公路	高速一级	其他公路	高速一级	其他公路	高速一级	其他公路	高速一级	其他公路	高速一级	其他公路	高速一级	其他公路	
压实度(%) 代表值		95	95	93	98	97	96	95		95	95	93		97	96	95		95	95	93	98	97	96	95	98	98	96	96		85	85	83	每200m 每车道 2处
压实度(%) 极值		91	91	89	94	93	92	91		91	91	89		93	92	91		91	91	89	94	93	92	91	94	94	92	92		82	82	80	
平整度(mm)		12	12	15	8	12	12	15		12	12	15		12	12	15		12p	12	15	8	12	12	15	8	12	12	15		12	12	15	3m直尺:每200m测2处×10尺

续上表

项次			水泥土基层和底基层				水泥稳定粒料基层和底基层				石灰土基层和底基层				石灰稳定粒料基层和底基层				石灰、粉煤灰土基层和底基层				石灰、粉煤灰稳定粒料基层和底基层				级配碎(砾)石基层和底基层				填隙碎石(矿渣)基层和底基层				检查方法和频率
实测项目	纵断高程(mm)			+5 −15	+5 −15	+5 −20	+5 −10	+5 −15	+5 −15	+5 −20		+5 −15	+5 −15	+5 −20		+5 −15	+5 −15	+5 −20		+5 −15	+5 −15	+5 −20	+5 −10	+5 −15	+5 −15	+5 −20	+5 −10	+5 −15	+5 −15	+5 −20		+5 −15	+5 −15	+5 −20	水准仪：每200m测4个断面
	宽度(mm)		符合设计要求																																尺量：每200m测4处
	厚度(mm)	代表值		−10	−10	−12	−8	−10	−10	−12		−10	−10	−12		−10	−10	−12		−10	−10	−12	−8	−10	−10	−12	−8	−10	−10	−12		−10	−10	−12	每200m每车道1点
		合格值		−20	−25	−30	−15	−20	−25	−30		−20	−25	−30		−20	−25	−30		−20	−25	−30	−15	−20	−25	−30	−15	−20	−25	−30		−20	−25	−30	
	横坡(±%)			0.5	0.3	0.5	0.3	0.5	0.3	0.5		0.5	0.3	0.5		0.5	0.3	0.5		0.5	0.3	0.5	0.3	0.5	0.3	0.5	0.3	0.5	0.3	0.5		0.5	0.3	0.5	水准仪：每200m测4个断面
	强度(MPa)		符合设计要求																																按JTG F80/1—2004附录G检查
外观鉴定			1)表面平整密实、无坑洼;2)施工接茬平整、稳定;3)无明显离析;4)边线整齐,无松散																																

注：填隙碎石(矿渣)基层(底基层)实测项目中,用固体体积率代替压实度,用灌砂法检测。

第三节　沥青面层施工质量监理

一、沥青路面概述

1. 沥青混合料的分类

沥青混合料是指由适当比例的粗集料、细集料以及填料与沥青在严格控制条件下拌和而成的混合料。沥青混凝土混合料是指由适当比例的粗集料、细集料及填料组成的符合规定级配的矿料,与沥青结合料拌和而成的符合技术标准的混合料(以 AC 表示)。

1)按密实类型分为 5 类

(1)密级配沥青混凝土混合料

按密级配原理设计组成的各种粒径颗粒的矿料,与沥青结合料拌和而成,经马歇尔标准击实成型试件的剩余空隙率为 3% ~5%(对重载道路为 4% ~6%,对人行道路为 2% ~5%)的密实型沥青混凝土混合料。按粒径大小分为砂粒式、细粒式、中粒式、粗粒式、特粗式等。按关键性筛孔通过率的不同又可分为细型密级配、粗型密级配沥青混合料等。

(2)开级配沥青混合料

矿料级配主要由粗集料嵌挤组成,细集料及填料较少,经高黏度沥青结合料黏结,矿料相互拨开形成的混合料,经马歇尔标准击实成型试件的空隙率通常大于 15% ~18%。代表性结构有铺筑于沥青层表面的排水式大孔隙沥青混合料磨耗层,如美国的 OGFC、欧洲有的也称 PEM 等,以及铺筑在沥青层底部的排水式沥青稳定基层(ATPB)。

(3)半开级配沥青混合料

由适当比例的粗集料、细集料及少量填料(或不加填料)与沥青结合料拌和而成,经马歇尔标准击实成型试件的剩余空隙率在 6% ~12% 以上的半开式沥青碎石混合料,我国的 AM 型沥青碎石混合料属于此类。

(4)间断级配沥青混合料

矿料级配组成中缺少 1 个或几个档次,使部分筛孔上的分计筛余很少,而形成的级配曲线不连续的沥青混合料。根据混合料的空隙率不同,间断级配混合料可以是密级配或非密级配的混合料。密级配间断级配混合料的代表性结构是沥青马蹄脂碎石混合料(SMA)。

(5)沥青稳定碎石混合料(沥青碎石)

由矿料和沥青组成具有一定级配要求的混合料,按空隙率、集料最大粒径、添加矿粉数量的多少,分为 3 种类型:

①密级配沥青稳定碎石基层混合料(ATB)

它与沥青混凝土的区别主要是公称最大粒径的不同,实际上相当于用于基层的粗粒式或特粗式沥青混合料,公称最大粒径通常大于 26.5mm,其设计空隙率为 3% ~6%,不大于 8%,粒径大于 37.5mm 的特粗式沥青稳定碎石混合料也称大粒径沥青混合料。

②开级配排水式沥青稳定基层混合料(ATPB)

公称最大粒径通常大于 19mm,铺筑在沥青层底部起排水作用,设计空隙率大于

15% ~18%。

③半开级配沥青稳定混合料

设计空隙率在8% ~10%以上，适用于缺乏添加矿粉的沥青拌和设备和人工炒拌（只加少量矿粉或不加矿粉）制造沥青混合料铺筑中低级公路的情况，根据路面的压实层厚度可采用不同的公称最大粒径，通常称为沥青碎石（AM）。

2）按沥青结合料分为5类

（1）普通沥青和改性沥青混合料

（2）乳化沥青碎石混合料

采用乳化沥青与矿料在常温状态下拌和而成，压实后剩余空隙率在10%以上的常温沥青混合料。

（3）沥青马蹄脂碎石混合料

由沥青结合料与少量的纤维稳定剂、细集料以及较多量的填料（矿粉）组成的沥青马蹄脂，填充于间断级配的粗集料骨架的间隙，组成一体形成的沥青混合料，简称SMA。

（4）沥青马蹄脂

由沥青结合料与少量的纤维稳定剂、细集料及较多量的填料（矿粉）组成的混合料。

（5）沥青胶浆

由沥青结合料、矿粉，或掺加部分纤维组成的混合料。

3）按颗粒最大粒径和级配分成5个级别

（1）砂粒式沥青混合料

公称最大集料粒径等于或小于4.75mm的沥青混合料，也称为沥青石屑或沥青砂。

（2）细粒式沥青混合料

公称最大集料粒径为9.5mm或13.2mm的沥青混合料。

（3）中粒式沥青混合料

公称最大集料粒径为16mm或19mm的沥青混合料。

（4）粗粒式沥青混合料

公称最大集料粒径为26.5mm或31.5mm的沥青混合料。

（5）特粗式沥青混合料

公称最大粒径为等于或大于37.5mm的沥青混合料。

4）按沥青生产工艺分为2类

（1）热拌热铺沥青混合料：沥青与矿料在热态下拌和、热态下铺筑的沥青路面混合料。

（2）再生沥青混合料：采用适当的工艺，将已破坏的旧沥青路面混合料进行再生处理，或与新沥青混合料混合得到的沥青混合料。

5）按强度构成原则分为2类

按嵌挤原则构成沥青混合料的结构强度，是以矿料颗粒之间的嵌挤力和内摩阻为主，沥青结合料的黏附作用为辅而构成的。沥青贯入式路面、沥青表面处治、沥青碎石路面均属此类结构。这一类路面是以颗粒较粗的、尺寸较均匀的矿料构成骨架，沥青结合料填充其空隙，并把矿料黏成一个整体。这种混合料的强度受自然因素（温度、水）的影响较小。

按密实级配原则构成沥青混合料的结构强度，是以沥青与矿料之间的黏结力为主，矿质颗粒之间的嵌挤力和内摩阻力为辅而构成的。沥青混凝土路面属于此类。这类沥青混合料的结构强度受温度影响较大。

2. 沥青混合料结构类型

沥青混合料按其结构组成通常可以分成下列3种组成方式：

(1)悬浮密实结构。由连续级配矿料组成的密实混合料，当主骨料为30%～40%时，沥青混合料虽可以形成密实结构，但因为粗骨料数量较少，不能形成骨架，而以悬浮状态处于较小颗粒之中，这种沥青混合料表现为黏结力较高，内摩阻力受沥青材料的性质和物理状态的影响较大，稳定性较差，密实，疲劳和低温性能强。

(2)骨架空隙结构。采用连续型级配矿质混合料，当矿质集料中主骨料较多，可以形成骨架，但因细集料数量过少，不足以填满空隙时，则形成"骨架—空隙"结构。这种沥青混合料强度主要取决于内摩阻力，黏结力低，其结构强度受沥青的性质和物理状态影响较小，高温稳定性较好，抗水损害、疲劳和低温性能较差。

(3)骨架密实结构。当采用间断型密级配时，混合料中既有一定数量的粗骨料形成骨架，同时细集料足以填满骨架的空隙。这种沥青混合料黏结力和内摩阻力均较高，高温稳定性较好，抗水损害、疲劳和低温性能较好。

三种结构示意图如图4-5所示。

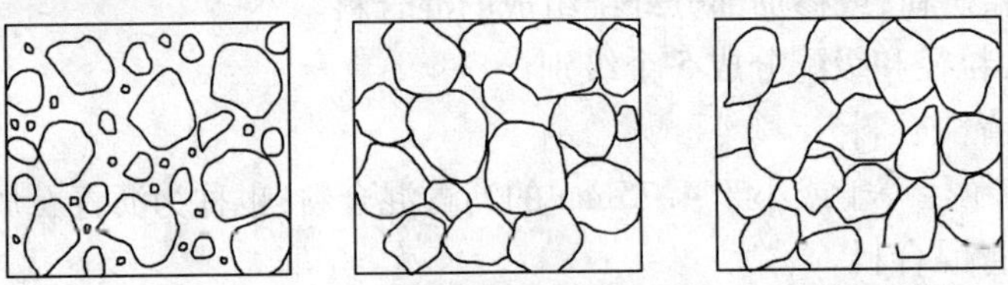

a)悬浮密实结构　b)骨架空隙结构　c)骨架密实结构

图4-5　沥青混合料结构示意图

3. 沥青混合料的使用范围

沥青混合料的种类可以按交通性质、路面结构、现有材料、施工地区的气候条件和施工条件加以选择。

热拌沥青混合料用途最广，适用于任何交通量的道路，可用于路面的上层、下层和整平层，也可以用于修建基层。一般剩余空隙率较大的沥青碎石(砾石)，只用于修建路面的下层或整平层，路面上层宜用空隙率较小的沥青混凝土铺筑，粗粒式沥青混合料只用于修建路面的下层，它的粗糙表面有助于与上层牢固结合。中粒式沥青混合料主要用于修建路面上层和单层式面层，这种混合料修筑路面表面非常粗糙，可以保证汽车轮胎与路面之间有可靠的摩擦力。细粒式沥青混合料广泛用于修建路面上层，这种混合料具有较大均匀性、足够的嵌挤能力，可以防止拥包、波浪和其他剪切变形的发生。只要沥青混合料中有足够数量坚硬、耐磨的碎石，就能使路面具有必要的粗糙度。砂粒式沥青混合料仅用于路面的封层和表面处治，由于颗粒过小，该沥青混合料层厚以10mm为宜，过厚容易发生推挤和拥包现象。

在现行技术规范中对沥青混合料的使用提出了要求如下：

1)热拌沥青混合料的一般规定

现行技术规范对热拌沥青混合料(HMA)所适用的公路等级及沥青面层提出了要求。其种类按集料公称最大粒径、矿料级配、空隙率划分,集料规格以方孔筛为准,并按表4-30选用。各类沥青混合料的使用范围应遵循以下规定。

热拌沥青混合料种类　　表4-30

混合料类型	密级配			开级配		半开级配	公称最大粒径(mm)	最大粒径(mm)
	连续级配		间断级配	间断级配				
	沥青混凝土	沥青稳定碎石	沥青马蹄脂碎石	排水式沥青磨耗层	排水式沥青碎石基层	沥青碎石		
特粗式	—	ATB-40	—	—	ATPB-40	—	37.5	53.0
粗粒式	—	ATB-30	—	—	ATPB-30	—	31.5	37.5
	AC-25	ATB-25	—	—	ATPB-25	—	26.5	31.5
中粒式	AC-20	—	SMA-20	—	—	AM-20	19.0	26.5
	AC-16	—	SMA-16	OGFC-16	—	AM-16	16.0	19.0
细粒式	AC-13	—	SMA-13	OGFC-13	—	AM-13	13.2	16.0
	AC-10	—	SMA-10	OGFC-10	—	AM-10	9.5	13.2
砂粒式	AC-5	—	—	—	—	—	4.75	9.5
设计空隙率(%)	3~5	3~6	3~4	>18	>18	6~12	—	—

注:设计空隙率可按配合比设计要求适当调整。

(1)密级配沥青混凝土混合料(AC)适用于各级公路沥青面层的任何层次。

(2)沥青马蹄脂碎石混合料(SMA)适用于铺筑新建公路的表面层、中面层或在旧路面加铺磨耗层中使用。

(3)设计空隙率为6%~12%的半开级配的沥青碎石混合料(AM)仅适用于三级及三级以下公路、乡村公路,且沥青混合料拌和设备缺乏添加矿粉的装置和人工炒拌的情况。

(4)设计空隙率3%~6%粗粒式及特粗式的密级配沥青稳定碎石混合料(ATB)适用于基层。

(5)设计空隙率大于18%的粗集料及特粗式排水式沥青稳定碎石混合料(ATPB)适用于基层。

(6)设计空隙率大于18%的细粒式排水式沥青稳定碎石混合料(OGFC)适用于高速行车、多雨潮湿、不宜被尘土污染、非冰冻地区铺筑排水式沥青路面磨耗层。

2)选择沥青混合料类型时应注意的事项

(1)密级配和间断级配的沥青混凝土适用于各等级公路的各个层次。当采用间断级配沥青混合料时,混合料应不至于在施工过程中发生明显离析。

(2)为提高沥青混合料的使用性能,或普通沥青混合料不能满足使用需要时,宜铺筑改性沥青混合料路面。SMA宜同时采用改性沥青。

(3)开级配排水式沥青混合料磨耗层必须采用具有高黏结性能的特殊的改性沥青铺筑,

其下的层次应采用空隙率小、密水性好的结构层,并设置封层。工程上必须通过试验,取得成功的经验,并经过论证后使用。

(4)开级配排水式沥青混合料基层(ATPB)的下卧层应具有排水和抗冲刷的能力。工程必须通过试验,取得成功的经验,并经过论证后使用。

(5)特粗式沥青混合料适用于基层,粗粒式沥青混合料适用于下面层或基层,中粒式沥青混合料适用于中面层和表面层,细粒式沥青混合料适用于表面层和薄层罩面。砂粒式沥青混合料适用于非机动车道或行人道路。对高级公路及一级道路,除沥青稳定碎石基层外,通常宜选用公称最大粒径为13.2~26.5mm的沥青混合料。

3)沥青面层的混合料类型选取

沥青面层的混合料类型根据公路等级及所处层位的功能性要求选择,从表4-30中选择适当的结构组合,并应遵循以下原则:

(1)沥青面层宜采用双层或三层式结构,各层之间应联结成为整体,为此在沥青层下必须浇洒透层沥青,沥青层与沥青层之间必须喷洒黏层沥青。

(2)沥青路面应满足耐久性、抗车辙、抗裂、密水、抗滑等多方面性能要求,便于施工,并应根据施工机械、工程造价等实际情况选择沥青混合料的种类。

(3)对高速公路、一级公路,为提高沥青混合料的使用性能,延长沥青路面的使用寿命,或采用普通的道路沥青不能满足使用要求时,宜对上面层或中面层沥青结合料采用改性措施,或采用SMA等特殊的矿料级配。如果需要,二级公路也可采用改性沥青或SMA结构。

(4)对沥青层较厚的高速公路、一级公路,在选择级配类型、确定矿料级配和最佳沥青用量时,应首先保证各层的组合不致发生早期破坏。并在此基础上优先或侧重考虑各层的服务功能作出选择。

①表面层应具有良好的表面功能、密水、耐久、抗车辙、抗裂,潮湿地区和湿润地区的路面上面层应符合潮湿条件下的抗滑性能,不符合要求时,宜铺筑抗滑磨耗层。在寒冷地区,表面层应考虑抗裂性能的要求。

②三层式路面的中面层或双层式路面的下面层应重点满足混合料的高温抗车辙性能。

③下面层应在满足高温抗车辙性能基础上,重点考虑抗疲劳性能及抗裂性能的要求。

④除排水式沥青混合料外,每一层都应考虑密水性,当上层属渗水性结构层时,层间或下层应采取防渗水或排水措施。

(5)高速公路的紧急停车带(硬路肩)沥青面层宜采用与车行道相同的结构,但表面层宜采用密级配沥青混凝土铺筑。

4)沥青面层集料最大粒径的选取

沥青面层集料的最大粒径宜从上至下逐渐增大,并应与设计厚度相匹配。除行人道路外,沥青层的压实厚度不宜小于集料最大粒径的2.5~3倍。对高速公路和一级公路,密级配沥青混合料的厚度不宜小于公称最大粒径的3倍,SMA等嵌挤密实型混合料的厚度不宜小于公称最大粒径的2~2.5倍,以减少离析,便于施工和压实。

5)热拌热铺沥青混合料路面施工

热拌热铺沥青混合料路面必须采用机械化连续施工。

二、沥青混合料配合比设计

1. 沥青混合料组成及各参数

沥青混合料是具有空间网络结构的分散体系，客观上讲沥青混合料是由沥青、矿质集料和部分空气组成的三相体系。

沥青混合料物理力学性质取决于组成材料本身的性质以及它们之间的配合比。对沥青混合料进行物理力学性质分析时，常用到下列一些概念。与集料有关的有：集料毛体积密度、视密度、有效密度和粗集料间隙率；与沥青混合料有关的有：沥青混合料的最大密度、压实混合料毛体积密度、有效沥青含量、空隙率以及矿料间隙率 VMA 等。各自定义如下：

(1)集料毛体积密度：在规定温度下单位体积(含集料的实体成分及不吸收水分的闭口孔隙、能吸收水分的开口孔隙等颗粒表面轮廓线所包围的全部毛体积)集料在空气中的质量，以 g/cm^3 表示。表干法测定的毛体积密度，又称饱和面干毛体积密度，是集料在常温条件下的干燥质量与表干状态下的毛体积(指饱和面干状态下的实体体积与闭口孔隙、开口孔隙之和)的比值，它适用于吸水较小的粗集料。

(2)视密度：在规定温度下单位体积(包括封闭空隙)集料在空气中的质量。

(3)有效密度：在规定温度下单位体积(不包括被沥青渗入的空隙)集料在空气中的质量。

(4)沥青混合料的密度：指压实沥青混合料常温条件下单位体积的干燥质量，以 g/cm^3 表示。

(5)沥青混合料的相对密度：同温度条件下压实沥青混合料试件密度与水的密度的比值，单位无量纲。

(6)沥青混合料的理论最大密度：为计算沥青混合料空隙率之需，假设压实沥青混合料试件全部为矿料(包括矿料自身内部的孔隙)及沥青所占有，空隙率为零的理想状态下的最大密度，以 g/cm^3 表示。

(7)沥青混合料的理论最大相对密度：同温度条件下沥青混合料的理论最大密度和水的密度的比值，单位无量纲。

(8)沥青混合料的表观密度：单位体积(含混合料实体体积与不吸收水分的内部闭口孔隙之和)压实沥青混合料的干质量，又称视密度，由水中重法测定(仅仅适用于几乎不吸水的密实试件)，以 g/cm^3 表示。

(9)沥青混合料的表观相对密度：又称视比重，是表观密度和同温度水的密度的比值，单位无量纲。

(10)沥青混合料的毛体积密度：单位体积(含混合料的实体矿物成分及不吸收水分的闭口孔隙、能吸收水分的开口孔隙等颗粒表面轮廓线所包围的全部毛体积)压实沥青混合料的干质量，由表干法、蜡封法或体积法测定，以 g/cm^3 表示。

(11)表干法测定的毛体积密度：又称饱和面干毛体积密度，是压实沥青混合料试件常温条件下的干燥质量与表干状态下的毛体积(指饱和面干状态下的实体体积与闭口孔隙、开口孔隙之和)的比值，它适用于较密实的吸水很少的试件。

(12)蜡封法测定的毛体积密度：是压实沥青混合料试件常温条件的干燥质量与蜡封条件

的毛体积(指混合料蜡封状态下实体体积与闭口孔隙、开口孔隙之和,但不计蜡被吸入混合料的部分)的比值,它适用于吸水较多而不能由表干法测定的试件。

(13)体积法测定的毛体积密度:是压实沥青混合料试件的干质量与直接用卡尺测量的试件毛体积(指用卡尺测量的试件名义表面以内包括凹陷在内的全部毛体积)的比值,它适用于吸水严重至完全透水,不能由表干法或蜡封法测定的试件。

(14)有效沥青含量 P_{be}:沥青总含量减去被集料吸收的沥青量。

(15)空隙率 VV:压实后的沥青混合料中被沥青包裹的粒料之间的空隙占总体积的百分比。

(16)粗集料松装间隙率:干燥粗集料(通常指 4.75mm 或 2.36mm 以上的集料)在标准量筒中经捣实形成的粗集料骨架部分以外的体积占容量筒总体积的百分率,以 VCA_{DRC} 表示。

(17)沥青混合料试件的粗集料间隙率:压实沥青混合料试件内粗集料骨架部分以外的体积占试件总体积的百分率,以 VCA_{mix} 表示。

(18)沥青含量:沥青混合料中沥青质量与沥青混合料总质量的比值,以百分率计。

(19)油石比:沥青混合料中沥青质量与矿料总质量的比值,以百分率计。

沥青混合料各参数关系可用图 4-6 来表示。

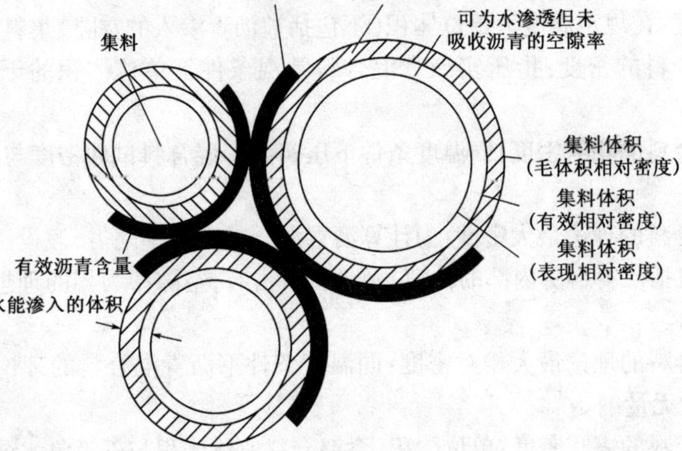

图 4-6　沥青混合料各参数关系图

2. 沥青混合料各参数的计算

沥青混合料的主要组成参数计算方法如下:

(1)矿料混合料的合成毛体积相对密度 γ_{sb}:对于具有一定级配的集料,毛体积相对密度可用式(4-3)计算。

$$\gamma_{sb} = \frac{100}{\frac{P_1}{\gamma_1} + \frac{P_2}{\gamma_2} + \cdots + \frac{P_n}{\gamma_n}} \tag{4-3}$$

式中:P_1、P_2、…、P_n——各种矿料成分的配合比,其和为 100;

γ_1、γ_2、…、γ_n——各种矿料相应的毛体积相对密度，粗集料按 T 0304 方法测定，机制砂及石屑可按 T 0330 方法测定，也可以用筛出的 2.36～4.75mm 部分的毛体积相对密度代替，矿粉(含消石灰、水泥)以表观相对密度代替。

注：①沥青混合料配合比设计时，均采用毛体积相对密度(无量纲)，不采用毛体积密度，故无需进行密度的水文修正。

②生产配合比设计时，当细集料仓中的材料混杂各种材料而无法采用筛分替代法时，可将 0.075mm 部分筛除后以统货实测值计算。

(2)按式(4-4)计算矿料混合料的合成表观相对密度 γ_{sa}。

$$\gamma_{sa}=\frac{100}{\frac{P_1}{\gamma_1'}+\frac{P_2}{\gamma_2'}+\cdots+\frac{P_n}{\gamma_n'}} \tag{4-4}$$

式中：P_1、P_2、…、P_n——各种矿料成分的配合比，其和为 100；

γ_1'、γ_2'、…、γ_n'——各种矿料按试验规程方法测定的表观相对密度。

(3)确定矿料的有效相对密度

①对非改性沥青混合料，宜以预估的最佳油石比拌和 2 组混合料，采用真空法实测最大相对密度，取平均值。然后由式(4-5)反算合成矿料的有效相对密度 γ_{se}。

$$\gamma_{se}=\frac{100-P_b}{\frac{100}{\gamma_t}-\frac{P_b}{\gamma_b}} \tag{4-5}$$

式中：γ_{se}——合成矿料的有效相对密度；

P_b——试验采用的沥青用量(占混合料总量的百分数)(%)；

γ_t——试验沥青用量条件下实测得到的最大相对密度，无量纲；

γ_b——沥青的相对密度(25℃/25℃)，无量纲。

②对改性沥青及 SMA 等难以分散的混合料，有效相对密度宜直接由矿料的合成毛体积相对密度与合成表观相对密度按式(4-6)计算确定，其中沥青吸收系数 C 值根据材料的吸水率由式(4-7)求得，材料的合成吸水率按式(4-8)计算：

$$\gamma_{se}=C\cdot\gamma_{sa}+(1-C)\cdot\gamma_{sb} \tag{4-6}$$

$$C=0.033\omega_x^2-0.2936\omega_x+0.9339 \tag{4-7}$$

$$\omega_x=\left(\frac{1}{\gamma_{sb}}-\frac{1}{\gamma_{sa}}\right)\times 100 \tag{4-8}$$

式中：γ_{se}——合成矿料的有效相对密度；

C——合成矿料的沥青吸收系数，可按矿料的合成吸水率从式(4-7)求取；

ω_x——合成矿料的吸水率(%)，按式(4-8)求取；

γ_{sb}——集料的合成毛体积相对密度，无量纲；

γ_{sa}——集料的合成表观相对密度，无量纲。

(4)确定沥青混合料的最大理论相对密度。

①对非改性沥青的普通沥青混合料，在成型马歇尔试件的同时，按前式的要求用真空法实

测各组沥青混合料的最大理论密度 γ_{ti}。当只对其中一组油石比测定最大理论相对密度时,也可按式(4-9)计算其他不同油石比时的最大理论相对密度 γ_{ti}。

②对改性沥青或 SMA 混合料宜按式(4-10)计算各个不同沥青用量混合料的最大理论相对密度。

$$\gamma_{ti} = \frac{100 + P_{ai}}{\frac{100}{\gamma_{se}} + \frac{P_{ai}}{\gamma_b}} \tag{4-9}$$

$$\gamma_{ti} = \frac{100}{\frac{P_{si}}{\gamma_{se}} + \frac{P_{bi}}{\gamma_b}} \tag{4-10}$$

式中:γ_{ti} ——相对于计算沥青用量 P_{bi}时沥青混合料的最大理论相对密度,无量纲;

P_{ai}——所计算的沥青混合料中的油石比(%);

P_{bi}——所计算的沥青混合料的沥青用量(%),$P_{bi} = P_{ai}/(1 + P_{ai})$;

P_{si}——所计算的沥青混合料的矿料含量(%),$P_{si} = 100 - P_{bi}$;

γ_{se} ——合成矿料的有效相对密度,无量纲;

γ_b ——沥青的相对密度(25℃/25℃),无量纲。

(5)按式(4-11)~式(4-13)计算沥青混合料试件的孔隙率,矿料间隙率 VMA,有效沥青的饱和度 VFA 等体积指标,取 1 位小数,进行体积组成分析。

$$VV = \left(1 - \frac{\gamma_f}{\gamma_t}\right) \times 100 \tag{4-11}$$

$$VMA = \left(1 - \frac{\gamma_f}{\gamma_{sb}} \cdot P_s\right) \times 100 \tag{4-12}$$

$$VFA = \frac{VMA - VV}{VMA} \times 100 \tag{4-13}$$

式中:VV——试件的空隙率(%);

VMA——试件的矿料间隙(%);

VFA——试件的有效沥青饱和度(有效沥青含量占 VMA 的体积比例)(%);

γ_f ——试件的毛体积相对密度,无量纲;

γ_t ——沥青混合料的最大理论相对密度,无量纲;

P_s ——各种矿料占沥青混合料总质量的百分率之和(%),即 $P_s = 100 - P_b$;

P_b——沥青含量(%);

γ_{sb} ——矿料混合料的合成毛体积相对密度。

(6)按式(4-14)、式(4-15)计算沥青结合料被集料吸收的比例及有效沥青含量。

$$P_{ba} = \frac{\gamma_{se} - \gamma_b}{\gamma_{se} \cdot \gamma_{sb}} \cdot \gamma_b \times 100 \tag{4-14}$$

$$P_{be} = P_b - \frac{P_{ba}}{100} \cdot P_s \tag{4-15}$$

式中:P_{ba}——沥青混合料中被集料吸收的沥青结合料比例(%);

P_{be} ——沥青混合料中的有效沥青用量(%);

γ_{se}——集料的有效相对密度,无量纲;

γ_{sb}——材料的合成毛体积相对密度,无量纲;

γ_b——沥青的相对密度(25℃/25℃),无量纲;

P_b——沥青含量(%);

P_s——各种矿料占沥青混合料总质量的百分率之和(%)。

$$P_s = 100 - P_b \tag{4-16}$$

如果需要,可按式(4-17)、式(4-18)计算有效沥青的体积百分率 V_b 及矿料的体积百分率 V_g。

$$V_b = \frac{\gamma_f \cdot P_{be}}{\gamma_b} \tag{4-17}$$

$$V_g = 100 - (V_{be} + VV) \tag{4-18}$$

(7)检验最佳沥青用量时的粉胶比和有效沥青膜厚度。

①按式(4-19)计算沥青混合料的粉胶比,宜符合0.6~1.6的要求。对常用的公称最大粒径13.2~19mm的密级配沥青混合料,粉胶比宜控制在0.8~1.2。

$$FB = \frac{P_{0.075}}{P_{be}} \tag{4-19}$$

式中:FB——粉胶比,沥青混合料的矿料中0.075mm通过率与有效沥青含量的比值,无量纲;

$P_{0.075}$——矿料级配中0.075mm的通过率(水洗法)(%);

P_{be}——有效沥青含量(%)。

②按式(4-20)的方法计算集料的比表面,按式(4-21)估算沥青混合料的沥青膜有效厚度。

$$SA = \sum(P_i \cdot FA_i) \tag{4-20}$$

$$DA = \frac{P_{be}}{\gamma_b \cdot SA} \times 10 \tag{4-21}$$

式中:SA——集料的比表面积(m^2/kg);

P_i——各种粒径的通过百分率(%);

FA_i——相应于各种粒径的集料的表面积系数,见表4-31;

DA——沥青膜有效厚度(μm);

P_{be}——有效沥青含量(%);

γ_b——沥青的相对密度(25℃/25℃),无量纲。

注:各种公称最大粒径混合料中大于4.75mm尺寸集料的表面积系数FA均取0.0041,且只计算一次,4.75mm以下部分的 FA_i 见表4-31。表中的SA=6.60m^2/kg,若混合料的有效沥青含量为4.65%,沥青的相对密度1.03,则沥青膜厚度为DA=4.65/(1.03×6.60)×10=6.83μm。

集料的表面积系数及比表面积计算示例　　表4-31

筛孔尺寸	19	13.2	4.75	2.36	1.18	0.6	0.3	0.15	0.075	集料比表面总和SA (m^2/kg)
表面积系数 FA_i	0.004 1	—	0.004 1	0.008 2	0.016 4	0.028 7	0.061 4	0.122 9	0.327 7	
通过百分率 P_i(%)	100	85	60	42	32	23	16	12	6	
比表面 $FA_i \cdot P_i$(m^2/kg)	0.41	—	0.25	0.34	0.52	0.66	0.98	1.47	1.97	6.60

关于沥青膜的厚度,在《公路沥青路面施工技术规范》(JTG F40—2004)里没提出具体指标,根据国外的资料介绍,通常情况下连续密级配沥青混合料的沥青膜有效厚度宜不小于6μm,密实式沥青碎石混合料的沥青膜有效厚度宜不小于5μm,在进行配合比设计时也可参考这个数值控制。

3. 沥青混合料配合比设计方法

热拌沥青混合料配合比设计采用沥青混合料马歇尔试验方法,包括目标配合比设计、生产,配合比设计和生产,配合比验证三个阶段,通过配合比设计决定沥青混合料的材料品种、矿料级配及沥青用量。根据《公路沥青路面施工技术规范》(JTG F40—2004),其设计步骤宜按图4-7进行。

1)材料准备

按相关试验规程规定的方法,取足够数量的具有代表性的沥青及矿料试样。按《公路沥青路面施工技术规范》(JTG F40—2004)材料质量的技术要求试验各项性质,当检验不合格时,不得用于试验。

2)矿质混合料的配合比组成设计

沥青与矿料级配选定之后,接下来就是如何确定沥青混合料配合比,目前大多数国家仍采用马歇尔法。但是大量实践证明,马歇尔稳定度和流值与沥青路面的长期使用性能关系不显著,并且往往流值合格而高温车辙仍很严重,该法不能很好地反映沥青混合料的高温稳定性。用马歇尔试验方法进行混合料设计存在着片面性,鉴于此,不少公路工程研究者提出了对混合料进行综合设计,作为对马歇尔试验方法的补充和完善。

沥青混合料的综合设计应该包括两个方面的含义,一方面是对沥青路面的各种可能的破坏形式综合考虑,使沥青混合料在性能上得到保证,避免沥青路面可能出现的破坏,即综合考虑沥青路面的各种可能破坏形式及相应的沥青混合料路用性能。另一方面是沥青混合料设计与沥青路面结构设计的综合考虑,最理想的应是结构分析理论,即所用的材料性能参数能够在沥青混合料设计中体现。

从本质上讲,混合料综合设计就是考虑其抗疲劳能力、高温稳定性、水稳定性、低温抗裂性和抗滑性等路用性能,通过确定沥青混合料的结构参数如沥青用量及与级配类型相关的空隙率等,使各项指标达到理想、协调,使混合料具有良好的结构特点,从而获得较为理想的受力变形特性,达到要求的性能指标。保证沥青路面在使用期限内可以具有抵抗各种可能形式破坏的能力。

矿质混合料的配合比组成设计主要包括以下步骤:

(1)确定沥青混合料类型

沥青混合料类型根据道路等级、路面类型、所处的结构层位和设计厚度综合确定,公称最大粒径根据设计层厚确定,各国对沥青混合料的公称最大粒径(D)同路面结构层最小厚度的关系均有规定,除前苏联规定矿料公称最大粒径分别为面层厚度的0.6倍与底基层厚度的0.7倍外,一般均规定为0.5倍以下。我国研究表明:随h/D增大,耐疲劳性提高,但车辙量增大。相反h/D减少,车辙量也减少但耐久性降低,特别是在$h/D<2$时,疲劳耐久性急剧下降。为此建议结构层厚度h与最大粒径D之比应控制在$h/D\geqslant 2.5 \sim 3$,对SMA和OGFC等嵌挤型

混合料 $h/D \geqslant 2 \sim 2.5$。只有控制了结构层厚度与最大公称粒径之比,才能保证摊铺的沥青混合料拌和均匀,易于达到要求的密实度和平整度,保证施工质量。

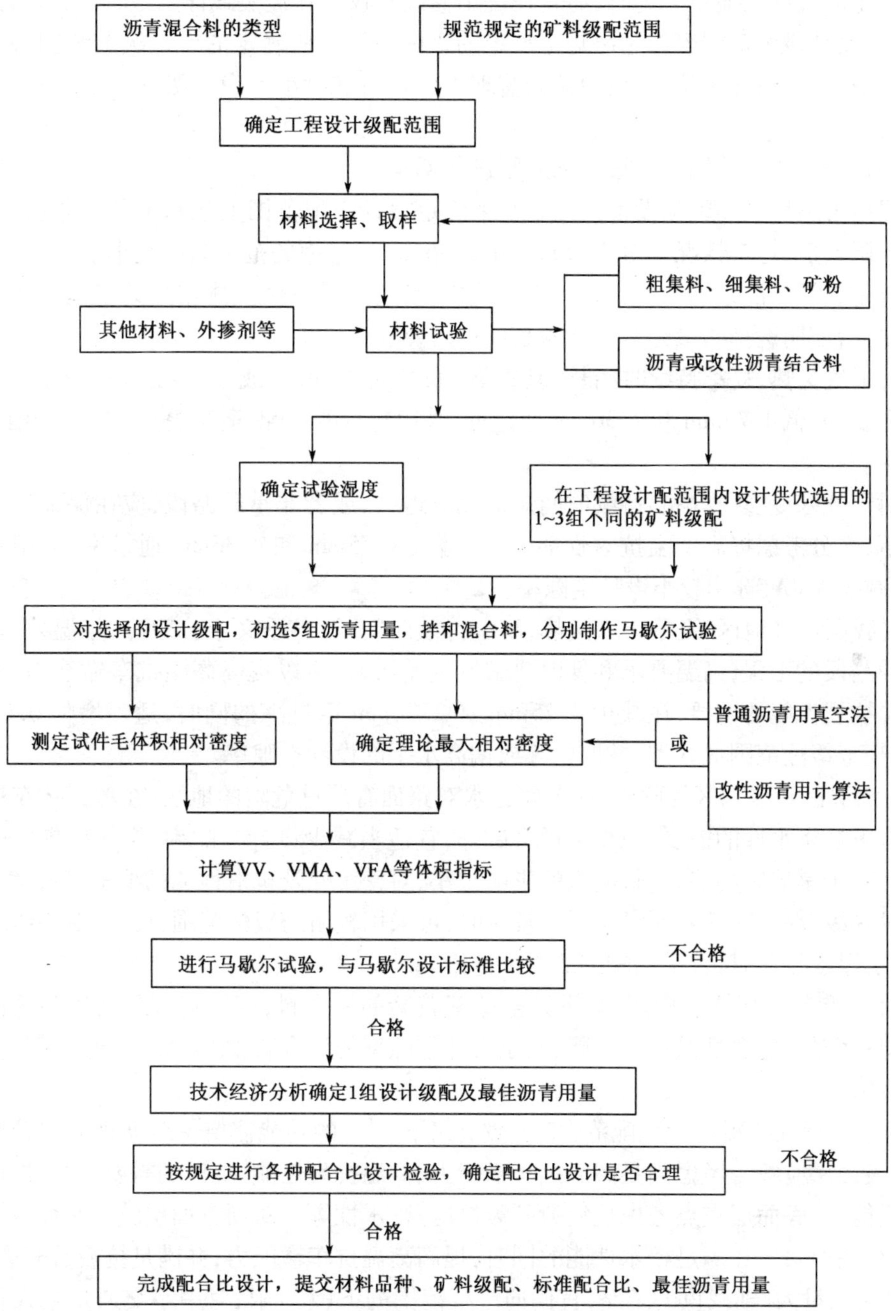

图 4-7　沥青混合料配和比设计流程图

(2)确定矿质混合料的级配范围

级配范围确定主要综合以下方面考虑:

①沥青混合料的设计级配范围按工程设计文件或招标文件的规定执行。当无明确规定

时,工程单位应根据工程所在地的气候条件、交通条件、公路等级、路面类型、混合料所处的层次,按照下述②的原则对本规范规定的矿料级配范围进行调整,确定设计级配范围。当发现设计文件规定的级配明显不合理时,有责任提出修改建议。在经实践证明是合理,且有成功把握的情况下,设计级配范围容许超出规范规定的级配范围。所确定的设计级配范围必须得到主管部门,包括工程设计单位、建设单位和监理人的认可和批准。设计级配范围一经确定,不得随意变更。

②确定设计级配范围时宜按下列原则进行调整:

a. 根据公路等级和施工设备的控制水平确定设计级配范围上限和下限的差值,设计级配范围上下限差值,通常情况下对 4.75mm 和 2.36mm 通过率的范围差值宜小于 12%。

b. 确定设计级配范围时应特别重视实践经验,通过对条件大体相当的工程的使用情况进行调查研究,证明选择的级配范围能满足使用需要。

c. 对天气炎热、夏季持续时间长,但冬季不太寒冷的地区,或者重载路段,应重视考虑抗车能力的需要,降低 4.75mm 和 2.36mm 通过率,采用较粗的级配,适当提高 VMA,选用较高的设计空隙率。

d. 对天气寒冷、夏季高温持续时间短的北方地区,或者非重载路段,应在保证抗车辙能力的前提下,充分考虑提高低温抗裂性能,适当增大 4.75mm 和 2.36mm 通过率,采用较细的级配,适当减少 VMA,选用较小设计空隙率。

e. 对我国许多地区,夏季天气炎热,高温持续时间长,冬季又十分寒冷,年温差特别大,且属于重载路段的工程,高温要求和低温要求发生矛盾时,应以提高高温抗车辙能力为主,兼顾提高低温抗裂性能的需要,在减少 4.75mm 和 2.36mm 通过率的同时,适当增加 0.075mm 通过率,使规范级配范围成 S 型,并取中等或偏高水平的设计空隙率。

f. 在潮湿区和湿润区等雨水、冰雪融化水对路面有严重危险的地区,在考虑抗车辙能力的同时还应重视密水性的需要,减少水损害破环,宜适当减少设计空隙率,应保持良好的雨天抗滑性能。对干旱地区的混合料,受水的影响很小,对密水性及抗滑性能的要求可放宽。

g. 对等级较高的公路,沥青层厚度较厚时,可采用较粗的级配范围;反之,对等级较低的公路,沥青层厚度较薄时,宜采用较细的级配范围。

h. 对重点考虑高抗车辙能力、设计空隙率较高的混合料,细集料宜采用较多的机制砂或优质石屑;而对更需要低温抗裂性能、较小设计空隙率的混合料,相对而言,宜采用较多的天然砂作细集料。

i. 确定沥青混合料设计级配范围时应考虑不同层次的功能需要。对沥青面层较厚的三层式面层,表面层应综合考虑满足高温抗车辙能力、低温抗裂性能、抗滑的需要,中面层应考虑高温抗车辙能力,底面层重点考虑抗疲劳开裂性能、密水性等。对沥青面层较薄时或双层式路面的下面层,底面层应在满足密水性能的同时,提高高温抗车辙能力,并满足抗疲劳开裂性能。

j. 对交通量大、轴载重的道路,宜偏向级配范围的下(粗)限;对中小交通量或人行道路等宜偏向级配范围的上(细)限。可根据实践经验选用连续级配或间断级配,当无成功的经验或不能确保施工中不产生严重的离析时,宜采用通常的连续级配沥青混凝土。在通常情况下,连续级配宜采用 S 型的级配范围,即适当减少公称最大粒径附近的粗集料通过率,减少 0.6mm 以下部分细粉的用量,使中等粒径粗集料(如 4.75mm、9.5mm)的材料较多的级配曲线。

(3)级配曲线确定的示例

按照《公路工程沥青及沥青混合料试验规程》(JTG E20—2011)中的T 0725方法,采用泰勒曲线的指数 $n=0.45$,横坐标 $y=10^{0.45\lg d_i}$ 计算(表4-32),纵坐标为普通坐标,利用计算机的电子表格功能或其他文字处理功能绘制级配曲线图。以图中的原点(零点)与通过集料最大粒径100%的点的连线作为最大密度线。在级配曲线图上绘制设计级配范围及中值级配。其示例如图4-8所示,图中的级配范围如表4-33所示。

泰勒曲线的横坐标　表4-32

d_i	0.075	0.15	0.3	0.6	1.18	2.36	4.75
y	0.312	0.426	0.582	0.795	1.077	1.472	2.016
d_i	9.5	13.2	16	19	26.5	31.5	37.5
y	2.745	3.193	3.482	3.762	4.370	4.723	5.109

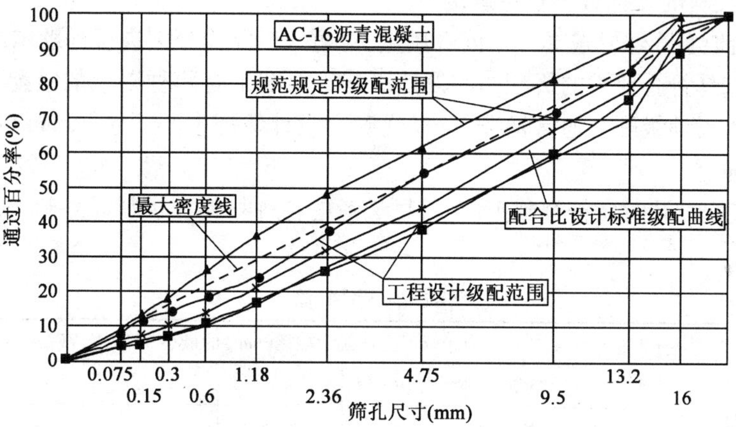

图4-8　级配曲线标准画法示例(AC－16)确定的示例

矿料级配范围与级配曲线示例　表4-33

级配类型	通过下列筛孔(方孔筛,mm)的质量百分率(%)										
粒径(mm)	19	16	13.2	9.5	4.75	2.36	1.18	0.6	0.3	0.15	0.075
规范级配范围	100	90～100	76～92	60～80	34～62	20～48	13～36	9～26	7～18	5～14	4～8
工程设计级配范围	100	95～100	70～84	59～72	40～54	27～37	16～24	10～18	7～14	6～12	4～8
标准级配曲线	100	97	79	67	44	32	21	14	10	7	6
施工控制级配范围(高速公路、一级公路)	100	97±6	79±6	67±6	44±6	32±5	21±5	14±5	10±5	7±5	6±2

注:其他等级公路的质量要求或允许偏差是0.075mm为±2%,≤2.36mm为±6%,≥4.75mm为±7%。

根据已确定的沥青混合料类型,查阅推荐(规范或设计)的矿质混合料级配范围。

3)矿质混合料配合比计算

(1)组成材料的原始数据测定。根据现场取样,对粗集料、细集料和矿粉进行水筛,按筛分结果分别绘出各组成材料的筛分曲线,同时测出各组成材料的相对密度,以供计算物理常数备用。

(2)各种矿料的配合比宜采用试配法进行计算,也可按图解法或其他计算方法进行。设计的合成级配应符合下列要求。

①合成矿料级配必须符合设计级配范围的要求。

②合成的级配曲线,不得有太多的锯齿形交错。当反复调整,仍有两个以上的筛孔超出设计级配范围时,应更换原材料重新设计。

(3)根据需要,可在确定的设计级配范围内,计算1~3组粗细不同的配合比,使包括0.075mm、2.36mm、4.75mm筛孔在内的较多筛孔的通过量分别接近设计级配范围的上限、中限及下限。但应避免0.3~0.6mm范围内出现驼峰。

(4)在级配曲线上绘制配制的几组设计级配曲线。查看其与最大密度线的接近程度,估计设计级配的VMA值。如果过分接近,VMA可能太小,宜调节设计级配(尤其是0.075mm、2.36mm、4.75mm筛孔),使之稍稍偏离最大密度线的两侧,具有适宜的VMA值。适宜的VMA值按表4-34由集料的公称最大粒径确定。

(5)根据当地实践经验选择一个沥青用量,对每一组配比分别进行马歇尔试验,计算VMA等体积指标。选择符合要求的级配作为设计级配。但如果有两种以上的级配符合要求,则选择较粗的一组为设计级配。通常情况下,择优确定设计级配中小于4.75mm的部分宜在最大密度线的下方通过。

(6)矿料级配设计时应符合施工需要,尽量考虑各种材料在供料时各料仓之间的平衡,减少废弃料。

最 小 VMA 值 表4-34

<table>
<tr><td rowspan="7">密级配沥青混凝土混合料马歇尔试验矿料间隙率VMA(%),不小于</td><td rowspan="2">设计空隙率(%)</td><td colspan="6">相应于以下公称最大粒径(mm)的最小VMA及VFA技术要求(%)</td></tr>
<tr><td>26.5</td><td>19</td><td>16</td><td>13.2</td><td>9.5</td><td>4.75</td></tr>
<tr><td>2</td><td>10</td><td>11</td><td>11.5</td><td>12</td><td>13</td><td>15</td></tr>
<tr><td>3</td><td>11</td><td>12</td><td>12.5</td><td>13</td><td>14</td><td>16</td></tr>
<tr><td>4</td><td>12</td><td>13</td><td>13.5</td><td>14</td><td>15</td><td>17</td></tr>
<tr><td>5</td><td>13</td><td>14</td><td>14.5</td><td>15</td><td>16</td><td>18</td></tr>
<tr><td>6</td><td>14</td><td>15</td><td>15.5</td><td>16</td><td>17</td><td>19</td></tr>
<tr><td rowspan="4">沥青稳定碎石混合料马歇尔试验配合比设计密级配基层ATB的矿料间隙率VMA(%),不小于</td><td>设计空隙率(%)</td><td colspan="2">ATB-40</td><td colspan="2">ATB-30</td><td colspan="2">ATB-25</td></tr>
<tr><td>4</td><td colspan="2">11</td><td colspan="2">11.5</td><td colspan="2">12</td></tr>
<tr><td>5</td><td colspan="2">12</td><td colspan="2">12.5</td><td colspan="2">13</td></tr>
<tr><td>6</td><td colspan="2">13</td><td colspan="2">13.5</td><td colspan="2">14</td></tr>
<tr><td colspan="3">SMA混合料马歇尔试验配合比设计矿料间隙率VMA,不小于</td><td colspan="5">17%</td></tr>
</table>

4)马歇尔试验

(1)配合比设计各阶段都应进行马歇尔试验。经配合比设计得到的沥青混合料应符合规范规定的马歇尔设计技术标准。

(2)沥青混合料的试件的制作温度及试验温度,通常应通过沥青结合料在135℃及175℃条件下测定的黏度—温度曲线按表4-35的规定确定。缺乏黏温曲线数据时,可按表4-36规定的范围选择,但应得到主管部门的批准。

确定沥青混合料拌和及压实温度的适宜温度　　表 4-35

黏　度	适宜于拌和的沥青结合料黏度	适宜于压实的沥青结合料黏度	测定方法
表观黏度	(0.17 +0.02) Pa · s	(0.28 ±0.03) Pa · s	T 0625
运动黏度	(170 ±20) mm^2/s	(280 ±30) mm^2/s	T 0619
赛波特黏度	(85 ±10) s	(140 ±15) s	T 0623

热拌沥青混合料的施工温度　　表 4-36

施工工序		石油沥青的标号			
		50 号	70 号	90 号	110 号
沥青加热温度(℃)		160 ~ 170	155 ~ 165	150 ~ 160	145 ~ 155
矿料加热温度(℃)	间隙式拌和机	集料加热温度比沥青温度高 10 ~ 30			
	连续式拌和机	矿料加热温度比沥青温度高 5 ~ 10			
沥青混合料出料温度(℃)		150 ~ 170	145 ~ 165	140 ~ 160	135 ~ 155
混合料储料仓储存温度(℃)		储料过程中温度降低不超过 10			
混合料废弃温度(℃),高于		200	195	190	185
运输到现场温度(℃),不低于		150	145	140	135
混合料摊铺温度(℃),不低于	正常施工	140	135	130	125
	低温施工	160	150	140	135
开始碾压的混合料内部温度(℃),不低于	正常施工	135	130	125	120
	低温施工	150	145	135	130
碾压终了的表面温度(℃),不低于	钢轮压路机	90	90	90	60
	轮胎压路机	90	90	90	70
	振动压路机	90	90	90	55
开放交通的路表温度(℃),不高于		50	50	50	45

注:1. 沥青混合料的施工温度采用具有金属探测针的插入式数显温度计测量。表面温度可采用表面接触式温度计测定。当采用红外线温度计测量表面温度时,应进行标定。

2. 表中未列入的 130 号、160 号及 30 号沥青的施工温度由试验确定。

(3)根据以往工程的实践经验,预估适宜的沥青用量(或油石比)。当工程使用的材料密度不同,原工程矿料的合成相对密度为 D_1,使用的最佳沥青用量为 a_1,新工程矿料的合成相对密度为 D_2 时,预估需要的沥青用量 a_2 可按式(4-22)换算预估。以此沥青用量 a_2 为中值,按 0.5% 间隔,取 5 个不同的沥青用量,每一组的试样数不少于 6 个。其中按规范规定的击实次数和试验温度成型的马歇尔试件不少于 4 个;用于测定理论最大相对密度的试样不少于 2 个。

$$a_2 = \frac{a_1}{\frac{(100 - a_1)}{D_1} \cdot D_2 + a_2} \tag{4-22}$$

(4)按现行试验规程用真空法测定不同沥青用量的试件的理论最大相对密度,取 2 个以上试样的平均值。对改性沥青混合料和 SMA 混合料,如混合料分散操作难以进行时,可采用按试验规范方法计算最大理论相对密度。

(5)测定试件的毛体积相对密度和吸水率,取4个以上试件的平均值。测定方法必须按下列要求进行:

①通常采用表干法测定毛体积相对密度;

②对吸水率小于0.3%的试件,允许采用水中重法测定的表观相对密度代替毛体积相对密度;

③对吸水率大于2%的试件,宜采用蜡封法测定的毛体积相对密度;

④对空隙率大于10%的试件,应采用体积法测定的毛体积相对密度;

⑤当采用其他配合比设计方法及试件成型方法时,测定的毛体积相对密度、空隙率等指标必须通过规范规定的马歇尔试验方法进行校核,并将由马歇尔试验得出的各项体积设计指标与规范规定的技术标准相比较,看是否符合要求。

(6)计算各组成的空隙率、矿料间隙率、沥青结合料的体积百分率、沥青饱和度等体积指标,取1位小数,进行体积组成分析。

5)确定沥青最佳用量

以沥青含量为横坐标,沥青混合料的密度、稳定度和流值、空隙率及矿料间隙率为纵坐标,绘制如图4-9所示的关系曲线,选择的沥青用量范围应尽可能使密度及稳定度曲线出现峰值。

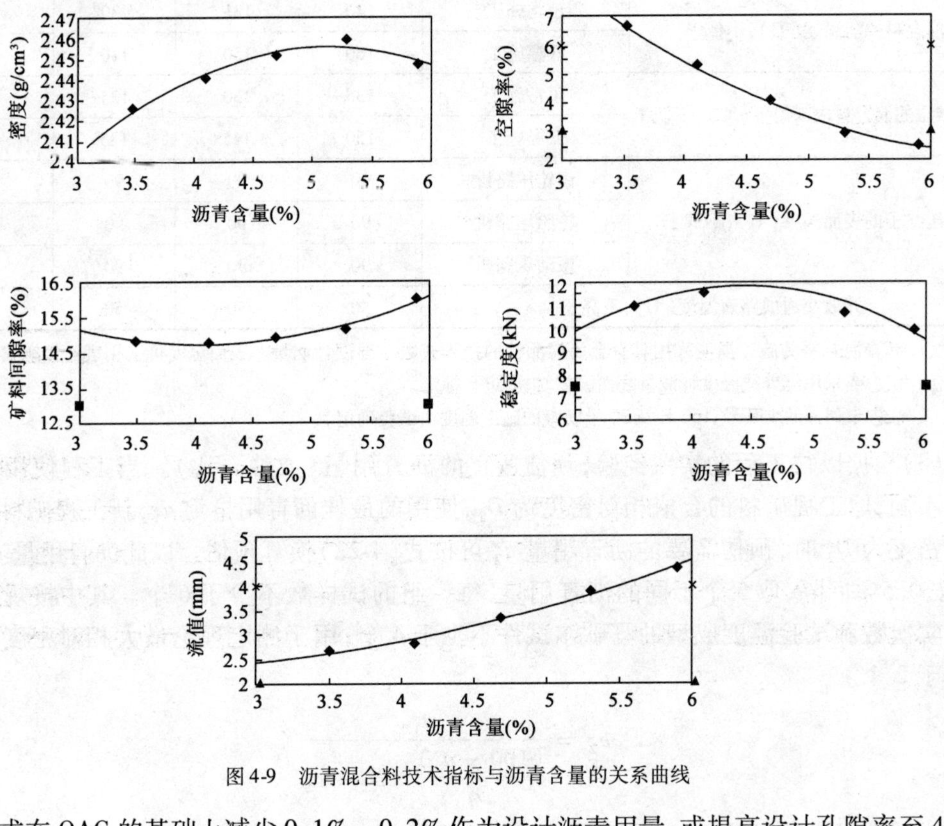

图4-9　沥青混合料技术指标与沥青含量的关系曲线

要求在OAC的基础上减少0.1%~0.2%作为设计沥青用量,或提高设计孔隙率至4%~6%。同时必须要求在施工时加强碾压,提高压实标准,使路面的空隙率达到没有减少沥青用量条件下施工得到的沥青路面的空隙率。对寒区公路、旅游公路，最佳沥青用量可以在中限值OAC加0.1%～0.3%作为设计沥青用量，或减少设计孔隙率至2%～4%，但不得降低施工压实度。

若所设计的沥青混合料不能满足《热拌沥青混合料马歇尔试验技术标准》的规定，应进行调整。

如果设计的沥青混合料空隙率低于规定值，可通过增大矿质集料中粗集料或细集料的含量，而为沥青提供足够的集料空隙。当沥青含量过高时，供集料吸收的沥青有富余，需占据一定的空隙。因而，剔除多余的沥青、降低沥青含量即可提高空隙率。采用上述措施提高空隙率可能降低稳定度；若稳定度不符合要求，应更换集料级配。一般情况下，增大碎石用量可以改善沥青混合料的稳定度、提高空隙率。但有时石英石一类的石料，由于表面光滑，使用太多反而会降低沥青混合料的稳定度。

6）其他性能检验

按照马歇尔试件验方法确定最佳沥青含量后，依据规范或设计要求尚须进行水稳定性检验、高温稳定性检验、低温抗裂性能检验和钢渣活性检验。

（1）低温抗裂性能检验

对改性沥青混合料应按最佳沥青用量（OAC）轮碾成型试件，再用切割机锯成规定尺寸的长方体试件，在-10℃条件下用50mm/min加载速率进行低温弯曲试验，检测其破坏应变是否符合要求，如不符合要求应对矿料级配进行调整，必要时更换改性沥青品种。当最佳沥青用量（OAC）与两个初始值（OAC_1、OAC_2）相差甚大时，宜按OAC与OAC_1或OAC_2分别制作试件，进行低温抗裂试验，根据试验结果对OAC作适当调整。

（2）钢渣活性检验

对粗集料或细集料使用钢渣的沥青混合料进行马歇尔试验时，应增加3个试件，将在60℃水浴中浸泡48h，然后取出冷却至室温，观察有无裂缝或鼓包，测量试件体积，其增大量不得超过1%，同时还应满足浸水马歇尔和冻融劈裂试验的要求，达不到这些要求的钢渣不得使用。

三、沥青路面施工阶段质量控制

1.热拌沥青混合料面层质量控制要点

1）试验路段

（1）在铺筑试验路段之前28d，承包人应安装好与本项工程有关的全部试验仪器和设备（包括沥青、石料、混合料等项室内外试验的配套仪器、设备及取芯机等），配备足够数量的熟练试验技术人员，报请监理人审查批准。

（2）在工程开工前14d，承包人应在监理人批准的现场并在监理人的监督下，用备齐并投入该项工程的全部机械设备及每种沥青混合料各铺筑一段长100～200m（单幅）的试验路段。

（3）试验路的目的是为了证实混合料的稳定性以及拌和、摊铺和压实设备的效率和施工方法、施工组织的适应性。

(4)沥青混合料摊铺、压实12h以后,应对其厚度、密实度、沥青含量、矿料级配及其他项目进行抽样试验。抽样试验的频度应满足规范要求。

(5)试验路完成后,承包人应写出书面报告,报请监理人审查批准。

(6)经监理人批准的试验路应成为比较的标准,正式工程应按批准的同一方法和同一标准施工。

(7)批准的试验路应同完成后的工程一起支付。如未能取得监理人的批准,承包人应破碎清除该试验路,重新铺筑试验路,并承担其费用。

2)施工设备

(1)拌和及运料设备

①拌和厂应在其设计、协调配合和操作方面,都能使生产的混合料符合工地配合比设计要求。拌和厂必须配备具有足够试验设备的试验室,并能及时提供使监理人满意的试验资料。

②拌和机应能按用量(以质量计)分批配料,并有装有温度计及示温的成品储料仓和二次除尘设置,拌和设备的产量应和生产进度相匹配,在安装完成后应按批准的配合比进行试拌调试,直到符合要求。

③拌和场地布置应远离居民区。其距离不少于1km。

④运料设备应采用干净有金属底板的自卸槽斗车辆运送混合料,车槽内不得沾有有机物质。为了防止尘埃污染和热量过分损失,运输车辆应备有覆盖设备,车槽四角应密封坚固。

(2)摊铺及压实设备

①沥青混合料摊铺机应是自动式摊铺设备,安装有可调的活动熨平板或整平组件。整平板在需要时可以加热,能按照规定的典型横断面和图纸所示的厚度在车道宽度内摊铺,并备有修边的套筒,摊铺机应有一套夯板和可调整振幅的振动整平板的组合装置,夯板与振动整平板的频率,应能随意变化,并能各自单独调整。

②摊铺混合料时,摊铺机应能按照与摊铺混合料相协调的前进速度运行。

③摊铺机应配备整平板自控装置,其一侧或双侧装有传感器,可通过外面的参考线探出纵坡和整平板的横坡,并能自动发生信号来操纵整平板,使摊铺机能铺筑出理想的纵横坡。

④压实设备应配有钢轮式、轮胎式及振动压路机,能按合理的压实工艺进行组合压实。还应备有监理人认可的小型振动压(夯)实机具,以用于压路机不便压实的地方。

3)混合料的拌和

(1)粗、细集料应分类堆放和供料,取自不同料源的集料应分开堆放。每个料源的材料应进行抽样试验,并经监理人批准。

(2)拌和前应将集料包括矿粉充分地烘干。每种规格的集料、矿粉和沥青都必须分别按要求的配合比进行配料。

(3)沥青的加热温度、石料加热温度、混合料的出厂温度、运到施工现场的温度均应满足规范要求。

(4)所有过度加热的混合料,或已经碳化、起泡和含水的混合料都应废弃。拌和后的混合料必须均匀一致,无花白、无粗细集料离析和结块现象,否则不得用于工程项目。

(5)材料的规格或配合比发生改变时,都应根据室内试验资料进行试拌。试拌时必须抽样检查混合料的沥青含量、级配组成和有关力学性能,并报请监理人批准。

4)混合料的运送

(1)已经离析或结成不能压碎的硬壳、团块或在运料车辆卸料时留于车上的混合料、以及低于规定铺筑温度或被雨水淋湿的混合料都应废弃,不得用于工程项目。

(2)运至铺筑现场的混合料,应在当天或当班完成压实。

5)混合料的摊铺

(1)摊铺混合料之前,必须对下层进行检查,并取得监理人的批准,同时必须按规定铺洒沥青透层、黏层或下封层。

(2)在开始摊铺混合料时,应考虑在路面边缘设置路缘石(拦水带)的具体位置、埋设深度,将预制的路缘石块,按图纸要求进行设置,基础及后背填料必须夯实,缝宽均匀、线条顺直、顶面平整、砌筑牢固。

(3)为消除纵向接缝,应采用全路摊铺。当采用两台摊铺机组成梯队联合摊铺的方式时,两台摊铺机前后的距离以前面摊铺的混合料尚未冷却为度,一般为 3 ~5m。

(4)沥青混合料的摊铺温度应随沥青的标号及气温的不同通过试验确定,进行调节。正常施工时摊铺温度不低于 150℃,但不得超过 160℃(表 4-36)。

(5)摊铺机应以均匀的速度行驶。它的输出量和沥青混合料的运送量相匹配,以保证混合料均匀、不间断地摊铺。摊铺过程中不得随意变换速度,避免中途停顿,影响施工质量。

(6)对外形不规则,路面厚度不同,空间受到限制以及人工构造物接头等摊铺机无法工作的地方,经监理人批准可以采用人工铺筑混合料。

6)混合料的压实

(1)混合料完成摊铺和刮平后应立即进行宽度、厚度、平整度、路拱及温度检查,对不合格之处应及时进行调整,随后按试验路确定的压实设备的组合及程序进行充分均匀地压实。

(2)压实分初压、复压和终压。压路机碾压的速度见表 4-37。

压路机碾压速度

表 4-37

碾压阶段		初压(km/h)	复压(km/h)	终压(km/h)
压路机类型	钢轮压路机	2 ~3	3 ~5	3 ~6
	轮胎压路机	2 ~3	3 ~5	4 ~6
	振动压路机	静压 2 ~3	振动 3 ~4.5	静压 3 ~6

(3)初压应采用钢轮压路机或振动压路机(静压)。初压后应检查平整度和路拱,必要时应予以修整。复压应采用串联式双轮振动压路机或轮胎压路机。终压应采用光面钢轮压路机或振动压路机(静压)。

(4)碾压作业时混合料的温度,初压温度不应低于 140℃,碾压终了温度钢轮压路机不得低于 90℃,轮胎压路机不得低于 90℃,振动压路机不得低于 90℃。

(5)碾压应纵向并由低边向着高边慢速均匀地进行。相邻碾压至少重叠宽度为:双轮 30cm,三轮为后轮宽度的二分之一。

(6)碾压时,压路机不得中途停留、转向或制动。当压路机来回交替碾压时,前后两次停留地点应相距10m以上,并应驶出压实起始线3m以外。

(7)压路机不得停留在温度高于60℃的已经压过的混合料上。同时,应采取有效措施,防止油料、润滑脂、汽油或其他杂质在压路机操作或停放期间落在路面上。

(8)压实时,如接缝处的混合料温度已不能满足压实温度要求,必须垂直切割混合料至密实处,并重新进行摊铺,摊铺前在切割断面处涂刷黏层油,摊铺完成立即用压路机垂直于摊铺方向,由已压实完成的面层向新摊铺的面层逐渐过渡压实至密实平整,然后压路机再改为纵向碾压,碾压到接缝平整密实,且不得产生明显的接缝离析现象。

(9)在压路机压不到的其他地方,应采用振动夯板、热的手夯或机夯把混合料充分压实。已经完成碾压的路面,不得修补表皮。

(10)当层厚等于或大于40mm时,监理人可使用无破损仪器进行现场密实度检验,以代替试验室试样测定。但每读10个无破损仪读数,必须钻取一个试样送交试验室进行密度试验,以检验准确性。

7)接缝的处理

(1)铺筑工作的安排应使纵、横向两种接缝都保持在最小数量。接缝的方法及设备,应取得监理人批准。在接缝处的密度和表面修补应与其他部分相同。

(2)纵向接缝应是热接缝,并应连续和平行,缝边垂直并形成直线。

(3)纵缝上的混合料,应在摊铺机的后面立即用一台钢轮压路机以静力进行碾压。

(4)纵向接缝与横坡变坡线的重合应在15cm以内,与下层接缝应错开15cm以上。

(5)当由于工作中断,摊铺混合料的未端已经冷却,或者在第二天恢复工作时,就应做成一道与铺筑方向大致成直角的横向接缝。上、下层的横向接缝均应错位1m以上。

8)气候条件

(1)沥青面层的施工应时常注意天气变化,避开雨天施工。雨后待下承层彻底干燥后,方可继续施工。

(2)施工气温低于10℃时,应停止摊铺,或摊铺时采取措施,并经监理人同意方可继续摊铺。否则在气温还没有上升到10℃以上之前,不得开始摊铺,当气温下降到15℃以下时,应控制混合料的最大运距,保证碾压温度在规定的范围以内。

(3)未经压实即遭雨淋的沥青混合料应全部清除,更换新料。所发生的一切费用由承包人负担。

9)取样和试验

(1)沥青混合料应按统计法取样,以测定集料级配、沥青含量、压实度等,集料取样地点应在沥青掺入前的热拌设备旁,沥青含量试验应在摊铺机后面及压路机前面,从已摊铺的混合料中取样。压实度试验应从压好的路面上钻取试样。

(2)混合料的试样,应在施工现场每天进行一次,或拌500t混合料取一次并按规范进行检验。

(3)所有的试验结果均应报监理人审批,所发生的一切费用由承包人自理。

2. 沥青表面处治施工质量控制要点

1)一般规定

(1)沥青表面处治宜选择在干燥和较热的季节施工,并在雨季前及日最高气温低于15℃

到来之前半个月结束。

(2)沥青表面处治宜采用层铺法施工,厚度不宜大于3cm,可采用沥青洒布机及集料撒铺机联合作业。

(3)施工工序紧密衔接,沥青洒布长度与石料撒铺相配合,避免浇油后等待较长时间才撒铺石料。

2)施工设备

(1)沥青表面处治应采用沥青洒布机喷洒沥青,洒布机应能稳定在控制的速度和确定的用油量,并能在整个洒布宽度内均匀洒布沥青。

(2)应采用一台自行式的集料撒铺机,配有可靠的控制系统,能把所需的集料均匀撒铺到沥青材料的整个宽度上。

(3)沥青表面处治宜采用轮胎式光面钢筒压路机,压路机的吨位应能使集料嵌挤紧密又不致使石料有较多的压碎为度。通常采用6~8t及10~12t压路机进行碾压,乳化沥青表面处治宜采用较轻的压路机进行碾压。

3)表面准备

(1)沥青表面处治层的表面应平整、清洁、无松散,并应符合图纸所示或监理人确定的典型断面。

(2)当监理人有指示时,应视需要用机动路帚或电鼓风机,并辅以人工扫净表面,清除有害物质。

4)沥青洒布

(1)沥青材料的加热温度应满足规范要求。

(2)沥青应采用压力喷洒机均匀地洒布,洒油量、温度条件及处治面积均应在洒布前获得认可,在洒布沥青之前,集料和集料撒铺设备均应运抵施工现场。处治区附近的结构物和树木的表面应加以保护,以免溅上沥青,受到污染。

(3)沥青洒布机应在喷嘴打开的同时按适当的洒布速度向前行驶,除监理人同意采用其他材料或方法外,应在每次喷洒开始一端和结束的末端后面足够距离的表面上铺上施工用纸,以使喷嘴洒出来的沥青在开始和结束时都落在纸上,并保证喷嘴在喷洒的整个长度内喷洒正常。

(4)在喷洒交接处洒布沥青时应精心控制,不超过批准的洒油量,应把过量的沥青材料从洒布表面刮掉,漏洒或少洒的地区应补洒纠正。

5)集料撒铺

(1)符合指定级配的集料,事先清除或减少集料上的浮土,以提高和改进黏着质量。

(2)在沥青洒布后3min内应按确定的用量撒铺集料,撒铺期间,如集料多少不匀,应用补撒集料的方法校正,直至达到均匀的表面结构,撒铺机械无法靠近的地方,须用人工撒铺。

(3)在半宽施工情况下,应留下一条15cm宽的接头地带暂不撒铺集料,以使沥青材料略微重叠。

6)碾压

(1)碾压应在沥青和集料撒铺后立即进行,并在当日完成。

(2)撒铺一段集料后即用6~8t轮胎或双轮压路机碾压,每层集料应按集料撒铺的全宽初压一遍,并应按需要进行补充碾压以使盖面集料适当就位,碾压时每次轮迹重叠约30cm,从路边逐渐移向路中心,然后再从另一边开始移向路中心,以此作为一遍,一般全宽的碾压不少于3~4遍,以不大于2km/h的速度进行碾压。

7)养护

(1)集料表面应用扫帚轻轻扫过,或用其他方法养护4d,或按指示的天数养护。

(2)表面养护应包括把盖面料撒铺到整个沥青表面上,以吸收游离的沥青材料或覆盖集料不足之处。

(3)养护不应使已嵌锁的集料移动位置。

(4)应采用旋转路帚把多余的材料从整个处治表面上清扫出去,面层清扫应在监理工程师指定的时间进行。

8)多层表面处治

(1)多层表面处治是在由准备好的基层上连续洒布的沥青材料和撒铺的盖面集料构成,材料应反复摊铺直至达到所需的层数。

(2)多层表面处治的沥青洒布、集料撒铺等的施工方法和要求与第一层相同,但第二层、第三层的碾压可采用8~10t压路机。

9)稀浆封层、微表处施工质量控制要点

(1)稀浆封层和微表处必须使用专用的摊铺机进行摊铺。

(2)微表处必须采用改性乳化沥青,稀浆封层可采用普通乳化沥青或改性乳化沥青,其品种和质量应符合规范的要求。

(3)稀浆封层和微表处应选择坚硬、粗糙、耐磨、洁净的集料。各项性能应符合前述沥青混合料用粗集料和细集料的技术指标要求。其中稀浆封层用通过4.75mm筛的合成矿料的砂当量不得低于50%。当用于抗滑表层时,还应符合规范中有关磨光值的要求。细集料宜采用碱性石料生产的机制砂或洁净的石屑。对集料中的超粒径颗粒必须筛除。

(4)稀浆封层和微表处的矿料级配根据铺筑厚度、处治目的、公路等级条件可按表4-38选择。

(5)稀浆封层和微表处的混合料中乳化沥青及改性乳化沥青的用量应通过配合比设计确定。混合料的质量应符合表4-39的技术要求。

(6)稀浆封层和微表处混合料的配合比设计按下列步骤进行:

①根据选择的级配类型,按表4-38确定矿料的级配范围。计算各种集料的配合比例,使合成级配在要求的级配范围内。

②根据以往的经验初选乳化沥青、填料、水和外加剂用量,进行拌和试验和黏聚力试验。可拌和时间的试验温度应考虑最高施工温度,黏聚力试验的温度应考虑施工中可能遇到的最低温度。

③根据上述试验结果和稀浆混合料的外观状态,选择1~3个认为合理的混合料配方,按表4-39规定试验稀浆混合料的性能,如不符合要求,适当调整各种材料的配合比例再试验,直至符合要求为止。

④根据经验在沥青用量的可选范围内选择适宜的沥青用量。

⑤根据以往经验及配合比设计试验结果,在充分考虑气候及交通特点的基础上综合确定混合料配方。

稀浆封层的矿料级配　　表 4-38

筛孔尺寸(mm)	不同类型通过各筛孔的百分率(%)				
	微表处		稀浆封层		
	MS-2 型	MS-3 型	ES-1 型	ES-2 型	ES-3 型
9.5	100		—	100	100
4.75	95~100		100	95~100	70~90
2.36	65~90		90~100	65~90	45~70
1.18	45~70		60~90	45~70	28~50
0.6	30~50		40~65	30~50	19~34
0.3	18~30		25~42	18~30	12~25
0.15	10~21		15~30	10~21	17~18
0.075	5~15		10~20	5~15	5~15
一层的适宜厚度(mm)	4~7		2.5~3	4~7	8~10

稀浆封层和微表处混合料的技术要求　　表 4-39

项　目	单位	微表处	稀浆封层	试验方法
可拌和时间	s	>120		手工拌和
稠度	cm	—	2~3	T 0751
黏结力试验 30min(初凝时间) 60min(开放交通时间)	N·m	 ≥1.2 ≥2.0	(仅适用于快开放交通的稀浆封层) ≥1.2 ≥2.0	T 0754
负荷轮碾压试验(LWT) 黏附砂量 轮迹宽度变化率	 g/m² %	 <450 <5	(仅适用于重交通道路表层) <450 —	T 0755
湿轮磨耗试验的磨耗值(WTAT) 浸水 1h 浸水 6d	g/m²	 <540 <800	 <800 —	T 0752

注:负荷轮碾压试验(LWT)的宽度变化率适用于需要修补车辙的情况。

(7)稀浆封层和微表处施工前,应彻底清除原路面的泥土、杂物,修补坑槽、凹陷,较宽的裂缝宜清理灌缝。

(8)稀浆封层和微表处的最低施工温度不得低于 10℃,严禁在雨天施工,摊铺后尚未成型混合料遇雨时应予铲除。

(9)稀浆封层和微表处两幅纵缝搭接宽度不宜超过 80cm,横向接缝宜做成对接缝。分两层摊铺时,第一层摊铺后至少应开放交通 24h 后方可进行第二层摊铺。

(10)稀浆封层和微表处铺筑后的表面不得有超粒径集料拖拉的严重划痕,横向接缝和纵向接缝处不得出现余料堆积或缺料现象,用 3m 直尺测量接缝处的不平整度不得大于 6mm。经养生和初期交通碾压稳定的稀浆封层,在行车作用下应不飞散且完全密水。

10)透层与黏层施工质量控制要点

(1)透层施工质量控制要点

①沥青透层的材料要求应符合《公路沥青路面施工技术规范》(JTG F40—2004)的规定。

②沥青透层可采用煤油稀释沥青或慢裂的洒布型乳化沥青。乳化沥青透层的规格和质量应符合规范的要求。

③各种透层沥青的品种和用量应根据基层的种类通过试洒确定。

④透层宜在基层表面稍干后浇洒。当基层完工后时间较长、表面过于干燥时,应对基层进行清扫,并在基层表面少量洒水,等表面稍干后浇洒透层沥青。

⑤透层沥青宜采用沥青洒布车喷洒。

⑥喷洒透层沥青应符合下列要求:

a. 喷洒透层前,路面应清扫干净,应采取防止污染路缘石及人工构造物的设施。

b. 洒布的透层沥青应渗入基层一定深度,不应在表面流淌,并不得形成油膜。

c. 如遇大风或即将降雨时不得喷洒透层沥青。

d. 气温低于10℃时,不宜喷洒透层沥青。

e. 应按沥青用量一次喷洒均匀,当有遗漏时,应采用人工补洒。

f. 喷洒透层沥青后,严禁车辆、行人通过。

⑦在铺筑沥青面层前,当局部地方有多余的透层沥青未渗入基层时,应予清除。

⑧透层沥青洒布后应尽早铺筑沥青面层。当用乳化沥青做透层时,洒布后应待其充分渗透,水分蒸发后方可铺筑沥青面层,其时间间隔不宜少于24h。

(2)黏层

①高速公路路面工程中在中面层与下面层之间,应浇洒黏层,并在与新铺沥青混合料接触的路缘石、雨水进水口、检查井等的侧面也应洒黏层。

②黏层材料

黏层的沥青材料采用乳化沥青或改性乳化沥青。黏层沥青的规格和质量应符合规范的要求;重交通沥青和改性沥青分别满足相应的技术规范要求。

③各种黏层沥青品种和用量应根据黏结层的种类通过试洒确定,并符合《公路沥青路面施工技术规范》(JTG F40—2004)的要求。

④黏层沥青应采用沥青洒布车喷洒,洒布车应符合规范要求。在路缘石、雨水进水口、检查井等局部应用刷子进行人工涂刷。

⑤喷洒黏层沥青应符合下列要求:

a. 施工准备工作

准备喷洒沥青的工作面,应整洁无尘埃。路面有脏物时应清除干净。当黏有土块时应用水刷净,待表面干燥后喷洒。

b. 气候条件

洒布沥青材料的气温不应低于10℃,风速适度。浓雾或下雨、大风天气、路面潮湿时不应施工。

c. 喷洒温度

液体石油沥青和乳化沥青在正常温度下洒布,如气温较低,黏度较大的可适当加热。重交通沥青和改性沥青应在规范要求的温度下喷洒。

d. 喷洒

黏层沥青应均匀洒布或涂刷,喷洒过量处,应予刮除。并按《公路路基路面现场测试规程》(JTG E60—2008)中有关要求和方法检测洒布量,每次检测不少于3处。

沥青洒布设备应配备有适用于不同黏度沥青喷洒用的喷嘴,在沥青洒布机喷洒不到的地方可采用手工洒布机。喷洒超量或漏洒或少洒的地方应予纠正。

喷洒黏层油时,喷油管宜与路表面形成约30°角,并有适当高度,以使路面上喷洒的透层油或黏层油形成重叠。

喷洒区附近的结构物和树木表面应加以保护,以免溅上沥青受到污染。

黏层沥青应在铺筑覆盖层之前24h内洒布或涂刷。

e. 养护

喷洒黏层沥青后严禁除沥青混合料运输车外的其他车辆、行人通过。黏层沥青洒布后应紧接铺筑沥青层。当使用乳化沥青作黏层时,应待破乳、水分蒸发完后铺筑。

3. 沥青贯入式路面施工质量控制要点

沥青贯入式路面根据沥青贯入深度的不同,可分深贯式及浅贯式;深贯入式厚6～8cm;浅贯入式厚4～5cm。

(1)施工准备。下承层沥青贯入式路面施工前,基层必须清扫干净,贯入式使用乳化沥青时,必须洒透层或黏层沥青。

(2)撒料。撒主层集料时,应注意撒铺均匀,避免颗粒大小不均,并不断检查松铺厚度和校验路拱。撒铺集料后,严禁车辆通行。

(3)碾压。主层集料撒布后,先用6～8t压路机以2km/h的初碾速度碾压3～4遍,使集料基本稳定,无显著推移为止,然后再用10～12t压路机以3～4km/h的速度进行碾压,直到主层集料嵌挤稳定,无显著轮迹为止,碾压遍数一般为2～4遍,视集料硬度而定。

(4)浇洒第一层沥青。主层集料碾压完毕后,应立即浇洒第一层沥青。当采用乳化沥青贯入时,为防止乳液下漏过多,可在主层集料碾压稳定后,先撒布一部分上一层嵌缝料,再浇洒主层沥青。

(5)撒布第一层嵌缝料。主层沥青浇洒后应立即均匀撒布第一层嵌缝料。当使用乳化沥青时,嵌缝料的撒布必须在乳液破乳前完成。

(6)再碾压。嵌缝料扫匀后立即用8～12t钢筒式压路机碾压4～6遍,直至稳定为止,碾压时随压随扫,使嵌缝料均匀嵌入。

(7)浇洒第二层沥青→撒布第二层嵌缝料→碾压→浇洒第三层沥青→撒布封层料→最后碾压(宜采用6～8t压路机碾压2～4遍)。

(8)交通控制及初期养护。

第四节　水泥混凝土路面质量控制

一、水泥混凝土路面概述

水泥混凝土路面俗称白色路面,是一种高级路面,它是以水泥与水拌和成的水泥浆为结合料,以碎(砾)石、砂为集料,再加适当的掺和料及外掺剂,拌和成水泥混凝土混合料而筑成的路面,经过一定时间的养护,达到很高的强度与耐久性。当车轮行驶在路面上,整个水泥混凝土路面会起抵抗作用,不使路面产生较大的弯曲变形,当车轮驶过后,又重新恢复原来的形状。这种性质的路面,又称为刚性路面。

水泥混凝土路面不但具有很高的强度,而且具有汽车运行中所必须的平整度,很好的耐磨性和必要的粗糙度,可以确保汽车的高速安全行驶。为了修筑好水泥混凝土路面,保证行车安全、舒适以及耐久性等指标达到标准,不仅要求在设计中准确计算出路面的结构和厚度,而且也要求在施工时必须选择优质材料,科学的组成设计,文明、合理地组织施工,认真操作,做到"精心设计,精心施工"。

水泥混凝土路面,包括普通混凝土、钢筋混凝土、连续配筋混凝土、预应力混凝土、装配式混凝土和钢纤维混凝土等面层板和基(垫)层所组成的路面。目前采用最广泛的是就地浇筑的普通混凝土路面,简称混凝土路面。

所谓普通混凝土路面,是指除接缝区和局部范围(边缘和角隅)外不配置钢筋的混凝土路面。与其他类型路面相比,混凝土路面具有以下优点:

(1)强度高,混凝土路面具有很高的抗压强度和较高的抗弯拉强度以及抗磨耗能力。

(2)稳定性好,混凝土路面的水稳性、热稳性均较好,特别是它的强度能随着时间的延长而逐渐提高,不存在沥青路面的那种"老化"现象。

(3)耐久性好,由于混凝土路面的强度和稳定性好,所以它经久耐用,一般能使用20~40年。

(4)有利于夜间行车,混凝土路面色泽鲜明,能见度好,对夜间行车有利。

但是,混凝土路面也存在一些缺点,主要有以下几方面:

(1)对水泥和水的需要量大,修筑0.2m厚、7m宽的混凝土路面,每1 000m要耗费水泥400~500t,水约250t,尚不包括养生用的水在内,这对水泥供应不足和缺水地区带来较大困难。

(2)有接缝,一般混凝土路面要建造许多接缝,这些接缝不但增加施工和养护的复杂性,而且容易引起行车跳动,影响行车的舒适性,接缝又是路面的薄弱点,如处理不当,将导致路面板边和板角处破坏。

(3)开放交通较迟,一般混凝土路面完工后,要经过28d的潮湿养生,才能开放交通,如需提早开放交通,则需采取特殊措施。

(4)修复困难,混凝土路面损坏后,开挖很困难,修补工作量也大,且影响交通。

二、水泥混凝土配合比设计

公路、城市道路水泥混凝土路面和机场道面,面板厚度的计算是以混凝土的抗折强度为依据,与其相应的路面混凝土配合比,也应以混凝土的抗折强度为指标进行设计。

1.混凝土配合比设计总的要求、原则和一般步骤

路面水泥混凝土应具有设计要求的强度、耐久性,抗磨性好,质量均匀,离散性小,根据这些质量要求,以及便于施工操作的和易性,采用选定的材料,通过试验和必要的调整来确定混凝土单位体积中各种组成材料的用量。

混凝土配合比设计以抗折强度为指标，采用石子用量法或砂率法，在水泥用量和用水量一定的条件下，根据和易性好，坍落度最大或工作度最小进行砂石用量的优选，同时通过抗折强度试验确定配合比，不同于一般混凝土配合比的设计方法。

水灰比是决定混凝土强度和耐久性的主要因素，选用水灰比不得超过有关规范规定的最大值。在满足和易性的条件下，应力求最小单位用量，既可节约水泥，降低造价，又可减少混凝土路面铺筑时的温度和收缩裂缝。

混凝土应具有与铺筑方法相适应的和易性，以及具有容易达到要求的平整度的易修整性。在施工可能的条件下，尽量采用坍落度小或工作度大的混凝土。

路面混凝土应优先考虑采用优质硅酸盐水泥、减水剂或引气减水剂。

2. 混凝土配制强度的确定

混凝土配制强度应按下式计算：

$$f_{cu,0} \geqslant f_{cu,k} + 1.645\sigma \tag{4-23}$$

式中：$f_{cu,0}$——混凝土配制强度（MPa）；

$f_{cu,k}$——混凝土立方体抗压强度标准值（MPa）；

σ——混凝土强度标准差（MPa）。

遇有下列情况时应提高混凝土配制强度：

（1）现场条件与试验室条件有显著差异时；

（2）C30 级及其以上强度等级的混凝土，采用非统计方法评定时。

混凝土强度标准差宜根据同类混凝土统计资料计算确定，并应符合下列规定：

（1）计算时，强度试件组数不应少于 25 组。

（2）当混凝土强度等级为 C20 和 C25 级，其强度标准差计算值少于 2.5MPa 时，计算配制强度用的标准差应取不小于 2.5MPa；当混凝土强度等级等于或大于 C30 级，其强度标准差计算值小于 3.0MPa 时，计算配制强度用的标准差应取不小于 3.0MPa。

（3）当无统计资料计算混凝土强度标准差时，其值应按现行国家标准《混凝土结构工程施工质量验收规范》（GB 50204）的规定取用。

3. 混凝土配合比设计中的基本参数

每立方米混凝土用水量的确定，应符合下列规定：

1）干硬性和塑性混凝土用水量的确定

水灰比为 0.40 ~ 0.80 时，根据粗集料的品种、粒径及施工要求的混凝土拌和物黏度，其用水量可按表 4-40、表 4-41 选取。

干硬性混凝土的用水量（kg/m^3）　　表 4-40

拌和物黏度		卵石最大粒径（mm）			碎石最大粒径（mm）		
项目	指标	10	20	40	16	20	40
维勃黏度（s）	16 ~ 20	175	160	145	180	170	155
	11 ~ 15	180	165	150	185	175	160
	5 ~ 10	185	170	155	190	180	165

塑性混凝土的用水量(kg/m³) 表4-41

拌和物黏度		卵石最大粒径(mm)				碎石最大粒径(mm)			
项目	指标	10	20	31.5	40	16	20	31.5	40
坍落度(mm)	10~30	190	170	160	150	200	185	175	165
	35~50	200	180	170	160	210	195	185	175
	55~70	210	190	180	170	220	205	195	185
	75~90	215	195	185	175	230	215	205	195

注:本表用水量系采用中砂时的平均取值。采用细砂时,每立方米混凝土用水量可增加5~10kg;采用粗砂时,则可减少5~10kg。掺用各种外加剂或掺和料时,用水量应相应调整。

水灰比小于0.4的混凝土以及采用特殊成型工艺的混凝土用水量应通过试验确定。

2)流动性和大流动性混凝土的用水量计算

以表4-41中坍落度90mm的用水量为基础,按坍落度每增大20mm用水量增加5kg,计算出未掺外加剂时的混凝土的用水量。

掺外加剂时的混凝土用水量可按下式计算:

$$m_{wa} = m_{w0}(1-\beta) \tag{4-24}$$

式中:m_{wa}——掺外加剂混凝土每立方米混凝土用水量(kg);

m_{w0}——未掺外加剂混凝土每立方米混凝土用水量(kg);

β——外加剂的减水率。

外加剂的减水率应经试验确定。

当无历史资料可参考时,混凝土砂率的确定应符合下列规定:

(1)坍落度为10~60mm的混凝上砂率,可根据粗集料品种、粒径及水灰比按表4-42选取。

混凝土的砂率(%) 表4-42

水灰比(W/C)	卵石最大粒径(mm)			碎石最大粒径(mm)		
	10	20	40	16	20	40
0.40	26~32	25~31	24~30	30~35	29~34	27~32
0.50	30~35	29~34	28~33	33~38	32~37	30~35
0.60	33~38	32~37	31~36	36~41	35~40	33~38
0.70	36~41	35~40	34~39	39~44	38~43	36~41

注:本表数值系中砂的选用砂率,对细砂或粗砂,可相应地减少或增大砂率。只用一个单粒级粗集料配制混凝土时,砂率应适当增大。对薄壁构件,砂率取偏大值。本表中的砂率系指砂与集料总量的重量比。

(2)坍落度大于60mm的混凝土砂率,可经试验确定,也可在表4-42的基础上,按坍落度每增大20mm,砂率增大1%的幅度予以调整。

(3)坍落度小于10mm的混凝土,其砂率应经试验确定。

外加剂和掺和料的掺量应通过试验确定,并应符合国家现行标准《混凝土外加剂应用技术规范》(GB 50119)、《粉煤灰混凝土应用技术规范》(GBJ 146)、《用于水泥和混凝土中粒化高炉矿渣粉》(GB/T 18046)等的规定。

(4)当进行混凝土配合比设计时,混凝土的最大水灰比和最小水泥用量,应符合表4-43中的规定。

混凝土的最大水灰比和最小水泥用量 表 4-43

环境条件		结构物类型	最大水灰比			最小水泥用量(kg)		
			素混凝土	钢筋混凝土	预应力混凝土	素混凝土	钢筋混凝土	预应力混凝土
干燥环境		正常的居住和办公用房屋内部件	不作规定	0.65	0.60	200	260	300
潮湿环境	无冻害	高湿度的室内部件室外部件；在非侵蚀土和(或)水中的部件	0.70	0.60	0.60	225	280	300
潮湿环境	有冻害	经受冻害的室外部件；在非侵蚀性土和(或)水中且经受冻害的部件；高湿度且经受冻害的室内部件	0.55	0.55	0.55	250	280	300
有冻害和除冰剂的潮湿环境		经受冻害和除冰剂作用的室内和室外部件	0.50	0.50	0.50	300	300	300

注：当用活性掺和料取代部分水泥时，表中的最大水灰比和最小水泥用量即为替代前的水灰比和水泥用量。配制 C15 级及其以下等级的混凝土，可不受本表限制。

(5)长期处于潮湿和严寒环境中的混凝土，应掺用引气剂或引气减水剂。引气剂的掺入量应根据混凝土的含气量并经试验确定，混凝土的最小含气量应符合表 4-44 的规定。混凝土的含气量亦不宜超过 7%。混凝土中的粗集料和细集料应作坚固性试验。

长期处于潮湿和严寒环境中混凝土的最小含气量 表 4-44

粗集料最大粒径(mm)	最小含气量(%)
40	4.5
25	5.0
20	5.5

注：含气量的百分比为体积比。

4. 混凝土配合比的计算

进行混凝土配合比计算时，其计算公式和有关参数表格中的数值均系以干燥状态集料为基准。当以饱和面干集料为基准进行计算时，则应做相应的修正。

混凝土配合比应按下列步骤进行计算：

(1)计算配制强度 $f_{cu,0}$ 并求出相应的水灰比；

(2)选取每立方米混凝土的用水量，并计算出每立方米混凝土的水泥用量；

(3)选取砂率，计算粗集料和细集料的用量，并提出供试配用的计算配合比。

混凝土强度等级小于 C60 级时，混凝土水灰比宜按下式计算：

$$W/C = \frac{\alpha_a \cdot f_{ce}}{f_{cu,0} + \alpha_a \cdot \alpha_b \cdot f_{ce}} \tag{4-25}$$

式中：α_a、α_b——回归系数；

f_{ce}——水泥 28d 抗压强度实测值(MPa)。

(1)当无水泥 28d 抗压强度实测值时，式(4-25)中的 f_{ce} 值可按下式确定：

$$f_{ce} = \gamma_c \cdot f_{ce,g} \tag{4-26}$$

式中：γ_c——水泥强度等级值的富余系数，可按实际统计资料确定；

$f_{ce,g}$——水泥强度等级值(MPa)。

(2)f_{ce} 值也可根据 3d 强度或快测强度推定 28d 强度关系式推定得出。

回归系数 α_a 和 α_b 宜按下列规定确定：

(1)回归系数 α_a 和 α_b 应根据工程所使用的水泥、集料，通过试验由建立的水灰比与混凝土强度关系式确定；

(2)当不具备上述试验统计资料时，其回归系数可按表 4-45 采用。

回归系数 α_a、α_b 选用表 表 4-45

石子品种 / 系数	碎　石	卵　石	石子品种 / 系数	碎　石	卵　石
α_a	0.46	0.48	α_b	0.07	0.33

每立方米混凝土的用水量(m_{w0})可按前述规定确定。

每立方米混凝土的水泥用量(m_{c0})可按下式计算：

$$m_{c0} = \frac{m_{w0}}{W/C} \tag{4-27}$$

混凝土的砂率可按前述的规定选取。

粗集料和细集料用量的确定，应符合下列规定。

(1)当采用重量法时，应按下列公式计算：

$$m_{c0} + m_{g0} + m_{s0} + m_{w0} = m'_{cp} \tag{4-28}$$

$$\beta_s = \frac{m_{s0}}{m_{g0} + m_{so}} \times 100\% \tag{4-29}$$

式中：m_{c0}——每立方米混凝土的水泥用量(kg)；

m_{g0}——每立方米混凝土的粗集料用量(kg)；

m_{s0}——每立方米混凝土的细集料用量(kg)；

m_{w0}——每立方米混凝土的用水量(kg)；

m_{cp}——每立方米混凝土拌和物的假定重量(kg)，其值可取 2350 ~ 2450kg；

β_s——砂率(%)。

(2)当采用体积法时，应按下列公式计算：

$$\frac{m_{c0}}{\rho_c} + \frac{m_{g0}}{\rho_g} + \frac{m_{s0}}{\rho_s} + \frac{m_{w0}}{\rho_w} + 0.01\alpha = 1 \tag{4-30}$$

$$\beta_s = \frac{m_{s0}}{m_{g0} + m_{s0}} \times 100\% \tag{4-31}$$

式中：ρ_c ——水泥密度（kg/m^3），可取 2 900 ~ 3 100kg/m^3；

ρ_g ——粗集料的表观密度（kg/m^3）；

ρ_s ——细集料的表观密度（kg/m^3）；

ρ_w ——水的密度（kg/m^3），可取 1 000kg/m^3；

α ——混凝土的含气量百分数，在不使用引气型外加剂时，可取 1。

5. 混凝土配合比的试配、调整与确定

1）试配

进行混凝土配合比试配时应采用工程中实际使用的原材料。混凝土的搅拌方法，宜与生产时使用的方法相同。

混凝土配合比试配时，每盘混凝土的最小搅拌量应符合表 4-46 的规定，当采用机械搅拌时，其搅拌量不应小于搅拌机额定搅拌量的 1/4。

混凝土试配的最小搅拌量　　　　表 4-46

集料最大粒径（mm）	拌和物数量（L）	集料最大粒径（mm）	拌和物数量（L）
31.5 以下	15	40	25

按计算的配合比进行试配时，首先应进行试拌，以检查拌和物的性能。当试拌得出的拌和物坍落度或维勃黏度不能满足要求，或黏聚性和保水性不好时，应在保证水灰比不变的条件下相应调整用水量或砂率，直到符合要求为止。然后提出供混凝土强度试验用的基准配合比。

混凝土强度试验时至少应采用三个不同的配合比。其中一个应为所确定的基准配合比，另外两个配合比的水灰比，宜较基准配合比分别增加和减少 0.05；用水量应与基准配合比相同，砂率可分别增加和减少 1%。

当不同水灰比的混凝土拌和物坍落度与要求值的差超过允许偏差时，可通过增、减用水量进行调整。

制作混凝土强度试验试件时，应检验混凝土拌和物的坍落度或维勃黏度、黏聚性、保水性及拌和物的表观密度，并以此结果作为代表相应配合比的混凝土拌和物的性能。

进行混凝土强度试验时，每种配合比至少应制作一组（三块）试件，标准养护到 28d 时试压。

需要时可同时制作几组试件，供快速检验或较早龄期试压，以便提前定出混凝土配合比供施工使用。但应以标准养护 28d 强度或按现行国家标准《粉煤灰混凝土应用技术规范》（GBJ 146）等规定的龄期强度的检验结果为依据调整配合比。

2）配合比的调整与确定

根据试验得出的混凝土强度及与其相对应的灰水比（C/W）关系，用作图法或计算法求出与混凝土配制强度（$f_{cu,0}$）相对应的灰水比，并应按下列原则确定每立方米混凝土的材料用量：

（1）用水量（m_w）应在基准配合比用水量的基础上，根据制作强度试件时测得的坍落度或维勃黏度进行调整确定；

（2）水泥用量（m_c）应以用水量乘以选定出来的灰水比计算确定；

（3）粗集料和细集料用量（m_g 和 m_s）应在基准配合比的粗集料和细集料用量的基础上，按选定的灰水比进行调整后确定。

经试配确定配合比后,尚应按下列步骤进行校正:

(1)应根据前述所确定的材料用量按下式计算混凝土的表观密度计算值$\rho_{c,c}$。

$$\rho_{c,c} = m_c + m_g + m_s + m_w \tag{4-32}$$

(2)应按下式计算混凝土配合比校正系数δ。

$$\delta = \frac{\rho_{c,t}}{\rho_{c,c}} \tag{4-33}$$

式中:$\rho_{c,t}$——混凝土表观密度实测值(kg/m^3);

$\rho_{c,c}$——混凝土表观密度计算值(kg/m^3)。

(3)当混凝土表观密度实测值与计算值之差的绝对值不超过计算值的2%时,按前述确定的配合比即为确定的设计配合比;当二者之差超过2%时,应将配合比中每项材料用量均乘以校正系数δ,即为确定的设计配合比。

根据本单位常用的材料,可设计出常用的混凝土配合比备用;在使用过程中,应根据原材料情况及混凝土质量检验的结果予以调整。但遇有下列情况之一时,应重新进行配合比设计。

(1)对混凝土性能指标有特殊要求时;

(2)水泥、外加剂或矿物掺和料品种、质量有显著变化时;

(3)该配合比的混凝土生产间断半年以上时。

三、水泥混凝土路面施工阶段质量控制

1. 摊铺机施工

1)一般要求

高速公路、一级公路水泥混凝土路面的摊铺必须采用机械摊铺,所采用的摊铺机械性能必须达到监理人的要求。基层强度不符合要求者,不得进行路面摊铺。

2)试验路段

(1)在水泥混凝土路面摊铺开工之前,承包人应在严密的组织下,按照批准的施工方案,在监理人选定的现场上,铺筑面积不小于400m^2 的试验路段,承包人应提供并使用要在正常生产工作中采用的全部设备。

(2)通过试验路段达到以下目的:

①通过试拌检验搅拌楼性能及确定合理搅拌工艺,检验适宜摊铺的搅拌楼拌和参数:上料速度,拌和容量,搅拌均匀所需时间,新拌混凝土坍落度、振动黏度系数、含气量、泌水性、VC值和生产使用的混凝土配合比等。

②通过试铺检验主要机械的性能和生产能力,检验辅助施工机械组配合理性,检验路面摊铺工艺和质量,模板架设固定方式或基准线设置方式,摊铺机械(具)的适宜工作参数,包括松铺高度、摊铺速度、振捣时间与频率、滚压遍数、碾压遍数、压实度、中间和侧向拉杆置入情况等,检验整套施工工艺流程。

③使工程技术及工作人员熟悉并掌握各自的操作要领。

④按施工工艺要求检验施工组织形式和人员编制。

⑤建立混凝土原材料、拌和物、路面铺筑全套技术性能检验手段,熟悉检验方法。

⑥检验通信联络和生产调度指挥系统。

(3)承包人应根据试验路段结果提出对机械设备或操作进行合理的改进。

(4)竣工的试验路段如经监理人认可验收,可作为竣工项目支付,如不予验收,则应由承包人把所有不合格的路段清除出去,重做试验,费用由承包人负担。

3)钢筋的设置

(1)横向缩缝及胀缝设置传力杆时,应与中线及路面表面平行,其偏差不应大于5mm,传力杆应采用监理人认可的支承装置,在铺筑路面之前装设好传力杆。

(2)传力杆长度的一半再加上5cm,应涂上两层沥青乳液或一层沥青,胀缝处的传力杆尚应在涂沥青的一端加一个预制的盖套,内留36mm的空隙,填以纱头或泡沫塑料。

(3)拉杆不应露头。拉杆端应切正,横断面不应变形,装设拉杆时,不应使其穿过已摊铺好的混凝土顶面,拉杆应在混凝土摊铺之前就装设好,或者用一台拉杆振动器把它装入接缝边缘内,或者用混凝土摊铺机上的拉杆自动穿杆器来装设,在已凝固的混凝土内安装拉杆时,应用经监理人认可的拉杆穿插装置来进行。

(4)工程中所用的全部钢筋的设置及绑扎都应先经监理人同意后才能浇筑混凝土,承包人至少应在12h以前把浇筑混凝土的意图通知监理人,以使他有足够的时间检查钢筋和采取纠正措施。

(5)钢筋不应沾土、污垢、油脂、油漆、毛刺以及松散的或厚的铁锈,以免损坏钢筋与混凝土之间的黏结。

4)混凝土拌和物的搅拌和运输

混凝土的搅拌和运输应符合《水泥混凝土路面施工及验收规范》(GBJ 97—1987)的要求。

5)混凝土拌和物的摊铺

(1)承包人应提供摊铺混凝土板和终饰而推荐的设备和方法,以及摊铺宽度、接缝布置和预计的进度等全部详情和细节报监理人审批。

(2)当气温低于5℃或高于35℃时,或者正在下雨或估计4h内有雨时,不得铺筑混凝土,工程中铺筑的混凝土的温度不应低于5℃或高于35℃。

(3)承包人应提供测定保养气温、混凝土温度、相对湿度及风速的设备,并应按照监理人的指示测定和记录这些数据。当蒸发率超过0.75kg/(m^2·h),承包人应采取使监理人满意的防止水分损失的预防措施,如果监理人认为这些预防措施不能令人满意时,可下令停止施工。

(4)监理人应检查和批准所有的模板、基层准备情况,接缝和养生材料的供应情况,备用振捣器的储备情况,以及承包人的全面准备情况,以保证工程的正常进行。

(5)混凝土应采用摊铺机械铺筑。手工摊铺只应局限于小范围或不能用机械摊铺的区域。手工摊铺应在施工前由承包人报经监理人审批。

(6)摊铺机应是经批准的自行式机械。摊铺时应以缓慢的速度均匀地行进,以保证摊铺机的连续操作。摊铺机还应有以下特点:

①有带传感装置的自动控制系统,以便把线形和高程控制到规定的标准。

②有能均匀摊铺混合料及调节混合料流向的振捣器,能捣实混凝土整个深度。

③有单独的发动机作动力的插入式振捣器,能捣实混凝土整个深度。

④有可调整的挤压整平板和整形板,并在所有表面上做出要求的修饰。

⑤具有适应混凝土板不同宽度或组合宽度与板厚的摊铺能力,其组合板宽应符合图纸或监理人的要求。

(7)摊铺机应具有摊铺、捣实、整形和修饰的功能,使后来只需要最少的手工修饰,就能铺筑成符合规范要求的修饰表面和密实而均质的混凝土。

(8)摊铺机、汽车以及养生、切缝和做纹理的设备行走路线的承力面,应由承包人进行准备及保养,以便能适应操作。

(9)混凝土拌和物摊铺工作一旦开始,不得中断,摊铺机应不致因缺乏混凝土而停工,造成1h以上停工或达到2/3初凝时间。距胀缝、缩缝或薄弱面3m之内不得出现横向施工缝。如果不能充分供应混凝土,则在至少做成3m长的板的工作中断之时,应把最后一条缝后面的多余混凝土按指示清除掉。

(10)混凝土均匀浇注在模板内,不应有离析现象。靠边角应先用插入式振捣器顺序捣实,再用平板振捣器纵横交错全面振捣,然后用振动梁振捣,平行移动往返拖振2~3遍,使表面泛浆,赶出水泡。

6)终饰

(1)混凝土振动梁振动整平后,应保持路拱的准确,并检查平整度,由承包人用长度不小于3m的直尺检查新铺混凝土表面,每次用直尺进行检查时,都应与前一次检查带至少重叠1/2的直尺长度。

(2)表面修饰前应做好清边整缝,清除黏浆,修补掉边、缺角,表面修整时,严禁在混凝土面板上洒水、撒水泥。

(3)表面整修宜分二次进行,先找平抹面,等混凝土表面无泌水时,再做第二次抹平,板面应平整密实。

(4)整修作业应在混凝土保持塑性和具有和易性的时候进行,以确保从路表面上清除水分和浮浆。新铺混凝土表面,平整度检查出来的高处,应用手镘法清除高出的混凝土,低洼处不得填以表面的浮浆,必须用新制混凝土填补与修整。

(5)混凝土板面宜采用机械刻纹,表面纹理应符合图纸规定。当采用拉槽工艺时,一般槽口宽度为4~5mm,槽深为1~2mm。

7)工程防护

(1)承包人应提交在下雨干扰工程时拟采用的防护方法及设备的详细建议。防护设备应停放在工地,以便随时可以投入使用。

(2)应采取预防措施,保证路面铺筑完的头96h期间混凝土的温度不降到5℃以下,当主导温度偏低,或当有寒冷气候预报以及新铺混凝土的温度有降到规定极限以下的危险时,承包人应停止摊铺混凝土拌和物作业。如果承包人采取了预防措施,可保证混凝土拌和物的温度能在上述时间内维持在5℃时,施工可继续进行,否则,拒绝验收。

8)接缝

(1)承包人应在开始铺筑路面混凝土之前28d,提交一份整个工程范围的平面图,示出建议在混凝土路面内设置的全部接缝的部位和布置细节。路面板锚头、桥头搭板及末端板亦均应在平面图中示出。

(2)横向施工缝

①横向施工缝的位置宜改在胀缩缝处，设在缩缝处或非胀、缩缝处时，横向施工缝采用平缝加传力杆，并应垂直于中线和按图纸所示尺寸及其他要求施工。传力杆采用光面钢筋，其长度的一半以上应涂以沥青，设在胀缝处时，横向施工缝应按胀缝的要求施工，传力杆最外边距接缝或自由边的距离，不应小于15cm。

②因故造成1h以上停工或达到2/3初凝时间时应设置横向施工缝。

③横向施工缝若与横向缩缝、胀缝分开设置时，其距离不得小于2m，必要时为了保证获得最小间距，监理人可授权改变横向缩缝的间距。

④横的施工缝应在做纹理之前修整出光顺平齐的表面。

(3)横向缩缝

①横向缩缝应横过路面全宽设置。缩缝一般采用假缝形式，缝应做成一条直线，不得有任何中断。图纸规定缩缝处设传力杆时，其要求与施工缝的传力杆相同。

②除监理人另有指示外，横向缩缝(假缝)应采用锯缝，并按图纸规定的尺寸锯成，承包人应负责修建除规定位置外，不得出现任何横向裂缝的路面。在规定部位之外出现裂缝的混凝土路面应拒绝验收。

③锯缝垂直或水平的边缘剥落，不应超过5mm，边缘剥落长度，在任何一米长的锯缝内不得超过300mm。

④承包人应采用能适合锯混凝土硬度的锯刀、设备和控制方法，并应由有经验的操作人员来施工，以确保锯口平直和把边缘剥落控制在规定范围以内。工地上应储备充足的备用锯缝机和锯刀，以供损坏时更换。

⑤当混凝土硬化到足以承受锯缝设备时，即可开始锯缝作业，锯缝作业完成后，应立即把所有锯屑和杂物彻底清除干净。

⑥混凝土板养生完毕后，用空气压缩机很好地清扫接缝沟槽内任何杂物，混凝土充分干燥后，用符合图纸规定的填料予以填封。

(4)横向胀缝

①横向胀缝应按图纸所示或监理人指示，在桥头搭板端部、路面板的锚头处、沿行车道与交叉道之间以及其他规定处设置，胀缝应采用滑动传力杆，即在传力杆涂沥青的一端加一盖套，内留30mm的空隙，填纱头或泡沫塑料，盖套一端宜在相邻板中交错布置。

②横向胀缝应连续贯通路面全宽，并应垂直于道路中心线以及按图纸所示尺寸设置，横向胀缝与其他横缝的距离不得小于2m，必要时，为保证获得最小净距，监理人可授权改变横向缩缝的间距。

③接缝用的接缝板和填缝料应符合图纸规定。

④在设置接缝材料时，胀缝要彻底扫净，缝的侧面均应用接缝材料制造厂家推荐的结合料抹涂。填缝料的顶部低于路面表面不得少于5mm，也不得多于7mm。

(5)纵向缩缝

①纵向缩缝应平行于中线或按图纸所示或监理人指示的位置设置。拉杆应采用螺纹钢筋。

②除监理人另有指示外，纵向缩缝采用假缝，用锯缝机按图纸规定的尺寸锯成。

③所有纵向缩缝的缝线与平面图所示位置之间的偏差在任何一点上都不得超过10mm。

(6)纵向施工缝

纵向施工缝一般采用平缝,并应在板厚中央设置拉杆,拉杆的设置与纵向缩缝拉杆设置相同,接缝应采用符合规范或图纸规定的填缝料予以填封。

9)混凝土板养护及模板的拆除

混凝土板表面修整完毕后,应及时采用湿治养护和塑料薄膜养护 14 ~ 21d。模板的拆除,应符合《水泥混凝土路面施工及验收规范》(GBJ 97—1987)的规定。

10)开放交通

混凝土板达到设计强度时,监理人可允许开放交通。当遇特殊情况需要提前开放交通时,则应根据《公路工程水泥混凝土试验规程》(JTG E30—2005)的试验方法测定混凝土试块强度,保证其达到设计强度 80% 以上,其车辆荷载不得大于设计荷载,在开放交通之前,路面应清扫干净,所有接缝均应封闭好。

11)取样和试验

(1)施工过程中,弯拉强度试验取样频率为:高速公路和一级公路每工作班制作 2 ~ 4 组,日进度大于等于 1 000m 取 4 组,大于等于 500m 取 3 组,小于 500m 取 2 组;其他公路每工作班制作 1 ~ 3 组,日进度大于等于 1 000m 取 3 组,大于等于 500m 取 2 组,小于 500m 取 1 组。每组 3 个试件的 28d 强度的平均值作为一个统计数据。

抗压强度试验取样频率为:不同强度等级及不同配合比的混凝土应在浇筑地点或拌和地点分别随机制取试件;浇筑一般体积的结构物时每一单元结构物应制取 2 组;连续浇筑大体积结构物时,每 80 ~ 200m^3 或每工作班应制取 2 组。每组 3 个试件的 28d 强度的平均值作为一个统计数据。

强度试验按《公路工程水泥混凝土试验规程》(JTG E30—2005)规定方法进行。如果试件的试验结果表明 28d 混凝土强度达不到规定强度时,监理工程师可允许承包人提交从工程中挖取的试件进行试验,此外监理人可选择任何时间从工程中提取样芯以使和按要求制备的试样所取得的测试强度结果进行校验核对。

(2)摊铺好的混凝土面板厚度应在统计基础上取样,并进行量测,以确定面板厚度是否符合设计要求。

(3)所有试验结果均应报监理人审批,所发生的一切费用由承包人自理。

12)混凝土面板的拆除及更换

(1)凡不符合规定要求时,任何混凝土面板均应按监理人的指示予以拆除及更换,拆除及更换所发生的一切费用均由承包人负担。

(2)拆除的混凝土板应打碎后再拆除,拆除时不能损坏邻近的混凝土板和基层。

(3)更换的新板及接缝均应符合新建的规定。

13)冬季施工和夏季施工

在冬季或夏季施工时,应按《水泥混凝土路面施工及验收规范》(GBJ 97—1987)的要求进行施工。

2.人工、小型机械化施工

1)模板安装的检查

(1)钢模板的高度应与混凝土板厚度一致。

(2)木模板应选用质地坚实、变形小、无腐朽、扭曲、裂纹的木料。

(3)模板高度的允许误差为 ±2mm,企口舌部或凹槽的长度允许误差:钢模板为 ±1mm;木模板为 ±2mm。

(4)立模的平面位置与高程,应符合设计要求,并应支立准确稳固,接头紧密平顺,不得有离缝、前后错茬和高低不平等现象。

(5)混凝土拌和物摊铺前,应对模板的间隔、高度、润滑、支撑稳定情况和基层的平整、润湿情况以及钢筋的位置和传力杆装置等进行全面检查。

2)混凝土拌和物的搅拌和运输

(1)混凝土拌和物应采用机械搅拌施工,其搅拌站宜根据施工顺序和运输工具设置,搅拌机的容量应根据工程量大小和施工进度配置。施工工地宜有备用的搅拌机和发电机组。

(2)搅拌机每批的拌和物数量,应按混凝土施工配合比和搅拌机容量确定,并应符合下列规定:

①进入拌和机的砂、石料必须准确过秤,磅秤使用前应检查校正。用砂必须严格控制泥块含量。

②散装水泥必须过秤,袋装水泥当以袋计量时,应抽查其重量是否准确。

③严格控制加水量,每班开工前,实测砂、石料的含水量,根据天气变化,由工地试验确定施工配合比。

(3)搅拌第一批混凝土拌和物应先用适量的混凝土拌和物或砂浆搅拌,拌后排弃,然后再按规定的配合比进行搅拌。

(4)混凝土拌和物每批的搅拌时间,应根据搅拌机的性能和拌和物的和易性确定。

(5)混凝土拌和物的运输,宜采用自卸机动车运输。当运距较远时,宜采用搅拌运输车运输。混凝土拌和物自搅拌机出料后,运至铺筑地点进行摊铺、振捣、做面,直至浇筑完毕的允许最长时间,由试验室根据水泥初凝时间及施工气温确定。

(6)装运混凝土拌和物,不得漏浆,并应防止离析。夏季和冬季施工,必需时应有遮盖或保温措施,出料及铺筑时的卸料高度,不应超过 1.5m,当有明显离析时,应在铺筑时重新拌匀。

3)混凝土浇筑施工的质量控制

混凝土拌和物的施工,应符合下列规定:

(1)混凝土路面优先采用三辊轴振捣梁进行振捣。厚度不大于 22cm 的混凝土板,靠边角应先用插入式振捣器顺序振捣,再用功率不小于 2.2kW 的平板振捣器纵横交错全面振捣。纵横振捣时,应重叠 10~20cm,然后用振动梁振捣拖平,有钢筋的部位,振捣时应防止钢筋变位。

(2)振捣器在每一位置振捣的持续时间,应以拌和物停止下沉、不再冒气泡为准,且当水灰比小于 0.45 时,不宜少于 30s,用插入式振捣器时,不宜少于 30s。

(3)当采用插入式与平板振捣器配合使用时,应先用插入式振捣器振捣,后用平板式振捣器振捣。分两次摊铺的,振捣上层混凝土拌和物时,插入式振捣器应插入下层混凝土拌和物 5cm,上层混凝土拌和物的振捣必须在下层混凝土拌和物初凝以前完成。插入式振捣器的移动间距不宜大于其作用半径的 0.5 倍,并应避免碰撞模板和钢筋。

(4)振捣时应辅以人工找平,并应随时检查模板,如有下沉、变形或松动,应及时纠正。

(5)干硬性混凝土搅拌时可先增大水灰比,浇筑后采用真空吸水工艺再将水灰比降低,以提高混凝土在未凝结硬化前的表层结合强度。

(6)混凝土拌和物整平时,填补板面应先选用碎(砾)石较细的混凝土拌和物,严禁用纯水泥砂浆填补找平。经用振动梁整平后,可再用铁滚筒进一步整平。设有路拱时,应使用路拱成形板整平。整平时必须保持模板顶面整洁,接缝处板面平整。

(7)混凝土板做面,应符合下列规定:

①做面前,应做好清边整缝,清除黏浆,修补掉边、缺角。做面时严禁在面板混凝土上洒水、撒水泥粉。

②做面宜分二次进行。先找平抹平,待混凝土表面无泌水时,再作第二次抹平。混凝土板面应平整、密实。

③抹平后沿横坡方向拉毛或采用机具压槽。公路和城市道路、厂矿道路的拉毛和压槽深度应为1~2mm,民航机场道面拉毛的平均纹理深度(填砂法):跑道、高速出口滑行道不得小于0.8mm;滑行道、停机坪不得小于0.4mm。

4)水泥混凝土路面接缝施工

人工及小型机械化施工水泥混凝土路面接缝时,其要求与摊铺机施工水泥混凝土路面接缝相同。

5)混凝土板养护及模板的拆除

混凝土板表面修整完毕后,应及时采用湿治养护或塑料薄膜养护14~21d,模板的拆除应符合《水泥混凝土路面施工及验收规范》(GBJ 97—1987)的规定。

四、连续配筋混凝土路面施工质量控制

连续配筋混凝土路面的施工可按图4-10所示工序实施。

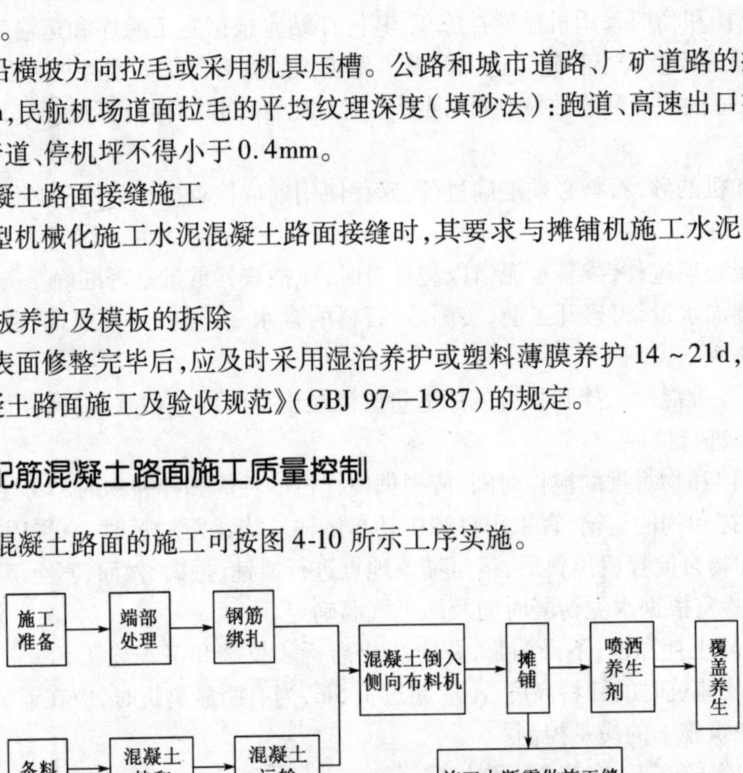

图4-10　连续配筋混凝土路面施工工序简图

1. 配合比设计

(1)承包人应将计划用于铺筑水泥混凝土面层的各种材料,提前通过试验进行混合料组成配合比设计,这些设计应包括材料标准试验、混凝土抗折和抗压强度、集料级配、水灰比、坍落度、水泥用量、质量控制等,承包人应及时提供所有设计、试验报告单和详细说明,报监理工程师批准。混凝土的单位水泥用量,应根据摊铺选用的水灰比和单位用水量进行计算。

(2)为了确定在整个施工过程中,混凝土混合料配合比是否需要调整,承包人可按规定作7d的抗折强度试验。

(3)混凝土配合比除应保证设计强度、耐磨、耐久性外,还必须满足摊铺对混凝土拌和物工作性能的要求。

(4)承包人按上述要求提供的试验室理论配合比,必须经过试验路段的试拌、试铺检验,检验满足要求后,将确定的配合比资料报监理人批准后才能用于施工配合比。

(5)已批准的混凝土施工配合比、施工方法和材料,除由于原材料天然含水量变化引起的用水量变化需适量调整外,未经监理人的同意不应改变,如需改变时,承包人应重新报送资料,试拌、试铺经监理人批准后才能使用。

2. 施工准备

1)人员准备

在摊铺开始前,施工单位应对施工、试验、机械、管理等岗位的技术人员和各工种技术工人进行培训,未经培训的人员不得单独上岗操作。

2)材料

(1)施工单位应安排专人负责材料的准备工作,所有材料的供应、储备应不影响摊铺的正常施工。

(2)所有运至工地的材料必须经监理人验收。

(3)料场应建在地势较高、排水通畅的位置,其底部应硬化处理,严禁料堆积水和泥土污染。不同规格的砂石料之间应有隔离设施,严禁混杂。

3)机械设备

施工前,必须对搅拌楼、运输车辆、布料机、滑模摊铺机(或三轴仪)、拉毛养生机等施工机械,经纬仪、水准仪或全站仪等测量基准线仪器和人工辅助施工的振捣棒、整平梁、模板等机具、工具及试验仪器进行全面的检查、调试、校核、标定、维修和保养,并试运行正常。对主要设备易损零部件应有适量储备。

4)下卧层

(1)面层施工前,应对下卧层进行评定。必须保证下卧层的平整度、高程等指标符合要求。

(2)摊铺前,必须将下卧层表面清扫干净,并洒水湿润,若下卧层表面被泥土等污染,应用洒水车冲洗干净。

(3)摊铺前,应对基层上的沥青封层进行认真检查,若发现沥青封层损坏,应补洒沥青。

(4)施工前,必须对透层、封层验收合格后,方可进行下一步工作。

5)模板安装

(1)下卧层验收合格后,应进行路面施工段的水准复测和补测以及中线的复测,核对原有中线桩和补测丢失的中桩。

(2)采用24cm厚的钢模板,根据测量的高程进行准确安装,应安装稳固、牢靠。模板安装完毕后,应检查其安装准确与否。

(3)模板安装完毕后,禁止扰动,特别是正在摊铺时,严禁碰撞和振动。确保模板的稳定,保持混凝土路面边缘形状与高程准确,保证路面的平整度。

6)基准线设置

(1)基层验收合格后,应进行路面施工段的水准复测和补测以及中线的复测,核对原有中线桩和补测丢失的中桩。

(2)摊铺机导线桩的设置间距为10m,在变坡和弯道段应加密至5m,每个桩要打牢固,应打入基层10～15cm,夹线臂到基层顶面的距离为45～75cm。导线必须拉紧,每根导线上应有100kg的拉力,张紧后准线上的垂直高差不应大于1mm。其长度最大不超过400m。导线安装完毕后,应检查其安装准确与否。

(3)导线安装完毕后,禁止扰动,特别是正在摊铺时,严禁碰撞和振动。断开的导线连接后可使用,但接头不得大于1cm。大风天气将引起导线振动,若导线振动会引起路面平整度不良,应停止施工。

3. 施工

1)设备

(1)路面施工应采用以滑模摊铺机为主的大型机械配套施工技术(或人工及小型机械化施工)。混凝土的搅拌、运输、表面整修与纹理制作等设备必须与其相配套,搅拌机的生产效率、混凝土运输生产能力必须与摊铺速度合理配套。

(2)混凝土拌和设备。混凝土拌和机必须采用强制式搅拌机,并有自动供料、自动计量设备,设有集料配料系统、供水系统、外加剂加入装置和水泥及粉煤灰供应系统。

搅拌站的生产能力应保证摊铺均衡地、不停顿地作业,按半幅路面全宽摊铺所需要的水泥混凝土量来决定,其生产能力不宜小于300m^3/h。采用多台搅拌机组合时,必须保证新拌混凝土的质量均衡性。

搅拌站应有备用搅拌机和发电机组,应保证搅拌、清洗、养生用水的供应,并保证水质。

应配备足够的试验设备和人员,以对混凝土的质量进行检验与控制。

(3)新拌混凝土的运输应以10～20t的大吨位自卸汽车为主,辅以汽车式混凝土搅拌运输车,每台运输车应带有附着式振捣器,以方便卸料。自卸车的车斗要平整、光滑,不渗漏,后挡板应关闭严密,不漏浆,不变形。运料时应加盖,以防水分蒸发,每天应对运输车辆检查清洗。

(4)滑模摊铺机应可以在施工中一次完成主线半幅路面两条行车带(含路缘带)混凝土板的摊铺、振捣、成型、传力杆安置、拉杆插入、抹光等工序。滑模摊铺机应有行驶方向以及摊铺高度两个方向的自动控制功能。

2)钢筋设置

(1)纵向钢筋必须紧密绑扎、安装好且稳固可靠(所有接点必须稳固),搭接点可采用细铁丝绑扎或者点焊,纵向钢筋最小搭接长度为钢筋直径的30倍,搭接位置应错开布置。横向钢筋布置于纵向钢筋之下,一般不应搭接,若有搭接也应错开布置,搭接长度不小于钢筋直径的30倍。纵横向钢筋绑扎的钢筋网必须平直成带片状,至板边的侧距应保持相等。除了临时中断的施工缝以外,钢筋网应保持连续。

(2)支架应按照设计图纸设置,根据监理人批准,也可以采用其他可靠的方法。混凝土摊铺和振捣期间,钢筋的排列和间距应保持和控制在正确的位置,且在规定的允许误差范围内,其竖向允许误差为±5mm,钢筋网间距允许误差为±5mm。应将支架牢固地树立在基层上,以防止支架倾倒或刺入基层。固定装置不应影响混凝土的摊铺和振捣。

(3)施工缝和纵缝处外露的普通钢筋和补强钢筋宜进行防锈处理。

(4)拉杆按规范进行设置,其位置位于纵向钢筋之上。

3)混凝土的搅拌与运输

(1)各种规格的集料应分开堆放和供料,取自不同料源的集料应分开堆放;每个料源的材料要进行抽样试验，并报经监理人批准。

（2）搅拌站的计量系统在工地安装之后，应进行检定、校正，经监理人验收合格后方可正式投入生产。

（3）混凝土拌和物的拌和时间应根据搅拌机的性能和拌和物的和易性确定。净拌最短时间，即材料全部进入拌和楼起，至拌和物开始出料的连续搅拌时间，对强制式搅拌一般不应小于35～40s。

（4）对搅拌站的大型搅拌机的生产性验证，应根据试验室提供的配合比试拌，进行混凝土和易性、含气量、弯拉强度三项检验，并从每台搅拌机试拌时的初期、中期和后期分别取样制作试件，以检验各台搅拌机拌制混凝土的均匀性。

（5）每天应对混凝土的生产进行全面地监督，并要求将多台搅拌机的实际配料记录和材料使用统计、机械操作参数以及搅拌混凝土生产时间、数量等记录进行统计，并作定期分析，以提高混凝土生产质量的均匀性。

（6）混凝土拌和物从搅拌机出料后，运至铺筑地点进行摊铺完毕的最长允许时间，由试验室根据水泥初凝时间、施工气温以及坍落度试验结果确定，一般不应大于1.5h，在气温不同的条件下，可以采用外掺剂来调节初凝时间。

（7）自卸汽车装运混凝土拌和物时，不得漏浆，并应防止离析。在夏季或冬季施工时，自卸车厢上应加遮盖。混凝土出料时应注意移动自卸汽车，避免离析。出料时的卸料高度不得超过1.5m。

4）混凝土的摊铺

（1）连续配筋混凝土路面宜采用能够一次完成半幅路面的滑模摊铺机施工。

（2）摊铺时，宜采用侧向进料方式，可采用经监理人同意的侧向布料机或其他侧向进料设备。同时，在布料机械出现故障时，应有相应的应急措施。对布料机上的易损零部件应有储备。如采用人工摊铺时，不应对混合料进行抛掷和耧耙，以防离析。

（3）在摊铺机起步、收机等路段，应采用刚运到的新混凝土拌和物，辅以人工浇筑、捣实，以保证混凝土板的板厚、密实度、平整度及饰面质量。

（4）在滑模摊铺的最初50m之内，应测量校核路面高程、厚度、宽度、中线、横坡等技术参数，并及时通知机手，以便调整滑模摊铺机上传感器、挤压板等设备，保证所铺的路面满足要求。

（5）摊铺机应保持均匀摊铺速度，摊铺时应随时观察新拌混凝土的级配和黏度情况，并根据其黏度调整摊铺的速度和振捣频率。摊铺后的混凝土表面应无麻面，板侧应垂直光洁，无坍边和麻面。如有少量麻面、气泡、边角塌陷等，应及时用人工修整，如缺陷严重，应立即对摊铺机加以调整，经调整后仍不能克服的，应立即停机，查出原因，清除弊端后方可继续工作。

（6）在滑模摊铺机施工过程中，要求供料与摊铺机速度密切协调，尽可能减少停机次数。若出现新拌混凝土供应不上的情况，滑模摊铺机停机等待时间不得超过30min，在30min内，应每隔10min开动振捣棒振动2min；超过30min时，应将滑模摊铺机开出路面摊铺位置，且该处应做施工缝。

（7）施工时要求尽量保证连续施工，以减少横向缝的数量。当遇实际情况不得不中断施工时,其间距不宜小于200m。在施工缝处增加纵向抗剪钢筋,钢筋的数量比纵向钢筋数量少2根,其布置位置保证距两根纵向钢筋的间距相等,钢筋的直径与纵向钢筋相同,且应具有足够的长度,抗剪钢筋应伸入先施工的面板一端至少95cm,后摊铺的面板一端245cm。施工缝端部应平整、光洁、无麻面。

(8)对混合料进行振捣,每一位置的持续时间应以混凝土停止下沉,不再冒气泡并泛出砂浆为准,振捣时间不宜太长。振捣时应辅以人工找平,并随时检查模板有无下沉、变形和松动。

(9)下列情况下不能进行摊铺:准备工作不充分;气温低于5℃或高于35℃;正在下雨或估计4h内有雨;其他监理人认为不能摊铺的情况。

5)表面修整

(1)混凝土摊铺、捣实、刮平作业完成后,应用批准的饰面设备进一步整平,使混凝土表面达到要求的坡度和平整度。

(2)饰面作业时,不得在混凝土表面洒水或洒水泥粉,当烈日暴晒或干旱风吹时,宜在遮荫棚下进行。

(3)接缝和路表面不规则处的必要的人工修整作业,应选用较细的碎石混合料,严禁使用纯砂浆找平,并在经监理人批准的工作桥上进行,工作桥不得支撑在尚未达到强度要求的混凝土上。

(4)修整作业应在混凝土仍保持塑性和具有和易性的时候进行,以确保从路表面上清除水分和浮浆。表面低洼处不得填以表面的浮浆,而必须用新制混凝土填补与修整。

(5)在混凝土仍具有塑性时,应按照要求纵向拉毛,横坡方向拉槽措施在混凝土表面沿横向作纹理,以保证混凝土路面的抗滑要求。

6)混凝土养生

(1)混凝土浇筑作业完成后,应开始养生并进行防护。所选择的养生方法应经监理人批准。

(2)采用喷洒养护剂的方式进行养护时,应采用专用的养生机喷洒,养护剂的品种和数量应满足规范的要求,并应均匀喷洒两遍,面板两侧也应喷洒。养生剂的喷洒量必须以在混凝土表面形成完全封闭的薄膜为度,然后再用塑料薄膜覆盖或加盖麻袋进行湿治养生。在养护膜未形成前,如遇雨水侵袭,应重新喷洒。覆盖应持续到14d或达到混凝土设计强度的80%。

(3)应控制养生初期的养生温度。养生时间应随混凝土强度的增长情况而定,并经监理人同意。

第五节　路面工程常见质量问题与防治

一、沥青路面常见质量问题与防治

沥青路面由于环境因素的不断影响和行车荷载的反复作用,经过一段时间的使用,便会产生破坏而失去原有的使用能力。沥青路面常见的病害类型如下。

1. 由软土地基继续沉降产生的路面(含桥头)沉陷

我国多条高速公路都有部分路段位于软土地基上。针对不同情况的软土地基,高速公路设计和施工时,都采用了相应的处治措施,花费了大量的资金,期望在路面建成通车后软土地基不会产生过多的工后沉降,以减少或减轻路面产生较大沉陷,保持路面应有的平整度。但是实践表明,多条高速公路都没有达到应有的技术效果。

未得到应有效果的关键问题在于:采取处理措施后到铺筑路面前容许软土地基固结沉降的时间太短。造成软土地段路面大量沉陷的另一个重要外因是袋装砂井或塑料排水板或粉喷桩、搅拌桩等没有打穿软土层,致使砂井底、排水板下端以及桩尖下部仍有一个层厚不一的软土层。

因此,要使软土地基固结稳定,最重要的是要有足够长的加载预压时间使路基稳定。

2. 水破坏

沥青路面水破坏现象十分普遍,水破坏来得快,性质最为严重。降水进入沥青面层后,视水的滞留位置而异,在大量高速行驶车辆作用下,可能产生以下几种不同的水破坏现象:

1)表面层产生坑洞

降雨过程中,雨水会进入并滞留在表面层沥青混凝土的空隙中。在大量快速行车的作用下,一次一次产生的动水压力(孔隙水压力)使沥青从碎石表面剥落下来,局部沥青混凝土变成松散,碎石被车轮甩出,路面产生坑洞。

2)表面层和中面层同时产生坑洞以及局部表面产生网裂和形变

降雨过程中,如自由水渗入并滞留在表面层和中面层内,大量快速行车使此两层内沥青混凝土中部分碎石上的沥青剥落,导致表面产生网裂、形变(下陷)和向外侧推挤,或产生坑洞。

3)唧浆、网裂、坑洞

如水透过沥青面层(两层式或三层式)滞留在半刚性基层顶面,在大量快速行车作用下,自由水产生很大的压力并冲刷基层混合料表层的细料,形成灰白色浆。灰浆被行车压唧到路表面,在灰浆数量大的情况下,可能立即产生坑洞;在数量小的情况下,可使路面网裂或变形,某处产生网裂和变形后,降水就更容易渗入,并产生恶性循环,最终导致路面破坏。

沥青混凝土本身的空隙率大、压实度不够和不均匀性是导致沥青面层产生水破坏的主要内因,应采用设计孔隙率较小(4% ~5%)的沥青混凝土,加强高温压实,提高材料和摊铺均匀性可减小上述病害。

3. 沉陷

沉陷是路面在车轮作用下表面产生的较大凹陷变形,有时凹陷两侧伴有隆起现象。当沉陷严重时,超过了结构的变形能力,在结构层受拉区产生开裂而形成纵裂,并有可能逐渐发展成网裂。造成沉陷的主要原因是路基土的压缩。当路基土的承载能力较低,不能承受从路面传至路基表面的车轮压力时,便产生较大的垂直变形即沉陷。

4. 车辙

车辙是路面的结构层及土基在行车重复荷载作用下的补充压实,以及结构层材料的侧向位移产生的累积永久变形。这种变形出现在行车轮带处,即形成路面的纵向带状凹陷。车辙是高级沥青路面的主要破坏形式。因为这类路面的使用寿命较长,即使每一次行车荷载作用产生的残余变形量很小,多次重复作用累积起来的残余变形总和也将会较大,足以影响车辆的正常行驶。降雨过程中及雨后车辙内的积水会使行车产生水漂现象影响行车安全。车辙超过一定深度,路面就容易破坏。

对于半刚性基层,如果半刚性基层质量不好,局部半刚性基层材料没有形成完整的整体,甚至是松散的,则其上的沥青面层会产生严重的车辙。

对于某一已知气候条件,影响车辙的有两个主要外因如下:

(1)重载卡车的数量及其轴重和轮胎压力。重载卡车的数量愈多、轴重和轮胎压力愈大,要求沥青混凝土的抗车辙能力愈大。

(2)行车速度。承受慢速交通或有停车情况的路面与承受快速交通的路面相比较而言,前者要求沥青混凝土有较大的抗车辙能力,即车速愈慢,要求沥青混凝土的抗车辙能力愈大。

如果沥青混凝土本身的高温强度(或常称的高温稳定性)不足,或水浸入沥青混凝土面层后,使其下部沥青剥落,强度显著下降,在行车作用下会产生剪切形变并导致严重车辙和向外侧推挤现象。

5. 松散

松散是由于沥青混凝土表面层中的集料颗粒脱落,从表面向下发展的渐进过程。集料颗粒与裹覆沥青之间丧失黏结力是颗粒脱落的原因。

有多种原因可能导致松散:

(1)集料颗粒被足够厚的粉尘包裹,使沥青膜黏结在粉尘上,而不是黏结在集料颗粒上。表面的摩擦力磨掉沥青膜,并使集料颗粒脱落。

(2)表面有离析,离析处缺少大部分细集料。离析面上粗集料与粗集料相接触,但只有少数接触点有沥青黏结着集料。随时间增长,沥青会老化,剥落会使沥青与集料的黏结力减弱,孔隙中的水冻结会破坏黏结力,或足够大的摩擦力会破坏离析面上的集料颗粒。

(3)沥青混凝土面层内有密实度低的位置,需要有高密实度才能保证沥青混合料的黏聚力。如混合料压实度不够,集料就容易从混合料中脱落。

松散严重的路面,如材料散失后在路面表面留下一个洼坑,并有足够的深度存水,就可能引起水漂现象而产生安全问题。表面的松散集料会降低抗滑能力,并被行车轮胎带起甩在行车道上,引起其他问题。

6. 横向裂缝

横向裂缝是沥青面层发生最多的一种裂缝。关于横向裂缝的几个要点:

(1)沥青路面的裂缝是不可避免的,横向裂缝也是不可避免的。横向裂缝可能由多个外因引起,如温度变化的作用、地基或填土路堤纵向不均匀沉陷、半刚性基层的裂缝或刚性路面的接缝。

(2)绝大部分是温度裂缝。高速公路半刚性路面的横向裂缝绝大部分是温度裂缝。在冰冻地区温度裂缝有两种:一是冬季突然大幅度降温引起沥青面层产生低温收缩裂缝;二是日气温变化引起沥青面层产生温度应力,温度应力的反复作用使沥青面层产生温度疲劳裂缝。在冬季负气温的地区,通常低温裂缝是主要的。

(3)温度裂缝起始于表面。大风降温过程中,面层表面的温度最低,温度变化也是表面的温度变化率最大。因此，表面产生的温度拉应力最大。温度裂缝总是起始于表面并向下较快延伸。

(4)半刚性路面的裂缝率与柔性路面的裂缝率没有明显的差别。

(5)温度裂缝逐年增加。

(6)优质沥青减少温度裂缝。

(7)沥青较稀、黏度较高有利于减少温度裂缝。

(8)面层沥青混凝土的强度。大幅度降温时，面层表面产生的温度应力大于表层沥青混凝土拉应力时，面层就会开裂。因此，表层沥青混凝土的抗拉强度愈大，面层愈不容易开裂，反之亦然。

影响沥青混凝土抗拉强度大小的因素有沥青质量、矿料级配、沥青混凝土的空隙率和压实度。通常压实度高或空隙率小的沥青混凝土抗拉强度大。

(9)沥青混凝土的均匀性。沥青混凝土的均匀性愈好，其强度就愈均匀，面层表面的薄弱处也就愈少。因此在其他条件相同的情况下，沥青混凝土面层的均匀性愈好，表面产生温度裂缝的时间可能愈晚，温度裂缝的数量也会愈少。

(10)面层愈厚并不意味裂缝愈少。在其他条件相同的情况下，面层愈厚，表面产生的温度应力可能愈大。由于面层表面的温度裂缝是由多个因素引起的，因此不是面层愈薄，温度裂缝愈少。

7. 反射裂缝

反射裂缝指下卧层不连续处作用在热拌沥青混凝土面层底面的应力超过了材料的抗拉强度并使面层底面开裂，裂缝逐渐向上延伸，直到穿透面层，反映为表面的裂缝。下列因素可能引起反射裂缝：

(1)下卧水泥混凝土路面的裂缝或接缝。

(2)旧热拌沥青混凝土面层上的低温裂缝。

(3)旧热拌沥青混凝土面层的块状裂缝，或由土基收缩裂缝引起的旧路面的块状裂缝。

(4)旧面层上的纵向裂缝。

(5)旧面层上的疲劳裂缝。

在旧面层上铺一层薄的应力或应变吸收层会吸收下卧层的很多水平运动，从而减少裂缝穿过热拌沥青混凝土顶面。另一个修补技术是，使用再生技术使旧沥青混凝土面层上部5～10cm如同新铺面层。这种旧面层更新技术能消除旧面层中的部分裂缝，从而减少或延缓反射裂缝发展。

如果反射裂缝是由开裂或有接缝水泥混凝土路面相邻两部分的水平和垂直运动引起的，则很难预防穿过热拌沥青混凝土面层的反射裂缝。

实践中还有另一种情况，在旧的有缝路面上不是铺筑薄沥青混凝土面层，而是较厚(如8cm以上)的沥青混凝土面层。在这种情况下，旧路面的缝也会促使其上新铺面层在旧路面缝的上方产生相对应的裂缝。但此对应裂缝不是从新铺面层的底面开始，而是从其顶面开始，并逐渐向下穿透面层与旧路面的缝相连。为区别于上述从底面开始的反射裂缝，称之为对应裂缝。

为了减少或延缓产生这类形成机理完全不一样的对应裂缝，显然也需要采取某些不同的技术措施,上述在旧路面上铺设应力吸收膜中间层的措施就不再适用于减少对应裂缝。就减少或延缓对应裂缝而言,需要加强新面层表层的抗拉强度。

二、水泥混凝土路面常见质量问题与防治

根据病害发生的原因、表现形态、对使用性能的影响、对应的处治措施等因素,并考虑简明实用和避免不必要的繁琐,将水泥路面病害分为4类、17型,每型分1~3级,共计31种病害。

1.断裂类质量问题

1)裂缝

单块面板范围内仅存在一条裂缝,包括横向裂缝、纵向裂缝、斜向裂缝,且不属于断角情况。按裂缝宽度、是否有错台沉陷等情况分为3个轻重程度等级。

(1)轻微:裂缝两边的板块稳固,无松动和错台,裂缝基本无剥落(剥落长度≤10%裂缝长度)且裂缝缝隙宽度≤3mm或者裂缝填封良好。一般为平面上未裂通或裂通不久的裂缝。轻度裂缝为裂缝初期形态,在素混凝土板中一般不会维持很久。对于未裂通的轻度裂缝一般不予处理,已裂通的可采取灌缝或封缝处理。

(2)中等:裂缝有一定程度剥落(裂缝剥落长度为10%~50%裂缝长度)或裂缝两边板块存在中等错台(错台量6~10mm),或裂缝缝隙宽度为3~15mm。中等裂缝为轻度裂缝进一步发展形成。中等裂缝的典型处治措施为板底压浆后沿裂缝开槽(宽10~20mm,深15~30mm)在缝槽内灌注接缝填缝料,或养护规范推荐的其他处治措施。

(3)严重:裂缝出现两边板块严重错台、沉陷、唧泥,或裂缝严重剥落等情况,或裂缝缝隙宽度≥15mm。严重裂缝为中等裂缝进一步发展形成。严重裂缝的典型处治措施为进行板底压浆稳定板块,再沿裂缝开槽(宽10~20mm,深15~30mm)后在缝槽内灌注接缝填缝料,维持使用。但是,若满足后述三个条件,可采取局部换板(全厚式修补)处理。

①裂块中的一块占60%以上面积并保持稳定而没有任何沉陷、唧泥松动等情况。

②经适当的横(纵)向锯切后保留的板长(宽)在2.5m以上。

③局部换板处理的板块长(宽)度至少为1.0m。

2)破碎

裂缝将板分为3块以上。如全部断块或裂缝发生在一个局部应归为断角。按破坏程度是否已经影响行车安全需要立即进行换板处治,分为3个轻重程度等级。

(1)轻微:板块被轻度裂缝分为3块,板块未发生松动、错台或沉陷。轻度破碎板一般由轻微裂缝(缝宽3mm)板进一步开裂形成。轻微破碎板可采取封闭裂缝等方法维持使用。

(2)中等:板块被轻度裂缝分为4块或被中等裂缝(缝宽3~15mm)分为3块,或板块发生10mm以下错台或沉陷。中等破碎板一般由轻微破碎板或中等裂缝板进一步开裂形成。中等破碎板可采取封闭裂缝等方法维持使用,或与相邻的严重破碎板一并进行整板更换。

(3)严重:板块被分为5块以上,或虽分为3~4块但板块有明显松动、10mm以上错台、沉陷、唧泥等情况。严重破碎板可由中等破碎板进一步发展形成,也可由严重裂缝(缝宽≥15mm)板或补块板进一步开裂形成。严重破碎板一般应立即做整板更换,基层应在换板时一

并处理完善。

3)断角

裂缝与纵横接缝相交,且二交点距角点均≤1.8m。按是否下沉影响行车安全和损坏程度分为2个轻重程度等级。

(1)轻微:断角没有下沉或已经修补且补块未破碎下沉。发生断角的板块通常厚度不足,在重车的作用下板角竖向位移过大,引起基层或土基发生塑性变形而使板角失去支撑,造成板角上表面拉应力过大,超过疲劳极限而开裂。轻度断角可封缝后维持使用。

(2)严重:断角有下沉或断角本身进一步断裂成两块以上。严重断角由轻微断角发展而来。严重断角应进行角隅全厚式修补或横向全厚式修补。

4)补块

路面板损坏后用水泥混凝土进行的局部全厚式修补。板块的病害虽经修补,但毕竟已不同于完整板块,即使修补部分本身情况良好,整个板块的结构性能仍受到削弱。当补块为断角修补时,归入断角病害。当补块的非补块部分发生新的开裂时,归入破碎板病害。按补块本身是否下沉和开裂将补块板分为2个轻重程度等级。

(1)轻微:补块稍有损坏,错台<10mm,不影响路面使用性能。对于轻微补块板可不予处理。

(2)严重:补块内开裂,或错台沉陷≥10mm。对于严重损坏的补块板应翻修补块或整板更换,基层应一并处理完善。

2. 变形类质量问题

1)脱空、唧泥

板块在荷载通过时有明显活动感,或接缝处有污染,沉积着基层材料,或板角弯沉检测弯沉值>0.2mm。脱空唧泥病害不分等级,脱空、板块松动可采取压力灌浆的办法进行板下封堵处治;当有唧泥时表明路面、基层或路基排水不良,尚应采取措施改进路面、基层和路基排水系统。

2)错台

接缝两边出现3mm以上高差。按高差大小分为3个轻重程度等级。

(1)轻微:高差≤5mm。轻度错台可不予处理。

(2)中等:高差6~10mm。中等错台可采用机械磨平法,打磨宽度不小于40倍错台高差。

(3)严重:高差≥10mm。严重错台可采用环氧树脂砂浆进行结合式补平或用沥青砂调平(补平或调平宽度不小于40倍错台高差),或用沥青混凝土罩面,或采取板底压浆抬高等方法进行处置。

3)拱起

横缝两侧的板体因热胀而突然发生明显抬高。拱起病害不分等级。切割拱起部位将板复位,再进一步灌填接缝材料。

4)胀起

路面板在局部路段范围内因路基冻胀或膨胀土膨胀向上隆起,造成0.5%以上的纵坡突变或10mm以上的邻板高差。按对行车的影响程度分为2个轻重程度等级。

(1)轻微:当车辆驶过时仅引起不舒适而不影响安全性,纵坡突变量为0.5%~1.0%。轻度沉陷可不予处理。

(2)严重:当某些车辆高速驶过时影响安全,纵坡突变量大于1.0%。严重沉陷可采用提升面板后再压浆的办法进行处理,也可以采用先板底灌浆再进行浅层结合式修补调平,或采用沥青混凝土罩面的办法处理。沉陷并伴有板体开裂时属严重破碎板,一般应作整板更换。

3.接缝类质量问题

1)接缝剥落

沿接缝每侧约一个板厚宽度范围内的板边碎裂,裂缝面与板面成一定角度未贯通板厚。接缝剥落分为2个轻重程度等级。

(1)轻微:浅层剥落,接缝槽深度范围内(约8cm)碎裂。可以用浅层结合式边角修复的方法进行修补。

(2)严重:深层剥落,接缝附近混凝土多处开裂且深度超过接缝槽底部的碎裂。严重接缝剥落可进行横向全厚式修复;当深层剥落局限于板角时可采用角隅全厚式修复。

2)纵缝张开

因未设拉杆、拉杆数量不足或拉杆损坏而造成纵向接缝两侧板块分离3mm以上。纵缝张开病害分为2个轻重程度等级。

(1)轻微:纵缝张开3~10mm。可采用填缝料做灌缝处理。

(2)严重:纵缝张开10mm以上。可采用沥青砂做填缝处理。

3)接缝填缝料损坏

因填缝料老化、与接缝缝壁剥离、挤出、车轮带出等原因,接缝整条脱粘、开裂、渗水或1/3以上缝长出现空缝(包括被砂、石、土填塞)。接缝填缝料损坏不分等级。接缝填缝料损坏应先清缝然后重新灌注接缝填缝料;当接缝呈空缝状态时往往表明板底脱空、唧泥,应先进行板下封堵,然后灌缝。

4.表面类质量问题

1)露骨

路面板表面面积在$2m^2$以上的细集料散失和粗集料暴露。露骨病害分2个轻重程度等级。

(1)轻微:露骨深度≤3mm。一般可不予处理。

(2)严重:露骨深度>3mm。可进行罩面或表面刻纹处理。

2)表层裂纹

路面板因冰冻、水泥安定性不足、活性集料反应、施工期间水泥混凝土塑性收缩等引起的表面浅层裂纹。表层裂纹病害不分等级。一般可不予处理。

3)层状剥落

路表面因冰冻侵蚀、活性集料反应、砂浆强度不足等造成的浅层碎裂剥落。层状剥落病害不分等级。可采取浅层结合式罩面修补法进行处治。

4)坑洞:因粗集料脱落或局部振捣不到位等原因,分布于路表面,面积为$20\sim80cm^2$,深度为40mm以上的局部凹坑。坑洞病害不分等级。一般可采用高强度等级水泥砂浆填实。

本 章 小 结

路面是用各种筑路材料铺筑在路基上供车辆行驶的层状构造物。路面不仅直接承受车辆荷载的作用,而且要经受自然因素和其他人为因素的作用。本章首先从路面的功能和构造出发,叙述了路面工程在施工过程中监理人进行质量监理的要点。具体体现在以下几个方面。

1. 路面基层(底基层)施工质量监理

首先介绍了路面基层(底基层)的主要类型,以及混合料配合比设计原则和方法,突出了基层(底基层)施工过程中质量控制要点,即对混合料拌和与运输、摊铺与整形、碾压、养生的质量监理内容与方法。

2. 沥青面层施工质量监理

针对沥青路面的不同类型,首先介绍了沥青混合料组成设计,再对目前公路工程中常采用的路面类型分述其质量控制要点,即热拌沥青混合料、沥青表面处治、沥青贯入式路面的质量监理内容和方法。

3. 水泥混凝土面层施工质量监理

从水泥混凝土面层的基本分类出发,介绍了水泥混凝土配合比设计的基本原理与方法,针对在目前公路工程中水泥混凝土路面施工所采用的两种方法:摊铺机施工、人工及小型机械化施工的施工工艺和质量控制要点进行论述。

思 考 题

1. 试述路面的功能和对路面的基本要求?

2. 路面从力学特性出发,分为哪几类?

3. 试述对路面基层的基本要求?

4. 试述基层混合料配合比设计要达到的目标?

5. 试述基层施工前,监理人应检查的内容?

6. 通过基层试验路的铺筑,应得出什么结果?

7. 试述沥青混合料组成设计要考虑的因素?

8. 按组成材料和施工方法的不同,水泥混凝土面层分为哪几类?

9. 水泥混凝土试验路段的修筑有何要求?

10. 人工及小型机械化施工水泥混凝土路面时,其振捣有何规定?

11. 某一级公路水泥稳定粒料基层的设计厚度为20cm,待评定路段的检测值为:21.0cm、22.0cm、20.0cm、19.0cm、18.0cm、20.0cm、21.0cm、21.0cm、22.0cm、19.0cm。试评价其厚度是否满足要求(已知:厚度平均值容许误差为 -12mm,单个检查值的容许误差为 -25mm)。

第五章　桥梁工程施工质量监理

为了保证拟建的公路工程项目连续、河沟水流畅通、船只的航行正常和维持原有道路的交通运输状况不受影响，必须修建各种类型的桥梁和涵洞。受工程现场地形环境、工程水文地质、设计技术和思路、工程材料品种等各方面因素的影响，桥型变化繁多，使得桥梁工程施工方法和工艺非常多。随着科学技术的发展，社会的进步，人们物质、文化生活水平的不断提高，对公路交通建设的要求也越来越高，尤其对高速公路中的桥梁工程建设，提出了以下几点要求：

（1）桥梁的设置要尽可能符合路线布设规定，并服从路线的走向，以确保行车舒适、安全、经济。

（2）桥梁的造型要美观，尤其是城市和风景区的桥梁，其建筑造型往往成为评选方案的重要条件。

（3）桥梁的环保要求严，以免造成水土流失、破坏生态环境。

（4）桥梁的工程质量要求高，施工期限要求紧，这是取得较好的社会效益的重要前提条件。所以，应尽可能采用工业化和机械化施工，积极推广使用可靠的新技术、新工艺、新材料和新设备。

因此，在现代桥梁建设中，以钢筋混凝土和预应力混凝土为主要的建筑材料，以梁式、拱式、悬索式为主要结构体系的桥梁结构，不仅得到了广泛的应用，而且正向大跨度方向发展。

第一节　概　　述

一、桥梁工程的基本组成及分类

1. 桥梁工程的基本组成

桥梁一般由桥跨结构、桥墩和桥台、基础和调治构造物等四大部分组成。

（1）桥跨结构：桥跨结构是在线路中断时跨越障碍的主要承载结构。

（2）桥墩和桥台：桥墩和桥台是支撑桥跨结构并将恒载和车辆等活载传至地基的建筑物。通常设置在桥梁两端的称为桥台，它除了上述作用外，还与路堤相衔接，以抵御路堤土压力，防止路堤填土的滑坡和坍落。在路堤与桥台衔接处，一般还设置锥形护坡、台前溜坡或者八字墙等。

（3）基础：基础是将桥梁墩、台所承受的各种荷载传递到地基上的结构物，是确保桥梁安全使用的关键部位。有扩大基础（明挖浅基础）、桩基础和沉井基础等不同的结构形式。随着桥梁技术的不断发展，一些新的基础形式（如地下连续墙基础、组合式基础等）也逐渐在桥梁工程中得到应用。

(4)调治构造物:调治构造物是为引导和改变水流方向,使水流平顺通过桥孔并减缓水流对桥位附近河床、河岸的冲刷而修建的水工构造物。如桥台的锥形护坡、台前护坡、导流堤、护岸墙、丁坝、顺坝等,对保证河道流水顺畅和防止破坏生态环境有着极其重要的作用。

2. 桥梁工程的分类

按桥梁的基本体系分类。

(1)梁式桥:梁式桥是一种在竖向荷载作用下无水平反力的结构。由于外力的作用方向与承重结构的轴线接近垂直,故与同样跨径的其他结构体系相比,梁内产生的弯矩最大,通常用抗弯能力强的材料来建造。这种桥梁结构简单、施工方便。

(2)拱式桥:拱式桥的主要承重结构是拱圈或拱肋,这种结构在竖向荷载作用下,桥墩或桥台将承受水平推力。同时,这种水平推力将显著抵消荷载所引起在拱圈内的弯矩。因此,与同跨径的梁相比,拱的弯矩和变形要小很多。鉴于拱桥的承重结构以受压为主,通常就可用抗压能力强的圬工材料和钢筋混凝土等来建造。

(3)刚架桥:刚架桥的主要承重结构是梁或板和立柱或竖墙整体结合在一起的刚架结构,梁和柱的连接处具有很大的刚性。

在竖向荷载作用下,梁部主要受弯,而在柱脚处也有水平反力,其受力状态介于梁桥和拱桥之间。因此,对于同样的跨径,在相同的荷载作用下,刚架桥的跨中正弯矩要比一般梁桥小。根据这一特点,刚架桥跨中的建筑高度就可以做得较小。

(4)吊桥:传统的吊桥均用悬挂在两边塔架上的强大缆索作为主要承重结构。在竖向荷载作用下,通过吊杆使缆索承受很大的拉力,通常就需要在两岸桥台的后方修筑非常巨大的锚碇结构。吊桥也是具有水平反力的结构。现代的吊桥上,广泛采用高强度钢丝编制的钢缆,以充分发挥其优异的抗拉性能,因此结构自重较轻,就能以较小的建筑高度跨越其他任何桥型无与伦比的特大跨度。吊桥的另一特点是:成卷的钢缆易于运输,结构组成构件较轻,便于无支架悬吊拼装。

(5)组合体系桥:根据结构的受力特点,由几个不同体系的结构组合而成的桥梁称为组合体系桥。组合体系桥实质是利用梁、拱、吊三者的不同组合,上吊下撑以形成新的结构。

按用途可分为:公路桥、铁路桥、公路铁路两用桥、农用桥、人行桥、运水桥及其他专用桥梁。

按多孔跨径总长和跨径的不同可分为:特大桥、大桥、中桥和小桥,见表 5-1。

桥梁涵洞按跨径分类　　表 5-1

桥涵分类	特大桥	大桥	中桥	小桥	涵洞
多孔跨径总长 L(m)	$L>1\,000$	$100\leqslant L\leqslant 1\,000$	$30<L<100$	$8\leqslant L\leqslant 30$	—
单孔跨径 L_K(m)	$L_K>150$	$40\leqslant L_K\leqslant 150$	$20\leqslant L_K<40$	$5\leqslant L_K<20$	$L_K<5$

注:1. 单孔跨径是指标准跨径。

2. 梁式桥、板式桥的多孔跨径总长为多孔标准跨径的总长;拱式桥为两岸桥台内起拱线间的距离;其他形式桥梁为桥面系车道长度。

3. 管涵及箱涵不论管径或跨径大小、孔数多少,均称为涵洞。

4. 标准跨径:梁式桥、板式桥以两桥墩中线间距或桥墩中线与台背前缘间距为准;拱式桥和涵洞以净跨径为准。

按主要承重结构所用的材料可分为:圬工桥、钢筋混凝土桥、预应力混凝土桥、钢桥和木桥等。

按上部结构行车道位置可分为:上承式桥、下承式桥和中承式桥。

3. 与桥梁布置和结构有关的主要尺寸和术语名称。

低水位:是指在枯水季节的最低水位。

高水位:是指在洪峰季节河流中的最高水位。

设计洪水位:是指桥梁设计中按规定的设计洪水频率计算所得的高水位。

净跨径:对于梁式桥是指设计洪水位上相邻两个桥墩(或桥台)之间的净距;对于拱式桥是指每孔拱跨两个拱脚截面最低点之间的水平距离。

计算跨径:对于有支座的桥梁,是指桥跨结构相邻两个支座中心之间的距离;对于拱式桥,是指相邻两拱脚截面形心点之间的水平距离。

标准跨径:对于梁式桥,是指两相邻桥墩中线之间的距离,或桥墩中线至桥台背前缘之间的距离;对于拱桥,是指净跨径。

总跨径:是指多孔桥梁中各孔净跨径的总和。

多孔跨径总长:是指多孔桥梁中各孔标准跨径的总长。

桥梁全长:是指桥梁两端两个桥台的侧墙或八字墙后端点之间的距离;对于无桥台的桥梁为桥面系行车道的全长。

桥梁高度:是指桥面与低水位之间的高差,或为桥面与桥下线路路面之间的距离。

建筑高度:是指桥上行车道路面高程至桥跨结构最下缘之间的距离。

4. 桥梁工程质量评定单元划分及评定方法

(1)桥梁工程质量评定单元划分

桥梁工程根据建设任务、施工管理和质量检验评定的需要,按《公路工程质量检验评定标准》(JTG F80/1—2004)将建设项目划分为单位工程、分部工程和分项工程。承包人、监理人和发包人应按相同的工程项目划分进行工程质量的监控和管理。

(2)桥梁工程质评定方法

工程质量检验评分以分项工程为单元,采用100分制进行。在分项工程评分的基础上,逐级计算各相应分部工程、单位工程、合同段和建设项目评分值。

工程质量评定等级分为合格与不合格,应按分项工程、分部工程、单位工程、合同段和建设项目逐级评定。

承包人应对各分项工程按《公路工程质量检验评定标准》(JTG F80/1—2004)所列基本要求、实测项目和外观鉴定进行自检,按照《公路工程质量检验评定标准》(JTG F80/1—2004)附录J中"分项工程质量检验评定表"及相关施工技术规范提交真实、完整的自检资料,对工程质量进行自我评定。

监理人应按规定要求对工程质量进行独立抽检,对承包人检评资料进行签认,对工程质量进行评定。

发包人根据对工程质量的检查及平时掌握的情况,对监理人所做的工程质量评分及等级进行审定。

质量监督部门、质量检测机构对公路工程质量进行检测、鉴定。

二、桥梁施工的一般要求

1. 场地清理

承包人应按规定要求，清理施工场地，达到“四通一平”即通水、通电、通路、通信和场地平整，所设置的临时设施应满足工程施工的需要及安全施工的要求，做到使监理人满意。

2. 复测

施工前应由勘察设计单位对控制性桩点进行现场交桩，承包人应在开工前对桥梁中心位置桩、三角网基点桩、水准基点桩及其他测量资料进行核对、复测；施工过程中，应对控制网（点）进行不定期的检测和定期复测，定期复测周期不应超过 6 个月。承包人应将复测结果报监理人，并做到其认可。

3. 线型

竣工后的桥梁应线型平顺、坡度匀称、外形美观。缘石、栏杆、护栏、桥面等的高程、线型、弯度、坡度、超高、加宽要做到流畅舒顺、色泽均匀。桥台防护美观大方，附属踏步顺直，与边坡一致。为了获得满意的外观，监理人认为有必要进行修整时，其费用由承包人负责。

4. 预制场地

预制场地由承包人自行选择，预制场规模满足工程需要，交通便利且便于管理。承包人应向监理人报送一份预制场地的平面位置图及预制场地的使用及恢复计划，报监理人批准，工程完工后，应进行设施、废弃物清理，恢复原状，并使监理人满意。

5. 图纸

（1）桥梁工程施工前应熟悉设计文件、领会设计意图，承包人必须按照图纸及其有关说明施工。结构物的尺寸、线条、外形及内在质量应符合图纸规定，其施工偏差应在规范规定的允许值范围内。

（2）当图纸内有关施工说明与规范规定有矛盾时，或图纸及规范均缺少有关的要求和规定时，应由设计单位进行补充说明，或由监理人根据实际情况确定或规定，但应保证实体工程的质量。

6. 安全环保

（1）建立健全安全生产管理体系，落实安全责任，提出安全技术组织措施。对施工中可能存在的各种潜在风险应进行分析、评估，提出防范对策，制定必要的突发事件应急预案。加强施工过程的安全管理，使施工的全过程能安全地进行。

（2）建立健全环保管理体系，制定环境保护、节能减排和文明施工的实施方案。加强施工过程的环保管理，减少工程施工对环境的污染和破坏。

三、钢筋混凝土、预应力混凝土及原材料的质量要求

1. 钢筋工程

1）钢筋的基本要求

钢筋工程是结构物承受拉力的主要组成部分,而预应力混凝土是当今世界最重要、最有发展的结构之一,因此,普通钢筋和预应力钢筋作为相应结构的受力部分就显得十分重要。

(1)钢筋和预应力钢筋各项技术性能、力学性能、化学性能、机械性能和可焊性,必须符合国家现行的标准规定和设计要求,严格检查钢筋和预应力钢筋的种类、等级、牌号、规格、出厂合格证和试验报告,并经进场检验合格后方可使用。

(2)对钢筋和预应力钢筋,按有关规定进行抽验。

(3)钢筋表面必须清洁平直,不得有裂皮、油污和颗粒状锈斑,工地存放应按不同品种、规格分批分别堆放并设立识别标志,采用支垫及覆盖防止水浸和雨淋,存放的时间不宜超过6个月。

(4)接头等部位加工必须符合《公路工程质量检验评定标准》(JTG F80/1—2004)、《公路桥涵施工技术规范》(JTG/T F50—2011)的要求。

2)钢丝的表面质量要求

钢丝表面不得有裂纹、小刺、机械损伤、氧化铁皮及油迹;回火成品表面允许有回火颜色。除非另有协议,表面允许有轻微的肉眼可见的麻坑及浮锈。

3)预应力混凝土用钢绞线的表面质量要求

钢绞线表面不应有损伤及带有降低钢绞线与混凝土黏结力的润滑剂、油渍等物质,允许有轻微的浮锈,但不得锈蚀成肉眼可见的麻坑。

4)热处理钢筋的表面质量要求

钢筋表面不得有肉眼可见的裂纹、结疤、折叠;允许有凸块,但不得有超过横肋高度的凸块;表面允许有不影响使用的缺陷,但不得沾有油污和锈蚀。

2. *混凝土及砂浆砌体工程*

(1)所用的水泥、砂、石、水、掺和料及外加剂的质量规格必须符合有关规范的要求,并按规定的配合比施工。

(2)应按规范要求制作立方体标准试件,与构件同条件制作和标准养护。

(3)拌制混凝土用的水不应含有影响水泥正常凝结与硬化的有害杂质或油脂、糖类及游离酸类等,当采用碱活性集料时,应控制水中的碱含量。

(4)混凝土及砂浆冬季施工应符合《公路桥涵施工技术规范》(JTG/T F50—2011)规定的要求。

(5)石料应符合设计规定的类别和强度等级,石质应均匀、不易风化、无裂纹。石料强度等级为20cm×20cm×20cm含水饱和试件的极限抗压强度(MPa)。

(6)一月份平均气温低于-10℃的地区,除干旱地区的不受冰冻部位或根据以往实践经验证明材料确有足够的抗冻性者外,所用砖石及混凝土须通过冻融试验证明符合表5-2的抗冻性指标时,才可使用。

砖石及混凝土材料抗冻性指标 表5-2

结构物类别	大、中桥	小桥及涵洞
镶面或表层	50	25

注:抗冻性指标是指材料在含水饱和状态下经-15℃的冻结与融化的循环次数。试验后的材料应无明显的损伤(裂缝、脱层),其强度不低于试验前的0.75倍。

(7)片石:一般指用爆破或楔劈法开采的石块,厚度不应小于15cm(卵形和薄片者不得使用)。用作镶面的片石,应选择表面较平整、尺寸较大者,并应稍加修整。

(8)块石:应形状大致方正,上下面大致平整,厚度20~30cm,宽度为厚度的1.0~1.5倍,长度为厚度的1.5~3.0倍(如有锋棱锐角,应敲除)。块石作镶面时,应由外露面四周向内稍加修凿;后部可不修凿,但应略小于修凿部分。

(9)粗料石:是由岩层或大块石料开辟并经粗略修凿而成,应外形方正,成六面体,厚度为20~30cm,宽度为厚度的1.0~1.5倍,长度为厚度的2.5~4.0倍,表面凹陷深度不大于2cm。加工镶面粗料石时,丁石长度应比相邻顺石宽度至少大15cm,修凿面每10cm长须有錾路4~5条,侧面修凿面应与外露面垂直,正面凹陷深度不应超过1.5cm。

(10)镶面粗料石的外露如带细凿边缘时,细凿边缘的宽度应为3~5cm。

(11)拱石:可根据设计采用粗料石、块石或片石。拱石应立纹破料,岩层面应与拱石轴线垂直,各排拱石沿拱圈内弧的厚度应一致。用粗料石砌筑曲线半径较小的拱圈,辐射缝上下宽度相差超过30%时,宜将粗料石加工成楔形,其具体尺寸可根据设计及施工条件确定,但应符合下列规定:

①厚度不应小于20cm。

②高度应为最小厚度的1.2~2.0倍。

③长度应为最小厚度的2.5~4.0倍。

(12)混凝土预制块的规定应与粗料石相同,其强度应符合合同规定,尺寸应根据砌体形状确定。预制块作拱石时,应比封顶时间提前2~4个月预制,以减少混凝土的收缩。

3. 其他

如对材料的检验,模数式伸缩缝、梳齿板式伸缩缝、橡胶伸缩缝的检验,板式橡胶支座、四氟板式橡胶支座、盆式橡胶支座、盆式四氟板式橡胶支座的检验,预应力锚具、夹具、连接器的检验等均应符合规范规定的要求。

四、桥梁结构施工质量要求

(1)钢筋加工应符合《公路桥涵施工技术规范》(JTG/T F50—2011)的要求。

(2)钢筋的接头应符合《公路桥涵施工技术规范》(JTG/T F50—2011)的规定。

(3)钢筋的焊接方法、形式及使用范围应符合《公路桥涵施工技术规范》(JTG/T F50—2011)的规定。

(4)钢筋骨架和钢筋网的组成和安装要求见表5-3。

(5)预应力高强钢丝、钢绞线、热处理钢筋及冷拉Ⅳ级钢筋的切断,宜采用切割机或砂轮锯,不得使用电弧等热切割。

(6)预应力钢材由多根钢丝或钢绞线组成时,同束内应采用强度相等的钢材,且编束应理顺直进行编束,防止缠绕,预应力钢材镦粗头及冷拉和冷拔要求见表5-4。

(7)预应力张拉一般采用应力和应变双控,用应力控制方法张拉时,应以伸长值进行校核,实际伸长值与理论伸长值之差应在6%以内。最大超张拉应力要符合设计要求或《公路桥涵施工技术规范》(JTG/T F50—2011)的要求。

钢筋骨架和钢筋网的组成及安装　　表5-3

项　　目	钢筋骨架与钢筋网拼接安装要求
钢筋骨架片和钢筋网片的预制	1. 在钢筋工程中,对适于预制钢筋骨架或钢筋网的构件,宜先预制成钢筋骨架片或钢筋网片,在工地就位后进行拼装(绑扎或焊接),以保证安装质量并加快施工进度。 2. 预制成的钢筋骨架,必须具有足够的刚度和稳定性,以利运输、吊装和浇筑混凝土过程中不致松散、移位、变形,必要时可在钢筋骨架的某些连接点处加以焊接或增设加强钢筋
骨架的焊接拼装要求	1. 拼装时应按设计图纸放大样,同时还应考虑焊接变形并预留拱度。 2. 钢筋拼装前,对有焊接接头的钢筋应检查每根接头的焊缝有无开焊、变形,如有开焊,应及时补焊或更换。 3. 为防止电焊时局部变形,拼接时在需要焊接的位置先用楔形卡卡住,待所有焊接点卡好后,焊缝两端以点焊定位,然后进行焊缝施焊。 4. 骨架焊接时,不同直径钢筋的中心线应在同一平面上。因此,在焊接较小直径钢筋时,下面宜垫以厚度适当的钢板。 5. 焊接顺序宜由中间对称地向两端进行,先焊骨架下部,再焊骨架上部,相邻的焊缝采用分区对称跳焊,不得顺着一个方向一次焊成,药皮应随焊随敲除,并严格控制焊缝质量
钢筋网点的焊接要求	钢筋网焊点应符合设计规定。当设计无规定时,可按下述要求: 1. 当钢筋网的受力钢筋为变形钢筋时,网内焊点的数目和位置可按运输和安装条件决定。 2. 当焊接网的受力钢筋为Ⅰ级或冷拉Ⅰ级钢筋时,如焊接网只有一个方向为受力钢筋,网两端边缘的两根锚固横向钢筋与受力钢筋的全部相交点必须焊接,如焊接网的两个方向均为受力钢筋,则沿网四周边的两根钢筋的全部相交点均应焊接,其余的相交点,可根据运输和安装条件决定,一般可焊接和绑扎一半交叉点。 3. 当焊接网的受力钢筋为冷拔低碳钢丝、而另一方向的间距小于10cm时,除网两端边缘的两根锚固横向钢筋的全部相交点必须焊接外,中间部分的焊点距离可增大至25cm
现场绑扎钢筋时的有关规定	1. 钢筋的交叉点应用铁丝绑扎结实,必要时,亦可用点焊焊牢。 2. 除设计有特殊规定者外,柱和梁中的箍筋应与主筋垂直。 3. 箍筋的末端应向内弯曲,箍筋转角与钢筋的交接点均应绑扎牢(钢筋与箍筋的平直部分的相交点可成梅花式交叉扎牢)。 4. 箍筋的接头(弯钩迭合处),在柱中应沿竖向线方向交叉布设,在梁中应沿纵向线方向交叉布设。 5. 墩、台身、柱中的竖向钢筋搭接时,转角处的钢筋弯钩均应与模板成45°,中间钢筋的弯钩应与模板成90°。如采用插入式振动器浇筑小型截面时,弯钩与模板的角度最小不得小于15°,在浇筑过程中不得松动。 6. 绑扎用的铁丝丝头应向里弯,不得伸向保护层内
对先绑扎后入模的骨架安装要求	1. 绑扎梁、柱、桩等钢筋骨架,宜在绑扎工作台上进行或采用滚焊机加工。 2. 运送、搬移钢筋骨架要轻起轻落,不得猛摔或翻滚。 3. 抬运钢筋骨架时,应注意不使骨架有变形情况,必要时可加支撑筋加固或增设吊点。 4. 钢筋在入模前,在底部应加好垫块,在侧部绑好垫块,以保证应有的保护层厚度。 5. 钢筋入模前,对模板上的浮油要加以清除,以免油污钢筋影响质量。 6. 已经绑扎好的钢筋骨架或钢筋网上不得践踏或在其上放置重物

预应力钢材镦粗头及冷拉和冷拔 表 5-4

<table>
<tr><th>项目</th><th colspan="5">有关规定和要求</th></tr>
<tr><td>预应力钢材镦粗头</td><td colspan="5">预应力钢材镦粗头锚固时，对于高强钢丝，宜采用液压冷镦，对于冷拔低碳钢丝，可采用冷冲镦粗。对于钢筋，宜采用热电镦粗，但Ⅳ级钢筋镦粗后应进行电热处理。
冷拉钢筋端头的镦粗及热处理工作，应在钢筋冷拉之前进行，否则应对镦头逐个进行抗拉检查，检查时的控制应力应不小于钢筋冷拉的控制应力</td></tr>
<tr><td rowspan="7">预应力钢材的冷拉</td><td colspan="5">预应力混凝土结构用的冷拉钢筋，可采用Ⅱ～Ⅳ级热轧钢筋，冷拉控制应力及冷拉率应符合下列规定：</td></tr>
<tr><td colspan="5">钢筋冷拉参数</td></tr>
<tr><td rowspan="2">序号</td><td rowspan="2">钢筋种类</td><td colspan="2">双控</td><td>单控</td></tr>
<tr><td>控制应力(MPa)</td><td>冷拉率不大于(%)</td><td>冷拉率(%)</td></tr>
<tr><td>1</td><td>Ⅱ级钢筋</td><td>450</td><td>5.5</td><td>3.5～5.5</td></tr>
<tr><td>2</td><td>Ⅲ级钢筋</td><td>530</td><td>6.0</td><td>3.5～5.0</td></tr>
<tr><td>3</td><td>Ⅳ级钢筋</td><td>750</td><td>4.0</td><td>2.5～4.0</td></tr>
<tr><td>用单控方法冷拉钢筋时的冷拉率</td><td colspan="5">其冷拉率应由试验确定。当试验冷拉率小于上述规定的下限时，控制冷拉率按下限值采用，同时控制冷拉率也不得大于上表列的上限值</td></tr>
<tr><td>冷拉钢筋由多根钢筋组成时的冷拉率</td><td colspan="5">按总长控制的冷拉率除应符合上述单控规定外，还宜分别测定各根钢筋的冷拉率，当采用单控方法时，不应超过上列冷拉参数规定的上限值，而允许低于下限值，当采用双控方法时，不应超过规定参数的限值</td></tr>
<tr><td>钢筋的冷拉速度</td><td colspan="5">冷拉速度不宜过快，一般控制在5MPa/s左右，冷拉至控制应力时，应停置1～2min再放松。冷拉后，有条件时宜进行时效处理，应按冷拉延伸率大小分组堆放，以备编束时选用。冷拉钢筋应做记录</td></tr>
<tr><td>冷拔钢丝的采用与冷拔速度</td><td colspan="5">预应力钢材采用冷拔低碳钢丝时，应采用直径为6～8mm的Ⅰ级热轧钢筋盘条拔制。拔丝模孔为盘条0.85～0.9，拔制次数一般不超过3次，超过3次时应将拔丝退火处理。拉拔总压缩率应控制在60%～80%，平均拔丝速度应为50～70m/min。冷拔达到要求直径后，应按规定进行检验，以决定其组别和力学性能（包括伸长率）</td></tr>
</table>

(8)混凝土的拌和、浇筑、接缝等处理应符合《公路桥涵施工技术规范》(JTG/T F50—2011)的要求。一般情况下应满足：

①钢筋混凝土结构在自重的作用下，不允许出现受力裂缝，非受力裂缝宽度超过0.15mm必须处理。

②钢管混凝土应保证管内混凝土饱满，管壁与混凝土紧密结合。

③对拱式、悬臂等对称结构浇筑必须对称、均衡施工。

④对大体积、大面积混凝土施工应注意其水化热温度的影响，可按规范要求分块、分层施工。

⑤对现浇桥梁上部结构应重视其支架和模板的稳定，且应根据需要设置预拱度，其拆模的期限应符合规范的规定。

⑥当气温在5℃以下时，应符合冬季施工的规定。混凝土结构模板的估计拆除期限见表5-5、表5-6。

拆除承重模板的估计期限　　表 5-5

项次	达到设计强度(%)	水泥		拆模期限(d)及硬化时昼夜的平均温度(℃)						
		品种	强度等级	+5	+10	+15	+20	+25	+30	+35
1	50	硅酸盐、普通	52.5	6.5	5	4.2	3	3	2.5	2
		矿渣	42.5	17	15	9.5	6	4	3	2.5
		矿渣	32.5	18	15	12	8	6.5	5	3.8
2	70	硅酸盐、普通	52.5	11	9.5	8	6	4.5	3.5	3
		矿渣	42.5	31	19	14	11.5	8.5	6	4.5
		矿渣	32.5	34	26	18	15	12.5	8.5	7
3	100	硅酸盐、普通	52.5	41	36	32	28	19	15	13
		矿渣	42.5	56	47	39	28	26	19	17
		矿渣	32.5	62	51	41	28	26	22	18

注:1. 本表按 C20 以上一般混凝土考虑。
2. 火山灰水泥、粉煤灰水泥可参照表中矿渣水泥考虑。
3. 普通水泥强度等级小于等于 42.5 级的拆模期限应酌情予以延长。
4. 采用干硬性、低流动性或掺有外加剂的混凝土时,拆模期限可通过试验确定。

拆除非承重模板的估计期限　　表 5-6

项次	混凝土强度等级(MPa)	水泥品种及强度等级	混凝土强度达到 2.5MPa 所需的时间(h)及硬化时昼夜平均温度(℃)						
			+5	+10	+15	+20	+25	+30	+35
1	20	32.5 级矿渣水泥	23	16	13	10	9	8	7
2	40	42.5 级矿渣水泥	22	10	9	7	6	5	5
		52.5 级矿渣水泥	15	11	9	8	6	5	4
		52.5 级硅酸盐水泥	14	9	7	6	4	4	4

注:1. 本表拆模期限按混凝土强度达到 2.5MPa 的时间考虑。
2. 当采用火山灰水泥、粉煤灰水泥时,可参考矿渣水泥考虑。
3. 混凝土强度等级小于等于 15 时,拆模时间应酌情予以延长。

五、桥梁结构施工的监理程序

桥梁结构的基本监理程序图见图 5-1。

六、桥梁荷载试验

(1)桥梁完工以后,承包人应按有关规定及合同要求,根据监理人指示,对桥梁或桥梁的某一部分进行荷载试验,以证实结构物具有承受设计荷载的能力。

(2)荷载试验应委托经监理人同意的有相应资质的检测、科研或设计单位承担。

(3)承包人应在进行荷载试验以前至少 14d 向监理人提交一份测试设备、方法、步骤及测试要求、得到的成果计划,报监理人批准。

(4)荷载试验完成后,承包人应向监理人提供一份完整的试验报告。

(5)按试验结果,结构物或结构物的任一部分,如由于施工原因不能满足图纸要求,承包人应报监理人批准后进行重建或补强,做到使监理人满意。重建或补强结构物的费用由承包人负责。

(6)桥梁荷载测试项目按图纸规定或监理人指定。如图纸无规定测试项目时,一般动载试验包括冲击、自振频率、动挠度、脉动、动应变试验;静载试验包括静挠度及静应变试验。上述项目由监理人选择部分或全部进行试验,或由监理人决定对认为必要试验的其他项目进行试验。

应根据桥梁设计荷载标准,按最不利受力状态选取荷载组合进行静载或动载试验。静载试验效率系数 η_g 一般取 0.8 ~ 1.05,动载效率系数 η_d 一般取 1,按实际情况分 3 ~ 5 级加载,主要测点的布设应能检测结构的最大应力(应变)和最大挠度(或位移),加载过程中应观测裂缝的发展情况,钢筋混凝土结构裂缝不允许超过《公路桥涵设计通用规范》(JTG D60—2004)的规定值;应变和挠度应分别满足不同桥梁结构类型的校验系数。

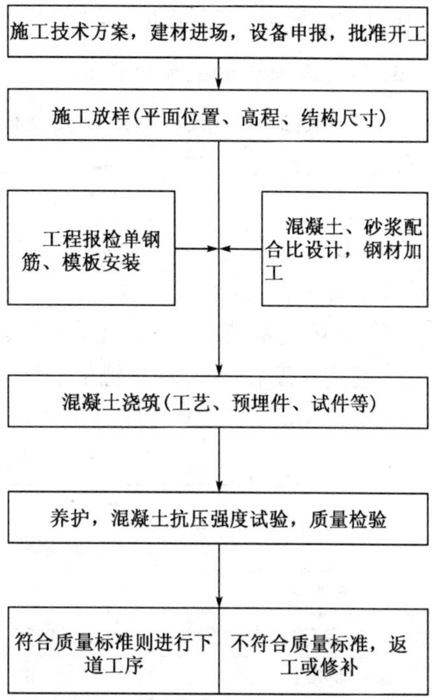

图 5-1　桥梁结构监理程序图

七、地质钻探及取样试验

桥梁基础在施工过程中,地质情况有变化,因而需要进行补充钻探,以查明桥梁基础的地质情况,经报请监理人审查批准,承包人可进行补充地质钻探并取样作必要的试验,据以继续进行基础施工或改变基础设计。改变基础设计时,需经监理人审查批准。

八、开放交通

(1)水泥混凝土桥面铺装在浇筑混凝土的强度达到设计等级后,才可开放交通。如果经监理人同意采用快硬水泥混凝土铺装,开放交通的时间需根据试验确定,但在任何情况下,至少在浇筑混凝土以后 7d,才能开放交通。当日平均气温低于 10℃时,上述时间尚应根据监理人指示予以推迟。因不遵守上述规定开放交通行驶车辆而造成的不良后果,由承包人负责。

(2)开放交通需经监理人批准。

第二节　桥梁基础工程施工质量监理

桥梁基础常用的基础类型有明挖基础、桩基础、沉井基础等。根据《公路桥涵地基与基础设计规范》(JTG D63—2007)的规定和要求,基础类型应根据桥址处的工程地质勘测资料,以及水文、地形情况,结合上下部结构、荷载、材料供应和施工条件等合理选用。

一、明挖基础质量控制的要求

1. 明挖基础的分类

明挖基础一般可分为刚性扩大基础、单独或联合基础、条形基础、片筏和箱形基础等。

2. 明挖基础质量控制的要求

明挖基础施工一般包括以下几项内容:基坑、围堰、挖基和排水、基底处理和基底检验、回填等。

1)基坑

(1)基坑大小应满足基础施工的要求,有渗水土质的基坑坑底开挖尺寸,应根据基坑排水设计和基础模板设计所需基坑大小而定,一般基底应比设计平面尺寸各边增宽50~100cm。

(2)基坑坑壁坡度,应按地质条件、基坑深度、施工经验和现场具体情况确定。

①基坑深度在5m以内、施工期较短、基坑底在地下水位以上、土的湿度接近最佳含水率、土层构造均匀时,基坑壁坡度可参考表5-7。

基坑坑壁坡度　表5-7

坑壁土类	坑壁坡度		
	基坑坡顶缘无荷载	基坑坡顶缘有静载	基坑坡顶缘有动载
砂类土	1:1	1:1.25	1:1.5
碎、卵石类土	1:0.75	1:1	1:1.25
亚砂土	1:0.67	1:0.75	1:1
亚黏土、黏土	1:0.33	1:0.5	1:0.75
极软岩	1:0.25	1:0.33	1:0.67
软质岩	1:0	1:0.1	1:0.25
硬质岩	1:0	1:0	1:0

注:挖基经过不同土层时,边坡可分层决定,并酌情设平台;在山坡上开挖基坑,如地质不良时,应注意防止坍滑;坑壁土类按照《公路桥涵地基与基础设计规范》(JTG D63—2007)划分;单轴极限强度(MPa)<5、5~30、>30时分别为极软、软质、硬质岩。

②基坑深度大于5m时,应将坑壁坡度适当放缓或加设平台。如土的湿度可能引起坑壁坍塌时,坑壁坡度应缓于该湿度下土的天然坡度。

③没有地面水,但地下水位在基坑底以上时,地下水位以上部分可以放坡开挖,地下水位以下部分,若土质易坍塌或水位在基坑底以上较深时,应加固坑壁开挖。

(3)基坑顶面应设置防止地面水流入基坑的措施,基坑顶有动载时,坑顶与动载间至少应留有1m宽的护道,如工程地质和水文地质不良或动载过大,宜增宽护道或采取加固措施。

(4)基坑壁坡不易稳定并有地下水影响、或放坡开挖场地受到限制、或放坡开挖工程量大,不符合技术经济要求时,可按具体情况,采取钢板支撑、钢木结合支撑、混凝土护壁等加固措施。

2)围堰

围堰常用的形式有:土围堰、土袋围堰、钢板桩围堰、钢筋混凝土板桩围堰、竹(铅丝)笼围堰、套箱围堰等。

围堰的一般要求：

(1)围堰尺寸要求如下。

①堰顶高度，应高出施工期间可能出现的最高水位(包括浪高)50~70cm。

②围堰外形，应考虑河流断面被压缩后，流速增大引起水流对围堰、河床的集中冲刷及影响通航、导流等因素。

③堰内面积：应满足基础施工的需要。

④围堰断面：应满足堰身强度和稳定的要求，土石围堰堰外坡面有受水流冲刷的危险时，应采用合适的材料对其进行防护。

(2)围堰要求防水严密，尽量减少渗漏，以减轻排水工作。

3)挖基和排水

挖基的一般要求：

(1)承包人应在基础开挖开始之前通知监理人，以便检查、测量基础平面位置和现有地面高程。在未完成检查测量及监理人批准之前不得开挖。为便于开挖后的检查校核，基础轴线控制桩应延长至基坑外加以固定。

(2)开挖应进行到图纸所示或监理人所指定的高程。最终的开挖深度要依设计期间所进行的钻探和土工试验，并结合基础开挖的实际调查资料来确定。在开挖的基坑未经监理人批准之前，不得浇筑混凝土或砌筑圬工。低于批准基底高程的超挖或纵横向超过规定界线的部分，应由承包人自费补填，并应使用批准的材料压实到规定的标准。

(3)在原有建筑物附近开挖基坑时，应采取有效防护措施，使开挖不致危及附近建筑物的安全，所采用的防护措施须经监理人同意。所有从挖方中挖出的材料，如果监理人认为适用，可以作回填或修筑路堤，或按监理人指示的其他方法处理。

(4)在基桩处的基坑开挖，应在打桩之前完成。

(5)必要时，挖方的各侧面应始终予以可靠的支撑，并使监理人满意。

(6)石方基础挖方的施工、也要符合上述的规定。

排水的一般要求：

(1)所有基础挖方都应始终保持良好地排水，在挖方的整个施工期间都不致遭受水的危害。凡低于已知地下水位的地方进行开挖并构成基础时，承包人必须提交一份建议用于每个基础的排水方法以及为此而采取的各项措施的报告，并取得监理人的批准。

(2)在施工期间，承包人应维护天然水道并使地面排水畅通。违反上述要求而引起的任何损失应由承包人负责。

4)基底处理

当开挖到设计高程后，经监理人检查，不满足要求的，要按下列要求进行基底处理。

(1)岩层基底

①在未风化的岩层上建筑基础时，应先将岩面上松碎石块、淤泥、苔藓等清除后洗净，并凿出新鲜岩面。

②若岩层倾斜，应将岩层面凿平或凿成台阶，台阶的宽度不宜小于0.3m，使承重面与重力线垂直。

③在风化岩层上建筑基础时,应按基础尺寸凿除已风化的表面岩层,或挖至设计高程并满足地基承载力要求,在基础施工的同时,将基坑底填满、封闭。

(2)碎石类或砂类土层基底

应将其承重面修理平整,当坑底渗水不能彻底排干时,应将水引至基础外排水沟;在水稳性较好的土质中,可在基底上铺一层25~30cm厚的片石或碎石,然后在其上施工基础。

(3)黏土层基底

应将其低洼处加以铲平、修整妥善后,检测地基承载力满足要求,应于最短时间内施工基础,不得暴露或浸水过久。

承包人经过处理后,须报监理人检查验收。违反上述要求而引起的损失由承包人负责。

5)基底检验

基坑开挖并处理完毕,应首先由承包人自检并报请检验,确认合格后填写地基检验表。经过检验签证的地基检验表由承包人保存作为竣工交验资料,未经监理人签证,不得施工基础。

基坑检验的内容:

(1)检查基底平面位置、尺寸大小、基底高程。

(2)检查基底地质情况和承载能力是否与设计资料相符。

(3)检查基底处理和排水情况是否符合规范要求。

(4)检查施工日志及有关试验资料等。

基底平面位置和高程允许偏差规定如下:

①平面轴线位置:+20cm。

②基底高程:土质:±5cm;石质:+5cm,-20cm。

按桥涵大小、地基土质复杂情况及结构对地基有无特殊要求,一般采用以下不同检查方法:

①小桥涵的地基检验,一般采用直观或触探方法,必要时,可进行土质试验。

②大、中桥和地质复杂、结构对地基有特殊要求的地基检验,一般采用触探和钻探(钻探至少4m)取样作土工试验,或按设计的特殊要求进行荷载试验。

6)回填

(1)所有结构物的回填必须采用经监理人批准的能够充分压实的材料,不得用草皮土、垃圾和有机土等回填,严禁结构物基础超挖回填虚土。

(2)未经监理人许可,不得对结构物回填。一般要到结构物的拆模期终了3d之后进行回填。如果养生条件反常,应按监理人的指示延长时间。桥台、桥墩等周围的回填,应同时在两侧及基本相同的高程上进行,特别要防止对结构物形成单侧受土压。必要时,挖方内的边坡应修成台阶形。

(3)回填材料应分层摊铺,并用符合要求的设备压实。每层都应压实到图纸或监理人要求的压实度标准,回填用土的含水率应严格控制。

(4)需回填的基坑应尽可能地及时排水。若无法排除基坑积水时,应采用砂砾材料回填,并在水中分薄层铺筑,直到回填进展到该处的水全部被回填的砂砾材料所吸收并达到能充分压实的程度时,再进行充分夯实。

二、桩基础质量控制基本要求

桩基础根据施工方法不同可分为：沉入桩、钻孔桩、挖孔桩。钻孔桩根据施工机械的不同可分为冲击钻、旋挖转、回旋钻等，回旋钻又分为正循环与反循环。

1. 沉入桩基础的基本要求

承包人在沉桩之前，应通知监理人，以便检查、测量。

(1)桩位应根据已测定基础的纵横中心线量出，并标志、固定。测定基桩轴线应填写记录。在陆地或静水区，基桩轴线定位允许偏差如下。

①每根基桩的纵横轴线位置：2cm。

②单排桩的每根基桩轴线位置：1cm。

在流速较大的深水河流中，基桩轴线定位允许偏差，在设计容许范围内，可适当增大。

(2)桩基轴线的定位点，应设置在不受沉桩影响处。在施工过程中对桩基轴线应做系统的、经常的检查。定位点需移动时，应先检查其正确性，并作好测量记录，各桩位置的正确性，应在沉桩过程中随时检查。

(3)沉桩前要做好一切准备工作，并报请监理人检查。

(4)承包人可根据具体情况选择沉桩的方法，其施工组织方案须报请监理人审批。选择沉桩方法应依据桩重、桩型、设计荷载、地质情况、设备条件及对附近建筑物产生的影响等条件而定。附近有重要建筑物时，不宜用射水沉桩或振动沉桩。在城市附近采用锤击或振动沉桩方法时，应采取减小噪声和振动影响的措施。

(5)除一般的中、小桥沉桩工程，有可靠的依据和实践经验可不进行试桩外，其他沉桩工程在施工前应先沉试桩，以确定沉桩工艺、技术参数和检验桩的承载力。

(6)特大桥和地质复杂的大、中桥，应采用静载试验方法确定单桩容许承载力，一般的大、中桥的试桩，原则上宜采用静载试验法，在条件适合时，可采用可靠的动力振动波方法。

(7)施工中，如监理人对基桩桩身质量或承载力发生疑问时，应选用可靠的无破损检验方法进行检验。

2. 钻孔灌注桩的基本要求

承包人应将准备采用的施工方法的全部细节，送请监理人批准，其中包括材料和全部设备的说明。任一钻孔工作开始前，都应得到监理人的书面批准。承包人应保存每根桩的全部施工记录，当需要时，记录应报送监理人作为检查之用。记录格式当由监理人统一发放时，应按监理人的要求填列记录。如监理人要求由承包人自行拟定记录格式时，记录格式应由监理人批准。

1)水下混凝土

水下灌注混凝土(导管灌注混凝土)应符合下列要求：

(1)水泥的强度等级应不低于42.5MPa，其初凝时间不早于2.5h。

(2)粗集料宜选用卵石，若采用级配良好的碎石，宜适当增加混凝土配合比的含砂率。

(3)粗集料最大粒径为37.5mm，且不得大于导管内径的1/8～1/6及钢筋最小净距的1/4。

(4)混凝土的含砂率宜为40%~50%。

(5)缓凝外掺剂,只有经试验掺配且得到监理人的批准,才能采用。

(6)抗硫水泥应按图纸说明,或按监理人的要求采用。

(7)坍落度,当桩直径 $D<1.5$m 时,宜为18~22cm,$D\geq1.5$m 时,宜为16~20cm。

(8)除非监理人另有许可,水泥用量应不少于350kg/m^3。

(9)水胶比宜为0.5~0.6。

2)钻孔

(1)承包人可选择任何一种钻孔方法,但完成的钻孔,应符合规定的允许偏差和施工安全要求。

(2)钻孔时,应采用长度适应钻孔地基条件的护筒,保证孔口不坍塌及不使地表水进入钻孔,并保持钻孔内泥浆表面高程。护筒应符合以下要求:

①护筒可用钢板或钢筋混凝土制作。

②护筒内径一般应大于桩径至少20cm,当护筒长度为2~6m时,应大于桩径20~40cm。深水处的护筒内径应比桩径大40cm。

③护筒顶端高程,宜高于地面0.3m或水面1.0~2.0m;在有潮汐影响的水域,护筒顶应高出施工期最高潮水位1.5~2.0m,并应在施工期间采取稳定孔内水头的措施;当桩孔内有承压水时,护筒顶应高于稳定后的承压水位2.0m以上。

④护筒底端埋置深度,在旱地或筑岛处宜为2~4m,在水中或特殊情况下应根据设计要求或桩位的水文、地质情况经计算确定。对有冲刷影响的河床,护筒宜沉入施工期局部冲刷线1.0~1.5m,且宜采取防止河床在施工期过度冲刷的防护措施。

⑤护筒平面位置的偏差不得大于5cm,护筒与桩轴线的偏差不得大于1%;对深水基础中的护筒,平面位置的偏差可适当放宽,但不应大于8cm。

⑥桩孔钻进过程,如发生故障,应及时查明原因予以处理。

3)固孔

(1)承包人应采用钻孔泥浆,始终支持孔壁,但采用全长护筒除外。

(2)承包人可用膨润土悬浮泥浆或合格的黏土悬浮泥浆作为钻孔泥浆,泥浆的配合比和配制方法宜通过试验确定,其性能应与钻孔方法、土层情况相适应。根据钻孔方法的适用性的论证,不加掺加物的清水仅在监理人书面同意才可采用。

(3)钻孔泥浆应始终高出孔外水位或地下水位1.0~1.5m。

(4)胶泥应用清水彻底拌和成悬浮体,使在灌注混凝土时直至施工完成,保持钻孔的稳定。泥浆的性能指标如表5-8所示,施工时除相对密度和黏度应进行试验外,如果监理人要求,其他指标也应予以抽检。

(5)地面或最低冲刷线以下部分,护筒宜在灌注混凝土时拔除。图纸另有规定者除外。

4)钻孔工序

(1)桩的钻孔和开挖,应在中距5m内的任何桩的混凝土灌注完成后24h才能开始,以避免干扰邻桩混凝土的凝固。

(2)钻孔应连续进行,不得中断,如用抓斗开挖,应注意提升抓斗时,下面不致产生真空。

(3)软土地段排架桩桥台处的钻孔、应先挖去软土,并回填适当新土,经夯实后再行钻孔。

泥浆性能指标选择　　表5-8

钻孔方法	地层情况	泥浆性能指标							
		相对密度	黏度（Pa.s）	含砂率（%）	胶体率（%）	失水率（mL/30min）	泥皮厚（mm/30min）	静切力（Pa）	酸碱度（pH）
正循环	一般地层	1.05～1.2	16～22	8～4	≥96	≤25	≤2	1.0～2.5	8～10
	易坍地层	1.2～1.45	19～28	8～4	≥96	≤15	≤2	3～5	8～10
反循环	一般地层	1.02～1.06	16～20	≤4	≥95	≤20	≤3	1～2.5	8～10
	易坍地层	1.06～1.10	18～28	≤4	≥95	≤20	≤3	1～2.5	8～10
	卵石土	1.10～1.15	20～35	≤4	≥95	≤20	≤3	1～2.5	8～10
推钻、冲抓	一般地层	1.10～1.20	18～24	≤4	≥95	≤20	≤3	1～2.5	8～11
冲击	易坍地层	120～1.40	22～30	≤4	≥95	≤20	≤3	3～5	8～11

注：1. 地下水位高或其流速大时，指标取高限，反之取低限。
2. 地质状态较好，孔径或孔深较小的取低限，反之取高限。
3. 在不易坍塌的黏质土层中，使用推钻、冲抓、反循环回转钻进时，可用清水提高水头（≥2m）维护孔壁。
4. 若当地缺乏优良黏质土，远运膨润土也很困难，调制不出合格泥浆时，可掺用添加剂改善泥浆性能。

(4)钻孔过程应经常对泥浆的性能指标进行检测，并根据检测结果及时调整泥浆指标。

(5)钻孔时须及时填写钻孔记录，在土层变化处捞取渣样，判明土层，以便与地质剖面图相核对。

5)清孔

(1)钻孔达到图纸规定的深度后，且成孔质量符合设计要求或监理人要求，应立即进行清孔。清孔时，孔内水位应保持在地下水位或河流水位以上1.5～2m，以防止钻孔的任何塌陷。

(2)钻孔底沉淀物厚度：对于摩擦桩，符合设计规定，设计未规定时，桩径≤1.5m的桩应≤20cm；桩径>1.5m或桩长>40m或土质较差的桩应≤30cm。对于支承桩，不大于设计规定，设计未规定时≤5cm。

(3)用换浆法清孔后的泥浆指标：相对密度为1.03～1.10t/m^3，黏度为17～20s，含砂率<2%，胶体率>98%。

6)钻孔检查及允许偏差

(1)钻孔过程中，应用孔规（检孔器）和其他仪器，对钻孔直径进行检查。检孔器为一钢筋制作的圆柱体，长度为4～6倍孔径，检孔器直径与设计孔径相同。当钻孔深度达到设计要求，在清孔完毕，放置钢筋骨架之前，应对全长进行检查，并报请监理人复查。

(2)检查孔位偏差。孔位的准确位置应标在护筒周边上，并用十字线的交点显示孔的中心位置，检孔器的中心点与十字线的偏移即为孔位偏差。经检查发现有缺陷，例如中心线不符、直径减小、椭圆截面、孔内有漂石等，承包人应就这些缺陷作出报告送监理人，并采取适当措施,予以改正。修补措施和费用,由承包人负担。

(3)钻孔应符合下列允许偏差:

①平面位置:群桩不大于10cm,单排桩不大于5cm。

②钻孔直径:不小于桩的设计直径。

③倾斜度:直桩不大于1%;斜桩不超过设计斜率的±2.5%。

④深度:对于摩擦桩,不小于设计值;对于柱桩,应比设计值超深不小于5cm。

7)钢筋笼

桩的钢筋骨架,应紧接在混凝土灌注前,整体放入孔内。如果混凝土不能紧接在钢筋骨架放入之后灌注,则钢筋骨架应从孔内移去。在钢筋骨架重放前,应对桩孔的完整性,包括孔底沉淀厚度,进行检查。灌注混凝土时,钢筋骨架在顶面应有地面框架、吊车或其他有效方法进行固定,防止混凝土灌注过程中钢筋骨架上升。支承系统应对准中线防止钢筋骨架倾斜和移动。钢筋骨架上应事先安设控制钢筋骨架与孔壁净距的混凝土保护层厚度垫块,这些垫块应可靠地以等距离绑在钢筋骨架周径上,其沿桩长的间距不超过2m,在横向圆周不应少于4处,或采用其他有效方法以保证图纸要求的保护层得到满足。钢筋骨架安装质量标准:倾斜度±0.5%,保护层厚度±20mm,中心平面位置±20mm,顶端高程±20mm,底面高程±50mm。

8)灌注混凝土

(1)灌注混凝土前,应检测孔底泥浆沉淀厚度,如大于规定的清孔要求,应再次清孔。

(2)混凝土拌和物运至灌注地点时,应检查其均匀性和坍落度,如不符合规定的要求,应进行第二次拌和,二次拌和仍达不到要求,不得使用。

(3)孔身底面得到监理工程师认可和钢筋骨架安放后,应立即开始灌注混凝土,并应连续进行、不得中断。

(4)混凝土应用适宜的导管灌注。导管由内径宜为200~350mm的钢管组成,用装有垫圈的螺口连接的管节制成。导管应进行水密、承压和接头抗拉试验,严禁采用压气试压。灌注混凝土时,导管应充满混凝土且缓慢下降塞球。在灌注混凝土开始时,导管底部至孔底应有30~40cm的空间。首批灌注混凝土的数量应能满足导管初次埋置深度(≥1.0m)和填充导管底部间隙的需要。在整个灌注时间内,导管漏斗下应保持足够的混凝土,导管的埋深至少2m,且不得大于6m,以防止水冲入管内。应经常量测孔内混凝土面层的高程,及时调整导管的埋深,并始终予以严密监视,导管应在无空气和水进入的状态下填充。如为泵送混凝土,泵管应设底阀或其他的装置,以防水和管中混凝土混合。泵管应在桩内混凝土升高时,慢慢提起。管底在任何时候,应在混凝土顶面以下2m。输送到桩中的混凝土,应一次连续操作。初凝前,任何受污染的混凝土应从桩顶清除。

(5)灌注混凝土时,溢出的泥浆应引流至适当地点处理,以防止污染。

(6)处于地面或桩顶以下的井口整体式刚性护筒,应在灌注混凝土后立即拔出:处于地面以上能拆除的护筒部分,须待混凝土抗压强度达到5MPa后拆除。当使用全护筒灌注混凝土时,应逐步提升护筒,护筒底面应保持在混凝土顶面以下1~2m。

(7)混凝土应连续灌注,直至灌注的混凝土顶面,高出理论截断面高程不小于50cm,以保证截断面以下的全部混凝土具有满意的质量。

(8)混凝土灌注过程中,如发生故障应及时进行处理。

9）混凝土的质量检查和验收

（1）混凝土质量的检查和验收，应符合规定的要求。

（2）根据监理人指示，承包人应在监理人在场情况下，采用无破损检验方法，对特大桥和大桥应每一钻孔桩以及对有代表性的桩，对质量有怀疑的桩和因灌注故障处理过的桩作整体性检验。无破损检验所需预埋件，应按图纸所示或由监理人要求进行设置。

（3）承包人应在工地配备能对全桩长钻取70mm直径或较大芯样的设备和经过训练的工作人员，也可以分包给监理人认可的钻探队或检测单位来承担钻取芯样的工作，其芯样应钻至桩底0.5m以下。

（4）如果监理人认为混凝土整体性检验不满意，或在施工中遇到的任何异常情况，说明桩的质量可能低于要求标准时，监理人可要求对桩顶部分或桩全长钻取芯样，以检验桩的混凝土灌注质量。钻芯检验应在监理人指导下进行。

（5）监理人除对成桩平面位置用经纬仪复查外，其余根据灌注混凝土前的施工记录，进行复查，当对全部检查及试验结果认为满意时，即对每桩作出书面批准。

10）缺陷桩

（1）如果桩不符合规定要求，或在施工中遇到异常情况，使监理人有理由认为桩的质量低劣，应采取经监理人认可的补救措施或予以废弃。

（2）废弃的桩，应原位复钻或由一根或多根另增加的桩代替，增加桩的数量、位置以及因增加桩而引起的基础尺寸改变，应由承包人提出，经监理人计算满足要求后批准。这些增加的工程，其费用由承包人承担。

（3）由于施工过错而引起的桩长增加，其费用由承包人承担。

3. 挖孔灌注桩

承包人应将准备采用的施工方法的全部细节，报请监理工程师批准，其中包括材料和全部设备的说明。任一挖孔工作开始前，都应得到监理工程师的书面批准。

承包人派代表驻工地负责施工，并对其提出书面指示。包括适用的挖孔方法、挖孔的深度、检查方法、混凝土拌和细节，一桩完成浇筑混凝土后下一相邻桩开始挖孔的最小间隔时间以及施工计划等。这些指示的抄件，应报送监理工程师。

1）一般要求

（1）挖孔灌注桩适用于旱地或少水且土质密实或风化岩石地层。当在挖孔内的空气污染物超过《环境空气质量标准》（GB 3095—2012）规定的“任何一次”浓度检查的三级标准时不得采用人工挖孔施工。挖孔孔深不宜大于15m。挖孔斜桩仅适用于地下水位低于孔底高程的黏性土。

（2）挖孔的平面尺寸，不得小于桩的设计断面。在浇筑混凝土时不能拆除的临时支撑及护壁所占的面积，不应计入有效断面。

（3）承包人应保存每根桩的全部施工记录，当需要时，记录应报送监理人作为检查之用。承包人应拟定记录格式，并报监理人批准。

2）支撑及护壁

（1）挖孔施工应选择合适的孔壁支护类型，一般可采用木框架、竹篱、柳条、荆笆、预制混凝土或钢板制成的井圈支护，也可以采用现浇或喷射混凝土护壁。

(2)摩擦桩的临时性支撑及护壁,应在灌注混凝土时逐步拆除。无法拆除的临时性支护,不得用于摩擦桩。

(3)如以现浇或喷射混凝土护壁作为桩身的一部分时,须根据图纸规定或经监理人书面批准,且仅适用于桩身截面不出现拉力的情况。护壁混凝土的级别不得低于桩身混凝土的级别。

3)挖孔

(1)挖孔时,应注意施工安全。挖孔工人必须配有安全帽、安全绳,必要时应搭设掩体。提取土渣的吊桶、吊钩、钢丝绳、卷扬机等机具,应经常检查。井口围护应高出地面不小于30cm,防止土、石、杂物落入孔内伤人,并应设置临时排水沟,防止地表水流入孔内。挖孔工作暂停时,孔口必须罩盖。挖孔时,如孔内的二氧化碳含量超过0.3%,或孔深超过10m时,应采用机械通风。

挖孔斜桩挖掘时容易坍孔,宜采用预制钢筋混凝土护筒分节下沉护壁。

(2)孔内岩石须爆破时,应采用浅眼爆破法,严格控制爆药用量,并在炮眼附近加强支撑和护壁,防止振塌孔壁。孔深大于5m时,必须采用电雷管引爆。当桩底进入倾斜岩层时,桩底应凿成水平状或台阶形。孔内经爆破后,应先通风排烟15min以上,并经检查无毒后,施工人员方可下井继续作业。

(3)挖孔达到设计深度以后,应清除孔底松土、沉渣、杂物。如地质复杂,应用钢钎探明孔底以下地质情况,并报经监理人复查认可后方可灌注混凝土。

(4)挖孔的成孔质量除倾斜度<0.5%以外,其余指标同钻孔灌注桩。

4)灌注混凝土

(1)混凝土及钢筋骨架的施工同钻孔灌注桩的要求。

(2)当自孔底及孔壁渗入的地下水,其上升速度较小时,可不采用水下灌注混凝土桩的方法。混凝土施工时,应注意下列事项:

①混凝土坍落度,当孔内无钢筋骨架时,宜小于6.5cm;当孔内设置钢筋骨架时,宜为7~9cm。当用导管灌注混凝土时,导管应对准孔中心,混凝土在导管中自由坠落。开始灌注混凝土时,孔底积水不应超过5cm,灌注速度应尽可能加快,使混凝土对孔壁的侧压力尽快大于渗水压力,以防水渗入孔内。当用导管法灌注时,桩顶2m以下的混凝土可利用其自由坠落捣实,在此线以上的混凝土必须用振捣器捣实。

②孔内混凝土应尽可能一次连续灌注完毕,若施工缝不可避免时,应按有关规定及监理人要求进行处理,并应在施工缝设置上下连接钢筋。连接钢筋的截面积可按桩截面的1%设置。若在施工缝上设有钢筋骨架,则钢筋骨架的截面积可作为上述1%配筋的一部分,若钢筋骨架的总截面积超过桩截面的1%,则可不设置连接钢筋。

③当自孔底及孔壁渗入的地下水,其上升速度较大时,则应采用水下灌注混凝土桩的方法,要求用导管在水中灌注混凝土。灌注混凝土之前,孔内水位至少应与孔外地下水位同高,若孔壁土质易坍塌,应使孔内水位高于地下水位1~1.5m。水下混凝土应连续灌注,直至灌注的混凝土顶面,高出理论截面不小于50cm,以保证截切面以下的全部混凝土具有满意的质量。

4. 桩的垂直静荷载试验

对于采用就地灌注钻孔桩和挖孔桩的结构物,监理人可选择工程用桩做检验荷载试验以检验桩的承载力,承包人应在工地先施工这些供试验的工程用桩。为检验荷载试验目的而选用的桩,其施工设备及施工方法应与要施工的主要的基桩所使用者相同,桩要做到如设计图所示深度。工地的其他桩,在先前的试桩完成且监理人检查合格以后,才能施工。

监理人也可要求在工地附近的其他指定地点进行破坏荷载试验。破坏荷载试验的目的是确定桩设计的合理性,这些试验应在任何工程用桩开始以前完成,且做到使监理人检查合格。破坏荷载试验用桩,不得在以后作为工程用桩。

对就地灌注钻孔桩和挖孔桩是否做检验荷载和破坏荷载试验,由监理人根据具体情况考虑确定。

1)试验要求

(1)要做荷载试验的工程用桩,按设计图纸或由监理人指定,监理人至少在基桩施工开始前7d选定试桩。

(2)试验应在桩的混凝土强度达到设计等级后才能进行。

(3)试验应按规定的程序进行,承包人应向监理人提交拟采用的荷载装置的详图请求批准。荷载装置应考虑逐渐施加荷载增量而不致使试桩振动。如批准的方法需要拉桩(锚桩),当可行的话,这些拉桩应与永久性桩同一形式和同一直径,且设在永久性的桩位上。

试桩桩顶高程在混凝土结硬以后应立即确定,且在荷载试验以前再加复核,以检验有无隆起现象。所有隆起的桩在试验前应用千斤顶压至原来的高程上。

2)桩的破坏荷载及检验荷载的试验标准

桩的检验荷载为两倍设计荷载。如果加载达到两倍设计荷载后总沉降量不超过40mm,且最后一级加载引起沉降不超过前一级加载引起沉降的5倍,沉降在24h内稳定,则该桩可予以验收。

如最后一级加载以后,桩的总沉降量等于或超过40mm,且本级荷载加载引起的沉降等于或大于前一级加载引起前一级加载引起沉降的5倍,或桩的总沉降量等于或大于40mm且本级荷载加载后,沉降经24h仍不稳定,则最后一级加载时总荷载为破坏荷载。

3)桩的荷载试验步骤

(1)每级荷载增量约为预定的最大试验荷载的10%。

(2)每级加载阶段,荷载应持续到沉降稳定。沉降观测在开始的第1h内应每15min记录一次;第2h内每30min记录一次;以后每小时观测一次。

(3)每级加载的沉降量,在下列时间内如不大于0.1mm时,即可视为稳定。

桩尖下为大块碎石类土、砂类土、坚硬黏性土,最后30min;桩尖下为半坚硬和软塑黏性土,最后1h。

(4)应分阶段卸载,其值相当于分阶段加载的2倍,如加载级为奇数,则第一级卸载量为分阶段加载级的3倍。卸载到零后,至少在2h内,每30min观测一次回弹量,如果桩尖下为砂类土,则开始30min内,每15min观测一次;如果桩尖下为黏性土,则开始1h内,每15min观测一次。

4)试桩成果及试桩的挖移或截断

(1)承包人应在试桩试验完成后24h内,按规范及监理人要求,向监理人提交每根试桩完备的记录及数据分析。

(2)不用于结构上的破坏荷载试验的试桩,在试验完成以后应挖移或截断至完工后的地面、河床或最低冲刷线以下30cm。

三、沉井基础质量控制的要求

1. 沉井基础的分类

沉井基础根据下沉方式的不同可分为浮运沉井、就地制造下沉的沉井。根据使用的材料可分为混凝土沉井、钢筋混凝土沉井、竹筋混凝土沉井、钢沉井、砖沉井、木沉井。

根据外观情况可分为圆形、箱形、圆端形三类。

沉井一般由井壁、刃脚、隔墙、井孔、凹槽、封底及盖板等部分组成。

2. 沉井基础的质量控制要求

沉井在施工开始之前,必须报请监理人,以便监理人在施工时随时检查、验收。

(1)制造沉井的场地必须具有足够的承载能力,支垫布置应满足设计要求及抽垫方便,支垫顶面应与钢刃脚底面紧贴,第一节沉井下沉工作,应在井壁混凝土强度达到各阶段要求的强度后方可进行。

(2)浮式沉井在下水、浮运前,应进行水密性试验,对所经水域和沉井就位处的水下基床进行检查,认为所经水域无水下障碍物后方可浮运,水下基床合格后才能就位落床。

(3)沉井下沉过程中,应随时注意纠偏和垂直下沉,至少每下沉1m检查一次,并做好观测记录,发现偏位或倾斜应及时纠正,下沉至设计高程以上2m左右时,应适当放慢下沉速度并控制井内的除土量和除土位置,使沉井能平稳下沉,准确就位。

(4)采用吸泥气幕方法下沉时应保持沉井内水位的一定高差,防止翻砂,合理安排井外弃土位置,尽量减少偏压。

(5)沉井接高时,各节的竖向中轴线与第一节竖向中轴线应相重合,接高加重应均匀、对称地进行,并采取措施防止沉井在接高过程中发生倾斜。

(6)当沉井下沉至设计高程后,应检查基底情况是否符合设计要求,必要时应由潜水工进行检查,并填写记录经监理人检验合格后方可封底,水下封底混凝土应密实不漏水。

(7)各项施工记录齐全。

四、地下连续墙基础质量控制要求

地下连续墙基础适于作为地下挡土墙、挡水围堰,承受竖向和侧向荷载的桥梁基础和平面尺寸大、形状复杂的地下构造物及适用于除岩溶和地下承压水很高处的其他各类土层中施工。

地下连续墙可采用直线单元节段式施工,亦可采用桩排式施工方式。

1. 地下连续墙工程施工前的准备

(1)地下连续墙工程施工前必须具备工程地质资料、区域内障碍物资料、必要的试验资料等。

(2)在原有构造物附近施工前,承包人必须了解原有构造物结构及基础情况,如影响构造物的安全时,应研究采取有效处理措施。

2. 地下连续墙导墙的施工控制及质量要求

导墙施工时,监理人应重视其质量检查控制,确保导墙的平面轴线与地下连续墙轴线平行。

(1)用泥浆护壁挖槽构成的地下连续墙应先构筑导墙。导墙应能满足地下连续墙的施工导向、蓄积泥浆并维持其表面高度,支承挖槽机械设备和其他荷载,维护槽顶表土层的稳定和阻止地面水流入沟槽。

(2)导墙的材料、平面位置、形式、埋置深度、墙体厚度、顶面高度应符合设计文件要求。当设计文件未规定时,应符合以下要求:

①导墙宜采用钢筋混凝土材料构筑,混凝土等级不宜低于 C20。

②导墙的平面轴线应与地下连续墙轴线平行,两导墙的内侧间距宜比地下连续墙体厚度大 40 ~ 60mm。

③导墙形式根据土质情况可采用板墙形、匚形或倒 L 形。墙体厚度应满足施工要求。

④导墙底端埋入土内深度宜大于 1m。基底土层应夯实,遇有特殊情况须作妥善处理。导墙顶端应高出地面,遇地下水位较高时,导墙顶端应高于地下水位,墙后应填土与墙顶齐平,全部导墙顶面应保持水平,内墙面应保持竖直。

⑤导墙支撑应每隔 1 ~ 1.5m 距离设置 1 道。

(3)导墙施工除按照规范有关规定执行外,还应符合下列要求:

①导墙要求分段施工时,段落划分应与地下连续墙划分的节段错开。

②安装预制导墙块时,必须按照设计施工,保证连接处质量,防止渗漏。

③混凝土导墙在浇筑及养护时,重型机械、车辆不得在附近作业行驶。

④施工过程中,应对导墙的沉降和位移进行观测。

(4)地下连续墙导墙的质量标准

导墙平面轴线应与地下连续墙的平面轴线平行,允许偏差为 10mm。导墙内墙面应竖直,顶面应水平。两导墙内墙面间的距离允许偏差为 5mm,导墙顶面高程允许偏差为 ±10mm。

3. 地下连续墙的施工要求

(1)地下连续墙的沟槽施工,应根据水文、地质情况和施工条件选用能满足成槽要求的机具与设备。

(2)桩排式地下连续墙的主要施工工艺和技术要求可按桩基础有关规定执行。桩排间的土层可压注化学溶液或水泥浆予以加固和防渗透,并应符合相关规定的要求。

(3)槽壁式地下连续墙的沟槽开挖应符合下列要求:

①开挖前应按已划分的单元节段,决定各段开挖先后次序,且相邻槽孔之间应留有足够的安全距离。挖槽施工开始后应连续进行,直到节段完成。

②成槽机械开挖一定深度后,应立即输入调制好的泥浆,并宜保持槽内泥浆面不低于导墙顶面 300mm。配制优质泥浆,起到良好的护壁作用是成槽的关键,重复使用的泥浆若性质变化,应进行再生处理或舍弃。

③挖掘的槽壁及接头处应保持竖直,其倾斜率应不大于 0.5% 。接头处相邻两槽段的挖槽中心线在任一深度的偏差值不得大于墙厚的 1/3。槽底高程不得高于墙底设计高程。

④挖槽时应加强观测,如槽壁发生坍塌时,应查明原因,采取相应措施,妥善处理。对于严重大面积坍塌,应提出挖槽机械后,填入较好的黏质土,必要时可掺拌 10% ~20% 的水泥,回填至坍塌处以上 1 ~2m,待沉积密实后再进行挖掘。对局部坍塌,可加大泥浆相对密度和黏度,已坍入的土块宜清理后再继续挖掘。

⑤挖掘时如遇到槽沟偏斜等故障,应查明原因,采取措施,予以排除。

⑥槽段开挖达到槽底设计高程后,应对成槽质量进行检查,监理人验收合格后,方可进行下一工序清底、换浆。

⑦挖槽施工应做好施工记录,妥善处理废弃泥浆及钻渣,防止环境污染。

(4)槽段清底工作应在吊放接头装置之前进行。清底工序包括清除槽底沉淀的泥渣和置换槽中的泥浆,清底应按下列技术要求办理:

①清底之前应检测节段平面位置、横截面和竖面。如槽壁竖向倾斜、弯曲和宽度不足等超过允许偏差时,应进行修槽工作,使其符合要求。节段接头处应用刷子或高压射水清扫。

②清底工作宜根据设备条件采用抓斗排渣法、反循环泥浆泵排泥法、潜水电泵排泥法、空气升液排泥法等。

③清理槽底和置换泥浆工作结束 1h 后,应进行检验,槽底以上 200mm 处的泥浆相对密度不应大于 1.15,槽底沉淀物厚度应符合设计要求,并报监理人审核。

(5)施工接头应符合设计要求,当设计无规定时,经监理人同意可按下列规定办理:

①对受力和防渗要求较小的施工接头,宜采用接头管式接头。当初期的单元节段开挖完成并清底后,应用吊机将钢制接头管竖直吊放入槽内,紧靠单元节段两端,接头管底端应插入槽底以下 100 ~150mm,管长应略大于地下连续墙设计值。接头管可分节于管内用销子连接固定。管外平顺无突出物,管外径宜比墙厚小 50mm。此后可进行吊放钢筋骨架、灌注水下混凝土工序。

②对受力、防渗和整体性要求较大的接头装置宜采用接头箱式或隔板式接头。接头箱式其吊放的钢筋骨架一端带有堵头板,堵头钢板向外伸出的水平钢筋可插入接头箱管中,灌注混凝土时,由堵头板挡住,使混凝土不流入接头箱管内。混凝土初凝后,逐步吊出接头箱管,先灌节段骨架的外伸钢筋可灌入邻段混凝土内。

③当地下连续墙设计与梁、承台或墩柱连接时,应于连接处设置结构接头。结构接头的形式应按照设计规定。施工时应在连接处按照设计文件埋设连接钢筋,待墙体混凝土灌注并凝固后,开挖墙体内侧土体,并凿去混凝土保护层,露出预埋钢筋。将其弯成所需形状,与后浇的梁、承台或墩柱的主钢筋连接。

(6)地下连续墙钢筋骨架的制作和吊放除应符合灌注桩钢筋骨架要求外,还应符合下列规定:

①钢筋骨架应根据设计图和单元节段的划分长度制作,并宜在工地的工作台上试装配成型,骨架中间应留出上下贯通的导管位置。

②吊放钢筋骨架时,必须使骨架中心对准单元节段中心,竖直不变形并准确地下放插入槽内,不得使骨架发生摆动。

③全部钢筋骨架入槽后,应固定在导墙上,并应使骨架顶端高度符合设计要求。

④当钢筋骨架不能顺利插入槽内时,应重新吊起,查明原因,解决后,重新放入,不得强行

压入槽内。

(7)灌注水下混凝土时,应符合下列要求:

混凝土拌和物应采用导管法灌注。单元节段长度小于4m时,可采用1根导管灌注;单元节段长度超过4m时,宜采用2或3根导管同时灌注。采用多根导管灌注时,导管间净距不宜大于3m,导管距节段端部不宜大于1.5m。各导管灌注的混凝土拌和物表面高差不宜大于0.3m。导管内径不宜小于200mm。

4. 地下连续墙的质量标准

地下连续墙裸露墙面应平整,外轮廓线应平顺,无突变转折现象,允许偏差应符合表5-9的规定。

地下连续墙的允许偏差　　表5-9

项　　目	规定值或允许偏差	项　　目	规定值或允许偏差
混凝土强度	在合格标准内	顶面高程(mm)	±10
轴线位置(mm)	30	槽底高程(mm)	不高于设计要求
外形尺寸(mm)	0,+30	沉淀厚度	符合设计要求
倾斜度(%)	0.5		

注:对作为永久基础的地下连续墙,其墙体混凝土宜进行超声波无破损检测。

五、地基处理

1. 一般规定

(1)地基处理应根据地基土的种类、强度和密度,结合现场情况,按照设计图纸和监理人要求,采取相应的处理方法。

(2)地基处理的范围至少应宽出基础之外0.5m。

(3)符合设计要求的细粒土、特殊土基底,修整妥善后,应尽快修建基础,不得使基底浸水和长期暴露。

2. 细粒土及特殊土地基的处理

属细粒土或特殊土类的饱和软弱黏土层、粉砂土层及湿陷性黄土、膨胀土和黏土及季节性冻土,强度低,稳定性差,处理时应视该类土的处治深度、含水率等情况,按基底的要求采取固结、换填等处理,以满足设计要求。

3. 粗粒土和巨粒土地基的处理

对于强度和稳定性满足设计要求的粗粒土及巨粒土基底,应将其承重面平整夯实,其范围应满足基础的要求。

基底有水不能彻底排干时,应将水引至排水沟,然后在其上修筑基础。

4. 岩层基底的处理

(1)风化的岩层,应挖至满足地基承载力要求或监理人的要求为止,并应及时封闭,防止其继续风化。

(2)在未风化的岩层上修建基础前,应先将淤泥、苔藓、松动的石块清除干净,并洗净岩石,凿出新鲜岩面。

(3)坚硬的倾斜岩层,应将岩层面凿平。倾斜度较大,无法凿平时,则应凿成多级台阶。台阶的宽度宜不小于0.3m。

5. 多年冻土地基的处理

(1)基础不应置于季节冻融土层上,并不得直接与冻土接触。

(2)基础的基底修筑于多年冻土层(即永冻土)上时,基底之上应设置隔温层或保温层材料,且铺筑宽度应在基础外缘加宽1m。

(3)按保持冻结的原则设计的明挖基础,其多年平均地温等于或高于-3℃时,应于冬季施工;多年平均地温低于-3℃时,可在其他季节施工,但应避开高温季节,并应按下列规定处理:

①严禁地表水流入基坑。

②及时排除季节冻层内的地下水和冻土本身的融化水。

③必须搭设遮阳棚和防雨棚。

④施工前做好充分准备,组织快速施工。做好的基础应立即回填封闭,不宜间歇。必须间歇时,应以草袋、棉絮等加以覆盖,防止热量侵入。

(4)施工时,明水应在距坑顶10m之外修排水沟。水沟之水,应引于远离坑顶排除,并及时排除融化水。

6. 溶洞地基的处理

(1)影响基底稳定的溶洞,不得堵塞溶洞水路。

(2)干溶洞可用砂砾石、碎石、干砌或浆砌片石及灰土等回填密实。

(3)基底干溶洞较大,回填处理有困难时,可采用桩基处理,桩基应进行设计,并经监理人或有关单位批准。

7. 泉眼地基的处理

(1)可将有螺口的钢管紧紧打入泉眼,盖上螺母并拧紧,阻止泉水流出;或向泉眼内压注速凝的水泥砂浆,再打入木塞堵眼。

(2)堵眼有困难时,可采用管子塞入泉眼,将水引流至集水坑排出或在基底下设盲沟引流至集水坑排出,待基础圬工完成后,向盲沟压注水泥浆堵塞。采用引流排水时,应注意防止砂土流失,引起基底沉陷。

(3)基底泉眼,不论采用何种方法处理,都不应使基底饱水。

8. 地基检验

1)检验内容

(1)检查基底平面位置、尺寸大小、基底高程。

(2)检查基底地质情况和承载力是否与设计资料相符。

(3)检查基底处理和排水情况是否符合要求。

(4)检查施工记录及有关试验资料等。

2)检验方法

按桥涵大小、地基土质复杂(如溶洞、断层、软弱夹层、易溶岩等)情况及结构对地基有无特殊要求，经监理人同意，可采用以下检查方法：

(1)小桥涵的地基检验：可采用直观或触探方法，必要时可进行土质试验。

(2)大、中桥和地基土质复杂、结构对地基有特殊要求的地基检验，一般采用触探和钻探(钻深至少4m)取样做土工试验，或按设计的特殊要求进行荷载试验。

(3)特大桥按设计要求处理。

3)基底平面位置和高程允许偏差

(1)平面周线位置不小于设计要求。

(2)基底高程：土质±50mm；石质+50mm，-200mm。

第三节　桥梁下部构造施工质量监理

桥墩和桥台，包括墩台身和墩台帽或盖梁等两项工程内容，通常称为下部构造。常用的墩台结构形式，有实体式墩、台，柱式墩、台，埋置式桥台，空心墩，Y形墩和薄壁墩以及索塔等。实体式墩、台包括以下两大类。

1. 重力式墩台

这类墩台的主要特点是靠自身重量来平衡外力而保持其稳定。因此，墩、台身比较厚实。可以不用钢筋，而用天然石材、片石或混凝土砌筑。

2. 轻型墩台

这类墩台的刚度小，受力后允许在一定的范围内发生弹性变形。所用的建筑材料大都以钢筋混凝土和少量配筋的混凝土为主，但也有一些轻型墩台，通过验算后，可以用石料砌筑。

一、浆砌石块及混凝土预制块墩台

1. 一般要求

(1)砌块在使用前必须浇水湿润，表面如有泥土、水锈，应清洗干净。

(2)砌筑基础的第一层砌块时，如基底为岩层或混凝土基础，应先将基底表面清洗、湿润，再坐浆砌筑；如基底为土质，可直接坐浆砌筑。

(3)砌体应分层砌筑，砌体较长时可分段分层砌筑，但两相邻工作段的高差一般不宜超过1.2m；分段位置宜尽量设在沉降缝或伸缩缝处，各段水平砌缝应一致。

(4)各砌层应先砌外圈定位行列，然后砌筑里层，外圈砌块应与里层砌块交错连成一体。砌体外露面镶面种类应符合设计规定，位于流冰或有严重漂流物河中的墩台，宜选用较坚硬的石料或高强度等级混凝土预制块进行镶砌。砌体里层应砌筑整齐，分层应与外圈一致，应先铺一层适当厚度的砂浆再安放砌块和填塞砌缝。

砌体外露面应进行勾缝，并应在砌体时靠外露面预留深约2cm的空缝备作勾缝之用；砌体隐蔽面砌缝可随砌随刮平，不另勾缝。

(5)各砌层的砌块应安放稳固，砌块间应砂浆饱满，黏结牢固，不得直接贴靠或脱空。砌筑时，底浆应铺满，竖缝砂浆应先在已砌石块侧面铺放一部分，然后于石块放好后填满捣实。

用小石子混凝土填塞竖缝时,应以扁钢捣实。

(6)砌筑上层砌块时,应避免振动下层砌块。砌筑工作中断后恢复砌筑时,已砌筑的砌层表面应加以清扫和湿润。

2. 砂浆和小石子混凝土

(1)砌体所用砂浆或小石子混凝土的材料配合比,应经试拌试验决定。水胶比不应大于0.65。砂浆应有适当的和易性和稠度,其值当用标准圆锥体沉入度表示时为5~7cm。小石子混凝土的粗集料粒径不宜大于20mm,且坍落度应为5~10cm。

(2)砌石和勾缝所用的砂浆或小石子混凝土等级应按设计要求。砂浆宜采用机械拌和,机械拌和砂浆应在监理人认可的拌和机内进行,其拌和时间宜为3~5min。砂浆或小石子混凝土拌和后2~3h内应使用完毕,不允许加水重塑。

(3)在铺筑砂浆或用作砂浆的小石子混凝土时,应遵守有关气候和温度的规定。

(4)水泥砂浆及小石子混凝土的取样和试验要求:

除监理工程师另有指示外,重要及主体砌筑物,不同等级及不同配合比的水泥砂浆及小石子混凝土,每工作班分别各制取不少于2组工作试件(每组试件,水泥砂浆取6个70.7cm×70.7m×70.7mm立方体,小石子混凝土取3个150mm×150mm×150mm立方体)。一般及次要砌筑物,每工作班取一组试件。

一组砂浆试样的强度为该组试样6个试件28d抗压极限强度的平均值。砂浆的抗压强度试验应按规范进行。

砂浆试样强度应符合以下要求:

①同一等级的各组砂浆试样的平均强度(MPa)应不低于图纸规定的砂浆等级。

②任一组试件的强度应不低于图纸规定的砂浆等级的75%。

3. 片石砌体

(1)片石应分层砌筑,宜以2~3层砌块组成一工作层,每一工作层的水平缝应大致找平。各工作层竖缝应相互错开,不得贯通。

(2)外圈定位行列和转角石,应选择形状较为方正及尺寸较大的片石,并长短相间地与里层砌块咬接;砌缝宽度一般不应大于4cm,用小石子混凝土砌筑时,可为3~7cm。

(3)较大的砌块应使用于下层,安砌时应选取形状及尺寸较为合适的砌块,尖锐凸出部分应敲除。竖缝较宽时,应在砂浆中塞以小石块,不得在石块下面用高于砂浆砌缝的小片石支垫。

4. 块石砌体

(1)块石砌体应成行铺砌,并砌成大致水平层次。镶面石应按一丁一顺或一丁两顺砌筑。任何层次石块应与邻层石块搭接至少8cm。砂浆砌筑缝宽应不大于3cm。

(2)帮衬石及腹石的竖缝应相互错开,砂浆砌筑平缝宽度不应大于3cm,竖缝宽度不应大于4cm;当用小石子混凝土砌筑时,砌缝不大于5cm。

5. 粗料石及混凝土预制块砌体

粗料石砌体应成行铺砌并砌成水平层次。在铺砌前,应选择石料,使各层在厚度、外观及类别上相匹配。

任何镶面石应是一丁一顺砌筑。缝为竖缝及平缝，粗料石缝宽不大于2cm，混凝土预制块缝宽不大于1cm。任何镶面石块应与邻层石块搭接，其搭接长度不小于10cm，同时在丁石的上层或下层不宜有竖缝。

帮衬石及腹石用满足规定的块石，并应符合块石砌筑的规定。

6. 石、混凝土预制块砌体检查项目

石、混凝土预制块砌体检查项目见表5-10及表5-11。

浆砌片石基础检查项目　　表5-10

检查项目	规定值或允许偏差	检查项目	规定值或允许偏差	
砂浆强度(MPa)	在合格标准内	顶面高程	±30	
轴线偏位(mm)	25	基底高程(mm)	土质	±50
平面尺寸(mm)	±50		石质	-200~50

墩台身砌体检查项目　　表5-11

检查项目		规定值或允许偏差
砂浆强度(MPa)		在合格标准内
断面尺寸(mm)	片石	+40，-10
	块石镶面	+30，-10
	粗料石、混凝土预制块镶面	+20，-10
竖直度或坡度	片石	0.5%
	块石、粗料石、混凝土预制块镶面	0.3%
顶面高程(mm)		±10
轴线偏位(mm)		20
大面积平整度(mm)	片石	30
	块石镶面	20
	粗料石、混凝土预制块镶面	10

二、混凝土墩台

1. 基础及墩、台

(1)浇筑基础混凝土前，应将地基进行清理使其符合图纸要求。当基底为干燥地基时，应将地基润湿，并按要求浇筑混凝土垫层，垫层顶面不得高于基础底面设计高程。地基为淤泥或承载力不足时，应按设计要求处理后方可进行基础施工。如果是岩石地基，在湿润后，先铺一层厚2~3cm不低于基础混凝土强度等级的水泥砂浆，并在其凝结前浇筑第一层混凝土。

(2)一般基础及墩、台混凝土应在整个平截面范围内水平分层进行浇筑,当截面过大,不能在前层混凝土初凝或能重塑前浇筑完成次层混凝土,大体积混凝土温控需要时,可分块进行浇筑。

(3)采用滑升模板浇筑墩、台混凝土时,应符合下列规定:

①宜采用低流动度或半干硬性混凝土。

②浇筑应分层分段进行,各段应在浇筑到距模板上口不少于 10~15cm 的位置为止。

③应采用插入式振捣器振捣。

④每一整体结构的浇筑应连续进行,若因故中断,应按施工缝处理。

⑤混凝土脱模时的强度宜为 0.2~0.5MPa,如表面有缺陷,应及时予以修理。

(4)除上述步骤外,监理人可以拒收任何明显有缺陷的混凝土,或通过试验并拒收任何不符合规范要求的混凝土。

任何混凝土不符合上述规定者,或有缺陷且其位置对结构产生有害影响时,应令其除去或整体返工,并代以合格混凝土。替代的混凝土应遵照规定进行生产和验收,移去和重新浇筑的混凝土,其费用由承包人承担。

2. 桥墩与桥台

(1)除非监理人另有指示,墩柱混凝土应在一次作业中浇筑完成。混凝土墩柱应在浇筑完成后最少 24h 且混凝土强度不小于 2.5MPa,才允许浇筑盖梁混凝土,但图纸上另有注明者除外。

(2)若采用滑升模板施工,应符合上述规定,当为排柱式墩台,各立柱的浇筑进度应保持一致。

(3)应采取措施,缩短墩、台身与承台之间的浇筑混凝土的间隔时间,间歇时间不宜大于 10d。

(4)混凝土浇筑完成后,应及时进行养护,养护的时间不得少于 7d。

3. 墩台帽和盖梁

(1)墩台帽和盖梁的施工,应在墩、台身质量检验合格后,并经监理人认可后方可进行。

(2)对墩台帽和盖梁的施工所用的托架、支架或抱箍等临时结构,应进行受力分析计算与验算,并通过监理人的复核同意。

(3)支架宜直接支承在承台顶部,当必须支承在承台以外的软弱地基上时,应对地基进行妥善加固处理,并应对支架进行预压。

(4)在墩台帽和盖梁与墩身的连接处,模板与墩身之间应密贴,不得出现漏浆现象。

(5)钢筋安装施工时,应避免在钢筋的接头处起弯,并应保证钢筋的混凝土保护层厚度。

(6)对支座垫石的预埋钢筋及上部构造所需的预埋件,其位置应准确。

(7)支座垫石与墩台帽和盖梁、墩台帽和盖梁与墩身、墩身与基础或承台之间,二次混凝土的浇筑面,均应进行凿毛处理,并应清理干净。

4. 质量标准

混凝土质量标准应满足规范的要求,检查项目见表 5-12~表 5-16。

基 础 检 查 项 目　　　　表 5-12

检 查 项 目		规定值或允许偏差
混凝土强度(MPa)		在合格标准内
平面尺寸(mm)		±50
基础高程(mm)	土质	±50
	石质	+50，-200
基础顶面高程(mm)		±30
轴线偏位(mm)		25

承 台 检 查 项 目　　　　表 5-13

检 查 项 目	规定值或允许偏差		检 查 项 目	规定值或允许偏差
混凝土强度(MPa)	在合格标准内		顶面高程(mm)	±20
尺寸(mm)	±30(B≤30m)	±B/1 000(B>30m)	轴线偏位(mm)	15

注:B为承台边长。

墩、台身检查项目　　　　表 5-14

检 查 项 目	规定值或允许偏差		检 查 项 目	规定值或允许偏差
混凝土强度(MPa)	在合格标准内		轴线偏位(mm)	10
断面尺寸(mm)	±20		大面积平整度(mm)	5
竖直度或斜度(mm)	H≤30m	H/1 500 且不大于 20	预埋件位置(mm)	10
	H>30m	H/3 000 且不大于 30	顶面高程(mm)	±10

注:H为墩身或台身高度。

柱式墩及双壁墩检查项目　　　　表 5-15

检 查 项 目	规定值或允许偏差	检 查 项 目	规定值或允许偏差
混凝土强度(MPa)	在合格标准内	轴线偏位(mm)	10
相邻间距(mm)	±20	断面尺寸(mm)	±15
竖直度(mm)	0.3%H且不大于 20	节段间错台(mm)	3
墩顶高程(mm)	±10		

注:H为墩柱式墩壁高度。

墩、台帽或盖梁检查项目　　　　表 5-16

检 查 项 目		规定值或允许偏差
混凝土强度(MPa)		在合格标准内
断面尺寸(mm)		±20
轴线偏位(mm)		10
支座处顶面高程(mm)	简支梁	±10
	连续梁	±5
	双支座连续梁	±2
大面积平整度(mm)		5
预埋件位置(mm)		10

第四节　桥梁工程上部构造施工质量监理

公路桥梁上部构造,是跨越山谷、河流连接路基的主要承重部分,常用的有梁板式、拱式等结构形式。梁板式桥的截面形式有矩形板、空心板、肋形梁、箱形梁、组合箱梁和桁架梁等。拱式桥的截面形式有板拱、薄壳拱、肋拱、双曲拱、箱形拱、桁架拱和刚架拱等。桥梁上部构造的施工工艺分为两大类:板、梁的现浇施工和板、梁的预制及安装。在施工过程中,监理工程师的监理工作要点如下。

一、模板、拱架和支架

模板应不漏浆,符合结构尺寸、线型及外型,并且有足够的刚度以防浇筑混凝土时有明显挠度。拱架和支架应具有必要的刚度,能承受所加的荷载并使结构在线型及外形符合图纸要求。

1. 模板、拱架和支架的设计

(1)承包人在制作模板、拱架和支架前14d,向监理工程师提交模板、拱架和支架的施工图、内力及预计挠度计算书,经监理工程师批准后才能制作和架设。监理工程师的批准及制作、架设过程中的检查,并不免除承包人对此应负的责任。

(2)模板、拱架和支架的挠度及预拱度

结构外露表面的模板,其挠度不应超过1/400跨径,结构隐蔽表面的模板,不应超过1/250跨径。当结构自重和汽车荷载(不计冲击力)产生的向下挠度超过跨径的1/1 600时,钢筋混凝土梁、板、拱的底模板应设预拱度,预拱度值等于结构自重和1/2汽车荷载(不计冲击力)所产生的挠度。纵向预拱做成抛物线或圆曲线。跨度大于20m的预应力简支梁,应按图纸或监理工程师指示设置反拱。

(3)支架的杆件挠度应不大于无支架长度的1/400。支架的基础预期沉降及接缝压缩预估值,不应超过25mm。

(4)拱架和支架的预拱度应考虑下列因素:

①脚手架承受施工荷载后引起的弹性变形。

②超静定结构由于混凝土收缩及徐变而引起的挠度。

③由于杆件接头的挤压和卸落设备的压缩而产生的塑性变形。

④脚手架基础在受载后的塑弹性沉降。

⑤梁、板、拱的底模板的预拱度设置。

2. 模板、拱架和支架的制作和架设

(1)混凝土外露面的模板应采用下列材料之一:胶合板、锯材,至少一个侧面及两个边刨光;金属:玻璃钎维,粗面木材衬以胶合板或金属板。

(2)梁及墩台帽的突出部分,应做成倒角或削边,以便脱模,并按图纸所示或监理工程师指示,在结构物的某些部位设置凸条或凹槽的装饰线。

(3)在模板内的金属连接件或锚固件,应至少在距混凝土表面25mm深处将其拆卸或截断,且不损伤混凝土。混凝土表面处所留空洞应用水泥砂浆填塞,表面应坚固、光滑、平整,颜色均匀。

(4)充气胶囊作空心构件内芯模时,应遵守以下规定:

①胶囊在使用前应经检查,不得漏气。绑扎钢筋的铁丝头应弯向内侧,以免扎破胶囊,每次使用后,应将其表面的水泥浆清洁干净,防止日晒及油、酸、碱等有害物质侵蚀。

②从开始浇筑混凝土到胶囊放气时止,充气压力保持稳定。

③为了防止胶囊上浮和偏位,应用定位箍筋与外膜联系,加以固定。

④混凝土应对称平衡地浇筑。

⑤胶囊放气时间应经过试验确定,以混凝土强度达到胶囊放气后构件不致引起变形为宜。

(5)模板内应无污物、砂浆及其他杂物。以后要拆除的模板,应在使用前彻底涂以脱模剂。脱模剂或其他相当的代用品,应使能易于脱模,使混凝土不变色。

(6)当所有和模板有关的工作做完,待浇混凝土构件中所有预埋件也安装完毕,应经监理工程师检查认可后,才能浇筑混凝土。这些工作应包括清除模板中所有污物、碎屑物、木屑以及其他杂物。

(7)除非监理工程师的批准,拱架和支架不得支承于除基础以外的结构物的任何部分。

(8)在拱架和支架中应设有合适的千斤顶或楔块,以便用于调整在浇筑混凝土以前或浇筑混凝土时支架的沉降。拱架建造应使落架缓慢且均匀。梁桥中支撑桥面板及悬出部分脚手架的设计,应使在浇筑桥面混凝土时,梁和桥面板模板间无明显不均匀沉降。

(9)在浇筑混凝土及砌筑拱圈过程中,承包人应随时测量和记录拱架和支架的沉降量。在监理工程师同意下,必要时可将发生过度沉降的拱架和支架的底脚顶起。

3. 模板、拱架和支架的拆卸

(1)承包人应在拟定拆模时间的24h以前,向监理工程师报告他的拆架建议,并应取得监理工程师同意。

(2)由于拆模不当而引起混凝土损坏,其修补费用应由承包人承担。

(3)不承重的侧模,应在混凝土强度能保证混凝土表面及棱角不损坏的情况下方可拆除,一般在混凝土抗压强度达到2.5MPa时方可拆除侧模。

(4)承重模板、拱架和支架,应在混凝土强度能承受自重时方可拆除,一般跨径不超过3m的梁和板应达到混凝土设计等级的50%,跨径超过3m的为70%。

(5)石或混凝土预制块拱桥,须待砂浆强度达到图纸要求才能卸架,如图纸无规定,一般须达到砂浆设计等级的70%。跨径小于10m的拱桥,在拱上建筑完成后卸架。中等跨径实腹式拱,在护拱完成后卸架。空腹式拱,在拱上建筑立墙完成后卸架。裸拱卸架需事先进行验算。

(6)支架和拱架的卸落应分几个循环卸完,卸落量开始宜小,以后逐渐增大,卸落时纵向应对称均衡,横向应同时一起卸落。

(7)卸落拱架时,应用仪器观测拱圈挠度和墩台变位情况,并做好记录供监理工程师核查。

二、混凝土、钢筋混凝土现浇施工

1. 钢筋混凝土梁在支架上浇筑

(1)浇筑梁体混凝土时,一般宜按梁的全部横断面斜向分段、水平分层地连续浇筑。上层与下层前后浇筑距离应不小于1.5m,每层浇筑厚度当用插入式或附着式振捣器振捣时,不宜超过30cm。

若箱梁体不能一次浇筑完成,需分两次浇筑时,第一次浇筑到梁的底板的承托顶部以上30cm。第一次和第二次浇筑的时间应间隔不少于24h。在第二次浇筑前,应检查脚手架有无收缩和下沉,并打紧各楔块,以保证最小的压缩和沉降。

悬出的承托及悬出板的底面,一般应在离外缘不大于15cm处设一10mm深V形滴水槽以阻止水流污染混凝土表面,除非监理工程师另有指示。

(2)简支梁桥上部构造的混凝土浇筑,一般应由墩、台两端开始向跨中方面同时进行。如果采用分层浇筑,也可从一端开始。无论采用何种方式,均应一次浇筑完成。

(3)一般跨径的悬臂梁桥混凝土浇筑,应从跨中向两端墩台进行,其邻跨悬臂应从悬臂向墩台进行。悬臂梁桥吊梁的混凝土,应在悬臂梁混凝土强度达到设计等级的70%后再行浇筑。

(4)跨径较大的简支梁以及在基底刚性不同的支架上浇筑连续梁或悬臂梁,为防止支架不均匀沉降引起混凝土开裂,可按下列方法之一进行:

①加快浇筑作业,使全梁混凝土在最初浇筑的混凝土初凝前浇筑完毕。

②在支架预加等于架身重力的荷载,使支架充分变形。预加荷载于混凝土浇筑过程中逐步撤除,预压后的支架高程与设计不符时,应进行调整。

③将梁分成数段,按适当顺序分段浇筑,以消除支架沉降不均匀的影响。

(5)浇筑前,承包人应向监理工程师送交拟采用方法的详细内容和说明,包括静力计算和图纸,得到监理工程师批准之后方可开始工作。

2. 混凝土、钢筋混凝土拱在支架上浇筑

跨度小于16m的拱圈或拱肋,应全宽度自两端拱脚向拱顶对称地连续浇筑,并在混凝土凝结前全部完成。跨度等于或大于16m的拱圈或拱肋,应沿拱跨方向分段浇筑。分段接缝位置,拱式拱架设置在拱架受力反弯点、拱架节点、拱顶及拱脚处;满布式拱架设置在拱顶、1/4跨径、拱脚及拱架节点处。各段接缝面应与拱轴线垂直,各分段处应预留间隔槽,其宽度为50~100cm,且应满足钢筋接头要求。

分段浇筑时,各段混凝土应一次连续浇筑完成,如因故中断,应做垂直于拱轴线的施工缝。间隔槽混凝土,应在分段混凝土强度达到设计强度的70%后浇筑,接合面应按施工缝处理。拱顶及两拱脚的间隔槽混凝土在最后封拱时浇筑。

大跨度拱圈混凝土采用分环分段浇筑时,混凝土浇筑程序应通过计算确定,并得到监理工程师的批准。

拱上建筑混凝土应在封拱间隔槽混凝土强度达到设计强度的30%方可浇筑,浇筑应按施工设计程序进行,一般由拱脚至拱顶,对称、均衡地进行。立柱底座应与拱圈或拱肋同时浇筑。

立柱应从底到顶一次浇筑完成,再浇横梁。两伸缩缝间的桥面板应一次浇筑完成。

3. 质量标准

1)一般要求

(1)除非监理工程师另有批准,混凝土及混凝土材料的试验,均需按规定的试验标准进行。

(2)所有取样及试验,应在监理工程师在场的情况下由承包人进行。

(3)试验应在监理工程师批准的试验室进行,必要时可送到独立的试验室进行试验,其试验费用均由承包人承担。

(4)混凝土及原材料的取样及试验按《公路工程水泥及水泥混凝土试验规程》(JTG E30—2005)进行。

2)结构物的检查

检查项目见表5-17~表5-19

就地浇筑梁(板)检查项目　　表5-17

检 查 项 目	规定值或允许偏差	检 查 项 目	规定值或允许偏差
混凝土强度(MPa)	在合格标准内	纵轴线偏位(mm)	10
断面尺寸(mm)	-5~8	平整度(mm)	8
长度(mm)	-10~8	支座板平面高程(mm)	2

就地浇筑箱形梁检查项目　　表5-18

检 查 项 目		规定值或允许偏差
混凝土强度(MPa)		在合格标准内
纵轴线偏位(mm)		10
顶面高程(mm)		±10
断面尺寸(mm)	高度	-10~5
	顶宽	±30
	顶、底、腹板厚	0~10
长度(mm)		-10~0
平整度(mm)		8

就地浇筑拱圈检查项目　　表5-19

检 查 项 目		规定值或允许偏差
混凝土强度(MPa)		在合格标准内
轴线偏位(mm)	板拱	10
	肋拱	5
内弧线偏离设计弧线(mm)	跨径≤30	±20
	跨径>30	±1/1 500(跨径)
断面尺寸(mm)	宽、高	±5
	顶、底、腹板厚	0~10
拱肋间距(mm)		5

三、混凝土、钢筋混凝土预制构件

1. 预制构件

预制场地应平整、坚实、清洁,应采取排水措施,防止场地沉降。每个预制块件应一次浇筑完成,不得间断。

采用平卧重叠法浇筑混凝土时,下层构件顶面应设隔离层;上层构件须待下层混凝土强度达到设计强度的30%以上后,方可浇筑。

在空心板的筒模周围浇筑混凝土时,应采取措施使筒模不致移位,混凝土应分两层浇筑,底层浇至筒模的圆心处,并振捣使之沉积,而后在下层混凝土仍有足够塑性时尽快浇筑上层混凝土,用振捣器使上下层混凝土结合。

腹板底部为扩大断面的T形梁或I形梁。应先浇筑其扩大部分并振实,再浇筑其上部腹板。

U形梁式拱肋,宜一次浇筑完成。首先浇筑底板至底板承托的顶面,待上述混凝土沉实后,再浇筑腹板。

连续箱梁梁段的浇筑,应先浇底板,振捣密实后,再进行腹板浇筑。腹板浇筑可分段分层进行,也可由一端向另一端逐步推进,并及时振捣。腹板浇筑完毕即可浇筑顶板,顶板也可在腹板浇筑到一定长度后与腹板交叉进行。

为加速模板周转,小型构件可采用干硬性混凝土,以下述方法进行预制。

(1)翻转模板法。构件浇筑并振实后,连同模板反转,然后脱去模板,立即进行混凝土表面修抹。

(2)在移动式底模上或平整的地面上浇筑混凝土,振动时应于表面加压,增加振动时间,然后短时间内拆模,修整混凝土边角。

2. 预制箱涵

与铁路相交而采用顶入法施工的箱涵,在预制钢筋混凝土箱涵时,其技术要求及质量检验标准均应符合原中华人民共和国铁道部的有关规范。

3. 预制构件的安装

预制构件的起吊、运输、装卸和安装时的混凝土强度,应符合图纸规定,一般不低于预制构件混凝土设计强度的70%。对于预应力混凝土梁,应通过与梁相同的混凝土制成、且用于与梁同一条件下养护的混凝土立方体试件,梁的抗压强度达到图纸规定的抗压强度,且至少达到14d龄期,才能装运。预应力混凝土预制构件孔道内的水泥浆强度,应符合图纸规定,如图纸无规定时,应不低于预制构件混凝土设计强度。

装卸、运输及储存预制构件时,其位置应正立,顶面朝上。支承点应接近于构件最后放置的位置。用于制作预制构件的吊环钢筋,只允许采用未经冷拉的I级热轧钢筋。

预制构件的起吊、运输、装卸和安装过程中的应力应始终小于设计应力。

在起吊、运输、装卸和安装过程中由承包人损坏的任何预制构件均应由承包人自费修复或更换,直至监理工程师满意为止。

在桥墩、支柱或桥台混凝土未达到图纸规定强度或设计强度的80%（当图纸未规定时），以及其他方面未经监理工程师许可时，不得架设预制构件。

分段拼装的预制构件，除图纸有规定外，其接合用的混凝土的强度等级应不低于预制构件的设计强度等级。

预制构件安装就位，并经监理工程师检查认可后，才允许浇筑接合用的混凝土或焊接。

构件应在正式起吊安装前，进行满载或超载的起吊试验，以检验起吊设备的可靠性，进一步完善操作方法。

1）简支梁、板的安装

（1）安装前应对墩、台支座垫层表面及梁底面清理干净，支座垫石应用符合要求的水泥砂浆抹平，使其顶面高程符合图纸规定，水泥砂浆在预制构件安装前，必须进行养护，并保持清洁。

（2）板式橡胶支座上的构件安装温度，应按图纸规定。活动支座上的构件安装温度及相应的支座上、下部分的纵向错位（如有必要），应按图纸规定。对于非桥面连续简支梁，当图纸未规定安装温度时，一般在5～20℃的温度范围内安装。

（3）预制梁就位后，应妥善支承和支撑，直到就地浇筑或焊接的横隔梁强度足以承受荷载。支承系统图纸应在架梁开始之前报请监理工程师批准。

（4）简支架、板的桥面连续设置，应符合图纸要求。

（5）预制板的安装直至形成结构整体，各个阶段都不允许板式支座出现脱空现象，并应逐个进行检查。

2）箱形连续梁的安装

（1）箱形梁段的移运、搭设临时支架、安装顺序、浇筑梁段接头混凝土等施工细节，承包人应至少在安装施工前28d报监理工程师批准。

（2）箱形梁段移运时的吊点位置应按图纸规定。如图纸无规定时，一般采用两点吊运。对于上下面有相同配筋的等截面直杆构件，吊点位置可设在距端头0.21L处（L为构件长），或根据配筋情况经计算确定。

（3）浇筑梁段接头混凝土搭设的临时支架，应进行认真检查，确保牢固可靠，支架高程应予严格控制。施工过程中，应防止支架下沉，如有发生，应立即采取措施，及时调整。

（4）两相邻梁段的接头钢筋，焊接后应经监理工程师检查，确认符合焊接要求后，方可浇筑梁段接头混凝土。

（5）接头混凝土的强度等级不得低于梁段的混凝土强度等级，一般宜较梁段混凝土提高一级，待接头混凝土强度达到图纸规定要求后，方可拆除临时支架。

3）拱肋及拱上建筑的安装

（1）拱肋移运、装卸、安装等的施工细节，承包人应至少在施工前28d报送监理工程师批准。

（2）拱肋的移运应按图纸要求或监理工程师指示，同时应遵守下列要求：

①拱肋采用两点吊运，吊点位置应使吊点高于构件重心，可设在距拱肋端头0.22L～0.24L处（L为吊运的拱肋长度）。

②当拱肋较长或曲率较大，可采用3点或4点吊运，各吊点受力应均匀，吊点位置应按图

纸规定。若图纸无规定时,当采用3点吊时,除跨中一点外,其余两吊点可设在距端头0.1L处。当采用4点吊时,第一吊点可设在距拱肋端头0.17L处,第二吊点设在距端头0.37L处,4个吊点左右对称(L为吊运的拱肋长度)。

(3)拱肋的安装,可采用少支架或无支架施工方法。

少支架施工,支架的架设和拆卸的技术要求,除应满足前述有关规定外,还应符合下列规定:

①当拱肋接头混凝土、拱板混凝土及拱肋横向联结构件混凝土的强度达到设计强度的70%或满足图纸规定后,方可开始卸架;为避免一次卸架突然发生较大变形,可在主拱安装完成(包括拱板浇筑完成时)分两次或多次卸架,使拱圈及台、墩逐次成拱受力。

②卸架前,承包人应对主拱圈混凝土质量、拱轴线的坐标尺寸、卸架设备、气温引起拱圈变化、台后填土等,进行全面检查。卸架时应观测拱圈挠度和墩台变位情况。

③承包人须在卸架前取得监理工程师的书面批准后,方可进行卸架。

无支架施工:

①拱肋吊装时,除拱顶段外,每段拱肋应各采取一组扣索悬挂。扣索固定在扣架上,扣架设在墩台顶上。扣架底部应固定,其顶部应设置风缆。

②各段拱肋应设置风缆,其布置与安装应符合:每对风缆与拱肋轴线水平投影的夹角,一般不宜小于50°;拱肋分3段或5段拼装时,至少应保持2根基肋设置固定风缆,拱肋接头处应加横向联结;固定风缆应待全孔合龙、横向联结构件混凝土强度满足图纸要求后或经监理工程师同意后,才可撤除;在河流中设置风缆时,必须采取可靠的防护措施,防止风缆受到碰撞。

(4)多孔拱桥施工时,应按图纸所示的程序自桥台或制动墩起逐孔吊装。施工时桥墩承受的单向推力,应尽量减少到图纸规定的允许范围内。

(5)拱肋及拱板的合龙温度应符合图纸规定,如图纸无规定,宜在气温接近年平均温度(一般在5~15℃)时进行。

(6)拱上建筑的施工:拱上构造的立柱或横墙的基座,承包人在施工前应对其位置和高程进行复测检查。基座与拱的联结应牢固。大跨径拱桥拱上构造的吊装安砌应根据施工验算并结合施工观测进行,使施工过程中的拱轴线与设计拱轴线尽量接近。中、小跨径拱桥拱上构造,一般可由拱脚至拱顶对称吊装、安砌。

(7)拱上腹拱圈施工时,应注意腹拱圈所产生的推力对立柱或横墙的影响;相邻腹拱的施工进度应大致平衡。

4)预应力混凝土连续梁的顶推安装

(1)顶推施工前应根据主梁长度、设计顶推跨度、桥墩能承受的水平推力、顶推设备和滑动装置等条件,选择适宜的顶推方式:单点顶推法或多点顶推法。采用多点顶推必须确保同步。顶推施工方案及细节,承包人应在顶推施工前至少28d报监理工程师批准。

(2)水平千斤顶的实际总顶推力,不应小于计算顶推力的2倍,墩台顶上水平千斤顶的台背必须坚固,应能抵抗顶推时的总反力。在顶推过程中,各桥墩的纵向位移值不得超过图纸规定。

(3)当水平千斤顶顶推一个行程,用竖向千斤顶将梁顶高,以便拉回滑块时,其最大顶升高度不得超过图纸规定。如图纸无规定时,不得超过10mm。

(4)主梁被顶推前进时,如梁的中线偏离较大,应用导梁装置纠偏。

(5)顶推时,若导梁杆件有变形或螺丝松动,导梁与主梁联结处有变形或混凝土开裂等,应立即停止顶推,进行处理。梁段中未压浆的预应力筋的锚具如有松动,应停止顶推,并将松动的锟锚具重新张拉、锚固。

(6)顶推时至少应在两个墩上设置保险千斤顶,如遇到滑移故障用千斤顶处理时,起顶的反力值不得大于计算反力的1.1倍,起顶高度不得大于10mm。

(7)全梁顶推到图纸规定位置后,首先应按图纸规定的张拉顺序,对补充的预应力筋进行张拉、锚固、压浆。将供顶推用的临时预应力筋按图纸规定的顺序予以拆除。张拉、拆除作业时应注意安全,防止损坏混凝土和相邻锚具。

(8)落梁前应拆除墩、台上的滑动装置和导梁。拆除时各支点宜均匀顶起,其顶力应按图示支点反力控制,相邻墩各顶点的高差不得大于5mm,同墩两侧梁底顶起高差不得大于1mm。

(9)落梁时,应根据图纸规定的顺序和每次下落量进行,同一墩、台的千斤顶应同步运行。

(10)在整个顶推施工过程中,应注意观测墩台和临时墩在承受荷载时产生的竖直、水平位移、主梁和导梁控制截面的挠度及其变化、滑动装置的静摩擦因数和动摩擦因数,并随时作好记录,整理报告监理工程师。如发现超过规定限值,应分析原因,采取措施纠正。

5)钢筋混凝土立交箱涵的顶入

采用顶入法施工的立交箱涵,在施工过程中,其施工工艺、技术要求及质量标准等均应符合原中华人民共和国铁道部的有关规范。

四、预应力混凝土

1.后张法预应力混凝土的浇筑

1)一般要求

(1)模板、钢筋、管道、锚具和预应力钢筋经监理工程师检查并批准后,方可浇筑混凝土。

(2)预应力结构混凝土的浇筑及养生应符合下列要求:

①浇筑混凝土时,应保持锚塞、锚圈和垫板位置的稳固。

②在混凝土浇筑和预应力钢筋张拉前,锚具的所有支承表面(如垫板)应加以清洗。

③拌和后超过45min的混凝土不得使用。

④简支梁梁体混凝土应水平分层,一次浇筑完成。箱形梁梁体混凝土,应尽可能一次浇筑完成,梁体较高时,若分两次或三次浇筑完成,第一次浇筑应浇至底板承托顶部以上30cm,而后按腹板、顶板、翼板的次序浇筑。

⑤为避免孔道变形,不允许振捣器触及套管。

⑥梁式空心板端部锚固区及预制构件,为了保证混凝土密实,应当使用外部振捣器加强振捣,且集料尺寸不要超过两根钢筋或预埋件间距的一半。

⑦混凝土立方体强度尚未达到15~20MPa时,不得拆除模板。

⑧混凝土养生时,对为预应力钢束所留的孔道应加以保护,严禁将水和其他物质灌入孔道,并防止金属管生锈。

2)预应力混凝土梁的悬臂浇筑

(1)如梁体与桥墩非刚性连接,悬臂浇筑梁体混凝土时,应先将墩顶梁段与桥墩临时固定。

(2)悬臂浇筑时桥墩两侧的浇筑进度应尽量做到对称、均衡。桥墩两侧的梁体和施工设备的质量差,及相应的在桥墩两侧产生的弯矩差,应不超过图纸规定。承包人向监理工程师送一份拟采用的施工方法的说明、图纸、静力及变形计算的资料。

(3)悬臂浇筑用挂篮,在已完成的梁段上前移时,后端应有压重稳定或采用其他可靠的稳定措施。浇筑混凝土时,挂篮后端应锚固于已完成的梁段上。挂篮前移及在其上浇筑混凝土时,抗倾覆稳定系数应不小于1.5。

(4)悬臂浇筑开始前,应对挂篮进行质量检查,并作载重试验,以测定各构件变形量,并尽可能消除非弹性变形,并对悬臂浇筑的预拱度提供数据。

(5)悬臂浇筑前,待浇筑段的前端底板高程和桥面板高程,应根据挂篮前端垂直挠度,各施工阶段的弹、塑性挠度(包括待浇及后浇各梁段的质量、预应力、混凝土的收缩与徐变、施工设备荷载、桥面系恒载、体系转换引起的挠度)及1/2静活载挠度,设置预拱度。

(6)浇筑梁段混凝土自前端开始向后浇筑,在浇筑的梁段根部与前一浇筑段接合。前后两段的模板的接缝应紧密接合。

(7)连续梁各跨合龙段的合龙,一般自两边跨向中跨进行。自桥端至合龙跨的所有支座均为活动支座。在合龙段合龙时,合龙段的两端应予临时固定并施加必要的预应力,临时固定装置应能承受上述活动支座的摩阻力。

(8)连续刚构合龙段两端的临时固定装置及墩身,应能承受合龙段浇筑时段内的温度变化影响力及截面温差影响力。

(9)合龙段合龙前应在合龙段两端的悬臂上加压重,并于浇筑混凝土过程中逐步撤除,使悬臂挠度保持稳定。合龙段的施工,在两端临时固定完成后应尽快在短时间内完成,混凝土浇筑应在一天中最低温度时进行。

(10)合龙段混凝土可掺加必要的早强剂和减水剂。全合龙段混凝土在浇筑完成后应加强养生,在达到图纸要求张拉强度后,尽早张拉预应力筋。

3)预应力混凝土梁在支架上浇筑

(1)在支架上浇筑混凝土时,应根据混凝土的弹性和非弹性变形及支架的弹性和非弹性变形设置施工预拱度。

(2)全部混凝土宜在最初浇筑的混凝土初凝前浇筑完。若跨径较大,混凝土数量较多,不能在最初浇筑的混凝土初凝前浇筑完,应考虑新浇混凝土对已初凝混凝土的影响或设置工作缝,或按适应顺序分段浇筑。

(3)箱形梁段混凝土若分次浇筑,应先浇底板至承托顶部以上30cm,其次腹板,最后浇筑顶板及翼板。混凝土浇筑完成并初凝后,应即开始养生。

(4)除非监理工程师批准,混凝土的强度未达到图纸规定值之前,不得拆除支架。

4)顶推预应力混凝土连续梁的预制

(1)承包人应于预应力混凝土连续梁预制、顶推作业开始之前28d,将全部施工程序和细节报监理工程师审查批准。

(2)预制场地设在桥台后面桥轴线上的引道或引桥上,其长度应考虑梁段悬出时反压的长度、梁段预制长度、导梁拼装长度和机具设备材料进入预制作业线长度，宽度应考虑梁段两侧施工作业的需要。预制场地上空宜搭设作业棚，其长度宜大于2倍预制梁段的长度。作业棚应注意防火。

(3)预制台座的地基或引桥的强度，刚度和稳定性应符合图纸要求，并作好台座地基的防水、排水设施以防沉降。在荷载作用下，台座顶面最大变形不应大于2mm。

(4)台座轴线应与桥梁轴线的延长线重合，台座的纵坡应与桥梁的纵坡一致。台座的施工允许偏差如下：

①中线偏差不大于5mm。

②相邻两支承点上台座中滑移装置的纵向顶面高程差：±2mm。

③同一个支承点上滑移装置的横向顶面高程差：±1mm。

④台座(包括滑移装置)和梁段底模板顶面高程差：±1mm。

(5)梁段预制时，应严格控制截面尺寸、底面平整度和梁端部的垂直度，严格控制钢筋、预应力筋的孔道位置及预埋件位置和混凝土浇筑质量，采取措施提高混凝土的早期强度，缩短顶推周期。

(6)有关梁段预应力筋的布置及张拉、梁段间预应力筋的连接、临时预应力筋的拆卸等，均应严格按图纸规定、预应力筋及混凝土的施工作业技术要求、规定办理。

2. 后张法预应力的施工

1)一般要求

(1)承包人在张拉开始前，应向监理工程师提交详细说明、图纸、张拉应力和延伸量的静力计算，请求审核。

(2)承包人应选派富有经验的技术人员指导预应力张拉作业。所有操作预应力设备的人员，应通过正式训练。

(3)预应力张拉中，如发现下列任何一种情况，张拉设备应重新进行校验：

①使用时间超过6个月。

②张拉次数超过300次。

③使用过程中千斤顶或压力表出现异常。

④千斤顶检修或更换配件后。

2)施工要求

(1)除非另有书面允许，张拉工作应在监理工程师在场时进行。

(2)当气温下降到+5℃以下且无保温措施时，禁止进行张拉作业。

(3)预应力钢筋在张拉前应作检查，保证它们在管道内移动自由。

(4)最少应有一组浇筑梁体的混凝土的试块达到图纸规定的传递预应力的混凝土强度，才允许进行张拉，图纸无规定时，混凝土强度应不低于设计等级的80%。张拉力应按图纸规定。

(5)预应力张拉应从两端同时进行，除非监理工程师同意另外的方式。

(6)当仅从一端张拉时，应精确量测另一端的回缩量，并从千斤顶量测的伸长值中适当给予扣除。

(7)控制张拉力为锚固前锚具内侧的拉力。在确定千斤顶的拉力时，应考虑锚具摩阻损失及千斤顶内摩阻损失。这些增加的损失以采用的预应力系统及通过现场测验而定,但一般对钢绞线为3%的千斤顶控制张拉力,对钢丝为5%的千斤顶控制张拉力。

3)张拉步骤

(1)除非图内有规定或监理工程师另有指示外,张拉程序按表5-20进行。

后张法预应力钢筋张拉程序 表5-20

预应力筋		张拉程序
钢筋		0→初应力→σ_{con}(持荷5min)→0→σ_{con}(锚固)
钢绞线束	对于夹片式等具有自锚性能的锚具	普通松弛力筋0→初应力→1.03σ_{con}(锚固) 低松弛力筋0→初应力→σ_{con}(持荷5min锚固)
	其他锚具	0→初应力→1.05σ_{con}(持荷5min)→σ_{con}(锚固)
钢丝束	对于夹片式等具有自锚性能的锚具	普通松弛力筋0→初应力→1.03σ_{con}(锚固) 低松弛力筋0→初应力→σ_{con}(持荷5min锚固)
	其他锚具	0→初应力→1.05σ_{con}(持荷5min)→0→σ_{con}(锚固)
精轧螺纹钢筋	直线配筋时	0→初应力→σ_{con}(持荷5min锚固)
	曲线配筋时	0→σ_{con}(持荷5min)→0(上述程序可反复几次)→初应力→σ_{con}(持荷5min锚固)

注:1. 表中σ_{con}为张拉时的控制应力,包括预应力损失值。

2. 两端同时张拉时,两端千斤顶升降压、画线、测伸长、插垫等工作应基本一致。

3. 梁的竖向预应力筋可一次张拉到控制应力,然后于持荷5min后测伸长和锚固。

4. 超张拉数值超过规定的最大超张拉应力限值时,应按该条规定的限值进行张拉。

(2)预应力钢筋张拉后,应测定预应力钢筋的回缩与锚具变形,对于锥形锚具,其值不得大于6mm,对于夹片式锚具,不得大于5mm。如果大于上述允许值,应重新张拉,或更换锚具后重新张拉。

(3)预应力钢筋的断丝、滑丝不得超过表5-21规定,如超过限制数,应进行更换,如不能更换时可提高其他束的控制张拉力,作为补偿,但最大张拉力不得超过千斤顶额定能力,也不得超过钢绞线或钢丝的标准强度的80%,对于工地冷拉钢筋,不超过其屈服强度的95%。

预应力钢筋断丝,滑移限制数 表5-21

类别	检查项目	控制数
钢丝束和钢绞线束	每束钢丝断丝或滑丝	1根
	每束钢绞线断丝或滑丝	1丝
	每个断面断丝之和不超过该断面钢丝总数的	1%
单根钢筋	断筋或滑移	不容许

注:1. 钢绞线断丝是指单根钢绞线内钢丝的断丝。

2. 超过表列控制数时,原则上应更换,当不能更换时,在许可的条件下,可采取补救措施,如提高其他束预应力值,但须满足设计上各阶段极限状态的要求。

(4)当计算延伸量时,应根据试样或试验证书确定的弹性模量。

(5)在张拉完成以后,测得的延伸量与预计延伸量之差应在6%以内,否则,监理工程师可指示采取以下的若干步骤或全部步骤:

①重新校准设备。

②对预应力材料作弹性模量检验。

③放松预应力钢筋重新张拉。

④预应力钢筋用润滑剂以减少摩擦损失。仅水溶性油剂可用于管道系统，且在压浆前清洗掉。

⑤原先如仅一台千斤顶张拉，可改为两端用两台千斤顶张拉。

⑥监理工程师指示的其他方法。

⑦监理工程师可要求按照规范规定进行摩擦损失试验。

(6)当监理工程师对预应力张拉认为满意后，预应力钢筋应预锚固。放松千斤顶压力时应避免振动锚具和钢筋。

(7)预应力钢筋在监理工程师认可后方可截割露头。锚具的凹座应按图示用水泥砂浆封闭。

4)记录及报告

每次预应力张拉以后，如监理工程师要求，应将下列数据抄录给监理工程师：

(1)每个测力计、压力表、油泵及千斤顶的鉴定号。

(2)测量预应力钢筋延伸量时的初始拉力。

(3)在张拉完成时的最后拉力及测得的延伸量。

(4)千斤顶放松以后的回缩量。

(5)在张拉中间阶段测量的延伸量及相应的拉力。

3. 先张法预应力混凝土的施工

(1)任何先张法工作开始前，承包人应向监理工程师提交他的先张法的建议，包括他拟采用的预应力张拉台、横梁及各项张拉设备。预应力张拉台须有足够的强度和刚度，抗倾覆系数不小于1.5，抗滑系数不小于1.3。横梁须有足够的刚度，受力后挠度不应大于2mm。

(2)先张法预应力张拉，除图示或监理另有指示外，张拉程序如表5-22所示。

先张法预应力钢筋张拉程序　　表5-22

预应力筋种类	张 拉 程 序
钢筋	0→初应力→1.05σ_{con}(持荷5min)→0.9σ_{con}→σ_{con}(锚固)
钢丝、钢绞线	0→初应力→1.05σ_{con}(持荷5min)→0→σ_{con}(锚固)
	对于夹片式等具有自锚性能的锚具： 普通松弛力筋0→初应力→1.03σ_{con}(锚固) 低松弛力筋0→初应力→σ_{con}(持荷5min锚固)

注：1. 表中σ_{con}为张拉时的控制应力值，包括预应力损失值。

2. 超张拉数值超过规定的最大超张拉应力限值时，应按该条规定的限制张拉应力进行张拉。

3. 张拉钢筋时，为保证施工安全，应在超张拉放张至0.9σ_{con}时安装模板、普通钢筋及预埋件等。

(3)当用先张法张拉钢筋的温度低于10℃时，钢筋延伸量计算应考虑从张拉时到混凝土初凝时钢筋温度的增加的因素。当测得预应力钢筋的温度低于5℃时，未得监理工程师许可，不得施加预应力。

(4)同时张拉多根钢筋时，应抽查钢筋的预应力值，其偏差的绝对值不得超出按一个构件全部钢筋预应力总值的5%。

(5)当混凝土达到图示规定强度时,荷载应逐渐传递给混凝土,而且要求混凝土与钢筋不互相隔离。放松荷载的次序应按设计图纸所示,然后预应力钢筋端部应截断到与混凝土表面平齐,并涂一层认可的防腐蚀剂。图纸未作规定时,预应力钢筋放松时混凝土的强度和模量应不低于设计等级的80%。

(6)所有构件应标以不易擦掉的记号,记录制造的生产线,浇筑混凝土的日期及张拉日期,标记的位置应在工程完工及构件置于最终位置以后,不致暴露于外。

4.孔道压浆

1)压浆设备

(1)水泥浆拌和机应能制备具有胶稠状的水泥浆。水泥浆泵应可连续操作,对于纵向预应力管道,能以0.5~0.7MPa的恒压作业,对于竖向预应力钢筋管道,能以0.3~0.4MPa的恒压作业。

(2)水泥浆泵应是活塞式的或排液式的,泵及其吸入循环应是完全密封的,以避免气泡进入水泥浆内,它应能在压浆完成的管道上保持压力,且装有一个喷嘴,该喷嘴关闭时,导管中无压力损失。

(3)压力表在第一次使用前及此后监理工程师需要时应加以校准。所有设备在压浆操作中至少每3h用清洁水彻底清洗一次,每天使用结束时,也应清洗一次。

2)压浆

(1)水泥浆应由精确称量的不低于42.5级的硅酸盐水泥或普通硅酸盐水泥和水组成。水胶比一般为0.26~0.28,所用水泥龄期不超过一个月。

(2)可用经监理工程师认可的减水剂掺入水泥浆混合料中,其掺入量百分比以试验确定。且须经监理工程师同意。掺入减水剂的水泥浆水灰比,可减到0.35,其他掺入料仅在监理工程师的书面许可下才可使用,含有氯化物和硝酸盐的掺料不应使用。

(3)后张预应力孔道压浆浆液性能指标应符合《公路桥涵施工技术规范》(JTG/T F50—2011)表7.9.3中的相关规定。

(4)水泥浆的泌水率及稠度测试按《公路桥涵施工技术规范》(JTG/T F50—2011)进行。

(5)当监理工程师认为必要时,应进行压浆试验。

(6)在压浆前,用吹入无油分的压缩空气清洗管道。接着用含有0.01kg/L生石灰或氢氧化钙的清水冲洗管道,直到松散颗粒除去及清水排出。管道再以无油的压缩空气吹干。

(7)压浆时,每一工作班应留取不少于3组试样,试件尺寸(40mm×40mm×160mm),标准养生28d,按《水泥胶砂强度检验方法》(GB/T 17671—1999)的规定检查其抗压强度、抗折强度作为水泥浆质量评定依据。

(8)当气温或构件温度低于5℃时,不得进行压浆。

(9)管道压浆应尽可能在预应力钢筋张拉完成和监理工程师同意压浆后尽早进行,一般不得超过24h。在一个连续的操作中,水泥浆应自管道的最低点注入,并且使水泥浆自出气孔流出,直到流出的稠度达到注入的稠度。当有几个低点时,监理工程师可指示在各低点注入,使水泥浆不致发生向下流。管道应充满水泥浆。简支梁的管道压浆,应自梁一端注入,在另一端流出,流出的稠度须达到规定的稠度。

(10)出气孔应在水泥浆的流动方向一个接一个地封闭,注入管在压力下封闭直至水泥浆凝固。压注满浆的管道应进行保护,使在一天内不受振动,做到使监理工程师满意,且管道内水泥浆在注入后48h内,混凝土温度不低于5℃。当白天气温高于35℃时,压浆宜在夜间进行,在压浆后两天,应检查注入端及出气孔的水泥浆密实情况,需要时进行处理。

(11)承包人应具有完备的压浆记录,包括每个管道的压浆日期、水灰比及掺加料、压浆的压力、试块强度、障碍事故细节及需要补做的工作。这些记录的抄件应在压浆后三天内送交监理工程师。

五、钢悬索桥及斜拉桥的施工

(一)钢悬索桥的施工控制

1. 锚碇

1)重力式锚碇基础施工

重力式锚碇基础施工除必须按明挖地基有关规定执行外,还必须注意以下问题:

(1)基坑开挖时应采取沿等高线自上而下分层开挖,在坑外和坑底要分别设置排水沟和截水沟,防止地面水流入积留在坑内而引起塌方或基底土层破坏。原则上应采用机械开挖,开挖时应在基底高程以上预留150～300mm土层用人工清理,不要破坏基底结构。如采用爆破方法施工,应使用如预裂爆破等小型爆破法,尽量避免对边坡造成破坏。

(2)对于深大基坑边坡处理,应采取边开挖边支护措施保证边坡稳定。支护方法应根据地质情况采用。

2)重力式锚碇锚固体系施工

(1)型钢锚固体系可按下列规定进行:

①所有钢构件安装均应按照钢桥要求进行。

②锚杆、锚梁制造时必须严格按设计要求进行抛丸除锈、表面涂装和无破损探伤等工作。出厂前应对构件连接进行试拼,其中应包括锚杆拼装、锚杆与锚梁连接、锚支架及其连接系平面试装。

③锚杆、锚梁制作及安装精度应符合要求。

(2)对预应力锚固体系可按下列规定进行:

①预应力张拉与压浆工艺必须经监理工程师审查,除需严格按照设计与预应力混凝土结构的要求进行外,锚头要安装防护套,并注入保护性油脂。

②加工件必须进行超声波和磁粉探伤检查。

③预应力锚固系统施工精度应符合要求。

3)重力式锚碇锚体混凝土施工

(1)大体积混凝土的施工,承包人经监理工程师批准可采取下列措施进行温度控制,防止混凝土开裂。

①采用低水化热品种的水泥。对于普通硅酸盐水泥应经过水化热试验比较后方可使用。

②采用下列方法降低水泥用量、减少水化热:掺入质量符合要求的粉煤灰和缓凝型外掺剂,粉煤灰用量一般为水泥用量的30%～40%;混凝土可按60d的设计强度进行配合比设计。

③降低混凝土入仓温度。可对砂石料加遮盖,防止日照;采用冷却水作为混凝土的拌和水等。

④在混凝土结构中布置冷却水管,混凝土终凝后开始通水冷却降温。设计好水管流量、管道分布密度和进水温度,使进出水温差控制在10℃左右,水温与混凝土内部温差不大于20℃。

(2)大体积混凝土施工时应注意以下问题:

①大体积混凝土应采用分层施工,每层厚度可为1~1.5m,应视混凝土浇筑能力和降温措施而定。后一层混凝土浇筑前需对已浇好的混凝土面进行凿毛、清除浮浆,确保混凝土结合面黏结良好。层间间歇宜为4~7d。

②根据锚碇的结构形式、大小等采取分块施工,块与块之间预留湿接缝,槽缝宽度宜为1.5~2m,槽缝内宜浇筑微膨胀混凝土。

③混凝土浇筑完后应按照规定覆盖并洒水进行养护。当气温急剧下降时须注意保温,并应将混凝土内外温差控制在25℃以内。

4)隧道式锚碇开挖

在隧道式锚碇开挖时应采用小型爆破,并不得损坏周围岩体。开挖后应正确支护并进行锚体灌注。

5)隧道式锚碇混凝土施工

隧道式锚碇混凝土施工应符合以下要求:

(1)锚体混凝土必须与岩体结合良好,宜采用微膨胀混凝土,防止混凝土收缩与拱顶基岩分离。

(2)混凝土浇筑完毕后,必须采取混凝土养生措施,确保混凝土的质量。

(3)洞内应具备排水和通风条件。

2. 索塔

(1)塔基、混凝土塔身施工应按相关规定进行。

(2)塔顶钢框架的安装必须在索塔上系梁施工完毕后方可进行。

(3)塔完工后,须测定裸塔倾斜度、跨距和塔顶高程,作为主缆线形计算调整的依据。

(4)塔施工精度应符合表5-23的要求。

索塔施工精度要求　　表5-23

项　　目	规定值或允许偏差(mm)
混凝土强度	在合格标准内
塔柱底水平偏位	10
倾斜度	塔高的1/3 000,且不大于30或设计要求
断面尺寸	±20
系梁高程	±10
索鞍底板面高程	+10,-0
预埋件位置	符合设计要求

3. 施工猫道

(1)猫道形状及各部尺寸应满足主缆工程施工的需要。猫道面层高程到被架设的主缆底面距离沿全长宜保持一致,宜为1.3~1.5m;猫道净宽宜为3~4m,扶手高宜为1.50m。上、下游猫道间宜设置若干条人行通道，以增强抗风稳定性。

（2）猫道承重索可用钢丝绳或钢绞线。设计时充分考虑猫道自重及可能作用其上的其他荷载，承重索的安全系数不小于3.0。猫道宜设抗风缆，确保其稳定性。

（3）采用钢丝绳做承重索时，须进行预张拉消除非弹性变形。预张拉荷载不得小于各索破断荷载的1/2，保持60min，进行两次。测长和标记在温度稳定的夜间进行。承重索按被指定的长度切断以后，其端部灌铸锚头，锚头顶面须与承重索垂直，并对锚头进行静载检验，以保证其安全。

（4）架设时总的原则：做到对称施工，边跨与中跨作业平衡，减少对塔变位的影响，控制裸塔塔顶变位及扭转在设计容许范围内。猫道承重索架设后要进行线形调整，应预留500mm以上的可调长度，各根索的跨中高程相对误差宜控制在±30mm之内。承重索在边跨与中跨应连续架设。

（5）猫道面层宜由阻风面积小的两层大、小方格钢丝网组成。

（6）猫道面层从塔顶向跨中、锚碇方向铺设，并且上、下游两幅猫道要对称、平衡地进行。铺设过程中设牵引及反拉系统，防止面层下滑失控而出现事故及卡环与猫道承重索卡死的现象。

（7）中跨、边跨猫道面的架设进度，要以塔的两侧水平力差异不超过设计要求为准。在架设过程中须监测塔的偏移量和承重索的垂度。

（8）抗风缆采用钢丝绳时，使用前应进行预张拉。抗风缆架设时宜按先内侧后外侧的架设顺序进行。架设前须先与有关部门联系，设置通航标志，保证航道安全。

（9）加劲梁架设前，须将猫道改吊于主缆上，然后解除猫道承重索与塔和锚碇的联结，以利于施工控制。

（10）主缆防护工程完成以后，可进行猫道拆除工作。拆除时严禁伤及吊索、主缆和桥面。

4. 主缆工程

（1）索股牵引应符合下列规定：

①牵引过程中应对索股施加反拉力。

②牵引最初几根时，宜压低牵引速度，注意检查牵引系统运转情况，对关键部位进行调整后方能转入正常架设工作。

③牵引过程中发现绑扎带连续两处被切断时，应停机进行修补。监视索股中的着色丝，一旦发生扭转，须采取措施加以纠正。

④牵引到对岸，在卸下锚头前须把索股临时固定，防止滑移。索股后端宜施加反拉力。

⑤索股两端的锚头引入锚固系统前，须将索股理顺，对鼓丝段进行梳理，不许将其留在锚跨内。

⑥索股横移时，须将索股从猫道滚筒上提起，确认全跨径的索股已离开猫道滚筒后，才能横向移到索鞍的正上方。横移时拽拉量不宜过大，任何人不允许站在索股下方。

（2）索股锚头入锚后进行临时锚固。为便于夜间调整线形，应给索股一定的抬高量（一般为200～300mm），并做好编号标志。

（3）索股线形调整应按下列要求执行：

①垂度调整须在夜间温度稳定时进行。温度稳定的条件为：

长度方向索股的温差$\Delta t \leq 2℃$;

横截面索股的温差$\Delta t \leq 1℃$。

a. 绝对垂度调整(即对基准索股高程的调整):应测定基准索股下缘的高程及跨长,塔顶高程及变位,主索鞍预偏量,散索鞍预偏量,主缆垂度和高程、气温、索股温度等值后经计算决定其调整量。基准索股高程必须连续3d在夜间温度稳定时进行测量,三次测出结果误差在容许范围内时取三次的平均值作为该基准索股的高程。

b. 相对垂度调整:指一般索股相对于基准索股的垂度调整,按与基准索股若即若离的原则进行调整。

②垂度调整精度标准如下:

a. 索股高程允许误差:基准索股中跨跨中$\pm L/20\ 000$(L为跨径)。

b. 边跨跨中为中跨跨中的2倍。

c. 上下游基准索股高差10mm。

d. 一般索股(相对于基准索股)为-5mm,10mm。

(4)索力的调整以设计提供的数据为依据,其调整量应根据调整装置中测力计的读数和锚头移动量双控确定。其精度要求为:实际拉力与设计值之间的允许误差为设计锚固力的3%。

(5)紧缆工作须分两步进行,即预紧缆和正式紧缆。

①预紧缆应在温度稳定的夜间进行。预紧缆时宜把主缆全长分为若干区段分别进行,以免钢丝的松弛集中在一处。索股上的绑扎带采用边紧缆边拆除的方法,不宜一次全部拆除。预紧缆完成处必须用不锈钢带捆紧,保持主缆的形状,不锈钢带的距离可为5~6m,预紧缆目标空隙率宜为26%~28%。

②正式紧缆宜用专用的紧缆机把主缆整成圆形。其作业可以在白天进行。正式紧缆的方向宜向塔柱方向进行。当紧缆点空隙率达到设计要求时,在靠近紧缆机的地方打上两道钢带,其间距可取100mm,带扣放在主缆的侧下方。紧缆点间的距离约1m。

③正式紧缆质量控制:

a. 空隙率须满足设计要求,空隙率偏差为±2%。

b. 不圆度(即紧缆后主缆横径与竖径之差)不宜超过主缆设计直径的5%。

(6)主缆防护

①主缆防护应在桥面铺装完成后进行。

②防护前必须清除主缆表面灰尘、油污和水分等污物,临时覆盖,待对该处进行涂装及缠丝时再揭开。

③主缆涂装应按涂装设计进行。

④缠丝工作宜在二期恒载作用于主缆之后进行,缠丝材料以选用软质镀锌钢丝为宜。缠丝工作应由电动缠丝机完成。

⑤钢丝缠绕应密贴,缠丝张力应符合设计要求。

5. *索鞍*

(1)索鞍安装时必须满足高空吊装重物的安全要求。选择在白天晴朗时连续完成工作。

(2)索鞍安装时应根据设计提供的预偏量就位,加劲梁架设、桥面铺装过程中按设计提供的数据逐渐顶推到永久位置。顶推前应确认滑动面的摩阻系数，严格掌握顶推量，确保施工安全。

(3)索鞍安装精度见表5-24和表5-25。

主索鞍安装精度实测项目 表5-24

项　目	规定值或允许偏差(mm)
纵向最终偏差	符合设计要求
横向偏位	10
高程	+20，-0
四角高差	2

散索鞍安装实测项目 表5-25

项　目	规定值或允许偏差(mm)
纵、横向偏位	5
高程	±5
角度	符合设计要求

6. 索夹与吊索

1)索夹安装

(1)索夹安装前，须测定主缆的空缆线形，提交给设计及监控单位，对原设计的索夹位置进行确认。然后在温度稳定时在空缆上放样定出各索夹的具体位置并编号，清除索夹位置处主缆表面的油污及灰尘，涂上防锈漆。

(2)索夹在运输和安装过程中应注意保护，防止碰伤及损坏表面。

(3)索夹安装方法应根据索夹结构形式、施工设备和施工人员经验确定。当索夹在主缆上精确定位后，即固紧索夹螺栓。

(4)紧固同一索夹螺栓时，须保证各螺栓受力均匀，并按三个荷载阶段(即索夹安装时、钢箱梁吊装后、桥面铺装后)对索夹螺栓进行紧固，补足轴力。索夹位置要求安装准确，纵向误差不应大于10mm。记录每次紧固的数据存档，并交大桥管理部门备查。

2)吊索安装

(1)运输、安装过程中保证吊索不受损伤。

(2)安装时须采取措施，防止吊索扭转。

7. 加劲梁

1)加劲钢箱梁制作

(1)全焊加劲钢箱梁的制作，加劲钢桁架梁的制作可按钢桥制作中的有关规定执行。

(2)零部件加工：

①零部件加工精度应符合施工图及工艺文件的要求。

②零部件边缘的加工，应优先选用精密切割。

③边缘加工后，必须将边缘刺屑清除干净，磨去飞刺、挂渣及波纹，还应将崩坑等缺陷部位磨修匀顺。

④零件应根据零件预留加工量及平直度要求,加工端边。已有孔(或锁口)的零件按孔(或锁口)中心线定位加工边缘。

⑤按设计要求需要刨(铣)加工的零件,刨(铣)边时应避免油污污染钢料,加工面的表面粗糙度 R_a 不大于 25μm,顶紧加工面与板面垂直度偏差应小于 $0.01t$(t 为板厚)且不得大于 0.3mm。

(3)板件、部件及节段组装

①组装

a. 组装前应熟悉施工图和工艺文件,核对编号及图纸无误后方可组装。

b. 板件、部件及节段组装应在专用平台或胎架上进行,使用专用夹具或马板进行固定,并按工艺要求施放余量或补偿量,在确保产品组装精度、控制焊接变形的条件下应尽量使用夹具,减少使用马板的数量。

c. 松开马板约束时,必须采用火焰切割的方式进行,并将约束部位修磨匀顺。

d. 桥面板、桥底板纵、横对接焊缝应带产品试板,对产品试板进行拉伸试验及焊缝热影响区低温冲击试验。产品试板数量为桥面板、桥底板纵向对接焊缝每 10 条带 1 块产品试板,横向对接焊缝每 5 条焊缝带 1 块产品试板。

e. 组装合格后的板块或部件,应在规定部位打上编号钢印。

f. 组装精度应满足设计要求。

②焊接

焊接的施工和检验应符合钢桥焊接的要求。

③试拼装

a. 钢梁应按拼装图进行厂内试拼装,试拼不少于 3 个节段,按架梁顺序进行试拼装。

b. 试拼装前,应认真做好各项准备工作,仔细检查试拼装胎位、工具、仪器及吊具是否完好和安全可靠。

c. 依据设计图及工艺文件核对每个零件、部件、梁段,不允许使用未经检验或不合格的零部件及梁段参加厂内试拼装。

d. 每次试拼按有关规定进行检测,其结果应有详细的记录,首次由工厂技术负责主管组织鉴定,其余各次由工厂检验部门检验确认合格后方可进行下道工序。

④成品

a. 成品梁段基本尺寸允许偏差应符合表 5-26 的要求。

b. 钢梁成品应由工厂检验部门进行全面检查、验收,并与业主委派的监理工程师共同确认,合格后方可填发产品合格证。

c. 成品移交用户时,工厂应提供下列文件:产品合格证、完工图、工厂内试拼装记录、焊缝重大修补检验记录。

2)钢箱梁安装

(1)待索夹、吊索安装完毕并做好以下前期准备工作后方可进行吊装:

①对桥下地形及河床进行探测,根据实际情况进行清理。

②潮汐河段须掌握桥位区海域水文情况,了解该处潮汐变化规律。

③完成施工组织设计,并经监理工程师审定。

④确定吊装期间封航和航道运输管理方案。

⑤应充分掌握有关气象资料，特别是突发性风情预报，并做好防范措施。

⑥吊机安装就位，并完成各项设备安装及检查工作。

梁段验收允许误差　　表 5-26

项目		允许误差（mm）
名称	范围	
跨度	L 为三段试装时最外两吊点的中心距（m）	$\pm(5+0.15L)$
	分段时两吊点中心距	±2
全长	分段累加总长	±20
	分段长	±2
盖板宽	盖板单元纵向有对接时的盖板宽	±1
	箱梁段的盖板宽	±3
旁弯	桥面中心线在平面内的偏差， L 为三段试装长度（m）	$3+0.1L$ 最大 12
	单段箱梁	≤5
拱度	L 为跨度或试装匹配时三段的长度（m）	超过的 + $\begin{cases}3+0.15L\\ \text{最大 }12\end{cases}$ 不足的 − $\begin{cases}3+0.15L\\ \text{最大 }6\end{cases}$
工地对接板面高低差	安装匹配件后板面高差	≤1.5

（2）吊装方法可根据以下情况选定：

①如能将梁段运至吊点位置处，可采用垂直起吊法架设。

②因河床的限制，梁段不能运至吊点正下方时，可将吊机偏位将梁段垂直起吊，然后纵向牵引箱梁就位。

（3）吊装过程必须严格遵守高空作业及水上作业的安全规定。应观察索塔变位情况，应根据设计要求和实测塔顶位移量分阶段调整索鞍偏移量，以保证工程质量和施工安全。

安装前应确定安装顺序，一般可以从中跨跨中对称地向两边进行，安装完一段跨中梁段后，再从两边跨对称地向索塔方向进行。各工作面上，吊装第二节段起须与相邻节段间预偏一定间隙（0.5～0.8m），至高程后，牵拉连接，避免吊装过程与相邻节段发生碰伤，影响吊装工作顺利进行。安装合龙段前，必须根据实际的合龙长度，对合龙段长度进行修正。

（4）调试和定位

在节段吊装过程中应对箱梁节段接头进行测试，并随时拧紧定位临时螺栓。当节段吊装超过一定数量时，跨中段的挠度曲线趋于平缓，接近设计要求，此时可对该接头进行定位焊，随节段吊装的增加，其他节段的挠度曲线将逐渐趋于平缓，其他节段接头也将就位，可实施定位焊。

(5)工地焊接

工地焊接应做工艺评定,并严格按工地焊接工艺进行工地焊接。

工地焊缝焊接前应用钢丝砂轮进行焊缝除锈,并在除锈后24h内进行工地焊接。焊接前应检查接头坡口、间隙和板面高低差是否符合要求,同时检查环境是否满足工地焊接的环境要求,如不满足应采取措施。接头焊接时,应注意温度变化对接头焊接的影响。安装时须有足够数量的固定点并保证足够的强度。当工地焊缝形成并具有足够的刚度和强度时,方能解除安装固定点,防止焊缝裂纹及接口处错边量超差。为控制变形,应对施焊顺序进行控制,横向施焊顺序宜从桥面中轴线向两侧焊接,并尽量做到对称施焊。

工地焊接接头应进行100%的超声波探伤,其中抽其30%进行X光探伤拍片检查,当有一片不合格时则对该焊缝进行100%的X光拍片。

(6)工地涂装

①工地焊接后应按防腐设计要求进行表面处理。

②工地焊接的表面补涂油漆应在表面除锈24h内进行,分层补涂底漆和面漆,并达到设计的漆膜总厚度。

③根据技术文件的要求,工地焊接完成后,应按涂装工艺文件的要求涂箱外装饰面漆。

3)钢桁架梁安装可按钢桥的有关规定执行。悬臂吊装时,可先利用塔顶的吊装设备安装好靠塔柱的节段,再在桁梁上安装移动式悬臂吊机,利用移动式悬臂吊机从塔柱往主跨跨中及锚碇方向对称均衡地将桁梁安装到位。对于桁梁节段质量较轻者,也可采用缆索吊装。

4)钢加劲梁的安装应符合表5-27的要求。

钢加劲梁安装后的允许偏差 表5-27

项目	规定值或允许偏差(mm)	项目	规定值或允许偏差(mm)
吊点偏位	20	吊索防护	符合设计要求
箱或桁梁顶面高程在两吊索处高差	20	箱或桁梁段工地连接	符合规范和设计要求
相邻节段匹配高差	2	钢箱或桁梁工地防护	符合设计要求

(二)斜拉桥的施工控制

1.一般要求

斜拉桥施工与设计有互补和互反馈关系,施工前承包人应全面了解设计的要求和意图,编制施工组织设计,使成桥线形和内力符合设计要求。施工组织设计应经监理工程师审批,其主要内容应包括:

(1)基础、墩塔和主梁的施工工艺。

(2)塔、梁施工控制及施工测量方法。

(3)拉索制作、安装、张拉及锚固工艺。

斜拉桥梁体的施工方法可视设计要求、桥位条件、施工经验、设备状况及技术经济比较选定。

2. 索塔

(1)索塔的施工可视其结构、体形、材料、施工设备和设计要求综合考虑选用适合的方法。裸塔施工宜用爬模法,横梁较多的高塔宜采用劲性骨架挂模提升法。

(2)索塔施工,除设置相应的塔吊外,还应设置工作电梯及安全通道。

(3)斜拉桥施工时应避免塔梁交叉施工干扰。必须交叉施工时,承包人应根据设计和施工方法采取保证塔梁质量和施工安全的措施,并报监理工程师审批。

(4)索塔横梁施工时应根据其结构、质量及支撑高度设置可靠的模板和支撑系统,考虑弹性和非弹性变形、支承下沉、温差及日照的影响。必要时应设支承千斤顶调控。体积过大的横梁经监理工程师批准可分两次浇筑。

(5)斜塔柱施工时,承包人必须对各施工阶段塔柱的强度和变形进行计算,计算结果应报监理工程师审查,应分高度设置横撑,使其线形、应力、倾斜度满足设计要求并保证施工安全。

(6)索塔混凝土现浇应选用输送泵施工,超过一台泵的工作高度时,允许接力泵送,但必须做好接力储斗的设置,并尽量降低接力站台高度。

(7)宜在索塔施工中设置劲性钢骨架,以保证索管空间定位精度和钢筋架立的精度。

(8)索塔施工组织设计中必须制订整体和局部的安全措施。

3. 主梁

主梁施工时必须进行施工控制,即对梁体每一施工阶段的结果进行详细的检测分析和验算,以确定下一施工阶段拉索张拉量值和主梁线形、高程及索塔位移控制量值,周而复始直至合龙成桥。施工监控测试内容和方案应报监理工程师审批,除设计图纸或监理工程师另有规定外,一般应包括下列内容:

(1)变形:主梁线形、高程、轴线偏差、索塔的水平位移。

(2)应力:拉索索力、支座力以及梁塔应力在施工过程中的变化。

(3)温度:温度场及指定测量时间塔、梁、索的变化。

1)混凝土主梁

(1)主梁零号段及其两旁的梁段,在支架和塔下托架上浇筑时,应消除温度、弹性和非弹性变形及支承等因素对变形和施工质量的不良影响。

(2)采用挂篮悬浇主梁时,除应符合梁桥挂篮施工的有关规定外,还应按下列规定执行:

①挂篮的悬臂梁及挂篮全部构件制作后均应进行检验和试拼,合格后再于现场整体组装检验,并按设计荷载及技术要求进行预压,同时测定悬臂梁和挂篮的弹性挠度、调整高程及其他技术性能。

②挂篮设计和主梁浇筑时应考虑抗风振的刚度要求。

③拉索张拉时应对称同步进行,以减少其对塔与梁的位移和内力影响。

(3)为防止合龙梁段施工出现的裂缝,应采用以下方法改善受力和施工状况:

①在梁上下底板或两肋端部预埋临时连接钢构件,或设置临时纵向连接预应力索,或用千斤顶调节合龙口的应力和合龙口长度。

②合龙两端高程在设计允许范围内时,可视情况进行适当压重。

③观测合龙前连日的昼夜温度场变化与合龙高程及合龙口长度变化的关系,选定适当的

合龙浇筑时间。

(4)主梁采用悬拼时,除应遵守连续梁及斜拉桥主梁悬浇的有关规定外,还应按下列规定施工:

①预制梁段,如设计无规定,宜选用长线台座(可分段设置),也可采用多段的联线台座,每联宜多于5段,先预制顺序中的1、3、5段,脱模后再在其间浇2、4段,使各端面啮合密贴,端面不应随意修补。

②应在底模上调整主梁分段形体所受竖曲线的影响。拼装中多段积累的超误差,可用湿接缝调整。

③梁段拼合前应试拼,以便及时调整。

④湿接缝拼合面应进行表面凿毛和清扫,干接缝应保持结合面清洁,黏合料应涂刷均匀。

⑤采用垫片调整梁段拼装线形时,每次垫片调整的高程不应大于20mm。

(5)大跨径主梁施工时应缩短双向长悬臂持续时间,尽快使一侧固定,以减少风振的不利影响,必要时应采取临时抗风措施。

2)钢主梁(包括叠合梁和混合梁)

(1)钢主梁应由资质合格的专业单位加工制作、试拼,经检验合格后安全运至工地备用。堆放应无损伤、无变形和无腐蚀。

(2)钢梁制作的材料应符合设计要求。焊接材料的选用、焊接要求、加工成品、涂装等项的标准和检验内容均应按有关规定执行。

(3)应进行钢梁的连日温度变形观测对照,确定适宜的合龙温度及实施程序,并应满足钢梁安装就位时高强螺栓定位所需的时间。

4. 拉索

1)拉索和锚具的制作

拉索及其锚具应委托专业单位制作,严格执行国家或部颁的行业标准和规定生产,并应进行检测和验收。拉索成品、锚具交货时应提供下列资料:

(1)产品质量保证书、产品批号、设计索号及型号、生产日期、数量、长度、质量等。

(2)产品出厂检验报告及有关数据。

拉索的运输和堆放应无破损、无变形、无腐蚀。

2)拉索的安装与张拉

(1)拉索安装可根据塔高、布索方式、索长、索径、索的刚柔程度、起重设备和施工现场状况等综合选择架设方法。

(2)安装前应根据索长、索重、斜度和风力等因素计算其安装过程中锚头距索管口2.0m、1.0m,距锚板0.70m以及锚头带锚环时的牵引力,以综合选择架设方案和设备。

(3)施工中不得损伤索体保护层和索端锚头及螺纹,不得堆压弯折索体。

(4)施工中,拉索抗振的约束环和减振器未安装前,必须确保索管(特别是梁上索管)和锚端的防水、防腐和防污染。

(5)斜拉桥拉索的张拉应按下列各项执行:

①张拉施工的设备和方法应根据设计的索型、锚具、布索方式,塔和梁的构造确定。

②拉索张拉的顺序、级次数和量值应按设计规定执行。应以振动频率计测定的索力或油

压表量值为准，以延伸值作校核，并应视拉索防振圈以及弯曲刚度的状况对测值予以修正。

③拉索张拉可于塔端或梁端单端进行，也可顶升索鞍支座进行。平行钢丝拉索宜采用整体张拉，平行钢绞线拉索可用整体或分索张拉，分索张拉应按“分级”、“等力”的原则进行，每根同级的索力允许误差为 ±1%。

④索塔顺桥向两侧的拉索（组）和桥横向对称的拉索（组）必须对称同步张拉；同步张拉的不同步索力的相差值不得超出设计规定；两侧不对称的或设计拉力不同的拉索，应按设计规定的索力分级同步张拉，各千斤顶同步之差不得大于油表读数的最小分格，索力终值误差小于 ±2%。

⑤拉索锚固时不宜在锚环与承压板间加垫，需要加垫时，其垫圈材料和强度应符合承压要求，并应设成两个密贴带扣的半圆。

⑥拉索张拉完成后，悬臂施工跨中合龙前后，当梁体内预应力钢筋全部张拉完且桥面及附属设备安装完时，应采用传感器或振动频率测力计检测各拉索索力值，同时应视防振圈及索的弯曲刚度等状况对测值予以修正。每组及每索的拉力误差超过设计规定时应进行调整，调整时可从超过设计索力最大或最小的拉索开始（放或拉），直调至设计索力。调索时应对塔和相应梁段进行位移检测，并做出存档记录，记录内容包括日期、时间、环境温度、索力、索伸缩量、桥面荷载状况、塔梁的变位量及主要相关控制断面应力等。

5. 质量标准

（1）斜拉桥基础、混凝土、钢筋、预应力筋及钢结构等方面的施工质量标准，应参照规范中的有关规定执行。

（2）斜拉桥索塔和梁的施工质量标准

①钢筋混凝土索塔的施工质量标准见表 5-28。

钢筋混凝土索塔

表 5-28

项　目	规定值或允许偏差（mm）	项　目	规定值或允许偏差（mm）
混凝土强度	在合格标准内	锚固点高程	±10
地面处水平偏位	10	系梁高程	±10
倾斜度	塔高的 1/3 000，且不大于 30 或设计要求	孔道位置	10，且两端同向
断面尺寸	±20		

②悬臂浇筑混凝土梁的施工质量标准见表 5-29。

悬臂浇筑混凝土梁

表 5-29

项　目		规定值或允许偏差
混凝土强度（MPa）		在合格标准内
轴线偏位（mm）	$L \leqslant 100$m	10
	$L > 100$m	L/10 000
斜拉索拉力（kN）		符合设计要求
断面尺寸（mm）	高	+5，−10
	顶高	±30
	板厚	+10，0

续上表

项目		规定值或允许偏差
梁锚固点高程(mm)	$L \leq 100m$	±20
	$L > 100m$	±L/5 000
锚具轴线与孔位轴线偏位(mm)		5

注:L 为跨径。

③悬臂拼装钢筋混凝土梁应符合表5-30 的要求。

悬臂拼装混凝土梁的施工要求　表5-30

项目		规定值或允许偏差
轴线偏位(mm)	$L \leq 100m$	10
	$L > 100m$	L/10 000
斜拉索拉力(kN)		符合设计要求
锚具轴线与孔道轴线偏位(mm)		5
梁锚固点高程(mm)	$L \leq 100m$	±20
	$L > 100m$	±L/5 000
合龙段混凝土强度(MPa)		在合格标准内

注:L 为跨径。

④悬臂施工钢及钢筋混凝土结合梁,应符合表5-31 的要求。

悬臂施工结合梁施工要求　表5-31

项目		规定值或允许偏差
轴线偏位(mm)	$L \leq 200m$	10
	$L > 200m$	L/20 000
混凝土强度(MPa)		在合格标准内
混凝土板断面尺寸(mm)	厚	+10,-0
	宽	±30
斜拉索拉力(kN)		符合设计要求
梁锚固点顶面高程(mm)	$L \leq 200m$	±20
	$L > 200m$	±L/10 000
钢梁防护		涂装符合设计要求

注:L 为跨径。

六、拱圈施工

1. 石砌及混凝土预制块砌拱圈

(1)砌筑层数、楔块厚度以及砂浆等级均按图纸上规定或监理工程师指定。

(2)在监理工程师校核拱架并批准后,才能砌筑拱石。

(3)径向缝应垂直于拱轴线。拱圈的任一层及任一纵排的石块,应分别与邻层和邻排的石块形成长度不小于 10cm 的径向搭接和纵向搭接。砌缝宽度，对片石砌体不大于 4cm，对块石砌体不大于 3cm，对粗料石或混凝土预制块砌体为 1 ~ 2cm，当用小石子混凝土砌片石时，砌缝宽度为 4 ~ 7cm，用小石子混凝土砌块石时砌缝宽度不大于 5cm。

(4)对于陡的径向缝，可以在拱石间塞填料木片形成固定缝，以便随后将砂浆填入，对于不甚陡的径向缝，可以在已成石块侧面铺砂浆，随后横向压挤砌筑相邻石块。

(5)拱石铺砌应在纵横向保持对称、平衡，按图纸的加载程序进行，并应随时进行观察和测定拱架和拱圈的变形。

(6)拱跨长度在 13 ~ 20m 时，不论用何种形式的拱架，半拱圈可以分三段，其长度大致相等，先砌筑拱脚及拱顶部分，然后砌筑拱跨 1/4 及 3/4 附近部分，两半跨应同时对称地进行，当拱跨在 10m 及 10m 以下且设满堂拱架时，拱圈石可以从拱脚向拱顶砌筑，当用拱式拱架时，其砌筑方法同前所述拱跨长度(13 ~ 20m)。

(7)拱圈施工时应在拱脚、拱顶石两侧、拱架的结构缝、分段点及可能出现裂隙处设置空缝，有关空缝的设置和填塞应满足下列有关要求：

①外露面的空缝宽度应与上述各条中所列缝宽一致，但当拱圈石为粗料石时，空缝内部宽可以加大到 3 ~ 4cm，以便填浆。可以将水泥浆块或其他满足要求的材料插入空缝以保持缝宽，插入块数量及其尺寸不应过多、过大，以保持缝宽为度。

②空缝两边的拱石侧面应凿成规则形状。

③空缝应在分段砌体砂浆强度达到设计等级 70% 后进行填塞，填塞时应分层捣实。

④在全部拱圈砌筑完以及卸拱架前，应完成空缝填浆工作，填缝砂浆应为半干硬水泥砂浆。所有空缝的填浆和捣实应自两拱脚向拱顶对称进行，或先填塞拱脚处，次填塞拱顶处，然后自拱顶向两端对称逐条填塞，也可所有空缝同时填塞。

(8)封拱的定义为砌筑拱顶石，并在拱顶石两侧灌浆，它是拱圈施工中最后工序，应遵守下列要求进行，但图纸上另有规定或监理工程师批准时除外。

①封拱应在当地平均气温 5 ~ 15℃时进行。

②当拱圈分成几段砌筑时，填缝砂浆应达到设计强度的 85% 才能封拱，当采用刹尖封顶时，填缝砂浆应达设计强度的 70%，采用千斤顶施加压力以调整拱圈应力封拱时，填缝砂浆应达设计强度的 100%。

(9)拱上建筑在拱架卸架前砌筑时，拱圈合龙砂浆强度应达到设计强度的 85%，拱上建筑先松架后砌筑时，拱圈合龙砂浆强度应达到设计强度的 100%，拱圈采用千斤顶施加压力以调整应力时，拱上建筑砌筑时的拱圈合龙砂浆强度应达到图纸规定值。

拱上建筑由拱脚至拱顶对称、均衡地砌筑。

2. 用小石子混凝土砌筑片石拱圈

用小石子混凝土作砂浆砌筑石块时应遵守下列要求：

(1)应将底面较大并表面整齐的片石用于拱腹，需要时应粗凿，拱背片石则应大致平整。

(2)砌缝中的小石子混凝土，可在铺石块前，先在砌缝处铺设一部分，然后在铺石块后再填缝。

(3)在空缝两侧面应用较大的和大致凿成方形的经挑选的石块。

3. 拱架

应按监理工程师批准的拱架图修建拱架,但在任何情况下并不减轻承包人由于应用此图所负的责任,应设合适的楔块、砂筒或其他设施使拱架能逐渐降落,使拱能独立支承。应逐渐并均匀降落拱架,并使结构中任何部分无有害的应力。两跨或两跨以上的拱,拱架卸落顺序应提请监理工程师批准。

七、钢桥施工质量的控制

1. 钢桥施工前监理工程师的检查审核

1)钢桥材料的检验

(1)钢桥制造使用的材料必须符合设计要求和现行有关标准的规定,必须有材料质量证明并进行复验;钢材应按同一炉批、材质、板厚每10个炉(批)号抽验一组试件,焊接与涂装材料应按有关规定抽样复验,复验合格经监理工程师批准后方可使用。

(2)采用进口钢材时,应按合同规定进行商检,应按现行标准检验其化学成分和力学性能;并应按现行有关标准进行抽查复验和与匹配的焊接材料做焊接试验,不符合要求的钢材不得使用。

(3)当钢材表面有锈蚀、麻点或划痕等缺陷时,其深度不得大于该钢材厚度允许负偏差值的1/2。

2)设计文件的审核

钢桥的制作和安装应符合设计图和施工图的要求。当需要修改设计时,应取得原设计单位和监理工程师的同意,并应签署设计变更文件。设计文件及施工图应包括以下内容。

(1)钢桥由钢桥制造厂生产时,施工单位提交钢桥制造厂的设计文件应包括:

①钢桥主要受力杆件的应力计算表及杆件断面的选定图表。

②钢桥全部杆件的设计详图、材料明细表、工地螺栓表,制作时应考虑荷载引起的挠度对钉孔的影响。

③特定的设计、施工及安装说明。

④安装构件、附属构件的设计图。

(2)钢桥制造厂提交给施工单位的施工图应括下列各项:

①按杆件编号绘制的施工图。

②厂内试装简图。

③发送杆件表。

④工地拼装简图。

3)计量器具的检验

钢桥制造和检验所用的量具、仪器、仪表等应经主管部门授权的法定计量技术机构或经监理工程师批准的有资质的检验单位进行校验。大桥工地用尺与工厂用尺应互相校对。

2. 钢桥制造的要求

1)放样、号料和切割

(1)放样和号料应根据施工图和工艺要求进行,应预留制作和安装时的焊接收缩余量及切割、刨边和铣平等加工余量。

(2)对于形状复杂的零部件,在图纸中不易确定的尺寸,应通过放样校对后确定。

(3)样板、样杆、样条制作的允许偏差应符合表 5-32 的规定。

样板、样杆、样条制作允许偏差　　表 5-32

项　目	允许偏差(mm)
两相邻孔中心线距离	±0.5
对角线、两极边孔中心距离	±1.0
孔中心与孔群中心线的横向距离	0.5
宽度、长度	+0.5,-1.0
曲线样板上任意点偏离	1.0

(4)号料前应检查钢料的牌号、规格、质量,如发现钢料不平直,有蚀锈、油漆等污物,应矫正清理后再号料;号料外形尺寸允许偏差为 ±1mm。

(5)切割时精密切割面质量应符合表 5-33 的规定,切割面硬度不超过 HV350。

切割表面质量要求　　表 5-33

项　目	等　级		备　注
	1	2	
表面粗糙度 R_a	25μm	50μm	按 GB 1031—2009 用样板检测
崩坑	不容许	1m 长度内容许有 1 处 1mm	超限应修补,按焊接有关规定
塌角	圆角半径≤0.5mm		
切割面垂直度	≤0.05t,且不大于 2.0mm		

注:t 为钢板厚度。

2)矫正和弯曲

(1)钢材矫正前,剪切的反口应修平,切割的挂渣应铲净。

(2)碳素结构钢在环境温度低于 -16℃、低合金结构钢在环境温度低于 -12℃时,不得进行冷矫正和冷弯曲。

(3)主要受力零件冷作弯曲时,环境温度不宜低于 -5℃,内侧弯曲半径不得小于板厚的 15 倍,小于 -5℃时必须热煨,热煨温度宜控制在 900 ~ 1 000℃。冷作弯曲后零件边缘不得产生裂纹。

(4)热矫温度应控制在 600 ~ 800℃,矫正后钢材温度应缓慢冷却,降至室温以前,不得锤击钢料或用水急冷。

(5)矫正后的钢材表面不应有明显的凹痕或损伤。零件矫正后的允许偏差应符合有关规范的规定。

3)边缘加工

(1)零件刨(铣)加工深度不应小于 3mm,加工面的表面粗糙度 R_a 不得低于 25μm;顶紧加工面与板面垂直度偏差应小于 0.01t(板厚),且不得大于 0.3mm。

(2)坡口可采用机加工或精密切割,坡口尺寸及允许偏差应由焊接工艺确定。

(3)边缘加工的允许偏差应符合有关规范的规定。

(4)零件应根据预留加工量及平直度要求,两边均匀加工。已有孔的零件应按其中心线找正边缘。

4)制孔

(1)螺栓孔应成正圆柱形,孔壁表面粗糙度 $R_a \leqslant 25\mu m$,孔缘无损伤不平,无刺屑。

(2)组装件可预钻小孔,然后扩钻。预钻孔径至少应较设计孔径小3mm。扩钻孔时,严禁飞刺和铁屑进入板层。

(3)使用卡板(卡样)时,必须按施工图检查零件规格尺寸,核对所用钻孔样板无误后,方可钻孔。对卡固定式样板钻孔的杆件,应检查杆件外形尺寸和制造偏差,并将误差均分。卡固限度应符合下列要求:

①工形杆件腹板中心与样板中心允许偏差为1mm。

②纵向偏差应以两端部边距相等为原则。

③箱形杆件两竖板水平中线与样板中线允许偏差为1.5mm,但有水平拼接时,其允许偏差为1mm。

(4)螺栓孔的允许偏差应符合表5-34的规定。

螺栓孔允许偏差 表5-34

项目		允许偏差(mm)	项目		允许偏差(mm)
螺栓直径	螺栓孔径		螺栓直径	螺栓孔径	
M12	14	+0.5,0	M24	26	+0.7,0
M16	18	+0.5,0	M27	29	+0.7,0
M20	22	+0.7,0	M30	33	+0.7,0
M22	24	+0.7,0			

(5)螺栓孔距允许偏差应符合表5-35的规定。

螺栓孔距允许偏差 表5-35

项目		允许偏差(mm)		
		主要杆件		次要杆件
		桁梁杆件	板梁杆件	
两相邻孔距		±0.4	±0.4	±0.4(±1.0)②
多组孔群两相邻孔群中心距		±0.8	±1.5	±1.0(±1.5)②
两端孔群中心距	$l \leqslant 11m$	±0.8	±4.0①	±1.5
	$l > 11m$	±1.0	±8.0①	±2.0
孔群中心线与杆件中心线的横向偏移	腹板不拼接	2.0	2.0	2.0
	腹板拼接	1.0	1.0	—

注:①连接支座的孔群中心距允许偏差。

②括号内数值为人检结构的允许偏差。

5）组装

（1）组装前，零件、部件应经监理工程师验收合格；连接接触面和焊缝边缘每边 30～50mm 范围内的铁锈、毛刺、污垢、冰雪等应清除干净，露出钢材金属光泽。

（2）杆件的组装应在工作台上或工艺装备内进行。组装时应将焊缝错开。

（3）组装时，应用冲钉使绝大多数孔正确就位，每组孔应打入 10% 的冲钉，但不得少于 2 个，冲钉直径不应小于设计孔径 0.1mm。采用预钻小孔组装的杆件，使用的冲钉直径不应小于预钻孔径 0.5mm。

（4）组装时，应用螺栓紧固，保证零件、杆件相互密贴，一般在任何方向每隔 320mm 至少有一个螺栓。组装螺栓的数量不得少于孔眼总数的 30%；组装螺栓的螺母下最少应放置一个垫圈，如放置多个垫圈时，其总厚不应超过 30mm。

（5）焊接杆件和焊接箱形梁的组装允许偏差应分别符合规定。

（6）卡样钻孔应经常检查钻孔套模的质量情况，如套模松动或磨耗超限时，应及时更换。

6）焊接

（1）在工厂或工地首次焊接工作之前或材料、工艺在施工过程中遇有须重新评定的变化，必须分别进行焊接工艺评定试验。

（2）焊工应经过考试，熟悉焊接工艺要求，取得资格证书后方可从事焊接工作。焊工停焊时间超过 6 个月，应重新考核。

（3）工厂焊接宜在室内进行，湿度不宜高于 80%。焊接环境温度：低合金高强度结构钢不应低于 5℃，普通碳素结构钢不应低于 0℃。主要杆件应在组装后 24h 内焊接。

（4）低合金高强度结构钢厚度为 25mm 以上时进行定位焊，手弧焊及埋弧焊时应进行预热，预热温度为 80～120℃，预热范围为焊缝两侧，宽度 50～80mm。厚度大于 50mm 的碳素结构钢焊接前也应进行预热。

（5）焊接材料应通过焊接工艺评定确定，没有生产厂家质量证明书的材料不得使用。对储存期较长的焊接材料，使用前应重新按标准检验。

（6）焊接时应符合下列规定：

①施焊前必须清除焊接区的有害物。

②施焊时母材的非焊接部位严禁焊接引弧。

③多层焊接宜连续施焊，应注意控制层间温度，每一层焊缝焊完后应及时清理检查，清除药皮、熔渣、溢流和其他缺陷后，再焊下一层。

7）焊缝检验

焊接完毕后，监理工程师必须进行检查验收，检验内容如下：

（1）所有焊缝必须进行外观检查，不得有裂纹、未熔合、夹渣、未填满弧坑和超出表 5-36 规定的缺陷。

（2）外观检查合格后，零、部（杆）件的焊缝应在 24h 后进行无损检验。

（3）进行超声波探伤，内部质量分级应符合规定。其他技术要求可按《钢焊缝手工超声波探伤方法和探伤结果分级》（GB 11345—2007）执行。

（4）箱形杆件棱角焊缝探伤的最小有效厚度为 $\sqrt{2t}$（t 为水平板厚度，以 mm 计）。

<table>
<caption>焊缝外观检查质量标准(mm)　表 5-36</caption>
<tr><th>项 目</th><th colspan="3">质 量 要 求</th></tr>
<tr><td rowspan="3">气孔</td><td colspan="2">横向对接焊缝</td><td>不容许</td></tr>
<tr><td>纵向对接焊接缝、主要角焊缝</td><td>直径小于 1.0</td><td rowspan="2">每米不多于 3 个,间距不小于 20</td></tr>
<tr><td>其他焊缝</td><td>直径小于 1.5</td></tr>
<tr><td rowspan="4">咬边</td><td colspan="2">受拉杆件横向对接焊缝及竖加劲肋角焊缝(腹板侧受拉区)</td><td>不容许</td></tr>
<tr><td colspan="2">受压杆件横向对接焊缝及竖加劲肋角焊缝(腹板侧受压区)</td><td>≤0.3</td></tr>
<tr><td colspan="2">纵向对接及主要角焊缝</td><td>≤0.5</td></tr>
<tr><td colspan="2">其他焊缝</td><td>1.0</td></tr>
<tr><td rowspan="2">焊脚尺寸</td><td colspan="2">主要角焊缝</td><td>$K_{0}^{+2.0}$</td></tr>
<tr><td colspan="2">其他焊缝</td><td>$K_{-1.0}^{+2.0}$*</td></tr>
<tr><td>焊波</td><td colspan="2">角焊缝</td><td>任意 25mm 范围内高低差≤2.0</td></tr>
<tr><td rowspan="3">余高</td><td colspan="2" rowspan="3">对接焊缝</td><td>焊缝宽 $b<12$ 时,≤3.0</td></tr>
<tr><td>$12<b\leq25$ 时,≤4.0</td></tr>
<tr><td>$b>25$ 时,$\leq4b/25$</td></tr>
<tr><td rowspan="3">余高铲磨后表面</td><td colspan="2" rowspan="3">横向对接焊缝</td><td>不高于母材 0.5</td></tr>
<tr><td>不低于母材 0.3</td></tr>
<tr><td>粗糙度 $R_a\leq50\mu m$</td></tr>
</table>

注:* 手工角焊缝全长 10% 区段内允许 $K_{-1.0}^{+3.0}$。

(5)对接焊缝除应用超声波探伤外,尚须用射线抽探其数量的 10%(并不得少于一个接头)。探伤范围为焊缝两端各 250 ~ 300mm,焊缝长度大于 1 200mm 时,中部加探 250 ~ 300mm。当发现裂纹或较多其他缺陷时,应扩大该条焊缝探伤范围,必要时可延长至全长。进行射线探伤的焊缝,当发现超标缺陷时应加倍检验。

8)节点钢枢及枢孔

(1)枢孔直径允许偏差为 ±0.2mm,拉力杆件两枢孔外缘至外缘,或压力杆件两端枢孔内缘至内缘的距离,除设计文件另有规定外,允许偏差为 ±0.5mm。枢孔应于杆件焊接矫正后镗(钻)制。

枢接结构中,钢枢设计直径一般较枢孔设计直径小 0.4mm,钢枢直径制造允许偏差为 ±0.1mm。

(2)公路装配式钢桥的枢孔、钢枢直径和杆件两端枢孔距离允许偏差以及其他质量要求应符合设计文件的规定。

(3)公路装配式钢桥的钢枢除设计另有规定外,应采用 30 铬锰钛(30CrMnTi)合金结构钢制造。

9)除锈

表面和摩擦面的除锈应在制作质量合格后进行,并应符合下列要求:

(1)表面的除锈方法和除锈等级设计无规定时,其质量要求应符合表 5-37 的规定。

(2)适应范围还应与设计采用的涂装及所处环境相适应。

(3)除锈后的摩擦面宜进行喷铝防锈处理。

(4)采用喷射或抛射除锈时回收的钢丸应去除锈屑、锈粉等杂物。

表面除锈质量要求

表 5-37

除锈方法	喷射或抛射除锈			手工和动工工具除锈	
除锈等级	Sa2	Sa2.5	Sa3	St2	St3
适用范围	除右边两类条件以外的其他地区	年平均相对湿度在50%以上及有一般大气污梁的工业地区	1. 大气中含盐雾的沿海地区； 2. 大气中 SO_2 含量大于 250mg/m³ 的工业地区； 3. 杆件浸水部分； 4. 防腐要求高的钢梁及构件	与 Sa2 条件同	与 Sa3 条件同
质量标准	一般喷射、抛射除锈，钢材表面的油脂和污垢，氧化皮、锈和油漆涂层等附着物已基本清除，其残留物应是牢固附着的	较彻底的喷射、抛射除锈，钢材表面应无可见的油脂和污垢，氧化皮、锈和油漆涂层等附着物，任何残留的痕迹应仅是点状或条纹状的轻微色斑	彻底的喷射、抛射除锈，钢材表面应无可见的油脂和污垢，氧化皮、锈和油漆涂层等附着物，表面应呈现均匀的金属光泽	一般的手工和动力工具除钢筋。钢材表面应无可见的油脂和污垢，没有附着不牢的氧化皮、锈和油漆涂层等附着物	彻底的手工和动力工具除锈。钢材表面应无可见的油脂和污垢，没有附着不牢的氧化皮、锈和油漆涂层等附着物，除锈比 St2 彻底，底材显露部分的表面应具有金属光泽

10)钢梁试拼装

钢梁试拼装前监理工程师应对其杆件进行检查验收，承包人应提供试拼装方案经监理工程师审查同意后方可进行。

(1)进行钢梁试拼装应符合下列要求：

①试拼装宜采用具有代表性的局部试拼装法，未经试拼装合格，不得成批生产。

②试拼装应根据试件施工图进行。每拼完一个单元(或节间)应检查并调整好几何尺寸，再继续进行。

③试拼装时螺栓应紧固，使板层紧密。冲钉不得少于孔眼总数的10%，螺栓不得少于螺栓孔总数的20%。

(2)钢梁试拼装的质量标准如下：

①钢梁试拼时，必须用试孔器检查所有螺栓孔。主桁的螺栓孔应能100%自由通过较设计孔径小0.75mm的试孔器；桥面系和连接系的螺栓孔应100%能自由通过较设计孔径小1.0mm的试孔器；板梁的螺栓孔应100%自由通过较设计孔径小1.5mm的试孔器方可认为合格。

②钢梁试拼装的主要尺寸允许偏差应符合表5-38和表5-39的规定。

板梁试拼装主要尺寸允许偏差　　表 5-38

项目		允许偏差(mm)
梁高 h	$h \leqslant 2m$	±2
	$h > 2m$	±4
跨度 L	支座中心至中心	±8
全长	全桥长度	±15
主梁中心距		±3
旁弯	桥梁中心线与其试拼装全长 L 的两端中心所连直线的偏差	$L/5\,000$
平联节间对角线差		3
横联对角线差		4
主梁倾斜		4
支点高低差	支座处三点水平时,另一点翘起高度	3

桁梁试拼装主要尺寸允许偏差　　表 5-39

项目		允许偏差(mm)
桁高	上下弦杆中心距离	±2
节间长度		±2
旁弯	桥面系中线与其试拼装全长 L 的两端中心所连直线的偏差	$\frac{L}{5\,000}$
试装全长	$L \leqslant 50\,000$	±5
	$L > 50\,000$	$\pm\frac{L}{10\,000}$
拱度(计算拱度)	$f \leqslant 60$	±3
	$f > 60$	$\pm\frac{5}{100}f$
对角线	每个节间	±3
主桁中心距		±3

(3)试拼装应有详细检查记录,经监理工程师验收合格后方可批量生产。

3. 钢桥验收出厂

钢桥加工完成后,监理工程师应进行检查验收,签认合格后方能出厂安装。其要求如下:

(1)板梁尺寸允许偏差应符合表 5-40 的规定。

(2)桁梁杆件尺寸应符合有关钢构件加工精度的要求。

(3)箱形梁尺寸允许偏差应符合表 5-41 的规定。

(4)钢桥构件出厂时,应提交下列资料:

①产品合格证。

②钢材和其他材料质量证明书或试验报告。

③施工图、拼装简图和设计变更文件,设计变更内容应在施工图中相应部位注明。

④产品试板的试验报告。

板梁基本尺寸允许偏　　表5-40

<table>
<tr><td colspan="3">项　　目</td><td rowspan="2">允许偏差(mm)</td></tr>
<tr><td colspan="2">名　　称</td><td>检 查 方 法</td></tr>
<tr><td rowspan="2">梁高 h</td><td>$h \leq 2m$</td><td rowspan="2">测量两端腹板处高度</td><td>±2</td></tr>
<tr><td>$h > 2m$</td><td>±4</td></tr>
<tr><td colspan="2">跨度</td><td>测量两支座中心距离</td><td>±8</td></tr>
<tr><td colspan="2">全长</td><td>测量全桥长度</td><td>±15</td></tr>
<tr><td colspan="2">纵梁长度</td><td rowspan="2">测量两端角钢背与背之间的距离</td><td>±0.5，-1.5</td></tr>
<tr><td colspan="2">横梁长度</td><td>±1.5</td></tr>
<tr><td colspan="2">纵梁高度</td><td rowspan="2">测量两端腹板处高度</td><td>±1.0</td></tr>
<tr><td colspan="2">横梁高度</td><td>±1.5</td></tr>
<tr><td colspan="2">纵、横梁旁弯</td><td>梁立置时在腹板一侧距主焊缝100mm处拉线测量</td><td>3</td></tr>
<tr><td colspan="2" rowspan="2">主梁拱度 f</td><td rowspan="2">梁卧置时在下盖板外侧拉线测量</td><td>不设拱度 +3 ~ 0</td></tr>
<tr><td>设拱度 +10 ~ -3</td></tr>
<tr><td colspan="2">两片主梁拱度差</td><td>分别测量两片主梁拱度，求差值</td><td>4</td></tr>
<tr><td colspan="2">主梁腹板平面度</td><td rowspan="2">用平尺测量（h 为梁高或纵向加劲肋至下盖板间的距离）</td><td>$< \frac{h}{350}$ 且 ≤ 8</td></tr>
<tr><td colspan="2">纵、横梁腹板平面度</td><td>$\frac{h}{500}$ 且 ≤ 5</td></tr>
<tr><td rowspan="2">主梁、纵横梁盖板对腹板的垂直度</td><td>有孔部位</td><td rowspan="2">用直角尺测量</td><td>0.5</td></tr>
<tr><td>其余部位</td><td>1.5</td></tr>
</table>

箱形梁基本尺寸允许偏差　　表5-41

<table>
<tr><td colspan="3">项　　目</td><td rowspan="2">允许偏差(mm)</td></tr>
<tr><td colspan="2">名称</td><td>检查方法</td></tr>
<tr><td rowspan="2">梁高 h</td><td>$h \leq 2m$</td><td rowspan="2">测量两端腹板处高度</td><td>±2</td></tr>
<tr><td>$h > 2m$</td><td>±4</td></tr>
<tr><td colspan="2">跨度 L</td><td>测两支座中心距离，L 以 m 计</td><td>$\pm(5 + 0.15L)$</td></tr>
<tr><td colspan="2">全长</td><td>—</td><td>±15</td></tr>
<tr><td colspan="2">腹板中心距</td><td>测两腹板中心距</td><td>±3</td></tr>
<tr><td colspan="2">盖板宽度 b</td><td>—</td><td>±4</td></tr>
<tr><td colspan="2">横断面对角线差</td><td>测两端断面对角线差</td><td>4</td></tr>
<tr><td colspan="2">旁弯</td><td>L 以 m 计</td><td>$3 + 0.1L$</td></tr>
<tr><td colspan="2">拱度</td><td>—</td><td>+10，-5</td></tr>
<tr><td colspan="2">支点高度差</td><td>—</td><td>5</td></tr>
<tr><td colspan="2">腹板平面度</td><td>H 为盖板与加劲肋或加劲肋与加劲肋之间的距离</td><td>$< \frac{h}{250}$ 且 ≤ 8</td></tr>
<tr><td colspan="2">扭曲</td><td>每段以两端隔板处以为准</td><td>每米≤1，且每段≤10</td></tr>
</table>

注：1. 分段分块制造的箱形梁拼接处，梁高及腹板中心距允许偏差按施工文件要求办理。

2. 箱形梁其余各项检查方法可参照板梁检查方法。

⑤焊缝重大修补记录。

⑥高强度螺栓摩擦面抗滑移系数试验报告,焊缝无损检验报告及涂层检测资料。

⑦工厂试拼装记录。

⑧构件发运和包装清单。

4. 钢桥工地安装

1)安装前的准备工作

(1)安装前承包人应对临时支架、支承、吊机等临时结构和钢桥结构本身在不同受力状态下的强度、刚度及稳定性进行验算。编制实施性施工组织设计,报监理工程师审批。

(2)安装前,应按照构件明细表核对进场的构件、零件,查验产品出厂合格证及材料的质量证明书。

(3)钢桥构件在运输、存放过程中损坏的涂层,应按照规定补涂。

(4)钢梁安装前,承包人应对桥台、墩顶面高程、中线及各孔跨径进行复测,误差在允许偏差内,经监理工程师复查签认方可安装。

(5)钢梁安装前,根据跨径大小、河流情况、起吊能力选择安装方法。

2)安装

(1)杆件宜采用预先组拼、拴合或焊接,扩大拼装单元进行安装,对容易变形的构件应进行强度和稳定性验算,必要时应采取加固措施。

(2)杆件组拼前应清除杆件上的附着物,摩擦面应保持干燥、整洁。应根据外界环境和焊接等变形因素的影响,采取措施,保证钢梁的建筑拱度及中心线位置。

(3)在支架上拼装钢梁时,冲钉和粗制螺栓总数不得少于孔眼总数的1/3,其中冲钉不得多于2/3。孔眼较少的部位,冲钉和粗制螺栓总数不少于6个或将全部孔眼插入冲钉或粗制螺栓。

用悬臂或半悬臂法拼装钢梁时,联结处所需冲钉数量应按所承受荷载计算决定,但不得少于孔眼总数的一半,其余孔眼布置精制螺栓。冲钉和精制螺栓应均匀地安放。

高强度螺栓栓合梁拼装时,冲钉数量应符合上述规定,其余孔眼布置高强度螺栓。吊装杆件的吊钩必须等杆件完全固定后方可卸去。

(4)拼装用的冲钉直径(中段圆柱部分)应较孔眼设计直径小0.2~0.3mm,其长度应大于板束厚度。

拼装用精制螺栓直径应较孔眼设计直径小0.4mm,拼装板束用的粗制螺栓直径应较孔眼直径小1.0mm。冲钉和螺栓可用35号碳素结构钢制造。

(5)钢桥安装过程中,每完成一节间应测量其位置、高程和预拱度,如不符合要求时应进行校正。

3)高强度螺栓连接的规定

(1)由制造厂处理的钢桥杆件的摩擦面,安装前应复验所附试件的抗滑移系数,合格后方可安装,并应符合设计要求。

(2)高强度螺栓的设计预拉力、施加预拉力应符合《公路桥涵施工技术规范》(JTG/T F50—2011)的要求。

(3)高强度螺栓连接副在运输过程中应轻装轻卸,储存时应分类分批存放,不得混淆,并防止受潮生锈，在使用前应进行外观检查并应在同批内配套使用。

(4)施工前，高强度螺栓连接副应按出厂批号复验扭矩系数，每批号抽验不少于8套，其平均值和标准偏差应符合设计要求。设计无要求时平均值应在0.11～0.15范围内，其标准偏差应小于或等于0.01。复验数据应作为施拧的主要参数。

(5)安装钢梁的高强度螺栓的长度必须与安装图一致。安装时，高强度螺栓应顺畅穿入孔内，不得强行敲入，穿入方向应全桥一致。高强度螺栓不得作为临时安装螺栓。被栓合板束的表面应垂直于螺栓轴线，否则应在螺栓垫圈下面加垫斜坡垫板。

(6)用扭矩法拧紧高强度螺栓连接副时，初拧、复拧和终拧应在同一工作日内完成。初拧扭矩应由试验确定，一般为终拧扭矩的50%。终拧扭矩应按式(5-1)计算：

$$T_c = K \cdot P_c \cdot d \tag{5-1}$$

式中：T_c——终拧扭矩(N·m)；

K——高强度螺栓连接副的扭矩系数平均值，按上述第(4)条要求测得；

P_c——高强度螺栓的施工预拉力(kN)；

d——高强度螺栓公称直径(mm)。

(7)高强度螺栓终拧完毕应按下列规定进行质量检查：

①检查应由专职质量检查员进行，检查扭矩扳手必须标定，其扭矩误差不得大于使用扭矩的±3%，且应进行扭矩抽查。

②松扣、回扣法检查，先在螺栓与螺母上做标记，然后将螺母退回30°，再用检查扭矩扳手把螺母重新拧至原来位置测定扭矩，该值不小于规定值的10%时为合格。

③对主桁节点及板梁主体及纵、横梁连接处，每栓群以高强螺栓连接副总数的5%抽检，但不得少于2套，其余每个节点不少于1套进行终拧扭矩检查。

④每个栓群或节点检查的螺栓，其不合格者不得超过抽验总数的20%，如超过此值，则应继续抽验，直至累计总数80%的合格率为止。然后对欠拧者补拧，超过者更换后重新补拧。

4)工地焊缝连接和固定

钢桥工地焊缝连接分全焊连接和焊缝与高强度螺栓合用连接两类。工地焊缝连接应符合下列规定：

(1)钢桥杆件工地焊缝连接应按设计规定的顺序进行。设计无规定时，纵向宜从跨中向两端，横向宜从中线向两侧对称进行。

(2)工地焊接应设立防风设施，遮盖全部焊接处。雨天不得焊接(箱形梁内除外)。箱形梁内采用CO_2气体保护焊时，必须使用通风防护安全设施。

5)钢桥构件连接固定后落梁就位时的规定

(1)钢梁就位前应清理支座垫石，其高程及平面位置应符合设计要求。

(2)固定支座与活动支座的精确位置应按设计图并考虑施工安装温度、施工误差等确定。

(3)钢梁落梁前后应检查其建筑拱度和平面尺寸，并做记录，校正支座位置。

(4)钢梁安装后的允许偏差见表5-42。

钢梁安装后的允许偏差 表5-42

项目			规定值或允许偏差(mm)
轴线偏位	钢梁中线		10
	两孔相邻横梁中线相对偏差		5
梁底高程	墩台处梁底		±10
	两孔相邻横梁相对高差		5
支座偏位	支座纵、横线扭转		
	固定支座顺桥向偏差	连续梁或60m以上简支梁	20
		60m以下简支梁	10
	活动支座按设计气温定位前偏差		3
支座底板四角相对高差			2
连接	对接焊缝的对接尺寸、气孔率		符合规范要求
	高强度螺栓扭矩		±10%

6)工地涂装质量检验

钢桥工地涂装应符合设计要求。防腐蚀涂料应具有良好的附着性、耐蚀性,并具有出厂合格证和检验资料,工地涂装施工组织设计应满足使用要求。喷涂金属表面处理的最低等级为Sa2.5。喷涂金属系统的封闭涂层,其底漆应具有良好的封孔性能。

(1)涂层系统

①涂装前应进行表面处理的质量检查,合格后方可进行涂装。

②涂装时,涂层遍数和漆膜厚度应符合设计要求,应及时测定湿膜厚度,保证干膜厚度。涂装时发现漏涂、流挂发白、皱纹、针孔、裂纹等缺陷,应及时进行处理。每层涂装前,应对上一层涂层进行检查。涂装后,应进行涂层外观检查。表面应均匀、无气泡、无裂纹等缺陷。

③涂层干膜厚度大于或等于设计厚度值的点数占总测点数的90%以上,其他测点的干膜厚度不应低于90%的设计厚度值。当不符合上述要求时,应进行修补。

④厚膜涂层应进行针孔检测,针孔数不应超过测点总数的20%,当不符合要求时,应进行修补。

(2)喷涂金属系统

①可目视或用5~10倍放大镜观察,喷涂金属层应颗粒细密、厚薄均匀,并不得有固体杂质、气泡及裂缝等缺陷。

②喷涂厚度达不到要求时,应进行补喷或重喷。

③孔隙率检测,检测面积宜占总面积的5%,当不合格时,应进行补喷或重喷。

④对喷涂金属层与钢结构的结合性能,可采用敲击或刀刮进行检测,当不合格时,应进行补喷或重喷。

7)钢桥验收

钢桥工程的验收应在钢桥全部安装并涂装完成后进行。钢桥安装、涂装的质量和允许偏差应符合本章各节的有关要求,并应符合《公路工程质量检验评定标准》(JTG F80/1—2004)的规定。

八、组合体系桥

组合体系桥是根据结构的受力特点，由几个不同体系的结构组合而成的桥梁。组合体系桥实质是利用梁、拱、吊三者的不同组合，上吊下撑以形成新的结构。常见的有斜拉桥和系杆拱桥以及钢—混凝土组合梁桥等。斜拉桥的施工监理本节前面已经介绍。下面将介绍有关系杆拱桥质量监理内容。其他结构的组合体系桥可参照相关章节的内容执行。

系杆拱桥是梁和拱的组合体系，其中梁和拱都是主要承重结构，两者相互配合受力。由于吊杆将梁向上吊起（与荷载作用的挠度方向相反），显著减小了梁内的弯矩。与梁桥相比，系杆拱桥能够跨越较一般简支梁桥更大的跨度；与拱桥相比，系杆拱桥虽然具有拱的外形，但由于拱与梁连接在一起，拱的水平推力就传给梁来承受，而对墩、台没有水平推力作用，因此对地基无过高要求。系杆拱桥的施工方法有多种，这里仅以拱圈预制，系梁现浇的施工方法为例，介绍系杆拱桥的质量监理。

1. 系杆拱桥施工方案的审批

进场后，承包人应首先提交开工申请报告（附施工技术设计方案），监理工程师对其申报的施工工艺流程、材料试验报告（包括原材料试验报告及混凝土配合比设计报告）、施工组织设计等进行认真审查，并检查承包方进场的人员、机具设备等情况，及时召开工地会议，对承包人提交的施工工艺做出评价，提出修改意见或批准其开工申请，并向承包人交代系杆拱桥施工过程中的检测项目、质量标准、检测频率和检测方法等。

施工方案的审查主要包括以下几方面内容：

（1）材料试验报告的审查。包括砂石料、钢筋、水泥、预应力钢筋及锚夹具等的出厂证书、产品合格证和质保书的检查。监理工程师应会同承包人对各种材料进行取样试验，检验材料的合格率。若对材料有怀疑，应要求承包人重新取样试验。

（2）混凝土配合比设计的审查。现场监理工程师应做对比（平行）试验，复核承包人的配合比试验结果。

（3）现浇系梁施工方案审查。包括支架及支架的压载方案审查、混凝土浇筑方案审查、预应力钢筋的张拉压浆方案审查以及系梁落架方案的审查等。可参照现浇拱桥的有关规定进行。

（4）拱圈及横梁的预制方案审查。可参照装配式钢筋混凝土拱桥的有关规定进行。

（5）竖向吊杆的施工方案审查。应严格控制竖向吊杆的张拉顺序和张拉力，必须满足设计要求，防止因张拉顺序不对或张拉力过大导致拱圈和系梁的连接处开裂，影响结构的安全使用和安全度。

2. 现浇系梁的施工质量检查

现浇系梁的施工质量检查包括：支架安装质量检查、模板安装质量检查、支架预压检查、钢筋、预埋件质量检查、支座安装质量检查等。检查内容参照相关章节的执行。

在施工过程中混凝土浇筑、预应力张拉、压浆必须进行旁站检查。其系梁的纵向预应力筋应分为两期张拉。预制拱圈吊装前先张拉第一期预应力筋束。拱圈吊装就位，与系梁实现固结后，再张拉第二期预应力。张拉顺序应严格按照设计要求进行。

3. 横梁安装质量检查

预制横梁出场前,监理工程师应对其混凝土强度、构件尺寸及混凝土外观质量等进行成品质量检验。安装前,现场监理人员主要应检查其在运输吊装过程中是否有损伤。若有损伤或裂缝,轻则必须在安装前修补好,严重者则废弃。安装横梁时,监理工程师应配合承包人检查其平面和立面的位置。在系梁的纵向预应力筋张拉前,横梁应先与系梁铰接,以免张拉纵向预应力筋时对横梁产生次内力的影响。所有纵向预应力筋张拉完毕后,再实现横梁与系梁的固结。

4. 预制拱圈施工质量检查

(1)拱圈预制质量检查。参照钢筋混凝土预制构件的有关规定进行。

(2)对拱圈安装的质量监理,主要是控制拱圈的平面和立面位置,直顺、垂直和平整情况以及强度等,而更为重要的是拱圈与系梁之间的连接是否牢固、吻合。监理的主要目的是使拱圈安装后能满足设计所要求的受力状态和使用要求。

5. 吊杆施工质量检查

安装之前,监理工程师应要求承包人对吊杆进行验收,合格后方可进行安装。吊杆所用钢材必须符合设计要求,锚具也应经过检验。在吊杆的施工过程中,监理工程师应着重检查以下几项内容:

(1)吊杆应顺直,无扭转现象。吊杆的防护层必须完整无破损。应根据设计要求,逐根检查吊杆锚固处的防护。

(2)吊杆的吊点位置必须准确,其平面位置、高程及两侧高差的误差应在允许偏差范围内。

(3)应严格控制吊杆的拉力和张拉顺序,其拉力必须满足设计要求,防止因拉力过大而造成拱圈和系梁固结处开裂。

6. 落梁检查

应按照设计要求,对称、少量、多次地逐渐完成,使结构物逐步承受荷载,避免在落梁过程中出现构件开裂等质量问题。

7. 系杆拱桥质量标准

(1)拱圈预制质量、现浇系梁质量、支座安装质量分别参照相关章节的要求执行。

(2)吊杆安装质量要求见表5-43。

吊杆安装尺寸允许偏差表　　表5-43

项　目		质 量 标 准	允 许 误 差	备　注
吊杆的拉力(kN)		符合设计要求		
吊点位置(mm)			10	
吊点高程(mm)	高程		±10	
	两侧高差		20	
吊杆锚固处防护		符合设计要求		

第五节　桥面系施工质量监理

钢筋混凝土和预应力混凝土桥的桥面部分，通常包括桥面铺装、防水和排水设备、伸缩缝、人行道、缘石、栏杆和灯柱等构造，由于桥面部分天然敞露而受天气影响十分敏感，车辆行人来往对美观也至为重要，根据以往的实践，建桥时因对桥面重视不足而造成日后修补和维护的弊病是不少的，因此，如何合理改进桥面的构造和施工，已越来越引起人们的重视。

一、桥面铺装

1.一般要求

（1）预制板或现浇桥面板与桥面铺装混凝土的混凝土龄期相差应尽量缩短，以避免两者之间产生过大的收缩差。

（2）为使桥面铺装与下面的混凝土构件紧密结合，应对桥面铺装下面的混凝土凿毛，并用高压水冲洗干净。

（3）当进行混凝土桥面铺装时，应按图纸所示预留好伸缩缝、工作槽。当进行沥青混凝土铺装时，不必为伸缩缝预留工作槽，而在安装伸缩缝前先行切割沥青混凝土铺装所占的伸缩缝的位置。

（4）桥面铺装采用全桥宽上同时进行，或者分车道进行，或根据监理工程师指示办理。

2.混凝土桥面的铺装

（1）混凝土的铺设要均匀，铺设的高度应略高于完成的桥面高程，要用振动器压实，并用整平板整平。

（2）混凝土桥面铺装的最终修整工作，应包括镘平及清理。在修整前要清理所有的表面自由水，但不能用如水泥、石粉或砂子来吸干表面水分。

（3）在一段桥面铺装修整完成后的15min内，要采用有效的措施保护混凝土表面不受风吹日晒。

（4）当混凝土桥面铺装之上另有一层沥青混凝土铺装时，该混凝土桥面铺装除按上述要求外，其表面应适当粗糙。

3.沥青混凝土桥面铺装

在沥青混凝土桥面铺装下，如另有一层混凝土底层时，应待底层的混凝土强度达到设计强度的70%以上时，方能铺筑沥青混凝土桥面铺装。

4.防水层

（1）铺设防水层的桥面板表面应平整、干燥、干净。防水层沿缘石或中间分隔带的边缘应封闭，以免桥面水渗入主体结构内。

（2）防水层应根据不同材料按制造商推荐的铺设要求进行。

5.泄水管

（1）在浇筑桥面板时应预留泄水管安装孔，桥面铺装时应避免泄水管预留孔堵塞。

(2)泄水管下端应伸出结构物底面10~15cm,或按图纸所示将其引入地下排水设施。

二、桥梁接缝和伸缩缝

1.一般要求

(1)所有产品在任何时候都应严格按照生产厂家推荐的方法装卸、放置、装配和安装。

(2)当气温和相邻接缝的温度低于10℃时,不应浇筑热浇封缝料。

(3)沥青混凝土铺装,应在伸缩缝安装前完成,且不为伸缩缝预留位置,而在安装伸缩缝前,切割先前铺设的沥青混凝土铺装所占的伸缩缝的位置。

(4)伸缩缝的牌号、型号应符合图纸规定。安装伸缩缝时的上部构造的端部间空隙宽度及伸缩缝的安装预定宽度,均应与安装温度相适应,并应遵照图纸规定。伸缩缝的安装,应在伸缩缝制造商提供的夹具控制下进行。当伸缩缝的安装温度不同于图纸规定时,各项安装参数应予调整。

(5)伸缩缝的安装须由专业施工单位施工,并须满足制造商的有关要求。伸缩缝下面或背面的混凝土应密实,不留气泡,预埋件位置应准确。安装完成后的伸缩缝应与桥面铺装接合平整。

2.钢—橡胶组合伸缩缝

(1)伸缩缝应根据图纸提出的型号、长度及安装时宽度制造和装配。图内应注明相应安装温度或温度范围。

(2)伸缩缝根据安装时宽度预先在工厂组装,由专门的设备包装后运送工地。若伸缩缝长度过长,超过运输允许长度,或安装期间部分车行道需维持通车,可分段组装和运输,钢构件在工地拼焊,橡胶构件须硫化连接。如橡胶硫化连接有困难,在钢构件拼焊后再装整条橡胶件。出厂前,装配好的伸缩缝,制造商按用户要求的安装尺寸,用夹具固定,以便保持用户需要的宽度。装配好的伸缩缝,应分别标有质量、吊点位置。运抵工地后,承包人应妥善保管。

(3)在伸缩缝安装前,承包人应对其宽度进行检查。在工厂说明书内注有规定的安装温度和温度范围,如果此温度不同于实际安装温度,则应进行安装宽度调整。

(4)在浇筑桥面板或桥台混凝土时,应按图纸或制造商提供的安装图,预留凹槽及预埋钢筋。钢筋头应伸出进入凹槽内。

(5)在预留凹槽内划出伸缩缝定位中心线和高程,用起重机将伸缩缝吊入预留凹槽内,使伸缩缝正确就位,如伸缩缝坐落于坡面上,需作适应纵横坡的调整,此后将锚固钢筋与预埋钢筋焊连,使伸缩缝固定。禁止在伸缩缝边纵梁上施焊,以免造成边梁局部变形。伸缩缝固定后即可松开夹具,使伸缩缝参与工作。

(6)安装伸缩缝的最后一道工序是在槽口立模板浇筑混凝土。模板要严密无缝,防止混凝土进入控制箱,混凝土在边纵梁、控制箱及锚固板附近要振捣密实。

3.镀锌铁皮伸缩缝

(1)预制铁皮做成U形,U形铁皮的顶部水平翼缘钉在预埋于混凝土的木块上。木块在埋入混凝土前经干燥处理。

(2)在浇筑沥青填缝料以前,接缝上的凹槽应清扫干净并经监理工程师认可。

4. 钢板伸缩缝

（1）钢板伸缩缝应按图纸生产和加工，安装伸缩缝时的上部构造的端部间空隙宽度及伸缩缝的安装宽度，均应与安装温度相适应，并应遵照图纸规定，当伸缩缝的安装温度不同于图纸规定时，各项安装参数应予调整。

（2）伸缩缝的分离的细部构件应在工厂内准确成形并在工地按图纸焊接和组装。

（3）伸缩缝应在桥面安装就位。应精心确保正确的空隙、路线高程和坡度，并保证钢滑板与对面的钢板完全接触。完成的伸缩缝在交通荷载下不得振响，当采用梳形板伸缩缝时，两相对齿板在合龙时应完全吻合，不得错位，且在顶平面上齐平。

（4）安装好的钢板伸缩缝应经过监理工程师验收后方能浇筑混凝土。

（5）完成的伸缩缝表面应与桥面平齐。

5. 暗埋式伸缩缝

暗埋式伸缩缝采用具有弹性的改性沥青混凝土，铺于板式上部结构接缝处，其施工须按图纸所示。

三、防水处理

与路堤材料及与路面接触的所有公路通道结构物的外表面，均应按照图纸所示及本节要求做防水处理。

（1）沥青涂刷层

混凝土按规定养生之后，须做防水处理的表面应至少晾干 10d，然后用刷子或喷枪给表面彻底刷上或喷上一道底层及三道地沥青或煤沥青，每层均应在完全吸收后才喷刷下一层，在封层硬结前不应与水或土接触。当混凝土或前一层未干或气候条件不适宜时不应涂防水层。

（2）沥青油毛毡防水层

混凝土养生后应晾干 10d。需用预制沥青油毛毡做防水层的混凝土表面应用一层底油彻底封闭。当底油的溶剂完全挥发后，连续洒布一层热沥青混合物，然后在热沥青层上铺油毡。油毡应铺得紧密，使油毡与混凝土表面之间，或各层油毡之间不存在空气。油毡之间应搭接，端头至少应搭接 150mm，侧向至少应搭接 100mm。接头应安排得在任何一点都不超过三层油毡厚度，而且接头距离应尽可能远一些，以便把水从外露边缘排走。

（3）晾干

当使用含挥发溶剂的沥青材料时，应待所有溶剂挥发后再铺筑下一层。如果使用乳化沥青，则应待全部水分蒸发。

（4）保护

除非图纸上另有说明，所有暴露于外面的，无覆盖的防水层都应用最小厚度为 10mm 的沥青砂层进行保护。

四、栏杆及护栏

除监理工程师另有批准，混凝土栏杆及护栏（防撞墙）应在该跨拱架或脚手架放松后才能浇筑。特别要注意使模板光顺并紧密装配，以能保持其线条及外形，且在拆模时不致损害混凝土,应按施工详图制作所有模板以及斜角条,并具有简洁斜角接头。在完成工程中,所有角隅应准确、线条分明、加工光洁、且无裂缝、破裂或其他缺陷。

预制栏杆构件应在不漏浆的模板中浇筑。当混凝土足够硬化时,即自模板中取出预制构件并养生 10d。

可以采用加湿加温方法和(或)用快硬水泥或减水剂以缩短养生期,其方法应经监理工程师批准。

存放并装卸预制构件时,应保持边缘及角隅完整和平整,在安放前或安放时任何碎裂、损坏、开裂的构件应废弃并从工程中移去。

与预制栏杆柱相连接的就地浇筑栏杆帽及护栏帽,在浇筑并整修混凝土时应防止栏杆及护栏被污染和变形。

第六节　桥梁工程常见质量问题与防治

一、钢筋混凝土梁桥

1. 钢筋混凝土梁桥常见质量问题及采用的处理方法

(1)对梁(板)体混凝土的空洞、蜂窝、麻面、表面风化、剥落等应先将松散部分清除,再用高强度等级混凝土、水泥砂浆或其他材料进行修补。新补的混凝土要密实,与原结构应结合牢固、表面平整。新补的混凝土必须实行养生。

(2)梁体若发现露筋或保护层剥落,应先将松动的保护层凿去,并清除钢筋锈迹,然后修复保护层。如损坏面积不大可用环氧砂浆修补,如损坏面积过大可用喷射高强度等级水泥砂浆的方法修补。

(3)梁(板)体的横、纵向联结件开裂、断裂、开焊,可采取更换、补焊、帮焊等措施修补。

(4)钢筋混凝土梁桥的裂缝处理:当裂缝的宽度大于限值及裂缝分布超出正常范围时,应作如下处理。

①当裂缝宽度在限值范围内时,可进行封闭处理,一般涂刷环氧树脂胶。

②当裂缝宽度大于限值规定时,应采用压力灌浆法灌注环氧树脂胶或其他灌缝材料。

③当裂缝发展严重时,应加强观测,查明原因,按照有关规定进行加固处理。

(5)混凝土构件的修补。

①在昼夜平均气温低于 5℃的冬季维修桥梁时,对修补的混凝土构件应采取保温措施,保证混凝土的凝固硬化。

②用于修补加固的混凝土、钢材,其强度和其他质量指标应不低于原桥材料。修补用的混凝土强度等级应比原强度等级提高一级,在 pH 值小于 5.6 的地区,所用水泥应根据环境特点采用耐酸的硅酸盐水泥、抗铝硅酸盐水泥等。

③受拉区修补用的混凝土宜用环氧树脂配制,受压区修补用的混凝土可用膨胀水泥配制。用水泥混凝土或砂浆修补的构件应加强养生,有条件时宜用蒸汽养生或封闭养生。

2. 钢筋混凝土梁桥加固方法及适用范围

梁桥加固可以采用以下几种方法：

(1)浇筑钢筋混凝土加大截面加固法。用于加强构件,应注意在加大截面时自重也相应增加了。

(2)增加钢筋加固法。用于加强构件,常与方法(1)共同使用。

(3)粘贴钢板加固法。其是普遍采用的方法,钢板与原结构必须可靠连接,并作防锈处理。

(4)粘贴碳纤维、特种玻璃纤维加固法。主要用于提高构件抗弯承载力。使用此法加固几乎不增加原结构自重。

(5)预应力加固法。对于提高构件强度、控制裂缝和变形的作用较好。

(6)改变梁体截面形式加固法。一般是将开口的 T 形截面或 H 形截面转换成箱形截面。

(7)增加横隔板加固法。用于无中横隔梁或少中横隔梁的加固,可增加桥梁整体刚度、调整荷载横向分配。

(8)在桥下净空和墩台基础受力许可的条件下,采用在梁(板)底下加八字支撑加固法。

(9)桥梁结构由简支变连续加固法。

(10)当支座设置不当造成梁体受力恶化时可采用调整支座高程的加固方法。

(11)更换主梁加固法。

二、预应力混凝土梁桥

1. 预应力混凝土梁桥常见质量问题

(1)混凝土表面剥落、渗水,梁角破碎、露筋,钢筋锈蚀、局部破损等。

(2)预应力钢束应力损失造成的质量问题。

(3)预应力混凝土梁出现裂缝。全预应力及部分预应力 A 类构件正常使用条件下不允许出现裂缝,只有 B 类构件允许出现裂缝。裂缝的类型除了同于钢筋混凝土梁桥外,还有沿预应力钢束的纵向裂缝,锚固区局部承压的劈裂缝。

2. 预应力混凝土梁桥常见质量问题的处理方法

预应力混凝土梁桥常见质量问题的处理方法同钢筋混凝土梁桥。对于不允许出现裂缝的桥梁,不论裂缝宽窄,都应查明原因进行处理或加固。

3. 预应力混凝土梁桥的加固方法

(1)预应力混凝土梁桥的一般加固方法及适用范围常见前面钢筋混凝土梁桥加固方法及适用范围。

(2)因为预应力部分失效而进行加固时,若原结构有预留孔,可在预留孔内穿钢束进行张拉;采用无黏结钢束的可对原钢束重新张拉;或增设齿板,增加体外束进行张拉。

(3)腹板抗剪切强度不够时,可采用加竖向预应力加固。

三、拱桥

1. 拱桥构件表面缺陷及局部损坏的修补

拱桥构件表面缺陷及局部损坏的修补方法主要有以下几类:

(1)圬工砌体的边角压碎、砌块断裂,干砌石拱桥砌缝张口等,可用水泥砂浆修补。若个别块体压碎或脱落,应用新的块体填塞更换,更换时应保证嵌挤或填塞紧密。砌缝砂浆若发生脱离,应凿除后重新用干硬性砂浆或微膨胀砂浆填筑,表面重新勾缝。

(2)钢筋混凝土拱构件的表面缺损与裂缝修补参见钢筋混凝土梁桥有关部分。

(3)钢管混凝土拱钢构件表面的防锈涂层应保持完好,并定期重涂。

(4)实腹拱的侧墙若发生较大变形、开裂,应查明原因并作相应处理。若是填料不实,或拱腔积水,应挖开拱上填料,修补防排水系统,拆除鼓凸部分侧墙后重新砌筑,重新回填拱上填料及重做路面,也可酌情换用轻质填料或加大侧墙尺寸。若发现侧墙与拱圈之间脱开,或侧墙上有斜向(若是砌体通常沿砌缝成锯齿状)开裂,应检查墩台与主拱的变形。开裂轻微且不再发展的,可作一般修补裂缝处理。若开裂严重或裂缝在发展中,应考虑加固、改造方案。

(5)中、下承式拱桥的吊杆缺陷及局部损坏的修补参见斜拉桥的拉索部分。

系杆拱桥的系杆混凝土裂缝应用环氧砂浆等材料进行处理。系杆采用无混凝土包裹的预应力钢束时,应定期对钢束的防锈保护层进行养护、更换防护油脂等。系杆的支承点如有下沉要及时调整。

2. 质量问题和加固方法及适用范围

1)拱桥的主要质量问题:

(1)主拱圈抗弯强度不够引起拱圈开裂。裂缝主要发生在拱顶区段的拱圈下缘与侧面,拱脚处的拱圈上缘与侧面。

(2)主拱圈抗剪强度不够引起拱圈开裂。裂缝主要发生在拱脚,空腹拱的立柱柱脚。

(3)拱圈材料抗压强度不够,引起劈裂或压碎。

(4)两拱脚墩台不均匀沉降引起拱圈开裂,一般出现在拱顶区段,横桥向贯穿全拱圈,裂缝宽度上下变化不大,且两侧有错动。墩、台基础上、下游不均匀沉降引起拱圈及墩台出现顺桥向裂缝。

(5)墩台沿桥梁纵向发生向后滑动或转动引起拱圈开裂,裂缝规律同(1)。当向桥孔方向滑动或转动时,裂缝在拱圈上、下缘的位置与(1)相反。

(6)肋拱、刚架拱、桁架拱、双曲拱的肋间横向联结(如横系梁、斜撑)强度不够引起开裂。

(7)拱上排架、梁、柱开裂,短柱的两端开裂,侧墙斜、竖方向开裂,侧墙与拱连接处开裂。开裂的主要原因分别为构造不合理、强度不够、施工质量不好,以及由于拱圈变形、墩、台变位对拱上结构造成不利影响所致。

(8)预制拼装拱桥或分环砌筑的圬工拱桥,沿连接部位或砌缝发生环向裂缝。双曲拱桥的拱肋与拱波连接处开裂。拱肋接头混凝土局部压碎。

(9)双曲拱桥的拱波顶纵向开裂。多为肋间横向连接偏弱,采用平板式填平层使拱横截面刚度分配不均,墩台横向不均匀沉降等原因引起。

(10)桁架拱、刚架拱、系杆拱的节点强度不够引起节点及杆件端部开裂。

(11)中、下承式拱的吊杆锚头滑脱或钢丝锈蚀、折断。

(12)拱铰失效或部分失效,引起拱的受力恶化而开裂。

(13)钢管混凝土拱的钢管因厚度不足,或节间过大造成钢管出现压缩状折皱。

(14)桥面板(平板、微弯板、肋腋板等)开裂。引起开裂的原因主要有局部承受车辆荷载强度不够,参与主拱受力后强度不够,肋片发生较大位移,板与肋连接破坏,或在施工中已开裂未予彻底处理等。

2)加固方法及适用范围

(1)主拱圈强度不足时,可加大拱圈截面。

从拱腹面加固时可采用下列方法:粘贴钢板,浇筑钢筋混凝土加大拱肋截面,布设钢筋网用喷射混凝土或水泥砂浆加大拱圈截面,在拱肋间加底板,变双曲拱截面为箱形截面。条件许可时,也可在腹面做衬拱及相应的下部结构。

从拱背面加固时可在拱脚区段的空腹段背面加大拱圈截面;或拆除拱上建筑,在全拱圈背面加大截面。一般使用混凝土或钢筋混凝土材料。

(2)拱肋、拱上立柱、纵横梁、桁架拱、刚架拱的杆件损坏可用粘钢板或复合纤维片材加固。粘钢板时可粘贴钢板,也可在四角处粘贴角钢。

(3)用粘钢板或复合纤维片材加固桁架拱、刚架拱及拱上框架的节点。

(4)用嵌入剪力键的方法加固拱圈的环向连接。剪力键一般采用钢板或铸件,按一定间隔布置,其间的裂缝用环氧砂浆等处理。

(5)用加大截面的方法加强拱肋之间的横向连接。采用横拉杆的双曲拱,可把拉杆改为系梁。

(6)更换锈蚀、断丝或滑丝的吊杆。若原构造许可,可以用收紧锚头的方法张拉松弛的系杆或吊杆来调整内力。

(7)在钢管混凝土拱肋拱脚区段或其他构件的外面包裹钢筋混凝土。

(8)改变结构体系以改善结构受力,如在桥下通航许可的前提下加设拉杆。

(9)更换拱上建筑,减轻自重,更换实腹拱的拱上填料为轻质填料。

(10)用更换桥面板,增加桥面铺装的钢筋网,加厚桥面铺装,换用钢纤维混凝土等方法维修加固桥面。

(11)因墩、台变位引起拱圈开裂时,应先维修加固墩台,然后修补拱圈。

(12)加固拱桥时,应注意恒载变化对拱压力线的影响及引起的推力变化,对各施工工序应进行检算,并作出详细的施工组织设计,严格按照设计的工序施工。

四、钢桥

1. 钢桥的杆件加固法

(1)钢板梁由于穿孔或破裂削弱断面时,可补贴钢板或用钢夹板夹紧并例接来加固,这时钢板的边缘应铿平,使之结合紧密。如钢板受到了较短和较深的创伤,宜用电焊填补。

(2)采用增设水平加劲肋、竖向加劲肋的方法加固钢板梁。

(3)钢桁梁加固一般用补加新钢板、角钢或槽钢来加大杆件截面。加固可用拴接、铆接或焊接。

(4)加劲杆件,或增强各杆件间的联系。

(5)在结合处用贴板拼接,加设短角钢加强桁架杆件与节点板的连接。

(6)如桥梁下挠显著增加,销子与销孔有损坏或上下弦强度不足,应停止交通进行检查修理或更换。

2. 恢复和提高整桥承载力的加固方法及适用范围

(1)增设补充钢梁,可装在原有各梁之间,也可以紧靠在原有各梁的旁边。

(2)用加劲梁装在原主梁的下缘或下弦杆上。加劲梁加固方法,适宜于不通航的桥孔或桥下净空足够的小型桥梁。

(3)用体外预应力加固,预应力施加在下挠后的下弦杆截面上。预应力加固法对桥下净空的影响较小,施工方便,但预应力钢索的防锈工作较困难。

(4)用拱式和架结构装在原主梁的上面,拱脚和原主梁固接或铰接,适宜于下部结构能承受所增加恒载的通航桥孔的加固。

(5)用悬索结构加在原主梁上面,可使被加孔的恒载转移到悬索上,以改善结构的变形。这种方法可在运营状态下进行,适宜于下部结构能承受所增加恒载的通航桥孔的加固。

(6)在不影响排洪和通航的情况下,可在桥孔中间添建桥墩,缩短跨径,减小梁和杆件的内力。为了承受新增支点处的剪应力,在新桥墩墩顶处的上部结构中,必须加置竖杆及必要的斜杆。

(7)对于多孔简支桁架,分联将其转变为连续桁架,可采用体外预应力加固方法,使被连接的主桁上弦杆在墩顶处得以补强。

五、斜拉桥

1. 斜拉桥常见质量问题及其处治方法

斜拉桥梁体和索塔部分的主要质量问题及其处治方法,视其结构类型参见钢筋混凝土桥、预应力混凝土桥及钢桥的有关章节。

2. 斜拉索的调整和更换

(1)若拉索护套出现开裂、漏水、渗水应及时处理。可剥开已损坏的护套,将已潮湿的钢索吹干,对已生锈的钢索做好除锈处理。再涂刷防护漆及防护油,并用玻璃丝布或其他防护材料包扎严密。

(2)对因钢索、锚具损坏而超出安全限值的拉索应及时进行更换。

(3)对索力偏离设计限值的拉索进行索力调整。张拉的顺序、级次和量值应按设计规定进行,并测定索力和延伸值,同时进行控制。

(4)拉索的更换,应对各方案技术经济的合理性进行分析比选,确定安全、简便的施工方案。完工后必须对全桥斜拉索的索力和主梁高程进行测定,检验换索效果,并作为验收的依据。

六、悬索桥

1. 悬索桥常见质量问题及其处治方法

悬索桥梁体和索塔部分的常见质量问题及其处治方法，视其结构类型参见钢筋混凝土桥及钢桥的有关章节。

2. 主缆索、索夹、索鞍、吊杆等常见质量问题及其处治方法

（1）主缆索的防护层如有开裂、剥落，可切开防护层检查主缆是否锈蚀并作相应处理，处理完毕后应及时修复。采用涂敷黄油防锈并用简易包裹做防护层的，定期更换黄油及防护层，并保持其完好状态。

（2）网格式悬索桥，肢杆拉索若发现松弛，可调整端头拉杆螺母使其复位。

（3）索夹、索鞍、吊杆等的紧固螺栓应保持其原设计受力状态，若发现松动应及时紧固。

（4）若吊杆有明显摆动、倾斜或检查发现其受力变化，应查明原因。若索夹松动，应使其复位并紧固锚栓；若拉杆螺栓松动，应予拧紧；若吊索锚头出现松动，应予更换。吊杆复位后应进行索力检测。

（5）未作衬砌的岩石锚室或锚洞，若有表面风化或表面裂纹，应用环氧树脂砂浆或钢丝网水泥砂浆进行处理。

3. 加固方法及适用范围

1）减少悬索桥竖向变位的加固方法

（1）设置中央构件，把加劲梁与主缆索在跨中联结起来。

（2）把直吊杆（索）改为斜吊杆（索）或交叉斜吊杆（索）。

（3）增加斜拉索改变结构受力体系，斜拉索可设在主跨1/4跨径区段，并妥善解决斜拉索与加劲梁及索塔的锚固，同时注意解决索塔受力平衡问题。

2）减少悬索桥横向摆动的加固方法

（1）在桥的两岸上、下游对称增设侧风缆，风缆锚固于悬索桥的加劲梁上，锚固位置可选在1/4跨至跨中之间。

（2）在桥的上、下游各架设一根跨河钢缆，其高度可略低于桥面，用钢丝绳将加劲梁与过河钢缆作多点联结，适当张紧形成抛物面网络。

（3）加强加劲梁的水平风撑，加大横向刚度。

3）主缆垂度调整

对采用少量索股的悬索桥，结构条件许可时，可对主缆的垂度进行调整。先将要调整的主缆一侧的恒载卸载，放松索夹，用卷扬机或其他张拉设备逐股张紧主缆索索股，再用调整索股端头的螺杆固定。

4）索鞍座复位

当索鞍座偏移超出设计允许值时，可用千斤顶将与辊轴归位。

5）锚旋及锚室结构开裂、变形

锚旋及锚室结构开裂、变形，应及时查明原因，进行加固处理。锚旋板开裂，可增补钢筋混凝土锚旋板，支撑开裂或破损可增加型钢支撑，若锚室发生变形、位移，可用增加压重等方法处

理山体。

七、墩台基础

墩台基础加固方法及适用范围如下:

1. 当地基承载力不足时的加固

1)重力式基础的加固

在刚性实体基础周围浇筑混凝土扩大基础。一般应修筑围堰,抽干水后开挖基坑,再浇筑混凝土。新旧基础(承台)之间可埋置连接钢筋,并将旧基础表面刷洗干净、凿毛,使新老混凝土连成整体。

当梁式桥桥台基础承载能力不足时,可在台前增加桩基及柱并浇筑新盖梁、增设支座。这时梁的支点发生变化,应根据结构受力变化对主梁进行检算及加固。

对于拱桥基础可在桥台两侧加设钢筋混凝土实体耳墙,并将耳墙与原桥台用钢销连接起来,增大桥台基础面积,提高桥台承载力。

当桥下净空允许时,可在台前加建新的扩大基础及台身,将主拱改建为变截面拱支承到新基础及台身上。新老基础之间用钢筋或钢销进行连接,有条件时可在台前新基础下增加短桩,以提高承载力。

2)桩基础的加固

可用钻孔桩或打入桩增设基桩,并扩大原承台。对单排架桩式桥墩采用加桩加固时,如原有桩距较大(4~5倍桩径),可在桩间插桩。如原有桩距较小,但通航净空有富余时,可在原排架两侧增加新桩,变为三排式墩桩。

对钻孔灌注桩桩身损坏,露筋、缩径等质量问题,可采用灌(压)浆或扩大桩径的方法进行维修加固。

3)人工地基加固

对墩台基础以下的地层,采用注浆、旋喷注浆或深层搅拌等方法,将各种浆液及加固剂注入或搅拌于土层中,通过浆液凝固使原来松散的土固结,成为有足够强度和防渗性能的整体。所采用的材料应通过试验确定。

2. 墩台基础防护加固

墩台基础局部被冲空时,可分情况采取下列加固措施。

(1)水深3m以下,可筑围堰将水抽干,以砌石或混凝土填补冲空部分。桥台基础采用上述方法加固时,还应修整或加筑护坡。

(2)水深3m以上,可在基础四周打板桩或做其他围堰,灌注水下混凝土。也可用编织袋装干硬性混凝土(每袋装量为袋容积的2/3),通过潜水作业将袋装混凝土分层填塞冲空部分,填塞范围比基础边缘宽0.4m以上。

(3)当基础置于风化岩层上,基底外缘已被冲空时,应先清除岩层严重风化部分,再用混凝土填补。对基础周围的风化岩层还应用水泥砂浆进行封闭。

(4)当河床不稳定,基础埋置较浅,冲刷范围较大时,可采用平面防护加固,其范围要覆盖全部冲刷坑。方法如下:打梅花桩,桩间用块、片石砌平卡紧;用块、片石防护或用水泥混凝土板、水泥混凝土预制块防护;用铁丝笼、竹笼等柔性结构防护。

(5)墩台周围河床冲刷严重,危及基础安全时,除分别采用上述方法进行防护加固外,在洪水期过后,采取必需的调治构造物防护措施。

3. 桥台滑移

桥台发生滑移和倾斜时,应分析原因,根据不同情况采用下列加固方案:

(1)梁式桥或陡拱因台背土压力过大,造成桥台向桥孔方向位移,可采取下列方法进行加固:

①挖除台背填土,改用轻质材料回填,减轻台后土压力,以使桥台稳定。拱桥在换填材料时,应维持与拱推力的平衡,如在桥孔设临时拉杆或在后台设临时支撑。挖去台背填土,加厚台身。

②对于单跨的小跨径梁式桥,可在两桥台基础之间增设钢筋混凝土支撑梁或浆砌片石支撑板,支撑顶面应不高于河床。埋置式桥台可采用挡墙、支撑杆或挡块等进行加固。

(2)拱桥桥台产生向台后方向位移,可根据不同情况采用下列加固方法:

①在 U 形桥台两侧加厚翼墙。翼墙与原桥台应牢固结合,增大桥台断面和自重,借以抵抗水平位移。若为一字形桥台,可增设翼墙变为 U 形桥台。

②当桥台的位移尚未稳定时,可在台后增设小跨引桥和摩擦板,以制止桥台继续位移。

③当桥下净空许可时,可在墩台之间设置拉杆承受推力,限制水平位移。对于多孔拱桥,要注意各孔之间的推力平衡。

4. 墩台基础沉降的加固

若桥梁墩台发生了较明显的沉降、位移,除按本节前述的方法加固外,还可采用下述方法使上部结构复位。

(1)梁式桥上部结构状况基本完好,桥面没有损坏,下部地基较好时,可对上部结构整体或单孔顶升,然后加设垫块、调整支座。

(2)梁式桥上部结构状况基本完好,但桥面损坏严重时,可凿除桥面及主梁之间的连接,将主梁逐一移位,加厚盖梁,重新安装主梁,并重新铺装桥面。

(3)拱桥桥台发生位移,使拱轴线变形较大,承载能力不足时,可采用顶推方法调整拱轴线,恢复其承载能力。

本 章 小 结

本章首先从桥梁的基本组成及分类入手,介绍了桥梁施工的一般要求和质量标准,再分节从桥梁的基本组成方面来介绍质量监理控制要点,主要从以下几个方面来论述。

1. 基础工程的施工质量监理

针对桥梁基础的形式:明挖基础、桩基础、沉井基础的质量控制要点逐一论述,重点突出钻孔灌注桩基础施工过程中各工序,即:水下混凝土的拌制、钻孔、固孔、清孔、钢筋笼的吊放、灌注混凝土、质量检查等的质量控制要点。

2. 桥梁下部构造的质量监理

主要论述了石、混凝土墩台的施工要求和质量标准。

3. 桥梁上部构造的施工质量监理

主要对模板、支架和拱架、现浇施工、预制构件、钢构件、预应力混凝土及拱圈施工的一般要求和质量标准进行论述。

4. 桥面系施工质量监理

对桥面系的各组成部分:桥面铺装、防水和排水设备、伸缩缝、人行道、缘石、栏杆和灯柱的一般要求和质量标准进行论述。

思 考 题

1. 论述桥梁的基本组成。
2. 试述明挖基础回填的一般要求。
3. 试述水下浇筑混凝土的基本要求。
4. 试绘制钻孔灌注桩施工监理工作程序框图。
5. 试述砂浆试样的基本要求。
6. 试述模板、拱架、支架拆卸的基本要求。
7. 试述后张法预应力混凝土施工的一般要求。
8. 试述桥面铺装的一般要求。
9. 试述桥梁接缝和伸缩缝的一般要求。

第六章　隧道工程质量监理

第一节　隧道工程施工准备

一、隧道工程基本概念

1. 隧道工程的功能与作用

隧道是指修建在地层中的建筑物。它被广泛用于公路、铁路、矿山、水利、市政和国防等方面。在高等级公路建设中，为了满足技术标准要求，克服地形和高程上的障碍，改善公路的平面线形，提高车速，减少对植被的破坏、保护生态环境，避免山区公路的各种病害（如落石、坍方、雪崩、泥石流等），常常需修建隧道。修建隧道既能保证线路平顺，行车安全，提高舒适性和节省运费，又能增加隐蔽性，提高防护能力和较好适应气候变化。

隧道工程施工，是一个复杂的系统工程，其特点是除洞口和洞门是在露天施工外，其余各项工程都在地下进行施工作业。由于隧道空间有限，工作面狭小，光线暗，所以劳动条件差，施工难度较大。

2. 隧道工程的分类

隧道按所处位置分，可分为山岭隧道、城市隧道、水底隧道。公路隧道按长度分类见表6-1。

公路隧道按长度分类　　表6-1

分类	特长隧道	长隧道	中隧道	短隧道
长度(m)	$L>3\,000$	$3\,000\geqslant L>1\,000$	$1\,000\geqslant L>500$	$L\leqslant 500$

3. 隧道内轮廓及几何尺寸拟定

隧道衬砌是一种超静定结构，按超静定结构设计，一般是根据工程类比和设计者的经验首先假定断面尺寸，然后经分析计算、检算，修正假定尺寸，并反复这个过程，最终确定合理的断面形式和尺寸。

设计衬砌断面主要解决内轮廓线、轴线和厚度三个问题。

衬砌的内轮廓线应尽可能地接近建筑限界，力求开挖和衬砌的数量最小。衬砌内表面要求平顺（受力条件有利），还应考虑衬砌施工的简便。

衬砌断面拱的轴线应当尽量与该拱的压力线重合，使拱的各截面主要承受压应力。为此，当衬砌受径向均匀分布压力时，轴线以圆形最好；当衬砌主要承受竖向压力或同时承受不大的水平侧压力时，可采用三心圆拱和直墙式衬砌；当衬砌承受竖向压力和较大侧压力时，宜采用五心圆曲墙式衬砌；当有沉陷可能和受底部压力时，宜采用加设仰拱的曲墙式衬砌，使整个隧道衬砌形成封闭环结构。

衬砌各截面厚度随所处工程地质条件和水文地质条件不同而有变化,并且与隧道的跨径、围岩压力、衬砌材料以及施工方法等有关。根据以往经验,拱圈一般采取等截面,但也可采取在拱脚部分加厚20% ~50%的变截面。仰拱厚度可等于拱顶厚度。

4. 隧道围岩工程性质及类型

隧道围岩是指隧道周围一定范围内,对隧道稳定性能产生影响的岩(土)体。隧道周围的地层可以是软硬不一的岩石,也可以是松散的土——土被视为一种特殊的(风化破碎严重的)岩石,所以隧道周围的地层,不管是土体还是岩体,统称为围岩。

从力学分析的角度来看,围岩的边界应划在因开挖隧道而引起的应力变化可以忽略不计的地方,或者说在围岩的边界上因开挖隧道而产生的位移为零,这个范围在横断面上为6~10倍的洞径。当然,若从区域地质构造的观点来研究围岩,其范围要比上述数字大得多。

围岩性质一般包括三个方面:物理性质、水理性质和力学性质。而对围岩稳定性最有影响的则是力学性质,即围岩抵抗变形和破坏的性能。

经过长期的隧道工程实践,我国公路隧道以铁路隧道围岩分级的标准为基础,参考了国内外有关围岩分级的成果,提出了适合我国公路隧道实情的围岩分级标准,下面介绍围岩分级的出发点和依据。

1)公路隧道围岩分级的出发点

主要考虑了以下几点:

(1)强调岩体的地质特征的完整性和稳定性,避免单一指标分级方法;

(2)分级指标应采用定性和定量指标相结合的方式;

(3)明确工程目的和内容,并提出相应的措施;

(4)分级应简明,便于使用;

(5)应考虑吸收其他围岩分级的优点,并尽量和我国其它工程分级相协调。

2)分级需考虑的指标和因素

主要考虑了以下几类影响围岩稳定性的指标和因素。

(1)岩体的结构特征与完整性

岩体结构的完整状态是影响围岩稳定性的主要因素,目前主要是根据表6-2进行划分的,当风化作用使岩体结构发生变化,松散、破碎、软硬不一时,应结合因风化作用造成的各种状况,综合考虑确定围岩的结构完整状态。

(2)岩石强度

将岩浆岩、沉积岩、变质岩按岩性、物理力学参数、耐风化能力和作为建筑材料的要求划分为硬质岩石及软质岩石二级,根据岩石饱和抗压极限强度 R_c 与工程的关系分为四种,其标准及代表性岩石见表6-3、表6-4;当风化作用使岩石成分改变、强度降低时,应按风化后之强度确定岩石等级。

(3)围岩基本质量指标 BQ

根据上述岩石坚硬程度和岩体完整程度两个基本因素的定性、定量特征,根据式(6-1)确定围岩基本质量指标 BQ,并由此对围岩进行初步分级。其中,岩体完整程度的定量指标用岩

体完整性系数 K_v 表达。K_v 一般用弹性波探测值，如无探测值时，可用岩体体积节理数 J_v 按表6-5 确定对应的 K_v。此外，K_v 与定性划分岩体完整程度的对应关系可按表 6-6 确定。

岩体完整程度的定性划分　　表 6-2

名　称	结构面发育程度		主要结构面的结合程度	主要结构面类型	相应结构类型
	组数	平均间距(m)			
完整	1~2	>1.0	好或一般	节理、裂隙、层面	整体状或巨厚层状结构
较完整	1~2	>1.0	差	节理、裂隙、层面	块状或厚层状结构
	2~3	1.0~0.4	好或一般		块状结构
较破碎	2~3	1.0~0.4	差	节理、裂隙、层面、小断层	裂隙块状或中厚层结构
	>3	0.4~0.2	好		镶嵌碎裂结构
			一般		中、薄层状结构
破碎	>3	0.4~0.2	差	各种类型结构面	裂隙块状结构
		<0.2	一般或差		破碎状结构
极破碎	无序		很差		散体状结构

岩石坚硬程度的定性划分　　表 6-3

岩石等级		定性鉴定	代表性岩石
硬质岩石	坚硬岩	锤击声清脆，有回弹，振手，难击碎；浸水后大多无吸水反应	未风化~微风化的花岗岩、正长岩、闪长岩、辉绿岩、玄武岩、安山岩、片麻岩、石英片岩、硅质板岩、石英岩、硅质胶结的砾岩、石英砂岩、硅质石灰岩等
	较坚硬岩	锤击声较清脆，有轻微回弹，稍振手，较难击碎，浸水后有轻微吸水反应	1. 弱风化的坚硬岩； 2. 未风化~微风化的溶解凝灰岩、大理岩、板岩、白云岩、石灰岩、钙质胶结的砂页岩等
软质岩石	较软岩	锤击声，无回弹，较易击碎；浸水后指甲可划出印痕	1. 中风化的坚硬岩； 2. 弱风化的较坚硬岩； 3. 未风化~微风化的凝灰岩、千枚岩、砂质泥岩、泥灰岩、泥质砂岩、粉砂岩、页岩等
	软岩	锤击声哑，无回弹，有凹痕，易击碎；浸水后可掰开	1. 强风化的坚硬岩； 2. 弱风化~强风化的较坚硬岩； 3. 弱风化的较软岩； 4. 未风化的泥岩等
	极软岩	锤击声哑，无回弹，有较深凹痕，手可捏碎；浸水后可捏成团	1. 全风化的各种岩石； 2. 各种半成岩

R_c 与岩石坚硬程度定性划分的关系　　表 6-4

R_c(MPa)	>60	60~30	30~15	15~5	<5
坚硬程度	坚硬岩	较坚硬岩	较软岩	软岩	极软岩

$$BQ = 90 + 3R_0 + 250K_v \tag{6-1}$$

J_v 与 K_v对照表　　表6-5

J_v(条/m^3)	<3	3~10	10~20	20~35	>35
K_v	>0.75	0.75~0.55	0.55~0.35	0.35~0.15	<0.15

K_v 与定性划分岩体完整程度的对应关系　　表6-6

K_v	>0.75	0.75~0.55	0.55~0.35	0.35~0.15	<0.15
完整程度	完整	较完整	较破碎	破碎	极破碎

(4)地下水等影响因素

在早期的围岩分级中,主要考虑地下水因素对围岩分级的影响。遇有地下水时,根据围岩等级,一般采用降级处理的方法。比如,在Ⅰ级围岩或属于Ⅱ级的硬质岩石中,可不考虑降低;在Ⅰ级围岩或属于Ⅱ级的软质岩石,应根据地下水的性质、水量大小和危害程度调整围岩级别,当地下水影响围岩稳定产生局部坍塌或软化软弱面时,可酌情降低Ⅰ级;Ⅳ级、Ⅴ级围岩已成碎石状松散结构,裂隙中有黏性土填充物,地下水对围岩稳定性影响较大,可根据地下水的性质、水量大小、渗流条件、动水和静水压力等情况,判断其对围岩的危害程度,可降低1~2级;在Ⅵ级围岩中,分级中已考虑了一般含水地质情况的影响,在特殊含水地层,需另作处理。

《公路隧道设计规范》(JTG D70—2004)对围岩分级时,不仅考虑了水的影响,还考虑了软弱结构面和初始高地应力的因素,并对前述岩体基本质量指标 BQ 进行修正,得到围岩基本质量指标 BQ 的修正值[BQ],如下式:

$$[BQ] = BQ - 100R(K_1 + K_2 + K_3) \tag{6-2}$$

式中:K_1——地下水影响修正系数;

K_2——主要软弱结构面产状影响修正系数;

K_3——初始应力状态影响修正系数。

3)公路隧道围岩分级

根据调查、勘探、试验等资料,并对以上指标和因素进行分析,公路隧道将围岩分为六级,表6-7 给出了各级围岩的主要定性特征和围岩基本质量指标 BQ 或修正值[BQ]。

公路隧道围岩分级表中“围岩级别”和“围岩主要定性特征”栏,不包括特殊地质条件的围岩,如膨胀性围岩、多年冻土等。表中层状岩层的层厚划分为:大于 0.5m 为厚层;0.1~0.5m 为中层;小于 0.1m 为薄层。

4)隧道施工围岩分级

围岩分级的重要发展趋势是加强施工阶段围岩级别的判定。因为,只有施工阶段的判定才是最直接、最可靠的判定,由于施工后的隧道地质状态已充分暴露,这给围岩级别的判定创造了极好的条件,因此,施工阶段围岩级别的判定是一个重要而现实的问题。

施工阶段围岩分级的评定因素采用围岩坚硬程度、围岩完整性程度和地下水状态三项因素,细分为十三个子因素,如图 6-1 所示。

公路隧道围岩分级　　表 6-7

围 岩 级 别	围岩或土体主要定性特征	围岩基本质量指标 BQ
Ⅰ	坚硬岩(R_c >60MPa),岩体完整,巨块状或巨厚层状整体结构	>550
Ⅱ	坚硬岩(R_c >30MPa),岩体较完整,块状或厚层状结构;较坚硬岩,岩体完整,块状整体结构	550~451
Ⅲ	坚硬岩,岩体较破碎,巨块(石)碎(石)状镶嵌结构;较坚硬岩或较软硬质岩,岩体较完整,块状体或中厚层状结构	450~351
Ⅳ	坚硬岩,岩体破碎,碎裂(石)结构;较坚硬岩,岩体较破碎~破碎,镶嵌碎裂结构;较软岩或软硬岩互层,且以软岩为主,岩体较完整~较破碎,中薄层状结构	350~251
	土体: 1. 压密或成岩作用的黏性土及砂性土 2. 黄土(Q_1,Q_2) 3. 一般钙质、铁质胶结的碎、卵石土、大块石土	
Ⅴ	较软岩,岩体破碎;软岩,岩体较破碎~破碎;极破碎各类岩体,碎、裂状、松散结构	<250
	一般第四系的半干硬~硬塑的黏性土及稍湿至潮湿的一般碎、卵石土、圆砾、角砾土及黄土(Q_3、Q_4)。非黏性土呈松散结构,黏性土及黄土呈松软结构	
Ⅵ	软塑状黏性土及潮湿、饱和粉细砂层、软土等	

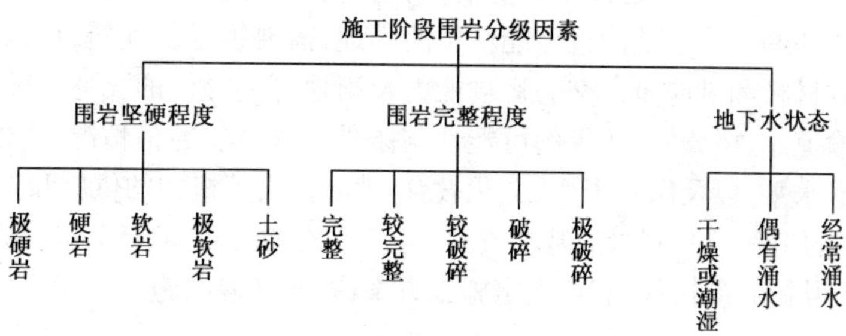

图 6-1　施工阶段围岩分级的评定因素

在三个因素中,最困难的是围岩完整性程度的评定,因此,重点是如何根据掌子面的地质数据评价围岩的完整程度。由于隧道开挖,掌子面的地质状态暴露无遗,为评定掌子面的稳定性提供了充分的基础。根据对国内外施工阶段围岩分级的调查,应采用多种方法对围岩完整程度进行分级,通常采用定性和定量相结合的方法,如可采用图 6-2 的指标,对围岩完整程度进行划分。

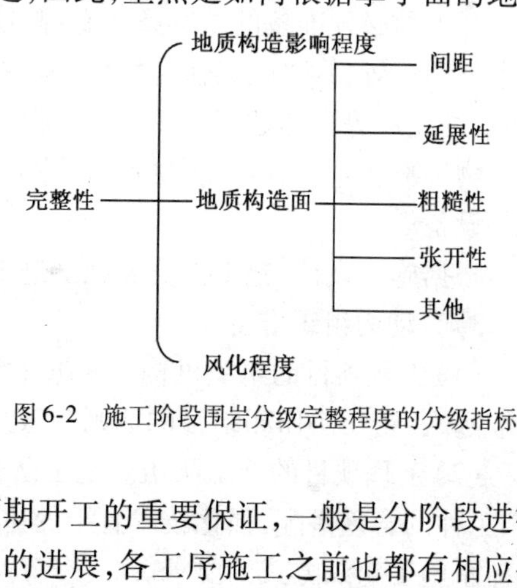

图 6-2　施工阶段围岩分级完整程度的分级指标

二、施工组织

1. 施工准备

施工准备是整个工程建设的序幕和整个工程按预期开工的重要保证,一般是分阶段进行的,在开工前的准备工作比较集中,开工以后随着施工的进展,各工序施工之前也都有相应准备工作。因此,施工准备工作是经常性的,需要适应施工中经常变化的客观因素影响。

隧道工程项目施工准备工作按其性质及内容通常包括技术准备、物资准备、劳动力组织准备、施工现场准备和施工场外准备。

1)技术准备

技术准备是施工准备最重要的内容。任何技术的差错或隐患都可能危及人身安全和引起质量事故,造成巨大的损失。认真做好技术准备工作,是工程顺利进行的保证,具体有以下内容:

(1)熟悉、审查施工图纸及有关设计资料:

①了解设计意图,对工程性质,平、纵布置,结构形式都要认真研究掌握。

②相关设计文件及说明是否符合国家有关技术规范;设计图纸及说明是否完整,图中的尺寸是否正确,图纸之间是否有矛盾。

③对工程作业难易程度做出判断,明确工程的工期要求。

④工程使用的材料、配件、构件等采购供应是否有问题,能否满足设计要求。

(2)调查工程所在地自然条件(地形、地质、水文、气象等)等勘查资料和施工技术资料:

①自然条件调查。地形情况调查包括地形地貌、河流、交通、工程区域附近建筑物的情况。地质调查包括地层地质构造、性质、围岩级别和抗震级别。水文地质调查包括附近河流流量、水质、最高洪水位、枯水期水位,地下水的质量、含水层厚度、流向、流量、流速、最高及最低水位等。气象资料调查包括气温情况、季节风情况、雨量、积雪、冻结深度、雨季及冬季的期限。地下障碍物调查包括各种地下管线、地下防空洞、附近建筑物基础、文物等。

②技术经济条件调查。工地附近可能利用的场地,需要拆迁的建筑,可以租用的民房等。当地可利用的地方材料和供应量。交通运输能力及当地可能提供的交通运输工具,修建为施工服务的临时运输道路、桥梁、码头等的可能性与条件。水、电、通信情况,当地可能支援的劳动力的数量及技术水平,以及医疗卫生、文化教育、消防治安等机构的供应和支持能力。

(3)根据获得的工程控制测量的基准资料,进行复核和校准,确定工程的测量网。

(4)在调查获得新的资料基础上,确定施工方案,补充和修改施工设计。

2)物资准备

隧道工程施工的物资准备工作,主要包括现场的基本条件和所需的材料。

开工前必须准备的基本条件有:修建施工道路,施工所用的水、电、气、通信设施;施工场地的平整和布置;修建施工临时用房(机械修理房、木材加工房、炸药库房、生活用房、办公室、会计室、调度室等);搭建工程用房(压缩空气房、配电房、水泥搅拌房、材料检测房等)。

物资准备主要有:建筑材料、构件加工设备、工程施工设备(施工机具和设备、运输车辆)、安装设备等。

根据施工设计、施工预算和施工进度的计划,按各阶段施工需求量,计划组织货源和安排。

3)劳动力组织准备

(1)工程项目的组织机构。根据工程项目的规模、结构特点和复杂程度,按照因事设职、因职选人、密切协作相结合的原则,组建工程项目的组织机构。

(2)工程项目的施工队伍。施工队伍的组建应根据该工程的劳动力需要量计划,考虑专业、工种的合理搭配,强化技术骨干的主导作用,技工、普工的比例要满足合理的劳动组织,符合流水施工组织方式的要求。

(3)建立健全各项管理制度。建立、健全工地的各项管理制度,是工程顺利进行的保证。其内容一般有:工程质量检查与验收制度、工程技术档案管理制度、建筑材料(构件、配件、制品)的检查验收制度、技术责任制度、施工图纸学习与会审制度、技术交底制度、工地及班组经济核算制度、材料出入库制度、安全操作制度、劳动制度和机具使用保养制度等。

2. 隧道工程施工准备阶段的质量监理

1)深入工地现场,做好调查工作

(1)预测隧道施工对地表和地下已建结构物的影响。

(2)了解施工现场布置与洞口的相邻工程、弃渣方案、农田水利、征地等的关系。

(3)了解周围建筑物、道路工程、水利工程和电讯、电力线等设施的拆迁情况和数量。

(4)调查和测试水源、水质并审核供水方案。

2)熟悉设计文件

(1)了解隧道方案的选定及设计经过,掌握工程的难点和重点。

(2)重点复查对隧道施工和环境保护影响较大的地形、地貌、工程地质及水文地质条件是否符合实际。

(3)核对隧道平面、纵断面设计,了解隧道与所在区段的总平面、纵断面设计的关系。

(4)核对洞门位置、式样、衬砌类型是否与洞口周围环境相适应。

(5)核对设计文件中确定的施工方法、技术措施与施工实际条件是否相符合。

(6)核对洞外排水系统和设施的布置是否与地形、地貌、水文、气象等条件相适应。

3)审核、检查承包人的准备工作

(1)检查施工机械设备的类型、数量、维修和存放地场地;各类施工人员是否进场;施工临时设施的搭建情况。

(2)检查施工总平面布置:运输便道、场区道路、材料堆放场地和临时排水设施等应合理布局,形成网络。

(3)审核承包人的施工方案及施工组织设计。

①施工方案中所安排的工程进度计划的可行性和可靠性。

②隧道各分项工程所采用的施工方案是否合理可行,是否能满足工程质量的要求。

③在隧道施工过程中,质量控制手段和措施是否有效可行。

④施工支护方式是否符合围岩的实际情况,安全防护措施是否能在整个施工过程中得到保证;是否已考虑在施工过程中出现地质情况发生较大变化时的应变措施。

(4)复查测量用的基准点及水准点,审核承包人的测量方案,检查承包人测量的精度是否满足要求。

(5)审核各种原材料(水泥、钢材、砂石料)的供应方案,包括产地、数量、质量及存储条件等。

(6)审核承包人的质量和安全保证体系是否建立、健全。

3. 控制测量检查

隧道施工测量是隧道工程修建中不可缺少的一环,它必须保证隧道开挖按规定的精度贯通,使衬砌内轮廓线符合设计要求。因此,施工单位必须重视控制点、基准点、水准点的交接和复核工作,并通过三角网或精密导线网对各点进行校核,以确保隧道施工精度。

隧道测量要求精度较高,其控制桩点必须稳定可靠。因为公路隧道在施工过程中很难用其他方法检验其结果,而且测量进行是否正确无误并达到必要的精度,只有在隧道贯通时才知道。因此,隧道施工测量必须以规定的精度认真慎重地进行,避免产生严重后果,造成浪费和返工。

1)承包人应按《公路勘测规范》(JTG C10—2007)洞外控制测量的有关规定进行一切必要的测量和计算工作,并将测量工作计划和采用的方法,报监理工程师批准。

2)承包人应根据设计文件,会同设计单位交接和复查测量隧道同线桩平面控制导线网或三角网控制点,以及施工测量用的基准点和水准点,并将复测成果报监理工程师复查。

3)隧道每个洞口应设立中线桩点及两个以上的后视点桩,并设立两个水准点,进洞前进行联测,核对其是否达到精度要求。

4)监理工程师应对承包人的测量成果,包括隧道平面控制测量的精度、洞内导线测角、量距的精度以及洞口水准点间往返测高差不符值等进行检查,看其是否符合现行《公路勘测规范》(JTG C10—2007)的规定。

4. 隧道施工组织设计

1)隧道施工组织设计的内容

①编制的依据和原则;

②建设项目工程概况(项目用途、工期、经费来源、自然条件、环境条件、勘探资料);

③施工计划及主要施工方案(正常施工、特殊施工);

④施工准备工作计划(任务划分、工序安排、劳动力组织、经济安排、临时设施);

⑤施工总进度和季(月)计划;

⑥资源需要量计划(材料、水、电、气、设备、人员);

⑦施工总平面图;

⑧主要施工技术措施(包括采用新技术、新工艺);

⑨质量、安全、节约的技术措施;

⑩技术经济指标。

2)施工组织设计主要图表

①施工工序图、施工网络图、施工组织进度图;

②工班劳动力的组织循环图及劳动力需求表;

③年度材料需求计划表;

④人员组织机构图;

⑤施工场地布置详图;

⑥给水、排水、电力、通信设计图;

⑦通风设计图;

⑧交通运输图;

⑨弃渣平面图;

⑩钻爆施工图。

3)施工组织设计的编制

施工组织设计由中标的施工企业编制,编制的依据是合同文件、设计文件、国家和行业现行的标准规范、现场施工调查资料、施工环境及保护要求、业主和施工会议确定的有关文件要求。对结构复杂、条件差、施工难度大或采用新工艺、新技术的项目,要进行专业性研究,通过专家审定,报业主审批后采用。

在编制过程中,要充分发挥各职能部门的作用,共同来编制施工组织设计。特别注意的是遵守合同条款要求,保证工程质量和施工的安全;做到统筹计划、科学合理、经济实用。

第二节　隧道开挖施工质量监理

一、隧道洞口、明洞与浅埋段工程

隧道洞口工程一般包括洞外土石方开挖、边坡和仰坡护砌、截水沟修砌、明洞及洞门修筑等工程。洞口工程施工除了要给洞内施工创造条件外,还要对隧道施工可能引起的坡面失稳起到稳固和抑制作用。尤其是洞口坡面存在较大规模滑动、坍塌、落石等隐患,监理工程师应预先提醒承包人采取防护措施,或要求承包人按设计文件及时施做支护,以避免产生严重的工程事故。

1. 隧道洞外土石方开挖

开挖洞口土石方、清理洞口边仰坡及进洞开挖、挖掘洞外截水沟等是洞口开挖的主要工程。各项工程及互有影响的桥涵与路基支挡等结构,应综合考虑,妥善安排,尽早完成。

1)施工准备及注意事项

在施工放样期间,监理工作的要点为:

(1)核查开挖边界计算、放线是否有误,设计的边仰坡率是否合理。

(2)核查截水沟布设是否顺应地势,并满足截流坡面水要求,与开挖边界的襟边距离是否满足规范要求。

(3)检查承包人应保护和保留的基准标记与测桩,如损坏、遗失、移位、通知承包人修复。

2)土方开挖

能用挖掘机、推土机、铲运机等机械直接开挖的土方,应自上而下逐层开挖,严禁掏挖取土或采取其他易引起坡面失稳坍塌的开挖方式。这期间监理工作的要点是:

(1)督促承包人将清场土、弃土运至指定的弃土场地,自下而上分层堆砌;用作移挖作填的土方应按填方路基要求,分层碾压,压到设计要求的压实密度;若设计文件无明确规定,应按监理工程师的指令处理,承包人不得随意动用。

(2)控制挖方应按设计的横断面及边仰坡坡度要求开挖,不得超挖和欠挖,经人工修整后的边仰坡面应平整,坡度不陡于设计坡度。

(3)控制挖方不允许一次挖至路基顶面设计高程,应保留大于40cm的高度,以免土质路基长期暴露、车辆碾压造成其结构破坏和强度降低。

(4)督促承包人在雨季施工时要做好施工场地的排水工作,可利用分层开挖形成纵向排水或横向排水,并注意修筑、保持临时排水沟渠的畅通,防止集水浸泡坡脚。

3)石方开挖

石方开挖过程中最好采用松动爆破和光面爆破,禁止采用对山体稳定、临近建筑物有损害的爆破方法。监理工作的要点是:

(1)首先督促承包人清除山坡的浮石、危岩,防止因爆破振动造成落石,危及施工安全或造成运营期间的隐患。

(2)确认承包人测出的土石分界线及土石方数量,承包人应尽可能按土或岩石层次分层开挖,以便于将开挖出的适用材料用于其他工程。

(3)承包人根据地形、地质、开挖断面及施工设备等条件采用的施工方法应能保证边仰坡稳定、不危及人身及财产安全,否则应修改施工方案或采取防护措施。

(4)对于强度较高不易风化或水解的岩石路基面应一次开挖到位或留有足够一次插底爆破的厚度。爆破出的表面应使其平整,以利于洞内施工运输要求或适应路面铺筑的需要。

2. 洞外开挖质量要求

1)路槽开挖

路槽开挖技术要求,详见表6-8。

路槽开挖实测项目允许偏差表 表6-8

检 查 项 目	允许偏差或允许值(mm)	检查频率要求
路基顶面高程	+0,-30	每100m用水准仪测3点
中线偏位	+50,-50	每100m用经纬仪测3点
路基宽度	+100,-0	每100m用尺测3处
横坡度	±0.3%	每100m测2处
路基平整度	20~30	每100m用3m直尺测2处
边仰坡坡度	不陡于设计值	每100m测2处

外观鉴定:

(1)路基表面平整,边线顺直。

(2)坡面平顺稳定、曲线圆滑、无松石。

(3)边沟排水顺畅。

2)截水沟、排水沟开挖

截水沟、排水沟开挖技术要求,详见表6-9。

截水沟、排水沟开挖实测项目允许偏差 表6-9

检 查 项 目	允许偏差或允许值(mm)	检查频率要求
轴线偏位	±50	仪器测量:每条排水沟不少于5处
沟底高程	±15	
水沟纵坡	±0.5%,不积水	
水沟宽度	+30,0	尺量:每条排水沟不少于4处
水沟侧墙高度	-10	
壁厚	-10	

观察鉴定:沟底有无阻水现象。

3. 隧道洞口边坡防护监理要点

坡面防护系指防止边仰坡开挖面因受水、风、温度和其他作用而恶化所采取的工程措施,包括喷射混凝土锚杆加固、砌石护面、铺种草皮,也包括支承侧向土压力、防止土坡坍塌、保证边坡稳定的挡土墙。洞口边仰坡的防护措施,应按图纸的要求办理,如情况有变化或设计文件未作规定,应按监理工程师的指示办理。

1)喷锚加固

对于岩石坡面,采用喷射混凝土封闭表面,使用锚杆深层锚固稳定坡面,防止岩土表面风化。锚杆、钢筋网、喷射混凝土是喷锚加固坡面常采用的组合构造。也可单独使用锚杆或喷射混凝土防止坡面落石和岩块松动;采用预应力锚索稳定坡体,防止坡面滑动;采用喷射混凝土封闭土体坡面,避免坡体遭雨水冲刷、浸湿软化。施工时,监理工程师应根据锚喷加固的目的,注意以下几方面:

(1)锚喷加固应按坡面开挖顺序由上至下分层实施,一般先锚后喷,或挂网后再喷。

(2)喷射混凝土前,应清除松动的和已经风化的岩石与浮土,最好能将坡面修平整。

(3)对于有地表水流经的地段,或有地下水出露处,要先设置排水设施或埋设排水管等进行引排后,方可喷射混凝土;对于软弱岩体或土体的坡面,如喷射混凝土封闭后会因水位升高、地下水压力增大而引起坡面失稳,则需事先埋入透水排水网管,并不得让混凝土堵塞管口。

(4)坡面锚固系统锚杆,原则上要求应垂直坡面安置,但工程实际中还应根据坡体的结构面组合,对其方向作适当调整,尽量使锚杆能加固多的岩石层面。

(5)局部锚固锚杆的设置要根据岩块滑落或坠落趋势确定锚固方向,根据岩块尺寸和滑落力确定锚杆长度及根数。

(6)钢筋网铺设应与锚杆连接牢靠,后续喷射混凝土层应覆盖钢筋网,不得有钢筋裸露。

2)坡面防护质量要求

(1)浆砌片(块)石护面墙技术要求,详见表6-10。

浆砌片(块)石护面墙的实测项目　　表6-10

检 查 项 目	允许偏差或容许值(mm)	检查频率及要求
砂浆强度	在合格标准内	试件强度
表面平整度	50,20	每20m用2m直尺检查5处
顶面高程	±20,±15	每20m用水准仪测3处
垂直度(或坡度)	0.5%,0.3%	每20m检查3处
断面尺寸	±50,±30	每20m检查2处

外观鉴定:

①砌体直顺圆滑,表面平整清洁,砂浆饱满,无空洞现象。

②勾缝平顺,无脱落现象。

(2)干砌片(块)石护面墙技术要求,详见表6-11。

干砌片(块)石护面墙的实测项目　　表6-11

检 查 项 目	允许偏差或允许值	检查频率及要求
强度	在合格标准内	试件强度
表面平整度	5mm	2m靠尺测量:拱部不少于2处,墙身不少于4处
外形尺寸	不小于设计	每边不少于4处

外观鉴定:

①砌体应顺适,表面平整,美观。

②石块应嵌挤紧密、不松动。

(3)浆砌片(块)石挡土墙技术要求,详见表6-12。

浆砌片(块)石挡土墙的实测项目　　表6-12

检 查 项 目	允许偏差或允许值(mm)	检查频率及要求
砂浆强度	满足设计要求	试件强度
平面位置	50	仪器测量:每边不少于4处;2m靠尺测量:拱部不少于2处,墙身不少于4处
顶面高程	±20	
断面尺寸	不小于设计	
平整度	块石:20mm;料石:30mm;混凝土块料石:10mm	拱部不少于2处,墙身不少于4处
垂直度(或坡度)	0.5%	每边不少于4处

外观鉴定:

①墙直、弯顺、砌筑面平整。

②砌体无空洞、勾缝平顺、无脱落现象。

③泄水孔坡度向下、无堵水现象。

④沉降、收缩缝整齐竖直、上下贯通。

4. 隧道洞门建筑监理要点

隧道洞门结构起到稳定洞口边仰坡、防避洞口上方坍方落石的作用,通常采用浆砌块石或现浇混凝土支挡构造;隧道洞门还有美化洞口的作用。洞门形式除考虑受力条件外,还应与周围环境及相邻建筑相协调。

1)隧道洞门要求

隧道洞门应在隧道开挖的初期完成,并应符合下列规定:

(1)基础必须置于稳固的地基上,废渣、杂物、风化软层和水泥必须清除干净。

(2)洞门端墙的砌筑与回填应两侧对称进行,不得对衬砌产生偏压。

(3)端墙施工应保证其位置准确和墙面坡度满足设计要求。

(4)洞门衬砌完成后,其上方仰坡脚受破坏时,应及时处理。

(5)洞门的排水设施应与洞门工程配合施工,同步完成。

(6)洞门的排水沟砌筑在填土上时,填土必须夯实。

2)隧道洞门基本形式

(1)环框式洞门

对于洞口地形陡峭,岩层坚硬整体性好,节理不发育、不易风化,开挖后具有稳定的仰坡,且无较大的坡面排水的,可以采用与洞口衬砌同种混凝土整体灌注的环框作为洞门。环框式洞门的变化形式有削竹式洞门,即将洞口衬砌适量的向外延伸,并以较缓坡度修筑洞门环框,适用于地质条件较差、地形缓坦的洞口。

(2)端墙式洞门

适用于洞口地形开阔,岩质基本稳定,洞顶排水条件稍差的坡面。洞门为镶套在洞口衬砌上的圬工挡墙或混凝土挡墙。其变化形式有柱式洞门和台阶式洞门,分别适合于地形较陡、地质条件差、洞门较窄和傍山洞门地面横坡较陡的洞门条件。

(3)翼墙式洞门

当洞口地质情况差,地形等高线与线路近于正交需开挖路堑,山体纵面推力较大或有一定的路堑侧压力,适宜使用翼墙式洞门。

3)洞门质量要求

洞门施工质量除应满足表6-13 ~ 表6-16 的相关要求外,还应满足以下基本要求:

洞门端墙、翼墙、挡土墙模板安装质量标准　　表6-13

检查项目	允许偏差或允许值(mm)	检查频率及要求
基础边缘位置	±15,0	测量:每边不少于4处
基础顶面高程	±10	
边墙边缘位置	±10,0	
边墙拱脚、端翼墙面顶面高程	±10	
模板表面平整度	5	2m靠尺测量:不少于4处
模板表面错台	2	尺量
预留孔洞	±10,0	尺量

洞门端墙、翼墙、挡土墙基坑开挖质量标准　　表6-14

项目	规定值或允许偏差(mm)	检查频率及要求
基坑中心线到路线中心线距离	+50,0	尺量:每边不少于5处
基坑长度、宽度	+100,0	尺量:每边不少于5处
基坑高程	0,-100	水准仪测量:每边不少于5处

洞门混凝土端墙、翼墙和挡土墙质量标准　　表6-15

项目	规定值或允许偏差(mm)	检查频率及要求
强度	在合格标准内	按水泥混凝土抗压强度评定
平面位置	50	仪器测量:每边不少于4处
断面尺寸	不小于设计	
顶面高程	±20	
底面高程	±50	
表面平整度	5	2m靠尺测量:拱部不少于2处,墙身不少于4处
竖直度(或坡度)	0.5%	吊垂线:每边不少于4处

洞门砌体端墙、翼墙和挡土墙质量标准　　表6-16

项目		规定值或允许偏差(mm)	检查频率及要求
砂浆强度		在合格标准内	按水泥砂浆强度评定
平面位置		50	仪器测量:每边不少于4处;2m靠尺测量:拱部不少于2处,墙身不少于4处
断面尺寸		不小于设计	
顶面高程		±20	
底面高程		±50	
表面平整度	块石	20	2m靠尺测量:拱部不少于2处,墙身不少于4处
	料石	30	
	混凝土块石	10	
竖直度(或坡度)		0.5%	吊垂线:每边不少于4处

(1)洞门宜尽早修建,并尽可能安排在雨季前施工,以增强洞口处边坡稳定,保障洞口内正常施工。

(2)洞门端墙处的衬砌与洞口内衬砌采用同一材料整体灌注,洞门端墙与隧道衬砌应连接良好,使之成为整体。

(3)翼墙式挡墙应与端墙同时砌筑,当墙身砌出地面后,基坑必须及时回填夯实。

(4)洞门装修砌体要求表面平整、清洁,隧道铭牌字样要美观、醒目。

5.明洞施工监理要点

拱形明洞一般适用于洞顶覆盖较薄,难于采用暗挖法修建隧道的地段,或受塌方、落石、泥石流等威胁的隧道洞口或路堑地段。拱形明洞净空与隧道一致,可采用与隧道相同的拱架和模板施工。现浇混凝土或钢筋混凝土明洞,结构整体性较好,能承受较大的垂直力和侧压力,但内外墙基础相对位移对内力会产生较大影响,因而对地基要求较高。明洞施工工序繁杂,如开挖、临时防护、绑扎钢筋、模板就位、浇注混凝土、铺设防水层、隔水层与回填土施工等都是施工监理的重点。

1)拱形明洞的一般结构形式

(1)路堑对称型。适用于洞顶地面平缓、两侧路堑地质条件基本相同;边坡有落石、坍塌等不良现象,或洞顶覆盖较薄,难以用暗挖法修建隧道的情况。结构形式为对称型高拱。

(2)路堑偏压型。当洞顶地面倾斜,路堑边坡一侧较低,明洞边墙顶以下部分为挖方,有坍塌、落石、泥石流等不良地质现象时应采用此种形式明洞。由于荷载不对称,结构也为非对称结构。

(3)半路堑偏压型。适用于外侧地面开敞、稳定、填土坡面线能与地面相交,另一侧边坡或山坡有坍塌、落石或泥石流等不良现象处。这种非对称结构外侧常用刚性边墙以抵抗较大的偏压荷载。

(4)半路堑单压型。适合于外侧地形陡峻,无法填土,另一侧边坡或山坡有坍塌、落石、泥石流等不良现象的地段。这类非对称结构外侧刚性边墙上带有耳墙,以承受回填土侧压力。

2)明洞施工方法

明洞施工方法选择,应根据地形、地质条件、明洞类型等因素确定。常用施工方法有:

(1)拱墙整体灌注法。适用于浅埋地段,或地质条件较好,开挖后边坡能够稳定的地段。开挖时,先自上而下开挖,然后拱墙整体灌注。该方法需要足够配套的施工机具。

(2)先墙后拱法。适用于开挖后边坡能够稳定的地段。当施工机具不足以支持拱墙整体灌注时,施工顺序应为:先自上而下开挖,然后灌注两侧边墙,最后灌注两侧拱墙。

(3)先拱后墙法。适用于岩层破碎,开挖边坡较高,全部明挖可能引起坍塌,但拱脚岩层承载力较好,且能保证拱圈稳定的地段。施工程序为:起拱线以上部分采用拉槽开挖临时边仰坡,当临时边仰坡不够稳定时,采用喷锚网临时加固。先做好拱圈,然后开挖下部断面,再作边墙,如明洞较长,边坡不够稳定时,则采用分段拉槽较为安全。

(4)墙拱交替法。适用于半路堑式明洞,且内侧地质松软,不能采用先拱后墙法,或路堑式明洞拱脚处地层松软,不能采用先拱后墙法。施工顺序为:对于半路堑式明洞,先灌注外侧边墙,开挖内侧拱脚以上土石方,再灌注拱圈,然后开挖内侧拱脚以下部分,最后灌注内侧边墙;对于路堑式明洞,先开挖起拱线以上部分,然后采用跳槽挖井法灌注两侧部分边墙,再灌注拱圈,最后做其余边墙。

3)明洞边墙基础施工

明洞边墙基础应设置在稳固的地基上,这是总的要求。偏压和单压明洞墙基应考虑其抗滑力。明洞基础开挖至设计高程后,如地基承载力不符合设计要求,应及时做变更设计,可采取夯填一定厚度的碎石或加深或扩大基础等措施,以达到设计要求。明洞边墙基础施工应符合下列规定:

(1)基础开挖应核对地质条件,检测地基承载力,当地基不满足设计要求时,应及时上报监理、设计单位,并按设计单位提供的处理方案施工。

(2)偏压和单压明洞外边墙的基底,在垂直路线方向应按设计要求挖成一定坡度的斜坡,提高边墙抗滑力。

(3)基础混凝土灌注前必须排除坑内积水,边墙基础完成后应及时回填。

4)明洞回填施工

明洞回填分墙背回填和拱背回填两个部位,由于其作用不同因而工艺的要求也不同。

(1)墙背回填的作用主要是使边墙与围岩密贴,当围岩较稳定时,一般自墙顶起坡,墙背可挖垂直或较陡的坡度;当围岩稳定性较差,采用先拱后墙法施工,边墙采用开挖马口法灌注,两者的墙背空隙都不大,可用与边墙相同的材料同时灌注或用浆砌片石。

(2)拱背回填主要是缓和边坡落石和坍塌的冲击及排除坡面水的作用。根据不同类型的明洞和棚洞,设计各有具体规定。

明洞回填施工应符合下列规定:

①墙背回填应两侧对称进行。底部应铺填0.5~1.0m厚碎石并夯实,然后向上回填。石质地层中墙背与岩壁空隙不大时,可采用与墙身同级混凝土回填;空隙较大时采用片石混凝土或浆砌片石回填密实。土质地层,应将墙背坡面开凿成台阶状,用干砌片石分层码砌,缝隙用碎石填塞紧密,不得任意抛填土石。

②墙后有排水设施时,应与回填同时施工。

③拱背回填应对称分层夯实,每层厚度不得大于0.3m,两侧回填高差不得大于0.5m,回填至拱顶后应分层满铺填筑。

5)明洞防水层施工

防水层所使用的材料、敷设层数和厚度等应符合设计要求。本条是指用于路堑式和偏压式明洞做防水层的操作,若为单压式明洞,因外侧有耳墙,不设排水盲沟,应将耳墙与拱圈中间空隙先用浆砌片石回填至与拱顶齐平,再铺防水层。黏土隔水层的质量应能防止地表水下渗,以免影响回填土的稳定。明洞防水层施工应符合下列规定:

(1)防水层施工前应用水泥砂浆将衬砌外表涂抹平顺。

(2)防水卷材应与拱背粘贴紧密,接头搭接长度不小于100mm,铺设应自下而上进行,上下层接缝宜错开,不得有通缝。

(3)回填拱背的黏土隔水层应与边坡、仰坡搭接良好,封闭严密。

(4)靠山侧边墙顶或边墙墙后,应设置纵向和竖向盲管(沟)、将水引至边墙泄水孔排出。

6)明洞衬砌施工要求

明洞衬砌有两种形式:一是拱形明洞,二是棚洞。

拱形明洞与隧道整体式衬砌基本相似,由拱圈、边墙、铺底或仰拱组成。衬砌施工一般要求除参照整体式衬砌办理外,在衬砌端部与拱、墙首轮环节处都要设置挡头板。为控制拱圈厚度,在拱部加设外模并架设骨肋连接固定。应先做一侧边墙,随即灌注拱圈,若另一侧的拱脚基岩松软,可在拱脚下横铺木垫板加大承载面积或夯填碎石以增加拱脚承载力。

棚洞主要由盖板、内边墙和外侧支承建筑物组成,钢筋混凝土盖板最好预制,既可短期施工又能早期回填,有利于承受落石及塌方的冲击,保证安全。墙顶支座槽应用水泥砂架填塞紧密,并使盖板安装平稳,最大限度地承受荷载。

7)明洞开挖监理事项

路堑设置明洞大多是为了防止边仰坡塌方和落石,其地质条件一般是较差的。若明洞较长,宜分段施工,开挖一段做一段;石质地段开挖应放小炮,必要时可用预裂爆破。如必须在雨季施工时,应先将边仰坡上的排水系统做好。对裂隙和凹地应设置标志随时检查或观测有无移动,以分析判断山坡的稳定性。

(1)开挖前及施工中,根据中线、高程并结合施工方法,测定和检查建筑物各部分开挖尺寸。

(2)施工前应先作好洞顶排水设施,防止地表水冲刷边坡造成塌方落石。

(3)开挖的边坡、仰坡应力求在施工时间内不致坍塌,否则可适当放缓坡率或采用锚喷支护、防护栅栏、棚架等措施。

(4)开挖方式应先外后内,从上至下,严禁掏底开挖和上下重叠施工。在地质不良、边仰坡较高地段,应指定专人检查、看守,确保施工安全。

(5)开挖的土石,应弃在指定处,不得影响边坡及其他建筑物的稳定和行车安全。

8)明洞基础施工监理事项

(1)明洞边墙基础必须置于稳固的地基上,遇有地下水须将水引离边墙基础;松软基底可用桩基或加固地层等方法处理,提高基底的抗滑力和承载力;半路堑单压式明洞的外墙岩石基础应埋置在风化层以下0.25m,若岩层有裂隙不易清除,可采取压浆加固处理;位于陡坡坚硬完整岩石的明洞外墙基础,可将岩石切割成台阶,台阶宽度不得小于0.5m,最低一层基础宽度不得小于2m,且台阶平均坡度一般不陡于1∶0.5。

(2)在边墙基础施做前,应该检查地基承载力是否与设计要求相符。

(3)施工秩序应本着先难后易的原则,先做外侧边墙,后做内侧边墙,对于凹形地段或外墙深基部分要先开挖、修筑最低凹处,逐步向两端进行。

(4)挖孔桩作为明洞基础,开挖井孔应分区跳槽开挖。桩孔井口应做锁口,锁口的施工应与边墙承台梁的施工综合考虑,在保证施工安全的情况下,尽量减少拆除量。挖孔桩开挖要分节进行,挖一节立即支护一节,不应在土石层变化处和滑动面以及断层带处分节。下节在上节护壁混凝土终凝以后进行。挖至孔底高程清除浮渣后,经测量无误,方可下钢筋笼浇注混凝土。

9)明洞拱墙施工监理事项

(1)砌筑前应复测中线、高程,边墙、拱圈放样立模时要预留施工误差,以保证衬砌不侵入建筑界限。

(2)明洞拱圈按断面要求制作定型挡头板和外模,随着灌注逐步向上安设。为不使外模板因振捣及混凝土挤压而移动变形,除临时支顶外,还应将外模板拉紧固定。拱架如架设在立柱上,立柱基底应坚实,否则应铺设纵向卧木并将各立柱纵向连接成整体。

(3)边墙模板必须支撑牢固,在内外模间设钢筋拉杆及临时支撑,使之成为整体。

(4)灌注拱圈混凝土时,应从两侧拱脚对称不间断地灌注到拱顶。先做一侧边墙随即灌注拱圈时,要加强对另一侧拱脚的基底处理,如超深过挖,应打纵梁、砌垫块、加设锚杆以使拱圈与岩壁连接牢固,防止拱脚基底松软沉落。采用跳槽边墙灌注拱圈时,拱圈分节处所设钢筋应预留接头,使拱节连成整体。

(5)明洞内墙灌注前,墙背空洞先砌回填片石,回填量不大时可用干砌片石,灌注边墙时应做好纵向盲沟和泄水孔。

(6)明洞伸缩缝一般在土质地层每20m设置一道,石质地层为30m,但不得设在侧洞容许范围内,通常距侧洞边缘不小于2m。气温变化较大地区,应根据实际情况设置伸缩缝,但采用先拱后墙法施工的明洞,在与隧道相接处不宜设置伸缩缝。任何形式明洞的基础,在地质软硬变化处均须设置沉降缝。

(7)明洞拱圈混凝土达到设计强度70%,并且拱顶填土高达0.7m以上时,才能拆除拱架。如采用土石方机械填筑时,须待拱顶回填完成后方能拆除拱架。

6. 防水层及回填施工监理事项

(1)边墙、拱圈混凝土强度等级达到设计强度的70%时,方可拆除外模做防水层。在防水层铺设前,必须将拱墙背的灰尘污垢和积水清除干净,用砂浆抹平,不得有钢筋头露出。

(2)在拱墙背作好防水层,待混凝土达到设计强度的70%时,即可进行回填。

(3)墙后排水设施应在回填时同时施工,并保证能使渗漏水排出。墙背石质地层超挖较小时,应用与边墙相同的材料整体砌筑,超挖较大时,可用浆砌片石回填,对于墙后回填数量较大时,应按设计要求办理。土质地层,墙背开挖的坡面应凿成宽0.5m的台阶,用浆砌片石分层码砌。

(4)拱部回填土与边坡接触处,应挖成不小于0.5m的台阶,并用粗糙透水材料填塞,增加摩擦力以保持稳定。拱脚如没有纵向盲沟应在回填前作好。拱部回填应对称分层夯实,每层厚度不宜大于0.3m,其两侧回填的土面高差不得大于0.5m;回填至与拱顶齐平后,应满铺分层向上填筑至要求高度,或先由人工填至拱顶以上0.7m厚,再用机械填筑。

(5)明洞回填土密实度要满足设计要求。拱背黏土隔水层应与边坡、仰坡搭接良好,封闭紧密,能防地表水下渗。

7. 隧道浅埋段

根据大量隧道工程的施工资料调查,上部覆盖层不足毛洞洞跨2倍的隧道或区段属于浅埋隧道,同时,浅埋段工程包括隧道洞口加强段。

《公路隧道设计细则》(JTG/T D70—2010)对浅埋隧道的定义为:作用在支护结构之上的土压力受隧道埋置深度、地形条件及地表环境影响的隧道。

《公路隧道设计规范》(JTG D70—2004)浅埋与深埋的分界,按荷载等效高度值,并结合地质条件施工方法等因素综合判定。按荷载等效高度的判定公式为 $H_p=(2-2.5)h_q$,H_p 为浅埋隧道分界深度,h_q 为荷载等效高度。

浅埋段施工应符合下列规定:

(1)不应采用全断面法开挖。

(2)开挖后应尽快进行初期支护施工。

(3)应增加对地表沉降、拱顶下沉的量测及反馈。量测频率不宜小于深埋段的2倍。

基本工艺要点:短进尺,少扰动,强支护,早封闭,勤量测。

二、隧道开挖

隧道掘进包括隧道内的施工测量放线、洞身开挖、弃渣运输等工序。隧道掘进质量会直接关系到隧道整体线型质量、结构受力状态以及工程数量的增加。监理工作的要点是把握每项工序的质量,使其对后续工作的不利影响降到最低程度,从而使隧道的整体质量达到规范和设计文件要求。

1.隧道开挖监理事项

1)开挖方法

隧道施工前在决定开挖方法时,应对断面尺寸及形式、围岩条件、工区长度、工期、当地条件等综合考虑后,最大限度利用围岩自身具有的自承能力,在确保围岩稳定的条件下,尽可能使用开挖断面大的开挖方法。通常采用的开挖方法大体可按全断面法、台阶法、导坑超前法划分。

(1)全断面法适用于地质稳定的地层中,在大断面隧道施工中,开挖和支护衬砌能够使用大型机械,能实现机械化快速施工,且开挖一次完成,不存在多次挠动围岩情况。由于掌子面集中于一处,便于工程管理和质量控制,但对围岩条件变化的适应性差,施工过程中遇有问题时,要改变施工方式往往非常困难。

(2)台阶法一般指上半断面与下半断面同时并进的开挖方法。在围岩条件或施工机械不适合全断面法施工时可采用这种开挖方法。围岩是否稳定,直接关系到台阶的长短,在膨胀性地层或在土砂地层中,通过断面支护尽快使衬砌早期闭合,以使掌子面稳定,要求台阶长度尽可能短。多台阶法是在一般台阶法不能保证掌子面自立的情形下采用的,由于分段多,闭合时间晚,坑道变形会增大。与全断面法比较,台阶法使用的机械设备数目增多,且易出现各工序间的干扰,对工程管理和质量控制带来一定困难。

(3)导坑超前法包括侧导坑超前、下导坑超前、上导坑超前等。其中侧导坑超前是在断面较大,围岩支承力不够的情形下,以及限制覆盖层薄地表下沉的地段使用这种开挖方法,由于其开挖、支护施工较为复杂,因此要仔细研究各阶段的掌子面及支撑的稳定、隧道的变形动态、对下阶段开挖的影响、支护构件的接连等问题。

2)开挖方式

隧道开挖方式有爆破、机械及人力开挖几种。决定开挖方式要考虑施工可能性及经济合理性,并力图使围岩不致松动。所以必须考虑隧道长度、断面尺寸及形状、围岩地质条件、隧道涌水、开挖面及邻近构造物、对附近居民的振动、噪声干扰等因素选定开挖方式。

(1)爆破开挖是利用炸药的化学能破碎岩石,是目前隧道开挖使用最多的开挖方式之一。

在使用中应注意尽可能的减少围岩松弛和断面超挖及对附近建筑的振动损坏。

(2)机械开挖是利用机械能压碎或切削岩石，是噪声及振动均小的有利于环境保护的开挖方式，但机械开挖常受施工工区长度、断面尺寸及形状、基岩强度、涌水条件等的限制。

(3)人工开挖在施工效率、安全性等方面都很差，一般仅在其他开挖方式不宜使用，或围岩极不稳定，不得不用小断面开挖，或未固结围岩中应用。

3)稳定措施

隧道开挖的前提条件为：开挖后至支护完毕这段时间内开挖面应能够自稳，否则必须采取能稳定掌子面的措施。选择稳定掌子面的措施包括：环形开挖留核心土、缩短进尺及支撑间距、早形成闭合支护环等。

(1)土砂围岩、破碎围岩及膨胀性围岩中稳定掌子面的辅助方法有：超前管棚、预注浆固结、插钢板支护等。

(2)特殊地层中稳定掌子面的特殊方法有：帷幕注浆、井点降水、冻结法等。

4)超挖注意事项

考虑预留变形量后，其开挖轮廓线以外的超挖应尽量减少，不仅是因为超挖会增加出渣量和衬砌数量，而且是由于局部挖掉围岩会产生应力集中，不利于隧道结构的受力。

(1)采用爆破法开挖时，要充分考虑围岩的岩质、裂隙、风化程度，实施爆破时应尽量减少剧烈震动，以免造成掉块形成超挖。

(2)提高钻孔精度，提高光面爆破效果，减少超挖量。

(3)严格控制插管、插板方向，在自立性差的围岩中，采用管棚法、插板法以使超挖降低到最小。

5)排水措施

从隧道开挖时起，就必须设置洞内排水设施。洞内排水不良会使路面泥泞降低作业效率，底板积水可能导致漏电事故。特别是像泥岩、凝灰岩、土砂等遇水软化的地层，洞室基脚遇水会下沉变形，将对结构产生极不利的影响。

(1)施工中能自流排水的施工段应保持排水沟的畅通，软弱地层的排水沟应离开边墙脚并用砂浆等材料封闭，不使水沿沟下渗。

(2)需用水泵排洞内水的施工段，水泵的扬程、容量要有充分的富余，并有备用水泵。

(3)斜井、竖井应准备充足能力的排水泵等设备，并要考虑停电的对策。

6)辅助坑道

辅助坑道是为改善隧道内排水、通风、运输等施工条件和增辟开挖面而设置的与隧道相连的坑道，包括横洞、平行导坑、斜井和竖井。

辅助坑道的施工应注意以下几点：

①辅助坑道洞口的截、排水工程和场地周围防护冲刷的设施，应在辅助坑道施工前完成。坑道口洞门应尽早建成。

②辅助坑道开挖后应及时支护。

③在辅助坑道施工期间，应制订防排水应急预案。

④辅助坑道废弃时，应按设计规定及时处理。

(1)横洞

横洞多用于一侧覆盖层较薄的傍山隧道,用以增辟工作面和缩短出渣进料距离。若洞口有其他工程干扰,无法从正面开挖正洞,或洞口路堑挖方量大而洞口侧面覆盖层较薄,均可利用横洞提前开挖正洞。横洞与隧道中线的平面夹角最好为90°,不宜小于40°,应设向外的不小于3‰的纵坡,以利于排水和运输。

(2)平行导坑

平行导坑一般平行于正洞,适用于长大的越岭隧道无法采用其他辅助坑道时。平行导坑能同时增辟几个工作面以加快正洞施工速度,并解决施工中的运输、通风、排水、测量、探明地质及施工安全等问题。当地质不良,有大量地下水或瓦斯排出,或平行导坑可利用作修建第二线隧道的导坑时,则采用平行导坑较为有利。平行导坑每隔120~180m设一横通道和正洞相连,其间的交角以40°~45°为宜。

超前距离可视施工条件确定,宜大于两个临时横通道的间距。临时横通道间的距离应根据施工需要、正洞工程进度及地质情况确定。平行导坑横通道的交叉口开挖应一次完成。

(3)斜井

当长隧道埋深不大,或深埋隧道地表旁侧有低洼地形时,可采用斜井。开挖每一循环进尺应检测其高程并控制井身坡度;每隔20~30m应复核中线、高程。斜井施工应严格按设计要求及时支护。倾角大于30°且地质条件较差的斜井衬砌,其墙基的末端应做成台阶形式。斜井倾角不宜大于25°,斜井中线与隧道中线平面交角不宜小于40°,斜井运输可用皮带运输机或卷扬机轨道运输。

(4)竖井

在隧道上方有低洼地形时,可在隧道的一侧或顶部设置竖井。井口周围应设置安全栅栏和安全门,安全栅栏高度不应小于600mm。井口的锁口圈应在井身掘进前完成,并配备井盖。在升降人员或物料时,井盖方可开启。竖井内应加强通风和排水。

7)隧道爆破开挖质量监理要点

(1)审查承包人的爆破方案

①方案中单位用药量是否符合地质条件、开挖方法和隧道断面积,是否会因用药过量对周边围岩产生严重扰动及对附近建筑物产生振动损坏。

②掏槽炮、扩大炮、周边炮、翻底炮的设计参数取值是否合适,是否影响到开挖面质量和形状,爆渣堆形状和爆渣尺寸是否便于装载运输或后续工程利用。

③所用爆破材料、器材是否适合地层条件,能否保证顺利、安全进行爆破。如涌水地层、高温地层、含瓦斯地层所选用的炸药品种是否合适;光面爆破选用的毫秒差雷管段数是否可行等。

④炮眼设计深度是否考虑到掌子面自稳性。

(2)查询承包人确保钻眼质量的措施

①布孔方法是否能保证相当精度及布孔后的检查方法。

②凿岩机、钻孔台车的钻杆抵位和插角确定及钻孔深度控制的保证措施。

(3)检查爆破的安全措施

①含瓦斯地层中,着重检查机电设备防爆及沼气自动检测报警断电装置。

②采用电雷管起爆的隧道,要检查起爆主线绝缘情况,工作面是否有动力电、照明电的电

流导入。

（4）爆破效果检查

①炮眼痕迹保存率，硬岩≥80%、中硬岩≥70%、软岩≥50%，最小允许炮眼痕迹率不小于规定值的60%。

②两茬炮衔接时出现的台阶形误差的最大尺寸不得超过15cm。对于炮眼深度大于3m的情况可根据实际情况另行确定。

（5）开挖质量检查

隧道开挖形状、尺寸应符合设计要求。拱墙脚以上1m内断面应无欠挖。仰拱部位开挖：挖至设计高程时，底面应圆顺，渣物应清除；做好排水设施，清除积水；隧道底两隅与侧墙连接处应圆顺；仰拱部开挖时，应采取措施保证施工交通安全。其他部位，在岩层完整、抗压强度大于30MPa时，个别突出部分（每平方米内不大于0.1m^2）侵入衬砌断面不大于5cm。应严格控制欠挖。拱脚、墙脚以上1m范围内断面严禁欠挖。见表6-17。

平均和最大允许超挖值　　表6-17

项　　目		规定值或允许偏差（mm）	检查频率及要求
拱部	破碎岩、土（Ⅳ、Ⅴ级围岩）	平均100，最大150	水准仪或断面仪：每20m一个断面
	中硬岩、软岩（Ⅱ、Ⅲ、Ⅳ）	平均150，最大250	
	硬岩（Ⅰ级围岩）	平均100，最大200	
边墙	每侧	+100，-0	尺量：每20m检查1处
	全宽	+200，-0	
仰拱，隧底		平均100，最大250	水准仪：每20m检查3处

注：1. 最大超挖值系指最大超挖处至设计开挖轮廓切线的垂直距离。

2. 表列数值不包括测量贯通误差、施工误差。

3. 炮孔深度大于3m时，允许超挖值可根据实际情况另行确定。

4. 平均超挖值＝超挖面积/爆破设计开挖断面周长（不包括隧底）。

（6）爆破振动、噪声的限制

①爆破或其他作业所引起的地面振动不得损坏地面现有建筑物，对现有建筑物振动的最大质点速度应符合《爆破安全规程》GB 6722—2003的要求。对于新灌注混凝土的振速要求，不超过表6-18中的值。

混凝土的振速限值表　　表6-18

混凝土龄期（h）	振速限值（cm/s）	混凝土龄期（h）	振速限值（cm/s）
12～24	0.625	48～120	2.5
24～48	1.25	—	—

②在最邻近爆破点的现有建筑物所量测的爆破冲击噪声不得超过130dB。

2. 隧道开挖中的地质预报

隧道开挖施工中的地质预报，主要报告已开挖隧道地段的地质情况和各种探测方法取得的资料，用地质推断法预测掌子面前方一定距离范围内，围岩的工程地质和水文地质条件，为预防突发事件、修改施工方案、变更隧道设计提供依据。

1)施工地质描述

(1)开挖面的地质素描

一般只作掌子面和一侧边墙的地质素描,对于地质条件复杂或重点地段,除进行掌子面地质素描外,还应作隧道地质展示图。地质素描图的内容应包括:

①岩性、地成时代、岩层产状、软弱夹层、岩脉穿插情况。

②主要节理裂隙的产状、规模、相互切割关系。

③断层及破碎带的形态、产状及充填物特征。

④地下水出水点、出露水量。

⑤岩溶位置、规模。

⑥不稳定块体的位置、范围。

(2)岩体结构面描述

查明岩体结构类型、结构面形态及结构面的组合关系。调查时按不同的岩组或岩段、不同构造部位,选择有代表性的边墙岩面进行观测。测量范围一般为4~10m^2。观测内容有:

①结构面产状,力学属性。

②节理裂隙性态,包括延伸性、粗糙程度、张开度。

③结构面充填特征、含水情况。

(3)洞内涌水观测

除观测其水温、水质、颜色、气味等,最重要的是观测其涌水量及变化情况,尤其对较大的股流应进行定期观测。涌水量观测方法有:

①股状涌水和钻孔集中涌水可用容器直接量测。

②呈降雨状的面积涌水,可按涌水面积与接水容器口面积比来推算涌水量。

③隧道内涌水,可用三角堰或梯形堰测定。

2)施工地质探测

(1)在长大或地质条件复杂的隧道中,导坑探测常采用超前导坑或平行导坑超前或专用的探测坑道进行探测。根据导坑开挖揭露的围岩地质情况,能比较清楚地了解隧道开挖工作面前方相应地段围岩的工程地质和水文地质条件。

(2)超前水平岩芯钻孔,可看作是隧道中微型导坑超前探测。

(3)掌子面上的浅孔钻探是利用隧道工作面上的炮眼或探水孔、声波探测孔的钻进情况来探测前方几米至几十米范围的地质情况。如遇卡钻时说明岩体破碎;遇跳钻时可能有空洞或溶洞;在遇到断层泥时,钻进时间短、钻进速度快、钻孔冲洗液浑浊。

3)施工地质预测

施工地质预测是根据施工地质调查和施工地质探测的结果,对隧道开挖面前方一定范围内的围岩地质条件做出推断和评估。围岩工程地质特征的预测方法有以下两种。

(1)前推法:根据隧道掌子面及其附近的地质情况推断、预测掌子面前方围岩的工程地质特征。首先按1:200或1:100比例尺做出开挖面附近及开挖面前方一定长度的隧道设计尺寸展开图,并标明拱脚线、墙脚线、洞轴线,展开图被这些线分划出拱部和墙部,然后逐一将开挖面或其附近边墙的岩性、断层界线、节理轨迹线等描绘在图上,按其产状展绘到展开图上,即得到用于地质预报的隧道预测平面图。

(2)平推法：根据超前导坑揭露的地质界线向两侧或一侧推断、预测未开挖地段隧道围岩的地质情况。首先按比例做出超前导坑底板平面图和隧道未施工地段的展开图，然后将超前导坑底板平面图的地质界线，逐一沿其走向延伸到隧道两边墙脚，再按其视倾角延伸到边墙上，即得到隧道预测地质展示图。

4)围岩塌方的预测

围岩的变形破坏、失稳塌方是一个从量变到质变的过程，在这个过程中必然会表现出一些征兆，根据这些征兆可以预测围岩失稳塌方。

(1)遇断层、破碎带、滑动层、溶洞、陷穴、堆积体、流沙、淤泥、松散地层等稳定性差的围岩极易产生塌方。

(2)突然出水，水量突然增大，水质由清变浊等都是即将发生塌方的前兆。

(3)由小断层或软弱结构面构成不稳定块体的出露处，是局部塌方的部位。

(4)拱顶不断掉下小石块，较大的石块相继掉落，预示即将发生塌方。

(5)裂缝旁出现岩粉或洞内无故出现岩粉飞扬，裂缝逐步扩大，可能即将发生塌方。

(6)支撑变形，甚至发出声响，喷射混凝土出现大量明显裂纹，可能出现失稳塌方。

5)地质预报中监理事项

(1)及时了解、确认承包人通过地质素描对隧道开挖面上的地质特征的记录；仔细分析经整理、加工绘制成的地质展开图，对照设计文件对该地段地质的描述，找出差异和需要改善设计、施工的方面，提请有关方面注意。

(2)详细记录、分析与坍塌变形有关的地质情况，及其对继续掘进的影响进行评价；根据对隧道围岩的直接观察，判定坑道的稳定性，核定岩层构造、岩性及地下水情况；当发现设计文件与实际情况不相符时，可能危及隧道施工，应及时修改支护参数。

(3)在临近设计文件中圈定的大的断层破碎带，或岩溶发育段时，必须督促采取超前钻探，以利于采取措施预防大规模坍塌、涌水和突发性泥石流的发生。

3. 不良地段、特殊地段的施工

不良地质地段是指滑坡、崩塌、岩堆、偏压地层、岩溶、高应力、高强度地层、松散地层、软土地段等不利于隧道工程施工的不良地质环境。特殊地质地段是指膨胀地层、软弱黄土地层、含水未固结围岩、溶洞、断层、岩爆、流砂等地段以及瓦斯和有害气体溢出地层等。

膨胀土，系指土中黏土矿物成分主要由亲水性矿物组成，同时具有吸水显著膨胀软化和失水收缩硬裂两种特性，且具有湿胀干缩往复变形的高塑性黏性土。决定膨胀性的亲水矿物主要是蒙脱石黏土矿物。

黄土，是在干燥气候条件下形成的一种具有褐黄、灰黄或黄褐等颜色，并有针状大孔、垂直节理发育的特殊性土。黄土在我国分布较广。黄河中游的河南西部、山西南部、陕西和甘肃的大部分地区为我国黄土和湿陷性黄土的主要分布区。这些地区的黄土分布厚度大、地层全而连续，发育亦较典型。

溶洞，是在岩溶水的溶蚀作用下，间有潜蚀和机械塌陷作用而造成的基本呈水平方向延伸的通道。溶洞是岩溶现象的一种。

岩爆，是岩体中聚集的高弹性应变能，因隧道开挖而发生的一种应力释放现象。它的形成需要两个条件：

(1)地层的岩性条件。岩爆只发生于结构完整或基本完整的脆性硬岩地层中。多见于石英岩、花岗岩、正长岩、闪长岩、花岗闪长岩、大理岩、花斑状大理岩、片麻岩等岩体。

(2)地应力条件。岩爆多发生于埋深大的隧道中,因只有埋深大才足以形成高地应力,在高地应力作用下,地层中才能积聚很高的弹性应变能。

瓦斯,瓦斯是隧道内有害气体的总称,其成分以沼气(甲烷)为主。当隧道中的瓦斯浓度达到爆炸限度时,一旦与火源接触,就会引起爆炸。

松散地层,松散地层指漂卵石地层、极度风化破碎岩石的松散体、砂夹砾石和含有少量黏土的土层、无胶结松散的干沙等。这类地层的胶结性弱、稳定性差,在隧道施工中极易发生坍塌。

流沙,流沙是沙土或粉质黏土在水的作用下丧失其内聚力后形成的,多呈糊浆状,所到之处,围岩失稳坍塌、支护结构变形,危害极大。

以下为不良地段或特殊地段施工要求：

(1)技术要求

①必须进行施工监控量测,及时以量测数据反馈指导施工。在特殊地质地段中开挖隧道,辅助施工措施是关键,各种预支护和预加固手段必须严格按设计要求到位。

②爆破设计按围岩实际情况进行,原则是尽量少扰动围岩,必要时可选择不爆破而采用机械或人工挖掘。

(2)材料质量要求

①水泥、砂、石、水及外掺剂的质量和规格必须符合设计和规范要求,按规定的配合比施工。

②钢筋、钢管的加工、接头、焊接和安装以及混凝土的拌制、运输、浇筑、养护、拆模均须符合设计和规范要求。

③寒冷地区混凝土骨料应按有关规定进行抗冻试验,结果应符合规范要求。

(3)职业健康安全要求

①施工过程中隧道内的氧气含量按体积计不应小于20%,隧道内气温不宜高于28℃。

②有害气体浓度控制:一氧化碳一般情况下不大于30mg/m^3,特殊情况下,施工人员必须进入工作面时,可为100mg/m^3,但工作时间不得超过30min;二氧化碳按体积计不得大于0.5%;氮氧化物在5mg/m^{3}以下;甲烷按体积计不得大于0.5%。

③粉尘浓度控制:含10%以上游离二氧化硅的粉尘,每立方米空气中不得大于2mg;含10%以下游离二氧化硅的矿物性粉尘,每立方米空气中不得大于4mg。

④噪声不宜大于80dB。

⑤隧道施工必须采用机械通风。通风方式应根据隧道长度、施工方法和设备条件等确定。长隧道应优先考虑混合通风方式。当主机通风不能保证隧道施工通风要求时,应设置局部通风系统、风机间隔串联或加设另一路风管增大风量。如有辅助坑道,应尽量利用坑道通风。瓦斯地段通风,应将新鲜空气送至开挖面,将开挖面附近的瓦斯含量稀释到0.5%以下,并用排风管将瓦斯气体排到洞外,不允许瓦斯气体流入隧道后方内。

⑥隧道施工应定期测试粉尘和有害气体的浓度。

(4)环境要求

①当采用注浆措施时,应尽量避免注浆材料的洒漏,对进入排水系统中的有害物质应作净化处理,避免流入当地水系破坏环境。

②合理选择弃渣场地,并按规范要求施作弃渣排水设计。如隧道通过的岩层含有放射性元素,应经严格测定后,依据含量浓度确定堆渣场地位置,并按规范要求作好处理措施。

三、连拱隧道、海底隧道、小净距隧道监理要点

1.连拱隧道

无论是直中墙还是曲中墙的双连拱隧道,目前的开挖方法均分为两大类:一是以按两个独立单洞考虑的开挖法,另一类则是先挖导洞再修建中墙的开挖法。目前,国内绝大多数双连拱隧道的设计与施工都是按照先挖导洞再修建中墙考虑的。在具体的工程运用中,开挖的实际步骤有多有少、开挖的先后顺序不一,开挖方法可分成四小类,分别为"中导洞—双侧壁三导洞开挖法"、"中导洞—正洞台阶开挖法"、"中导洞—两侧下导洞开挖法"和"先左洞后右洞开挖法"。

连拱隧道主洞开挖应符合下列规定:

(1)开挖先行主洞前,后行主洞围岩与中隔墙之间的空隙应按设计要求回填密实或支撑顶紧。

(2)爆破设计时,不得以中导洞作为爆破临空面。

中隔墙混凝土施工应符合下列规定:

(1)基础底面应清扫干净,无水、无石渣。

(2)墙身内预埋件、排水管应固定牢固,位置准确。

(3)中隔墙顶部应与中导洞顶紧密接触、回填密实。

值得注意的是,侧墙开挖采用马口跳槽法施工时,马口开挖长度不宜超过4m。开挖过程中应及时做好洞内排水系统,严禁洞内积水,排水沟不应沿边墙设置。

2.海底隧道

海底隧道是为了解决横跨海峡、海湾之间的交通,而又不妨碍船舶航运的条件下,建造在海底之下供人员及车辆通行的海底建筑物。

(1)盾构法(Shield Method):是暗挖法施工中的一种全机械化施工方法,它是将盾构机械在地中推进,通过盾构外壳和管片支承四周围岩防止发生往隧道内的坍塌,同时在开挖面前方用切削装置进行土体开挖,通过出土机械运出洞外,靠千斤顶在后部加压顶进,并拼装预制混凝土管片,形成隧道结构的一种机械化施工方法。

盾构施工时,监理工程师应关注以下几点:

①盾构掘进中开挖面土体是否稳定。

②土压平衡盾构掘进速度应与进出土量、开挖面土压值及同步注浆等是否相协调。

③泥水平衡盾构掘进速度应与进排浆流量、开挖面泥水压力、进排泥浆、泥土量及同步注浆等是否相协调。

④当盾构停机时间较长时,是否有防止开挖面压力降低的技术措施,维持开挖面稳定。

⑤盾构掘进中是否严格控制隧道轴线,发现偏离逐步纠正,使其在允许值范围内。

盾构掘进遇到下列情况时,必须要求暂停施工,经处理后再继续。

①盾构前方发生坍塌或遇有障碍。

②盾构自转角度过大。

③盾构位置偏离过大。

④盾构推力与预计值相差较大时。

⑤管片发生开裂或注浆发生故障无法注浆时。

⑥盾构掘进扭矩发生较大波动时。

(2)沉管法是在水底建筑隧道的一种施工方法。沉管隧道就是将若干个预制段分别浮运到海面(河面)现场,并一个接一个地沉放安装在已疏浚好的基槽内,以此方法修建的水下隧道。

主要质量标准:

①管节沉放就位对接后,总体精度要求:管节中线水平误差为±10mm。

②管节顶面高程误差为±50mm;管节中线长度误差为±20mm。

③管节安装相对误差要求:管节横向容许误差为±20mm;管节纵向容许误差为±20mm;相邻管节对接端面水平转角开度±10mm(弧长)。

④干坞底应有足够的承载力,一般应大于100kPa。

⑤干坞的深度,宜保证管段浮起时其底部与坞底有1.0m的富余深度。

⑥干坞边坡的坡度应具有一定的稳定性。

3.小净距隧道

小净距隧道的中间岩柱宽度介于连拱隧道和分离隧道之间,不能按独立双洞考虑的隧道结构。

(1)工法特点

为确保开挖过程中围岩的稳定性,减小因隧道间距小引起的围岩变形、爆破震动等不利因素,满足小净距隧道中夹岩特有的加固要求,关键是如何保证中夹岩的稳定,有效的减少对中夹岩的扰动。相对于分离式隧道,小净距隧道施工对工序控制更加严格,必须正确安排双洞的开挖、支护的间隔和顺序。

(2)工艺原理

小净距隧道施工的难点、重点是控制爆破作业,必须确保隧道开挖过程围岩的稳定,减小两隧道之间由于净距较小引起的围岩变形、爆破震动等不利因素。小净距隧道施工的关键是中间岩柱的加固和稳定,由于围岩自稳性和支护结构的受力较一般隧道复杂,必须充分利用隧道围岩的自承、自稳能力,通过围岩加固措施使隧道修建达到经济、合理的目的。

(3)小净距隧道施工时要注意以下几点:

①先行洞和后行洞开挖方法。

②先行洞和后行洞爆破设计和爆破振动控制。

③先行洞和后行洞开挖错开距离。

④先行洞衬砌和后行洞开挖错开距离。

⑤中岩墙保护方法。

(4)开挖

小净距隧道的爆破应进行专门设计，并进行试爆，测试震动值，严格控制爆破震动符合现行《爆破安全规程》（GB 6722—2003）规定。先行洞与后行洞掌子面错开距离应大于2倍隧道开挖宽度。小净距隧道施工，应结合中岩墙厚度、围岩条件及埋深等制订单项施工技术方案。初期支护应尽早封闭。中岩墙现场监控量测项目及方法详见表6-19。

中岩墙现场监控量测项目及方法　　表6-19

项　　目	方法、工具	布　　置	间隔时间		
			1～30天	1～3个月	大于3个月
中岩墙土压力	钢弦式压力盒	每10～30m一个断面，每个断面3个压力盒	1～2次/天	1次/2天	1次/周
围岩内位移	多点位移计及千分表	每10～30m一个断面，每个断面2个测点			
围岩压力	钢弦式压力盒	每10～30m一个断面，每个断面1个压力盒			

第三节　隧道支护施工质量监理

一、支护方式及适用范围

支护是指隧道开挖后，用于控制围岩变形、防止坍塌所及时施作的支护。其类型有锚杆支护、喷射混凝土支护、喷射混凝土与钢筋网联合支护、喷射混凝土与锚杆及钢筋网联合支护、喷钢纤维混凝土支护、喷钢纤维混凝土锚杆联合支护，以及上述几种类型加设钢架而成的联合支护。初期支护的类型及参数应根据围岩的性质及状态、地下水情况、隧道净空尺寸及其埋深等条件确定。

二、锚杆种类

锚杆由锚固器、杆身、垫板组成。根据锚固方式、杆身受力状态，可将锚杆分为低预应力锚杆、非预应力锚杆、预应力锚杆，其主要种类见表6-20。

锚杆主要种类　　表6-20

种　类	锚固方式	锚固装置	基本型	适用范围
低预应力锚杆	端头集中锚固	机械锚固	楔缝式、胀壳式	在比较坚硬的围岩中，起串联岩石效果
非预应力锚杆	全长锚固	机械锚固	开缝管式	适用于硬岩、中硬岩、软岩、土砂、膨胀性围岩
		粘结锚固	树脂式、水泥砂浆式	
预应力锚杆	端头集中和全长锚固	机械锚固、粘结锚固，全长粘结锚固	楔缝式、树脂式、水泥砂浆式、早强水泥砂浆式	在膨胀性围岩或需施加预应力的情况中有效

三、锚杆材料

1. 抗拉强度

锚杆在工作时主要承受拉力,所以检查材质时首先应检测其抗拉强度。方法是从原材料中或成品锚杆上截取试样,在拉力试验机上拉伸,测试材料的力学特性,确定其是否满足工程要求。

2. 延展性与弹性

有些隧道的围岩变形量较大,这就要求锚杆材质具有一定的延展性,过脆可能导致锚杆中途断裂失效,必要时应对材料的延展性进行试验。另外,对管缝式锚杆,要求原材料具有一定的弹性,使锚杆安装后管壁和孔壁紧密接触。检查时,可采用现场弯折或锤击,观察其塑性变形情况。

四、喷射混凝土材料质量要求及喷射方式

1. 质量检验指标

喷射混凝土是指将水泥、砂、碎石、外加剂和水按一定的配合比和水灰比拌和而成的混合物,以压缩空气为动力快速喷到岩体表面而形成的人造石材。喷射混凝土的质量检验指标主要有喷射混凝土的强度和喷射混凝土的厚度。此外,还应采取措施减少喷射混凝土粉尘、回弹率。

喷射混凝土强度包括抗压强度、抗拉强度、抗剪强度、疲劳强度、黏结强度等。因此,喷射混凝土强度应是这些强度指标的综合结果。又因为这些强度之间存在着一定的内在联系,从而有可能在具体试验中只检测喷射混凝土的某一种强度,并由此推知混凝土的其他强度。其中,喷射混凝土抗压强度是表示其物理力学性能及耐久性的一个综合指标,所以工程实际往往把它作为检测喷射混凝土质量的重要指标。

喷射混凝土厚度是指混凝土喷层表面至隧道围岩接触界面间的距离。达到前述喷射混凝土支护的作用原理和效果的关键是要确保混凝土支护的施工质量。在施工中保证喷射混凝土厚度是确保喷射混凝土质量的前提。所以,喷射混凝土厚度也是喷射混凝土质量检验的一个重要指标。

喷射混凝土施工过程中,部分混凝土由隧道岩壁跌落到底板的现象称为喷射混凝土的回弹。回弹下来的混凝土数量与混凝土总数量之比,就是喷射混凝土的回弹率。喷射混凝土施工过程中,回弹率也是检验喷射混凝土施工质量的一项检测指标。

喷射混凝土支护工程质量必须做到内坚外美。外观上无漏喷、离鼓、裂缝、钢筋网(或金属网)外露现象,做到混凝土表面平整密实,断面轮廓符合要求;从内部看,喷射混凝土抗压强度和厚度必须达到设计要求。

2. 喷射混凝土材料质量要求

喷射混凝土原材料主要包括水泥、砂、碎石、速凝剂等。提供能满足质量要求的原材料是保证喷射混凝土强度的前提。喷射混凝土材料质量要求见表6-21。

喷射混凝土材料质量要求　　表 6-21

材料类型	基本要求
水泥	喷射混凝土应优先选用普通硅酸盐水泥
砂	应采用洁净的中、粗砂，细度模数大于2.5，含水为5%～7%，使用前应一律过筛
石料	采用坚硬耐久的碎石或卵石，粒径不宜大于15mm；钢纤维喷射混凝土的粒径不应大于10mm，且级配良好；当使用碱性速凝剂时，石料不得含活性二氧化硅
速凝剂	必须采用合格产品。应根据水泥品种、水灰比等，通过试验确定速凝剂的掺量；使用前应做速凝效果试验，初凝不超过5min，终凝不超过10min
钢纤维	直径宜为0.3～0.5mm，长度为20～25mm，抗拉强度不得低于380MPa，不得有油渍及明显的锈蚀；钢纤维含量宜为混合料质量的3%～6%
水	水质应符合工程用水有关标准，水中不得含有影响水泥正常凝结与硬化的有害物质
钢筋网	材料宜采用Q235钢，钢筋直径宜为6～8mm，网格尺寸宜采用150mm×150mm～300mm×300mm，搭接长度应为1～2个网格，应采用焊接

3. 喷射方式

根据混凝土搅拌方式及压送方式的不同，大体分为干式与湿式两种。干式是将水泥及骨料干拌后加速凝剂，用压缩空气压送至喷嘴，在喷嘴处加水喷出。湿式是将水泥和骨料加水搅拌成混凝土，用压缩空气或泵压送，在喷嘴处加入速凝剂而喷出。为了在干式中吸收湿式的优点，在到达喷嘴前数米处加水，这种方式称为潮式。喷射混凝土施工不得采用干喷。

五、相关质量检测仪器的原理

根据隧道的结构特点，在隧道外观检查的基础上，根据病害特征对一些重点部位采用专门技术和检测设备进行深入而细致的监测，可以更加全面准确地掌握隧道的技术状况，为隧道质量评定提供可靠的根据。相关检测仪器的原理见表6-22。

质量检测仪器的原理　　表 6-22

检测项目	仪器设备	原理
锚杆拉拔力测试	拉拔仪（千斤顶、油压泵、读数表）	将锚杆外端与千斤顶内缸固定在一起，油压泵加压将锚杆向外拉，通过读数表可读出锚杆承受的拉拔力和位移
砂浆锚杆注满度检测	锚杆质量检测器	通过超声波脉中在锚杆体中传播的反射波振幅大小来判定水泥砂浆的饱满强度
端锚式锚杆施工质量无损检测	扭力扳手（力臂、刻度盘、指示杆和套筒）	对于带螺栓和托板的端锚式锚杆来说，拉力的大小与螺母的拧紧程度有关，继而又与加在螺母上的力矩有关。利用锚杆拉力与扭力扳手所加力矩之间的关系，可间接确定锚杆的锚固质量
喷射混凝土厚度检测	激光断面仪	喷混凝土的前后分别用断面仪测出2个周边轮廓，然后相减，即可检测出厚度
可现场实测的喷射混凝土与围岩粘结强度的方法	带丝扣及加力板的拉杆	在围岩表面预先设置带有丝扣和加力板的拉杆，用10cm厚的喷射混凝土将加力板埋入，经养护后进行拉拔试验

六、普通水泥砂浆锚杆的监理要点

普通水泥砂浆锚杆的监理要点见表6-23。

普通水泥砂浆锚杆的监理要点 表6-23

要　点	要　求
配合比	水泥:砂宜为1:1~1:1.5(质量比),水灰比宜为0.45~0.50
钻孔	钻孔方向尽量与岩层主要结构面垂直,钻孔完成后用高压水将孔冲洗干净
锚杆	锚杆及粘结剂材料的制作,应符合设计要求
砂浆	砂浆应拌和均匀,一次拌和的砂浆应在初凝前用完
灌浆作业	灌浆作业应遵守以下规定: (1)注浆开始或中途暂停超过30min时,应用水润滑灌浆罐及其管路; (2)注浆孔口压力不得大于0.4MPa; (3)注浆管应插至距孔底5~10cm处,随水泥砂浆的注入缓慢匀速拔出,随即迅速将杆体插入;杆体插入孔内的长度不得短于设计长度的95%。若孔口无砂浆流出,应将杆体拔出重新注浆; (4)杆体到位后,要用木楔或小石头在孔口卡住杆体。锚杆安设后不得随意敲击,其端部3天内不得悬挂重物

七、早强水泥砂浆锚杆的监理要点

早强水泥砂浆锚杆的监理要点见表6-24。

早强水泥砂浆锚杆的监理要点 表6-24

要　点	要　求
普通砂浆锚杆相同点	监理要点与普通砂浆锚杆施工要点基本相同
早强水泥	要采用硫铝酸盐早强水泥并掺早强剂
注浆作业	注浆开始或中途停止超过30min时,应测定砂浆坍落度,其值小于10mm时,不得注入罐内使用

八、喷射混凝土监理要点

(1)审批喷射混凝土所用的进场原材料,包括水泥品种、强度等级、出厂批号及质量,以及砂石的级配、细度等,检查水泥、外掺剂、砂石的存放条件。

(2)审批喷射混凝土配合比设计,承包人提出的配合比设计应使喷射混凝土具有必要的强度、耐久性、防水性、附着性以及良好的施工性。当喷射混凝土所用材料不为同一批号、或品种改变、或产地不同时,承包人应提供新的配合比设计,供监理审批。

(3)每次喷射作业前或作业期间,检查水泥品种、强度等级、用量,检查砂石的含水率。

(4)检查喷射机械配套情况和实际功效,进行必要的试喷。

(5)检查喷射作业面是否存在欠挖、浮石,如有应清除;要求用高压水或高压气清除岩面浮沉土；检查钢筋网、钢拱架是否安装牢靠密贴，位置是否正确。

（6）检查喷射拌料是否均匀，人工干拌料不少于三遍，掺有钢纤维拌料不得有团存在；所拌料应及时喷射，放置时间不应超过30min；喷射回弹料不得再次使用。

（7）检查喷层厚度，最简单易行的方法是标桩法。喷混凝土厚度一般按断面中最小厚度计，但在中硬岩以上围岩，开挖面凹凸较大时也可按断面的平均厚度计。

（8）检查喷射混凝土表观和强度试验值，如发现喷射混凝土出现非收缩开裂、脱落或强度不足需返工补强时，分析原因后批准补强措施。喷混凝土补强一般采用增设钢筋网、添加钢纤维来加强喷混凝土构件，也有用钢拱支撑配合使用的。

（9）检查涌水点处理措施，因为涌水会冲洗喷射混凝土，成为剥落和削弱附着力的原因。一般针对涌水量和出水面积大小采用带孔集水管集水、半管导排的方法，将涌水处理后再施喷混凝土。

（10）检查喷射混凝土施工环境，当喷射区的气温低于5℃或层面结冰处不得喷射混凝土。混凝土强度未达到6MPa前，不得受冻。

（11）检查喷射混凝土的养护，喷混凝土终凝后2h起，开始洒水养护，洒水次数以能保持混凝土具有足够的湿润状态为度，养护期不少于14个昼夜。黄土和其他土质隧道，混凝土以喷雾养护为宜。

喷射混凝土的监理要点可见表6-25。

喷射混凝土的监理要点　　表6-25

序号	重点	内容
1	喷前检查准备	检查开挖面尺寸，清除松动危石，清洗受喷面，做好排水引流，埋设喷层厚度检查标志，调试各机械设备，进行材料质量的检测，控制砂石含水率
2	速凝剂掺量和水灰比	掌握规定的速凝剂掺量，添加均匀；应严格控制水灰比，使喷层表面平整光滑
3	检查喷嘴压力	未上拌和料之前，先开高压风和水，如喷嘴风压正常，喷出物呈雾状；如风压不足（一般应为0.1～0.15MPa），或喷嘴不出风，有可能出料口堵塞，或输料管堵塞，需排除故障，待喷机运转正常后才能投料、搅拌和喷射
4	喷射作业顺序	喷射作业应分段、分层由下而上顺序进行，每段长度不超过6mm，以减少混凝土因重力作用而滑动或脱落的现象。喷射移动可采用螺旋形或S形移动前进
5	一次喷射厚度	喷射作业应分层进行，一次喷射厚度应根据设计厚度和喷射部位确定，初喷厚度不得小于4～6cm，岩面有较大凹洼时，应结合初喷填平
6	分层喷射的间隔时间	后一层喷射应在前一层混凝土终凝后进行，若终凝后间隔1h以上且初喷表面已蒙粉尘时，应用高压气体、水清洗干净受喷面
7	控制回弹率	掌握好喷嘴与受喷面的距离和角度，调节好风压和水压，保证回弹量小而喷射质量好；回弹率在拱部不超过40%，边墙不超过30%，挂网后，回弹率的限制可放宽5%；回弹物不得重新用做喷射混凝土材料
8	养护	喷射混凝土终凝2h后，应喷水养护，养护期不少于14个昼夜

钢筋网铺设要点可见表6-26。

钢筋网铺设要点　　表6-26

序　号	要　点	内　容
1	清除锈蚀	钢筋使用前应清除锈蚀
2	铺设	钢筋网应随受喷面的起伏铺设,与受喷面的间隙一般不大于30mm;成品钢筋网的搭接长度大于200mm,采用双层钢筋网时,第二层网应在第一层网被混凝土覆盖后再铺设
3	固定	钢筋网应与锚杆或其他固定装置连接牢固,并尽可能多点连接,在喷射混凝土时不得晃动

九、喷射混凝土及钢纤维混凝土原料与配合比要求

喷射钢纤维混凝土是在普通混凝土中掺入分布均匀且离散的钢纤维,依靠压缩空气将钢纤维混凝土高速喷射到结构的表面,快速凝固后形成支护壳体。钢纤维的掺入,能显著改善混凝土的抗裂性、延性、韧性和抗冲击性能。喷射混凝土及钢纤维混凝土原料与配合比要求见表6-27。

喷射混凝土及钢纤维混凝土原料与配合比要求　　表6-27

材　料	配合比要求
水泥与砂石	质量比一般为1:4~1:4.5;1m³干集料中,水泥用量为375~400kg/m³
含砂率	一般为45%~55%;宜用中砂或中粗混合砂,砂子含水率应控制在5%~7%(按质量计)
水灰比	一般以0.4%~0.45%为宜
速凝剂	一般为水泥质量的2%~4%,应通过试验确定最佳掺量
钢纤维	掺量一般为混合料质量的3%~6%,也可按1m³混凝土70~80kg加入

十、喷射混凝土支护的质量要求

(1)喷射混凝土要均匀,无裂缝,无“穿裙、赤脚”现象。

(2)各种原材料的规格、材质必须符合设计要求。

(3)遵循喷浆验收标准:喷浆厚度不小于设计值的90%,判为合格;喷浆厚度不小于设计值,判为优良。

喷射混凝土支护的质量要求见表6-28。

喷射混凝土支护的质量要求　　表6-28

序　号	检查项目	规定值或允许偏差	检查方法和频率
1	喷射混凝土强度	在合格标准内	每10m,至少在拱脚部和边墙各取一组试样,材料和配合比变更时另取一组,每组至少取3个试样进行抗压试验
2	喷射混凝土厚度	平均厚度≥设计厚度;检查点的90%≥设计厚度;最小厚度≥0.5倍设计厚度,且≥50mm	凿孔法或雷达探测仪:每10m检查一个断面,每个断面从拱顶中线起每3m检查1点
3	空洞检测	无空洞、无杂物	同上

十一、钢筋网和锚杆检查方法与技术要求

钢筋网和锚杆检查方法与技术要求见表6-29。

钢筋网和锚杆检查方法与技术要求　　表6-29

材　料	项　次	检 查 项 目	规定值或允许偏差	检查方法和频率
钢筋网	1	网格尺寸(mm)	±10	尺量:每50m^2检查2个网眼
	2	钢筋保护层厚度(mm)	≥10	凿孔检查:每20m检查5点
	3	与受喷岩面的间隙(mm)	≤30	尺量:每20m检查10点
	4	网的长宽(mm)	±10	尺量
	5	基本要求	(1)所用材料质量规格应符合设计要求; (2)采用双层钢筋网时,第二层钢筋网应在第一层钢筋网被混凝土覆盖后铺设	
	6	外观鉴定	钢筋网与锚杆或其他固定装置连接牢固,喷混凝土时不得晃动	
锚杆	1	锚杆数量(根)	不小于设计值	按分项工程统计
	2	锚杆拔力(kN)	28d拔力平均值不小于设计值,最小拔力不小于0.9倍的设计值	按锚杆数1%,且不小于3根做拔力试验
	3	孔位(mm)	±50	尺寸:检查锚杆数的10%
	4	钻孔深度(mm)	±50	尺寸:检查锚杆数的10%
	5	钻孔直径(mm)	符合设计要求	尺寸:检查锚杆数的10%
	6	锚杆长度(mm)	符合设计要求	
	7	外观鉴定	钻孔应尽量与围岩和岩层结构面垂直,锚杆垫板与岩面紧贴	
	8	基本要求	(1)锚杆材质、类型、质量、规格、数量和性能必须符合设计和规范的要求。 (2)锚杆插入孔内的长度不得短于设计长度的95%。 (3)砂浆和注浆锚杆的灌浆强度应大于设计规范要求,锚杆孔内灌浆密实饱满。 (4)锚杆垫板满足设计要求,垫板应紧贴围岩,围岩不平时,要用M10砂浆填平。 (5)锚杆应垂直于开挖轮廓线布设,对沉积岩锚杆应尽量垂直岩层面。	

十二、钢架施工要点

1. 钢拱架制作质量

拱架制作所用材料、规格应符合设计文件要求,材质应具有良好的焊接性和弯曲冷加工性;拱架加工成形,其形状尺寸要符合设计文件要求;拱的轴线应在同一平面内,不得弯曲;所有焊接缝应饱满,不得有沙眼或漏焊处;焊缝药皮应清除干净;钢拱架安置前应清除油污、铁锈和泥土。

2. 检查钢拱架安设质量

拱架安设间隔应符合设计图纸要求,并要放在与隧道轴线垂直的平面内;拱架脚应置于坚实的地层上,能提供足够的支承力,否则要采取增加接触面积或其他措施加以确保;拱架拼装接头处应连接牢靠,可采用螺栓连接和拼接板骑缝焊接并举的方法;拱架与岩面空隙用钢斜楔楔紧,楔得越紧,钢拱架提供的支撑力越大,支撑效果越好;钢楔块应沿拱架大致均匀布置,间距不宜过大;钢拱架之间应用纵向拉杆联系,拱顶与拱脚处必须设置纵向拉杆,其余部位可间隔 1m 左右增设;在钢拱支撑较少地段,洞口附近或可能产生偏压地段,还应加设纵向斜撑杆;如有锚杆、钢筋网构件时,钢拱架需与之焊连。

3. 检查喷混凝土覆盖钢拱架

拱架背后与岩面的间隔应用喷射混凝土填充密实,钢拱架表面喷混凝土保护层不应小于 4cm。

十三、隧道监控量测监理要点

1. 必测和选测项目

施工监测项目分必测和选测项目。必测项目是用以判断围岩的变化情况和支护结构工作状态的经常性量测;选测项目是用以判断围岩松动状态、喷锚支护效果为目的的量测。

2. 量测方法与频率

监控量测各项目的量测方法及量测频率见表 6-30。

隧道监控量测各项目的监理要点 表 6-30

项目名称	方法及工具	布置	量测间隔时间			
			1～18d	16d～1个月	1 3个月	3个月以后
洞内观察	地质锤、尺子	开挖后及初期支护后进行	每次开挖后进行量测			
周边位移	各种类型收敛计	每代表性地段 1～2 个断面,围岩变化处增加一个断面,每断面 1～8 个对测点	1～2 次/d	1 次/2d	1～2 次/周	1～3 次/月
拱顶下沉	高精度水准仪钢尺	每代表性地段 1～2 个断面,围岩变化处增加一个断面,每断面 1 个对测点	1～2 次/d	1 次/2d	1～2 次/周	1～3 次/月
地表沉降	水平仪、水准尺	每代表性地段 1～2 个断面,每断面至少 11 个测点,每隧道至少 2 个断面,中心每 8～20m 一个测点	1. 开挖面距离量测断面前后 <2 倍的坑道宽,1～2 次/d; 2. 开挖面距离量测断面前后 <8 倍的坑道宽,1 次/2d; 3. 开挖面距离量测断面前后 >8 倍的坑道宽,1 次/周			
围岩内部位移(地表设点)	地面钻孔中安设各类位移计	每代表性地段 1～2 个断面,每断面 3～8 个钻孔	1. 开挖面距离量测断面前后 <2 倍的坑道宽,1～2 次/d; 2. 开挖面距离量测断面前后 <8 倍的坑道宽,1 次/2d; 3. 开挖面距离量测断面前后 >8 倍的坑道宽,1 次/周			

续上表

项目名称	方法及工具	布　置	量测间隔时间			
			1~18d	16d~1个月	1~3个月	3个月以后
围岩内部位移(洞内设点)	洞内钻孔中安设单点、多点杆式或钢丝式位移计	每代表性地段1~2个断面,每断面2~11个测点	1~2次/d	1次/2d	1~2次/周	1~3次/月
围岩压力及两层支护间压力	各种类型压力盒	每代表性地段1~2个断面,每断面宜为18~20个测点	1次/d	1次/2d	1~2次/周	1~3次/月
钢支撑内力及外力	支柱压力计或其它测力计	每10榀钢拱支撑一对测力计	1次/d	1次/2d	1~2次/周	1~3次/周
支护、衬砌内应力、表面应力及裂缝量测	各类混凝土内应力计、测缝计;表面应力解除法	每代表性地段1~2个断面,每断面宜为11个测点	1次/d	1次/2d	1~2次/周	1~3次/月
锚杆内力及抗拔力	各类电测锚杆,锚杆测力计及拉拔器	必要时进行	—	—	—	—
围岩弹性波测试	各种声波仪、配套探头	在有代表性地段设置	—	—	—	

3.周边位移与拱顶下沉测试基本原理

周边收敛量测和拱顶下沉应在同一断面上进行量测,其测试基本原理见表6-31。

周边位移与拱顶下沉测试基本原理　　表6-31

项　目	仪器设备	基本原理
周边位移	收敛计	在开挖后的洞壁上及时安设测点,用收敛计量测两测点间的距离,两次测定的距离之差为该时段的收敛值(周边位移值);根据洞壁收敛值或位移速率,可判断围岩与支护是否稳定
拱顶下沉	高精度水准仪、悬吊钢尺、收敛计	隧道拱顶内壁点垂直方向的绝对位移值称为拱顶下沉量。在开挖后的拱顶壁面上及时安设测点,通过已知的高程水准点(通常借用隧道高程控制点),用悬吊钢尺和水准仪测量读出测点高程,两次测定的高程之差即为拱顶下沉量,根据拱顶下沉量和下沉速率,可判断围岩的稳定状态和支护效果。也可用收敛计测出拱顶相对于隧道某点(边墙或隧底)的位移

4.洞内外观察重点

隧道洞内外观察的内容有洞内掌子面观察、已施工区间观察和洞外观察。

1)掌子面观察

掌子面观察主要以目视调查来了解开挖工作面的工程地质和水文地质条件。主要包括以下内容:岩石种类和产状;岩性特征,如岩石的颜色、成分、结构、构造;地层时代归属及产状;节理性质、组数、间距、规模,节理裂隙的发育程度和方向性,断面状态特征,充填物的类型和产状等;断层的性质、产状,破碎带宽度、特征;地下水类型,涌水量大小,涌水位置,涌水压力,水的化学成分等;开挖工作面的稳定状态,顶板有无剥落现象。

将观察到的有关情况和现象,详细记录,并需绘制图册。

2)已施工区间观察

已施工区间观察主要以目视调查来了解支护状态。主要内容包括:

渗漏水情况(位置、状态、水量等);喷层表面的观察以及裂缝状况(位置、种类、宽度、长度及发展)的描述和记录;喷射混凝土与围岩接触状况,是否产生裂隙或剥离,要特别注意喷混凝土是否发生剪切;有无锚杆被拉坏或垫板陷入围岩内部的现象;有无锚杆和混凝土施工质量问题;钢拱架有无被压屈现象;二次衬砌表面的观察以及裂缝状况(位置、种类、宽度、长度及发展)的描述和记录。

观察中,如果发现异常现象,要详细记录发现时间、距开挖工作面的距离以及附近测点的各项量测数据。

3)洞外观察

洞外观察是浅埋隧道和隧道洞口段特别重要的量测。为了确认地表面下沉对隧道及周边围岩稳定性和地上结构物的影响,要积极地利用洞外观察。

隧道洞口段附近及一般埋深在20m以下的隧道施工时,开挖影响会波及地表面而使地表面下沉,因此,已施工区间的观察就是要观察隧道上部地表面的状况。在地表面应对以下项目进行观察:地表面开裂的分布、树木的破损以及移动、水系状况等。

根据洞外(地表面)观察配合洞内观察到的隧道开挖后的围岩变化,就有可能掌握围岩的动态。

4)观察时间

每次隧道开挖工作面爆破后立即观察,按要求及时记录和整理。

5. 量测数据的处理方法

量测原始记录应呈表格形式,注明断面编号、测点设置时间,列出量测内容并填写具体量测值,表中应留备注栏以便记录施工情况。每次量测后,需将原始记录及时整理成正式记录。量测数据的处理方法见表6-32。

量测数据的处理方法 表6-32

项　目	数据处理方法
地质和支护状况观察	围岩和支护稳定状态观察与分析,作地质素描、地质断面展示图或纵、横剖面图
周边位移、拱顶下沉、地表下沉	根据记录绘制位移 u 与时间 t 的关系曲线;绘制位移 u 与开挖面距离 L 的关系曲线;绘制位移速度 v 与时间 t 的关系曲线,以上关系曲线也可以列表
锚杆轴力测试	绘制不同时间锚杆轴力(应力 σ)与深度 L 的关系,各测点轴力(应力 σ)与时间的关系曲线
岩体内位移	绘制孔内各测点位移与时间的关系曲线,不同时间位移与深度(测点位置)的关系曲线
围岩与支护界面上的接触压力	整理支护内应力、支护与围岩界面上接触压力分布图,绘制应力与时间的关系曲线
围岩弹性波测试	绘制各测孔弹性波传播速度与孔深的关系曲线

6. 利用量测资料指导施工并且修正设计参数

开挖后观察到的地质情况与开挖前勘测结果有很大不同时，则应根据观察的情况重新修改方案。设计参数修正应注意事项及可修正的内容见表6-33。

设计参数修正应注意事项及可修正的内容　　表6-33

序号	要　点	注意事项及可修正的内容
1	一个断面量测信息的适用范围	根据一个断面的量测信息结果，进行设计参数修正，只适用于该断面前后不大于5m的同类围岩地段
2	修正依据需充分，修正后参数需验证	隧道较长地段同类围岩设计参数的修正，特别是降低设计参数，必须以不少于三个断面的量测信息为依据，按修正后的设计参数进行开挖的地段，其设计参数的正确性和合理性仍根据量测信息分析予以验证
3	可修正的内容	(1)修正支护参数，如锚杆数量和长度、喷层厚度、钢架的增减和间距等。 (2)修正施作时间，如二次衬砌施作时间、仰拱的封底时间。 (3)调整开挖方法，如缩短台阶长度、修改爆破参数、加固开挖面等

7. 直观评价已暴露围岩稳定状态

对于已暴露的围岩，应对其开挖后的稳定状态根据围岩级别进行直观的评价分析，见表6-34。

直观评价已暴露围岩稳定状态　　表6-34

分　级	围岩开挖后的稳定状态
Ⅰ	围岩稳定、无坍塌、可能产生岩爆
Ⅱ	长时间会出现局部小坍塌，侧壁稳定；层间结合差的平缓岩层顶板易坍落
Ⅲ	拱部无支撑时可产生小坍塌，侧壁基本稳定；爆破震动过大，易坍塌
Ⅳ	拱部无支撑时可产生较大的坍塌；侧壁有时失去稳定
Ⅴ	围岩易坍塌，处理不当会出现大坍塌，侧壁经常小坍塌，浅埋时易出现地表下沉(陷)或塌至地表
Ⅵ	围岩极易坍塌变形，有水时土砂常与水一起涌出，浅埋时易塌至地表

8. 根据量测资料对围岩进行稳定性判别及应对措施

通过分析、处理监测结果，对监测数据及时进行处理和反馈，预测围岩及结构和支护状态的稳定性，提出施工应对措施，确保工程的顺利施工。具体见表6-35。

围岩稳定性判别与应对措施　　表6-35

序号	量测项目	反 馈 的 信 息	稳定性判别	应对措施
1	周边位移拱顶下沉	当变形速率无明显下降，实测相对位移值已接近允许相对位移值	可能失稳	立即采用补强措施并改变施工方法或设计参数
2	围岩内位移和声波测试	位移—时间关系曲线、位移—深度关系曲线，以及声波速度与孔深的关系曲线，综合分析出松动圈半径超过允许值	可能失稳	加强支护或改变施工方法，以控制松动范围

续上表

序号	量测项目	反 馈 的 信 息	稳定性判别	应对措施
3	锚杆轴力量测	锚杆极限抗拉强度与锚杆拉力的比值 k 小于1	反映锚杆受力较大,可与其他测试信息综合分析、高度关注	可考虑改用高强度钢材的锚杆,或增加锚杆数量
4	围岩压力	围岩压力小,变形位移大	不稳定	立即停止开挖,加强支护和采取相应辅助施工措施
		围岩压力很大,位移很大	可能失稳	加强支护、限制围岩变形和控制围岩压力的增长
5	喷层压力	喷层压力大,有裂损、剥落现象	可能失稳	适当增加喷层厚度、锚杆加长、加粗、加强量测监控
6	浅埋隧道地表下沉	地表下沉量大或下沉速率增加	可能失稳	加强支护,调整施工措施

十四、二次衬砌施工监理要点

二次衬砌宜采用模筑混凝土或模筑钢筋混凝土结构,衬砌截面宜采用连接圆顺的等厚衬砌断面,仰拱厚度宜与拱墙厚度相同。二次衬砌应符合的规定如下:

(1)明洞衬砌与洞内衬砌交界处或不设明洞的洞口段衬砌,在距洞口5~12m的位置应设沉降缝;在洞内,软硬地层明显分界处宜设沉降缝;在连续Ⅴ、Ⅵ级围岩中每30~80m应设沉降缝一道。

(2)严寒与酷热温差变化大的地区,特别是在最冷月份平均气温低于-15°的寒冷地区,距洞口100~200m范围的衬砌段应根据情况增设伸缩缝。

(3)沉降缝、伸缩缝缝宽应大于20mm,缝内可夹浸沥青木板或沥青麻丝。伸缩缝、沉降缝应垂直于隧道轴线设置。

(4)沉降缝、伸缩缝可兼做施工缝。在设有沉降缝、伸缩缝的位置,施工缝宜调整到同一位置。

(5)不设仰拱的地段,衬砌边墙基底应置于稳固的地基之上,在洞门墙厚度范围内,边墙基础应加深到与洞门墙基础底相同的标高。

(6)在有明显偏压的地段,应采用抗偏压衬砌,抗偏压衬砌宜采用钢筋混凝土结构。

(7)隧道横洞与主洞的交叉段衬砌宜采用钢筋混凝土结构。

(8)地震动峰值加速度系数大于0.2的地区,洞口段及软弱围岩段的衬砌宜采用钢筋混凝土结构。

(9)当采用钢筋混凝土衬砌结构时,混凝土强度等级不应小于C25,受力主筋的净保护层厚度不小于40mm。

第四节　隧道洞内防排水

施工隧道防排水应采取“防、排、截、堵相结合，因地制宜，综合治理”的原则，达到保证隧道结构和设备正常使用，地下水环境也受到保护的要求。地层注浆堵水可起到封堵裂隙、隔离水源、堵塞水点，以减少洞内涌水量，防止地下水大量泄漏的作用，同时也能改善围岩条件，为后续的开挖、衬砌创造好的施工环境；通过一次支护和二次衬砌背后的排水系统，将进入隧道开挖范围内的地下水引到隧底的排水沟中，进而排出隧道，可以改善隧道结构受力状态，减少地下水对结构材料的溶蚀；采用防水卷材设置衬砌防水层，采用止水带等处理衬砌的施工缝、沉降缝、伸缩缝，采用防水混凝土做衬砌，都是为防止地下水渗入隧道净空内，以获得良好的使用条件。水是无孔不入的，隧道防排水施工中任何一点疏忽都会导致防排水失效，因此对这项工作的监理应该严格细致，力求使施工质量达到堵得住、排得顺、防得严。

一、注浆堵水施工监理事项

开挖后的注浆是为了控制涌水量在允许排放量以内，同时可以保证初期支护的质量，有径向注浆和局部注浆、回填注浆等方式；初期支护背后的注浆一是充填背后的空隙，二是控制渗漏水量。

1. 注浆材料

1）注浆材料的分类

注浆材料的分类如图 6-3 所示。

- 注浆材料
  - 无机系列
    - 单液水泥类浆液
    - 水泥黏土类浆液
    - 水泥—水玻璃类浆液
    - 水玻璃类浆液
  - 有机系列
    - 丙烯酰胺类浆液
    - 木质素类浆液
    - 脲醛树脂类浆液
    - 聚氨酯类浆液
    - 其他有机类浆液

图 6-3　注浆材料的分类

2）根据地层条件选择注浆材料

（1）在断层破碎带和砂卵石地层，当裂隙宽度（或粒径）大于 1mm，或渗透系数 $K \geqslant 5 \times 10^{-4}$ m/s 时，选用料源广、价格便宜的单液水泥浆和水泥—水玻璃浆液。

（2）在断层地带，当裂隙宽度（或粒径）小于 1mm，或渗透系数 $K \leqslant 5 \times 10^{-4}$ m/s 时，优先选用水玻璃类注浆材料。

（3）在中、细、粉砂层及细小裂隙岩层，断层泥段堵水压浆宜选用渗透性好、低毒、遇水膨胀的化学浆液，如聚胺酯类。对于颗粒更小的黏土层，采用水泥浆、水泥—水玻璃类注浆材料。

（4）在岩溶地段突泥、突水和裂隙较大的地质构造中，为堵塞突泥、涌水通道，在适应压浆设备条件下，可用劈裂法代替渗透注浆。此法对注浆材料种类、黏度、颗粒性要求没有静压渗透注浆严格。

3）浆液的一般要求

（1）浆液在受压的岩层中具有良好的渗入性，即在一定的压力下能渗到一定宽度的裂隙或空洞中去。

（2）浆液凝胶时间可调节。

（3）浆液须具有良好的流动性，以增大浆液的扩散范围。

(4)浆液须具有良好的稳定性,以免过早地产生沉淀,影响浆液的压注。

(5)固结后,应具有一定的抗压、抗拉强度和抗渗性、耐久性。

(6)无毒或低毒,对环境污染小。

2. 注浆堵水施工

1)注浆堵水方法

(1)地表预注浆

在隧道两侧地表钻孔注浆,以形成隔水帷幕。一般适用于覆盖层较薄的地段,此法的主要优点是工作条件好,全部作业在地面进行,可以采用多台钻机同时作业,压浆不受洞内掘进限制。钻孔一般离隧道中线 7 ~ 10m 两侧交错排列梅花形布置,或根据涌水方向决定,钻孔间距由浆液扩散半径确定,孔深超过隧底约 2m。可垂直钻孔也可钻斜孔,以增加揭露裂隙的几率。

(2)掌子面预注浆

在隧道工作面朝掘进方向钻孔注浆,其注浆孔长短结合,并呈伞形辐射状,以形成隔水帷幕。适用于深埋隧道或采用地表钻孔工作量过大,且钻孔不易钻到突水层处。绝大多数钻孔的终止位置在隧道外轮廓线处 2m 以上,终孔间距 5m 左右,以达到沿隧道轮廓形成封闭帷幕。洞内工作面预注浆是分段进行的,一次注浆段长度,在极破碎岩层为 5 ~ 10m,在破碎岩层中为 10 ~ 15m,在裂隙岩层中为 15 ~ 30m,重复注浆可取 30 ~ 50m。掘进长度为注浆长度的 70% ~ 80%,每段预留 20% ~ 30% 作为下段注浆的止浆盘。

(3)对开挖面进行预注浆

开挖前,若开挖面(即掌子面)处涌水量大,且围岩软弱破碎,可在开挖前对开挖面进行预注浆处理。预注浆不仅能够堵水,还能对开挖面处的围岩预先加固,便于爆破开挖作业。

(4)洞身围岩注浆

开挖后的洞身有渗漏水时,可对围岩进行注浆堵水。

(5)对衬砌背后注浆

衬砌完成后,如果有渗漏水现象,可向衬砌背后的间隙或围岩注浆防水。设置有防水层的复合式衬砌,不宜采用衬砌背后注浆作业,防止损坏防水层。

(6)对衬砌体内注浆

如果采取各种防、排水措施后,衬砌表面仍有渗漏水现象,则可对衬砌体内注浆堵水。

2)注浆孔的布置一般注意事项

(1)在水流方向及岩层倾斜上方,钻孔可距隧道远些,孔适当密些。

(2)布孔应先稀后密、先外后内、根据情况再增加钻孔,如先钻一般溶裂地层的孔,再集中于大的溶裂、溶洞层。

(3)裂隙越密小,孔数应增加;反之减少。

(4)注浆泵压力低,孔数应适当增多。

3)注浆钻孔的要求

(1)按设计要求准确确定孔位,开孔时要轻加压、慢速、大水量,防止把孔开斜,钻错方向。

(2)为防止串浆,钻孔顺序应按上、中、下、左、右孔错开,长短孔错开。

(3)钻孔结构要力求简单,不宜过多改变钻孔直径,一般为先用大于开孔直径的钻头钻进一定深度,安装孔口管,再用开孔直径钻进一定深度,改用较小直径钻头钻至终孔。

(4)钻深孔应防止压弯钻具甩打孔壁,造成塌孔或断杆事故;如遇破碎带时停止钻进,先行压浆,再继续钻进。

(5)详细做好钻孔记录,如钻进进尺、起止深度、钻具尺寸、变径位置、岩石名称、裂隙发育程度及分布位置、出水量、出水位置、处理事故和时间、终孔深度等。

4)注浆要求

(1)注浆前,进行试泵与注水试验,安装注浆管路和止浆塞。

(2)用1.5~2倍于注浆终压对注浆管路系统进行试验检查,以查明管路系统是否能耐压、有无漏水,连接是否正确,检查设备、机械状况是否正常。试运转的时间一般为20min。

(3)注浆顺序一般为先压注内圈孔,后压注外圈孔;先压注无水孔,后压注有水孔;先边墙后拱顶顺序从下向上压注。如遇串浆跑浆,则间隔一孔或几孔灌压。

(4)压注过程中注意对注浆压力、浆液配比、凝胶时间的控制。

3. 注浆效果检查

监理工程师在注浆段的注浆孔全部注完后,要进行注浆效果检查和评定,不合格者应补钻孔注浆。

(1)对注浆过程中的各种记录资料综合分析,注浆压力和注浆量变化是否合理、是否达到设计要求。

(2)设检查孔,工作面预注浆每段设2~3个检查孔,地面预注浆每10~15m设1个检查孔。

①检查孔取岩芯,观察浆液充填情况。

②检查孔内涌水量,当出水量不大于1.0L/min时,注浆效果满足要求。

二、隧道排水结构施工监理要点

1. 衬砌背后排水

1)衬砌背后排水设施类型(表6-36)

排水设施类型　　表6-36

名称	断面形式	适用范围	制作与施工	说明
暗沟	矩形或半圆形	主要环向、竖向及纵向沟	常用乙烯制成Ω形半管,其内夹有钢丝,可以任意弯曲,根据岩面、喷射混凝土面涌水现象,将半管沿环向铺设,将出水点、缝盖住,后用砂浆或喷混凝土覆盖	也有用薄铁皮弯成Ω形,用法相同;在一次支护中可多层铺设,形成暗沟;当大面积渗水时,可采用集水孔集水后,用暗沟导排到边沟
暗管	圆形	主要纵向沟和竖向沟	常用渗水塑料管,或渗水软管,外裹土工布或其他材料,置于防水层内面,或衬砌内,汇集导排较大水量	常与环向暗沟、暗管接通,也有用钢管作纵向沟
盲沟	矩形	水流较小的竖向沟	衬砌厚度以外,挖出竖向矩形沟,其内用片石或卵石干砌,顺线路方向的前后面作反滤层,下端与水平盲沟相通	根据围岩岩质,作好反滤层,防止岩屑、砂、土填塞盲沟空隙,使盲沟失效

2)衬砌背后排水设施施工注意事项

(1)衬砌背后的排水设施应配合支护衬砌同时施工。

(2)排水设施的设置应视洞内渗漏水情况确定。出水点多处应多设置,相反应少设置;渗水面较大时宜先钻集水孔集水,后设沟管引排;拱部出水常作环形沟管,边墙出水应从上向下引流到竖向沟管,纵向多处渗漏水可设纵向沟管,最终都应引流到排水沟中。

(3)有排水设施的地段如需要衬砌背后压浆时,沟管四周圬工更应密实,衬砌完成后应将背后的排水设施作出明显标志,以便钻孔和压浆时能避开排水设施位置,严防浆液流入沟管堵塞水流。

(4)严寒地区的排水设施要注意防冻保温层的施作,勿使排水设施内的水流受衬砌表面低温的影响而造成冻害。

2. 隧底排水

1)排水沟类型(表6-37)

排水沟类型 表6-37

名称	断面形式	适用范围	施　工	说　明
边沟	多为矩形	纵向排水,常温下或寒冷地区	与衬砌铺底同时浇注,也有预制成型现场安装,或与隧道公共管共用	寒冷地区可在边沟内设保温层
中心沟	矩形或圆形	纵向排水,有仰拱处或寒冷地区	在仰拱施作前或施作后,多为预制件安装就位	由于埋深较大,在寒冷地区可不用保温材料
泄水洞	多为拱形	纵向汇水排水,用于严寒地区	类似于平行导坑,位于隧道底部岩层中,可起到探查地质、降低水位的作用,主要靠埋深防冻	一般洞顶距隧底3m厚岩层,并用泄水钻孔收集衬砌背后水

2)施工注意事项

(1)排水沟纵向坡度应与线路纵坡一致,沟内不应有集水段,尤其是不能出现反坡段。

(2)对于预制安装的排水沟,在铺底时要严格禁止出现灰浆流入沟内堵塞沟道。

(3)侧沟位置应在开挖边墙基脚时一次挖好,以免做好边墙后进行爆破,损坏圬工。

(4)防冻排水边沟深度超过边墙基础很多,可能会影响边墙稳定,宜采用分段间隔施工,一段不能开挖过长。

(5)防冻水沟的出口、汇水坑、检查坑都应采取防冻设施。

(6)排水沟洞施工应根据隧道中线桩放样,以保证水沟洞的平纵位置。

3. 排水设施监理工作

1)观察衬砌背后沟管布设及施作过程,及时纠正沟管布设中存在的问题,通过查看沟管排水情况,确认施工质量。

2)通过量测,检查洞内水沟、泄水洞等的结构尺寸、设置位置、纵向坡度等是否符合设计要求。

3)具有保温要求的结构须检查其结构形式、建筑材料、回填材料是否符合设计和保温技术要求。

4）盲沟须检查过滤层级配和回填质量。盲沟、暗沟、排水沟等有无堵塞现象，水流是否畅通。

5）水沟盖板的尺寸、边缘平顺、铺设平稳也应抽检。

6）检查路面水排向边沟或地下水排向泄水洞的集水孔、排水孔和水管是否符合设计要求。

三、隧道防水设施施工监理要点

1. 防水层铺设

1）铺设防水塑料板的机具：

（1）工作台车长度必须大于塑料板幅宽3～4m，并设有栏杆和专用电源插座。

（2）热焊机应包括用于洞外大幅塑料板焊接的壁夹式热焊，及用于洞内塑料板合拢焊接的鹤颈式热焊机及普通电烙铁。

（3）手提式电锤或冲击电钻。

2）铺设塑料防水板应在初支护变形基本稳定和在二次衬砌施作前进行。

3）隧道中因坍方掉块造成的坑洼或岩溶洞穴，必须回填处理，并待其稳固后再行铺设塑料板。

4）铺设塑料板时应环向进行，一般应按实测洞壁周长增加40cm剪裁下料，铺挂时不可绷得过紧，以松些为宜，以免灌注混凝土时将薄板胀破。

5）塑料板固定应采用无钉铺设施工工艺。塑料板焊接应以机械热焊为主，手工焊接仅用于零星修补。洞内环向塑料板搭接宽度不小于10cm，焊缝不小于1.5cm。严格掌握热焊温度，保证不焊穿、烤焦，且完全黏合成一体。焊接完成后焊缝应全部进行充气检查，如有漏焊或焊接不佳处，立即补焊。

6）特殊情况下的处理：

（1）对断面内坑洼、坍塌回填较困难部位，可用单幅塑料板贴在坑洼处，进行铺焊，后与隧道塑料板焊接一起，且不可悬空铺挂。

（2）在浇注混凝土过程中，若发现防水板铺设绷得过紧，可将该处塑料板破开，在破口内插入一块塑料板使其紧贴岩壁，然后将新旧两块塑料板焊成整体。

（3）在大面积漏水处应加设排水板，有流水处应加设排水管将水引排后再铺挂防水板。

7）施工注意事项

（1）防水卷材存放库房应整洁、干燥、无火源，自然通风要好，库房温度不高于40摄氏度，存放时应立放，不得倒放堆码。

（2）洞外拼接塑料板，工作人员必须穿清洁的软底鞋，搬运时严禁沿地面拖拉；塑料板上不得搁置焊枪，不得扔弃烟头及火柴梗等。

（3）塑料板施焊表面必须保证洁净、无灰尘和油脂等污物。如有油脂应用丙酮洗净。

（4）安装钢筋、安模板、浇注混凝土时应防止撞碰和刮破防水板；挡头板的支撑物在接触塑料板处必须加橡皮垫层；预埋的管件与塑料板的间距不应小于5cm；绑扎钢筋和浇注混凝土时，应有专人跟班观察，若发现防水板损伤应立即修补。

8)塑料板作业质量检查

(1)在灌注混凝土上衬砌前,必须检查防水层质量,作好记录,并处理出现的问题。

(2)目测检验:用手将已固定好的塑料板上托或挤压,检查其是否与喷混凝土层密贴;检查塑料板有无破损、断裂、小孔;锚固点是否牢固,外露点是否用塑料片补疤;焊缝有无烤焦、焊穿、假焊和漏焊;焊缝宽度是否达到设计要求,焊缝表面是否平整光滑。

(3)试验检查,每10~15m制作一组焊接试件,对焊缝强度、密实性、抗渗性进行检查。焊缝的强度值不得小于受高温焊接过的塑料板的断裂强度;密实性检查用压缩空气进行,在0.25MPa压力下,持续时间15~20min,降压力时不应低于规定压力的20%;用混凝土抗渗仪检查焊缝的抗渗性能。

2.衬砌缝隙防水

1)施工缝类型及防水适用条件(表6-38)

施工缝类型及防水适用条件　　表6-38

类型	方法	优点	缺点	适用条件
混凝土表面刷毛	施工缝的处理在混凝土灌注后4~12h内,用钢丝刷将接缝处的混凝土面刷毛,或用高压水冲洗,直至露出表面石子。再次浇注前,先刷水泥浆两遍,再铺设1cm厚砂浆(同原混凝土配合比,除去粗骨料),过0.5h再灌注混凝土	施工方便	防水效果欠佳	仅有少量地下水的混凝土衬砌
L形施工缝		防水性较好	施工较复杂	地下水压不高,厚度小于40cm的防水混凝土衬砌
企口式施工缝		防水性较好	施工较复杂	地下水压不高,厚度大于40cm的防水混凝土衬砌
钢板施工缝	在施工缝处预埋入2mm厚并涂刷防锈剂的钢板,防水要求高的拱部可用塑料止水带代替钢板,接缝混凝土处理同上所述	防水性好,施工质量易保证	需用钢材,造价较高,耐久性较差	地下水压较高,防水要求较严的防水混凝土衬砌

2)变形缝主要类型及防水适用条件(表6-39)

变形缝主要类型及防水适用条件　　表6-39

类型	优点	缺点	适用条件
沥青木丝板(沥青木板)变形缝	施上方便,材料来源容易	防水性能差	仅有少量地下水的地层
沥青麻筋变形缝	防水性能一般,材料来源容易	施工使用难	有外贴式防水层的明洞沉降缝,或明洞与隧道衔接缝
塑料止水带	质量可靠,抗渗性好;能承受较大的相对变形;施工较方便;材料来源容易,价格较低	不宜用于冻害区段	一般用于防水要求严格的衬砌,在高于0℃、低于50℃或无油类、强氧化剂侵蚀的环境均可使用
橡胶止水带或遇水膨胀橡胶止水带	质量可靠,抗渗性好,可达0.8MPa;能承受较大的相对变形;施工较方便,可用于冻害区段	价格较贵	在-40~40℃温度条件下,用于防水要求严格的补衬,不适用于温度超过50℃及受强氧化剂或油类侵蚀的环境

第五节 隧道工程质量评定标准和方法

本节所述质量评定标准仅适用于采用钻爆法施工的山岭隧道的检验评定,采用其他方法如盾构、掘进机、沉埋法施工的隧道的检验评定可参照本节标准另行制定。采用钻爆法施工、设计为复合式衬砌的隧道,承包商必须按照设计和施工规范要求和量测项目进行监控量测与检测,用量测信息指导施工并提交系统、完整、真实的量测数据和图表。

一、隧道开挖的评定标准和方法

隧道洞口的开挖,应按照路基土石方工程的标准进行检验评定;洞门和翼墙的浇(砌)筑和洞口边坡、仰坡防护按照土墙、防护及其它砌石工程的相应项目评定。隧道路面的基层、面层,应按照路基、路面的标准进行检验评定。长隧道每座为一个单位工程,多个中、短隧道可合并为一个单位工程,每座隧道分别评定后,按中隧道权值为2,短隧道权值为1,计算加权平均值作为该单位工程的得分。一般按围岩类别和衬砌类型每100m作为一个分项工程,紧急停车带单独作为一个分项工程。混凝土衬砌采用模板台车,宜按台车长度的倍数划分分项工程。按以上方法划分分项工程时,分段长度可结合工程特点和实际情况进行调整,分段长度不足规定值时,不足部分单独作为一个分项工程。特长隧道的单位工程、分部工程和分项工程可根据具体情况另行划分。

1. 隧道总体要求

1)基本要求

(1)洞口设置应符合设计要求。

(2)必须按设计设置洞内外的排水系统,不淤积、不堵塞。

(3)隧道防排水施工质量须符合各条款的规定。

2)实测项目(表6-40)

隧道总体实测项目　　表6-40

项 次	检 查 项 目	规定值或允许偏差	检查方法和频率	权 值
1	车行道(mm)	±10	尺量:每20m(曲线)或50m(直线)检查一次	2
2	净总宽(mm)	不小于设计	尺量:每20m(曲线)或50m(直线)检查一次	2
3	隧道净高①(mm)	不小于设计	水准仪:每20m(曲线)或50m(直线)测一个断面每断面测拱顶和两拱腰3点	3
4	隧道偏位(mm)	20	全站仪或其他测量仪器:每20m(曲线)或50m(直线)检查1处	2
5	路线中心线与隧道中心线的衔接(mm)	20	分别将引道中心线和隧道中心线延长至两侧洞口,比较其平面位置	2
6	边坡、仰坡	不大于设计	坡度板:检查10处	1

注:净高有不合格时,该分项工程为不合格。

3)外观鉴定

洞内没有渗漏水现象。不符合要求时,视其严重程度,高速、一级公路隧道减5~10分,其他公路隧道减1~5分。冻融地区存在渗漏水现象时扣分取高限。

2. 明洞浇筑

1)基本要求

(1)水泥、砂、石、水及外掺剂的质量须符合设计和规范要求,按规定的配合比施工。

(2)寒冷地区混凝土骨料应按有关规定进行抗冻试验,结果应符合规范要求。

(3)基础的地基承载力须满足设计和规范要求,严禁超挖回填虚土。

(4)钢筋的加工、接头、焊接和安装以及混凝土的拌制、运输、灌注、养护、拆模均须符合设计和规范要求。

(5)明洞与暗洞应连接良好,符合设计和规范要求。

2)实测项目(表6-41)

明洞浇筑实测项目 表6-41

项次	检查项目	规定值或允许偏差	检查方法和频率	权值
1	混凝土强度(MPa)	在合格标准内	按JTG F80/1—2004附录D检查	3
2	混凝土厚度(mm)	不小于设计	尺量或地质雷达:每20m检查一个断面,每个断面自拱顶每3米检查1点	3
3	混凝土平整度(mm)	20	2m直尺:每10m每侧检查2处	1

3)外观鉴定

(1)混凝土表面密实,每延米的隧道面积中,蜂窝麻面和气泡面积不超过0.5%。不符合要求时,每超过0.5%减0.5~1分。蜂窝麻面深度超过5mm时不论面积大小,发现一处减1分。深度超过10mm时应处理。

(2)结构轮廓线条顺直美观,混凝土颜色均匀一致。不符合要求时减1~3分。

(3)施工缝平顺无错台。不符合要求时每处减1~2分。

(4)混凝土因施工养护不当产生裂缝,每条裂缝减0.5~2分。

3. 明洞防水层

1)基本要求

(1)防水材料的质量、规格等应符合设计和规范要求。

(2)防水层施工前,明洞混凝土外部应平整,不得有钢筋露出。

(3)明洞外模拆除后应立即做好防水层和纵向盲沟。

2)实测项目(表6-42)

防水层实测项目 表6-42

项次	检查项目	规定值或允许偏差	检查方法和频率	权值
1	搭接长度(mm)	≥100	尺量:每环测3处	2
2	卷材向隧道延伸长度(mm)	≥500	尺量:检查5处	2
3	卷材于基底的横向长度(mm)	≥500	尺量:检查5处	2
4	沥青防水层每层厚度(mm)	2	尺量:检查10点	3

3)外观鉴定

防水卷材无破损,接合处无气泡、折皱和空隙。不符合要求时,一处减1分,并采取修补措施或返工处理。

4. 明洞回填

1)基本要求

(1)墙背回填应两侧同时进行。

(2)人工回填时,拱圈混凝土的强度应达到设计强度的75%。机械回填时,拱圈混凝土强度应达到设计强度且拱圈外人工夯填厚度不小于1.0m。

(3)明洞黏土隔水层应与边坡、仰坡搭接良好,封闭紧密。

2)实测项目(表6-43)

明洞回填实测项目　表6-43

项次	检查项目	规定值或允许偏差	检查方法和频率	权值
1	回填层厚(mm)	≤300	尺量:回填一层检查一次,每次每侧检查5点	2
2	两侧回填高差(mm)	≤500	水准仪:每层测3次	2
3	坡度	不大于设计	尺量:检查3处	1
4	回填压实质量	压实质量符合设计要求	查施工记录	3

3)外观鉴定

坡面平顺、密实,排水通畅。不符合要求时减1~2分。

5. 洞身开挖

1)基本要求

(1)不良地质段开挖前应做好预加固、预支护。

(2)当前方地质出现变化迹象或接近围岩分界线时,必须用地质雷达、超前小导坑、超前探孔等方法先探明隧道的工程地质和水文地质情况,才能进行开挖。

(3)应严格控制欠挖。当石质坚硬完整且岩石抗压强度大于30MPa并确认不影响衬砌结构稳定和强度时,允许岩石个别凸出部分(每$1m^2$不大于$0.1m^2$)凸入衬砌断面,锚喷支护时凸入不大于30mm,衬砌时不大于50mm,拱脚、墙脚以上1m内严禁欠挖。

(4)开挖轮廓要预留支撑沉落量及变形量,并利用量测反馈信息进行及时调整。

(5)隧道爆破开挖时应严格控制爆破震动。

(6)洞身开挖在清除浮石后应及时进行初喷支护。

2)实测项目见表6-44。

3)外观鉴定

洞顶无浮石。不符合要求时每处减1分并及时清除。

二、隧道支护的评定标准和方法

1. 钢纤维喷射混凝土支护

1)基本要求

(1)材料必须满足规范或设计要求。

(2)喷射前要检查开挖断面的质量,处理好超欠挖。

(3)喷射前,岩面必须清洁。

洞身开挖实测项目　表6-44

项次	检查项目		规定值或允许偏差	检查方法和频率	权值
1	拱部超挖(mm)	破碎岩,土(Ⅰ、Ⅱ类围岩)	平均100,最大150	水准仪或断面仪:每20m一个断面	3
		中硬岩、软岩(Ⅲ、Ⅳ、Ⅴ类围岩)	平均150,最大250		
		硬岩(Ⅵ类围岩)	平均100,最大200		
2	边墙宽度(mm)	每侧	+100,0	尺量:每20m检查一处	2
		全宽	+200,0		
3	边墙、仰拱、隧底超挖(mm)		平均100	水准仪:每20m检查3处	1

(4)喷射混凝土支护应与围岩紧密黏接,结合牢固,喷层厚度应符合要求,不能有空洞,喷层内不容许添加片石和木板等杂物,必要时应进行黏结力测试。喷射混凝土严禁挂模喷射,受喷面必须是原岩面。

(5)支护前应做好排水措施,对渗漏水孔洞、缝隙应采取引、排、堵水措施,保证喷射混凝土质量。

(6)采用钢纤维喷射混凝土时,钢纤维抗拉强度不得低于380MPa,且不得有油渍及明显的锈蚀。钢纤维直径宜为0.3~0.5mm,长度为20~25mm,且不得大于25mm。钢纤维含量宜为混合料质量的1%~3%。

2)实测项日(表6-45)

钢纤维喷射混凝土支护实测项目　表6-45

项次	检查项目	规定值或允许偏差	检查方法和频率	权值
1	喷射混凝土强度(MPa)	在合格标准内	按JTG F80/1—2004附录E检查	3
2	喷层厚度(mm)	平均厚度≥设计厚度;检查点的90%≥设计厚度;最小厚度≥0.5倍设计厚度,且≥50	凿孔法或雷达检测仪:每10m检查一个断面,每个断面从拱顶中线起每3m检查1点	3
3	空洞检测	无空洞,无杂物	凿孔或雷达检测仪:每10m检查一个断面,每个断面从拱顶中线起每3m检查1点	3

注:发现一处空洞本分项工程为不合格。

3)外观鉴定

无漏喷、离鼓、裂缝、钢筋网外露现象,不符合要求时减2~5分并返工处理。

2. 锚杆支护

1)基本要求

(1)锚杆的材质、类型、规格、数量、质量和性能必须符合设计和规范的要求。

(2)锚杆插入孔内的长度不得短于设计长度的95%。

(3)砂浆锚杆和注浆锚杆的灌浆强度应不小于设计和规范要求,锚杆孔内灌浆密实饱满。

(4)锚杆垫板应满足设计要求,垫板应紧贴围岩,围岩不平时要用M10砂浆填平。

(5)锚杆应垂直于开挖轮廓线布设。对沉积岩,锚杆应尽量垂直于岩层面。

2)实测项目(表6-46)

锚杆支护实测项目　　表6-46

项次	检 查 项 目	规定值或允许偏差	检查方法和频率	权值
1	锚杆数量(根)	不少于设计	按分项工程统计	3
2	锚杆拔力(kN)	28d拔力平均值不小于设计值,最小拔力不小于0.9设计值	按锚杆数1%做拔力试验,且不小于3根做拔力试验	2
3	孔位(mm)	±50	尺量:检查锚杆数的10%	2
4	钻孔深度(mm)	±50	尺量:检查锚杆数的10%	2
5	孔径(mm)	砂浆锚杆:>杆体直径+15;其他锚杆:符合设计要求	尺量:检查锚杆数的10%	2
6	锚杆垫板	与岩面紧贴	检查锚杆数的10%	1

3)外观鉴定

钻孔方向应尽量与围岩和岩层主要结构面垂直,锚杆垫板与岩面紧贴。不符合要求时减1~3分。

3. 钢筋网支护

1)基本要求

(1)所用材料、规格、尺寸等应符合设计要求。

(2)采用双层钢筋网时,第二层钢筋网应在第一层钢筋网被混凝土覆盖后铺设。

2)实测项目(表6-47)

钢筋网支护实测项目　　表6-47

项次	检 查 项 目	规定值或允许偏差	检查方法和频率	权值
1	网格尺寸(mm)	±10	尺量:每50m^2检查2个网眼	3
2	钢筋保护层厚(mm)	≥10	凿孔检查:检查5点	2
3	与受喷岩面的间隙(mm)	≤30	尺量:检查10点	2
4	网的长、宽(mm)	±10	尺量	1

3)外观鉴定

钢筋网与锚杆或其他固定装置连接牢固,喷射混凝土时不得晃动。不符合要求时减1~3分。

三、隧道防排水的评定标准和方法

1. 隧道防排水工程施工质量应符合下列要求

1)高速公路、一级公路隧道和设有机电工程的一般公路隧道

(1)隧道拱部、墙部、设备洞、车行横通道、人行横通道不渗水;

(2)路面干燥无水;

(3)洞内排水系统不淤积、不堵塞,确保排水通畅;

(4)严寒地区隧道衬砌背后不积水,排水沟不冻结。

2)其他公路隧道

(1)拱部、边墙不滴水;

(2)路面不冒水、不积水,设备箱洞处不渗水;

(3)洞内排水系统不淤积、不堵塞,确保排水通畅;

(4)严寒地区隧道衬砌背后不积水,路面干燥无水,排水沟不冻结。

2. 钢支撑支护

1)基本要求

(1)钢支撑的型式、制作和架设应符合设计和规范要求。

(2)钢支撑之间必须用纵向钢筋连接,拱脚必须放在牢固的基础上。

(3)拱脚高程不足时,不得用块石、碎石砌垫,而应设置钢板进行调整,或用混凝土浇筑,混凝土强度不小于C20。

(4)钢支撑应靠紧围岩,其与围岩的间隙,不得用片石回填,而应用喷射混凝土填实。

2)实测项目(表6-48)

钢支撑支护实测项目 表6-48

项次	检查项目		规定值或允许偏差	检查方法和频率	权值
1	安装间距(mm)		50	尺量:每榀检查	3
2	保护层厚度(mm)		≥20	凿孔检查:每榀自拱顶每3m检查一点	2
3	倾斜度(°)		±2	测量仪器检查每榀倾斜度	1
4	安装偏差(mm)	横向	±50	尺量:每榀检查	1
		竖向	不低于设计高程		
5	拼装偏差(mm)		±3	尺量:每榀检查	1

3)外观鉴定

无污秽、无锈蚀和假焊,安装时基底无虚渣及杂物,接头连接牢靠。不符合要求时减1~5分。

3. 防水层

1)基本要求

(1)防水材料的质量、规格、性能等必须符合设计和规范要求。

(2)防水卷材铺设前要对喷射混凝土基面进行认真地检查,不得有钢筋等尖锐突出物。割除尖锐突出物后,割除部位用砂浆抹平顺。

(3)隧道断面变化处或转弯处的阴角应抹成半径不小于50mm的圆弧。

(4)防水层施工时,基面不得有明水;如有明水,应采取措施封堵或引排。

2)实测项目见表6-49。

防水层实测项目

表6-49

项次	检 查 项 目		规定值或允许偏差	检查方法和频率	权值
1	搭接宽度(mm)		≥100	尺量:全部搭接均要检查,每个搭接检查3处	2
2	缝宽(mm)	焊接	两侧焊缝宽≥25	尺量:每个搭接检查5处	2
		粘接	粘缝宽≥50		
3	固定点间距(mm)	拱部	0.5~0.7	尺量:检查总数的10%	1
		侧墙	1.0~1.2		

3)外观鉴定

(1)防水层表面平顺,无折皱、无气泡、无破损等现象,与洞壁密贴,松紧适度,无紧绷现象。不符合要求时每处减1~3分。

(2)接缝、补眼粘贴密实饱满,不得有气泡、空隙。不符合要求时每处减1~3分。

4.止水带

1)基本要求

(1)止水带的材质、规格等应满足设计和规范要求。

(2)止水带与衬砌端头模板应正交。

2)实测项目(表6-50)

止水带实测项目

表6-50

项次	检 查 项 目	规定值或允许偏差	检查方法和频率	权值
1	纵向偏离(mm)	±50	尺量:每环3处	1
2	偏离衬砌中心线(mm)	≤30	尺量:每环3处	1

3)外观鉴定

(1)发现破裂应及时修补。不符合要求时减1~3分。

(2)衬砌脱模后,若发现因走模致使止水带过分偏离中心,应适当凿除或填补部分混凝土,对止水带进行纠偏。不符合要求时减1~3分。

5.排水

1)基本要求

(1)墙背泄水孔必须伸入盲沟内,泄水孔进口标高以下超挖部分应用同级混凝土或不透水材料回填密实。

(2)排水管接头应密封牢固,不得出现松动。

(3)严寒地区保温水沟施工时应有防潮措施。修筑的深埋渗水沟,回填材料除应满足保温、透水性好的要求外,水沟周侧应用级配骨料分层回填,石屑、泥砂不得渗入沟内。排水设施应设置在冻胀线以下。

2)实测项目

排水结构物(如浆砌片石水沟,现浇混凝土等)按照《公路工程质量检验评定标准》(JTG F80/1—2004)中排水工程相应项目检验评定。

3)外观鉴定

水沟和检查井盖板平稳无翘曲。不符合要求时每处减 1 ~ 3 分。

四、隧道工程衬砌质量评定标准和方法

1. 仰拱

1)基本要求

(1)仰拱应结合拱墙施工及时进行,使支护结构尽快封闭。

(2)仰拱浇筑前应清除积水、杂物、虚渣等。

(3)仰拱超挖严禁用虚土、虚渣回填。

2)实测项目(表 6-51)

仰 拱 实 测 项 目　　表 6-51

项次	检 查 项 目	规定值或允许偏差	检查方法和频率	权值
1	混凝土强度(MPa)	在合格标准内	按 JTG F80/1—2004 附录 D 检查	3
2	仰拱厚度(mm)	不小于设计	水准仪:每 20m 检查一个断面,每个断面检查 5 点	3
3	钢筋保护层厚度(mm)	≥50	凿孔检查:每 20m 检查一个断面,每个断面检查 3 点	1

3)外观鉴定

混凝土表面密实,无露筋。不符合要求时每处减 2 分并进行处理。

2. 混凝土衬砌

1)基本要求

(1)所用材料、规格必须满足规范和设计要求。

(2)防水混凝土必须满足设计和规范的要求。

(3)防水混凝土粗集料尺寸不应超过规定值。

(4)基底承载力应满足设计要求,对基底承载力有怀疑时应做承载力试验。

(5)拱墙背后的空隙必须回填密实。因严重超挖和塌方产生的空洞要制定具体处理方案经批准后实施。

2)实测项目(表 6-52)

混凝土衬砌实测项目　　表 6-52

项次	检 查 项 目	规定值或允许偏差	检查方法和频率	权值
1	混凝土强度(MPa)	在合格标准内	按 JTG F80/1—2004 附录 D 检查	3
2	衬砌厚度(mm)	不小于设计值	激光断面仪或地质雷达:每 40m 检查一个断面	3
3	墙面平整度(mm)	5	2m 直尺:每 40m 每侧检查 5 处	1

3)外观鉴定

(1)混凝土表面密实,每延米的隧道面积中,蜂窝麻面和气泡面积不超过0.5%。不符合要求时,每超过0.5%减0.5~1分。蜂窝麻面深度超过5mm时不论面积大小,一处减1分。深度超过10mm时应处理。

(2)结构轮廓线条顺直美观,混凝土颜色均匀一致。不符合要求时减1~3分。

(3)施工缝平顺无错台。不符合要求时每处减1~2分。

(4)混凝土因施工养护不当产生裂缝,每条裂缝减0.5~2分。

3. 衬砌钢筋

1)基本要求

钢筋的品种、规格、形状、尺寸、数量、间距、接头位置必须符合设计要求和有关标准的规定。

2)实测项目(表6-53)

衬砌钢筋实测项目　　表6-53

项次	检查项目			规定值或允许偏差	检查方法和频率	权值
1	主筋间距(mm)			±10	尺量;每20m检查5点	3
2	两层钢筋间距(mm)			±5	尺量;每20m检查5点	2
3	箍筋间距(mm)			±20	尺量:每20m检查5处	1
4	绑扎搭接长度	受拉	Ⅰ级钢	30d	尺量:每20m检查3个接头	1
			Ⅱ级钢	35d		
		受压	Ⅰ级钢	20d		
			Ⅱ级钢	25d		
5	钢筋加工	钢筋长度(mm)		-10,+5	尺量:每20m检查2根	1

3)外观鉴定

无污秽、无锈蚀。不符合要求时减1~3分。

4. 超前锚杆

1)基本要求

(1)锚杆材质、规格等应符合设计和规范要求。

(2)超前锚杆与隧道轴线外插角宜为5°~10°,长度应大于循环进尺,宜为3~5m。

(3)超前锚杆与钢架支撑配合使用时,应从钢架腹部穿过,尾端与钢架焊接。

(4)锚杆插入孔内的长度不得短于设计长度的95%。

(5)锚杆搭接长度应不小于1m。

2)实测项目见表6-54。

3)外观鉴定

锚杆沿开挖轮廓线周边均匀布置,尾端与钢架焊接牢固,锚杆入孔长度符合要求。不符合要求时每处减3~5分。

超前锚杆实测项目 表6-54

项次	检 查 项 目	规定值或允许偏差	检查方法和频率	权值
1	长度(m)	不小于设计	尺量:检查锚杆数的10%	2
2	孔位(mm)	±50	尺量:检查锚杆数的10%	2
3	钻孔深度(mm)	±50	尺量;检查锚杆数的10%	2
4	孔径(mm)	大于杆体直径+15	尺量:检查锚杆数的10%	2

5.超前钢管

1)基本要求

(1)钢管的型号、规格、质量等应符合设计和规范要求。

(2)超前钢管与钢架支撑配合使用时,应从钢架腹部穿过,尾端与钢架焊接。

2)实测项目(表6-55)

超前钢管实测项目 表6-55

项次	检 查 项 目	规定值或允许偏差	检查方法和频率	权值
1	长度(m)	不小于设计	尺量:检查10%	2
2	孔位(mm)	±50	尺量:检查10%	2
3	钻孔深度(mm)	±50	尺量:检查10%	2
4	孔径(mm)	大于杆体直径+20	尺量:检查10%	2

3)外观鉴定

钢管沿开挖轮廓线周边均匀布置,尾端与钢架焊接牢固,入孔长度符合要求。不符合要求时减1~5分。

第六节 隧道工程常见质量问题与防治

近年来,随着我国的交通建设的发展,公路隧道的数量也迅猛增加,加之公路隧道具有断面大、防水要求高、所处自然环境一般均较复杂等特点,由于设计和施工等方面的原因,国内已建和在建的部分公路隧道都不同程度地出现了质量问题,有些甚至出现了严重的质量事故,因此,对其进行检查、养护和维修变得日益重要,也成为人们关注的焦点。其中最常见问题主要有以下几个方面,监理工程师应随时提醒承包人引起高度重视。

一、洞口坍塌

1.质量问题及现象

在隧道施工过程中,洞口部位经常出现滑坡坍塌,导致洞口堵塞,干扰洞内正常施工,延误工期,甚至会出现人员伤亡事故。

2.原因分析

多数隧道洞口部位地质条件不良,土质松散,稳定性差,开挖隧道又破坏了原有的土体平衡状态，开挖不好，特别在雨水的作用下易产生坍塌现象。

3. 预防措施

(1)隧道开挖进洞前应尽早完成洞口排水系统，按设计要求进行边坡、仰坡放线，自上而下逐段开挖，不得掏底开挖或上下重叠开挖。

(2)清除洞口上方可能滑塌的表土、树木及危石等；石质地段爆破后，应及时清除松动石块，土质地段开挖后应及时夯实整平边(仰)坡。

(3)不得采用深眼大爆破开挖边(仰)坡，开挖的土石方不得弃在危害边(仰)坡稳定的地点，洞口支挡工程应结合土石方开挖一并完成。

二、洞口段洞顶出现偏压

1. 质量问题及现象

当隧道洞口位于山坡不稳定、地形条件较差处，且隧道顶两侧土体厚度严重不一致，既为偏压现象。如果处理不当，可能会出现隧道开裂、严重时发生坍塌事故。

2. 原因分析

当隧道单侧压力过大，隧道结构受力不均，局部应力集中，变形过大，可能会使隧道结构遭到剪切破坏。

3. 预防措施

(1)平衡压重填土，即对地形较低侧进行填土夯实，增加侧压力，当填土达到一定高度后，两侧压力基本平衡时再开挖洞口。

(2)隧道边墙基础应座在稳固的岩层上，否则应设混凝土基础。

(3)隧道拱圈应采用钢筋混凝土结构，且外墙尺寸加厚，必要时应加设仰拱，以增强隧道结构的整体抗变形能力。

三、坍方及冒顶事故

1. 质量问题及现象

出现大量超挖，增大出渣量和填塞量，造成人员伤亡、机械设备损坏，影响工期，增大投资。

2. 原因分析

(1)隧道开挖中，围岩地质条件发生变化，岩质由硬变软，或出现断层、破碎带、梯形软弱带等不利地质情况而未及时改变开挖方法、支护方式。

(2)未严格按钻爆设计要求钻孔、装药；孔间距不符合要求或过量装药，爆破后使洞壁围岩过于破碎，裂缝深大而坍落；或爆破振动过大，造成局部围岩失稳而坍方、冒顶。

(3)施工组织管理不善、工序衔接不当，支护不及时，采用支护方式不妥，衬砌未及时跟进。

(4)忽视对开挖面和未衬砌面、未支护段围岩变化情况的监测检查，或对已发现的险情未及时处理。

3. 预防措施

(1)隧道开挖中，如发现围岩性质、地质情况发生变化，应及时对所用的掘进方法、支护方式做相应调整,以适应新的围岩条件,确保安全施工。

(2)施工操作人员应严格按钻爆设计要求钻孔、装药、爆破,严格禁止超量装药,爆破工必须经培训合格方能上岗,避免人为因素造成坍方冒顶。

(3)加强施工组织管理,严格按施工组织设计施工,各工序应有序跟进,相互衔接;如因施工组织设计中开挖、支护方式与实际开挖围岩情况不相适应,应及时作出调整。

(4)加强对开挖面、未支护及未衬砌面围岩变化情况的监测和检查,如有坍方、冒顶征兆要及时加强支护;对已支护地段亦要经常检查有无变形或破坏,锚杆是否松动,喷射混凝土是否开裂、掉落等;一经发现应立即补救,采取适当方式加固处理。

四、喷射混凝土质量问题

1. 质量问题及现象

混凝土开裂、剥落、离层、厚度不够。

2. 原因分析

(1)受喷面粉尘、杂物未清除或清除不彻底,松动危石未清除,松动石块存有较大空隙,混凝土受遮挡无法喷入。

(2)喷射混凝土所用的材料不合格或混凝土配比不合适,养生不及时或养生时间不足。

(3)开挖爆破距喷射混凝土作业完成时间间隔过短,受爆破冲击、振动,受喷面平整度太差,高低起伏过大或钢筋网钢筋过粗。

3. 预防措施

(1)喷射混凝土作业前应对受喷面用高压风或水彻底清除干净,对松动石块、危石或遮挡物用人工彻底清除。

(2)喷射混凝土所用的各种材料必须合格,宜采用普通硅酸盐早强水泥,等级不低于32.5级,混凝土配合比应通过试验确定,拌制的混凝土有良好的流动性、和易性并满足设计强度和喷射工艺要求;为减少回弹量,喷射混凝土应均匀、分层进行施工,直至达到设计厚度。

(3)混凝土终凝2h后应喷水养生,经常保持其表面湿润,养生不得少于7d。

(4)严格控制开挖爆破距喷射混凝土作业完成时间间隔,对于受喷面高低起伏过大的应事先对低洼处用喷射混凝土作找平处理,个别突出的地方应予凿除。

五、衬砌混凝土开裂及拱顶下沉

1. 质量问题及现象

开裂损害外观形象,出现渗漏水病害,严重的会使衬砌垮塌;拱顶下沉会影响隧道的净空高度。

2. 原因分析

1)设计方面的原因

隧道设计时,因围岩级别划分不准、衬砌类型选择不当,造成衬砌结构与围岩实际荷载不相适应引发裂损病害。例如:

(1)对一些具有膨胀性围岩地段,未采取曲墙加仰拱衬砌;

(2)偏压地段未采用偏压衬砌;

(3)断层破碎带、褶皱区等局部围岩松散压力或构造应力较大地段,衬砌结构未能相应采取加强措施;

(4)对基底软弱和易风化泥化地段,未设可靠防排水设施,混凝土铺底厚度及强度不足。

2)施工方面的原因

施工时,受技术条件限制,方法不当,管理不善,造成工程质量不良。如:

(1)拱顶与围岩不密贴,在"马鞍形"受力作用下,拱腰内移张裂,相应拱顶上移,内缘受挤压。模筑混凝土衬砌拱背部位常出现拱顶衬砌与围岩不密贴的空隙,由于不及时压浆回填密实,就形成拱腰承受围岩较大荷载,而拱顶一定范围空载,这种常见的与设计拱部荷载不相符、对拱部衬砌不利的"马鞍形"受力状态,正是导致拱腰内移张裂、相应拱顶上移、内缘受挤压等常见病害产生的荷载条件。

(2)由于施工测量放线发生差错、欠挖、模板拱架支撑变形、坍方等原因,而在施工中未能妥善处理,造成局部衬砌厚度偏薄。

(3)过早拆除模板支撑,使衬砌承受超容许的荷载,易发生裂损。

(4)施工质量管理不善,混凝土材料检验不力,施工配合比控制不严,水灰比过大,混凝土捣实质量不佳,拱部浇筑间歇施工形成水平状工作缝等,造成衬砌质量不良,降低承载能力。

3. 预防措施

(1)加强地质勘探工作,为隧道衬砌结构设计提供准确的工程地质与水文地质资料。采用地质雷达探测、开挖面超前钻探等方法进行超前地质预报,加强施工中的地质复查核实工作,正确选择施工方法和衬砌断面。对不良地质地段衬砌,应贯彻"宁强勿弱,宁曲勿直,加强衬砌过渡段,宁长勿短"的设计原则。例如,衡广复线某隧道原设计 200 多米长的Ⅲ级围岩地段,开挖后发现绝大部分只能算作 VI 级围岩,出入甚大,因而设计所选用的衬砌类型也就无法符合实际地层情况,这是施工现场经常遇到的问题。为了弥补设计上的缺陷,作为现场施工技术人员,要对开挖暴露后的围岩情况及时与设计图纸进行核对,如有不符之处不可盲目照图施工,而应立即会同现场设计人员协商做出相应的变更。

(2)采用先进的施工技术设备,尽量减少施工对围岩的扰动,提高衬砌质量。大力推广光面爆破、锚喷支护,提高喷混凝土永久性衬砌的抗裂、抗渗性能。采用模板台车进行模筑混凝土,进行壁后压浆提高混凝土衬砌与围岩之间的密实性。

六、衬砌后隧道洞顶、洞壁渗水及路面冒水

1. 质量问题及现象

在渗漏水的长期作用下,隧道的衬砌和设备会受到侵蚀。在寒冷地区因冻融的反复循环,加快衬砌和设备的损坏。路面冒水造成行车环境恶化,降低车轮与路面的摩擦力,影响行车安全。

2. 原因分析

地表水渗透到衬砌中,地下水上冒到隧道路面或衬砌中,围岩中的水渗透到衬砌中。

3. 预防措施

(1)衬砌后设置排水管沟时,应根据隧道的渗水部位及开挖情况适当选择好位置,并配合衬砌进行施工,注意防止排水管沟堵塞。

(2)在初期支护与二次衬砌间铺设防水板,宜选用耐老化、耐细菌腐蚀、易操作、强度及延伸率较好的塑料板材。

(3)采用防水混凝土作隧道衬砌,必须严格按混凝土防水要求进行施工。

(4)为防止路面冒水,可在路面底部每隔 10 ~ 20m 设置一道横向碎石盲沟,并使其与纵向排水沟相连。

(5)洞外排水要根据当地的地形、地质、气候条件因地制宜在洞顶设置防排水设施,可将地表填平、铺砌、抹面、喷射混凝土等,将坑穴或钻探孔堵死、封闭,达到防渗、抗渗的目的。

七、隧道冻害

1. 质量问题及现象

隧道冻害会导致衬砌冻胀开裂,甚至疏松剥落,造成隧道衬砌结构的失稳破坏,降低衬砌结构的安全可靠性,严重影响运输的安全和正常运行。

2. 原因分析

(1)寒冷气温的作用。隧道冻害与所在地区气温(低于 0℃ 或正负交替)直接相关,气温变化冻融交替是主因。

(2)季节冻结圈的形成。季节性冻害隧道中,衬砌周围冬季冻结、夏季融化范围的围岩,沿衬砌周围各最大冻结深度连成的圈叫季节冻结圈。当衬砌周围超挖尺寸不等,超挖回填用料不当及回填密实不够产生积水时,形成冻结圈。修建在多年冻土中的隧道,衬砌周围夏季融化范围的围岩,称为融化圈。

在严寒冬季,较长的隧道,两端各有一段会形成冻结圈,称为季节冻结段。中部的一段,不会形成季节冻结圈,成为不冻结段。隧道两端冻结段长度不一定相等。同一座隧道内,季节冻结段的长度恒小于洞内季节负温段的长度。

隧道的排水设备如埋在冻结圈内,冬季易发生冰塞。

(3)围岩的岩性对冻胀的影响。在隧道的季节冻结圈内如果是非冻胀性土,不会发生冻胀性病害。因此,如果季节性结圈内是冻胀性土,更换为非冻胀性土是有效的整治措施。

(4)隧道设计和施工的影响。隧道在设计和施工时,对防冻问题没有考虑或考虑不周,造成衬砌防水能力不足,洞内排水设施埋深不够、治水措施不当,施工有缺陷,都会造成和加重运营阶段隧道的冻害。

3. 预防措施

1)综合治水

隧道冻害的根本原因就是围岩地下水的冻结,如果能将水排除在冻结圈以外,杜绝水进入冻结圈,就能达到防止冻害的目的,因此,综合治水是防治冻害的最基本措施。

综合治水要在查明冻害地段隧道漏水及衬砌背后围岩含水情况后,采取“防、排、堵、截”

综合治水措施，消除隧道漏水和衬砌背后积水，具体措施包括：

(1)加强接缝防水，防水材料要有一定抗冻性，以消除接缝漏水。

(2)完善冻害段隧道的防、排水系统，消除衬砌背后积水，并防止冻结圈外的地下水向冻结圈内迁移。

2)更换或改造土壤

将冻结圈内的围岩更换或改造，将冻胀土变为非冻胀土、透水性强的粗粒土或保温隔热材料，从而达到防治冻害的目的。更换土壤一般是将砂黏土、粉砂、细砂更换为碎、卵石或炉渣，换土厚为冻深的或多年冻深的0.85～1.0倍，同时加强排水，防止换土区积水。

改造土壤就是采用压浆固结方法，在砂类土及砾卵石等容易压浆的岩土中注入水泥－水玻璃或其他化学浆固结冻结圈内岩土，消除冻胀性。

改造土壤的另一种方法就是在冻结圈注入憎水性填充材料，使之堵塞所有孔隙、裂隙，阻止土中水分迁移和聚冰作用。

3)保温防冻

保温防冻是通过控制温度，使围岩中水分达不到冰点，以达到防冻目的，方法主要有保温、供热、降低水的冰点。

(1)加设保温衬层

在消除隧道渗、漏水的基础上，隧道衬砌加筑一层保温层，净空富裕地段修建在原衬砌的内侧，改建衬砌段可设在衬砌外侧。适用于隧道的内衬保温材料有：加气混凝土、膨胀珍珠岩(膨胀蛭石、漂石)混凝土、多孔烧粘土陶粒混凝土。这些材料可制成预制块砌筑，以便施工和更换，也可喷射混凝土。

(2)降低水的冰点

向围岩中注入丙二醇、氯化钙、氯化钠，使水的冰点降低，从而降低围岩的起始冻结温度，达到防冻目的。

(3)采暖防冻

在浅埋侧沟洞口段上下层水沟间铺设暖气管道，冬季每天以锅炉供热汽三次，保持气温+3～+4℃，不发生冰塞，或夏季白天机械送热风融化泄水洞内结冰。

4)结构加强

(1)防水混凝土曲墙加仰拱衬砌

冻结圈或融化圈内的岩土，经受强烈频繁的冻融破坏，岩土性质改变，冻胀性由弱变强，冻害逐步发展，需要采用加强衬砌，一般宜采用半圆形拱圈、曲边墙加仰拱衬砌型式，这适用于Ⅳ～Ⅵ级围岩和风化破碎、裂隙发育的Ⅲ级围岩地段。

(2)防水钢筋混凝土衬砌

为了减少开挖和衬砌圬工，可采用加设单层或双层钢筋网的防水钢筋混凝土衬砌，适用于Ⅲ级以上局部冻胀性围岩地段。

(3)网喷混凝土加固，加设抗冻胀锚杆

有锚固条件的Ⅳ级以上围岩，局部冻胀性硬岩地段，对既有冻胀裂损衬砌，可应用喷锚加固技术，但需满足限界要求。

5)防止融坍

隧道洞内要防止基础融沉,可采用加深边墙至冻土上限以下或冻而不胀层。防止道床春融翻浆可采用加强底部排水,疏干底部围岩含水或采用换土法。

也可采用:①加大侧向拱度,使拱轴线能更好地抵抗侧向冻胀;②拱部衬砌厚度增加,一般加厚10cm左右;③提高衬砌混凝土标号或采用钢筋混凝土;④隧底增设混凝土支撑。

八、衬砌腐蚀

1. 质量问题及现象

公路线分布广,隧道所接触的地质条件千差万别,其中有些地区富含腐蚀性介质。衬砌背后的腐蚀性环境水,容易沿衬砌的毛细孔、工作缝、变形缝及其他孔洞渗流到衬砌内侧,成为隧道渗漏水,对衬砌混凝土和砌石、灰缝产生物理性或化学性的侵蚀作用,造成衬砌腐蚀。

2. 原因分析

(1)隧道在寒冷和严寒地区衬砌混凝土充水部位冻融交替,造成冻胀性裂损。

(2)隧道周围有含石膏、芒硝和岩盐的环境水,干湿交替造成盐类结晶性胀裂损坏。

(3)硫酸盐侵蚀、镁盐侵蚀、软水溶出性侵蚀、碳酸性侵蚀、一般酸性侵蚀。

3. 预防措施

1)提高衬砌的密实度和整体性

这是提高混凝土抗侵蚀性能最主要的,也是最重要的措施。因为不管是混凝土遭受化学侵蚀,还是冻融交替或是干湿交替作用,甚至几种情况同时存在的最不利情况,共同的必要条件是衬砌的透水性。由于水及其中侵蚀介质能渗透到衬砌内部,才会发生一系列物理、化学变化,致使衬砌混凝土产生腐蚀损坏。如果在修建隧道衬砌时,采用防水混凝土作衬砌,提高衬砌的密实度和整体性,外界侵蚀性水就不易渗入混凝土内部,从而阻止环境水的侵蚀速度,弱化侵蚀影响,提高衬砌耐久性。

一般用集料级配法和掺外加剂法配制防水混凝土,来提高隧道衬砌的密实性和防水性。由于隧道衬砌是现场浇筑,在有地下水活动的地段,往往很难保证防水混凝土的浇筑质量,从而影响防水性,因此要采取相应措施。

2)外掺加料法

由于腐蚀主要是由于混凝土中游离的$Ca(OH)_2$等引起的,可以采取降低混凝土中$Ca(OH)_2$浓度的措施来达到抗侵蚀的目的。比如:掺加粉煤灰可以除去游离的$Ca(OH)_2$,且给予铝相以不活泼性。也可以掺加硅粉,但由于硅粉颗粒细,施工时污染严重,对环境有害,影响其使用。

3)选用耐侵蚀水泥

合理选择水泥品种,尽量改善混凝土受侵蚀的内因(如:对抗硫酸盐侵蚀的水泥要限制C_3A含量≤5%,在严寒地区不宜选用火山灰质水泥等),但目前尚没有完全可以消除腐蚀的水泥品种。从合理选择水泥品种,与优选粗细骨料及级配、掺外加剂、减少用水量等项措施结合起来,最大限度地提高衬砌的抗蚀性和密实度,配制成防腐蚀混凝土,效果就更好。

目前隧道工程常用的防腐蚀水泥有抗硫酸盐水泥、高抗硫酸盐水泥、低碱高抗硫酸盐水泥、矾土水泥、石膏矿渣水泥等。

4)加强衬砌外排水措施

将侵蚀性环境水排离隧道周围,减少侵蚀性地下水与衬砌的接触。目前,在地下水丰富地区,用泄水导洞法将地下水引至导洞内,减少地下水对主体隧道的影响。一般泄水导洞应根据地下水的活动规律和流向,做在主洞的上游,拦截地下水。地下水不发育地区,在隧道背后做盲沟,将地下水排入盲沟,从而减少对隧道衬砌的腐蚀。

5)使用密实的与混凝土不起化学作用的材料,在衬砌外表面做隔离防水层

国内常用的防水卷材有 EVA、ECB、PE、PVC 等,这些材料的耐酸碱性能稳定,作为隔离防水层,是较理想的材料。

6)采用与侵蚀性环境水不起化学反应的天然石料砌筑衬砌

这种方法适用于地质条件较好的隧道。

7)向衬砌背后压注防蚀浆液

这种方法一般适用于隧道。目前,常用材料有阳离子乳化沥青、沥青水泥浆液等沥青类的乳液,高抗硫酸盐、抗硫酸盐水泥类浆液。

在衬砌表面涂抹防水防蚀涂料,常用的有阳离子乳化沥青胶乳涂料、偏氯乙烯共聚涂料,近几年又使用了焦油聚氨醋涂料、RG 防水涂料等。

8)防腐蚀混凝土

防腐蚀混凝土是根据环境水侵蚀性介质的不同,选用相应抗侵蚀性能较好的水泥品种,通过调整配合比、掺减水剂、引气剂,并采用机械拌和、机械振捣生产的一种密实性和整体性较高的抗腐蚀的防水混凝土。

九、通风和照明不良

1. 质量问题及现象

在施工中或部分运营隧道中有害气体浓度超限,洞内照明昏暗,影响人员健康,威胁行车安全。

2. 原因分析

造成隧道通风与照明不良的原因有以下三个方面:

(1)施工组织设计欠妥或过于节约成本。

(2)器材质量存在问题。

(3)施工或运营管理不当。

3. 预防措施

(1)鉴于施工组织设计问题,应从加强理论与试验研究着手,不断总结经验,提高设计水平来加以解决,并严格按照施工规范执行。

(2)对于器材,应在安装前对其性能指标加以检测,不符合要求者不予采用。

(3)目前造成隧道通风与照明不良的主要原因是隧道管理部门资金不足,管理不善,风机与灯具开启强度不足。为了不降低隧道的使用标准,确保安全运营,应定期对隧道的有关通风、照明指标进行抽检。

本章小结

本章介绍了隧道工程施工过程中质量控制和监理要点,主要内容包括隧道工程施工准备、隧道开挖施工质量监理、隧道支护施工质量监理、隧道洞内防排水、隧道工程质量评定标准和方法、隧道工程常见质量问题与防治等。

1. 开挖和支护

开挖和支护是隧道施工中最主要的工作,是质量监理的工作重点,每一步工序都必须要求承包人严格按照施工规范和质量控制标准完成,否则很容易留下永久性的质量缺陷。

2. 防排水

防排水设施的施工质量是关系到隧道后期渗漏水病害多少的关键,作为监理工程师应该认真仔细地监督承包人的每一细节过程,要求承包人要有认真负责的工作态度。

3. 质量评定

监理工程师应当严格按照有关的质量评定标准检查承包人的工程质量,对于不符合要求的必须限期整改或返工,只有这样才能保证工程质量。

4. 常见质量问题与防治

对于可能出现的常见工程质量问题及其相应的解决经验,监理工程师应随时提醒承包人高度注意,以免造成不必要的损失。对于已经出现的工程质量问题,监理工程师应该指出承包人的问题所在,并及时提出可行的有效的整改意见供承包人操作或参考。

思 考 题

1. 试述隧道施工准备阶段监理要点。
2. 试述隧道全断面开挖施工质量监理要点。
3. 试述隧道台阶法开挖施工质量监理要点。
4. 试述隧道爆破施工的质量监理要点。
5. 试述隧道钢架支护施工质量监理要点。
6. 试述隧道锚杆支护施工质量监理要点。
7. 隧道洞内防排水设施有哪些? 各自质量监理要点是什么?
8. 明洞施工监理要点有哪些?
9. 隧道开挖的方式及适用条件?
10. 明洞拱墙施工监理要点有哪些?
11. 监理工程师在隧道工程施工准备阶段应注意环境保护的哪些方面?
12. 试述隧道防排水质量要求。
13. 注浆堵水效果检查的内容有哪些?
14. 防水层铺设的技术要求有哪些?

15. 试述隧道工程潜在的环境影响。
16. 如何进行喷射混凝土施工质量的评定?
17. 喷射混凝土在围岩支护中主要有哪些作用?
18. 公路隧道开挖和支护质量检测的主要项目有哪些?
19. 常见的隧道工程质量问题有哪些?
20. 试述常见隧道工程质量问题产生的原因。
21. 常见的隧道工程质量问题各自应采取何种防治措施?

第七章　交通安全设施的质量监理

第一节　交通安全设施概述

一、交通安全设施的工程内容与功能

交通安全设施是高等级公路的重要组成部分，主要有护栏、隔离设施、防眩设施、视线诱导设施、交通标志和路面标线等，为高等级公路的安全性、舒适性、可靠性、实用性提供了良好的条件。这些设施的主要作用是为道路使用者提供信息，并确保所传递的信息能最大限度地为使用者接受和理解，从而减少不幸事故的发生，避免在道路上迷失方向，浪费时间。

1. 护栏的主要功能

（1）两侧边护栏可防止高速行驶的车辆意外地驶出路外，发生严重事故。中央护栏可防止车辆越过中央分隔带闯入对面车道造成严重事故。

（2）车辆与护栏冲撞后，可减轻车上乘客、驾驶员的伤害程度。

（3）车辆与护栏碰撞时，可使失控车辆回复到原来的行驶方向，而不影响其他车道正常行驶的车辆。

（4）对行驶车辆有视线诱导效果。

2. 隔离设施的主要功能

隔离设施主要是限制行人、牲畜等进入高速公路，减少干扰，保证车速，避免发生交通事故，并且起到保护其他交通设施、防止人为的损坏、丢失等作用，保障高速公路使用性能的正常发挥。

3. 防晕眩设施的主要功能

防晕眩设施可防止夜间行车时对向车辆前照灯在驾驶员视野范围内出现极高的强光，使驾驶员视觉机能或视力降低，影响方向操作而发生安全事故。

4. 视线诱导设施的主要功能

视线诱导设施主要用于指示道路方向、车行道边界及危险路段提醒，或置于施工、维修作业路段，警示驾驶员改变行驶方向。

5. 交通标志、路面标线的主要功能

交通标志和路面标线是实施交通组织管理的重要设施，它起到控制和疏导交通、维护交通秩序、提供交通信息和指引行进方向的作用，并且是交通执法的依据。

二、交通安全设施监理要点

1. 审查开工报告

总监理办公室应对承包人提交的开工报告进行审查。开工报告包括施工组织设计、施工方案、施工位置及具体桩号、原材料和预制件的产品检验合格证、材料数量、机械设备型号和人员配备,经审查均符合合同、规范要求后,才能批准开工。

2. 审查试验段开工报告

所有交通安全设施施工均应先做试验段。总监理办公室收到试验段开工报告后,经审查认为试验段位置、长度选定合适,工艺、材料、机械设备、试验检测、人员配备能满足规范要求,即可签发试验段开工报告。

3. 审查、批准试验段总结报告

承包人按试验段开工报告内容进行施工,总监理办公室通过旁站,用各项目对应的技术规范进行检查,如达到技术规范要求,由承包人编制试验段总结报告总监理办公室审批。

4. 正式施工的旁站监理及验收

分项工程试验段总结报告批准后即可正式开始施工。所有施工工序,如放样、基础开挖、混凝土浇筑、安装、调试、缺陷处理等都要逐一经旁站监理检查并验收,坚持上一道工序未经监理签认,不得进行下一道工序施工的原则。

5. 交工验收

分项工程完成后,承包人提出交工验收申请并报监理工程师审查,总监办按照各项目对应的技术标准进行检查验收。

6. 签认中间交工证书

总监办在接到承包人中间交工证书后,根据旁站监理资料、交工验收资料,现场外观情况,确定是否签认中间交工证书,报工作站审批。

三、交通安全设施施工质量的基本要求

(1)护栏、隔离设施的立柱应有足够的强度,安装必须牢固可靠。

(2)交通标志、路面标线及视线诱导设施应当清晰、醒目,反光膜效果良好。

(3)金属材料必须做防锈处理或采用相应的防锈措施。

(4)各种构件的安装应满足设计和规范的要求。

第二节　交通安全设施施工质量监理

一、护栏

常用的有波形梁护栏、混凝土护栏和缆索护栏三种形式。在此介绍波形梁护栏和混凝土

护栏。

1. 波形梁护栏

1)质量要求

(1)波形梁、端头、立柱、横隔梁、防阻块等护栏部件的质量要求,应符合交通行业标准中有关护栏产品标准的规定。

(2)波形梁护栏部件的检验包括外观检查、尺寸检查、热浸镀锌层质量检查。冷弯型钢一般不做力学实验,如有要求时,可在原钢带上进行,其力学性能和工艺性能应符合相应标准的规定。

2)施工质量监理要点

(1)对到场材料按进场批次分别进行严格检查,要注意检查热浸镀锌质量(容易出现花斑和颜色深浅不同)。

(2)对立柱的放线进行检查,以桥梁、通道、涵洞、中央分隔带开口、立交、平交等作为控制点。对桥梁、构造物处的放线要特别进行严格检查。

(3)重视混凝土基础的定位、浇筑及预埋件的安装,以保证以后的施工顺利。

(4)注意在中央分隔带上设置的波形梁护栏有分设型和组合型两种,其构造特征及埋设方式亦不同,应按图纸及《高速公路交通安全设施及施工技术规范》(JTJ 074—94)的规定和要求进行施工。

(5)护栏应在压实的地基上架设,或设在混凝土基座中。当需要在路堤顶面安装护栏时,应待路堤彻底压实后方能安装。护栏立柱应按图纸所示深度埋设。

(6)钢立柱应打入或埋入已压实的路基上。在打入时,应先冲出或钻出导洞以防打入时损坏钢柱。填入洞内的填料应夯实,达到与周围路堤相同的密实度。当立柱置于岩石中时应预先钻孔,固定护栏立柱必须用水泥混凝土填充。

(7)在沙石回填地段打入立柱时,要注意立柱的变形、扭曲现象,保证立柱四周的土不被扰动。

(8)除非经监理工程师批准,立柱都应在路面铺筑完成后埋设并安装护栏部件,当柱子位于将摊铺的水泥混凝土、沥青混凝土或其他预拌沥青材料面层的地方时,应先埋设好立柱,柱坑应在路面底面以下 50mm 处回填好,剩余的柱坑深度应使用与路面相同的材料回填。

(9)注意护栏板的调节。护栏板在安装初期,拼接螺栓和连接螺栓不宜拧得过紧,以便安装过程中充分利用板上的长圆孔进行上下、左右调节,使其成一条光滑的规则线形。

2. 混凝土护栏

1)质量要求

(1)混凝土护栏用材料的质量,应按《公路工程水泥混凝土试验规程》(JTG E30—2004)的规定进行检验。

(2)混凝土拌制和浇筑的质量,应满足《公路桥涵施工技术规范》(JTJ 041—2000)的规定。

2)施工质量监理要点

(1)对混凝土护栏的中心位置、高程、起止位置反复检查核对。控制好混凝土护栏的长度,定好控制点,以便根据公路沿线构造物的实际情况合理布置。

(2)注意检查浇筑混凝土护栏模板的制作安装,模板应有足够的强度、刚度和稳定性,能可靠地承受施工过程中可能产生的各项荷载,保证构件的形状、尺寸准确。

(3)仔细检查钢筋的预埋件的安装,检查合格后,方能浇筑混凝土。

(4)混凝土浇筑完后,要及时养护,养护时间根据混凝土强度增长情况而定,应经常保持潮湿状态。

(5)采用预制混凝土护栏,在安装前,应精确放样定位,按设计要求做好基层,在基层夯实、整平并符合高程和平面位置无误后,方可开始安装护栏。

二、隔离设施

隔离设施主要是隔离栅和防护网。隔离栅或防护网的质量由供方质检部门进行检查验收,产品经检验符合《隔离栅技术条件》(JT/T374—1998)标准的要求后方可交货。需方有权按规定或双方协议的要求进行检查和验收。当监理工程师对隔离栅质量有疑问时,有权要求承包人对隔离栅的常规项目进行检查,必要时有权要求承包人对制造该批隔离栅构件的原材料取样进行力学性能或化学分析试验和物理性能分析试验。

1. 质量要求

(1)冷弯成型的槽钢立柱、斜撑和钢板网框、角钢,其标称厚度应以距端部100mm处横截面切面部分尺寸为准,其基底金属的标称厚度允许偏差±2。立柱、斜撑的标称长度允许偏差为±5mm/m,立柱和斜撑的槽钢宽度允许有3mm公差。弯曲度不允许大于5mm/m。

(2)槽钢表面不得有气泡、裂纹、折叠、夹杂和端面分层缺陷,允许有不大于公称厚度的10%的轻微凹坑、压痕、疤痕、擦伤。

(3)产品质量检验包括外观检查、尺寸检查、基底钢材的抗拉强度、屈服强度、延伸率和镀锌层厚度测试。

2. 施工质量监理要点

(1)检查立柱、斜撑、连接件和编织网隔离栅等材料质量及热镀锌质量。按规范要求分批进行检验。

(2)为了与公路地形协调,施工前应根据现场情况设计纵断面曲线,确定每个柱的设计高程。

(3)检查基础开挖,保证基础几何尺寸以及基础周围土不扰动。

(4)立柱要保证安装牢固和垂直度的要求,基础不得有松动,立柱纵向应在一条直线上,不得出现参差不齐的现象。柱顶应平顺,不得出现高低不平的情况。立柱基础强度达到设计强度的80%后方可安装隔离栅网片。

(5)编织网隔离栅必须纵向连接铺设、边铺边拉紧,并尽可能在立柱挂钩上扣牢。编织网要求卷网自如,弯钩时保证不变形。隔离栅安装完毕后,纵向高程不应有很大的起伏变化,网面要平整,在任何方向均不得有明显的倾斜。各类隔离栅网片安装完毕后,立柱基础均应进行压实处理。

(6)施工完成后要检查隔离栅整体的稳定性,并且要保证在2m范围内平整。施工过程中,如果对完工的路基边坡或边沟有破坏,要提醒承包人及时修整。

三、防眩设施

防眩板构件可采用钢材、塑料或其他不易变形的材料。

1. 质量要求

(1)防眩板的材料、镀锌量、几何尺寸应符合设计要求,平面弯曲不得超过板长的0.3%。

(2)防眩设计整体应与路线线形一致。

(3)防眩板遮光角应符合设计要求,安装要牢固。

2. 施工质量监理要点

(1)施工前检查清理场地,确定控制点(如桥梁、立交、中央分隔带开口及防眩设施需变化的路段),在控制点之间测距定位、放样。

(2)注意按设计要求处理好路段与桥梁上的防眩设施位置及高度,不得出现高低不平甚至扭曲的外形。

(3)防眩板单独埋设立柱时,应在基础达到设计强度后,方可安装上部构件。

(4)施工过程中不应损坏金属涂层。任何形式涂层的损伤,均应在24h内给予修补。

四、视线诱导设施

视线诱导设施可分为轮廓标,分流、合流诱导标,指示性线形诱导标,警告性线形诱导标。

1. 质量要求

(1)视线诱导设施的反射器的亮度、颜色应满足规范的规定。当入射角在0°~20°范围变化时,反射器必须保持恒定的光学性能,

(2)柱体轮廓标的形状尺寸,应与设计图相符,柱体表面不应有明显的伤痕、掉角等缺陷。柱体轮廓标的形状尺寸、轮廓标的混凝土基础尺寸应与设计图相符,预留的柱体凹穴各部尺寸正确,达到规定的强度。

(3)附着于构造物上的轮廓标,其支撑结构和体系固件,应与设计图相符。

(4)各种诱导标的图形符号应符合标准,版面平整,加强肋连接牢固。基础混凝土材料符合要求,强度达到规定要求,基础尺寸正确。

2. 施工质量监理要点

(1)视线诱导标的施工应在路面施工完成后进行。附着于护栏上的视线诱导设施,可在护栏安装过程中或在护栏安装完成后进行。

(2)在施工安装前,应对全线视线诱导设施的埋设条件、位置、数量进行核对。

(3)轮廓标应按设计图量距定位。附着于构造物上的轮廓标可按立柱间距定位。分流、合流诱导标和线形诱导标均应按设计图量距定位。

(4)埋置于土中的轮廓标或诱导标,均应浇筑混凝土基础,混凝土浇筑完后应采取正常的养护措施,直到混凝土达到规定的强度。当轮廓标柱体或立柱为装配式,则应预留柱体插入的空穴,或用法兰盘连接。

(5)分流、合流诱导标和线形诱导标需在基础混凝土达到设计强度的80%以上方能进行

安装；当诱导标附着于护栏立柱上时，应事先对立柱的位置、垂直度进行检查，达到要求后，才能安装诱导标的面板。

五、交通标志

交通标志从结构上可分为单柱、双柱、悬臂、门式几种形式。除门式标志以外，其他均设在路侧。

1. 质量要求

(1)交通标志支撑结构都应按设计图中所给的尺寸建造，于装配后涂漆，并应符合现行《道路交通标志和标线》(GB 5768)的规定。

(2)交通标志的形状、图案、颜色应符合现行《道路交通标志和标线》(GB 5768)的规定。指路标志的汉字必须采用黑体大号28磅字体，阿拉伯数字也应符合现行《道路交通标志和标线》(GB 5768)的规定，不允许采用其他字体。

(3)定向反光标识膜应采用工程级和高强级定向反光膜。定向反光膜应采用压合胶结剂或不剥落的热活性胶结剂来粘贴，表面不产生任何气泡等缺陷。

2. 施工质量监理要点

(1)对运到现场的粘贴反光标识膜的标志，要对表面进行抽查，不得有龟裂纹、明显的划痕及明显的颜色不均匀。标志板面要保证四个单面垂直，其垂直度不应大于±2°，不允许超过规范要求的±3mm/m的翘曲。要对板面内的符号、字体、尺寸大小进行严格检查。

(2)对于交通标志基础，由于有些标志立于公路回填的边坡上，因此要保证基础开挖后的基坑四周不被扰动。在基础混凝土施工过程中要注意混凝土的振捣，以保证混凝土的质量，并且要保证预埋件不被移动。只有当基础混凝土达到设计强度后，才允许承受全部荷载。

(3)交通标志在安装过程中，要求承包人对已完工程进行保护，同时标志处的路缘石、路面等要用保护物进行覆盖。

(4)为减少交通标志板面对驾驶员的眩光，路侧设置的标志和悬空标志均应符合现行《道路交通标志和标线》(GB 5768)和施工规范的要求，在安装过程中要检查板面与水平轴或垂直轴的旋转角度，以及板面与道路的间距尺寸，若不符合要求，应及时调整。

六、路面标线

路面标线分为油漆标线和热塑标线两种。一般油漆标线用于车行道边缘处和收费广场标线；热塑标线用于永久性的车道分界线、横向标线、人字、斑马纹导流标线、出入口标线和车道导向箭头。

1. 质量要求

(1)喷涂标线前，路面应清洁无起灰现象。

(2)所有路面标线的位置、颜色、形状，应符合图纸和现行《道路交通标志和标线》(GB 5768)的规定。

(3)所有标线应具有光洁、均匀及整齐的外观。

2. 施工质量监理要点

(1)路面标线施工前承包人应将拟用的材料样品、施工方法报监理工程师,并喷涂一段实验标段,以此检验涂(漆)料配方是否满足图纸要求、施工机具和工艺是否合适。

(2)路面标线位置以道路中心线为基准进行检查;对于人字线,要先按设计图在路面放大样图,经检查符合设计要求后,方可开始施工。

(3)喷涂油漆前,道路表面上的污物、松散的石子和其他杂物应予以清除。喷涂时,道路表面应干净和干燥,喷漆工作应在油漆与路面可获得均匀黏结的情况下进行。

(4)认真检查施工机械设备,尤其是反光标线的施工,要保证设备不发生泄漏现象,玻璃珠要能均匀喷洒。

(5)对热塑标线的施工,要注意材料的加热温度,并避免在已完工的路面上进行材料加热。

(6)标线在施工完后,要对其进行保护,防止污染和破坏。

(7)标线表面不应出现网状裂缝、断裂裂缝、起泡现象。

七、交通安全设施工程检验评定标准

交通安全设施工程检验评定标准按《公路工程质量检验评定标准》(JTG F80/1—2004)执行。

本章小结

交通安全设施是高等级公路的重要组成部分,本章主要结合目前高等级公路上常采用的交通安全设施,讲述在施工质量控制中的要点,主要如下:

(1)护栏。对目前高等级公路上常采用的护栏形式—波形梁护栏和混凝土护栏的质量要求和施工质量监理要点进行分述。

(2)隔离设施。隔离栅工程质量的好坏不仅涉及其使用年限,而且影响公路两侧的景观、高速公路的安全保护及正常运行。本节重点突出施工质量监理要点。

(3)防眩设施。防眩设施的作用是防止夜间行车对向车辆前照灯在驾驶员视野范围内出现极高的强光,使其视野机能或视力降低,影响方向操作而发生安全事故。因此,控制其施工质量至关重要。

(4)交通标志、路面标志、诱导设施。高等级公路上的交通标志、路面标线,是为道路使用者提供信息,确保所传递的信息能最大限度地为使用者理解和接受,从而减少事故的发生,避免在道路上迷失方向、浪费时间。因此,在工程施工中,应对其施工工艺和方法进行严格管理。

思考题

1. 试述高等级公路交通安全设施的组成。

2. 试述交通安全设施的功能。

3. 试述波形梁护栏施工质量监理要点。

4. 交通标志从结构上可分为哪几类?

第八章　机电工程质量监理

第一节　机电工程概述

一、公路机电工程的内容

公路机电工程包括监控系统、收费系统、通信系统、隧道机电系统和供配电、照明系统的设计和实施。

1. 通信系统

通信系统为高速公路的通信信息管理提供了有力保障，为监控系统、收费系统的数据传输、图像传输提供相应的传输介质和传输设备。

通信系统是由光纤数字传输系统、综合业务接入系统、程控数字交换系统、专用通信电源系统、紧急电话系统、移动通信系统、视频传输设备和室内外光电缆构成。

2. 监控系统

监控系统主要是实时收集道路状况、交通流信息、气象信息及相关设备状态，控制与调节交通流，疏导交通，减少交通事故，保证行车安全。

监控系统实质上是一个闭环系统。监控系统采集的信息反映公路上车辆运行情况的交通参数和交通状况，这些信息经监控系统分析、处理、判断后，可发出指令，控制道路信息发布系统，改变其显示内容，实施对交通流的调节和控制。监控系统主要由信息采集子系统、信息处理子系统及信息发布子系统三大部分组成。

(1)信息采集子系统包括车辆检测器、气象检测器和巡逻车等。

(2)监控处理子系统(监控中心)负责线路范围内交通情况的监视和控制。

(3)信息发布子系统包括可变情报板、可变限速标志以及路侧广播等，管理者以此为车辆和驾乘人员提供服务信息。

3. 收费系统

收费系统是指从车辆进入收费道路、交纳通行费直到费款安全进入存储点所采用的所有设施的集合。

高速公路联网收费管理体制分为三级或四级，分别是省收费中心、(片区收费分中心)、路段收费分中心以及收费站。

收费系统可以实现人工收费、人工半自动和自动收费(ETC，不停车电子收费)，可选用 IC

卡、磁票、二维条码作为通行券,支持现金、预付卡、储值卡等支付方式。

各级可以实现监控下级的收费操作过程,实时监测收费站出、入口车道的设备状态;可以自动统计交通量和收费情况,实现对通行费、通行券(卡)、票据以及设备等的严格管理。

4. 隧道机电系统

隧道机电系统一般由信息采集设施(车辆检测、气象检测、环境检测)、通风系统、照明系统、交通控制系统、闭路电视监视系统、火灾报警与消防系统以及中央控制系统等组成。

隧道通风系统根据隧道信息采集设施上传的数据,产生并下发控制策略,由本地控制器控制对风机进行开启、停机以及正转、反转的控制。隧道照明系统根据洞外亮度对隧道照明回路进行控制,实现亮度调节。隧道交通控制系统用于隧道正常交通、火灾、交通事故、维护施工等各种工况的交通控制。火灾报警与消防系统用于探测、收集隧道火灾信息,经操作员进行确认,由监控中心监控计算机采取相应的控制方案,以便快速、有序地疏导隧道内的车辆和人员。闭路电视系统在正常的运行期间用于掌握交通状况,在发生交通事故或火灾等意外情况时用于确认现场情况,指挥救援及事故处理等系列活动。中央控制系统主要监控计算机系统及辅助设施构成,是隧道监控系统的核心部分,通过对上述系统控制与管理,达到隧道安全运营的目的。

5. 供配电照明系统

供配电系统是指电能由电力部门输电网提供的输电线路(10kV 或 35kV),经由变压器将电压降为高速公路机电设备用电电压(380V 或 220V),然后由低压线路直接为高速公路沿线设施(包括监控、通信、收费系统设备、养护服务设施及道路照明、隧道机电设备、沿线收费站、路段中心、服务区等)提供符合标准的电能;是保证高速公路安全、通畅、经济、快速和舒适等特性的支持系统;是实现公路运营管理现代化的根本保证。

为保证交通安全视认性以及视觉效果的舒适性,可在公路按路段、互通立交、收费广场及收费天棚、特大桥、隧道、平面交叉路口等区段设置照明设施,满足机动车安全行驶与交通管理的需要。照明系统主要是由照明光源、灯具与电器附件等装置、配电与控制设施、安全防护设备等组成。

二、机电工程的特点

与公路主体工程相比,机电工程具有以下特点:

1. 系统性强

作为系统工程,各部分工程(通信、收费、监控等)作用的体现,重点在于系统整体功能的实现,在于系统性能、系统指标的实现。对于某一段高速公路而言,需要机电工程各系统、标段之间能够相互协调、衔接,要求各系统、标段的界面划分清晰、明确;对于高速公路网而言,要求路段机电工程能够满足整体联网技术体系的要求,使机电系统能够正常发挥作用。

2. 工期受限

机电工程是公路工程建设的最后一环,处于附属地位,受到的关注程度不够。前期工程的界面、工期等方面的缺陷和不足,又须在此阶段解决、补充和完善。通常情况下,通车时间又早已提前确定。所以,在工期上,机电工程处于两头受限的状况,工期压力往往较大。

3. 特殊环节

机电工程一般依照初步设计方案进行招标,在确定中标人后,再进行"联合设计",确定最终方案,然后开始施工设计。在机电工程安装完成、系统开通后,一般要经过3~6个月的"试运行"期,对系统进行优化、完善,使系统处于最佳状态。

4、设备费用高

设备费占工程造价的比例高,设备费一般占到机电工程造价的75%~85%,不同的设备选型对工程造价及质量影响较大。

5. 对后期运营管理影响大

路网管理对机电工程质量提出越来越高的要求。随着高速公路网的建成与完善,路网安全运营的管理压力也越来越大。机电工程支撑方面,在原来省域联网收费的基础上,提出了路网监测、公众出行信息服务、全国高速公路区域联网收费等需求。路网管理也会对其提出越来越高的要求。

三、公路机电工程施工监理内容

根据《公路工程施工监理规范》(JTG G10—2006)2.0.15规定,公路机电工程监理内容包括监控、通信、收费、供配电、照明、隧道机电系统等工程的监理。公路机电工程施工监理阶段划分为施工准备、施工、试运行期、交工验收与缺陷责任期阶段。

1. 施工准备阶段监理

(1)监理工作条件准备

监理单位应按合同约定设置监理机构,安排监理人员进场,进行驻地建设,按总监办、驻地办的职责和各阶段监理的任务开展监理工作。

(2)检测仪器、仪表准备

监理机构应按合同要求配备机电工程监理的常规检测仪器、仪表,并制订进场计划。

(3)监理工作准备

监理机构应组织监理人员熟悉合同文件,进行施工条件调查。总监理工程师应在合同规定的期限内主持编制监理计划和监理细则。

(4)监理工作

监理机构应做好施工准备阶段监理工作,包括参加设计交底、审批施工组织设计、检查质量保证系落实情况、审批工程划分、核算工程量清单、签发工程预付款支付证书及召开第一次工地会议。

(5)签发合同工程开工令

监理工程师应审查施工单位提交的工程开工申请单,具备开工条件时,总监理工程师应签发工程开工令,并报建设单位备案。

2. 施工阶段监理

(1)检验进场设备、材料及软件

监理工程师应审查进场的设备、材料是否符合合同要求,是否具有产品检验合格证、质量检验单和出厂合格证;进口设备、材料还应提交商检部门的检验合格证书;进场的计算机平台软件应具有软件拷贝、说明书和最终的授权文件。

经监理工程师检验不合格的设备、材料、软件,必须清退出场,不得在工程中使用。

(2)厂验

对施工现场不具备检测条件或无法进行现场检测的主要设备、材料,监理工程师应到生产厂监督检测。监督检测频率不得低于15%,当设备数量小于等于3台(件)时宜逐台检测。

(3)应用软件开发监理

监理机构应审批施工单位提交的机电工程应用软件的需求分析、概要设计、详细设计和测试大纲。应用软件必须经国家认可的软件机构测试合格后,方可进行安装。

(4)审核施工机具

监理工程师应审核施工单位使用的施工机具应符合合同约定。

(5)审批分项、分部工程的开工申请

监理工程师应审查施工单位提交的分项、分部工程的开工申请,具备条件的应批准开工。

(6)巡视

监理人员应重点巡视:正在施工的分项、分部工程是否已批准开工;质量、安全、测试人员是否按规定到岗;特种作业人员是否持证到岗;现场使用的设备、材料、施工机具及采用的施工方法与工艺是否与批准的一致;质量、安全措施是否落实到位;测试仪器、仪表是否按规定进行了校准;是否按规定进行了施工自检和工序交接。

(7)旁站

监理人员应对重要工程施工、隐蔽工程和完工后无法检测其质量或返工后会造成较大损失的工程进行旁站。

旁站监理人员应重点对旁站项目的工艺过程进行监督,对发现的问题应责令施工单位立即改正;当可能危及工程质量、安全时,应予以制止并及时向总监理工程师报告。

旁站项目完工后,监理工程师应组织检查验收,验收合格的方可进行下道工序。

(8)质量事故处理

发生机电工程质量事故时,当发生可由监理机构处理的质量缺陷、质量隐患时,监理工程师应立即向施工单位发出工程暂时停工指令,并要求其立即书面报告质量缺陷、质量隐患的发生时间、部位、原因及已采取的措施和进一步处理方案;监理工程师应对处理方案进行审核后报建设单位批准,对处理方案的实施进行监理并予以验收,处理合格、隐患消除的可发出复工指令。

总监办应建立专门台账,记录质量事故发生、处理和返工验收的过程和结果。

(9)隐蔽工程的验收

隐蔽工程完工后,施工单位提出申请,监理工程师应及时进行专项验收。

(10)安装验收

监理工程师应对施工单位安装完工并自检合格的单位、分部或分项工程设备、线缆安装的质量、数量、位置、工艺进行验收。经验收合格的工程由总监理工程师签发安装验收合格证书;未经安装验收或验收不合格的工程,不得进行调试工序。

(11)施工安全监理

监理工程师应检查施工单位供配电、高空作业等施工安全保证措施的落实情况，督促施工单位设备安装、光电缆布设、设备基础施工等执行安全生产要求。

(12)费用监理

监理工程师应按《公路工程施工监理规范》(JTG G10—2006)5.4的规定实施费用监理。设备、材料报验资料不完整、手续不完备、安装验收资料不齐全的工程项目，暂不予计量。

(13)进度监理

监理工程师应按《公路工程施工监理规范》(JTG G10—2006)5.5的规定实施进度监理。

(14)审批系统测试大纲

监理工程师应按合同约定的系统功能、技术指标等内容审批施工单位提交的系统测试大纲。

(15)检查测试仪器、仪表

监理工程师应检查施工单位使用的测试仪器、仪表是否按规定进行了校准。

(16)系统检验测试

监理单位按测试大纲完成自检并提交自测报告后，可由监理工程师主持现场系统检验测试。受条件限制无法进行的单机测试项目，可使用厂验检测数据。监理工程师应对系统测试的各项指标是否合格作出结论。

(17)合同其他事项管理

监理工程师应按《公路工程施工监理规范》(JTG G10—2006)5.6的规定处理工程变更、延期、费用索赔等事项。

(18)工地会议

工地会议应按《公路工程施工监理规范》(JTG G10—2006)第7章执行。

(19)监理月报

监理月报的编报应按《公路工程施工监理规范》(JTG G10—2006)8.2.8的规定执行。

(20)审查完工申请

监理工程师应审查施工单位提交的完工申请，具备完工条件的合同工程，应建议建设单位组织完工验收。

(21)参加完工验收

监理工程师应参加完工验收并签署意见。

3. 试运行阶段监理

(1)检查遗留问题的整改

监理工程师应检查、督促施工单位按照完工验收提出的问题和意见进行整改落实。

(2)检查系统试运行情况

监理工程师应巡视系统的试运行情况，并作好巡视记录。应重点检查试运行人员的值班记录、系统工作情况。对发现的问题应要求施工单位及时回应、整改。

(3)核查专用工具、备品、备件

监理工程师应核查施工单位提供专用工具、备品、备件的质量、数量是否符合合同约定。

(4)审查交工申请与合同工程质量评定

监理工程师应审查施工单位提交的交工申请,对具备交工验收条件的应及时进行合同工程的质量评定。

4. 缺陷责任期监理

(1)检查遗留问题的整改

监理工程师应检查、督促施工单位按照交工验收提出的问题和意见进行整改落实,并予以验收。

(2)缺陷责任期的监理

监理工程师应检查、督促施工单位对缺陷责任期内发生的设备缺陷及时修复,并重新界定相应设备的缺陷责任期。

(3)竣工文件整理

监理工程师应按《公路工程施工监理规范》(JTG G10—2006)第8章规定整理监理文件与资料,并督促施工单位编制和整理竣工资料。

第二节　通信系统工程质量监理

一、高速公路通信系统基本概念

高速公路通信系统是高速公路现代化管理的支撑系统,它要实现监控系统和收费系统的数据、语音和图像等信息准确而及时的传输,保持高速公路各管理部门之间业务联络通讯的畅通,并要为高速公路内部各部门和外界建立必要的联系;同时高速公路通信系统作为交通专用通信网的重要组成部分,是交通信息的主要传输载体,为各种网络服务及会议电视系统提供传输通道。

高速公路通信系统业务主要分为语音、数据、视频图像和多媒体三大部分。

(1)语音业务主要包括业务电话、指令电话、对讲电话、紧急电话,以及G3类传真。

(2)图像业务主要包括用于高速公路运营管理的视频监控系统、收费系统的静态图像或动态图像,也包括公路路政、运输、稽查、建设管理及救援等所需的其他图像信息,分为数字类型图像及模拟类型图像。

(3)数据业务包括公路营运管理监控系统、收费系统数据和政务信息、安全信息等管理数据。

从高速公路的管理模式、机构分布、业务需求看,高速公路通信系统业务具有以下主要特点:

(1)集语音、数据、视频图像和多媒体于一体的综合业务承载系统;就高速公路管理所需的通信业务而言,话音通信仅占整个通信业务很小的部分,主要通信业务是数据、视频、图像及多媒体等。

(2)业务流向呈现星形分布:高速公路的管理机构由省中心、分中心、管理处、收费站、服务区、养护中心等构成,基本上采取按段管理,管段内的各种管理数据先汇集到分中心,然后再由分中心汇到省中心。

(3)传输距离长、业务接入点分散:高速公路里程一般从十几公里到几百公里,其管理机构沿线分散在高速公路旁,决定了高速公路通信网的长距离和业务带状分散性。

二、高速公路通信系统的组成

1. 管理架构

(1)一般规定

交通工程及沿线设施中通信网的作用是为高速公路使用者和管理者提供大容量网络传输平台和高质量语音、数据、图像等信息交换服务。

各省(自治区、直辖市)高速公路通信系统联网运行范围应包括全省(自治区、直辖市)所有开通运行的高速公路。各高速公路开通运行时,其通信系统须纳入全省(自治区、直辖市)高速公路联网运行通信系统的范围。

省域内高速公路通信系统应由高速公路省级通信中心(简称省级通信中心)、路段通信(分)中心和基层无人通信站三级管理架构构成,其中省级通信中心宜与省级收费、监控中心合址建设。

(2)管理架构

高速公路通信系统传输网由干线传输网与路段接入网构成。

应在省级通信中心和路段通信(分)中心之间设立干线传输网,承载省级通信中心至路段通信(分)中心之间的所有语音、数据和图像等信息传输。干线网应能有效覆盖全省(自治区、直辖市)高速公路网。

在路段通信(分)中心与其直接管辖的基层无人通信站之间应设立路段接入网。

交通运输厅所辖的地方公路局和交通局等可汇接至传输网。

2. 系统的构成

高速公路通信系统由以下六部分构成。

(1)传输网系统:包括干线及接入网,制式、结构、配置等。

(2)业务网系统:包括语音业务网、数据传输网、图像传输网、会议电视网、呼叫服务中心、紧急电话系统、有线广播系统、无线通信系统。

(3)支撑网系统:包括同步系统、信令系统、网管系统。

(4)通信光、电缆:包括通信光、电缆构成、选型、芯数要求、敷设。

(5)通信电源系统:包括交流供电系统、直流供电系统、防雷接地系统、电源管理系统,功能、配置、性能。

(6)通信管道:包括通信管道构成、设置原则、路由、材料、人手孔、埋深、段长与弯曲。

3. 传输网系统

1)干线传输网

(1)制式选择:干线传输网目前宜采用 SDH/MSTP(基于 SDH 的多业务传输平台)系统组建。根据传输技术发展水平,当干线网形成网格型网络并向智能化方向演进时,可采用基于 SDH 的智能光网络。

(2)网络结构:干线传输网应采用环形、网格形拓扑结构,边缘支链部分可采用链形、树形结构。当物理路由上形成网格结构时,干线传输网应逐步向网格形演进。

(3)系统配置。

①省级通信中心及周边的骨干节点均应采用10G的设备,高阶交叉能力不低于160G;其他骨干节点根据其网络位置、容量的需求采用10G或2.5G的设备;边缘节点可根据容量的需求采用2.5G或622M的传输设备。省级通信中心及周边的骨干节点均应采用10G的设备,高阶交叉能力不低于160G;其他骨干节点根据其网络位置、容量的需求采用10G或2.5G的设备;边缘节点可根据容量的需求采用2.5G或622M的传输设备。

②环形网可采用二纤或四纤复用段共享保护环;链形网采用1+1线路保护方式;网格形网应采用多路径保护方式。

③干线传输网宜采用1 550nm工作波长,根据实际情况也可采用1 310nm工作波长。

④干线传输网业务带宽需求及接口类型配置见表8-1。

干线传输网典型业务带宽需求及接口类型配置参考表　　表8-1

序号	业务类型	接口类型	实际业务带宽(Mbit/s)
路段通信(分)中心至省级通信中心			
1	SPC数字中继(至省级通信中心)	G.703　2Mbit/s	2×2.048
2	相邻路段通信(分)中心; SPC数字中继	G.703　2Mbit/s	1×2.048
3	收费数据	10/100M以太网	5×2.048
4	监控数据	10/100M以太网	2×2.048
5	视频图像 (8路,监控4路,收费4路,每带宽4Mbit/s)	10/100M以太网	8×2×2.048
6	会议电视系统	10/100M以太网	8×2.048
7	办公自动化	10/100M以太网	4×2.048
8	呼叫中心	10/100M以太网	2×2.048
9	干线网管通道; SPC网管通道	10/100M以太网	1×2.048
10	其他业务预留 (含交通信息化、养护信息、路政信息、交通政务信息等)	10/100M以太网	40×2.048

(4)主要技术要求。

①基本功能应满足以下标准要求:

YD/T 1022—1999　SDH设备功能要求;

YDN 099—1998　光同步传送网技术体制;

YD/T 1192.2—2002　SDH光发送/光接收模块技术要求;

ITU-T G.707同步数字系列(SDH)的网络节点接口。

②传送节点设备应能提供下列类型的接口。

STM-64光接口;

STM-16光接口;

STM-4 光接口；

GE、10GE 以太网接口。

③传送节点设备应能直接提供或通过下挂低速率设备的方式提供下列类型的接口。

a. 139 264kbit/s 点接口；

b. 44 736kbit/s 点接口；

c. 34 368kbit/s 点接口；

d. 2 048kbit/s 点接口；

e. 10/100Mbit/s 点接口。

④传送节点设备的交叉连接矩阵必须是无阻塞的，并有冗余备份。节点设备满配置时的交叉能力应根据节点设备位置、业务需求和网络规模等因素来选取。

⑤传送节点设备的交叉连接矩阵、电源、时钟发生和分配、控制板等应具有冗余保护，以保护系统的可靠性。交叉连接矩阵的倒换不应产生误码，所有单元盘的保护倒换均不得影响正常的业务。

⑥当干线网形成网格型网络并向智能化方向演进时，应逐步实现下列功能：

a. 呼叫和连接管理功能；

b. 路由功能；

c. 自动发现功能；

d. 链路资源管理功能。

呼叫和连接管理应具有竞争处理功能和异常处理功能。路由功能应支持基于约束条件的通道选择，并支持最短路径路由，支持工作通道、保护通道和恢复通道的路由计算，满足产生无环路路由的要求。

⑦中继设备 REG（光放大与再生整形）：宜在距离大于 80km 的两个干线传输设备间增加中继设备。

⑧传输设备的平均无故障工作时间（MTBF）应大于 10^5 小时。

（5）网管系统。

干线传输网网管系统功能至少包括以下几项：

①故障管理：告警监视、故障检测、区段定位等。

②性能管理：端到端性能监视（误码、抖动等）、单端测试维护等。

③配置管理：利用交叉连接功能进行电路调配，路由自动发现等。

④安全管理：按授权进入以及对所有申请、接入的监视和控制。

⑤统计管理。

2）路段接入网

（1）制式选择：路段内接入网应根据各业务的传输需要和特点选定传输制式，并应与干线传输网的技术体制相适应。目前宜采用 SDH/MSTP（综合业务接入网），也可采用 PTN（分组传送网）或以太网等技术。

（2）网络结构。

①综合业务接入网由设置在路段通信（分）中心的光纤线路终端（OLT）设备、基层无人通信站光纤网络单元（ONU）设备以及相应的维护管理设备组成。

②综合业务接入网可根据站址的分布情况组成自愈环网、相切环及环带链网络结构。

③接入网自愈环宜采用二纤通道保护环,链状网应采用1+1线路保护方式。

(3)系统配置。

①传输速率根据综合业务接入网网络结构、站点数量及业务容量需求宜采用STM-16/STM-4等级(2.5G/622M)。

②工作波长宜采用1 310nm,也可根据需要采用1 550nm的工作波长。

③路段接入网承载业务的带宽需求及分中心OLT、无人通信站ONU设备的接口配置,见表8-2。

④综合业务接入网可实现动态带宽分配功能。

⑤平均无故障工作时间(MTBF)应大于十万小时。

接入网(OLT-ONU)典型业务带宽需求及接口类型配置参考表 表8-2

业务类型	带宽需求	接口类型	备注
收费数据	每站2×2Mbit/s	10/100M以太网或E1(2M)	ONU至OLT的10/100M接口可采用1:1配置,也可利用OLT的汇聚功能实现n:1配置
监控数据	1-2×2Mbit/(s·站)	10/100M以太网或低速率(RS232、VF2/4W)	
业务电话	每路64kbit/s	FXS/FXO	
压缩视频(H.264)	每路2×2Mbit/s	10/100M以太网	
办公网络(预留)	1-2×2Mbit/(s·站)	10/100M以太网	
V5信令	用户线按1:2或1:4配置	V5.2/OLT	
其他业务预留(含交通信息化、养护信息、路政信息、交通政务信息等)	20×2Mbit/(s·站)	10/100M以太网	

注:实际配置中还应根据所承载业务,对带宽需求进行核对。

三、高速公路通信系统的主要设施功能及技术要求

1.数字程控交换机系统

数字程控交换机系统是语音业务网的核心设备。数字程控交换系统由数字程控交换机、话务台、维护终端、计费终端、调度指令电话总机以及双音多频话机等组成。

数字程控交换机除完成本局的话务接续与出入局的话务接续,同时还转接它局之间的呼叫以及完成与本地市话的话务接续。

1)系统构成

语音业务网即电话交换网,由本地电话网、省域长途电话网及交通运输部省际长途电话网三级体系构成。

(1)在省级通信中心设置一级交换中心(汇接局),主要职能是转接所在本地网的长途终端话务以及省际长途来去话务。若有条件的省份,可设置辅助汇接局。

(2)在路段通信(分)中心设置汇接局或端局,与本省一级交换中心共同构成省域长途电话网,汇接局或端局与一级交换中心均有直达路由,汇接局或端局与辅助汇接局均有直达路

由，相邻汇接局或端局之间亦设直达路由。省域长途电话网主要负责省域内局间汇接及转接。

(3)本地网由汇接局或端局和用户电路组成，主要负责本局所辖范围内的终端话务交换和出入市话交换以及部分局间话务交换。

(4)电话交换网目前宜采用数字程控交换系统。根据技术发展情况，可组建软交换电话网，其系统功能、局间信令及接口要求应符合本技术要求规定。

2)系统功能

(1)高速公路通信网内业务电话(BT)、指令电话(CT)和传真(FAX)等业务。

(2)提供市话和国内长途自动接续业务。

(3)中继汇接、选择路由和号线连选。

(4)提供话务台服务和电脑话务员。

(5)提供用户服务等级分类。

(6)会议电话功能。

(7)指令电话功能。

(8)数字电话功能。

(9)提供自动测试功能。

(10)话务量统计功能。

3)系统配置

(1)网络接口及信令方式

①网内数字程控交换机均采用E1(2Mbit/s)数字中继接口，局间信令采用中国NO.7信令方式。

②各级通信中心数字程控交换机可根据实际情况选择采用数字或模拟方式接入本地公用电话网。与公用网的市话局间采用E1数字中继连接时，宜采用全自动呼出/呼入方式，并纳入公用网的统一编号，采用中国NO.7信令方式；采用二线模拟市话中继接口连接时，宜采用全自动呼出、半自动呼入方式；采用模拟用户信令，出中继线信令为LOOP + DTMF，入中继线信令为25Hz铃流，模拟用户入网采用DOD2 + BID中继方式。

③若采用软交换技术，软交换设备与媒体网关之间应采用H.248协议/MGCP协议(媒体网关控制协议)。

(2)装机容量

数字程控交换机装机容量包括初装容量和终期容量，分为用户数量和局间中继线容量。初装容量按近期用户数量配置，并预留20% ~30%余量。各交换局至省级汇接局间基干电路为2×2Mbit/s，各交换局至辅助汇接局间基干电路为1×2Mbit/s，辅助汇接局至省级汇接局间基干电路为2×2Mbit/s，相邻交换局间直达电路为1×2Mbit/s。与市话局间的中继线数量一般可按用户线的10%比例设置。终期容量应以满足用户不断发展的业务需求为目标。

(3)编号计划

交换设备应能适应等位或不等位电话网中本地接续，国内和国际长途自动、半自动和人工接续，呼叫特种服务以及使用新业务的编号要求。在必要时交换设备应能通过人机命令进行号码修改，方便地实现对电话编号作某些修改。

(4)维护管理系统及计费系统

应设置维护管理系统,并根据需要设置计费系统。

4)性能指标

(1)话务量要求

①普通用户:忙时每线话务量0.16~0.18Erl(其中发话占55%,受话占45%)。

②中继线:平均每线话务量0.6~0.7Erl(其中发话占55%,受话占45%)。

③BHCA值:应符合《数字程控自动电话交换技术要求》(GB/T 15542—1995)中的规定。

(2)呼损指标

损失的呼叫和超时延的呼叫。对于发话呼叫和转接呼叫,其指标不包括由于中继不足而造成的损失。

(3)不可用性指标

①若采用数字程控换机,传输质量恶化而不能被用户接受的概率应小于10^{-6}(误码率)。

②若采用软交换技术,系统应达到或超过99.999%的可用性,全系统每年的中断时间应小于3min。

(4)数字程控交换机接口要求

①数字程控交换机与综合业务接入网之间可采用V5.2接口相连,应符合ITU-T G.946、G.965以及国标、通信行业标准的有关规定。

②数字程控交换机局间数字中继线应采用A接口,符合ITU-T G.703、G.704、G.705、G.732和Q.512以及国标、通信行业标准的有关规定。

③二线模拟用户线接口Z应符合ITU-T G.517以及国标、通信行业标准的有关规定。

(5)数字程控交换机三级时钟基本参数

①最低准确度:$\pm 4.6 \times 10^{-6}$。

②最大频率偏移:2×10^{-8}/d。

③牵引范围:$\pm 4.6 \times 10^{-6}$。

④最大初始偏差:1×10^{-8}。

5)指令电话系统

电话交换网可根据高速公路管理需要设置指令电话系统。

(1)指令电话系统通过数字程控交换机热线、会议等功能实现。

(2)指令电话系统由指令电话控制台(即指令电话主机)和指令电话分机构成。指令电话主机装设于监控(分)中心;指令电话分机设在沿线的各收费站、管理所、服务区、停车区和养护工区等。

(3)指令电话主机可实现对指令电话分机的全呼、组呼和选呼,同时具备录音功能。

(4)指令电话主机应设置成各指令电话分机的热线用户,各分机之间不设置选叫功能。

6)总配线架(MDF)

(1)配置原则

总配线架的数量应根据外线电缆的总对数计算。总配线架终期的外线总对数,可按局内交换设备终期容量或用户接入容量之和的1.3~1.5倍计算,同时应结合总配线架标称容量配置总配线架数量。

(2)总配线架应具备告警功能

保安单元告警时,总配线架告警系统应能指示告警保安单元所在列和线对号,并发出可见可闻的告警信号。

2. SDH 数字光纤通信系统

SDH 数字光纤设备是数据传输网的核心设备,数字光纤传输系统分为干线传输系统和路段综合业务接入网系统两部分。干线传输系统由设在通信中心的 SDH 光同步传输设备(ADM,终端为 TM)、再生器 REG、光缆和网管设备等组成。干线传输各方向光群路接口板和光纤一般为 1 + 1 方式配置(4 芯光纤),形成链状保护。路段综合业务接入网系统由设在通信分中心的光纤线路终端(OLT)、沿线各站的光纤网络单元(ONU)、光缆和网管设备等组成。综合业务接入网系统用 4 芯光纤采用隔站相接的方式形成自愈环保护。数据传输网为高速公路沿线各收费站、服务区、停车区等站点提供业务电话及调度指令电话,为收费、监控、会议电视和管理信息等系统的数据、图像的传输提供专用通道,为省内、省际干线联网提供传输通道。

1)系统构成

(1)数据传输网主要应为高速公路监控数据、收费数据、养护信息数据、路政信息数据、办公自动化数据等以及公路网运行监测与服务数据、交通信息化数据等业务提供传输通路。

(2)监控数据传输通路

①第一层:监控外场设备至路段监控(分)中心,宜先通过光纤点对点或级联方式接到就近的通信站,再由综合业务接入网提供的子速率接口或 10/100Mbit/s 以太网传输通路传至路段监控(分)中心。

②第二层:路段监控(分)中心至省级监控中心广域网,由干线传输系统每个路段监控(分)中心提供 10/100Mbit/s 以太网传输通路。

(3)收费数据传输通路

①第一层:收费站内局域网,收费车道至收费站数据由收费系统自行传输。

②第二层:收费站至路段收费(分)中心广域网,由综合业务接入网为每个收费站提供 10/100Mbit/s以太网传输通路。

③第三层:路段收费(分)中心至省级收费中心广域网,由干线传输网为每个路段收费(分)中心提供 10/100Mbit/s 以太网传输通路。

(4)数据传输网应根据《公路网运行监测与服务暂行技术要求》的相关规定为公路网运行监测与服务数据提供接口和传输通路。

(5)其他业务数据传输通路如办公数据网等应根据全省(自治区、直辖市)统一规划配置,由传输网提供或预留接口和传输通路。

2)系统配置要求

(1)数据通信应主要为监控、收费系统等高速公路管理业务服务。同时应根据管理部门办公网络和社会对交通信息的需求,在通信系统规划设计和建设过程中为其预留带宽资源和接口条件。

(2)监控、收费系统应根据数据重要程度和实时性要求,各自配备必要的应急传输线路,如租用公网专线等,以保证当高速公路通信线路中断时,关键业务可迅速切换至备份线路进行通信,当高速公路通信网恢复时,再转回到正常传输状态。

3)图像传输

(1)系统构成

①系统分类

从应用上分类,主要包括交通监控图像和收费图像传输系统。

②监控图像传输通路

a. 第一层:外场摄像机至所属路段监控(分)中心的图像传输。

外场摄像机至所属路段监控(分)中心的图像传输方式应根据路段监控(分)中心所辖路网结构、路网规模合理选用数字压缩编码或数字非压缩传输方式。

外场摄像机宜采用数字压缩视频光端机在摄像机端进行数字压缩编码处理,通过光纤链网或环网方式传输至就近通信站,进而压缩编码图像在通信站通过综合业务接入网传至路段监控(分)中心。摄像机反向控制信号与图像复用传输。

b. 第二层:各路段监控(分)中心至省级监控中心的图像传输。

路段监控(分)中心至省级监控中心的图像(含视频联网管理信号),应采用数字压缩编码方式通过干线传输系统。

③收费图像传输通路

a. 第一层:收费图像至所属路段收费(分)中心的图像传输。

收费图像至所属路段收费(分)中心的传输方式应与监控图像传输方式综合考虑,同一路段内图像传输方式宜统一。

收费车道、收费亭、收费广场图像宜采用数字压缩视频光端机在摄像机端进行数字压缩编码处理,进而压缩编码图像在通信站通过综合业务接入网传至路段收费(分)中心。摄像机反向控制信号与图像复用传输。

b. 第二层:路段收费(分)中心至省级收费中心的图像传输。

路段收费(分)中心至省级收费中心的图像(含视频联网管理信号),应采用数字压缩编码方式通过干线传输系统传输。

④图像传输系统设备构成

图像传输系统一般由视频编解码设备、网络服务器、图像联网管理终端、以太网交换机以及相关软件等软硬件构成,具体构成可根据实际功能需求进行设备集成。

(2)视频联网技术要求

各省高速公路主管部门,应牵头制定省内视频联网的标准格式,同时应满足国家标准规范的要求。省域视频联网系统应在省中心与各路段(分)中心(区域中心)间建立标准化信令控制、视音频传输、网管控制传输通道,各类信息交互应遵循统一的通信协议。

①信令控制:省中心与各路段(分)中心(区域中心)视频传输系统应实现系统间协议统一,建议通过 SIP 协议(信令控制协议)实现联网基本功能标准化。

省级中心与各路段(分)中心视频系统间通过标准化信令至少应实现以下功能:

a. 监控图像截取:上级图像联网管理终端可通过发送信令获取下级接入摄像机实时视频流,可根据管理需要调看历史图像。

b. 远程控制功能:上级图像联网管理终端可对所辖联网设备进行云台控制、防尘罩(雨刮、除湿等)控制等。

c. 事件管理功能：各级图像联网管理终端应支持报警等事件预订功能，并支持对预订报警事件进行通告、处理功能。

②视音频传输

数字压缩编码图像应统一采用由 ITU－T VCEG 和 ISO/IEC MPEG 联合制定的国际视频编码标准 H.264（MPEG－4/AVC）。高速公路数字编码视频及音频复用封装应符合 ISO/IEC 13818－1 协议制定的传输流 TS 要求。

解码器支持的档次和级别不应低于相应编码器支持的最高档次和级别，其中图像分辨率与码率应满足下列要求：

a. 编码图像分辨率至少支持 CIF（352×288）、4CIF（704×576）（或 D1）几种分辨率，存储图像分辨率应不低于 CIF，重要视频数据（如报警图像）应具有 4CIF 及以上分辨率，路段监控（分）中心实时上传图像分辨率应不低于 4CIF（或 D1）。

b. 编码帧率应不小于 25 帧/秒，输出码率应可动态调整；D1 分辨率提供的传输带宽应不高于 2×2Mbit/s，CIF 分辨率提供的传输带宽应不高于 1Mbit/s。

③网管控制

应能实现设备信息查询、设备状态查询、通道状态查询、通道流量查询、联网单元流量查询等网络管理功能。

（3）性能要求

①为保证图像传输质量，图像信号由摄像机至路段监控收费（分）中心、省级监控收费中心传输过程只允许压缩一次。

②应参照《视频安防监控数字录像设备》（GB 20815—2006）标准，按五级损伤制评定，监控图像质量主观评价应不低于 4 级。

3. 呼叫服务中心系统

呼叫服务中心的功能是在全省（自治区、直辖市）统一规划设置，省内应采用统一的高速公路救援电话号码。

1）系统构成

（1）基本构成

高速公路呼叫服务中心应采用省级呼叫服务中心、路段呼叫服务（分）中心两级架构。省级中心设置呼叫服务中心，配置排队机（ACD）/用户交换机（PBX）或软交换服务器；路段呼叫服务（分）中心设置远端座席，通过 10/100M 以太网传输通道接入省级呼叫服务中心。

根据实际需要，路段（分）中心也可设置独立的呼叫服务（分）中心，配置排队机（ACD）/用户交换机（PBX）或软交换服务器，并应能与省级呼叫服务中心协同工作。

（2）体系架构

用户接入包括语音、传真、Web/E-mail、短信、WAP 等多种方式。

客服系统包括排队机（ACD）/用户交换机（PBX）或软交换服务器、Web/E-mail 服务器等语音和数据接入设备，以及 CTI 服务器、IVR 服务器、语音传真服务器、短信服务器、业务坐席等设备。其中，业务坐席由计算机终端和话机（普通话机或 IP 话机）组成。

支撑系统包括数据库服务器、信息资源共享与整合服务器、系统维护管理终端等设备。

2）系统配置

(1)参考配置

呼叫服务中心系统参考配置见表8-3。

呼叫服务中心系统参考配置表　　表8-3

管理架构	基本配置	可选配置
省级呼叫服务中心	排队机(ACD)/用户交换机(PBX)或软交换服务器、CTI服务器、IVR服务器、语音传真服务器、业务坐席、数据库服务器、信息资源共享与整合服务器、系统维护管理终端、网络设备(以太网交换机、路由器、防火墙)等	Web/E-mail服务器、短信服务器
路段呼叫服务(分)中心	业务坐席、以太网交换机	排队机(ACD)/用户交换机(PBX)或软交换服务器、Web/E-mail服务器、CTI服务器、IVR服务器、语音传真服务器、短信服务器、业务坐席、数据库服务器、信息资源共享与整合服务器、系统维护管理终端等

(2)组网方式

①呼叫服务中心应与当地市话汇接局直接连接,呼叫接入采用就近接入的原则。

②省级呼叫服务中心与路段呼叫服务(分)中心之间应由干线传输网提供10/100M以太网传输通路。

③对于联网路段规模较小的省(自治区、直辖市),可由省级呼叫服务中心负责完成省域范围内的呼叫及信息处理业务,并应逐步实现省级呼叫服务中心——路段呼叫服务(分)中心两级架构。

3)系统功能

(1)基本功能

①高速公路车辆救援服务。

应能够受理高速公路车辆救援服务请求,经确认后实时转发至相关职能部门及时处理包括拖车处理、车辆维修等服务。

②信息查询与发布。

a. 救援服务信息:提供高速公路救援站点、车辆救援服务收费标准、救援电话、社会救援机构信息等。

b. 道路信息:提供道路基础信息(线路类型、沿途设施、收费资源、服务区位置等)、动态路况信息(维修、施工、拥塞、故障、交通管制、通行恢复等)。

c. 其他运输信息:提供城市公交、铁路、民航等多种运输方式的客运服务及换乘信息。

d. 提供行车路径规划、气象服务信息等。

③投诉建议。

④统计报表。

⑤维护管理等。

(2)可扩展功能

①交通法规。

提供交通行业政策咨询、与交通相关的政策管理规章,与公众出行、客货运输企业、车辆、驾驶员管理相关的规定与政策法规。

②提供道路周边餐饮、住宿、旅游景点等相关信息。

③用户资料管理、用户回访等信息。

4）主要性能

（1）服务时间应为 7×24h。

（2）从用户呼叫进入到呼叫服务中心热线应答时限应不大于 3s。

（3）呼叫处理性能。

系统呼叫处理故障率应小于 0.005。

系统接收有效号码后选择差错概率应小于 2×10^{-5}。

系统因故障造成已经建立的连接提前释放的概率应小于 2×10^{-5}。

系统因故障造成应释放的连接不能释放的概率应小于 2×10^{-5}。

系统因故障误送提示音差错的概率应小于 5×10^{-5}。

（4）每个座席同步录音系统应配置保存 40d 以上音频的容量。

（5）设备平均无故障工作时间（MTBF）不低于 45 000h。

（6）系统可靠性。

服务器采用高可靠性结构、容错结构或其他可靠性技术。

系统的硬件和软件相互配合，提供一定的故障管理能力。

能保证各类数据传输的完整性和准确性。

（7）安全性。

具备完备的安全保障体系，有严格的用户权限管理、数据防抵赖保护及详细的记录日志等。

（8）扩展性。

系统具有可扩展性，能满足远期中继电路、座席数量等扩容需求。

5）应用软件

（1）CTI 控制子系统

CTI 控制子系统提供用户通过 PSTN 或其他手段接入到呼叫服务中心的功能，对电话交换系统和计算机系统进行有效集成管理。

（2）呼叫接入及排队子系统

呼叫接入及排队子系统中提供最基本的呼叫管理功能。实现电话、传真呼入、呼出功能；提供多种排队策略；丰富的路由方式，可以根据不同条件路由至 IVR、队列、座席和分机等。

（3）座席子系统

座席子系统是利用人工业务坐席受理用户服务请求。

（4）业务处理子系统

业务处理子系统用于处理各种具体业务，包括自动语音应答、录音、传真应答、短信服务、E－mail 回复、Web 服务等。

（5）系统维护管理子系统

系统维护管理子系统是对系统软硬件资源进行监控和管理，包括系统运行状态管理、系统配置、统计管理、日志管理等，并对各种业务数据进行统计分析，为服务人员决策提供依据。

4. 紧急电话系统

1)系统构成

(1)基本构成

紧急电话系统包括紧急电话主控设备、紧急电话分机和传输介质等。

(2)设置原则

①紧急电话主控设备营设置在路段监控(分)中心或隧道管理站、桥梁管理所。

②高速公路两侧应合理设置紧急电话分机。

a. 普通路段两侧应根据相邻地区已通车项目的紧急报警设施的使用率和使用效果,合理设置紧急报警设施。

b. 隧道监控等级为 A + 、A、B 等级的隧道应设置紧急电话,隧道监控等级为 C 等级的隧道可设置紧急电话。隧道段紧急电话分机在隧道洞外距入、出洞口约 10m 处各设置一台,在洞内从入口 30 ~ 50m 处开始以约 200m 间隔设置,宜与摄像机等间距设置,且宜设置于紧急停车带或人行、车行横洞前侧。

c. 应在特大桥主桥区段设置紧急电话。大桥段紧急电话分机在大桥起、终点分别设置 1 对,在桥上沿上下行行车方向按照 500 ~ 1000m 的间距设置 1 对。

d. 避险车道处应设置 1 部紧急电话分机。

2)系统功能

(1)紧急电话主控设备

①识别、定位和显示分机的呼叫。

②建立、中断和保持呼叫分机的接续。

③可大于两路同时排队报警,存储和显示同时发生的呼叫。

④具有自动录音及回放、查询统计及打印功能。

⑤具有系统自动测试和远程控制功能。

⑥具有数据库管理功能,包括信号区段、桩号、呼叫分机号码、呼叫通信时间、事故类型和帮助类型等,实现人机对话。

⑦应能够提供对外联络接口,方便接警协调处理,实现统一的组织救援。

⑧系统间应具备互联、级联功能。

(2)紧急电话分机

紧急电话分机与紧急电话主控设备可实现全双工通话,使分机与分机之间不做转接。

3)系统配置

(1)紧急电话主控设备

紧急电话主控设备主要由紧急电话控制主机、紧急电话管理计算机及相应外设、打印机、录音机(主机内置)和值班电话机等组成。

主控设备宜与呼叫服务中心系统联网。

(2)紧急电话分机

①一般要求

a. 紧急电话分机应具有防腐、防水、防尘、防盗等功能,防护等级应不低于 IP65(国际电工委员会的防尘防水等级)。

b. 紧急电话分机应有明显反光标志，标志的图案和颜色应符合《道路交通标志和标线》(GB 5768—2009)的要求。

c. 紧急电话分机在隧道内和隧道口处采用220V供电方式、路侧采用太阳能供电方式。

②隧道内紧急电话分机宜设置在可容人的预留洞室。预留洞室应配置隔声门，室内应配置照明，送话器高度宜距车道面1.2～1.5m。在隧道侧壁紧急电话洞室上方应安装内部照明方式电光标志，标志板面尺寸宜为25cm×40cm，电光标志亮度应大于15cd/m^2～300cd/m^2，箱体防护等级不小于IP65。

③紧急电话设施可采用光、电缆及无线传输方式，隧道区段宜采用光缆传输。

4)系统性能

(1)音频接口：VF2/4W接口符合《2 048kbit/s 30路脉码调制复用设备技术要求和测试方法》(GB/T 6879—1995)要求。

(2)可采用RS232C、RS485或10/100M等数据接口形式。

(3)隧道内紧急电话分机前方40cm处测得的额定声压级不低于95dB(A)。

(4)平均无故障工作时间应不小于10^{5}h(电池除外)。

(5)紧急电话分机应装有避雷元件、接地电阻不大于10Ω。

5. 有线广播系统

1)系统构成

(1)有线广播系统包括有线广播主控设备、功放设备、扬声器和传输介质等。

(2)设置原则

①有线广播主控设备应设置在路段监控(分)中心或隧道管理站、桥梁管理所，宜与紧急电话主控设备共用一套软硬件平台。

②高速公路两侧应合理设置有线广播系统。

a. 隧道监控等级为A+、A、B等级的隧道应设置有线广播系统，隧道监控等级为C等级的隧道可设置有线广播。

b. 应在特大桥主桥区段设置有线广播，桥上沿上下行行车方向按照30～40m的间距设置1对，宜利用上、下行行车方向右侧的路侧灯杆安装。

c. 在避险车道处宜设置有线广播。

d. 事故多发地段、长下坡区段、气象恶劣区段、交通量大及互通区段等重点区段可根据需要设置路侧有线广播。

e. 各收费站可根据管理需要设置背景音乐广播系统。

2)系统功能

(1)具备全呼、分组群呼和单呼功能。

(2)音源多路切换选择及音量调节功能。

(3)具有自动录音及回放功能。

(4)有线广播具备与监控系统信息联网功能。

(5)远端功放和扬声器工作状态检测功能。

3)系统配置

(1)有线广播主控设备

有线广播主控设备主要由主控制器、管理计算机及相应外设、播音设备和录音设备等组成,主要完成播音、录音、系统控制、处理和检测等功能。

(2)功放设备及扬声器

①一般要求

a. 扬声器宜采用号角式扬声器,面向行车方向安装,扬声器的朝向可调节。

b. 系统应具备划分音区的功能,能够以功放设备作为划分音区的基本控制单元。

c. 功放设备功率应根据所带负载扬声器总功率增加20%的余量配置。

d. 应能适应背景噪声大、湿度大、油烟大、污染严重的特点,具有防腐、防水、防尘、防盗等功能,防护等级应不低于IP65。

②扬声器功率

a. 隧道洞内宜采用功率为20W的扬声器,洞口处采用一对功率为30W扬声器。

b. 特大桥有线广播系统宜采用功率为30W的扬声器。

③隧道内功放设备宜与紧急电话分机共用同一预留洞室。

(3)有线广播系统宜采用光缆传输方式。

4)系统性能

有线广播系统性能如下:

(1)语音频带下限不高于300Hz,上限不低于3400Hz。

(2)非线性失真不大于5%。

(3)控制台信号发送电平不小于0dB。

(4)广播模块信号接收灵敏度不大于-38dB。

(5)声音清晰,无混响。

(6)最大允许线路衰耗应不高于30dB(3000Hz)。

(7)录音存储时间不小于500h。

(8)平均无故障工作时间不小于10^5h。

(9)防护等级应不低于IP65。

6. 无线通信系统

1)系统功能

高速公路无线通信系统是高速公路通信网的重要组成部分,是高速公路范围内实现宽带无线接入的支撑系统。主要业务包括车辆的自动识别,电子不停车收费,道路、桥梁、隧道等基础设施监测网,车辆与路侧系统的数据交互等。

根据技术发展情况,优先采用国家标准、交通行业标准和国内其他行业标准,国家和行业无相关标准的,可参考国际标准执行。同时,还应遵从国家有关无线电管理法规和频率管理规定。

2)系统配置

根据技术发展情况,高速公路可采用3.5GHz、2.4GHz固定无线接入、专用无线短距通信(DSRC)、无线局域网(WLAN)、全球微波互联接入(WiMAX)、点对点无线数据传输(ZigBee)、数字集群、无线调频广播、VSAT/海事卫星通信等技术。技术要求见表8-4。

短距离通信和高速无线局域网技术要求　　表 8-4

技 术 类 别	无线接入技术
技术标准	GB/T 20581 系列短程通信及高速无线局域网
系统配置	车载单元、路边单元、中心接入点、无线网络控制器
无线频段	5.8GHz
主要技术指标	覆盖距离:15～300m

7. 支撑网系统

1)同步网

(1)系统构成

①高速公路数字同步网应采用分布式多基准时钟控制的组网方式,同步区原则上按照省(自治区、直辖市)来划分,各同步区内采用主从同步方式。

②同步基准分配的主体架构为分层定时平台的结构,如图 8-1 所示。

③可设置全国基准时钟(PRC),为省际高速公路通信网提供同步源;在省内设置区域基准时钟(LPR),为省内高速公路通信网提供同步源,构成省内定时平台;在路段通信(分)中心设置同步供给单元(SSU),为路段内接入同步源,构成本地定时平台;路段内通信网从本地定时平台上获取同步信号。

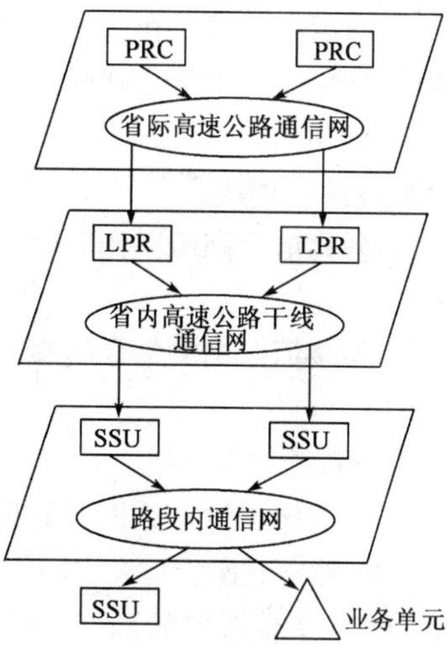

图 8-1　高速公路数字同步网网络结构图

(2)同步网节点配置

①高速公路同步网各级节点的职能为:锁定跟踪同步基准信号,为下级同步节点以及本节点所在通信站点内业务网元提供同步基准的分配。

②每个省(自治区、直辖市)宜设置两个区域基准时钟(LPR),即一个主用、一个备用,两者的设置位置应保证本同步区均有两个不同的定时源头覆盖。区域基准时钟(LPR)可由原子钟 + 卫星定位系统组成。

路段(分)中心设置本地网同步供给单元(SSU),采用二级节点时钟或三级节点时钟。

(3)同步定时链路的组织

①在卫星定时系统可用的正常情况下,区域基准时钟 LPR 的主用基准来源为卫星定时系统,备用基准来自 PRC(主参考时钟);卫星定时系统不可用时,LPR 同步于 PRC。

②二级节点时钟至少应接收两路从省内定时平台获得的直接源自于本省 LPR 基准信号;如果网络条件允许,还可再接收来自相邻省的其他 LPR 基准信号。

③三级节点时钟至少应有两路输入基准,接收两路从本地定时平台获得的直接源自于二级节点时钟或本省 LPR 基准信号。

④当省级 LPR 尚未建立或无法正常提供同步源时,可采用省级通信中心数字程控交换机时钟(二级时钟)作为同步网基准时钟提供定时信号,或从同级电信公网数字链路中提取定时信号作为外接时钟源。

⑤极长定时链路的设计应以 ITU－T G.823 的漂动指标分配为原则。从始端到末端全程串入的符合 ITU－T G.813 要求的 SEC(网元时钟)时钟数量不超过 60 个。

(4)同步基准传送

定时基准的传送应采用逐级跟踪的树状结构,低等级的时钟从高等级的时钟获取定时基准并按规定顺序传给更低等级的时钟;局内定时信号应采用并行方式分配。

(5)其他要求

①数字同步网设计与实施应符合《数字同步网工程设计规范 <附条文说明>》(YD/T 5089—2005)要求,有关设备应符合国家标准的规定。

②SDH 网元的时钟性能应符合 ITU-T G.813 的规定,其定时功能应符合 ITU－T G.783 的规定;SDH 网元应具有同步状态信息功能 SSM,并符合 ITU-T G.781 的规定。

③一级基准时钟设备整机的平均无故障工作时间(MTBF)应不低于 4 年,二级、三级节点时钟设备的平均无故障工作时间(MTBF)应不低于 10 年。

④各级时钟的性能要求。

⑤同步网系统应作为时间同步源为高速公路监控、收费等系统提供时间同步服务,时间同步源相对精度为 100～1000ms。

2)公共信令网

(1)系统构成

①公共信令网应采用我国 NO.7 信令方式,由信令转接点(STP)、信令点(SP)和信令链路组成。

②公共信令网的信令转接点(STP)宜采用与交换系统(SP)合设在一起的综合式信令转接设备。

(2)系统功能

完成省域长途电话网及省际长途电话网的自动、半自动电话接续。

(3)系统配置

①NO.7 信令网的网路等级分为两级。

②应采用 STP 设备双备份的措施来保证信令网络的可靠安全性,即在省级通信中心及信令点集中的(分)中心设置 STP。

③在路段通信(分)中心设置信令点(SP)。

④省级通信中心 STP 与备份 STP 之间应设置两条信令链路,并尽可能分配在安全分开的物理路由上;SP 至省级通信中心 STP、备份 STP 之间可各设置一条信令链路,采用固定连接方式,两条信令链路组间采用负荷分担的方式工作;两个 SP 之间在话务量足够大时,可设置直达信令链路,此时应包括两条信令链路。

信令网结构示意图如图 8-2 所示。

(4)主要性能

①一条 64kbit/s 信令链路的正常负荷为 0.2Erl,最大不应大于 0.4Erl。

②TP 设备信令链路数量应不小于 256 条,信令处理能力不小于 40 000 消息/秒。

3)网络管理网

(1)系统规模

①基本规模

a.路段通信(分)中心设置网元级管理系统,对所辖的程控交换机、光传输网、综合业务接入网、通信电源、紧急电话、有线广播、会议电视设备、呼叫服务中心设备等网元进行管理。

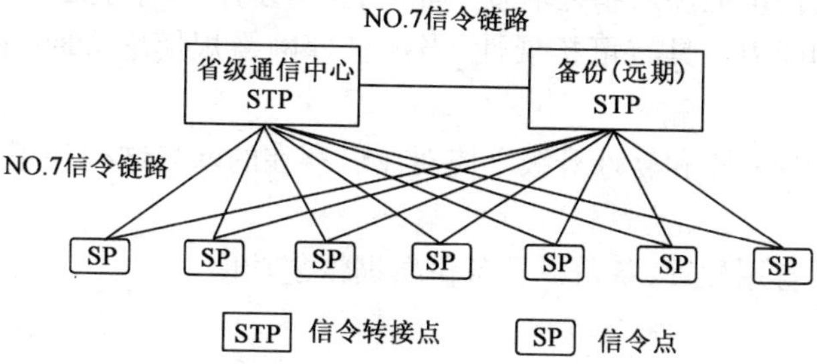

图8-2　信令网结构示意图

b.省级通信中心设置子网级管理系统,与网元级管理系统互联,对省内本厂家所提供的语音业务网、光传输网、通信电源、时钟同步网络、会议电视设备、呼叫服务中心设备及网管系统进行管理。

②扩展规模

省级通信中心设置网络级综合网管系统,对省内多厂家提供的子网级管理系统互联,通过一套网管软硬件管理平台对互联的不同网络运行、维护、操作等实施各种管理和控制。

(2)系统功能

实现对网络、设备、业务的运行状态、性能进行监视、监测和控制,具有性能管理、故障管理、配置管理、统计管理、安全管理五项功能。

①性能管理

性能管理主要是对网络和网元进行性能监视,采集相关的性能统计数据,处理测量数据,分析测量结果,并采取必要的网络管理控制行为,以改善和优化网络、网元的性能水平。

②故障管理

故障管理是提供对网络及其环境的异常情况处理的支持手段,包括故障时间和位置的判定,并完成对相应故障修复的处理。

③配置管理

配置管理是用于控制、鉴别网元,从网元收集配置信息及提供数据给网元。

④统计管理

统计管理是对网络业务的使用进行度量统计。

⑤安全管理

安全管理是对网络和网元进行安全管理,保证网络的安全;同时实现网管系统本身的安全管理。

(3)系统配置

①网元级管理系统硬件平台由工作站、打印机、数据通信设备(如交换机、调制解调器等设备)等组成。

②子网级、网络级综合网管系统硬件平台由服务器、打印机、数据通信设备(如交换机、调

制解调器等设备)等组成。

③软件平台应支持开放型操作系统。

(4)主要性能

①网管系统应支持本地接入和远端接入能力,支持多用户同时操作。

②网管系统管理能力应具有可扩展性,当被管理网络规模增大时,其网管性能应能得到保证。

③网管系统的本身故障和软件升级不应对业已存在的网络结构和正常的传输业务通道产生任何影响。

④应支持异地主备用配置、备份以及备份数据恢复功能。

8. 通信光、电缆

1)系统构成

(1)光缆线路是指通信站内光缆终端设备到相邻通信站的光缆终端设备之间的光缆路由以及由外场设备至通信站的光缆路由,由光缆、光纤连接及分歧设备构成。光缆线路用于通信网络(干线网、接入网)和外场图像、数据的传输介质,可分为主干光缆和辅助光缆。

(2)电缆线路主要指通信系统终端设备之间的连接电缆。

2)光缆的选择

(1)光传输网中应使用单模光纤。光纤的选择必须符合国家及行业标准和ITU-T相关建议的要求。

(2)短距离通信宜选用1 310nm波长,长距离通信宜选用1 550nm波长。

(3)光缆中的光纤类型宜采用G.652 D型光纤。

(4)光缆结构宜采用松套全填充型方式。同一条光缆内应采用同一类型的光纤。

(5)光缆应采用管道敷设方式,特殊情况可采用直埋或架空方式。

(6)光缆护层结构。

①采用管道保护的光缆:应选用GYTA、GYTS、GYFTY等;

②直埋光缆:应选用GYTA53、GYTA33、GYTY53等;

③架空光缆:应选用GYTA、GYTS、GYTY53、GYFTY等。

(7)主干光缆光纤芯数配置。

①相邻干线节点间传输光纤数量不低于4芯;

②路段内光纤用户接入网光纤数量4芯;

③省级通信中心及核心网络所处路段扩展备用光纤数量不低于24芯;

④其他路段扩展备用光纤数量不低于12芯;

⑤国家高速公路应为省际联网增配至少8芯。

辅助光缆芯数按实际需要进行配置,国家高速公路辅助光缆芯数备用及预留至少180%的余量,其他高速公路辅助光缆芯数备用及预留至少150%的余量。

(8)G.652光纤接头单纤衰减平均限值(测试波长为1 310mm或1 550nm)应不大于0.06dB,最大值应不大于0.12dB。

3)电缆的选择

(1)电缆的选择必须符合国家及行业标准和ITU-T相关建议的要求。

(2)应满足设计传输速率、衰减、特性阻抗、串音防卫度和耐压等指标的要求，应具有足够的机械强度和阻燃性能。

(3)机房内成端电缆应采用非延燃型电缆，严禁采用填充型。

(4)业务电话电缆容量可按满足年限内所收容的用户数的1.2~1.5倍配置，结合电缆的标称系列选用。

4)光缆的敷设

(1)管道光缆占用的管孔在管群中的位置应遵从“先左后右”、“先下后上”的原则。

(2)在标称内径不低于90mm的标准管孔内应一次性穿放数量不小于3孔的子管，子管在两人(手)孔间的管道段应无接头。

(3)光缆接头盒应能承受振动频率为10Hz、振幅为±3mm、振动次数为106的振动。

5)光纤配线架

(1)光缆固定与保护功能

应具有光缆引入、固定和保护装置。该装置具有以下功能：

①将光缆引入并固定在机架上，保护光缆及缆中纤芯不受损伤。

②光缆金属部分与机架绝缘。

③固定后的光缆金属扩套及加强芯应可靠连接高压防护接地装置。

(2)应具有纤芯保护装置和光纤终接装置，光缆开播后纤芯应具有保护装置并固定后引入光纤终接装置。

(3)调线功能

通过光纤连接器接头，能迅速方便地调度光缆中的纤芯序号及改变光传输系统的路序。

(4)光学性能

采用PC型光纤接头截面工艺，光纤连接器光学性能指标应符合表8-5要求。

光纤连接器光学性能指标　　表8-5

单模(1 310nm及1 550nm)			
插入损耗(PC型)	附加损耗	回波损耗(PC型)	回波损耗变化量
≤0.5	≤0.2	≥43	≤5

(5)跳纤、尾纤

宜采用PC型光纤连接器，连接的跳纤、尾纤应符合下列要求：

①衰减：≤0.5dB/km。

②外径不圆度：≤10%。

③抗拉力强度：≥150N。

④最小弯曲半径：30mm。

⑤温度特性：-40~+80℃时，光纤附加衰减≤0.2dB/km。

9.通信电源系统

1)系统构成

通信电源由交流供电系统、直流供电系统、防雷接地系统、电源管理系统等构成。

2)系统功能

(1)交流供电系统应采用UPS供电系统对通信网络中的各种网管、维护和计费等终端及其他必要设备提供不间断交流供电。

(2)通信站用直流基础电源电压应为 -48V,为传输、接入及程控交换等通信设备提供直流供电。

(3)通信电源管理系统应对通信站内通信电源设备集中监控,还可对通信机房的环境等进行智能集中监控,实现对通信站电源的遥控、遥测、遥信功能。

通信站设备用电负荷及整流模块容量配置参考表8-6。

通信站设备用电负荷及整流模块容量配置参考表 表8-6

通信站	交换机(SPC)	干线传输(AFM、REG)	接入设备(OLT、ONU)	区域基准时钟(LPR)	蓄电池	合计	整流模块配置容量
省级通信中心(A)	20	8		8	40	76	120
路段通信(分)中心(A)	20	8	0或6		40	68或74	120
基层无人通信站(A)		0或8	6		10	16或24	30或60

(4)省级通信中心、路段通信(分)中心、设置干线中继节点的基层无人通信站应配置2组蓄电池,其他基层无人通信站配置1组蓄电池,每组容量应能确保设备正常运行8h以上。

10. 通信管道

1)通信管道构成

通信管道主要由主干管道、分歧管道、人(手)孔及其他辅助性材料等组成,为高速公路机电工程、交通信息化敷设光缆和信号电缆的设施。

2)通信管道设置原则

(1)通信管道为隐蔽工程,应与主体工程同步建设,并且协调好交叉施工,避免重复施工。

(2)改、扩建公路应尽量利用原有通信管道,充分调研路段中央分隔带、土路肩、边坡、护坡道的现有状况,比选最佳路由,减少对通车道路的交通影响,并降低对原有道路的破坏和施工难度,节省投资。

(3)高速公路通信管道容量应根据机电工程、交通信息化业务需求以及远期备用等因素进行设计。

(4)干线通信管道容量要求见表8-7。

干线通信管道容量参考表 表8-7

用途 / 孔数 / 类别	公路交通专用	备　用	其　他	合　计
四车道高速公路	2	2	按需确定	≥4
六、八车道及其以上高速公路	3	3	按需确定	≥6

3）通信管道路由和位置的确定

（1）高速公路整体式路基段的通信管道敷设位置应优先选择在中央分隔带下，也可选择路肩、边坡、护坡道等位置，同时应与路基路面排水设施、绿化、安全设施等协调配合。

（2）高速公路分离式路基段的干线通信管道路由宜选择在上、下行路基一侧。

（3）隧道通信电缆沟应设置在隧道左、右洞行车方向的右侧。

（4）通信管道的中心线应平行于道路中线。

（5）高速公路通信管道应尽量避免与高压电力电缆在道路同侧敷设，当不可避免时，应符合《通信管道与通道工程设计规范》（GB 50373—2006）最小净距的要求。

4）通信管道的材料及选择

应符合国家或行业标准规定，并经省级以上检测机构检测合格后方可使用。

（1）水泥管块

水泥管道属于硬性管道，造价较高，管道高程控制很严格，施工时难度较大，后期穿缆不是很方便（相比现在的柔性管道）。而且水泥管道对于地基的夯实和平整度要求特别高，沉降问题对此类管道影响较大。现在水泥管块早已淘汰出我国高速公路领域。

（2）聚氯乙烯和聚乙烯材料管道

聚氯乙烯（polyvinyl chloride，简称 PVC）、聚乙烯（polyethylene ，简称 PE）这两种材料的管道对我国高速公路管道发展带来过重大变革，在我国高速公路建设前期也有过较多应用。

（3）硬聚氯乙烯和高密度聚乙烯材料管道

硬聚氯乙烯（简称 PVC－U）、高密度聚乙烯（简称 HDPE）这两种材料的管道对我国高速公路管道发展起到了革命性的变化，占据了我国高速公路领域管道工程的较大市场份额。

（4）高密度聚乙烯 HDPE 硅芯管

硅芯管是一种内壁带有硅胶质固体润滑剂的新型复合管道。其内壁的硅芯层与高密度聚乙烯具有相同的物理和机械特性，具有很好的柔韧性，在许多特殊地段的过渡上占有优势；可采用机器吹缆的方式进行穿缆，可大大提高人（手）的设置间距。

（5）COD 管

COD 管是波纹光缆保护管（corrugated optic duct）的简称。它采用改性 HDPE 为主要原料，结构上以摩擦系数极低的光壁圆管为内管，（内管数量 3 ~7 根不等），以耐高压、易弯曲的波纹管为外壁包覆管，经复合挤出而成。属于改良新兴管材，目前在我国北方部分省份有着较为广阔的应用。

（6）镀锌钢管

镀锌钢管作为一种传统管材，在刚度上有其他材料不可替代的优势，但是镀锌钢管价格比较昂贵，而且钢管容易锈蚀，镀锌量经常达不到设计要求的标准，钢管内的拉线钢丝经常与钢管锈蚀在一起，造成钢丝无法拉动的情况，因此经常在运行几年后就无法使用。钢管在施工过程中，施工单位为了施工方便，不采用套焊的方式，而采用直接对焊的方式，容易产生焊渣，容易在切口处产生缺口、毛刺，经常划伤光电缆。

5）人（手）孔

（1）人（手）孔的尺寸应根据管群容量和设置位置等因素确定。

（2）人（手）孔应具有防水功能。

(3)当纵向和横向建筑场地不允许且易受其他建筑工序干扰和环境损坏时,人(手)孔应采用钢筋混凝土结构;当纵向和横向建筑场地允许且不受其他建筑工序干扰和环境损坏时,人(手)孔可采用砖砌结构;在严重冻土地段或地下水位较高时,人(手)孔应采用钢筋混凝土结构。

(4)中央分隔带和公路护栏外的人(手)孔地基不得占用高速公路路面。

(5)人(手)孔内不得有其他管线穿越。

(6)人孔内应设置排水管或积水罐,在填方高度满足设置排水管条件时,应尽量设置排水管。

6)通信管道的埋设深度

(1)管道设置在中央分隔带时,管道埋深(管道顶部高程至中央分隔带表面设计高程之间的距离)不宜小于0.6m。如管道沿路侧敷设,应尽可能避免敷设在冻土层以及可能翻浆的土层内。在地下水位高的地区,宜做浅埋处理。

(2)管道设置在土路肩或道路排水沟两侧时,土质地段管道埋深(管道顶部高程至路面距离,以下皆同)不宜小于0.6m;石质地段不宜小于0.4m,并用水泥砂浆封沟。

(3)通信管道横穿道路时,应设置保护套管,埋深不小于0.7m。横穿道路的分歧管道宜设置在路基和路面交界面处,可不破坏路面结构并能方便施工和保证管道安全。

(4)管道埋设应有一定的坡度,以利于渗入管内的水流入人孔,由人孔排水管自然排出或定期抽走。

(5)通信管道埋设在护栏柱埋深以下时,通信管道顶部至护栏柱底部间距应不小于15cm。

7)通信管道的段长和弯曲

(1)采用牵引法敷设光(电)缆时,干线通信管道的段长应不大于160m;在匝道小半径路段,管道段长应不大于120m;采用气吹法敷设光(电)缆时,管道段长应不大于1 200m。

(2)管道埋设在中央分隔带时,管道中心线应与道路中心线相一致并随道路弯曲而弯曲。

(3)特殊路段可设计弯管道,弯管道的曲率半径应不小于36m。弯管道中心夹角宜尽量小,以减小光(电)缆敷设时的侧压力。同一段管道不应有反向弯曲(即"S"形弯)或弯曲部分的中心夹角大于90°的弯管道(即"U"形弯)。

四、高速公路通信系统工程施工质量监理要点

1. 工程施工安装阶段

通信系统工程施工主要是光、电缆线路施工及通信设备安装调试两大部分,工程监理配合承包人制定光、电缆线路径路及审核光、电缆配盘是否合理;通信设备安装的机房建筑是否符合设计及规范要求,设备的平面布置是否合理,各种预留管孔是否完善。重点应在抓好质量控制的基础上相应控制好工程进度,以便与机电其他系统进度相配合,为整个机电工程按合同和技术要求完成提供合格的通信平台,其工作内容如下:

1)光电缆线路施工监理

(1)高速公路光电缆线路工程主要采取管道敷设方式,故应会同业主、承包人对已建管道

进行调查了解其试通情况、人孔布置、引入位置及室内沟、槽建筑情况，发现问题及时提出并尽快解决；

(2)审查承包商的光电缆线路配盘情况，对不合理处提出修正意见；

(3)应对管道光(电)缆敷设过程进行旁站监理；检查光(电)缆规格及光(电)缆所占用的管孔位置须符合设计要求；检查人孔内光(电)缆的盘留、保护和识别标志是否符合设计要求。

(4)掌握光电缆接续施工情况，特别是光缆接续要求持证上岗，OTDR(光时域反射仪)监测方式，以确保光缆接续质量；

(5)测试光电缆传输段，特别是光中继段的衰减特性、电缆使用段的电特性指标，均应满足规定，发现问题要分析原因，提出解决方案并督促承包人及时解决。

2)通信设备安装的施工监理

(1)对业主所提供的通信设备机房的技术条件进行全面调查了解，包括机房位置、面积、防静电地板及线缆引入走向(地槽、支线架等)、室内温度、湿度、供电照明及接地保护等内容，发现不符合要求的地方及时向业主提出，督促有关施工单位尽快整改。

(2)通信设备的配置及在机房内的平面布置应满足合同及联合设计的技术要求，在技术规范允许的情况下，通信设备的平面布置可以部分调整，以达到布局配线合理，便于维护。

(3)通信设备的安装及配线应符合《通信设备安装工程施工监理暂行规定》(YD 5125—2005)技术规范的要求，设备要安装固定在机房的混凝土面层上，其垂直度和水平度的偏差要在允许内。设备配线要走向合理，绑扎顺直，标志清楚、室内配线不允许有接头。

(4)通信设备的加电应遵循先机架、再子架、前后分盘的顺序进行，以确保设备安全。系统的调测应先调通，再调测，然后再测试有关技术指标，以达到要求，并做好初测技术指标的相关记录。

2.通信系统的完工测试及联调阶段

通信系统的完工测试及联调是施工监理的重要阶段，是通信设备质量，施工质量的总检验，故应加倍重视，通信系统的完工测试包括设备功能测试和技术指标测试两部分，其测试程序为单机测试、系统测试、相关系统联调测试，任何一项指标不符合合同、设计要求，都不能进行检验。

(1)系统测试前，要求承包商提供详尽的测试计划，审查其测试内容，应符合合同要求并经监理工程师签认。

(2)经审批的测试计划对通信系统的各子系统如光纤传输系统、程控数字交换系统光电缆线路等进行各项指标及功能测试并由承包人整理详细的测试报告提交签证作为完工测试文件。

(3)通信各子系统测试合格后，将进行机电工程各系统联调，在分清通信系统与机电其他系统工作界面的基础上，确保通信系统的正常工作，配合机电其他系统如收费、监控等系统调试，并为其提供良好正常的工作平台。

3.通信系统工程施工的质量控制重点及目标

1)光纤同步数字传输系统

目前，高速公路的光纤数字传输系统主要采用同步数字传输(即SDH)自愈网传输方式，其施工的控制重点主要是设备的安装配线及系统测试上。

(1)设备安装配线:须调查了解设备安装机房的环境包括温度、湿度、供电、走线沟槽,接地系统等是否完善,并应符合技术要求,审查设备的平面布置是否合理,设备配线(包括信息线、电源线、地线等)应符合设计要求,接续可靠、绑扎顺直、配线架(ODF:光纤配线架、MDF:配线架)标志正确。

(2)系统测试:测试前应审查承包商递交的测试计划是否符合,设计及规范的要求,测试项目和测试记录表格是否齐全,根据测试数据对照设计及规范中的技术指标要对该系统做出质量评估,对不合格项提出整改意见。

2)程控数字交换系统

程控数字交换电话主要为高速公路管理部门提供业务通信联系,一般采用专网小型复用交换机,基于安装在管理中心内的通信中心机房内,其工程质量控制要点主要是设备安装的配线。

(1)程控交换设备安装的平面布置在通信中心机房内应与其他通信设备布局相协调,便于维护管理,设备安装牢固,总配线架安装要便于配线及跳线。

(2)设备之间配线连接正确,布放整齐,标志明确。

3)光电缆线路工程

光电缆线路是通信系统的主要组成部分,其传输质量将直接影响整个通信系统的指标,故光电缆线路是通信系统的控制重点。

(1)光缆线路工程

光缆线路工程的控制重点是敷设及接续两个工序,施工后应使每个光中继段的光传输特性符合设计文件和光电数字传输设备的技术要求。

①施工前,应对到场光缆进行单盘测试检验,其出厂技术指标以施工图设计评审结果或招标文件技术规范为准,同时应对光缆经路及人孔分布情况调查了解,检查承包商的光缆配盘是否合理。

②光缆敷设应根据人孔间距长短决定采用气吹法或人工牵引法进行,光缆预留地点及长短应符合设计及规范要求,如接续预留、引入点预留,过桥涵等处预留,光缆弯曲半径应大于其外径的20倍,敷设过程中杜绝出现"背扣"现象。

③光缆接续及接续测试应由经过专门培训人员持证上岗操作,并在操作现场进行接续监测,以确保接续损耗满足合同及设计要求。应检查光纤接续如缆芯、金属护套的连接、操作工艺是否满足规范要求,接续盒在人孔中的安装、固定、标志。光缆预留绑扎等应符合设计及技术规范要求。

整个中继段光缆接续完毕,应进行光传输指标测试,包括传输衰耗、接续点损耗等的测试是否满足合同及设计要求。

④施工完成后整理光(电)缆工程资料。光缆线路工程资料主要包括工程技术资料和工程竣工图纸两方面的内容,工程技术资料由中继段光缆配盘图、中继段光纤衰减统计表、接续损耗测试表、中继段光纤线路衰减测试记录、对地绝缘测试表、光纤后向散射信号曲线图片组成;竣工图内重点图纸有:光纤分配示意图、局内光缆安装及ODF架安装位置竣工示意图、光缆竣工路由示意图、光缆敷设的三种长度对比示意图、ODF架光纤分布面板示意图。资料首

先要检查资料是否完整、齐全，然后要对资料内容的准确程度进行现场核实。

(2)电缆线路工程

电缆线路工程用于程控交换业务电话传输线路，目前主要采用充油、全塑型市话电缆，电缆线路工程的控制重点是敷设和接续两个工序。

①施工前，应按合同文件及设计要求对到场的电缆规格、型号数量进行核对并进行单盘测试，确认出厂技术指标符合有关规定及设计要求。

②根据设计要求调查了解电缆经路及人孔情况，核实承包人的电缆配盘是否合理。

③电缆敷设应符合规范，电缆预留应符合设计及规范有关规定，电缆的弯曲半径应大于其电缆外径的15倍，敷设后电缆的两端头应密封防潮，防止电缆芯线裸露。

④电缆接续及配线应由经过培训的专业人员上岗操作，全塑市话电缆的接续主要采用接线子及热可缩套管接续工艺。电缆芯线的直接，交接、分歧接应符合《通信线路工程验收规范》(YD 5021—2010)中9.2电缆的接续与封装的要求，其芯线接续应松紧适度，接线子排列整齐，接续后不应有混、断、及接触不良等故障。电缆及配线应色谱正确，线序无误，全部接续完毕后应对使用段进行全程测试，是否满足合同及设计要求。

4.通信系统检测的主要项目与方法

1)通信系统设施质量检测主要项目

(1)光、电缆线路；

(2)光纤数字传输设备；

(3)数字程控交换设备；

(4)会议电视设备；

(5)数字同步时钟设备；

(6)紧急电话、有线广播设备；

(7)通信电源设备。

2)通信系统设施质量检测方法

(1)光、电缆线路的检测

①光、电缆到货后核对规格、型号、盘长、出厂测试报告和外观检查。

②单盘测试，用光时域反射仪(OTDR)测试光纤损耗和长度。用直流电桥、电容测试仪和500V绝缘电阻测试仪测试电缆芯线的直流电阻和不平衡电阻，线间电容和对地电容以及绝缘电阻。测试标准应符合设计要求。

③光、电缆敷设，先核对端别，按照设计要求的A、B端敷设光、电缆。检查通信站引入光缆接头处、大桥、隧道等特殊地段光缆的预留长度，检测方法为随工检测。

④光纤接续损耗检测，可用OTDR测试。

⑤光中继段测试

a.用光源和光功率计测试光中继段光纤衰减，有两种方法：剪断法和介入法。

b.光中继段开通SDH传输系统，若速率大于622Mbit/s时，则应对S点回波损耗进行测试，用光回波损耗测试仪进行测试。

(2)通信设备的检测

①机房环境、安全检查

a.通信站机房应符合建筑技术施工工艺要求。

b.是否有专用交流电源,电压波动范围。

c.预留沟槽孔洞是否符合设计要求。

d.接地电阻测试。

②安装工艺检查

a.机架设备位置安装正确、牢固。

b.机架安装垂直偏差不大于3mm,列内机架相互靠拢,机架间隙不大于3mm,列内机面平齐,无明显参差不齐现象。

c.机房布线路由按设计进行;排列整齐,外皮无损伤;电源线、信号线、通信线分离布放。

③设备检查和本机测试

a.通信系统各子系统设备需逐项检查设备出厂记录或厂验记录,是否符合设计要求。

b.SDH光纤数字传输设备:按《SDH长途光缆传输系统工程验收规范》(YD/T 5044—2005)进行测试,性能及指标需符合规定要求。SDH设备测试主要有电源及告警功能检查、光接口检查及测试、电接口检查和测试以及抖动性能测试和时钟性能检查测试。用光功率计、SDH数字传输分析仪和误码测试仪等仪表测试。

c.数字程控交换设备:按《固定电话交换设备安装工程验收规范》(YD/T 5077—2005)进行测试,性能及指标需符合规定要求。主要进行硬件检查测试和系统检查测试。

系统检查测试主要包括系统的建立功能、系统的交换功能、系统的维护管理功能和系统的信号方式及网络支撑。

d.会议电视设备:按《会议电视系统工程验收规范》(YD/T 5033—2005)进行测试,性能及指标需符合规定要求。会议电视的建筑要求应符合会议电视的建筑要求应符合《会议电视系统工程验收及规范》(YD/T 5033—2005)中表2.1规定。《通信电源设备安装工程验收规范》(YD 5079—2005)系统检查测试主要包括视频部分、语音部分、会议控制、MCU组网方式、系统的维护管理功能及业务联络系统。

e.数字同步时钟设备:按《数字同步网同步设备安装工程验收规范》(YD/T 5090—2005)

进行测试,性能及指标需符合规定要求。设备功能和性能检验,主要包括倒换功能检验、告警功能检验、监测功能检验、同步状态信息功能检验、通信功能检验等。

f.紧急电话、有线广播设备:主要对系统功能的测试:通信呼叫、呼叫排队、地址码显示、自动录音、故障报告、定时自检、手动自检功能等。通话音量测试,用声级检测仪在距电话亭40cm处测试音量≥90dB。广播额定声压级强度测试,用声级检测仪在广播正前方100cm处测量≥120dBA。

g.通信电源设备:按《通信电源设备安装工程验收规范》(YD 5079—2005)进行测试,性能及指标需符合规定要求。检验主要电气性能参数:输入交流电压,输入、输出的电压、电流;输出杂声;稳压精度,输入、输出过压、欠压保护值,浮充、均充电压和自动转换性能。阀控式密封铅酸蓄电池,应用万用表检查电池端电压和极性,保证极性正确连接;使用前应检查各单体开路电压,低于2.13V或储存期超过6个月则应进行充电。

3)通信系统的调试

(1)单机调试

单机调试主要在工厂进行，由工厂提供测试记录。现场主要进行检测及按设计要求进行软件设置。

(2)系统调试

①光纤数字传输系统的调试

a. SDH 光纤传输工程的系统误码性能指标应符合设计规定。

b. 测试时间为 24h 和 15min 两种。

c. 应具有 24h 测试接口。

d. 系统抖动性能测试最大允许输出抖动不应超过规定值，测试时间为 60s。

e. 光通道衰减测试应符合工程设计要求。

f. 公务系统操作检查：公务联络设置功能应满足各站之间的公务联络要求，呼叫方式、延伸话机距离 200m 检查以及具有 64kbit/s 数字同向接口的设备具有多方向互通功能。

g. 公务电话质量评定：声音清晰、无杂声。

h. 激光器保护功能检查：接收系统无光信号时应能自动关闭激光器。

i. 选择和切换定时源的功能检查：按 SDH 设备软件中的同步定时源的配置进行各种定时源选择，一旦检测到当前同步源时钟丢失，则选择下一个最优先级的同步时钟源，当最高优先级时钟源恢复后，能自动或手动倒回最优先级时钟。

j. 光缆线路系统出现下列情况之一时应立即倒换：信号丢失(LOS)、帧丢失(LOF)、告警指示信号(AIS)、超过门限的信号劣化。

k. 根据功能要求进行软件的配置、光传输线路和光传输设备(SDH、OLT、ONU、网管设备等)的联调。

②数字程控交换系统的调试

a. 根据设计要求在单机测试的基础上进行程控交换主机和其他外围设备的联调，如话务台、维护终端、计费终端、调度指令电话总机以及总配线架间的联调。

b. 本局呼叫，出入局呼叫，汇接呼叫等电话交换功能、热线功能、会议功能、114 查询、故障受理、计费票据打印等应满足设计要求。

c. 设备和线路故障自检等应满足设计要求。

d. 程控交换机的传输指标要求应符合《邮电部电话交换设备总技术规范书》(YDN 065—1997)相关章节的规定要求。

③紧急电话系统的调试.

a. 紧急电话主机功能应符合设计要求，能接听分机呼叫并有保持排队功能，记录通话时间和路侧分机编号地址；可自动接通、保持、断开与路侧分机的通路。

b. 有事故记录、打印及录音功能，还可对录音电话进行检索和重放。

c. 按设计要求进行通话试验。

d. 紧急电话分机与紧急电话控制台之间的传输特性应满足传输衰减小于 18dB(800Hz)，噪声电平小于 40dBmp(噪声计加权)。

④通信电源系统的调试

a. 通信电源系统调试包括交流供电和直流供电功能的调试，供电指标应符合设计要求，能为通信设备提供可靠的交流和直流供电，保证通信设备的不间断供电。

b. 电源网管系统的调试,应满足设计要求,能对高频开关整流电源、蓄电池及远端无人通信站的电源进行遥控、遥测和遥信。

c. 整流器在稳压工作的基础上,能与蓄电池并以浮充工作方式或均充工作方式向通信设备供电。

d. 主备用电源能自动切换,具有两路电源不能同时供电的互锁功能。

(3)通信系统各子系统之间的联调

①干线传输系统、综合业务接入网系统、数字程控交换系统、会议电视系统、数字同步时钟系统及电源系统之间的联调,各项功能应满足设计要求。

②干线传输系统与相邻路干线传输系统之间的联调,保证各项指标符合规范要求。

③数字程控交换机与相邻路交换机、省中心交换机以及本地公用网交换机之间的联调,出、入局呼叫,汇接呼叫及局间信令等应满足设计要求。

④会议电视系统主会场与分会场之间的联调,图像及话音应符合规范要求。

⑤数字同步时钟系统与各系统之间的联调,各系统时钟应同步于主时钟系统,指标应符合要求。

⑥通信系统与收费、监控系统之间的联调,各种接口和通道应满足设计要求。

承包商对机电系统自行调试完成后,应提请工程的系统鉴定测试。承包商宜按以下步骤做准备:提交各系统测试计划 + 监理检查审核各系统测试计划→各系统测试计划的确定→各系统测试计划的实施→各系统测试的总结→修改各系统软件→各系统功能的复测→各系统测试后的结论。

第三节　监控系统工程质量监理

一、监控系统概述

1. 监控系统发展概况

伴随着汽车保有量的持续增多和交通运输量的持续增长,利用监控系统来提高高速公路的利用率、安全程度和行车的舒适性,已成为未来交通发展的方向。高速公路监控系统,作为高速公路信息管理系统中子系统中之一,是在一般城市街道交通管理系统的基础上发展起来的。近年来,随着计算机技术、自动化控制技术和计算机网络通信技术的发展,一些国家的高速公路监控系统的技术结构也随之发生变化。由单一的计算机集中处理方式代之为多计算机功能分散的计算机集群网络处理方式,从而使系统可靠性提高,程序编制简单,易于维护和功能扩展。由于光缆、超小型计算机及微电子技术的发展,使应用于监控系统中的各种设备向智能化方向发展,使今后高速公路的监控系统具有更加强大的功能。

只有一套完整的、科学的、方便操作的、易于控制的软件系统的支撑,才能最大限度地发挥高速公路监控系统功能和职责,提高管理效率,满足用户对高速公路的高效、安全、舒适、环保等要求。

2. 高速公路监控系统目的

监控系统的目的就是保证行车安全和道路畅通，在此基础上提高高速公路使用效率和服务水平，实现高效、舒适和环保等其他目的。高速公路监控系统应遵循“统筹规划、统一标准、联网监控、分级管理、逐步完善”的原则，实现省（自治区、直辖市）内联网监控。

1）行车安全

高速公路是全封闭式管理，所以从总体讲，高速公路事故率低于一般公路。但是，高速公路车速快、车流量大，一旦发生事故，车辆损坏和人员伤亡程度都较一般道路严重，即恶性事故多。并且高速公路交通事故引起交通堵塞，给交通参与者造成的影响比一般道路严重。因此，保证行车安全成为高速公路监控系统的首要目标。

引起交通事故的原因主要源自车辆和交通环境两个方面。车辆自身引起的不安全因素分为主观的驾驶员操作失误和客观的车辆故障等；交通环境引起的不安全因素主要包括恶劣的气象环境、损毁的道路设施和各种意外引起的车辆拥堵。

高速公路交通事件一旦出现，跟随而来的是偶发性交通拥挤，容易诱发交通事故。因此，确定各种环境诱因，掌握诱发交通事故的机制，监测交通流状态和道路设施运行状态，做出准确的预报或预警，采取相应对策是监控工作的主要任务。

2）道路畅通

道路畅通是指在没有发生堵塞现象，车辆能够持续以理想的车速运行的状态。实际的运行环境存在各种各样影响道路畅通的干扰因素，高速公路监控的目标就是通过对交通流状态进行检测和控制，以便预防事故的发生，减轻交通拥堵程度，排除堵塞，并恢复道路畅通。

要维持道路的畅通，首先要掌握交通流的运行状态和检测出各种影响交通流变化的因素。而且要对掌握的信息进行分析处理，提出减轻或消除影响交通流平稳运行的措施并迅速采取执行措施。

交通拥堵分为常发性拥堵和偶发性拥堵。产生常发性拥堵的基本原因是道路通行能力和交通量不平衡，外界干扰只能起到激发作用。因此，应及时预判发生拥堵的路段、时刻、性质和程度，对交通流进行调节控制，以维持道路畅通。

3）保证交通设施工作正常

公路设施由路、桥、隧道等土木建筑设施和各类机电设备组成。任何设施的损坏都将影响道路的安全运营。为了减轻公路设施损坏对道路安全运营的影响，监控系统通过各种检测设备采集主要设施的工作状态，一旦公路设施发生故障，能够及时迅速采取相应措施。

3. 监控系统管理架构

1）监控系统管理架构

省域高速公路监控系统管理架构包括省级监控中心、路段监控分中心和基层监控单元（隧道管理站、桥梁管理站等）。

省内各级高速公路运营和管理单位应根据实际需求设置路段监控分中心及基层监控单元。

路段监控分中心作为高速公路运营的具体管理单位和执行机构。主要负责路段内交通监控信息的收集、汇集和记录，负责本路段的交通监控和指挥调度，并从收费管理所获得收费、治超图像,从所辖隧道监控管理站获取隧道状态和交通状况及图像监控信息,发送交通调度信息。监控分中心向上级监控中心上传监控信息,接收执行上级监控中心下达的调度指令。

省域高速公路一般采用"省级监控中心—路段监控分中心—基层监控单元"三级监控管理架构(图8-3)。

伴随着全国高速公路信息通信联网工程的实施,监控管理架构从全国层面可分为,国家路网监控中心—省级监控中心—路段监控分中心—基层监控单元4级管理。我国部分省份还设置区域监控中心,存在实际为5级管理架构形式。

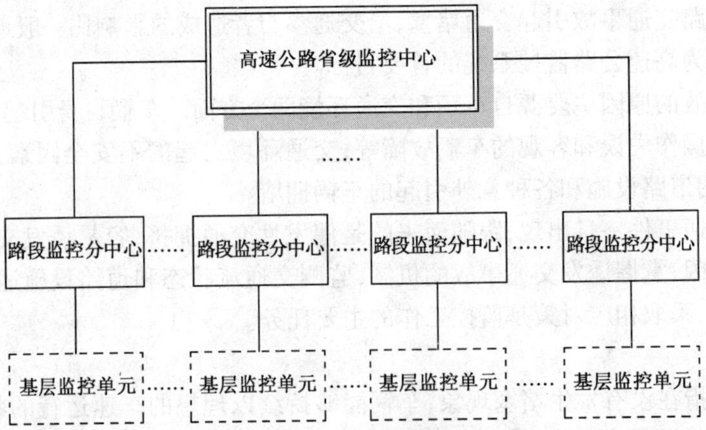

图8-3 监控管理架构图

2)监控系统管理架构设置原则

高速公路监控系统管理架构一般应根据高速路网规划和行政区划特点,结合实际情况统筹规划,并遵循统一设置原则。

国家路网监控中心主要负责统筹区域间的交通信息,预测交通流量,分析查找路网拥堵原因,以及密切监控区域间路网状况,实时发布相关信息,异常或突发状况下情况下,调度整个高速公路网运行。

省级监控中心负责全省高速公路路网综合监控和管理。省级监控中心的建设模式、建设规模和建设位置等,应根据全省高速路网规划里程、路网结构、道路交通和运营管理实际需求确定。

区域监控中心主要负责区域高速路网的监控与管理。各省根据实际情况,合理设计区域路网监控中心,通过给驾驶员和交通控制实体提供准确的路网实时信息发布。提供可选择的路线和出行建议以减少路网上的交通拥挤和事故的影响,改善出行计划,提高出行时间的准确性。

路段监控分中心应根据路段建设情况、投资主体、运营管理模式,结合路段实际道路交通特点和长度设置。路段监控分中心一般设置于上下高速公路的互通立交附近,且宜与沿线其他管理部门同址合设。路段监控中心设置应统一规划,管理范围一般为50~200km。

基层监控单元是高速公路监控系统最基层的监控单元,包括隧道管理站(无人值守管理站和有人值守隧道管理站)、桥梁管理站及监控外场设施等。

①隧道管理站的设置应根据隧道长度、交通量、隧道分布特点、隧道群位置、管理站建设运

营成本以及管理人员生活便利性等因素综合考虑。隧道管理站一般应按照以下原则设置：长度大于6km的特长隧道必须设置有人值守隧道管理站，一般在隧道洞口或在距离隧道洞口约10km以内，宜于沿线其他管理部门合并设置；长度介于3～6km之间且隧道监控等级为A及以上的特长隧道可设置有人值守隧道管理站，可在隧道洞口或距离洞口约10km以内，与沿线其他管理部门合并设置；长度介于2～3km之间且隧道监控等级为A及以上的长隧道可设置无人值守隧道管理站，或与附近隧道群统一设置有人值守隧道管理站；远离互通立交、地处偏远山区或救援困难等长隧道可以考虑设置为有人值守隧道管理站；如果条件许可，隧道管理站应尽量选择与附近的收费站、服务区、监控分中心等管理机构同址合建。

②桥梁管理站：一般跨大江、大河、海湾等特大桥可设置桥梁管理站。

4. 监控系统特点

高速公路监控系统实质上是一个闭环系统。系统的输入是反映公路上车辆运行情况的交通参数和交通情况，这些信息经监控系统分析、处理、判断后，发生指令，通过信息提供系统实施对交通流的调节和控制。其性能的优劣，在一定程度上取决于控制对象的执行程度，即车辆驾驶员能否协调配合工作，接受系统的调度和指挥。

监控系统不仅能改善交通异常情况下车辆行驶速度和交通量，减少交通堵塞程度和车辆延滞时间，同时也能预防、减少交通事故和保证行车安全，节约燃料和缩短运输时间，减少污染，发挥高速公路快速、安全、高效和环保的功能。

二、监控系统构成及功能

高速公路监控系统由省级监控中心系统、路段监控分中心系统、基层监控单元系统以及监控外场设备构成。

1. 省级监控中心的构成和功能

1）省级监控中心的构成

（1）计算机系统：由监控数据服务器、磁盘阵列等数据存储设备、各类应用服务器、核心交换机、各类监控业务工作站和打印机等构成。能够实现全省路网交通综合监控及各类数据信息的存储、查询和应用。

（2）闭路电视系统：由视频管理服务器、视频查询服务器、视频交换机、网路视频解码器、视频监控工作站网络视频存储设备、组合式监视器墙、视频查询工作站和桌面监视器等构成。能实现全省路网视频图像的综合监控。

（3）大屏幕显示系统：由显示屏、多屏拼接控制器和多屏控制工作站等构成。能够实现全省高速公路网视频、数据信息的综合显示。

（4）交通地理信息系统：由GIS数据库服务器、应用服务器、工作站和打印机等构成。能实现全省高速公路网交通地理信息系统数据库的建立、查询、检索及其他各类综合应用功能。

（5）公众信息服务系统：由数据服务器、各类应用服务器和工作站构成。实现高速路网面向公众的综合信息对外发布。

（6）应急救援指挥系统：由前端设备（包括视频、语音、数据）、车载系统、传输系统、管理终端等构成。能实现对重大交通事件的应急救援和指挥。

(7)网络安全与管理系统:由网络管理服务器、安全管理服务器以及相应管理工作站等构成。实现省级监控中心的网络管理和安全管理。

(8)数据交换系统:由接入控制系统、软件和安全认证系统构成。实现与部、省级路网中心的数据交换。

(9)附属设施:主要由 UPS 电源系统、精密空调系统、机房配电系统、防雷接地系统、综合控制台构成。

2)省级监控中心的功能

省级监控中心应能够接收各路段监控分中心上传的有关数据、图像,实现全省高速公路交通状况的监视、数据汇总、统计,协调路段监控分中心之间的管理和应急处置工作,在紧急事件情况下,下发事件处置指令,实现对公众信息服务。省级监控中心应具有以下基本功能:

(1)信息采集功能

省级监控中心应及时掌握道路状况、交通流状况、气象状况、设备运转以及事故告警等信息。具体可接收各路段监控分中心及相关系统上传的下列数据:

①采集路线、路基、路面、构造物、交通工程及沿线设施、桥梁、隧道、服务区、收费站、治超站等基础信息;

②采集监控分中心区段交通数据和环境参数;

③采集收费和监控视频图像信息;

④采集各路段监控分中心管理区段的交通事故以及其他异常事件信息,包括交通堵塞、事故事件、隧道火灾和设备故障等;

⑤采集个路段监控分中心控制策略信息,包括各监控分中心正在执行的控制方案、发布的显示信息和采取的行动决策;

⑥采集各路段监控中心系统运行状态、设备工作状态信息,包括外场设备、隧道内的设备以及路段监控分中心设备等工作状态信息;

⑦采集省级监控中心系统运行状态、设备工作状态信息;

⑧收集全省高速公路地理信息,包括高速公路各路段详细地形库;

⑨收集紧急电话报警或巡逻车报警等事件报警信息;

⑩采集操作员输入的事件、事故信息;

⑪采集基础设施状态信息;

⑫采集道路养护、路政管理、服务设施和收费设施管理信息;

⑬获取气象部门与高速公路相关的气象信息。

(2)数据处理功能

①根据收集的交通信息、环境信息、图像信息、交通事故、异常事件、各种报警以及各路段监控分中心的控制方案等信息进行综合分析处理,判断各路段监控分中心管理路段交通运行状态、异常事件的处理情况、环境条件、各路段监控分中心控制策略实施情况。

②根据收集的设备工作状态信息、系统运行状态信息以及报警信息进行分析处理,判断省级监控中心以及各路段监控分中心设备、各路段管理区段内的设备是否需要维修保养,系统是否需要调试。

③建立交通环境数据库、设备状态数据库、设备维修维护数据库、事件记录数据库、告警记

录数据库和用户管理数据库。

(3)信息显示功能

①外场设备状态显示:通过图标的颜色变化表示设备的工作状态,通过点击相应图标查看设备检测的内容和状态、设备显示的内容和状态。

②分层显示:可针对各种设备方便地进行分类监控、查询。

③沿线机构显示:在出现交通车辆故障、交通事故、人员伤亡等情况下可查询附近的管理处、路政大队、养护工区、服务区、收费站及附近的医院、公安交通管理、消防等部门的信息。

④路网运行状态显示:可通过颜色变化显示全省高速公路路况、交通状况等。

⑤视频图像显示:可显示各下级管理部门上传的监控和收费视频图像以及存储的视频图像。

⑥省级监控中心计算机网络信号显示。

⑦其他信息显示。

(4)视频图像管理功能

①省级监控中心应能将下级监控分中心上传的视频、相关地理信息图像等进行显示和拼接显示。

②省级监控中心应能调看全省各级管理部门的录像信息。

③各省级高速公路管理和业务部门,只要具备相应的访问权限,均可通过网络访问视频信息。

(5)路网监测、协调管理功能

路网监测、协调管理功能是指监控协调各路段监控分中心管理区段的交通控制,尤其是在出现重大交通事件、环境条件比较恶劣、周期性交通堵塞等情况影响到多路段时,省级监控中心在省级路网中心的指挥下可协调各路段的交通流控制,保证整个路网的安全畅通。

(6)公众信息服务功能

省级监控中心具备公众信息服务功能。可借助互联网、呼叫中心、广播电视、车载终端、移动终端、公路沿线信息发布设施多种手段,满足公众对信息的不同需求。省级监控中心不直接控制高速公路沿线信息发布设施。

(7)信息共享功能

省级监控中心作为省内高速公路重要的交通资源共享平台,除向上级管理部门提供信息外,还应实现对交通管理相关部门内部信息发布功能,实现上级主管部门以及相关业务部门共享高速公路运行状态信息,提高运营管理、应急救援水平。

(8)统计查询功能

统计查询功能是指可统计和查询交通运行、隧道环境指标、各种事件事故、发布命令、设备工作状态等报表。

(9)数据备份和系统恢复功能

省级监控中心数据一般采取异地数据备份。系统具有数据自动备份功能,能够实时自动将重要数据进行备份,一旦系统受到破坏,可以尽快恢复系统运行。

(10)设备管理功能

省级监控中心具有对本系统的软、硬件等进行管理的功能以及通信自动检测和故障报警功能并在发生故障时自动采取必要措施。

(11)系统安全功能

为保证系统安全,监控系统软件具有容错、自诊断、纠错功能以及防病毒、抗攻击能力,防止对数据的非法访问,一般通过设置分级保密数据安全体制,保证数据安全可靠。

(12)应急联动的预案审批和指挥功能

应急联动预案的审批及指挥,依托高速公路监控软件系统,建立全省高速公路应急指挥体系,针对各路段(包括路段及隧道)建立火灾、重大交通事故、交通管制等突发或异常交通事件情况下,全路段各子系统及设备的应急反应实施方案。当灾害或事故发生时,能够迅速、有序、高效地组织各种突发或异常事件的应急反应行动,充分发挥高速公路各种监控设备的作用,提高路段的整体防救灾能力,最大限度减少灾害造成的损失,保障司乘人员及救灾人员生命财产安全。另一方面,在正常营运期间,可对高速公路的运行环境因素和交通因素进行有效干预,提高道路运行的质量和效率,减少事故隐患。最终实现高速公路"高速、高效、安全、舒适"地运营,提高高速公路的营运服务水平。

2. 路段监控分中心的构成和功能

1)路段监控分中心的构成

(1)监控计算机系统:由监控服务器、以太网交换机、各类监控业务工作站、网络安全工作站、打印机等构成。实现所辖路段交通综合监控及各类数据信息的存储。

(2)闭路电视系统:由视频切换控制设备,视频管理服务器,视频交换机,网络视频编、解码器,视频监控工作站,硬盘录像机,视频存储设备,组合式监视器墙,桌面监视器等构成。实现所辖路段所有视频图像的综合监控。

(3)大屏幕显示系统:由显示屏、多屏拼接控制器和多屏控制工作站等构成。能够实现所辖路段视频、数据信息的综合显示。

(4)附属设施:由 UPS 电源系统、机房配电系统、防雷接地系统、综合控制台等构成。

2)路段监控分中心的功能

路段监控分中心管理所辖范围内的隧道、桥梁、高边坡,如果设有基层监控单元,则路段监控分中心接收基层监控单元上传的视频、数据信息;如果隧道、桥梁、高边坡直接由路段监控分中心管理,则路段监控中心增加基层监控单元相应功能。路段监控中心一般具有以下功能:

(1)信息采集功能

①采集交通流信息,如交通量、车速等。

②收集道路沿线气象检测器所采集信息。

③采集外场设备、管理部门设备的工作状态反馈信息。

④接收和记录紧急电话的告警或求救信息。

⑤接收管辖范围内的视频图像。

⑥接收并记录巡逻车或其他信息渠道报告的路段交通信息或事件。

⑦接收下级管理部门上传信息。

⑧采集收费系统交通量、车道工作状态等信息。

⑨接收省级监控中心的指令。

(2)数据处理功能

①对路网运行状态进行判断，并通过人机界面报警。

②根据路网运行状态判断结果，生成交通处置方案。

③根据接收下级管理部门上传的信息，判断是否需要对管理范围内的路网进行协调控制，并产生相应执行预案。

④系统运行状态判断，即实施系统自诊断功能。

⑤交通运行信息和各类报表的统计、查询和打印功能。

(3)信息显示及发布功能

①在监视器上显示管理区域的视频图像，并进行视频存储。

②在大屏幕上动态显示每一区段交通和隧道运行状态、设备工作状态和报警位置及各种图表报告等。

③当出现交通异常情况时，及时发布相关交通信息，引导道路恢复畅通。

(4)视频管理功能

通过事件联动功能对特殊情况所处区域视频图像进行切换、控制、显示，以及对所有上传视频图像进行存储。

(5)交通管理与应急处置功能

在正常情况下，计算机综合分析交通和环境等状态数据后，根据系统内拟定控制方案对全线实行自动控制。

根据所辖路段制订详细、具体、可行的应急救援预案，在异常情况下除了设备指令集直接下达外，根据预案制订相应的监控方案。

(6)系统设备管理功能

对本系统软、硬件等进行管理以及通过自动检测和故障报警功能，并在发生故障时自动采取必要措施。

(7)系统安全功能

①系统对不同层级和职责的人员，分别设置不同的访问操作使用权限，设置不同的操作口令和密码，防止越权存取和修改数据，保障数据的完整性。

②系统的任何操作都应被记录在日志文件系统，保护系统安全系统。

③系统应有详细的系统日志，记录每个操作人员的每次操作以及系统信息变化。

3. 基层监控单元的构成和功能

1)基层监控单元的构成

(1)计算机系统：由监控服务器、以太网交换机、各类监控业务工作站和打印机等构成。实现所辖区段交通综合监控及各类数据信息的存储。

(2)闭路电视系统：由视频切换控制设备，视频管理服务器，视频交换机，网络视频编、解码器，视频监控工作站，硬盘录像机，视频存储设备，组合式监视器墙，桌面监视器等构成。实现所辖路段所有视频图像的综合监控。

(3)附属设施：由 UPS 电源系统、机房配电系统、防雷接地系统、综合控制台等构成。

2)基层监控单元的功能

(1)信息采集功能

信息采集功能是指采集交通流信息，采集交通量、速度、占有率、行车方向，接收并记录巡逻人员或道路使用者的报警信息。接受上级管理部门下达的指令。

(2)信息处理功能

信息处理功能是对收集的环境数据进行处理,判断是否超过阈值,并通过人机接口进行超限报警。

(3)视频管理功能

视频管理功能是通过事件联动功能对特殊情况所处区域视频图像进行切换、控制、显示以及对所有上传视频图像进行存储。

(4)交通管理与应急处置功能

交通管理与应急处置功能是指接收并执行上级管理部门下发的指令。具备应急联动控制功能,能够根据信息处理结果,产生系统联动方案,并能正确联动执行。

(5)系统自诊断功能

系统自诊断功能指对本系统软、硬件等进行管理以及通过自动检测和故障报警功能,并在发生故障时自动采取必要措施。

(6)系统安全功能

①系统对不同层级和职责的人员,分别设置不同的访问操作使用权限,设置不同的操作口令和密码,防止越权存取和修改数据,保障数据的完整性。

②系统的任何操作都应被记录在日志文件系统,保护系统安全系统。

③系统应有详细的系统日志,记录每个操作人员的每次操作以及系统信息变化。

4. 监控外场设备的构成和功能

1)外场设备的构成

外场设备主要包括信息采集设备、信息发布设备以及其他设备。其中,信息采集设备主要包括:车辆检测器、能见度检测器、气象检测器、事件检测设备和沿线外场摄像机以及隧道、桥梁、高边坡的健康信息采集设备等;信息发布设备主要包括天棚式和门架式等大型可变信息标志、立柱式和悬臂式等小型可变信息标志以及路侧广播。

2)外场设备的功能

(1)信息发布设备

信息发布设备应具有以下功能:

信息发布功能:能分行显示上级管理部门下发的交通信息(包括图形、文字等),并可通过图形化与文字相结合显示道路运行状态。

内容反馈功能:具有显示内容实时反馈功能。

信息存储功能:设备显示内容可在设备内存储。

亮度调节功能:可根据外部亮度调节情报板信息显示亮度。

故障自检功能:当设备发生故障时,应能自动检查并将设备故障信息进行反馈。

防雷保护功能:具有防雷功能。

(2)信息采集设备

车辆检测器:车辆检测器应具有交通检测功能(可以检测每条车道的交通量、占有率、车速、车型)、数据预处理功能、故障自检功能、防雷保护功能和上传数据通信接口等。

能见度检测器:具有道路能见度检测功能并能对检测数据进行短时间存储,当设备发生故障时，能够自动检测并将设备故障信息进行反馈，具有防雷保护功能和上传数据通信接口等。

气象检测设备：能够检测能见度、风速、风向、雨量等类型的气象信息，并且能够检测干、潮、湿、雪、冰等路面状态功能。当设备发生故障时，能够自动检测并将设备故障信息进行反馈，具有防雷保护功能和上传数据通信接口等。

事件检测设备：应至少具备检测车辆停车、逆行、低速行驶、超速行驶等事件功能，可具备检测行人、事故、拥堵、火灾、抛洒物及烟雾等功能。当设备发生故障时，能够自动检测并将设备故障信息进行反馈，具有防雷保护功能和上传数据通信接口等。

隧道、桥梁、高边坡的健康信息采集设备：包含位移、渗压、倾斜度、振动频率等相关参数。

(3)视频监控设备

视频监控设备主要包括遥控云台摄像机和定焦摄像机。遥控摄像机应具有旋转、变焦功能，可全方位监视互通立交、重点路段等交通情况。当设备发生故障时，能够自动检测并将设备故障信息进行反馈，具有防雷保护功能和上传数据通信接口等。

(4)其他设备

路侧广播设备应具有播报分中心下发的语音指令功能。

5. 监控系统设备规模

监控系统设备规模主要包括各级管理构架、沿线监控外场、隧道监控、避险车道监控、特大桥监控等设备规模。监控系统设备规模依据《公路工程技术标准》(JTC B 01—2003)规定的设计原则制定，高速公路交通工程及沿线设施的监控系统等级采用其规定的 A 级。

监控系统的设计交通量应采用该高速公路主体工程的预测交通量。监控系统设备配置所依据交通量应符合表 8-8 的要求。

监控系统设备配置所依据交通量　　表 8-8

设 备 配 置	依 据 交 通 量
监控系统机电设备及其外场设备基础	预测的第 5 年交通量
管道及桥梁、隧道等构造物区段的基础、洞室	预测的第 20 年交通量

监控系统设备宜分期实施，当服务水平整体下降一级时，宜实施二期工程。

(1)省级监控中心配置规模

省级监控中心应包括计算机系统、闭路电视系统、大屏幕显示系统、网络安全与管理系统、公众信息服务系统、交通地理信息系统、数据交换系统和附属设施等，可根据需要配置 LED 室内显示系统、三维实景交通地理信息系统、综合环境管理系统等。

①计算机系统

计算机系统应至少包括服务器、磁盘阵列、核心交换机、各工作站(应至少包括交通监控计算机、视频控制计算机、报表管理计算机、地理信息计算机、网络安全管理计算机；其他工作站可根据需要设置)打印机等；计算机系统应至少采用星型千兆级规模网络结构；主服务器宜采用小型机级别设备，并配置双机冗余系统；磁盘阵列应配置保存 5 年以上数据的容量。

②闭路电视系统

闭路电视系统由视频传输、视频控制、视频存储、视频显示及配套设施构成。

正常情况下,各分中心应至少能在监视墙上显示1路图像。视频控制平台应采用大平台规模(管理2000路以上图像,表8-9)。

视频控制平台规模　表8-9

规模名称	小平台	中平台	大平台
视频管理路数	200路以下	1 000路左右	2 000路以上

应能存储各下级机构上传的视频图像,保存至少30d;事件图像保存至少1年。应能实现省域内所有视频存储设备联网调用。

③大屏幕显示系统

大屏幕显示系统由显示单元、多屏拼接控制器等组成。大屏幕总面积宜控制在40～60m^2。多屏拼接控制器视频输入/输出数量不应少于拼接屏幕数量。大屏幕显示系统应能显示控制系统主要工作站的显示器信号。

④网络安全与管理系统

省级监控中心监控系统网络安全宜参考信息系统安全保护等级第二级要求实施。网络安全与管理系统应包括安全防御系统、安全监控系统、安全响应系统和安全管理系统等。

⑤公众信息服务系统

公众信息服务系统规模应满足公众对数据、视频的查询需求,同时也应实现与公众媒体信息共享;公众信息服务系统应包括数据和视频发布平台、短信发布平台、公众媒体信息共享平台等。公众信息服务系统应合理考虑用户对数据、视频查询的并发数量,避免访问用户量过大导致系统瘫痪。

⑥交通地理信息系统

交通地埋信息系统应包括全省(自治区、直辖市)高速公路,并实现有关高速公路构造物、管理部门、交通工程设施、应急救援机构等的信息管理。交通地理信息系统宜全省(自治区、直辖市)统一实施。

⑦数据交换系统

数据交换系统应保障省级监控中心与省级路网中心进行实时数据(包括交通量数据、事件数据、监控视频数据等)交换、具体要求应按《公路网运行监测与服务暂行技术要求》执行。

⑧附属设施

附属设施包括精密空调系统、UPS电源系统、机房配电系统、防雷接地系统、综合控制台等。

a. 中心机房应设置机密空调,并采用双机备份。

b. UPS后备时间不小于60min。

c. 综合控制台座位不宜小于10个。

d. 省级监控中心应实施全面防雷接地系统。

(2)监控分中心配置规模

路段监控分中心应包括计算机系统、闭路电视系统、大屏幕显示系统、网络安全与管理系统和附属设施等,可根据需要配置LED室内显示系统、综合环境管理系统、视频事件检测系统等。

①计算机系统

计算机系统应至少包括服务器、磁盘阵列、三层交换机、各工作站(应至少包括交通监控计算机、视频控制计算机、报表管理计算机、彩色图形计算机、网络安全管理计算机;其他工作站可根据需要设置)打印机等。计算机系统应采用星型千兆级规模网络结构。主服务器应采用具有热备份功能的企业级设备。磁盘阵列应配置保存3年以上数据的容量。

②闭路电视系统

闭路电视系统由视频传输、视频控制、视频存储、视频显示及配套设施构成。沿线图像宜对应显示在监视墙上;采用轮询显示时,显示的图像数量与全部图像数量的比例应不小于1:4。视频存储应配置保存不少于30d视频的存储容量。

③大屏幕显示系统

大屏幕显示系统由显示单元、多屏拼接控制器组成。大屏幕总面积应控制在合理范围之内。多屏拼接控制器视频输入/输出数量不应少于拼接屏幕数量。大屏幕显示系统应能显示控制系统主要工作站的显示器信号。

④附属设施

附属设施包括UPS电源系统、机房配电系统、防雷接地系统、综合控制台等。

a. UPS后备时间应不小于60min。

b. 综合控制台座位不宜小于8个。

c. 监控中心应实施全面防雷接地系统。

(3)沿线监控外场设备配置

沿线监控外场设备包括信息采集设备、信息发布设备、视频监控设备等。高速公路监控系统外场设备规模分为三级:A1、A2、A3。规模选择应按照表8-10确定。

监控系统外场设备规模等级划分　　表8-10

服务水平	国家高速公路网			省级及以下高速公路网		
	四车道	六车道	八车道	四车道	六车道	八车道
一级	A2	A2	A2	A1	A1	A2
二级	A2	A2	A3	A2	A2	A3
三级	A3	A3	A3	A3	A3	A3
四级						

各规模等级监控系统外场设备配置要求见表8-11。

①可变信息标志

通用原则:

a. 省界高速公路入口侧、高速公路相接的枢纽互通必须设置可变信息标志。

b. 可变信息标志设置时宜避开不利于施工安装和维护的高填方区和挖方区。

c. 可变信息标志应避开构造物设置。

d. 严禁可变信息标志与安全标志牌或其他设施相互遮挡。

e. 考虑到可变信息标志的用电负荷很大,在设备布置时应权衡远距离供电成本与设备显示效果的性价比。

f. 可变信息标志设置时应考虑性价比高低和是否方便信息发布。

各规模等级监控系统外场设备配置要求　　表 8-11

<table>
<tr><th colspan="2">设备等级
设备名称</th><th>A1</th><th>A2</th><th>A3</th></tr>
<tr><td rowspan="2">信息发布设备</td><td>大型可变信息标志</td><td rowspan="2">●</td><td rowspan="2">●*</td><td rowspan="2">●**</td></tr>
<tr><td>小型可变信息标志</td></tr>
<tr><td rowspan="4">信息采集设备</td><td>车辆检测器</td><td>●</td><td>●*</td><td>●**</td></tr>
<tr><td>能见度检测器</td><td rowspan="2">●</td><td rowspan="2">●*</td><td rowspan="2">●*</td></tr>
<tr><td>气象检测器</td></tr>
<tr><td>事件检测设备</td><td>○</td><td>○*</td><td>○**</td></tr>
<tr><td>视频监控设备</td><td>外场摄像机</td><td>●</td><td>●*</td><td>●**</td></tr>
<tr><td rowspan="3">其他设备</td><td>路侧有线广播系统</td><td>—</td><td>—</td><td>○</td></tr>
<tr><td>出口诱导灯</td><td>○</td><td>●</td><td>●</td></tr>
<tr><td>超速抓拍设备</td><td>—</td><td>—</td><td>—</td></tr>
</table>

注:1.“●”表示必选设备;“○”表示可选设备;“-”表示不作要求。

2.“*”、“**”表示设备位置疏密度,分别表示重点区段、全程。

3.重点区段是指事故多发地段、长下坡段、气象恶劣区段等路段,针对每个设备其所指重点区段存在差异。

A1 等级布设原则:

a.隧道群、长下坡路段宜设置可变信息标志。

b.互通立交两侧宜设置可变信息标志。

c.服务区宜设置服务区信息发布标志。

d.大型收费站(8 道及以上)出入口可设置可变信息标志。

A2 等级布设原则:

a.隧道群、桥隧相连路段、长下坡路段应设置可变信息标志。

b.交通事故多发路段、地质灾害易发路段、气象条件恶劣区段、交通量特别大的区段应设置可变信息标志,其设置间距宜为 5~10km。

c.跨大江和大河、跨海湾、跨湖泊等特大桥宜设置可变信息标志。

d.互通立交两侧应设置可变信息标志。

e.服务区应设置服务区信息发布标志。

f.大型收费站(8 车道及以上)出入口宜设置可变信息标志。

A3 等级布设原则:

a.满足 A2 等级设置要求。

b.全程设置可变信息标志,其平均设置间距宜小于 10km。

设备应满足以下要求:

a.服务区信息发布标志显示尺寸可选择 3.2m×1.8m、3.84m×1.92m、3m×4m 等。

b.立柱式可变信息标志显示尺寸可选择 1.6m×1.6m 等。

c.悬臂式可变信息标志显示尺寸可选择 3.2m×1.6m、1.2m×2.4m 等。

d.门架式可变信息标志显示尺寸与车道关系见表 8-12。

门架式可变信息标志显示尺寸与车道关系　　表8-12

序　号	车道数量(单向)	显示单元尺寸(m)	显示单元数量	点阵数量
1	2	1.0×1.0	10~11	32×32
2	3	1.0×1.0	12~14	32×32
		1.2×1.2	10~12	48×48
3	4	1.2×1.2	12~14	48×48

e. 可变信息标志采用琥珀色或双基色，显示板亮度大于或等于8 000cd/m^2。

f. 应具备至少六级亮度自动调节功能；动态可视距离应不低于210m。

g. 可变信息标志的显示屏底端距地面净高度应不小于5.5m。

②车辆检测器

通用布设原则：

a. 车辆检测器应设置在互通立交、枢纽互通立交两侧无分流合流变化的路段，一般设置在主线上加(减)速车道终(起)点以外。

b. 在加强配筋水泥路面中不宜设置感应(环形)线圈感测器。

c. 雷达(微波)检测器设置处应防止其他设备或物体遮挡。

A1 等级布设原则：

a. 服务区出入口两侧宜设置车辆检测器。

b. 跨大江和大河、跨海湾、跨湖泊等特大桥应设置车辆检测器。

c. 易拥堵、易发生重特大突发事件、恶劣天气条件频发等路段应按小于2km间距设置车辆检测器。

d. 超限超载监测站、主线收费站前应设置车辆检测器。

A2 等级布设原则：

a. 满足A1等级设置要求。

b. 重点区段设置车辆检测器时其间距宜小于2km。

c. 地质灾害易发路段可设置车辆检测器。

A3 等级布设原则：

a. 满足A2等级设置要求。

b. 车辆检测全程设置间距宜小于2km，特殊情况不宜超过5km。

设备应满足以下要求：

a. 测量范围：5~200km/h。

b. 交通量准确度(分大、小车类别，表8-13)大于或等于85%。

车辆类别表　　表8-13

车辆类别	车辆长度(m)
小车	≤6
大车	>6

c. 车辆速度准确度大于或等于85%。

d. 占有率准确度大于或等于85%。

e. 平均无故障工作时间不少于10^4h。

f. 本地数据存储时间不低于24h。

g. 使用太阳能供电时必须提供电源管理系统。

h. 路网监测点共用设备除满足以上要求外,还应符合《公路网运行监测与服务暂行技术要求》的有关规定。

③环境检测器

通用布设原则:

a. 布设位置应能反映当地高速公路沿线的气象状况,并能代表周边一定范围内的自然状况。

b. 周边无高大木林、大范围稠密灌木林和建筑物的阻挡,不受烟火源及强光源的直射光、反射光的污染等。

c. 气象检测器应根据高速公路沿线气象状况合理选择检测单向设备,不宜笼统采用全套气象检测器。

d. 气象检测器应根据高速公路沿线地区气候状况确定是否设置,其间距不宜大于50km。

e. 气象检测器的气象要素应根据设置所在地需要检测的内容来确定;应设置能见度、路面状况(包括潮湿、干燥、冰雪)检测器。以大雾为主要恶劣气象条件的,应采集能见度参数;以大风为主要恶劣天气条件的,应采集风速参数;以路面湿滑为主要恶劣气象条件的,应同时采集相应的环境参数。

A1 等级布设原则:

a. 在浓雾多发地应设置能见度检测器。

b. 恶劣气象条件频发路段宜设置气象检测器。

c. 易发结冰大桥、特大桥等位置应设置路面检测器,其间距不宜大于15km。

A2/A3 等级布设原则:

a. 季节性浓雾多发地区,能见度检测器应按照15~20km间距设置。

b. 浓雾多发的山区和水网地区,能见度检测器应按照小于10km间距设置。

c. 对于平原或微丘地区,气象检测器设施宜按30~50km间距布设。

d. 对于山岭或重丘等地形较为复杂的地区,应充分考虑海拔高度、地形、地貌对气象的影响,气象检测器设施宜按20~40km间距布设。

e. 对于我国西部地广人稀且地形与气象条件变化不频繁,或是以沙尘暴和大风为主要交通高影响天气的(半)干旱、沙漠等地区,气象检测器设施布设间距可采用50km以上。

f. 在路网相对密集地区,气象检测器布设间距需要对区域高速公路网沿线的气象站进行统筹考虑。

g. 易发结冰特大桥等位置应设置路面冰检测器(气象检测器的单项功能);对于长度小于15km的易出现低温冰冻湿滑路面状况的路段,可在该路段适合位置布设1~2处路面冰检测器;对于长度大于15km的路段,路面冰检测器按平均不低于15km间距布设。如果采用公路热谱分析技术进行路面湿度与状况预测,按20~30km间距布设。

h. 大风多发且对行车安全影响严重的地点或区域应设置风速风向检测器(气象检测器的单项功能)。对于长度小于15km的风区路段,可在该路段适合位置布设1~2处风速风向检测器,宜选择在风区两侧开始位置附近;对于长度大于 15km 的路段,风速风向检测器按平均不低于 15km 间距布设。

设备应买足以下要求:

a. 能见度检测器:测量范围 10 ~ 2 000m;误差为 ±3%。

b. 气象检测器:

路面温度 -50 ~ +80℃,精度 ±0.5℃,分辨率 0.1℃;

大气温度 -50 ~ +70℃,精度 ±0.2℃,分辨率 0.1℃;

风速检测 0 ~ 60m/s,精度 ±0.5m/s,分辨率 0.1m/s;

风向检测 0° ~ 360°,精度 ±0.3°;

能见度检测范围 10 ~ 2 000m;

可检测干燥、潮湿、积水、结冰、积雪等状态;

路面温度、大气温度检测范围可根据当地历史气象极值合理调整。

c. 环境检测器安装高度不宜低于 3m。

④事件检测设备

通用布设原则:

a. A1 等级在交通分流分合区等事故易发点可设置事件检测器。

b. A2 等级在交通流分合区处可设置事件检测器;在交通事故多发区段、长下坡路段宜设置事件检测器,间距不宜大于 4km。

c. A3 等级按全程不宜大于 4km 的间距设置,有条件路段宜按照 2 ~ 3km 间距设置。

设备应满足以下要求:

a. 事件检测器如采用视频方式,宜采用固定摄像机,也可与路段摄像机共用。

b. 反应时间:自事故事件发生起 10 ~ 120s 内可调。

c. 事件检测器应至少能检测逆行、停车、拥堵。

d. 事件检测准确度大于或等于 90%。

e. 误报率小于或等于 5%。

f. 事件和事件前后 15min(事件前 5min、后 10min)图像可调。

⑤视频监控设备

通用布设原则:

a. 互通立交区域必须设置摄像机。

b. 易拥堵、易发生重特大突发事件、恶劣气象条件频发等路段应按照小于 2km 间距设置摄像机。

c. 避险车道必须设置摄像机。

d. 服务区、停车区应设置摄像机。

e. 特大桥宜设置摄像机;跨大江、跨海湾等特大桥,摄像机布设间距应小于 2km。

f. 摄像机的布设位置应避免跨线桥、灯杆、固定标志、信息标志等的阻挡和干扰。

g. 弯道区域应合理考虑摄像机的有效监控范围。

h. 改造项目摄像机宜选择靠近已有通信分支管道或桥梁、涵洞处设置。

A1 等级按通用原则布设。

A2 等级布设原则：

a. 对于气象条件变化频繁的区域，如易结冰、多雾的路段应设置摄像机。

b. 特殊构造物路段，如特大桥、特殊线形指标路段宜设置摄像机。

c. 事故易发路段、拥堵路段应设置摄像机。

d. 长下坡路段应设置摄像机。

e. 道路安全性评价存在问题的路段，应设置摄像机。

f. 重点区域的摄像机布设间距应不大于 2km。

g. 全程可按照 2km 间距设置。

A3 等级布设原则：

机布设间距不大于 2km。

设备应满足以下要求：

a. 道路沿线采用遥控式摄像机。

b. 服务区、停车区可采用球形摄像机。

c. 摄像机要求感光器不小于 1/3 英寸；光学变焦不小于 20 倍；具备低照度、宽动态功能。

d. 摄像机采用立柱安装。高度应在 8 ~ 12m 内，并采用防抖动措施。

e. 摄像机应采用专用避雷针。

⑥其他设备

路侧有线广播系统：

a. 避险车道宜设置路侧广播系统。

b. 互通立交区段可设置路侧有线广播系统。

c. 事故多发地段、长大下坡、气候恶劣地段等可设置路侧有线广播。

d. A2、A3 等级可设置路侧有线广播。

出口诱导灯：

A2、A3 等级应在互通立交、枢纽互通立交、服务区、停车区出口位置设置诱导灯。

超速抓拍设备：

长大下坡、长直线路段可设置超速抓拍设备。

三、监控系统工程施工质量监理及技术要求

1. 监理工作基本要求

监理人员应学习、了解国家相关的政策、法令、法规及设计、施工规范、技术标准以及相关行业、企业标准；熟悉《公路工程施工监理规范》(JTG G10—2006)；通晓机电工程建设用表(A、B、C、D、E 表)，并能熟练运用于监理工作当中。

2. 监理工作基本内容

1)施工准备阶段

(1)广泛阅读和熟悉招、投标文件(包括商务)及相关的业主、承包人谈判合同、澄清文件；仔细了解工程范围、工程界面、工期及要求。

(2)熟悉监控系统外场设备分布、类型、性能要求，室内设备类型、性能及要求。

（3）了解监理服务合同所规定的监理工作范围、服务时限、服务费用及其支付办法等。

（4）在监理工程师办公室负责人领导下，对施工现场设备位置、土建、房建、路面、供电等工程界面现状反复调查，提交调查报告；根据业主对工期的要求，适时跟踪、检查。若发现上述界面不符合设计要求，及时向业主主管人员报告，协调解决。

（5）专业监理要根据行业标准《公路工程质量检测评定标准　第二分册　机电工程》（JTG F80/2—2004）附录A和监控系统设计，对监控（分部工程）进行分项工程划分。

（6）施工图设计审查，发现问题及时与设计者沟通，向监理工程师办公室负责人汇报并提出对施工图设计审查的书面意见。

（7）审查监控分部、分项工程开工申请，检查申请单中施工组织措施、施工技术方案、施工设施、施工计划等内容的完善化；审查专业施工及安全管理、质量检验人员名单；审查质保体系。

（8）施工主要材料及安装设备报验：

①材料、设备到达现场前，要求承包人提报主要材料、安装设备报验单；

②得到材料、设备到货通知，监理人员应会同承包人、供货商并邀请业主（或代表）参加对材料、设备进行现场检验。检验材料、设备品牌、型号、规格、生产厂与合同一致；检查检测报告、测试记录、合格证书、质保证书、使用说明书应齐全。

2）施工阶段

（1）根据承包人每日“派工单”工作计划，结合分项工程性质，决定监理人员的监督方式。

①对于隐蔽工程、施工安全要求高的工序、关键设备、重点部位的施工应旁站监督。

②隐蔽工程：设备基础浇筑、电缆直埋敷设、环形线圈埋设、管道埋设等。如在检查基础钢筋、地脚螺栓的规格、型号、钢筋绑扎；检查混凝土配合比、试块的基础上，全程旁站监督浇筑过程。

③施工安全要求高：大型可变信息标志门架式立柱、道路摄像机立柱吊装，监控中心大型地图板、投影大屏幕支架安装、大屏幕拼接等。

（2）对于上述以外的设备的施工监理应随机跟踪检查、提出施工指导性意见；发现违规操作与施工图不符应及时与施工主管人员沟通，问明情况予以纠正。

（3）工程质量控制及进度控制要在每日施工监理过程中完成。质量问题的解决要在施工监理过程之中，不能在工程完工之后。

①坚持每日填写“监理日志”，载明项目、进度、质量问题、解决办法等；

②专业监理工程师发现自己不能协调处理的施工、技术问题，要及时向监理工程师办公室负责人汇报；

③严格监督、一丝不苟，发现质量问题绝不放过。质量问题不能留隐患，也不要留遗憾。

（4）在各分项工程施工过程中，要随时监督承包人及时正确地填写工序质量、隐蔽工程报验单，在施工质量自检的基础上专业监理工程师要仔细审核签认、归档。

（5）各分项工程施工监理要点

①车辆检测器

a.基本要求

a）主机及配件数量、型号规格符合设计要求。

b)安装位置正确,机箱外部完整,门锁开闭灵活。

c)线圈(探头)安装尺寸符合设计要求。

d)电源、通信线路按规范要求连接到位,检测器处于正常工作状态。

e)隐蔽工程验收记录、分项工程自检和设备调试记录、有效的设备检验合格报告或证书资料齐全。

b. 实测项目(表8-14)

车辆检测器实测项目　表8-14

序号	检查项目	技术要求	检查方法(仪表)
1	△交通量计数精度	允许误差: ±2%	人工计数与交通数据采集仪结果比较
2	平均车速精度	允许误差: ±5%(km/h)	雷达测速与数据采集仪测试结果比较
3	△传输性能	24h观察时间内失步现象不大于1次或BER≤10^{-8}	查日志和用数据传输测试仪
4	绝缘电阻	强电端子对机壳≥50MΩ	500V兆欧表测量
5	△安全保护接地电阻	≤4Ω	秒表、实测
6	△自检功能	自动检测线圈(探头)的开路、短路和损坏情况	模拟故障状态实际操作
7	逻辑识别线路功能	一辆车占用两个车道的两个线圈,处理器逻辑正常,输出的检测信息正确	模拟状态实际操作
8	△复原功能	加电后硬件恢复和重新设置时,原存储数据保持不变符合设计要求	实际操作
9	本地操作与维护功能	能用便携机维护与测试	实际操作
10	控制功能	满足设计文件要求	实际操作
11	基础尺寸	符合设计要求	实际操作和查隐蔽工程记录
12	机箱和地脚防腐涂层质量	符合设计要求	涂层测厚仪测量

c. 外观鉴定

a)机箱安装牢固、端正。

b)机箱表面光泽一致、无划伤、无刻痕、无剥落、无锈蚀。

c)基础混凝土表面应刮平,无损边、无掉角;联结地脚及螺栓规格符合设计要求,防腐措施得当,裸露金属基体无锈蚀;金属机箱与接地极连接可靠,接地极引出线无锈蚀。

d)机箱的出线管与箱体连接密封良好,箱体内无积水、尘土、霉变。

e)机箱内电力线、信号线、元器件等布线平直、整齐、固定可靠,标识正确、清楚,插头牢固。

d. 质量保证资料

a)隐蔽工程验收记录。

b)分项工程自检和设备调试记录(工序报验、工序自检)。

c)安装和非安装设备及附(备)件清单。

d)有效的设备、材料检验合格报告或证书、其他要求资料(设备、材料报验)。

e)施工中如发生质量事故,经处理补救后,达到设计要求的认可证明文件等。

②气象检测器

a. 基本要求

a)主机及配件数量、型号规格符合设计要求。

b)安装位置正确,机箱外部完整,门锁开闭灵活。

c)线圈(探头)安装方位、尺寸符合设计要求。

d)电源、通信线路按规范要求连接到位,气象检测器处于正常工作状态。

e)隐蔽工程验收记录、分项工程自检和设备调试记录、有效的设备检验合格报告或证书资料齐全。

b. 实测项目(表 8-15)

气象检测器实测项目　　表 8-15

序号	检 查 项 目	技 术 要 求	检查方法(仪表)
1	立柱竖直度	≤5mm/m	铅锤、直尺或全站仪
2	立柱、法兰和地脚几何尺寸	符合设计要求	超声波测厚仪测壁厚,用量具测其他尺寸
3	基础尺寸	符合设计要求	实际操作并查隐蔽记录
4	机箱、立柱、法兰和地脚的防腐涂层厚度	符合设计要求	涂层测厚仪测量
5	△绝缘电阻	强电端子对机壳≥50MΩ	500V 兆欧表测
6	△安全接地电阻	≤4Ω	接地电阻测量仪
7	△防雷接地电阻	≤10Ω	接地电阻测量仪
8	△温度误差	±1.0℃	温度计实地测量比对
9	湿度误差	±5%R.H	湿度计实地测量比对
10	△能见度误差	±10%或符合合同要求	模拟、目测或标准能见度仪测量对比
11	风速误差	±5%或符合合同要求	风速仪实地测量对比
12	△数据传输性能	24h 观察时间内失步现象不大于 1 次或 BER≤10^{-8}	查日志或用数据传输测试仪
13	功能验证	能检测到降水天气	模拟降雨实测

c. 外观鉴定

a)立柱、机箱及各探头传感器安装牢固、端正。

b)各部件表面光泽一致、无划伤、无刻痕、无剥落、无锈蚀。

c)基础混凝土表面应刮平,无损边、无掉角;机箱、立柱、法兰及地脚螺栓规格符合设计要求,防腐措施得当,裸露金属基体无锈蚀。

d)防雷接地和安全接地应分开设置,接地焊接牢固,焊缝饱满并做防腐处理;金属机箱与安全保护地连接可靠,接地极引出线无锈蚀。

e)机箱的出线管与箱体连接密封良好,箱体内无积水、尘土、霉变。

f)机箱内电力线、信号线、元器件等布线平直、整齐、固定可靠,标志正确、清楚,插头牢固。

③闭路电视监视系统

a. 基本要求

a)闭路电视系统的设备及配件数量、型号规格符合要求,部件完整;

b)摄像机基础安装位置正确,立柱安装竖直、牢固;

c)防雷部件安装到位、连接措施符合规范要求;

d)摄像机(云台)安装方位、高度符合设计要求;

e)控制机箱外部完整,门锁开闭灵活;

f)电源、控制线路以及视频传输线路按规范要求连接到位,闭路电视系统的所有设备处于正常工作状态;

g)隐蔽工程验收记录、分项工程自检和设备调试记录、有效的设备检验合格报告或证书资料齐全。

b. 实测项目(表 8-16)

闭路电视监视系统实测项目　表 8-16

序号	检查项目		技术要求	检查方法(仪表)
1	立柱竖直度		≤5mm/m	铅锤、直尺或全站仪
2	△立柱、避雷针(接闪器)、法兰和地脚几何尺寸		符合设计要求	超声波测厚仪测立柱壁厚,全站仪测立柱和避雷针高度,用量具测量其他尺寸
3	基础尺寸		符合设计要求	用量具或查隐蔽工程记录
4	△机箱、立柱、法兰和地脚的防腐涂层厚度		符合设计要求	用量具或涂层测厚仪
5	△强电端子对机壳绝缘电阻		≥50MΩ	500V 兆欧表
6	△安全保护接地电阻		≤4Ω	接地电阻测量仪
7	△防雷接地电阻		≤10Ω	接地电阻测量仪
8	收费中心监视器画面指标	△随机信噪比(雪花干扰)	黑白:≥37dB、彩色:≥36dB	仪器测量,也可人工(5 人以上)主观评分,≥4 分合格
		△单频干扰(网纹)	黑白:≥40dB、彩色:≥37dB	
		△电源干扰(黑白滚动)	黑白:≥40dB、彩色:≥37dB	
		△脉冲干扰(跳动)	黑白:≥37dB、彩色:≥31dB	
9	△云台水平转动角度		水平:≥350°	实际操作
10	△云台垂直转动角度		上仰:≥15°、下俯:≥90°	实际操作
11	△监视范围		符合设计要求	实际操作
12	△外场摄像机安装稳定性		受大风影响或受变焦、转动等控制时,动作平滑、无抖动	实际操作
13	自动光圈调节		自动调节	实际操作

续上表

序号	检查项目	技术要求	检查方法(仪表)
14	调焦功能	快速自动调焦	实际操作
15	变倍功能	可变倍	实际操作
16	雨刷功能	工作正常	实际操作
17	△切换功能	监控中心可切换到任一摄像机	实际操作
18	录像功能	可录像,且录像回放效果清晰符合设计要求	实际操作
19	硬拷贝功能	拷贝图像清楚	实际操作
20	报警功能	故障报警	模拟

c. 外观鉴定

a)立柱、机箱及摄像机(云台)安装牢固、端正。

b)各部件表面光泽一致、无划伤、无刻痕、无剥落、无锈蚀。

c)基础混凝土表面应刮平,无损边、无掉角;机箱、立柱、凸缘及地脚螺栓规格符合设计要求,防腐措施得当,裸露金属基体无锈蚀。

d)防雷接地和安全接地应分开设置,接地焊接牢固,焊缝饱满并做防腐处理;防雷引下线及接地体所用材料规格、防腐与连接措施、安装位置符合设计要求;金属机箱与安全保护地连接可靠,接地极引出线无锈蚀。

e)云台防护罩和机箱的出线管与箱体连接密封性良好,箱体内无积水、尘土、霉变。

f)机箱内电力线、信号线、元器件等布线平直、整齐、固定可靠,标识正确、清楚,插头牢固。

④可变标志

a. 基本要求

a)主机及配件数量、型号规格符合设计要求,部件完整。

b)基础安装位置正确,立柱安装竖直、牢固。

c)防雷部件安装到位、连接措施符合设计要求。

d)可变标志面板安装方位、角度、高度符合设计要求。

e)控制机箱外部完整,门锁灵活。

f)电源、控制、通信线路按规范要求连接到位,处于正常工作状态。

g)显示屏发光单元处于受控状态,失效率符合产品标准要求。

h)隐蔽工程验收记录、分项工程自检和设备调试记录、有效的设备检验合格报告或证书资料齐全。

b. 实测项目(表8-17)

c. 外观鉴定

a)立柱、控制机箱及显示屏安装牢固、端正。

b)各部件表面光泽一致、无划伤、无刻痕、无剥落、无锈蚀。

c)基础混凝土表面应刮平,无损边、无掉角;控制机箱、立柱、凸缘及地脚螺栓规格符合设计要求,防腐措施得当,裸露金属基体无锈蚀。

d)防雷接地和安全接地应分开设置,接地焊接牢固,焊缝饱满并做防腐处理;防雷引下线及接地体所用材料规格、防腐与连接措施、安装位置符合设计要求;金属机箱与接地极连接可靠,接地极引出线无锈蚀。

可变标志实测项目 表 8-17

序号	检查项目	技术要求	检查方法(仪表)
1	立柱竖直度	≤5mm/m	铅锤、直尺或全站仪
2	△立柱避雷针(接闪器)法兰和地脚的防腐涂层厚度	符合设计要求	超声波测厚仪测量立柱壁厚,用全站仪测量立柱和避雷针高度,用量具测量其他尺寸
3	△基础尺寸	符合设计要求	长宽用量具测量,埋深查隐蔽工程记录或实测
4	△机箱、立柱和防腐层厚度	符合设计要求	用涂层测厚仪
5	△强电端子对机壳绝缘电阻	≥50MΩ	500V 兆欧表测量
6	安全接地电阻	≤4Ω	接地电阻测量仪
7	防雷接地电阻	≤10Ω	接地电阻测量仪
8	△视认距离	120km/h,≥250m	按 JT/T 431 进行检查
9	发光单元色度坐标(x,y)	a. 可变信息标志按 JT/T 431 测量红、绿、蓝、白四色; b. 可变限速标志按 JT 432 测量红、黄色; c. 其他标志按 GB 14887 测量红、绿色	按 JT/T 431、JT 432、GB 14887 进行检查
10	显示屏平均亮度	最大、最小亮度符合设计要求。无规定时,应不小于 8 000cd/m^2	用亮度计实测
11	△数据传输性能	24h 观察时间内失步现象不大于一次或 BER 小于 10^{-8}	查日志和用数据传输测试仪
12	自检功能	能向中心计算机提供显示内容的确认信息及本机工作状态自检信息	实际操作
13	△显示内容	及时正确显示中心计算机发送的内容	实际操作
14	亮度调节功能	能自动根据环境照度自动调节显示屏的亮度	实际操作

e)显示屏、控制机箱的出线管与箱体连接密封良好,箱体内无积水、尘土、霉变。

f)显示屏、控制机箱内电力线、信号线、元器件等布线平直、整齐、固定可靠,标志正确、清楚,插头牢固。

⑤光电缆线路

a. 基本要求

a)各种光电缆规格及使用的保护管道符合设计要求。

b)人手孔及管道设置安装齐全、合格,防水措施良好。

c)塑料通信管道敷设与安装符合设计要求。

d)光电缆接线及占用管道孔正确,防水措施符合规范要求。

e)光电缆成端及进室措施得当,符合规范要求。

f)直埋电缆符合相关规范要求。

g)隐蔽工程记录、分项工程自检和通电调试记录、有效的光电及接续附件的检验报告或资料齐全。

b. 实测项目(表8-18)

光、电缆线路实测项目 表8-18

序号	检查项目	技术要求	检查方法(仪表)
1	光纤护层绝缘电阻	≥1 000MΩ · km	1 000V 兆欧表(仅对直埋光纤)
2	△单模光纤接头损耗平均值	≤0.1dB	光万用表或光时域反射计测量
3	△多模光纤接头损耗平均值	≤0.2dB	光万用表或光时域反射计测量
4	△低速误码率	BER≤10^{-8}	将线对一端短接,另一端接传输测仪以64kb 速率测之
5	同轴电缆衰耗	符合设计要求	衰耗测试仪
6	同轴电缆内外导体绝缘电阻	≥500MΩ	用兆欧表500V 挡,在连接器的芯线和外导体之间测量
7	△电力绝缘电阻	≥2MΩ	用1000V 兆欧表在配电箱和用电设备两点间测量
8	光电缆埋深	符合设计要求	查隐蔽工程记录,必要时开挖实测

c. 外观鉴定

a)在配电箱和用电设备控制箱内光、电缆排列整齐、有序,绑扎牢固,标志清楚;电力电缆尾端连接与接续应使用专用连接器并用热塑套管封合与标记。

b)同轴电缆成端应使用焊接方式,端头处理时预留长度一致,各层的开剥尺寸与电缆插头相应部分配合良好;芯线焊接端正、牢固、焊锡适量,焊点光滑、不带尖、不成瘤;组装成的同轴电缆插头配件齐全、位置正确、装配牢固。

c)监控中心(局内)光电缆排列整齐有序,进入墙壁要有保护套管,预留长度满足使用要求。

d)人(手)孔位置正确,预埋件安装牢固,防水措施良好,人(手)孔内无积水,高程符合设计要求。

e)光电缆在人(手)孔内余留长度符合规定;光缆接续箱安装牢固,密封良好。

f)直埋电缆两端铠装层接地处理措施得当,电缆标石埋设符合设计要求。

⑥监控(分)中心设备安装及系统调试

a. 基本要求

硬件:

a)机房整洁,通风、照明良好。

b)设备数量、型号符合要求,部件完整。

c)防雷、水暖、供电、空调通风、照明等辅助设施安装调试完毕并通过相关专业验收。

d)设备安装到位并已连通,处于正常工作状态,并进行了严格测试和联调。

e)隐蔽工程验收记录、分项工程自检和设备调试记录、有效的设备检验合格报告或证书资料齐全。

软件:

a)能准确及时采集交通流、交通环境和主要交通设施运行状态的各种信息。

b)能监测恶劣气候。

c)能对交通事故快速做出响应,迅速准确地提供事故信息。

d)根据已掌握的信息,迅速做出有针对性的处理和优化控制方案,并立即执行。

e)有多种信息发布渠道,为用户提供信息服务,通过驾驶员调整行驶行为,达到交通流动态平衡。

f)可以建立交通流数据库,用以支持道路运行状况评价,为改善道路经营和交通管理的决策提供数据分析。

g)按国家相关标准要求进行了软件的稳定性、可靠性测试并提供了报告;编制并提供了符合规范的软件手册及相关文档。

b. 实测项目(表8-19)

监控中心设备安装及系统调试实测项目 表8-19

序号	检查项目	技术要求	检查方法(仪表)
1	监控室内温度	18~28℃	用温度计测10处
2	室内相对湿度	30%~70%	用湿度计测10处
3	室内通风系统功能	要求有通风换气装置且工作正常	目测
4	室内防尘措施	B级(一周内设备应无明显灰尘)	目测
5	室内噪声	小于70dB(A)	用声级计实测
6	室内照明	5~200lx 可调	用照度计实测
7	△强电端子对机壳绝缘电阻	≥50MΩ	查随工记录或用500V兆欧表抽测3台设备
8	△联合接地电阻	≤1Ω	接地电阻测量仪
9	△工作接地电阻	≤4Ω	接地电阻测量仪
10	△安全接地电阻	≤4Ω	接地电阻测量仪
11	△防雷接地电阻	≤10Ω	接地电阻测量仪
12	与外场设备通信轮询周期	30~60s可调	实测10min
13	△与下端设备的交换数据的实时性和可靠性	按设定的系统轮询周期,及时准确地与车辆检测器、气象检测器、可变标志等交换数据	对于检测器,在外场人工测试统计后与上端系统按时段逐一对比不少于30min。对于可变标志,用通信设备在外场与上端比对信息的正确性和实时性

续上表

序号	检查项目	技术要求	检查方法(仪表)
14	△图像监视功能	监视全程和重点路段的运行状况	实际操作
15	与收费系统交换数据功能	正确接收收费数据、收费系统抓拍图像	实际操作
16	△系统工作状态监视功能	系统外场设备工作状态在计算机和投影仪上正确显示	实际操作
17	事故阻塞报警功能	符合设计要求	模拟阻塞测试
18	恶劣气候告警	天气异常时,自动报警	模拟低能见度测试
19	紧急情况告警	能识别交警、消防、急救等特殊电话并在地图板、大屏幕上提示	实际操作
20	△信息提供功能	指令信息通过系统正确地传送到可变标志、交通信号灯、车道控器及消防救援部门	实际操作
21	报表统计、查询及打印功能	迅速正确地统计、查询、打印命令指示、设备状况、系统故障、交通参数等数据	实际操作,查询历史数据
22	数据备份、存档功能	每日数据备份并有存档功能	实际操作,查询历史数据
23	加电自检功能	可循环检测监控中心内、外场设备运行情况,正确及时地显示故障位置、类型	目测

c.外观鉴定

a)控制台上设备布局合理,安装稳固、横竖端正,符合设计和人机工学的要求,接线端子和接、插座标识清楚。

b)CCTV监视器布局合理,屏幕拼接完整,无明显歪斜,安装稳固、横竖端正,符合设计和人机工学的要求,接线端子和接、插座标识清楚。

c)控制台、CCTV电视墙内以及各设备之间布线整齐、美观、编号标识清楚;信号线和动力线及其接头插座应明确区分,预留长度适当。

d)电力配电柜、信号配线架内布线整齐、美观;绑扎牢固、成端符合规范要求;编号标识清楚;预留长度适当。

⑦大屏幕投影系统

a.基本要求

a)投影仪、屏幕及配件数量、型号符合要求,部件完整;

b)投影仪、屏幕安装方位、角度、高度符合设计要求。

c)电源、控制线路及通信线路按规范要求连接到位,设备处于正常工作状态。

d)分项工程自检和设备调试记录、有效的设备检验合格证或证书等资料齐全。

b.实测项目(表8-20)

大屏幕投影系统实测项目

表 8-20

序号	检查项目	技术要求	检查方法(仪表)
1	拼接缝	不大于 2mm 或合同要求的尺寸	实测
2	△亮度	达到白平衡时的亮度不小于 150cd/m^2	亮度计实测
3	亮度不均匀度	不大于 10%	亮度计实测
4	图像显示	正确显示监控中心 CCTV 系统监视器的切换图像及图形计算机输出信息	实际操作
5	△窗口缩放	可对所选择的窗口随意的缩放控制	实际操作
6	△多视窗显示	同时显示多个监视断面的窗口	实际操作

c. 外观鉴定

a)投影仪外观完整无损伤、镜头洁净,屏幕平整整洁、白度均匀。

b)图像清晰、稳定、无抖动。

c)图像明亮、色泽鲜艳可调。

⑧地图板

a. 基本要求

a)地图板、控制器及其他配件的型号规格、数量符合设计要求,部件完整。

b)安装方位、角度、高度符合规范要求。

c)电源、控制线路及通信线路符合规范要求连接到位,设备处于正常运转工作状态。

d)显示屏发光单元处于受控状态。

e)分项工程自检和设备调试记录、有效的设备检验合格报告或证书等资料齐全。

b. 实测项目(表 8-21)

地图板实测项目

表 8-21

序号	检查项目	技术要求	检查方法(仪表)
1	整板尺寸	允许偏差:1%	卷尺
2	垂直度	≤2mm/m	铅锤、直尺
3	平整度	任意相邻两块不平度≤1.0mm	游标卡尺或靠尺、塞尺
4	△强电端子对机壳绝缘电阻	≥50MΩ	500V 兆欧表
5	静态显示	显示内容符合设计要求	目测
6	动态交通状态显示	绿、黄、红表示交通正常、拥挤、阻塞	模拟
7	△设备工作状态显示	绿、红表示外场设备的正常、故障	目测
8	△可变标志内容显示	符合设计	实际操作
9	△紧急电话呼入显示	亮灯表示 ET 通话状态	模拟
10	△交通量、气象、时间、日期	显示正确	目测

c. 外观鉴定

a) 地图板各显示区域布局合理,符合设计要求。

b) 屏幕模块拼接完整,无明显歪斜,安装稳固、横竖端正。

c) 屏幕基底色泽一致,无明显差异。

d) 各显示区域有信息显示时清晰明亮、稳定。

e) 地图板后箱内各设备之间布线整齐、美观,编号标志清楚;信号线和动力线及其接、插头座应明确区分,预留长度适当。

⑨计算机控制软件与网络

a. 基本要求

a) 网线、插座、连接线、网卡、集线器、交换机、路由器、调制解调器、服务器等网路设备的数量、型号规格符合设计要求。

b) 插座、双绞线接头的压接形式(线对分配)符合 EIA/TIA 568A 或 568B,一个系统中只能选用一种压接形式,不得混用。

c) 网络设备安装调试完毕,系统处于正常运转工作状态。

d) 隐蔽工程验收记录、分项工程自检和设备及系统联调记录、有效的设备检验合格报告或证书等资料齐全。

b. 实测项目(表 8-22)

监控系统计算机网络实测项目 表 8-22

序号	检查项目	技术要求	检查方法(仪表)
1	△网线接线图(双绞线缆)	EIA/TIA 568	通信行业标准:YD/T 1013—1999
2	布线长度(双绞线缆)	符合设计要求	通信行业标准:YD/T 1013—1999
3	△衰减(双绞线缆)	EIA/TIA 568	通信行业标准:YD/T 1013—1999
4	△近端串扰(双绞线缆)	EIA/TIA 568	通信行业标准:YD/T 1013—1999
5	环路阻抗(双绞线缆)	EIA/TIA 568	通信行业标准:YD/T 1013—1999
6	远方近端串扰(双绞线缆)	EIA/TIA 568	通信行业标准:YD/T 1013—1999
7	相邻线对综合串扰(双绞线缆)	EIA/TIA 568	通信行业标准:YD/T 1013—1999
8	远端串扰与衰减比(双绞线缆)	EIA/TIA 568	通信行业标准:YD/T 1013—1999
9	近端串扰与衰减比(双绞线缆)	EIA/TIA 568	通信行业标准:YD/T 1013—1999
10	综合远端串扰比(双绞线缆)	EIA/TIA 568	通信行业标准:YD/T 1013—1999
11	△回波衰耗(双绞线缆)	EIA/TIA 568	通信行业标准:YD/T 1013—1999
12	传输时延(双绞线缆)	EIA/TIA 568	通信行业标准:YD/T 1013—1999
13	线对间传输时延(双绞线缆)	EIA/TIA 568	通信行业标准:YD/T 1013—1999
14	△同轴电缆特性阻抗	50Ω 或 70Ω	通信行业标准:YD/T 1013—1999
15	光纤接头衰耗	0.2dB、按设计文件	光时域反射器
16	光纤接头回损	按设计要求	光时域反射器
17	光纤衰耗	按设计要求	光时域反射器
18	△网络维护性测试	符合设计文件	网络测试仪
19	网络健康测试	符合设计文件	网络测试仪

c.外观鉴定

a)网络设备、网线线槽、信息插座布放整齐美观,安装牢固、标志清楚。

b)线缆布放路由正确、绑扎牢固、端头连接规范、标志清楚,弯曲半径和预留长度符合设计或《综合布线系统工程验收规范》(GB/T 50132—2007)的要求。

3)完工阶段

分部工程或分项工程完工,承包人自检并提供自检报告后提供工程报验申请,监理工程师对该分部(或分项)工程进行全面检查符合质量要求后,进行功能试验,各项检查、试验合格,按要求签发分部(或分项)工程检验认可书。

3.监控设施质量标准及要求

(1)专业监理工程师在监理过程中,应根据《公路工程质量检验评定标准》(JTG F80/2—2004)中"一般规定"及"监控设施"部分的相关内容,提出具体设备的质量要求,并坚决贯彻执行。

(2)专业管理工程师要熟悉机电工程单位、分部、分项工程划分原则(见JTG F80/2—2004附录A)。

(3)专业管理工程师要熟悉每项监控设施的质量评定方法、原则、项目、重点。

每项监控设施质量评定分以下三个方面:

①基本要求;

②实测项目(标注"△"项目为关键项目);

③外观鉴定。

其中,实测项目是重点,但其他两项相辅相成不可偏废,均应严格监督。

(4)根据《公路工程质量检验测定标准》(JTG F80/2—2004)规定,对机电分项工程检查监督。监理单位检查频率不低于30%,对此务必引起重视并严格执行。

4.监控设备防雷与接地要求

1)一般规定

(1)监控系统的防雷设计,应根据当地雷电活动情况和设备情况,选择合理的保护等级,确保必要的防护置信度;同时也应防止过度保护造成不必要的浪费。

(2)监控系统应按照B级防雷防护等级考虑。

(3)监控系统使用的防雷器,应经过国家雷电防护装置测试中心及交通运输部认可的防雷产品质量检测部门测试合格。

(4)电源防雷器宜具备监测功能。

(5)管理部门所在地雷暴日的确定,应依据当地气象部门提供的有关数据。

(6)管理部门的建筑物应采取防直击雷和防雷电波侵入的措施。

(7)接地电阻应符合下列要求:

①联合接地电阻≤1Ω;

②保护接地电阻≤4Ω;

③防雷接地电阻≤10Ω。

(8)避雷针应符合下列要求:

①避雷针宜采用圆钢或钢管制成，或要用专用避雷针。

②针长1m以下，直径：圆钢不应小于ϕ12mm；钢管不应小于ϕ20mm。

③针长1～2m，直径：圆钢不应小于ϕ16mm；钢管不应小于ϕ25mm。

(9)接地体应符合下列要求：

①接地体在土壤中的埋设深度不应小于0.5m，宜埋设在冻土层以下。水平接地体应挖沟埋设，钢质垂直接地体宜直接打入地沟内，其间距不宜小于其长度的两倍并均匀布置，铜质和石墨材料接地体宜挖坑埋设。

②垂直接地体，宜采用长度不小于2.5m(特殊情况下可根据埋设接地体的土质及地理情况决定垂直接地体的长度)的热镀锌钢材、铜材、铜包钢的接地体，垂直接地体间距为垂直接地体长度的1～2倍，具体数量可以根据地理环境、电阻值要求确定，但不宜超过20个接地体。

③垂直接地体应采用ϕ38～50mm的钢管(壁厚不小于3.5mm)或40mm×40mm×4mm～65mm×65mm×8mm(推荐采用50mm×50mm×5mm)的角钢。

④水平接地体应采用热镀锌扁钢或铜材，扁钢规格不小于40mm×4mm，如采用圆钢其规格应不小于ϕ16mm。

⑤接地装置宜采用热镀锌钢质材料。在高土壤电阻率地区，宜采用换土法、降阻剂法或其他新技术、新材料降低接地装置的接地电阻。

⑥铜质接地装置应采用焊接或熔接，钢质和铜质接地装置之间连接应采用熔接方法，连接部位应作防腐处理。

⑦钢质接地装置应采用焊接连接。其搭接长度应符合下列规定：

a. 扁钢与扁钢搭接为扁钢宽度的两倍，不少于三面施焊；

b. 圆钢与圆钢的搭接为圆钢直径的6倍，双面施焊；

c. 圆钢与扁钢搭接为圆钢直径的6倍，双面施焊；

d. 扁钢和圆钢与钢管、角钢互相焊接时，除应在接触部位两侧施焊外，还应增加圆钢搭接件；

e. 焊接部位应作防腐处理。

(10)接地引线应符合下列要求：

①引线宜采用圆钢或扁钢，管理部门机房宜采用40mm×4mm或50mm×5mm热镀锌扁钢；外场设备宜采用圆钢，圆钢直径不应小于8mm。

②引线长度不宜超过30m。

③当垂直接地主干线直接与地网连接时，应从地网上不同的两点引接地引线。

④引线应镀锌或涂漆，并做好防腐蚀处理。

(11)接地线应符合下列要求：

①各类接地线的截面积，应根据最大故障电流和机械强度选择；一般设备(机架)的接地线应使用截面积不小于16mm^2铜线。

②严禁在接地线中加装开关或熔断器。

③接地线布放时应尽量短直，多余的线缆应截断，严禁盘绕。

④多股接地线与接地汇流排连接时，必须加装接线端子(铜鼻)，接线端子尺寸应与线径相吻合，压(焊)接牢固。接线端子与接地汇流排的接触部分应平整、紧固、无锈蚀、无氧化，不

同材料连接时应涂凡士林或黄油防锈。

(12)线缆敷设应符合下列要求:

①进、出监控机房楼体的线缆,宜埋设敷设,其中信号线缆应选用有金属屏蔽层的电缆。

②监控系统线缆与其他管线的间距应符合表 8-23 的规定。

监控系统线缆与其他管线的净距 表 8-23

其他管线	监控系统线缆	
	最小平行净距(mm)	最小交叉净距(mm)
防雷引下线	1 000	300
保护地线	50	20
给水管	150	20
压缩空气管	150	20
热力管(不包封)	500	500
热力管(包封)	300	300
煤气管	300	20

③监控系统信号线缆的路由走向,应尽量减小由线缆自身形成的感应环路面积。

④监控系统线缆与电力电缆的间距应符合表 8-24 的规定。

监控系统线缆与电力电缆的净距 表 8-24

类别	与监控系统信号线缆接近状况	最小净距(mm)
380V 电力电缆,容量小于 2kV·A	与信号线缆平行敷设	130
	有一方在接地的金属线槽或钢管中	70
	双方都在接地的金属线槽或钢管中	10
380V 电力电缆,容量 2~5kV. A	与信号线缆平行敷设	300
	有一方在接地的金属线槽或钢管中	150
	双方都在接地的金属线槽或钢管中	80
380V 电力电缆,容量大于 5kV. A	与信号线缆平行敷设	600
	有一方在接地的金属线槽或钢管中	300
	双方都在接地的金属线槽或钢管中	150

注:1. 当 380V 电力电缆的容量小于 2kV·A,双方都在接地的线槽中,即两个不同线槽或在同一线槽中用金属板隔开,且平行长度小于或等于 10m 时,最小间距可以是 10mm。

2. 电话线缆中存在振铃电流时,不宜与计算机网络在同一根双绞线电缆中。

⑤监控系统线缆与配电箱、变电室、电梯机房、空调机房之间的最小净距宜符合表 8-25 的规定。

监控系统线缆与电气设备之间的最小净距 表 8-25

名称	最小净距(m)	名称	最小净距(m)
配电箱	1.00	电梯机房	2.00
变电室	2.00	空调机房	2.00

2）监控机房防雷与接地

（1）防雷要求

①从配电房低压配电屏引电进入监控机房所在大楼的电源室配电柜（电源室有 UPS 等设备），进线端及电源室配电柜供给外场监控设备的电源输出端应安装第一、二级复合式防雷器组；第一级推荐选择具有能量自动配合功能的 10/350μs 波形开关型防雷器；第二级为 8/20μs 波形限压型防雷器，具体标称放电电流参数值参照表 8-26 如电源室没有 UPS 等设备，可不设置第二级防雷器。

监控大楼电源防雷器标称放电电流（kA）参数值　　　表 8-26

环境因素 \ 气象因素			当地雷暴日（日/年）		
			<20	20～40	≥40
第一级	平原	有不利因素	60（15）	100（25）	
		无不利因素	60（15）		
	丘陵	有不利因素	60（15）	100（25）	120（30）
		无不利因素	60（15）		
第二级	—		40		
第三级	—		10		

注：1. 括号内数值表示使用 10/350μs 波形的放电电流值。

2. 不利因素包括高层建筑、山顶、空旷地带；虽然少雷区但时有雷击发生；大地电阻率较高使接地电阻偏大。

②从电源室到监控机房、监控大厅的配电箱，配电箱进线侧应安装第二级 8/20μs 波形限压型防雷产品。

③机房或监控大厅设备电源插座或设备端应安装第三级防雷型插座。

④浪涌保护器连接导线应平直，其长度不宜大于 0.5m。当电压开关型浪涌保护器至限压型浪涌保护器之间的线路长度小于 10m、限压型浪涌保护器之间的线路长度小于 5m 时，在两级浪涌保护器之间应加装退耦装置。当浪涌保护器具有能量自动配合功能时，浪涌保护器之间的线路长度不受限制。浪涌保护器应有过电流保护装置，并宜有劣化显示功能。

⑤机房或监控大厅信号线路设备端应安装适配的信号线路浪涌保护器。

⑥信号线路浪涌保护器应连接在被保护设备的信号端口上。浪涌保护器输出端与被保护设备的端口相连。浪涌保护器也可以安装在机柜内，固定在设备机架上或附近支撑物上。信号线路浪涌保护器接地端宜采用截面积不小于 $1.5mm^2$ 的铜芯导线与设备机房内的局部等电位接地端子板连接。

（2）接地要求

监控机房及大厅接地应采用房建的联合接地，其阻值满足≤1Ω；如采取等电位连接措施，其阻值可≤4Ω。

①监控机房及监控大厅应设置等电位连接，一般可采用网状、星形或网状—星形混合形接地结构，推荐使用网状。

②等电位网与机房接地端子应至少两点连接。等电位网应使用不小于 30mm×3mm 的扁铜，地线和均压等电位之间采用不小于 ϕ8mm 螺栓可靠连接。等电位网格应保持 1.5～2m 的间距。

③所有电子设备的金属外壳、机柜、机架、金属管、槽、屏蔽线外层、电子设备防静电接地、安全保护接地、防雷器的接地端等均应以最短距离与等电位网连接。

第四节　收费系统工程质量监理

一、收费系统基本概念

1. 收费制式

收费系统通常采用三种收费制式,即全线均等收费制(简称均一式)、按路段收费制(简称开放式)和实际行驶里程收费制(简称封闭式)。

1)均一式

在均一式收费制式中,收费站一般设置在高速公路的各个匝道入(出)口和主线两端入(出)口。车辆在进出高速公路时,只要在一个收费站停车缴费就可以在高速公路内自由行驶,不再受阻拦。均一制的收费标准仅根据车型一个因素确定,不考虑行驶里程,而且各个收费站都取统一的收费标准。

2)开放式

在开放式收费制式中,收费站建在高速公路主线上,一般每隔40~60km,里程较长的高速公路可以多建几个收费站,各个互通立交的进出口不再设收费站,这样车辆可以自由地进出高速公路而不受控制,高速公路对外呈"开放"状态。每个收费站的收费标准仍仅根据车型一个因素确定,但各站的标准则因收费站的管辖距离不等而有所区别。

3)封闭式

在封闭式收费制式中,收费站建在高速公路的所有进出处,其中高速公路起终点的收费站一般建在主线上,称为主线起点(或终点)收费站,其收费广场形式与开放式相似。互通立交进出口收费站建在进出口匝道上,称为互通立交匝道收费站。车辆进出高速公路都要经过收费站并受到控制,但在公路内部可以自由行驶,高速公路对外呈"封闭"状态。

三种收费制式的收费站在高速公路上的布设形式和位置如图8-4所示。为简化起见,互通立交简化成喇叭形或菱形。

全线均等收费制(简称均一式)和按路段收费制(简称开放式)在早期的高速公路和其他等级公路上多有应实用,目前我国高速公路收费制式均采用封闭式收费制式。

2. 收费方式

一般来说,根据收费员参与收费过程的多少,收费方式可分为人工收费、半自动收费、自动收费;从用户(驾驶员)的角度来分,可分为停车和不停车收费方式。我国高速公路基本上采用半自动收费,正在推广应用自动收费(ETC)。

1)人工收费

人工收费系统不需要或基本不使用电子和机械设备,收费过程由人工完成,即人工判断车

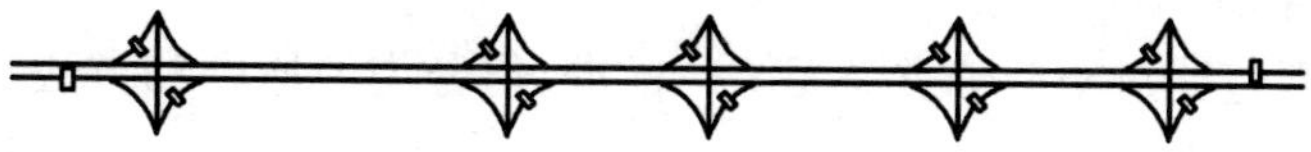

a)均一式

b)开放式

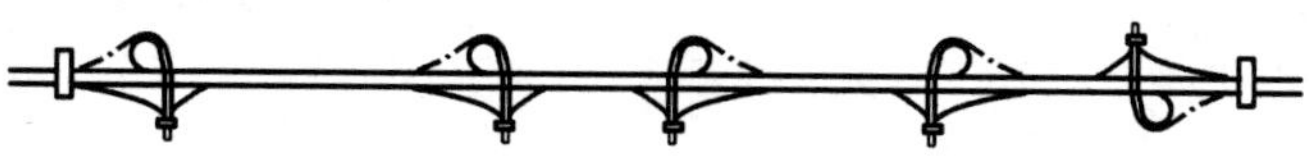

c)封闭式

图 8-4　三种收费制式收费站布设示意图

型，人工套用收费标准，人工收钱、找零、出具发票。人工收费方式的特点是除基本的土建费以外，它不需要其他的收费设施和管理设备，投资较少，造价低，可迅速建成实施收费，在处理异常情况时有较大的灵活性。

2）半自动收费

半自动收费方式是指收费过程由电子机械设备和人共同完成的收费方式，它通过使用计算机、电子收费设备、交通控制和显示设施代替人工收费方式操作的一部分工作。目前我国的收费站，绝大部分使用此种收费方式，同时增加闭路电视监控系统，形成独具特色的“人工收费、计算机管理、电视监控”的半自动收费模式，使这种收费方式更趋于严密和成熟。半自动收费方式的特点是使用了一些设备代替人工操作，降低了收费员的劳动强度，将人工审计核算、人工财务统计转变为计算机数据管理，极大地减轻了收费管理人员的劳动强度，使收费道路的收费管理系统化和科学化，但投资比较大，造价比较高。

3）自动收费

自动收费方式指电子收费系统（Electronic Toll Collection，简称 ETC）或不停车收费系统，它利用电子、计算机与通信技术，完成收费、统计和监控工作，使驾驶员不需停车就可缴付通行费。不停车、无人工操作和无现金交易是电子收费系统的三个主要特点。由于不需要停车等候，不会产生收费站前的车辆排队等候现象，减少了车辆延误；由于无需人工参与和无现金交易，可完全避免收费过程中的舞弊和贪污现象，同时也能解决由于交通堵塞而引起的能源消耗和环境污染等问题。

在电子收费系统，在车前装有作为通行券使用的电子标签（也称为标识卡）。它与装在车道上空的收发通信器进行微波通信（交互读、写）验证通行权，判别车辆类型自动核算记录通行费额，车辆无须停车，可直接高速通过（30 ~ 120km/h）。电子收费系统代表着当今最先进的收费技术，也是未来发展的方向，有着广泛的发展前景。

3. 车型分类

按车辆类型收取不同的通行费，以保证通行费征收的相对合理性。

1)车型分类的原则

当今国内外收费道路对车型分类尚无统一标准,但分类的原则和方法基本是一致的。即公平合理性和简单明确性。

2)车型分类的标准

各省新建联网收费系统应采用全国统一的车型分类标准《收费公路通行费车型分类》(JT/T 489—2003),见表8-27。

收费公路车辆通行费车型分类 表8-27

类别	车型及规格	
	客车	货车
第1类	≤7座	≤2t
第2类	8～19座	2～5t(含5t)
第3类	20～39座	5～10t(含10t)
第4类	≥40座	10～15t(含15t),29英尺集装箱车
第5类	8－9座	≥15t,40英尺集装箱车

当单车拖拽另一辆挂车时,该组合车辆的车型按照高于主车一个类别的车型分类标准进行。对于实施计重收费的,按国家或本省的有关规定进行。

4.通行券(卡)

1)通行券(卡)信息内容

通行券(卡)是封闭式收费制式特有的产物,是携带车辆类型、入口地址、时间等信息的载体。通行券上必须携带的基本信息主要如下:

(1)高速公路名称;

(2)入口站名称(或站号);

(3)车辆类型(或车辆分类号);

(4)入口收费员号(或姓名);

(5)通行车辆车情(普通车、军车、公务车);

(6)通过入口站的日期及时间;

(7)其他信息,如入口车道号、班次等,可根据各条路的管理要求增减。

2)通行券(卡)种类

通行券种类较多,一般按数据记录介质分类,可分为印刷通行券、打印通行券、条形码通行券、磁票/磁卡通行券、IC卡通行券、车载电子标签等,它们都有各自的优缺点和适用范围。目前,我国高速公路大部分使用IC卡。

5.通行费支付方式

支付通行费的方式是影响收费车道通过能力的一种重要因素,同时也是决定收费系统结构和功能的一种重要影响因素。目前支付通行费的付款方式有现金支付、预付款、银行卡等多种方式。

二、收费系统组成与功能

收费系统由省收费管理中心、路段收费管理分中心、收费站、收费车道和收费闭路电视监控子系统等组成。根据联网收费的实际需要,还可在省中心和路段管理分中心之间设置区域收费管理中心。收费计算机网络系统根据级别可分为收费中心(分中心)计算机系统、收费站计算机系统和车道计算机系统。

1. 收费系统管理体制

1)收费业务管理体制

联网收费系统实行"省收费管理中心—路段收费管理分中心—收费站"三级管理体制,如图 8-5 所示。

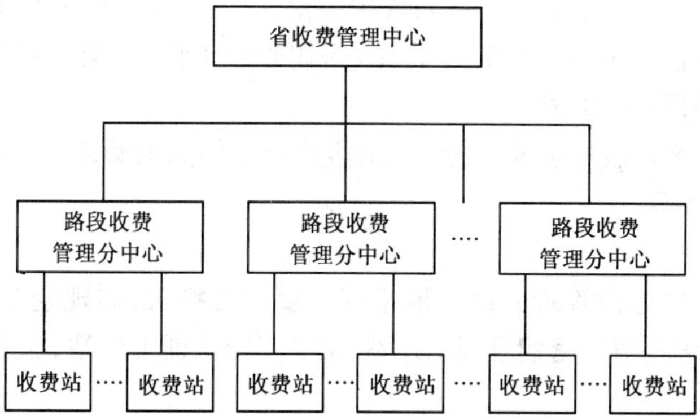

图 8-5 收费管理体制

根据联网收费的实际需要,还可在省收费管理中心和路段收费管理分中心之间设置区域收费管理中心。

2)收费数据管理

各省内联网收费数据实行"省收费管理中心—收费站"二级管理体制,如图 8-6 所示。

2. 省收费管理中心

省收费中心是全省高速公路的统一收费管理机构,主要职责是协调和指挥全省各条高速公路的收费管理,对收取的通行费进行拆分和结算。

1)省收费管理中心网络与设备组成

省收费管理中心系统主要由通行费拆分与结算、系统参数管理系统、报表统计/查询/打印系统、票证及通行券管理系统、数据传输系统、数据存储系统、数据备份与恢复系统、信息发布系统、网络管理系统、操作权限管理系统、密钥管理系统、安全认证系统等构成。

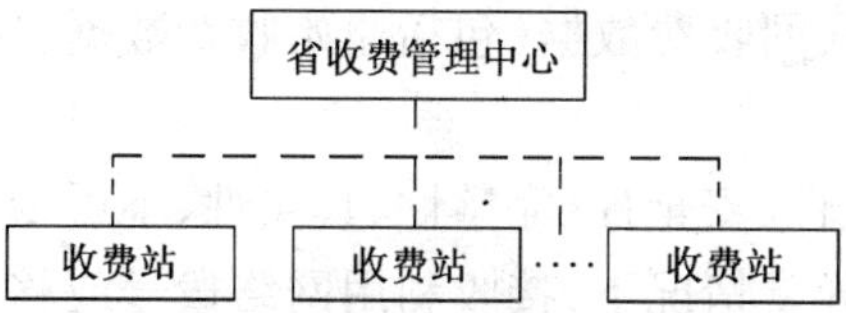

图 8-6 收费数据管理

省收费管理中心系统宜选用千兆以太网等高速网络通信技术组网,采用开放式网络构架,可根据功能需求和收费应用业务量的增加,方便地升级与扩展。

省收费管理中心系统可以根据收费路网的发展、联网收费应用、业务量需求等分期实施或进行扩展升级。当联网收费系统中使用非现金支付或电子收费时,建议采用容错服务器并配置大容量、高可靠的数据存储系统。

(1)省收费管理中心系统的基本构成

省收费管理中心系统主要由主数据服务器、通信服务器、结算服务器、访问服务器、通行券(包括票据管理)服务器、备份服务器、交核心换机、核心路由器、联网收费密钥管理工作站、通行券管理工作站、非接触式IC卡初始化和发卡设备、各种应用业务工作站、打印机、磁带库和电源等组成。

(2)省收费管理中心系统的扩展构成

①电子收费

需增加电子标签运营管理系统。该系统主要由交换机、电子收费数据管理服务器(包括现金支付交易安全认证服务器)、管理工作站、密钥管理工作站、交易安全认证工作站、加密机、打印机、数据备份设备等组成。

需增加电子收费客户服务系统。它包括对客户服务网点的管理,为用户提供查询、咨询、投诉、安装和维修服务等。

②非现金支付

需增加非现金支付运营管理系统。该系统主要由交换机、非现金支付数据管理服务器(可以与电子收费系统共用)、密钥管理工作站、交易安全认证工作站、加密机、打印机、数据备份设备等组成。

需增加非现金支付的客户服务系统。它包括对各客户服务网点的管理,为用户提供查询、咨询和投诉服务等。

③计重收费方式

需增加计重收费方式运营管理系统。该系统由计重收费数据库及其相关计重收费软件模块组成。

需增加计重收费数据辅助分析系统。该系统由必要的辅助分析软件模块等组成。

2)省收费管理中心功能

(1)基本功能

①系统参数管理:查询、增加、删除、修改现有收费路网的联网收费系统运行参数(如车型分类、非现金支付的黑/灰名单表、费额表、员工表、时钟同步信息、收费站编码表、联网收费拆分表、车辆行驶超时表等参数)。

②数据传输管理:建立与清算银行、下级系统的通信连接,传输联网收费系统需要交换的一切数据,如发送系统运行参数,接收下级系统上传的联网收费数据(包括原始收费数据和统计数据等)。

③数据处理与存储管理:完成联网收费数据的一致性、安全性、完整性、真实性、不可抵赖性、可靠性等处理与确认,并储存于数据存储系统。在异常情况下,接收利用网络拨号或移动介质等方式上传的联网收费数据。

④通行费的拆分与结算。

完成收费数据的校核验证，根据不同的拆分条件，对每一笔通行费进行拆分和结算，统计生成各类拆账报表，将拆分结果生成清算银行划拨指令。

将清算银行返回的资金划拨结果进行分类整理，并将通行费拆分与结算结果数据发送给下级系统。

⑤报表统计/查询/打印管理：对联网收费数据进行整合、处理、统计和生成收费、管理、交通量等报表（时间段、班次、日、月、年）。原始收费数据不允许修改。

⑥数据备份与恢复管理：数据备份要求依据所制定的备份策略，对收费数据和部分重要的系统文件进行备份；数据恢复要求在系统出现故障时，对收费数据或系统文件进行恢复。

⑦票证及通行券管理：票证管理应完成联网收费票证（收据/发票、定额票等）的入库、发放、核销和调拨；通行券管理应完成通行券的发行、日常管理（包括入库、出库、发放、调拨、库存管理等）、统计分析等。

⑧IC 卡的管理：包括各种 IC 卡的初始化（包括通行卡、公务卡、身份卡等）、发行等。

⑨信息发布管理：将通行费拆账结果、收费标准、系统参数等信息对联网收费路网内各个收费公路经营管理单位进行发布，供其浏览查询。

⑩操作权限管理：为不同身份人员设置不同的系统操作权限，以确认其可以进行不同级别的操作、维护与查询，并建立操作日志。

⑪网络管理：建立分布式网络管理系统，合理分配联网收费网络资源与负载、实现联网收费网络运行状况的实时监控与监测、迅速确定网络故障等。建立完备的分布式多层次网络安全系统，确保联网收费网络系统安全、可靠地运行。

（2）扩展功能

①电子收费管理

电子标签管理：包括电子标签的入库、出库及其初始化管理。

电子标签密钥管理：完成电子标签密钥的存储、分发等。

电子标签黑/灰名单管理：实现对电子标签黑/灰名单的增加、删除、修改、查询。

安全认证管理：主要包括交易安全认证和核心设备入网安全认证检测；交易记录的安全认证完成对电子收费交易数据、充值交易数据进行交易安全的确认；入网安全认证检测完成对入网电子收费核心设备认证检测，并建立与之对应的管理规程。

客户服务管理：主要完成电子标签销售、安装、维修、充值、挂失、解挂、注销、用户信息修改、资料查询等。

②非现金支付管理

非现金支付卡管理：包括非现金支付卡的入库、出库及其初始化管理。

非现金支付卡密钥管理：根据密钥管理系统要求，完成非现金支付卡密钥的存储、分发等。

非现金支付卡黑名单的管理：实现对非现金支付卡黑名单的增加、删除、修改、查询。

交易安全认证管理：对非现金支付卡收费交易数据、充值交易数据进行交易安全认证。

客户服务管理:主要完成非现金支付卡销售、充值、挂失、解挂、注销、用户信息修改、资料查询等。

③Internet 网站

包括客户服务(交易明细及相关资料查询,网上购电子标签、非现金支付卡等)。

管理中心对外信息发布。Internet 网站宜采用物理隔离并脱机运行方式,或者采用多级混合安全防护模式建立可信的安全系统后,从联网收费系统向网站单向发送数据。

④抓拍图像处理系统

图像文档的查核、备份。

打印特殊处理(例如未经允许未缴费等)车辆的图像。

⑤计重收费管理

接收下级上传的计重收费数据,完成计重收费数据的收集、存储、处理、管理等。

在联网收费系统参数表中需增加计重收费基本费额表(基本费率标准——正常车辆计重收费车辆通行费计算公式)、超限超载费额表(基本费率调节系数——超过公路承载能力的车辆通行费计算公式)、超限超载车辆黑名单,并可以根据需要及时下发至下级系统中。

统计/查询/打印各类计重收费日/周/月/季/年等管理报表。

对计重收费数据进行综合分析处理,提供简单必要的辅助分析决策数据,包括货车分车型OD 数据、路面动态荷载数据等。

3. 路段收费管理分中心

路段收费管理分中心是指各独立运行管理路段的收费管理机构,直接对本路段所辖的各收费站进行调度、管理,并监督各收费站的业务。

1)收费管理分中心网络与设备组成

收费管理分中心系统主要由数据处理与存储系统、系统参数管理系统、数据传输系统、报表统计/查询/打印系统、票证及通行券管理系统、数据备份与恢复系统、收费监控管理系统、特殊事件[通行券不可读(坏卡)]、超时、"U"形[回头、未付(欠费)、车牌查询等]处理系统等构成。

收费管理分中心系统宜选用千兆以太网(或快速以太网)等高速网络通信技术组网。该系统主要由服务器、工作站(收费管理、通行券管理、财务等)、打印机、数据备份设备、交换机、路由器和 UPS 电源等组成。

对于联网收费系统,可根据需要增加图像采集工作站。如果收费管理分中心管辖的收费站和车道数较多,或联网收费系统中使用非现金支付卡(包括储值卡和记账卡)、电子收费时,采用容错服务器并配置磁盘阵列柜。

2)收费管理分中心功能

(1)基本功能

①系统参数管理:包括浏览/打印现有收费路网、路段(桥)的联网收费系统运行参数(如车型分类表、非现金支付的黑/灰名单表、费额表、员工表、时钟同步、收费站编码表、联网收费拆分表、车辆行驶超时表等系统参数)。

②数据传输管理:建立与上级(管理中心)、下级(收费站)系统的通信连接,传输本路段(桥)收费系统所需的一切数据。如接受上级发送系统运行参数并下发至下级系统,接收下级系统上传的联网收费数据(包括原始数据和统计数据等)及查询请求等。

③数据处理与存储管理:完成联网收费数据的完整性、一致性、安全性、真实性、可靠性和抗抵赖性处理与确认,并储存于数据库系统;在网络发生故障(超过24h)时,根据需要,利用网络拨号或移动介质接收或上传联网收费数据/系统参数数据。

④报表统计/查询/打印管理:是指对本路段(桥)联网收费数据进行整合、处理、统计和生成收费、管理、交通量等报表(时间段、班次、日、月、年),满足个性化报表需求,同时支持精确匹配/区段间隔匹配/多重匹配等检索方式。原始收费数据不允许修改。

⑤数据备份与恢复管理:数据备份要求照所制定的备份策略(完全备份/增量备份/日志备份/时间段备份等),对收费数据和部分重要的系统文件进行备份;数据恢复要求在系统出现故障时,对收费数据或系统文件进行恢复。

⑥路段(桥)内非接触式IC卡的管理:收费分中心完成路段内非接触式IC卡的管理,主要包括公务卡/身份卡发行与管理、通行卡的查询/统计等。

⑦票证及通行券管理:票证管理应完成联网收费票证(收据、定额票)的入库、发放、核销和调拨;通行券管理应完成通行券的发行、日常管理(包括入库、出库、发放、调拨、库存管理等)、特殊管理(包括挂失、解挂、注销、跟踪等管理)、统计分析等。

⑧收费监控管理:实现对本路段各收费站所辖车道的关键设备状态、操作状态、特殊事件报警处理状态的实时监控。

⑨通行券不可读(坏卡)/超时/车牌查询管理:当通行券损坏、驾驶员行车超时或者出入口车道车牌不符时,需要键入通行券号码,通过联网收费网络系统查询其入口相关信息。

⑩操作权限管理:系统能够为本路段不同身份人员设置不同的系统操作权限,以确认其可以进行不同级别的操作、维护与查询,并建立操作日志。

⑪通行费的拆分与结算管理(如果采用分中心拆分):完成本路段联网收费数据的完整性、一致性、真实性、不可抵赖性和安全性认证,根据不同的拆分条件,对每一笔通行费进行拆分和结算,统计生成各类拆账报表,将拆分结果上传至上级系统。

(2)扩展功能

①抓拍图像处理管理

它是指收费分中心完成对车道抓拍图像和对应收费交易记录的比对,确认收费记录、收费员操作的真实性和准确性等。

②客户服务管理

收费公路经营管理单位可以在收费分中心设置电子收费客户服务系统。

电子不停车收费客户管理:主要完成电子标签销售、安装、维修、充值、挂失、解挂、注销、用户信息修改、资料查询等。

非现金支付卡管理:主要完成非现金支付卡销售、充值、挂失、解挂、注销、用户信息修改、资料查询等。

非现金支付卡黑名单的管理:实现对非现金支付卡黑名单的增加、删除、修改、查询。

交易安全认证管理:对非现金支付卡收费交易数据、充值交易数据进行安全认证。

③计重收费管理

包括接收下级上传的计重收费数据,完成计重收费数据的收集、存储、处理、管理等。接收上级下发的计重收费系统参数表,并及时下发至下级系统中。统计/查询/打印本路段(桥)计重收费日/周/月/季/年等管理报表。必要时,可以实现对超限超载车辆的监视。

4. 收费站

收费站是联网收费系统中最基层的收费管理单位,具体实施对所属收费车道的实时管理,包括对收费数据、收费金额、收费员操作、收费车道事件的管理等。

1)收费站网络与设备组成

收费站系统主要由系统参数管理系统、数据传输与处理系统、交接班管理系统、报表统计/查询/打印系统、票证及通行券管理系统、数据备份与恢复系统、收费监控管理系统、通行券不可读(坏卡)/超时/车牌查询管理系统、供电系统等构成。

收费站系统构成一般采用星形开放网络结构,选用100M/1000M双速以太网技术,由服务器、三层交换机、客户机(收费管理、车道运行监控、财务工作站)、打印机、数据备份设备和UPS电源等组成。

收费站与收费车道之间可根据具体条件,选用不同的网络连接方式,参见表8-28。

收费站与收费车道之间的连接方式 表8-28

通信方式	超5类非屏蔽双绞线 5类非屏蔽双绞线	10M单模光纤或 100M单模光纤	100M多模光纤
适用条件	①收费站交换式集线器与车道控制机网卡间的实际距离小于100m; ②雷电和其他干扰少,或者有良好的防雷电、抗干扰措施	①收费站交换式集线器与车道控制机网卡之间的实际距离大于2km; ②雷电、干扰多发区; ③收费车道有可靠的UPS电源给车道集线器供电	①收费站交换式集线器与车道控制机网卡之间的实际距离大于等于100m,小于2km; ②雷电、干扰多发区; ③收费车道有可靠的UPS电源给车道集线器供电

根据联网收费的需要可以增加通行券管理工作站、图像采集处理工作站(需要高速率公路专用通信网支持)和图像存储设备。如果联网收费系统中使用电子收费系统,建议采用低配置容错服务器。

采用以收费站为主的收费监控模式,在站长室可设置一台具有视频图像功能的工作站,除检索收费数据外还具有切换控制、观察收费站摄像机视频图像的功能。

2)收费站功能

(1)基本功能

①系统参数管理

浏览/打印现有联网收费系统运行参数(包括车型分类表、非现金支付的黑/灰名单表、费额表、员工表、时钟同步、收费站编码表、联网收费拆分表、车辆行驶超时表等系统参数)。

②数据传输与处理管理

建立与上级、下级系统的通信连接,传输本收费站系统所需的一切数据,如接收上级发送系统运行参数并下发至下级系统同时建立系统参数操作日志,接收下级系统上传的联网收费数据及查询请求等,能够利用网络拨号或移动介质接收或上传联网收费数据/系统参数数据。

数据处理确保数据的完整性、一致性、可靠性、真实性、安全性和不可抵赖性。

③交接班管理

对收费员交接班所涉及的通行券、票证、款项按照班次统一进行管理，完成收费站日常交接班业务登记、清账，打印基本业务报表等。

④报表统计/查询/打印管理

对本收费站联网收费数据进行整合、处理、统计和生成收费、管理、交通量等报表(时间段、班次、日、月、年)。原始收费数据不允许修改。

⑤数据备份与恢复管理

数据备份要求依据所制定的备份策略(完全备份/增量备份/日志备份/时间段备份等)，对收费数据和部分重要的系统文件进行备份；数据恢复要求在系统出现故障时，根据需要对收费数据或系统文件进行恢复。

⑥站内非接触式 IC 卡的管理

完成主要包括通行卡的入库/出库管理、通行卡的调拨、通行卡的查询/统计等。

⑦票证及通行券管理

完成票证(收据、定额票)的入库、发放、核销和调拨记录的详细管理；完成通行券的发行、日常管理(包括入库、出库、发放、调拨、库存管理等)、特殊管理(包括挂失、解挂、注销、跟踪等管理)、统计分析等。

⑧数据联合核查管理

实现对本收费站所辖车道设备状态、操作状态、特殊事件报警处理状态的实时监视，并可以对特殊事件进行声光或图像、文字的报警显示。同时收费站具备完备的抓拍图像处理系统，以完成对车道抓拍图像和对应收费交易数据记录的比对，确认收费数据记录、收费员操作的准确性和真实性，满足联合核查管理技术支持的要求。

⑨通行券不可读(坏卡)/超时/车牌查询管理

当通行券损坏，或者驾驶员行车超时，或者入出口车道车牌不符时，需要键入通行券号码或车牌号码，通过联网收费网络系统查询其入口相关信息，并可逐条浏览。

(2)扩展功能

①客户服务管理

根据需要，收费公路经营管理单位可以在所辖收费站点设置电子收费客户服务系统。

电子不停车收费客户管理：主要完成电子标签销售、安装、维修、充值、挂失、解挂、注销、用户信息修改、资料查询等。

非现金支付卡管理：主要完成非现金支付卡销售、充值、挂失、解挂、注销、用户信息修改、资料查询等。

非现金支付卡黑名单的管理：实现对非现金支付卡黑名单的增加、删除、修改、查询。

交易安全认证管理：对非现金支付卡收费交易数据、充值交易数据进行安全认证。

②计重收费管理

接收下级上传的计重收费数据，完成计重收费数据的收集、存储、处理、管理等。

接受上级下发的计重收费系统参数表，并及时下发至出口车道计重收费系统。

统计/查询/打印本收费站计重收费日/周/月/季/年等管理报表。

实现对超限超载车辆的监视。

5. 收费车道

收费车道系统是联网收费系统的核心,必须具备很好的可靠性、强壮性、适应性和安全性。

1)收费车道组成

(1)封闭式入口车道

①基本构成

封闭式入口车道系统由车道控制机(含车道计算机)、收费员终端(显示器、收费专用键盘)、通行券(卡)读写设备、车辆检测器及车检线圈、车道通行信号灯、亭内摄像机、车道摄像机、雨棚信号灯、雾灯、对讲分机、声光报警器和和紧急报警,自动栏杆和手动栏杆等组成。

②可选车道外设

包括车牌识别设备、车辆分离器以及自动收发卡机系统等。

(2)封闭式出口车道

①基本构成

封闭式出口车道系统由车道控制机(含车道计算机)、收费员终端(显示器、收费专用键盘)、通行券(卡)读写设备、车辆检测器及车检线圈、车道通行信号灯、车道摄像机、雨棚信号灯、雾灯、对讲分机、自动栏杆、费额显示器、票据打印机、语音报价器、亭内摄像机、声光报警器、紧急报警和手动栏杆等组成。

②可选车道外设

车牌识别设备系统、自动收发卡机、车牌自动识别系统、车型自动判别仪、称重控制器、称重平台、车辆分离器以及轮胎识别器等。

(3)开放式或混合式收费车道

开放式或混合式收费车道系统构成可以参考封闭式出口车道系统的构成酌情增减。

2)收费车道功能

(1)基本功能

①按车道收费操作流程正确对车道外围设备进行控制,实现车道发券(卡)、验票(收卡)、收费等正常收费功能,将收费数据存入本地数据库的同时实时上传至上级系统。

②接收收费站下传的系统运行参数(同步时钟、费额表、黑名单和系统参数等)。

③收费车道设备的管理与控制,具有设备状态自检功能。

④收费车道系统能够以独立作业的方式工作,当网络出现故障时,收费数据不丢失,不影响其正常工作,当车道长期独立工作时,可以通过人工方式利用移动介质将收费数据上传至上级系统;网络正常后,可自动上传积压未上传的收费数据至上级。

⑤收费车道系统能够实现对车道各种特殊事件的处理,并向上级上传实时的报警信息。

(2)扩展功能

①车道非现金支付功能:指车道通过适当地升级以支持非现金支付卡(储值卡、记账卡)刷卡付费功能。

②电子不停车收费功能:根据需要可以将 MTC 车道改造升级为 ETC 车道,配备必要的专用的标志标线,准确无误地指挥装载电子标签的车辆安全、快捷地通过 ETC 车道,并对 ETC 车道产生的特殊事件(主要包括交易失败、非法拆卸、闯关(违章)、“U”形车、超时车、无电子标

签、黑/灰名单、非本系统电子标签、出入口信息不匹配、入口信息无效、非现金支付卡过期、非现金支付卡不可用等)均要有相应的处理措施。

③出口车道计重收费功能:根据需要可以将 MTC 出口车道改造成为出口计重收费车道,配备必要的计重收费专用的标志标线,对货车依据实地测量的总质量是否超过公路承载能力认定标准,按照正常费率标准、超限超载基本费率加收调节系数分别实施计重收费,并对计重收费车道产生的特殊事件(主要包括超时车、"U"形车、无通行券(无卡)、不可读通行券(坏卡)、车牌不符车、闯关(违章)车、无支付或不足支付(未付或欠费车)、公务车、个别外设故障、倒车、拖车、不完全倒车、计重数据传输、计重设备故障等)均要有相应的处理措施;出口车道称重系统能够准确、及时、平滑传输完整的称重数据。

④出口车道查询功能:出口车道通过收费网络系统,输入通行券 ID 号、非现金支付卡(储值卡、记账卡)ID 号或车牌号能够查询在本收费路网内对应的入口信息。

(3)车道收费操作流程

联网收费系统中车道收费操作流程应完全相同,对车型、车种的识别标准应一致。

①均一制、开放式、混合式车道的基本收费操作流程应包括:正常车、军警车、公务车、紧急车、违章车、模拟等。

②封闭式入口车道的基本收费操作流程应包括:正常车、军警车、公务车、紧急车、违章车、预编信息通行券(预编码卡)、模拟、再发券(再发卡)等。

③封闭式出口车道的基本收费操作流程应包括:正常车、车型和/或车种不符、无支付或不足支付(未付或欠费车)、军警车、公务车、紧急车、违章车、无通行券(无卡)、不可读通行券(坏卡)、车牌不符(无效通行券)、"U"形行驶(回头车)、"J"形行驶、超时车、模拟等。

④电子收费车道基本操作流程应包括:正常车、交易失败、非法拆卸、闯关(违章)、"U"形车、无电子标签、黑/灰名单、非本系统电子标签、出入口信息不匹配、入口信息无效、非现金支付卡过期、非现金支付卡不可用、超时车等。

⑤出口计重收费车道基本操作流程包括:正常车、超过公路承载能力认定标准车、超时车、"U"形车、无通行券(无卡)、不可读通行券(坏卡)、车牌不符车、闯关(违章)车、无支付或不足支付(未付或欠费车)、公务车、倒车/不完全倒车、外设故障、计重收费数据传输故障等。

6. 闭路电视监控系统

闭路电视监控系统是对收费业务进行实时监控以及稽查的主要手段之一。

1)闭路电视监控系统组成

闭路电视监控系统由广场摄像机、车道摄像机、亭内摄像机、字符叠加器、传输、视频切换、图像记录和图像显示设备等组成,分为基本规模、中级规模、高级规模三种,见表 8-29。

闭路电视监控系统有基本规模、中级规模、高级规模三种 表 8-29

等级	内容	备注
基本规模	收费广场摄像机和显示、录像系统	
中级规模	出口车道、出口亭内、收费广场摄像机和切换控制、显示、录像系统	车道(或亭内)摄像机与收费数据进行字符叠加
高级规模	入口车道、入口亭内、出口车道、出口亭内、收费广场摄像机和切换控制、显示、录像系统	

(1)基本规模

基本规模由收费广场摄像机和站内视频系统组成。站内视频系统由监控台、视频控制键盘、一对一视频图像显示、视频录像系统组成。

视频控制键盘实现对广场摄像机云台和镜头进行上/下/左/右调校和变焦、聚焦控制。图像显示实现广场视频信号的一对一监视。视频录像实现对广场视频信号的数字录像。

(2)中等规模

中等规模由收费广场摄像机、出口车道摄像机、出口亭内摄像机、字符叠加器和站内视频系统组成。站内视频系统由视频控制系统(视频切换控制矩阵)、视频监视墙、视频数字录像系统组成。

视频控制系统(视频切换控制矩阵)实现对广场摄像机云台和镜头进行上/下/左/右调校和变焦、聚焦控制,并且能够实现对重点视频图像的选择监视与实时数字录像。视频监视墙实现对视频信号的监视。视频数字录像系统实现对所有视频信号的长延时/准实时/实时数字录像。

(3)高等规模

高等规模由收费广场摄像机、出口车道摄像机、出口亭内摄像机、出口字符叠加器、入口车道摄像机、入口亭内摄像机、入口字符叠加器和站内视频系统组成。站内视频系统由视频控制系统(视频切换控制矩阵)、视频监视墙、视频数字录像系统组成。

视频控制系统(视频切换控制矩阵)实现对广场摄像机云台和镜头进行上/下/左/右调校和变焦、聚焦控制,并且能够实现对重点视频图像的选择监视与实时数字录像。视频监视墙实现对视频信号的监视。视频数字录像系统实现对所有视频信号的长延时/准实时/实时数字录像。

2)闭路电视监控系统功能

(1)视频监视系统应能实现对收费广场状况、车道通过车辆的类型、收费员对通行卡的发放、收回以及操作过程均能直接观察和记录,对工作进行有效监督、对收费员的人身安全进行有效的保护。

(2)便于收费时的交通管理。

(3)实时监视收费员工作情况、车辆通过收费车道、收费广场情况,防止漏费,制止作弊。

(4)实时监视收费站监控室监控员的工作情况,实现多级监视,防止监控员与收费员勾结进行集体贪污等。

(5)收到车道报警信号,自动切换图像,便于重点监控。

(6)实时记录图像资料,为进行收费工作的动态分析、随机管理、善后处理和稽查等提供正确依据。

7. 内部对讲系统

1)内部对讲系统组成

内部对讲系统由收费站内对讲主机、收费亭内对讲分机、通信线缆和电源等构成。

2)内部对讲系统功能

(1)为收费站与收费亭间提供直接语音通道,便于收费站监控员与收费亭内收费员之间的业务对话。

(2)对讲主机可群呼、单呼等。

(3)收费站监控员可对每个收费亭进行监听。

8. 紧急报警系统

1)紧急报警系统组成

紧急报警系统由收费站内报警主机、收费亭内的报警开关和它们之间连接的信号电缆构成。

2)紧急报警系统功能

收费员在遇到人身、金钱安全威胁等紧急情况下向收费站监控室发出报警信息,请求救援帮助。

9. 收费系统软件

1)系统软件的选择要求

软件一般包括系统软件(操作系统、数据库、支撑软件等)和收费应用软件。

系统软件的选择要求:

(1)系统软件要高可靠性,要求每天24h、每年365d能不间断地工作。

(2)安全性要高,其安全级别应等于或不低于C2级。

(3)开放性要好,不受一家具体厂商所垄断和控制。

(4)高性能,技术成熟稳定,有众多支撑软件和应用软件的支持。

(5)易于维护操作,可管理性好。

(6)系统软件的选择应与所采用的硬件相适应。

(7)在联网收费监控区域内,宜选择相同的系统软件或能兼容的系统软件。

2)应用软件开发的主要标准

应用软件应满足监控、收费系统等相应系统的功能和性能的全部要求,做到结构化、模块化。应用软件的开发主要符合的标准有:

(1)《信息技术软件生存周期过程》(GB/T 8566—2007);

(2)《计算机软件文档编制规范》(GB/T 8567—2006);

(3)《计算机软件需求规格说明规范》(GB/T 9385—2008);

(4)《计算机软件测试文件编制规范》(GB/T 9386—2008);

(5)《计算机软件测试规范》(GB/T 1553—2008);

(6)《软件文档管理指南》(GB/T 16680—1996);

(7)《计算机软件可靠性和可维护性管理》(GB/T 14394—2008);

(8)《信息处理数据流程图、程序流程图、系统流程图、程序网络图和系统资源图的文件编制符号及约定》(GB/T 1526—1989);

(9)《信息技术软件工程术语》(GB/T 11457—2006)。

3)应用软件的文档要求

(1)应用软件开发的有关14种文档为:

①可行性研究报告、②项目开发计划、③软件需求说明书、④数据要求说明书、⑤概要设计说明书、⑥详细设计说明书、⑦数据库设计说明书、⑧用户手册、⑨操作手册、⑩模块开发卷宗、

⑪测试计划、⑫测试分析报告、⑬开发进度月报、⑭项目开发总结报告。

(2)应用软件生存周期的六个阶段:

①可行性与计划研究阶段、②需求分析阶段、③设计阶段、④实现阶段、⑤测试阶段、⑥运行与维护阶段。

三、收费系统工程施工质量监理

1. 计算机网络系统

收费系统计算机网络系统施工包括省收费管理中心、区域收费管理中心、路段收费管理分中心、收费站、收费车道计算机网络系统。

收费管理中心、区域收费管理中心、路段收费管理分中心、收费站机房和收费监控大厅(室)装修须按《电子信息系统机房设计规范》(GB 50174—2008)设计要求实施。

收费管理中心(分中心)、收费站所需服务器等计算机、外设等硬件设备必须按照招标文件的要求,全部配置到位,运送到安装现场,通过监理、业主验收后方可安装。

所有计算机所需安装的操作系统、数据库等操作系统软件必须是正版的,工作站的前端软件安装必须是有授权的。执行软件安装的技术人员必须经过专业培训,具有专业软件从业资格。

1)省、区域、路段收费管理中心计算机网络

(1)界面要求

①施工区域地面、墙体已装修完成;装修活动地板应符合国家标准的相应规定。装修用材料可根据需要采取防静电措施。地面材料应平整、耐磨、易除尘、减少眩光等。

②中心机房设备安装前,所需的供电输入线缆按设计要求的规格型号已引至进线室位置。

③中心系统框架设备(指配电箱、机柜、电视墙、控制台等)已到位,主要设备基本到位。

④安装设备时,机房土建、装修工程应完工。

(2)流程与监理要点

①电源设备安装。按照设计要求对分中心电源进行安装。

②中心设备单机安装,包括中心服务器、配置计算机(收费系统计算机、收费 CCTV 监控计算机及通信计算机),按统一收费软件来设置各管理工作站的用途,用来实现对收费分中心的管理。

③相关软件安装。依据统一收费软件系统的安装步骤,依次对分中心的服务器、管理计算机等进行软件安装。

④设备参数配置。正确配置收费车道和机房各计算机与服务器的网络地址。正确配置各计算机和服务器的访问权限。正确配置收费站机房与车道交换机。

⑤联网调试。收费站计算机系统设备安装完成后,检查、调整设备安装位置,确保正确、牢固,设备室距符合设计要求,用万用表检测线缆无问题后,可对设备进行通电调试,检测各设备工作正常。核对服务器、工作站、车道工控机 IP 地址、机器名及其相应的机构代码,检查数据流程是否正常。

⑥恢复现场与成品保护。现场所有设备安装调试完后，对施工现场进行清理恢复，并注意在投入使用前的成品保护。

（3）质量标准

①基本要求

a. 计算机系统设备数量、型号符合要求，部件完整。

b. 设备安装到位并已连通，处于正常工作状态，并进行了严格测试和联调。

c. 分项工程自检和系统联调记录、设备及附（备）件清单、有效的设备检验合格报告或证书等资料齐全。

②实测项目

a. 各端子对机壳绝缘电阻不小于50MΩ。

b. 机房和车道联合接地电阻不大于1Ω。

c. 与收费分中心的数据传输功能：定时或实时上传数据。

d. 系统时间设定功能：对车道计算机的时钟进行统一校准。

e. 图像稽查功能：可稽查所有出入口车道"有问题"车辆图像。

f. 报表统计管理及打印功能：收费站计算机系统可打印规定的各种报表。

g. 对各站及车道 CCTV 图像切换及控制功能：可切换、可控制。

h. 与收费分中心计算机通信功能：与收费分中心传输规定的数据，传输准确。

i. 通行卡管理功能：通过授权正确制作通行卡、公务卡、身份卡，并能记录、统计、查询本中心发行卡的信息。

j. 系统崩溃或电源故障重新启动时，系统能自动引导至正常工作状态，不丢失任何历史数据。

③外观检查

a. 计算机设备安装稳固、端正。

b. 监控室内操作、座椅、设备、配线列架等整齐、有序、无明显歪斜，标志清楚、牢固。

c. 所有设备安装后，外观无划伤、刻痕以及防护层剥落等缺陷。

d. 设备及收费监控室内布线整齐美观、固定可靠、标志清楚；过墙、板、地下通道处要有保护套管，并留有适当余量。

e. 设备之间各连接、插头等部件要求连接可靠、紧密、到位准确；布线整齐、余留规整、标志清楚；固定螺栓等要求紧固，无松动。

f. 配电箱内信号线、动力线及其接插头要求明显区分，标志清楚，有永久性接线图。

2）收费站计算机网络

（1）界面要求

①收费站用于安装计算机的稽查室、所长室、财务室、机房、监控室等房间的地面、墙体已装修完成。装修活动地板应符合国家标准的相应规定。装修用材料可根据需要采取防静电措施。地面材料应平整、耐磨；易除尘、减少眩光等。

②配电箱、机柜、电视墙、控制台已到位，且按标准规范安装完成。

③安装设备时，房建装修工程应完工，各种穿墙孔洞、爬线架、线缆井、走线槽等已经施工完毕。室内已充分干燥，市电已引入机房，机房照明已能正常使用；机房内不得存放易燃、易爆

或腐蚀性、强热源的物体;机房内配备消防器材并在有效期内;机房建筑的防雷接地和保护接地、工作接地体及引线需保证合格,接地电阻必须符合施工图设计要求。

④所用线缆等主要材料数量、型号、规格等符合设计要求。

(2)流程与监理要点

①机柜主要安装于机房内,用于摆放安置收费站设备。

②机柜内安装的设备有一定的发热性,在进行机柜安装定位时,注意前后空间分配与整个机房通风问题。

③机房内机柜摆放一般以机房为中心一字排开,保证整体整洁。

④所有机柜、计算机桌(控制台)确认安装位置后,均需与地面进行固定处理,如安装静电地板则需落地固定。

⑤收费站操作台与电视墙须符合人机工学原理要求。

⑥设备布置应符合设计图纸要求,收费站内通道与设备室的距离应符合设计要求。

(3)质量标准

①基本要求

a. 计算机系统设备数量、型号符合要求,部件完整。

b. 设备安装到位并已连通,处于正常工作状态,并进行了严格测试和联调。

c. 分项工程自检和系统联调记录、设备及附(备)件清单、有效的设备检验合格报告或证书等资料齐全。

②实测项目

a. 各端子对机壳绝缘电阻不小于 50MΩ。

b. 机房相车道联合接地电阻不大于 10Ω。

c. 与收费分中心的数据传输功能:定时或实时上传数据。

d. 系统时间设定功能:对车道计算机的时钟进行统一校准。

e. 图像稽查功能:可稽查所有出入口车道“有问题”车辆图像。

f. 报表统计管理及打功能印:收费站计算机系统可打印规定的各种报表。

g. 对各站及车道 CCTV 图像切换及控制功能:可切换、可控制。

h. 与收费分中心计算机通信功能:与收费分中心传输规定的数据,传输准确。

i. 系统崩溃或电源故障重新启动时,系统能自动引导至正常工作状态,不丢失任何历史数据。

③外观检查

a. 计算机设备安装稳固、端正。

b. 监控室内操作、座椅、设备、配线列架等整齐、有序、无明显歪斜,标志清楚、牢固。

c. 所有设备安装后,外观无划伤、刻痕以及防护层剥落等缺陷。

d. 设备及收费监控室内布线整齐美观、固定可靠、标志清楚;过墙、板、地下通道处要有保护套管,并留有适当余量。

e. 设备之间各连接、插头等部件要求连接可靠、紧密、到位准确;布线整齐、余留规整、标志清楚;固定螺栓等要求紧固,无松动。

f. 配电箱内信号线、动力线及其接插头要求明显区分,标志清楚,有永久性接线图。

3）收费车道计算机网络

（1）界面要求

①要求收费岛设备基础、管道已完成，并完成管线试通。基础、地脚螺栓等符合设计图纸的要求。基础所在位置无支架等其他障碍物，满足施工要求。

②设备基础要求平整。设备基础预埋管道质量要求焊接牢固，无直角弯，管口平滑无毛刺，管内穿有引线。

③预埋管道数量、材质、直径、路由等符合设计图纸的要求，且畅通无阻塞。

（2）流程与监理要点

①计算机设备安装牢固、标志清楚，线缆布放路由正确、绑扎牢固，端头连接规范、标志清楚，弯曲半径和预留长度符合设计或《公路收费车道控制机》（GB/T 24968—2010）规范要求。

②车道设备安装布线整齐美观、固定可靠、标志清楚；过墙、板、地下通道处要有保护套管，并留有适当余量，以及防护层剥落等缺陷。

③设备之间的连接、插头等部件要求连接可靠、紧密、到位准确；布线整齐、余留规整、标志清楚；固定螺钉等要求坚固，无松动。

④所有线缆标志能体现出该线缆的作用与起止点，设备标志能体现出该设备的作用与主要设置参数（如本设备的 IP 地址、IP 段、编码地址等）。

⑤设备安装。根据设计图纸，将收费亭安装在收费岛上，将收费车道计算机安装在收费亭内。安装时应注意设备摆放顺序尽可能与设计图纸一样，设备之间应有一定的距离，以便接线调试和通风散热。

⑥线缆敷设与接入。根据设计图纸要求，把设备所用线缆分强电和弱电线槽分开布放，并与对应设备依次接好。

⑦地线连接。按照设计要求将设备地线连接到母地线排。

⑧挂牌标志。对设备端所有线缆整理并绑扎固定，将制作好的正式线缆标牌分别用扎带悬挂于单独的线缆之上。线缆标志须内容清晰明了，和线缆对应正确无误。

⑨参数配置。正确配置收费车道和机房各计算机与服务器的网络地址。

⑩设备调试。车道计算机设备安装完成后，检查、调整设备安装位置，确保正确、牢固，设备安放符合设计要求，在用万用表检测线缆无问题后，可对设备进行通电调试，检测各设备工作是否正常。

⑪核对服务器、工作站、车道工控机 IP 地址、机器名及其相应的机构代码，检查数据流程是否正常。

（3）质量标准

①基本要求

a. 计算机系统设备数量、型号符合要求，部件完整。

b. 设备安装到位并已连通，处于正常工作状态，并进行了严格测试和联调。

c. 分项工程自检和系统联调记录、设备及附（备）件清单、有效的设备检验合格报告或证书等资料齐全。

②实测项目

a. 各端子对机壳绝缘电阻不小于 50MΩ。

b. 机房和车道联合接地电阻不大于1Ω。

c. 系统时间设定功能可实现对车道计算机的时钟进行统一校准。

d. 完成对各站及车道 CCTV 图像切换及控制功能的控制。

e. 系统崩溃或电源故障重新启动时,系统能自动引导至正常工作状态,不丢失任何历史数据。

③外观检查

a. 计算机设备安装稳固、端正。

b. 监控室内操作、座椅、设备、配线列架等整齐、有序,无明显歪斜,标志清楚、牢固。

c. 所有设备安装后,外观无划伤、刻痕,以及防护层剥落等缺陷。

d. 设备及收费监控室内布线整齐美观,固定可靠,标志清楚;过墙、板、地下通道处要有保护套管,并留有适当余量。

e. 设备之间的连接、插头等部件要求连接可靠、紧密、到位准确;布线整齐、余留规整、标志清楚;固定螺钉等要求紧固,无松动。

f. 配电箱内信号线、动力线及其接插头要求明显区分,标志清楚,有永久性接线图。

2. 收费车道系统

收费车道系统包括车道控制机(含工控机和车道控制器)、收费员终端(显示器、专用键盘)、通行券发券装置(入口)、通行券读写装置(出口)、票据打印机(出口)、IC 卡收发卡机、收费亭内摄像机、收费亭内拾音器、对讲分机、报警开关等设备。

设备安装位置,应符合设计要求,安装牢固且不侵入建筑限界,布局应合理,线路连接应正确并便于维修。车道控制机放置位置应不妨碍收费员的正常操作,报警开关原则上应安装在隐蔽位置。

由于设备、材料到场时间难以统一,应要求各设备在该项工程开工前 5 ~ 7d 到场,以便有充足的时间进行设备、材料到场检验。

1) 车道控制机

(1) 界面要求

①收费亭已安装完毕且符合设计施工要求。

②收费亭内所需附属设施都已安装到位。

③预埋管道数量、材质、直径、路由等符合设计图纸的要求且畅通无阻塞。

(2) 流程与监理要点

①控制机箱安装。根据设计位置安装车道控制器,并按照车道机进线孔尺寸,固定机箱前用切割机在收费亭内静电地板上开出线缆进线孔。地板下线槽至车道机进线孔之间的线缆,应加穿金属软管保护并绑扎固定。

②线缆引入。经施工负责人或系统工程师检查,确认所有外设线缆均已布设完毕后,将线缆自地板下由车道机内进线孔引至地板上。恢复亭内静电地板。根据设备自身安装结构,固定车道控制器。

③线缆测量核对。根据布线施工时预留的线缆临时标签,用万用表测量各线缆。检查线缆布放过程中是否有损伤以及对应的待接设备是否正确,确认无误后进入下道工序。

④线缆成端制作。将线缆逐条进行开缆,每根线缆护套根部均加套热缩管,用热风枪缩

封。对照施工接线图,将各条缆线接入相应端子排接口。

⑤开关电源安装。根据车道控制机出厂配置及选购外设所需工作电压,将开关电源用抱箍固定,输出线接入端子排供所需外设取电。

⑥线圈检测器安装。根据线圈电感量及应用软件要求,调整车辆检测器模式及频率。将调整好的车辆检测器安装插入对应插槽内。

⑦字符叠加器安装。在车道机预留位置安装并固定字符叠加器,接入直流电源。将视频电缆的摄像机输入、显示器输出和上传监控室输出分别制作终端,接入字符叠加器对应的输入、环路输出和叠加输出端口。

⑧数据信号接入。将网络、视频和音频缆分别制作拟 RJ45、BNC 和 RFI 端头,对应接入工控机的网卡、视频捕捉卡和声卡接口。

⑨设备通电调试。全部线缆接续完毕,检查确认,保证线缆全部到位并且接续无误。对车道机送电开机。使用测试软件操作,通过观察外设工作状态及继电器板上的继电器切换状态对受控设备进行初步测试。

⑩线缆标志制作。对设备内所有线缆整理并绑扎固定,将制作好的正式线缆标牌,分别用扎带悬挂于单独的线缆之上。线缆标志内容清晰明了,和线缆对应正确无误。

⑪现场清理恢复。将车道机内的箱体、门体等接地端子用导线压接铜线卡子进行连接固定。对引上线缆进行盘留绑扎。清理施工现场,恢复收费亭内卫生。

(3)质量标准

①车道控制器的安装质量,应符合《公路工程质量检验评定标准》(JTG F80/2—2004 的规定)。

②车道控制器的安装位置,应符合设计图要求,安装稳固、端正,并便于维护。

③车道机设备安装后,外观无划痕、刻痕,以及防护层剥落等缺陷。

④设备及收费亭内布线整齐美观、固定可靠,并留有适当余量、标志清楚;地板下、通道处应架设金属线槽或有保护套管。

⑤设备之间连接插头等部件要求连接可靠、紧密、到位准确;固定螺钉等要求紧固,无松动。

⑥设备之间连接插头等部件要求连接可靠、紧密、到位清楚,有永久性连接线图。

⑦车道控制器设备强电端子对机壳绝缘电阻不小于 50MΩ。

⑧车道控制器安全接地电阻不大于 1Ω。

2)雾灯

(1)界面要求

①雾灯安装,要求收费岛内雾灯设备基础、管道已完成,并完成试通,收费棚下无障碍物影响。

②岛内设备基础应平整,法兰盘、地脚螺栓等埋设应正确平直。

③车道设备基础预埋管道要求焊接牢固,无直角弯,管口平滑无毛刺,管内穿有引线。

④基础、地脚螺栓等应符合设计图纸的要求。

⑤预埋管道数量、材质、直径、路由等应符合设计图纸的要求且畅通无阻塞。

(2)流程与监理要点

①安装地脚螺栓。按施工设计图指定位置,根据立柱法兰盘尺寸,打入膨胀螺栓。膨胀螺栓安装打入时,须注意防止损坏螺纹。

②线缆引入。利用引线铁丝将电源及视频线缆自基础管道内引出至岛头雾灯杆体上端。将平垫、弹簧垫和螺母依次套入膨胀螺栓,暂时不拧紧紧固螺母。

③杆体安装校正。用吊线铅锤配合直尺(或水平尺)检测立柱杆体垂直度,直至垂直度符合规范要求,然后彻底紧固螺母。

④灯箱安装。将雾灯箱体与立柱法兰相连接,检查可视角度后将连接螺栓紧固。

⑤线缆接入。用万用表测量检查线缆是否有损伤,确认后对照施工接线图,将电源线缆各芯分别接入相应端口。

⑥设备通电调试。设备通电前,应保证设备两端的线缆接续正确,避免因线缆误接造成设备及元器件的损坏。

⑦恢复现场与成品保护。现场所有设备安装完后,对施工现场进行清理恢复,并注意在投入使用前对成品进行保护。

(3)质量标准

①收费岛雾灯的安装质量,应符合《公路工程质量检验评定标准》(机电工程)(JTG F80/2—2004)的规定,符合《道路交通信号灯》(GB 14887—2011)国家标准的各项规定。

②安装过程中须保证部件表面光泽一致,无划伤、无刻痕、无剥落、无锈蚀。

③同向车道所有设备中心应在一条直线上,侧面垂直度也须保持一致。

④灯箱密封性能必须良好,保证雨水不能进入箱体内部造成侵蚀。

3)手动栏杆安装

(1)界面要求

①手动栏杆安装,要求收费岛内手动栏杆设备基础、管道已完成,并完成试通,手动栏杆安装处无障碍物影响。

②基础、地脚螺栓等符合设计图纸的要求。

③预埋管道数量、材质、直径、路由等符合设计图纸的要求,且畅通无阻塞。

(2)流程与监理要点

①安装地脚螺栓。按施工设计图指定位置,根据手动栏杆机压铁尺寸,用电锤钻出底孔,并打入膨胀螺栓。

②立柱安装固定。将自动栏杆机放置于车道基础上,保证安装后同向车道所有的栏杆机在同一横线上。

③套上垫片及膨胀螺栓螺母。用铅锤配合直尺或水平尺检测立柱垂直度。

④手动栏杆横臂安装。将销轴放入栏杆横臂申,然后和栏杆托臂相连,套上连接螺栓进行紧固,最后将栏杆推入托臂槽申。沿行车方向,栏杆臂应能在水平面上打开90°。

⑤恢复现场与成品保护。现场所有设备安装完后,对施工现场进行清理恢复,并注意在投入使用前对成品进行保护。

(3)质量标准

①手动栏杆机的安装质量,应符合《公路工程质量检验评定标准》(JTG F80/2—2004)的规定。

②设备安装后，外观无划痕、刻痕，以及防护层剥落等缺陷；安装过程中，避免损坏箱体外表面喷塑层。

③手动栏杆机基础中心距路边距离符合设计要求，沿行车方向栏杆臂应能在水平面上打开 90°。

4）车辆检测器

（1）界面要求

①收费车道路面施工工作已完成，路面无障碍物影响。

②路面伸缩缝间距应大于检测线圈的最大内径 600mm 以上。

③预埋管道数量、材质、直径、路由等应符合设计图纸的要求且畅通无阻塞。

（2）流程与监理要点

①画线定位。清扫车道，根据现场位置核对施工图纸，确定线圈切割尺寸、位置。

②路面切割。用切割机缓慢匀速下刀，切割深度符合要求。线槽要求走线平直，保证槽底平整。

③线圈倒角。矩形线槽切割完毕后，应对四角 150mm 处，进行 45°角切割出倒角槽。保证倒角槽和线圈槽连接处的平滑。

④清洗切缝。用高压水枪对线缝进行数遍冲洗，将缝内泥浆洗尽，以保证随后的灌封质量。

⑤风干切缝。用吹风机将切缝槽内存水吹出风干。

⑥垫底层泡沫胶条。确定缝内清洁无杂物，用直径为 6mm 的弹性发泡密封条垫入切槽底部，用线钩压实。

⑦电缆下线。将线圈线缆松紧度适中地逐层下入槽缝内，用线钩逐层压实，根据设计图要求的电感计算下线匝数。

⑧压面层泡沫胶条。在线缆上用弹性发泡密封条压入槽缝内，用线钩将胶条尽量压实。

⑨缠绞馈线。线缆留足接入线圈检测器的余量后截断，将两根馈线每米 10 ~ 15 转顺时针缠绕。用万用表测量并记录电感、环阻等原始数据。检测符合要求后，引入设备待接端口。

⑩贴防污染胶带。在各条切槽两边用不干胶带粘贴，防止灌封时密封胶污染路面。

⑪灌胶回填。用专用胶枪将硅酮密封胶均匀地灌入切缝中，所有切缝处均需灌封并保证饱满密实，不能有空层及气泡。

⑫勾缝抹平。灌胶完成后，用油灰刀将硅酮密封胶压实抹平，不能留有缝隙。

⑬清理恢复车道。清理已完成路面，可将切割产生的水泥灰覆盖于切缝之上，防止粘连。

（3）质量标准

①切缝外观平直美观。检查切槽深度是否符合设计要求。

②拐角处应进行倒角切割，避免锐角损伤线缆。

③灌胶前应测量电感量是否符合设计要求。

④隐蔽工程原始数据记录应及时完整。

5）电动栏杆

（1）界面要求

①要求收费岛电动栏杆设备基础、管道已完成，并完成管线试通。基础、地脚螺栓等应符

合设计图纸的要求。基础所在位置无支架等其他障碍物,满足施工要求。

②设备基础要求平整。设备基础预埋管道质量要求焊接牢固,无直角弯,管口平滑无毛刺,管内穿有引线。

③预埋管道数量、材质、直径、路由等应符合设计图纸的要求,且畅通无阻塞。

(2)流程与监理要点

①安装地脚螺栓。按施工设计图指定位置,根据栏杆机压铁尺寸,用电锤钻出底孔,打入膨胀螺栓。

②箱体安装。将自动栏杆机放置于车道基础上,用细线绳将所有设备进行吊线检测,保证安装后同向所有车道的栏杆机在同一横线上。

③线缆引入。利用引线铁丝将电源及控制线缆自基础管道内引出至栏杆机上。将线缆护套根部加套热缩管,芯线取足长度截断,用剥线钳剥除端口绝缘层,按线缆规格选用冷压端子,用压线钳压接。

④机箱固定。将随机附带的安装压铁放置于栏杆机内部,套上垫片及膨胀螺栓螺母,用铅锤配合直尺或水平尺检测机箱垂直度应符合规范要求。

⑤控制线缆接入。对照施工接线图和设备安装使用说明书,将控制线缆接入控制模块相应端口。

⑥电源线缆接入。将电源线缆接入相应得电源端口,同时连接设备外壳接地线。

⑦栏杆横臂安装。将销轴放入栏杆横臂中,然后和栏杆托臂相连,套上连接螺栓进行紧固,最后将栏杆推入托臂槽中。沿行车方向栏杆臂应能在水平面上打开90°。

⑧防锈润滑处理。设备安装完毕后,对设备接头、旋转等关节处涂抹工业润滑剂,同时对设备做防锈处理。

⑨设备通电调试。全部安装工作完毕,经系统工程师检查确认后,对设备进行通电调试。检查栏杆起落状态是否正常,设备能否按线圈的触发状态正常工作。

⑩恢复现场与成品保护。现场所有设备安装完后,对施工现场进行清理恢复,并注意在投入使用前对成品进行保护。

(3)质量标准

①自动栏杆机的安装质量,应符合《公路工程质量检验评定标准》(JTG F80/2—2004)的规定。

②设备安装后,外观无划痕、刻痕,以及防护层剥落等缺陷,安装过程中,避免损坏箱体外表面喷塑层。在同向车道,所有栏杆机设备箱体中心应在一条直线上。

③自动栏杆机基础中心距路边距离应符合设计要求,沿行车方向栏杆臂应能在水平面上打开90°。

④栏杆臂在受撞击时能90°转开。

⑤自动栏杆机设备强电端子对机壳绝缘电阻不小于50MΩ。

⑥自动栏杆机安全接地电阻不大于1Ω。

⑦感应线圈的引出线在机箱内应尽量缩短,不许盘绕。

6)费额显示器

(1)界面要求

①要求收费岛费额显示器设备基础管道已完成,并完成试通。设备基础要求平整,预埋管道要求焊接牢固,无直角弯,管口平滑无毛刺,管内穿有引线。

②基础、地脚螺栓等,应符合设计图纸的要求。

③预埋管道数量、材质、直径、路由等,应符合设计图纸的要求,且管道畅通无阻塞。

(2)流程与监理要点

①安装地脚螺栓。按施工设计图指定位置,根据立柱凸缘尺寸,用电锤钻出底孔,并打入膨胀螺栓。

②立柱安装校正。用吊线铅锤配合直尺(或者水平尺)检测立柱杆体垂直度,如误差较大需使用垫铁垫入凸缘之下,直至垂直度符合规范要求,然后彻底紧固螺母。

③线缆引入。利用引线铁丝将电源及控制线缆自基础管道内引出至费额显示器箱体内。

④线缆成端制作。将线缆护套根部加套热缩管,长度为40~50mm,然后用热风枪缩封。芯线取足长度截断,用剥线钳剥除端口绝缘层,按线缆规格选用冷压端子,用压线钳压接。

⑤机箱安装固定。利用抱箍将费额显示器箱体与立柱凸缘相连接,检查设备的可视角度后将连接螺栓紧固。

⑥线缆接续。根据布线施工时预留的线缆临时标签,用万用表测量各线缆。检查线缆布放过程中是否有损伤以及对应的待接设备是否正确。确认无误后按照施工图将线缆各芯接入对应端口。

⑦设备通电调试。全部安装工作完毕,经检查确认后,对设备进行送电调试。检查设备工作情况,确保每个设备和运行车道对应无误,并且设备能按规定的触发状态切换及正常工作。

⑧线缆标志制作。对设备内所有线缆整理并绑扎固定,将制作好的正式线缆标牌分别用扎带悬挂于单独的线缆之上。线缆标志内容清晰明了、正确无误。

⑨设备清理恢复。恢复设备接线端口盖板。清理施工现场,恢复收费车道卫生,并注意在投入使用前对成品进行保护。

(3)质量标准

①费额显示器的安装质量,应符合《公路工程质量检验评定标准》(JTG F80/2—2004)的规定。

②安装过程中须保证部件表面光泽一致,无划伤、无刻痕、无剥落、无锈蚀。

③同向车道所有设备中心应在一条直线上,侧面垂直度也须保持一致。

④设备箱体密封性能必须良好,保证雨水不能进入箱体内部造成侵蚀。

7)车道通行信号灯

(1)界面要求

①收费岛内车道通行灯设备基础、管道已完成,并完成试通,收费棚下无障碍物影响。

②岛内设备基础要求平整,凸缘、地脚螺栓等埋设应正确平直。

③车道设备基础预埋管道要求焊接牢固,无直角弯,管口平滑无毛刺,管内穿有引线。

④基础、地脚螺栓等,应符合设计图纸的要求。

⑤预埋管道数量、材质、直径、路由等,应符合设计图纸的要求,且畅通无阻塞。

(2)流程与监理要点

①安装地脚螺栓。按施工设计图指定位置,根据立柱凸缘尺寸,用电锤钻出底孔,并打入

膨胀螺栓。膨胀螺栓安装打入时,须注意防止损坏螺纹。

②线缆引入。利用引线铁丝将电源及视频线缆自基础管道内引出至车道通行信号灯灯杆体上端。将平垫、弹簧垫和螺母依次套入膨胀螺栓,暂时不拧紧紧固螺母。

③立柱安装校正。用吊线铅锤配合直尺(或水平尺)检测立柱杆体垂直度,如误差较大需使用垫铁垫入凸缘之下,直至垂直度符合规范要求,然后彻底紧固螺母。

④灯箱安装。将车道通行信号灯箱体与立柱凸缘相连接,检查可视角度后将连接螺栓紧固。

⑤线缆接入。用万用表测量检查线缆是否有损伤,确认后对照施工接线图,将电源线缆各芯分别接入相应端口。

⑥设备通电调试。设备通电前,必须确认设备两端的线缆接续正确。

⑦恢复现场与成品保护。现场所有设备安装完后,对施工现场进行清理恢复,并注意在投入使用前对成品进行保护。

(3)质量标准

①车道通行信号灯的安装质量,应符合《公路工程质量检验评定标准》(JTG F80/2—2004)的规定,符合《道路交通信号灯》(GB 14887—2011)国家标准的各项规定。

②安装过程中须保证部件表面光泽一致、无划伤、无刻痕、无剥落、无锈蚀。

③同向车道所有设备中心应在一条直线上,侧面垂直度也须保持一致。

④灯箱密封性能必须良好,保证雨水不能进入箱体内部造成侵蚀。

8)雨棚信号灯

(1)界面要求

①收费棚下无障碍物影响,收费棚立柱及棚顶预留雨棚信号灯安装及穿线施工界面。

②车道设备基础预埋管道要求焊接牢固,无直角弯,管口平滑无毛刺,管内穿有引线。

③在有雨棚灯立柱的收费车道,自收费亭下各引镀锌钢管至立柱顶端(管孔直径满足雨棚信号灯供电电缆使用),用于雨棚信号灯穿线使用。

④预埋管道数量、材质、直径、路由等,应符合设计图纸的要求且畅通无阻塞。

(2)流程与监理要点

①安装附件制作。根据现场勘测结果进行安装附件设计。

②搭建施工平台。根据现场条件搭建现场施工平台。

③吊运设备及工器具。注意安全保护,吊装灯箱、安装附件以及工器具吊上操作平台。

④灯体安装固定。将雨棚信号灯箱体吊装在球节点网架式大棚钢梁之上,所有灯箱正面应处在同一水平线上,灯箱侧面垂直度也须保持一致,安装高度符合设计要求。

⑤线缆接续。检查线缆布放过程中是否有损伤,以及对应的待接设备是否正确。确认无误后,将线缆各芯接入对应端口。

⑥设备通电调试。全部安装工作完毕,经检查确认后,对设备进行通电调试。

⑦恢复现场与成品保护。现场所有设备安装完后,对施工现场进行清理恢复,并注意在投入使用前对成品进行保护。

(3)质量标准

①雨棚信号灯的安装质量,应符合《公路工程质量检验评定标准》(机电工程)(JTG

F80/2—2004)的规定。

②还应符合《道路交通信号灯》(GB 14887—2011)国家标准的各项规定。

③施工作业须遵循《建筑施工高处作业安全技术规范》(JGJ 80—1991)的要求。

④安装过程中须保证部件表面光泽一致,无划伤、无刻痕、无剥落、无锈蚀。

⑤所有灯箱正面应处在同一水平线上,灯箱侧面垂直度也须保持一致,安装高度符合设计要求。

⑥灯箱密封性能必须良好,保证雨水不能进入箱体内部造成侵蚀。

9)广场摄像机杆体及摄像机

(1)界面要求

①收费广场摄像机的立柱基础已经按要求制作完毕。

②车道设备基础预埋管道要求焊接牢固,无直角弯,管口平滑无毛刺,管内穿有引线。

③预埋管道数量、材质、直径、路由等符合设计图纸的要求且畅通无阻塞。

(2)流程与监理要点

①清理复核地锚尺寸。复核地锚尺寸公差是否符合要求,清理地锚螺纹,清理基础表面。

②维护爬梯安装。安装钢立柱的维护爬梯,用螺栓固定。

③杆体吊装。掌扶推动立柱并使立柱法兰孔对正地锚螺栓后,指挥吊车放下立柱。

④杆体校正。用水平尺检测立柱杆体垂直度,使用撬棍将楔铁垫入凸缘之下,直至垂直度符合规范要求。

⑤地锚螺栓固定。将平垫、弹簧垫和螺母依次套入地锚螺栓,并用扳手彻底紧固螺母。

⑥避雷针安装及导线连接。利用立柱体内预先穿入的引线铁丝将接地导线引上杆顶,与避雷针连接,并用螺栓固定避雷针。

⑦线缆引入。利用引线铁丝将电源及视频线缆自基础管道内引出至广场摄像机杆体上端。

⑧摄像机固定安装。将摄像机与立柱顶端凸缘相连接,检查设备的可视角度后将连接螺栓紧固。

⑨线缆接入。对照施工接线图,将电源线缆及视频同轴电缆分别接入相应端口,保证线缆全部到位并且接续无误。

⑩设备通电调试。将摄像机连接监视器,通电试看,通过监视器接收图像,再次对光圈、镜头进行细微调节,直至达到图像质量要求。

⑪观察摄像机的监视区的覆盖范围,通过调整转向法兰调整水平、垂直角度,取景角度、范围应符合使用单位要求,最后将螺栓彻底紧固定位。

⑫恢复现场及成品保护。现场所有设备安装完后,对施工现场进行清理恢复,并注意在投入使用前对成品进行保护。

(3)质量标准

①摄像机杆体及摄像机的安装质量,应符合《公路工程质量检验评定标准》(JTG F80/2—2004)的规定。

②立柱表面光泽一致,无划伤、无刻痕、无剥落、无诱蚀。

③防雷接地与保护接地必须符合规范要求。

④接地线引起与接地级连接部分应做防腐处理。

10)收费亭

(1)界面要求

①收费亭基础的位置、尺寸、水平度和质量要求,应符合现行国家标准《公路工程质量检验评定标准》(JTG F80/2—2004)的规定,并应有验收资料或记录。设备安装前应按允许偏差对设备基础位置和尺寸进行复检。

②收费亭的供电电源到位,提供两路供电电源(机电和照明动力)。

③现场场地应有可容纳大型施工车辆或吊车进行吊装施工作业的安全区域。

(2)流程与监理要点

①人员、吊装设施及工器具准备。应根据收费亭的质量选用合适的机械设备和材料,确保吊装工作安全、正常地实施。

②亭体吊装及定位。收费亭在收费岛定位准确,确保处于水平状态。

③机械部分检查。检查票亭门体有无变形,能否正常开启和关闭,运动过程有无异常响声,门锁是否正常,并在门锁舌头处涂抹适量润滑油。检查收费推拉窗能否正常开启和关闭,运动过程中有无异常响声,锁扣是否正常,并在门锁扣处涂抹适量润滑油。检查前舱箱门能否正常开启和关闭,运动过程中有无异常响声,密封圈是否密封、完整、锁扣是否正常,并在门锁处涂抹适量润滑油。检查抽屉推拉是否正常、顺畅,有无卡死情况,运动过程中有无异常响声。抽屉锁能否正常上锁,票款夹子是否完整。

④电源连接。照明和空调的电气进线连接。照明、空调总进线接线注意导线(相线、零线、接地线)的颜色定义,接头锡焊并用热缩套管进行密封,接头应有效分开,不可粘连;检查空气开关上下端接线有无松动,确保接地电阻值在1Ω以下。

⑤电气测试及检查。设备加电测试前应进行绝缘测试和检查,其中包括照明、动力和机电设备的线路绝缘测试。

⑥设备通电测试。测试过程应检查灯具能否正常亮起,开关能否正常工作,排气扇能否正常运转、有无异常响声,各插座能否正常供电,应急照明能否正常工作等。

⑦表面清洁。对收费亭进行外表面清洁。

⑧内部清洁。对收费亭进行内表面清洁。

⑨恢复现场及成品保护。现场所有设备安装完后,对施工现场进行清理恢复,并注意在投入使用前对成品进行保护。

(3)质量标准

①骨架及吊装装置:要求收费亭的骨架为钢结构,安全坚固,亭顶部四周设置吊装环,方便吊运。

②饰板:要求外饰板采用不锈钢板,内饰板采用防火装饰板,墙壁内采用高密度纤维板,能隔音保温。

③窗户:要求窗子为隐形窗,玻璃为5mm茶色或灰色钢化玻璃(前面玻璃为夹层玻璃),能防水隔音。

④内饰:要求天花吊顶采用防火装饰板,地板采用防静电地板。

⑤结构:人机分离式结构设计,设备仓和工作仓分离。

⑥附属设施:椅子采用实木框架软皮垫。收费亭空调、照明、插座分别配有相应的空气开关和总的漏电保护器,壁上安装排气扇并有相应控制开关。

⑦电气性能:电源线路(照明和机电系统)相间和对地绝缘电阻应大于7MΩ(IEC国际电工委员会加强绝缘条件),亭体接地电阻应小于1Ω。

⑧防漏雨性能:使用自来水对亭体顶部、门板、窗口和各玻璃窗进行模拟雨水冲刷,应无漏水现象。

3. 车牌识别器

车牌识别系统包括触发线圈、车牌采集摄像机、处理单元的工程监理。

1)界面要求

(1)基础、地脚螺栓等应符合设计图纸的要求。基础所在位置无其他脚手架、支架等障碍物,满足施工要求。

(2)预埋管道数量、材质、直径、路由等应符合设计图纸的要求且畅通无阻塞。

2)流程与监理要点

①组装车牌识别器。领取摄像机、立柱、连接件,仔细阅读各厂商设备安装说明书后进行组装,并通过观察监视器的接收图像,再进行安装。

②安装地脚螺栓。按施工设计图指定位置,根据立柱凸缘尺寸,用电锤钻出底孔,并打入膨胀螺栓。

③线缆引入。利用引线铁丝将电源及视频线缆自基础管道内引出至车牌识别器杆体上端。将平垫、弹簧垫和螺母依次套入膨胀螺栓,暂时不拧紧紧固螺母。

④杆体安装校正。用吊线铅锤配合直尺(或水平尺)检测立柱杆体垂直度;如误差较大,需使用垫铁垫入凸缘之下,直至垂直度符合规范要求,然后彻底紧固螺母。

⑤连接转向凸缘。将组装好的车牌识别器、转向凸缘和立柱用螺栓进行连接。

⑥线缆成端制作。将视频同轴电缆引入防护罩内并制作BNC接头。使用电烙铁将电缆芯线、屏蔽铜网分别与BNC头的主轴、外壳焊接,屏蔽网应与芯线分开不能搭接相连。

⑦线缆接入。对照施工接线图,将电源线缆及视频同轴电缆分别接入相应端口,保证线缆全部到位并且接续无误。

⑧设备通电调试。将车牌识别器连接至监视器,通电试看,通过监视器接收图像,再次对光圈、镜头进行细微调节,直至达到图像质量要求。

⑨观察摄像机监视区的覆盖范围,通过调整转向凸缘调整水平、垂直角度,取景角度、范围应符合要求。

⑩恢复现场与成品保护。现场所有设备安装完后,对施工现场进行清理恢复,并注意在投入使用前对成品进行保护。

3)质量标准

①车牌识别器的安装质量,应符合《公路工程质量检验评定标准》(JTG F80/2—2004)的规定。

②各部件表面光泽一致,无划伤、无刻痕、无剥落、无锈蚀。立柱安装牢固、端正、无明显缝隙。

③摄像机护罩及支架的安装,应符合设计要求,固定要安全可靠,水平和俯、仰角应能在设

计要求的范围内灵活调整。

④在安装摄像机过程中,严禁打开镜头盖。安装高度须符合设计要求。

4. 计重收费系统

计重收费系统工程监理要求路面平整度、坡度、收费岛长度、岛头长度、路面宽度、广场硬化路面长度、广场渐变线起始位置、排水等情况符合要求。

(1)界面要求

①预埋管道数量、材质、直径、路由等符合设计图纸的要求,且畅通无阻塞。

②车道宽度、收费岛头距收费亭的距离应满足设计要求。

③收费车道路面应平整,秤台前后 6m 内平整度误差不大于 3mm,横纵方向坡度不大于 3%。

④秤台台面于车道宽度一致,位置偏差 ±10%。

⑤排水道的位置应保证排水畅通。

⑥光栅分离器尽量向收费岛的中心安装。

⑦传感器信号、胎型数据、光栅隔离信号、收尾线圈信号的通道预埋件必须按要求做到位。

(2)流程与监理要点

①基础开挖。基础符合设计图纸。各种信号传输管线开槽宽度以所需穿线管放进为宜,要保证各车道的手孔和集线井处于同一直线。

②基础浇筑。根据现场选定的安装位置和施工图纸要求,进行车道开挖基础的画线。按照图纸的开槽区域进行切割,要求外框符合图纸要求。轮胎判别器基础垫板上沿与路面平整度、数据采集处理器基础垫板水平度、红外线车辆分离器基础垫板水平度及其高低误差符合规定要求。

③综合布线。电源线与信号线应分管穿线。线缆在穿线管两端应留有余量。一根线缆中间不允许有接头。手孔内的线缆应套上蛇皮管。集线柜里的线必须保证整齐美观,并且均套蛇皮管。所有穿线管的端口都应堵塞、清洁并做防鼠处理。

④现场清理和预埋设施检查。清除松散混凝土块,保证表面干净粗糙,以利于新旧混凝土的连接。固定钢筋笼和框架,保证在浇筑混凝土时不至变形、移位,钢筋的弯制和焊接等均应符合有关技术标准和施工规范要求。

⑤秤台冲洗设施安装。秤台式计重设备的冲洗设施包括秤台基坑、积水管槽、加压水泵、横穿收费岛排水管道。

⑥秤台式计重设备秤台底座安装与混凝土浇筑。检查车道路面质量,测量纵横坡度、平整度是否符合施工要求。基础以下要求浇筑 C20 以上混凝土,浇筑时应注意用泡沫或其他物品把穿线管管口密封好,防止进浆封堵穿线管。二次浇筑前应按图纸将相关位置凿毛。

⑦秤台式计重设备安装与接线。按正确方向将秤台放入框架。四只传感器压柱与垫板压实。秤台与框架上平面相平。秤台与框架间的距离应保持均匀、等距。所有接线或端子固定,均应使拨出铜线良好,不得有少股和虚连现象,并且电源线根部采用热缩管保护。进入数据采集器的线缆应理顺,电源信号应分开布线。所有线缆均有明确的标志。

⑧设备参数配置。包括时钟设置、波特率设置、命令模式、方向使能、通信协议、设定台面宽度、线圈抓拍、更改口令、抓拍使能、缓存车数、看门狗设置等。

⑨软件安装与参数配置。根据设计文件提供接口协议进行软件安装和参数设置。

(3)质量标准

①计重收费系统的设备及配件数量、型号规格符合要求，部件及配件完整。

②计重收费系统中使用的称重平台(承载器)必须通过相关部门型式评价(定型鉴定)的检测并取得《计量器具制造许可证》。

③称重平台、车辆分离器、胎型识别器安装位置正确，符合设计要求。

④收尾线圈、称重显示屏(选件)安装尺寸符合设计要求，线槽顺直、均匀，封填后平整，引线过缘石处理得当。

⑤控制机箱外部完整，门锁开闭灵活。

⑥电源、通信线路按规范要求连接到位，计重收费系统处于正常状态。

⑦隐蔽工程验收记录、分项工程自检和设备调试记录、有效的设备检验合格报告或证书等资料齐全。

⑧称重平台、车辆分离器、胎型检测器、收费线圈、控制机箱等安装牢固、端正。

⑨计重收费系统各部件表面光泽一致、无划伤、无刻痕、无剥落、无锈蚀。

⑩基础混凝土表面应刮平，无损边、无掉角；机箱、各部件、凸缘及地脚螺栓规格符合设计要求，防腐措施得当，裸露金属基体无锈蚀。

⑪防雷接地和安全接地应分开设置，接地焊接牢固，焊缝饱满并做防腐处理；防雷引下线及接地体所用材料规格、防腐与连接措施、安装位置符合设计要求；金属机箱与安全保护地连接可靠，接地极引出线无锈蚀。

⑫各部件之间的出线管及与收费亭连接密封良好，箱体内无积水、尘土、霉变。

⑬机箱内电力线、信号线、元器件等布线平直、整齐、固定可靠，标识正确、清楚，插头牢固。

5.收费闭路监控系统

收费闭路监控系统包括收费亭内摄像机、收费车道摄像机、收费站监控室摄像机以及相关设备工程监理。

1)车道摄像机

(1)界面要求

①摄像机经通电测试，工作正常。

②基础、地脚螺栓、立柱、间距等符合设计图纸的要求。

③预埋管道数量、材质、直径、路由等符合设计图纸的要求，且通常无阻塞。

④基础所在位置无其他脚手架、支架等其他障碍物，满足施工要求。

⑤视频头、连接螺栓等材料的数量、规格、材质等符合设计图纸的要求。

⑥CCD 摄像机的镜头安装有两种工业标准，即 C 安装座和 CS 安装座。

⑦制作视频电缆 BNC 接头时，屏蔽铜网与芯线不能相碰，按要求外铜网应与芯线分开，压接应特别注意。

⑧由于屏蔽线或设备未接地，会造成干扰，应按要求将屏蔽线和设备的地线压接好。

⑨认真检查安装过程中的所有线缆制作接续质量，避免摄像机接线不牢固、成像不清晰，造成无图像或图像不合要求。

(2)流程与监理要点

①摄像机部件组装。领取摄像机、立柱、连接件,仔细阅读各厂商设备安装说明书,进行组装,并通过监视器的接收图像,再进行安装。

②安装地脚螺栓。按施工设计图指定位置,根据立柱凸缘尺寸,用电锤钻出底孔,并打入膨胀螺栓。膨胀螺栓安装打入时须注意防止损坏螺纹。

③线缆引入。线铁丝将电源及视频线缆自基础管道内引出至车牌识别器杆体上端。将平垫、弹簧垫和螺母依次套入膨胀螺栓,暂时不拧紧紧固螺母。

④杆体安装校正。用吊线铅锤配合直尺(或水平尺)检测立柱杆体垂直度,如误差较大需使用垫铁垫入凸缘之下,直至垂直度符合规范要求,然后彻底紧固螺母。

⑤连接转向凸缘。将组装好的车牌识别器、转向凸缘和立柱用螺栓进行连接。用扳手对螺栓紧固。

⑥线缆成端制作。将视频同轴电缆引入防护罩内并制作 BNC 接头。使用电烙铁将电缆芯线、屏蔽铜网分别与 BNC 头的主轴、外壳焊接,屏蔽网应与芯线分开不能搭接相连。

⑦线缆接入。对照施工接线图,将电源线缆及视频同轴电缆分别接入相应端口,保证线缆全部到位并且接续无误。

⑧设备通电调试。对光圈、镜头进行细微调节,直至达到图像质量要求;调整转向凸缘调整水平、垂直角度,取景角度、范围应符合使用单位要求。

⑨恢复现场与成品保护。现场所有设备安装完后,对施工现场进行清理回复,并注意在投入使用前对成品进行保护。

2)收费亭摄像机

(1)界面要求

①收费亭已安装完毕且符合设计施工要求。

②收费亭内所需附属设施都已安装到位。

③预埋管道数量、材质、直径、路由等符合设计图纸的要求,且畅通无阻塞。

(2)流程与监理要点

①设备定位。亭内摄像机固定于收费亭的右侧顶部,对准收费员操作位置。

②线缆敷设。线缆敷设、连接时不得有接头,不得有硬伤。线缆在收费亭地板下侧壁固定同时留出余量。

③设备安装。制作 BNC 接头,焊接牢固,电源线、控制线加冷压端子接入摄像机端子内,连接牢固,无虚接现象。摄像机装配调试好后,引出视频线、电源线、控制线至摄像机配电箱中,对应接入相应设备。

④线缆成端引入。屏蔽网应与芯线分开不能搭接相连。

⑤设备通电调试。对光圈、镜头进行细微调节,直至达到图像质量要求;调整转向凸缘调整水平、垂直角度,取景角度、范围应符合使用单位要求。

3)财务室、监控室摄像机

(1)界面要求

①财务室、监控室已经按设计要求建设完毕。

②预埋管道数量、材质、直径、路由等符合设计图纸的要求且畅通无阻塞。

(2)流程与监理要点

①财务室、监控室摄像机位置参照施工图纸，由承包人、监理、业主协商确定。

②根据房建预埋管道进行线缆敷设。

③摄像机采用吸顶方式安装，在天花板上方固定。

④连接线缆，线缆不得有接头、硬伤。

⑤事先调整好摄像机焦距和光圈。

⑥摄像机安装稳固后调整角度。

4）收费站监控室视频设备

（1）界面要求

①机房、监控室地面、墙体已装修完成，装修活动地板应符合国家标准的相应规定。装修用材料可根据需要采取防静电措施。地面材料应平整、耐磨、易除尘、减少眩光等。

②安装设备时，房建装修工程应完工，各种穿墙孔洞、爬线架、线缆井、走线槽等已经施工完毕。室内已充分干燥，市电已引入机房，机房照明已能正常使用；机房内不得存放易燃、易爆或腐蚀性、强热源的物体；机房内配备消防器材并在有效期内；机房建筑的防雷接地和保护接地、工作接地体及针线需保证合格，接地电阻必须符合施工图设计要求。

③所用线缆等主要材料数量、型号、规格等符合设计要求。

（2）施工流程

①监视墙、机柜安装流程。现场位置测量→安装地脚螺栓→电视墙、机柜底座安装校正→支架安装与校正→设备安装→线缆敷设与标志、线缆头制作及接入→电源线敷设与标志→设备的电源接入→设备通电调试、恢复现场与成品保护。

②控制台安装流程。现场位置测量→控制台组装→开进线孔→敷设线缆→设备摆放、线缆引入→地线连接→设备通电调试→清理现场与成品保护。

（3）监理要点

①监视墙

a. 根据设计图纸要求，在现场用盒尺测量出电视墙的安装位置，并做好标记。如果房间有静电地板，则安装时需要去掉设备定位处的地板。

b. 根据电视墙底座和底座安装孔的尺寸关系，在已经测好位置的楼层地面标记好底座固定螺栓安装位置，用电锤钻出底孔，打入膨胀螺栓并紧固，防止连轴转。膨胀螺栓安装时须注意防止损坏螺纹。

c. 将电视墙底座安装在已经固定的膨胀螺栓位置，用水平尺测量底座的水平度和垂直度，利用垫铁调整水平及垂直度，直到达到设计要求。

d. 把散装的电视墙支架根据图纸组装好，并利用连接螺栓安装在电视墙支架底座上后，将监视器托板连接固定在电视墙支架上。用水平尺测量支架和托板的水平和垂直度，通过垫铁和连接螺栓调整支架和托板，直到符合设计要求。

②控制台

a. 根据设计图纸的要求，在安装现场进行位置测量，以确定准确的操作台摆放位置。

b. 组装零散的操作台部件，摆放到已经测量好的位置后，操作台之间须用地线连接起来，以保证操作台的接地符合设计要求。

c. 利用开孔器在操作台底下的线槽侧壁和静电地板上进行开孔，根据穿线的多少来确定开孔大小。线槽至静电地板间的线缆应使用包塑金属软管进行保护,并通过套头固定。

③收费机柜

a. 根据设计图纸的要求,在现场测量出机柜的安装位置。

b. 在已经测好的位置处,根据设备机柜底座的大小尺寸,用电锤钻出底孔,并打入膨胀螺栓。膨胀螺栓安装打入时须注意防止损坏螺纹。

c. 将设备机柜底座安装固定好,并用水平尺调水平及垂直度。把设备机柜安装在机柜底座上。安装时应注意机柜的垂直度,如机柜是多个并排安装,应注意机柜前门保持在同一水平面,中间缝隙适当。

④计算机、显示器、打印机等设备安装

a. 设备安装前检查设备的品牌、型号、规格、产地和数量应与设计(或合同)相符。

b. 设备应根据设计要求安装在机柜中或独立水平放置在操作台上,螺钉安装应紧固,并应预留足够大的维护空间。

c. 设备安装(摆放)好后,检查主电源电压,并将机器外壳连接地线,接地线必须与建筑物接地线相接,最后将输电线及电源接头连接到设备上进行设备通电调试。

d. 设备电源线、信号线从机柜、控制台底引入,顺所盘方向理直绑扎整齐。

⑤财务稽查设备安装

a. 设备安装前检查设备的品牌、型号、规格、产地和数量应与设计(或合同)相符。

b. 设备应根据设计要求安装在机柜中或独立水平放置在操作台上,螺钉安装应紧固,并应预留足够大的维护空间。

c. 设备安装(摆放)好后,检查主电源电压,并将机器外壳连接地线,接地线必须与建物接地线相接,最后将输电线及电源接头连接到设备上进行设备通电调试。

d. 设备电源线、信号线从机柜、控制台底引入,顺所盘方向理直绑扎整齐。

⑥设备参数配置

a. 正确配置收费车道和机房各计算机与服务器的网络地址。

b. 正确配置各计算机和服务器的访问权限。

c. 正确配置收费站机房与车道交换机。

⑦设备通电调试

a. 用万用表检测线路确认无问题后,设备通电,检查确认线路连接和设备安装符合设计要求。

b. 收费站监控室设备安装完成后,检查、调整设备安装位置,确保正确、牢固,设备室距符合设计要求,用万用表检测线缆无问题后,可对设备进行通电调试,检测各设备工作正常。

c. 核对服务器、工作站、车道工控机 IP 地址、机器名及其相应的机构代码,检查数据流程是否正常。

d. 调试过程中需注意测试数据的处理,避免将测试数据传至省中心造成不必要的麻烦,同时注意设备相应保护措施。

(4)质量标准

①闭路电视系统的设备及配件数量、型号规格符合要求,部件完整。

②端子与机壳绝缘电阻不小于50MΩ。机房和车道联合接地电阻不大于1Ω。

③防雷部件安装到位、连接措施符合规范要求。

④车道以及收费亭内摄像机（云台）安装方位、高度符合设计要求。

⑤控制机箱外部完整，门锁开闭灵活。

⑥电源、控制线路以及视频传输线路按规范要求连接到位，闭路电视系统的所有设备处于正常工作状态。

⑦收费监控系统软件功能符合要求。

⑧收费管理中心（分中心）、收费站、收费车道各级监控室的连接按设计要求已经开通。

⑨提交了隐蔽工程验收记录、分项工程自检和设备调试记录、有效的设备检验合格报告或证书等资料。

⑩所有设备安装后，外观无划伤、刻痕，以及防护层剥落等缺陷。

⑪设备及收费监控室内布线整齐美观、固定可靠、标志清楚；过墙、板、地下通道处要有保护套管，并留有适当余量。

⑫设备之间连接、插头等部件要求连接可靠、紧密、到位准确；布线整齐、余留规整、标志清楚；固定螺钉等要求坚固，无松动。

⑬配电箱内信号线、动力线及其接插头要求明显区分，标志清楚，有永久性接线图。

6. 对讲与报警系统

（1）界面要求

①对讲主机和分机设备完好，通信线缆已经敷设完毕。

②收费岛内声光报警器设备基础、管道已完成，并完成试通，收费棚下无障碍物影响。岛内设备基础要求平整，凸缘、地脚螺栓等埋设应正确平直。

（2）流程与监理要点

①安装地脚螺栓。按施工设计图指定位置，根据立柱凸缘尺寸，用电锤钻出底孔，并打入膨胀螺栓。

②线缆引入。利用引线铁丝将电源及视频线缆自基础管道内引出至车道通行信号灯灯杆体上端。将平垫、弹簧垫和螺母依次套入膨胀螺栓，暂时不拧紧紧固螺母。

③立柱安装校正。用吊线铅锤配合直尺（或水平尺）检测立柱杆体垂直度，如误差较大需使用垫铁垫入凸缘之下，直至垂直度符合规范要求，然后彻底紧固螺母。

④灯箱安装。将声光报警器箱体与立柱凸缘相连接，检查可视角度后将连接螺栓紧固。

⑤线缆接入。用万用表测量检查线缆是否有损伤，确认后对照施工接线图，将电源线缆各芯分别接入相应端口。接续完毕，由施工负责人或系统工程师检查确认。

⑥设备通电调试。设备通电前，必须由施工负责人或系统工程师检查设备两端的线缆接续是否正确，避免因线缆误接造成设备及元器件的损坏。

⑦全部安装工作完毕，经检查确认后，对设备进行通电调试。检查设备工作情况，确保每个设备和运行车道对应无误。

⑧恢复现场与成品保护。现场所有设备安装完后，对施工现场进行清理恢复，并注意在投入使用前对成品进行保护。

（3）质量标准

①对讲和声光报警器的安装质量，应符合《公路工程质量检验评定标准》（JTG F80/2—

2004)的规定,符合《道路交通信号灯》(GB 14887—2011)国家标准的各项规定。

②安装过程中须保证部件表面光泽一致,无划伤、无刻痕、无剥落、无锈蚀。

③同向车道所有设备中心应在一条直线上,侧面垂直度也须保持一致。

④灯箱密封性能必须良好,保证雨水不能进入箱体内部造成侵蚀。

7. 电子收费(ETC)系统

1)界面要求

①所有通信、收费管道均已完工。主干线通信管道和收费系统用信号、电力管道、人井、手孔已完工。收费广场下的电缆沟(管道或人行通道)、收费岛上设备所需的管道及其预留预埋等已完工。

②接地。各附属设施和收费天棚的房建、机电的联合接地已建设完毕,接地电阻应小于1Ω。

③收费岛及相关基础。ETC 收费岛的土建工程建设(包括 ETC 外场设备基础、穿线管道)已完成,使之符合 ETC 系统工程施工的要求,安放 ETC 车道系统的收费亭必须安装有空调。

④标志、标线、标牌。ETC 车道的标志、标线、标牌及其他有关引导设施必须在 ETC 车道安装的同时安装完毕。

⑤ETC 车道收费亭内具备可连接至收费站及收费系统的局域网接口。

2)流程与监理要点

(1)综合布线

①电缆敷设前,要认真查看施工设计要求,列出电缆敷设回路明细表,找出起点终点,按电缆规格,计算好电缆长度。本着先放控制电缆后放动力电缆的原则进行施工。

②电缆进场检验。电缆进场前检查电缆的规格、型号与设计相符,合格证等技术资料齐全。

③电缆敷设前的其他准备工作。清理沟内外杂物,支架安装完毕。

④配管:强弱电线管分开敷设,以防漏电。

⑤穿线前,线管内要清除干净,导线要分色焊接,线径要符合图纸要求。

⑥敷设电缆时,尽可能用放线架,绝缘带要包扎严密,相序要正确,线端要用压线钳压紧。

⑦电缆在下列位置应预留长度。

⑧过人、手井的电缆必须在井内用带勾膨胀螺栓固定。

(2)现场清理和预埋设施检查

①在有资质技术人员的指导下,进行脚手架、临时通道、临时安全防护栏等拆除工作。

②做好施工场地地下管线和邻近建筑物、构筑物(包括文物保护建筑)、古树名木的保护工作。

③保证施工场地清洁符合环境卫生管理的有关规定,交工前清理现场达到业主的要求,承担因自身原因违反有关规定造成的损失和罚款。

④配合交通和路政管理部门清理、清扫施工区域,避免影响或堵塞交通主干线或交通辅助设施的正常使用。

(3)立柱与机柜安装

①天线立柱安装

a. 调整立柱使其竖直,线缆穿过立柱内孔;再将立柱安装在费显基础上,拧紧地脚螺栓上的螺母。

b. 封立柱出线孔。用玻璃胶密封立柱出线孔,用防水胶布包好防护套管。

②费显立柱安装

a. 将费显立柱平放,线缆穿过立柱内孔,再将立柱安装在费显基础上,调整好费显正面与行车方向的角度(以行车时驾驶员的视角最佳为准,一般为70°~75°),拧紧地脚螺栓上的螺母,对螺栓做防锈处理。

b. 封立柱出线孔。用玻璃胶密封立柱出线孔,用防水胶布包好防护套管。

③车道摄像机立柱安装

a. 将立柱平放,线缆小心穿过立柱内孔以防止划伤,再将立柱放正在摄像机基础上,紧固地脚螺栓上的螺母。

b. 封立柱出线孔。用玻璃胶密封立柱出线孔,用防水胶布包好防护套管。

(4)收费亭内机柜设备安装工序流程

①检查机柜层板及底板接线端子是否已经装配好。

②将机柜摆放到预定位置,拆下机柜前、后、侧门,检查机柜各连接螺栓有无松动。

③接机柜电源线和接地线。接线完毕必须检测连接是否良好、可靠。

④机柜通电,检查机柜散热风扇工作是否正常。

⑤连接各亭外设备控制线至机柜底板接线端子排。接线完毕后给每根线缆挂上标签。

⑥将工控机、车控器、天线控制器、字符叠加器等柜内设备安装在规定位置。设备底部必须安装标准支垫,机箱、车控器、天线控制器等用螺钉固定到机柜上。

⑦按图纸连接各设备线缆,挂好标签。

⑧检查视频同轴线缆与视频专用接头之间有无虚焊或短路。

⑨用网线连接工控机网卡与收费站车道网络接口,应检测网络连接有无接触不良现象。

⑩屏蔽线缆的屏蔽层和设备的接地端应良好接地。

⑪检查各设备接线是否牢固、准确,插头紧固螺钉是否拧紧。

⑫插好各设备电源线。应注意检查各电源插头与插座的连接有无相互干涉,排除虚接。应给各电源插头挂上标签。

(5)设备安装与接线

①ETC 天线安装

a. 天线龙门架安装。龙门架立柱安装在天线基础上,调整立柱使其竖直,拧紧地脚螺栓上的螺母;再将龙门架横梁(垂直于车道)水平安装在立柱上。

b. 敷设专用线缆。铺设线缆时,从天线龙门架安装天线位置旁的出线孔开始穿线缆,并预先在线缆靠近航空插头一端套好软保护套管。

c. 将天线固定支架安装在天线龙门架上。固定支架与龙门架之间要加一块绝缘胶垫,保证固定支架底部水平,并将固定螺栓拧紧。

d. 将天线安装到固定支架上。拧紧安装螺栓。天线离地面的安装高度应保持在 5.5m

以上。

e. 将天线专用线缆的航空插头正确插入天线插座,拧紧插头螺套。专用线缆的另一端按编号接天线控制器端口。

f. 接防雷地线。从靠近龙门架最近位置的接地扁钢处接一根 $20mm^2$ 的接地铜缆到龙门架,接地铜缆连接要牢固可靠。

g. 防锈处理。将龙门架安装螺栓、螺帽表面喷涂一层防锈漆,并封灌水泥。把龙门架基础填至与岛面平齐;若有要求,基础表面还需铺上岛面地砖。

h. 安装完毕,清理现场。

②ETC 自动栏杆机安装

a. 栏杆机安装。将栏杆机放正在基础上,注意保证栏杆机安装平整,放好压块,拧紧螺母。

b. 线缆准备。将线缆理顺。

c. 栏杆机电源接线。按图纸要求接线,挂好线缆标签。

d. 栏杆机控制信号接线。按图纸要求接线,挂好线缆标签。

e. 安装栏杆臂。

f. 安装完毕清理现场,保存好栏杆机钥匙。

③ETC 费额显示器安装工序流程说明

a. 线缆整理。将线缆理顺,电力线和信号线分开捆扎好。

b. 费显立柱安装。将费显立柱平放,线缆穿过立柱内孔,再将立柱安装在费显基础上,调整好费显正面与行车方向的角度(以行车时驾驶员的视角最佳为准,一般为 70°~75°),拧紧地脚螺栓上的螺母,对螺栓做防锈处理。

c. 费显安装。抬起费显,将线缆穿过费显穿线孔,放正费显,上好螺栓、弹簧垫圈等连接件,拧紧每个螺母。

d. 费显接线。按图纸要求接线,要求费显箱内走线美观,挂好线缆标签。

e. 安装完毕,锁好费显后门,保管好钥匙,清理现场。

④ETC 车道车牌识别器安装

a. 线缆整理。将预先敷设好的线缆埋顺。

b. 安装摄像机立柱。将立柱平放,线缆小心穿过立柱内孔以防止划伤,再将立柱放正在摄像机基础上,紧固地脚螺栓上的螺母。

c. 安装摄像机。先调整防护罩的大致角度,安装好防护罩。然后将镜头安装到摄像机上,按说明书将摄像机设置好,安装摄像机到立柱上。

d. 摄像机接线。按图纸要求接线,接线完毕将防护罩盖好。

e. 封立柱出线孔。用玻璃胶密封立柱出线孔,用防水胶布包好防护套管。

f. 安装完毕后清理现场。

(6)声光报警器安装

①确定安装位置及切割出线孔。根据施工图及现场实际情况,确定好报警器的安装位置。

②线缆准备。确定所需电缆长度,裁剪好线缆。

③线管(线槽)准备及铺设线缆。铺设线管,在亭顶位置应保证线缆不能裸露在外面。

④安装支架和声光报警器。先安装声光报警器支架,再安装报警器及接线。支架和报警

器都必须安装端正。

⑤用胶布和玻璃胶封住出线孔。

(7)设备参数配置

①正确配置各计算机与服务器的访问地址。

②正确配置各计算机的访问权限。

③合理调整监控图像数据存储空间与位置。

(8)软件安装与参数配置

①在ETC收费车道工控机上安装收费车道软件。

②配置参数包括基本配置、设备控制、异常报警、功能参数、文件存放路径、其他参数。

(9)设备和系统调试

①车道系统调试工作内容

a.线路检查。

b.复测(加电)。

c.各设备单项功能测试。

d.各设备技术性能测试。

e.车道设备硬件联调。

f.与收费站通信设备联调。

②收费站调试工作步骤

a.站服务器监控程序与车道程序联调。

b.站服务器监控程序与人工收费系统联调。

③收费系统联机调试

a.提出需接入的接口标准、通信协议、技术要求。

b.收费系统调试:包括数据传输、通行费拆分、黑名单下发、IC卡管理等。

3)质量标准

(1)基本要求

①车道系统的设备数量、型号符合要求,部件完整。

②车道系统的关键设备和交易处理流程应严格按照国家、交通运输行业相关标准及技术规范执行。

③设备安装到位并已连通,处于正常工作状态。

④车道控制逻辑缜密、稳定、可靠。

⑤车道专用标志标线的设置应符合相关标准规范要求。

⑥车道具备完整的设计、施工、验收等材料,以及分项工程自检和设备调试记录、设备及附(备)件清单、有效的设备检验合格报告或证书等资料齐全。

⑦管理中心系统除了具备保证全省(市)高速公路现金收费清分结算相关管理功能的同时,还应具备全省(市)非现金收费清分结算功能及相应的数据合法性验证、传输、统计、存储等管理功能。

⑧管理中心(省级)电子收费密钥管理系统应符合交通运输部统一的密钥管理体系。

⑨管理中心系统性能,包括主服务器性能以及系统可靠性、安全性和灵活性等在符合《收

费公路联网收费技术要求》相关规定的基础上,应能够满足本省(市)2~3年内应用发展需求。

⑩管理中心系统应严格按照标准进行设计、施工和验收,相关设计、施工、验收材料应齐全。

(2)外观检测

①车道设备及部件安装牢固、端正。

②收费亭内操作台、座椅、设备等整齐、有序,无明显歪斜,标志清楚牢固。

③所有设备安装后,外观无划伤、无刻痕、无剥落、无锈蚀。

④设备及收费亭内布线整齐美观、固定可靠、标识清楚;过墙、板、地下通道处要有保护套管,并留有适当余量。

⑤设备之间连接插头等部件要求连接可靠、紧密、到位准确;布线整齐、余留规整、标志清楚;固定螺丝等要求紧固,无松动。

⑥车道基础混凝土表面应刮平,无损边、无掉角;机箱、立柱、凸缘及地脚螺栓规格符合设计要求,防腐措施得当,裸露金属基体无锈蚀。

⑦防雷接地和安全接地应分开设置,接地焊接牢固,焊缝饱满并做防腐处理;金属机箱与安全保护地连接可靠,接地极引出线无锈蚀。

⑧车道设备机箱的出线管与箱体连接密封良好,箱体内无积水、灰尘、霉变。

⑨管理中心系统设备安装稳固、端正。

⑩管理中心系统设备、配线列架等整齐、有序、无明显歪斜,标志清楚、牢固。

⑪设备安装后,外观无划伤、无刻痕、无防护层剥落等缺陷。

⑫设备布线整齐美观、固定可靠、标识清楚;过墙、板、地下通道处要有保护套管,并留有适当余量。

⑬设备之间连线接插头等部件要求连接可靠、紧密、到位准确;布线整齐、余留规整、标识清楚;固定螺丝等要求紧固,无松动。

第五节　隧道机电系统工程质量监理

公路隧道机电工程是保证车辆安全通行的必要条件。公路隧道由于车速高、流量大、光线较差、空气质量低、环境噪声大等原因,比一般路段更容易发生交通事故;因迂回空间有限,隧道内的事故处理起来比较困难,中断交通时间较长,若发生火灾,危险性更大,因此设立完善的隧道机电设施十分必要。

一、公路隧道机电工程的组成及设施配置

(一)公路隧道机电工程的组成

公路隧道机电工程,是指在公路隧道这一特殊路段上,根据交通工程学原理和方法,为使车辆快速、安全、舒适通过而设置的通风、照明、监控、消防、应急救援电话、有线广播、安全及管理等设施、设备和系统。公路隧道机电工程主要由下列系统组成:

(1)公路隧道通风系统;
(2)公路隧道照明系统;
(3)公路隧道交通控制系统;
(4)公路隧道火灾报警系统;
(5)公路隧道监控系统;
(6)公路隧道电视监视系统;
(7)公路隧道供电系统;
(8)公路隧道消防设施;
(9)公路隧道交通安全设施。

(二)公路隧道机电工程等级划分

公路隧道机电工程等级按照隧道长度和隧道交通量这两个参数来划分,一般将隧道长度在10km以内,隧道单洞日交通量在50 000辆以下的公路隧道划分为A、B、C、D四级。根据公路隧道长度和其开通后第5年预测交通量,在图8-7中确定公路隧道机电工程等级。隧道长度超过10km将作特殊研究。

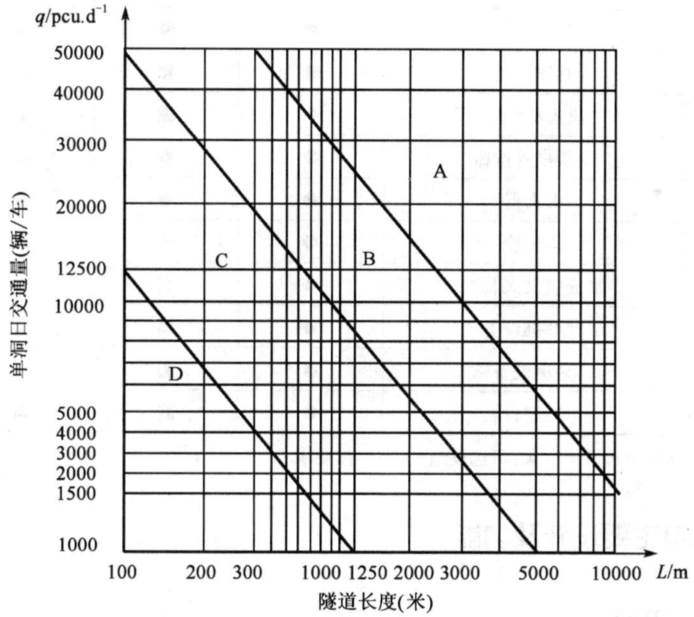

图8-7　公路隧道机电工程分级图

(三)公路隧道机电工程设施配置

隧道是公路运输网的瓶颈路段。完善的隧道机电工程设施可以改善洞内环境、减少污染、减少事故,增强隧道的通行能力,延长隧道的使用期限,保证隧道的安全营运,给驾乘人员提供一个顺畅、安全、舒适的行车环境。公路隧道机电工程等级确定以后,可根据《公路隧道通风照明设计规范》(JTJ 026.1—1999)和《公路隧道交通工程设计规范》(JTG/T D71—2004)配置相应的系统和设施,具体配置见表8-30。

高速公路隧道交通工程设施配置表　　表 8-30

设施名称		隧道分级			
		A	B	C	D
标志标线	标志	●	●	●	●
	标线	●	●	●	●
交通监控设施	车辆检测器	●	■	▲	—
	摄像机	●	●	▲	—
	可变限速标志	●	■	▲	—
	可变信息标志	●	■	▲	—
	交通信号灯	●	■	▲	—
	车道指示器	●	■	▲	—
通风与照明控制设施	VI 检测器	●	■	▲	—
	CO 检测器	●	■	▲	—
	风速风向检测器	●	■	▲	—
	亮度检测器	●	■	▲	—
紧急呼叫设施	紧急电话	●	●	▲	—
	有线广播	●	■	▲	—
火灾报警、消防与避难设施	火灾检测器	●	■	▲	—
	手动报警按钮	●	●	▲	—
	灭火器	●	●	●	●
	消火栓	●	●	▲	—
	水成膜灭火装置	●	■	▲	—
中央控制管理设施	计算机设备	●	■	▲	—
	显示设备	●	■	▲	—
	控制台	●	■	▲	—

注：●:必选设施　■:应选设施　▲:可选设施　—:不作要求

二、隧道机电主要设施及功能

(一)隧道通风系统

1. 隧道通风的目的和要求

1)隧道通风的目的

隧道通风的目的就是通过通风改变隧道内空气的化学组成和气候条件，使之满足人员工作和车辆运行的卫生标准和安全要求，以保证隧道正常运营。

(1)为在隧道内工作的人员和过往隧道的司乘人员提供足够的氧气；

(2)把隧道内有害气体和烟尘稀释到安全浓度以下，并排出隧道；

(3)保证隧道内有适宜的温度、湿度和风速，营造舒适的行车环境；

(4)当隧道内发生火灾时，限制火灾蔓延，并为灭火工作创造条件。

2)隧道通风的要求

(1)单向交通的隧道设计风速不宜大于10m/s，特殊情况可取12m/s;双向交通的隧道设计风速不应大于8m/s;人车混合通行的隧道设计风速不应大于7m/s;

(2)风机产生的噪声及隧道中废气的集中排放均应符合环保的有关规定;

(3)确定的通风方式在交通条件等发生变化时,应具有较高的稳定性,并便于防灾时的气流组织;

(4)隧道内营运通风的主流方向不应频繁变化。

2. 隧道通风的方式

公路隧道按其长度和交通量的不同可采用不同的通风方式,一般情况下:当隧道长度(m)与通过隧道的车辆高峰小时交通量(辆/h)的乘积小于600时,采用自然通风;当隧道长度(m)与通过隧道的车辆高峰小时交通量(辆/h)的乘积大于或等于600时,采用机械通风。不管采用什么通风方式,均应该满足隧道通风要求,并要求有一定的余量。

隧道通风方式是指隧道内风流在行车空间的流动方式,它包含两个方面的内容:一是风流在行车空间的流动方向;另一个是通风机的工作方式。按风流的流动方向划分,通风方式有纵向、横向式和半横向式三种;按通风机的工作方式,分为送风式和排风式两种,也有采用既送风又排风的混合式。当把不同的风流方向和风机工作方式相结合时就形成许多种通风方式。

当下国内隧道主要采用的通风方式大部分为纵向通风。纵向通风有多种形式,如射流式通风、风道式通风和集中排气式通风,根据交通方式不同又可以有不同的具体设计。

射流式通风是在车道空间上方直接吊设射流式通风机,用以升压。进行通风的方式,通常根据需要沿隧道纵向以适当的间隔吊设数组,每组为1~2个射流式风机。

双向交通时,上下行的交通量比值经常变化,但气流又具有一定的惯性,为了避免因交通量的变化需要频繁改变风向,应该有一定的备用系数,一般取1.2。在台数计算过程中应四舍五入。

射流通风机的安装位置,不应当在限界以内,并且喷出的气流对交通无不良影响。若为拱形顶棚时,由拱脚至拱顶均可吊设,平顶时应安装在墙角顶部。

射流通风机的安装间隔,要考虑射流的能量和气流的搅动状况,使空气能充分混合。因此,沿纵向最外面一台距洞口可取100m左右,内部间隔取70m左右为宜,至少也要保持40~50m的距离。

射流式通风,双向交通时一般适用于1000m以下的隧道,单向交通时,可达2000m左右。不过通常要根据所需通风量和车道风速眼界允许的最大通风量检算。如果交通量小,即使隧道很长仍可使用。射流式通风设备费用少、经济,但噪声较大。

3. 通风控制

1)控制原则

通风控制应遵守以下基本原则:

(1)保持隧道内环境指标在标准范围内。主要指隧道内一氧化碳浓度、能见度指标及风

速指标应在规定的范围之内;

(2)将 CO 浓度(CO)和能见度(VI)的数值分为若干个等级,与投入运行的风机台数及运转时间建立对应关系,此对应关系可在实际运营过程中根据实际情况不断优化和完善;

(3)隧道内某一段的 CO 或 VI 含量达到限值时,本段或最靠近此段的风机应首先启动;

(4)累计运行时间最短的风机应首先启动,以便平衡各台风机的劳逸程度,延长风机的使用寿命;

(5)因风机启动瞬间冲击电流很大,故各台风机的启动应有短暂的延时,以减少对电网的冲击;

(6)若一条隧道因事故关闭,另一条隧道改为双向运行时,因交通量增长很多,若全部风机启动环境指标还达不到正常值,则应和洞口交通信号灯配合,利用信号灯控制进入隧道的车辆,以达到正常的环境指标;

(7)正常运行状态时,风机为正向运转(即沿行车方向吹风),当火灾或双向行驶正向交通量小于逆向交通量时,风机才可能逆向吹风。如有需要逆向吹风时,应先停机再启动逆向运转;

(8)根据对隧道火灾时受难人员心态测询,弃车而逃生者占多数,其平均奔跑速度为1.5m/s。因此对于中短隧道火灾时应采取双向排烟通风,且风速不大于3m/s;对于长大隧道火灾时应采用风速零化措施,以抑制在火灾发生情况下烟雾的扩散速度和范围,使交通空间下半部保持无烟,确保良好的避难环境。

2)控制要求

隧道通风控制系统是对隧道通风系统中风机的状态,隧道环境等进行实时控制及历史数据查询的系统,是隧道监控系统的一个子系统,它与隧道其他控制子系统有机地结合构成了隧道监控系统。对通风控制系统主要有以下基本要求:

(1)安全可靠;

(2)易操作性;

(3)智能化;

(4)可维护性;

(5)可扩充性。

3)控制方式

隧道通风控制的理论控制主要有:

直接控制——即按 CO/VI 检测指标控制风机的运行;

间接控制——可根据进入隧道前段的交通量信息及隧道内车辆检测器实时了解隧道内交通量等,分析车辆烟雾及 CO 排放量,实施风机运行控制;

在运营过程中,结合各隧道实际环境,隧道通风主要采用以下几种方式:

(1)手动控制,即由人工按照实际通风量控制通风系统;

(2)程序控制,即在固定的时间内车流量及柴油车数量比较固定的情况下,按程序控制风机的运行;

(3)智能控制,即随着智能控制技术的发展,隧道通风在保证运营管理的需求下,引入智能控制模块,采用前馈式模糊控制居多。

另外随着嵌入式和变频技术的发展,国内许多隧道中使用风机软启动器和变频调速控制技术。

4. 通风系统构成及设备

1)系统构成

隧道通风控制系统由通风控制计算机、隧道区域控制器、隧道通风机、CO 浓度检测器、能见度检测器、风速检测器、通风配电柜、通风控制箱以及通风供电电缆等组成。通风控制子系统和照明控制子系统、交通控制子系统等共同集成为一个隧道监控系统,完成所有数据采集、设备控制和数据传输任务。

2)控制及检测设备

(1)风机控制柜

风机控制柜可设置在隧道内相应的风机下方隧道侧壁内,中心高度在 1.3 ~ 1.5m,以便于操作和维修。为避免在隧道内设备的侵蚀,也可设置在隧道口洞外变电所内,有竖井的隧道,主风机控制柜应设置在竖井风机房控制室。控制柜内应有风机启停按钮及指示灯显示,当转换开关处于遥控位置时,接受隧道区域控制器的控制指令。当转换开关处于现场控制位置时,只执行现场人工控制命令,不执行遥控指令。控制柜具有自检和故障报警功能,可将风机故障信号反馈给中控室通风控制计算机。

(2)环境检测设备

①一氧化碳(CO)浓度检测器。一氧化碳检测器可快速、准确、连续地自动测定给定点的一氧化碳浓度,同时将检测结果以数字形式显示出来,量程一般取 0 ~ 300ppm。分辨率 1ppm 自动校正。具有 4 ~ 20mA 标准信号输出,输出信号与 CO 浓度成正比。精度一般≤5%,响应时间 60s。

②能见度(VI)检测器。测定内容为隧道内高压钠灯照明下的合成能见度,与 CO 一样,为通风控制的重要参数。能见度检测装置由发射/接收头和反射头组成,发射/接收头发射光波,通过测量通道(3m、10m)再由反射头射回发射/接收头,通过测量光波的衰减测量能见度值。通过隧道区域控制器送至监控中心计算机。完成对隧道内照明情况下烟雾透过率的自动检测。

③风向风速(WS)检测器。风向风速检测器为自动测定隧道内风向、风速数据的装置,用于测量平行于隧道壁面的水平风速,测量方式一般为机电转换连续测定。测量范围为 0 ~ 10m/s 和 0 ~ 25m/s 两种,输出信号为 DC4 ~ 20mA,分辨能力为 ±0.1m/s,应答速度 <1s,承受风速能力为 35m/s,能自行诊断故障,工作异常时,电源即自行中断。

(3)通风环境检测设施的布设原则

①CO、VI 检测器宜设置在隧道侧壁或隧道顶部,使其检测的数值能有效地反映每个通风段的环境状况;

②采用全射流方式时,CO、VI 检测器应避免设置在射流风机附近,宜设置在相邻两组风机的中间部位;

③WS 检测器的设置位置离隧道洞口的距离应不小于隧道断面当量直径的 10 倍,且应避免受汽车行驶气流的影响。

(二)隧道照明系统

公路隧道作为公路的一个特殊路段,其管状结构决定了洞内外亮度相差悬殊、污染严重、噪声高等特点,降低了道路的通行能力,威胁到车辆的行驶安全。为了提高这一瓶颈路段的通行能力,确保安全行车,设置了电光照明系统。隧道照明的主要内容包括视觉特点、照明设计、照明计算、照明控制、照明供电和照明经济分析与节能等。

1. 隧道的视觉特点

公路隧道的照明系统,是为了把必要的视觉信息传递给驾驶员,防止因视觉信息不足而出现交通事故,从而提高驾驶上的安全性并增加舒适感。隧道照明与道路照明的显著不同是白天也需要照明,而且白天照明问题比夜间更加复杂。从理论上讲隧道照明与道路照明一样,也需要考虑路面应具有一定的亮度水平,同时还应进一步考虑设计速度、交通量、线形等影响因素,并从驾驶上的安全性和舒适性等方面综合确定照明水平,特别是在隧道入口及其相邻区段需要考虑人的视觉适应过程。

汽车驾驶员在白天从明亮的环境接近、进入和通过隧道的过程中,与行走在一般道路上是很不一样的,它将发生种种特殊的视觉问题:

(1)进入隧道前的视觉问题(白天):由于隧道内外的亮度差别极大,所以,从隧道外部去看照明很不充分的隧道入口会看到黑洞(长隧道)及黑框(短隧道)现象。

(2)进入隧道立即出现的视觉问题(白天):汽车由明亮的外部进入即使是不太暗的隧道以后,要经过一定时间才能看清隧道内部的情况,这称为"适应的滞后现象",这是因为急剧的亮度变化,使人的视觉不能迅速适应所致。

(3)隧道内部的视觉问题(白天、夜间):隧道内部与一般道路不同,主要在于隧道内部汽车排出的废气无法迅速消散,形成烟雾,它可以将汽车头灯和道路照明器发出的光吸收和散射,降低了能见度。

(4)隧道出口处的视觉问题:白天,汽车穿过较长的隧道接近出口时,由于通过出口看到的外部亮度极高,出口看上去是个亮洞,出现极强的眩光,驾驶员在这种极强的眩光效应下会感到十分不舒服;夜间与白天正好相反,隧道出口看到的不是亮洞而是黑洞,这样就看不出外部道路的线形及路上的障碍物。

消除前述种种视觉反差的办法是采用电光照明,然而电光照明的成本是昂贵的,对一座隧道,按照理论的方法设计照明设施,其照明成本往往是很高的,这就要求能找到一种成本低,安全又有保证的方法。

我国公路上的中小隧道大部分都没有照明设施或仅挂几盏路灯供行人照明,少数隧道安装了照明设施,照明的标准也是很低的。庆幸的是我国已经正式颁布了《公路隧道通风照明设计规范》(JTJ 026.1—1999),规范明确规定长度大于100m的公路隧道应设置照明设施。

2. 隧道照明的基本要求

在隧道照明系统中,沿隧道路面中线,由接近段经入口段、过渡段、基本段直至出口段,驾驶员在白天所要求的路面亮度变化曲线,称为亮度曲线,亮度与位置关系如图8-8所示。

其中亮度包括自然光在路面反射引起的亮度和人工照明在路面反射引起的亮度。前者有可以利用的亮度和需要限制的亮度部分;后者是因自然光不足或根本影响不到而需用人工照明加以弥补的亮度,人工亮度沿路轴线的变化曲线称为人工亮度曲线。由于自然光的影响范围很小，一般仅为2倍隧道入口高度（约10m）的范围，除洞外散射光较强时，可以考虑不作人工照明外，在10m以后因自然光影响很小，不再考虑它的影响，所以只按人工亮度计算，这样做能使计算得到简化。要求隧道左右两侧墙面2m高度范围内的平均亮度，不应低于路面平均亮度。具体设置标准按《公路隧道通风照明设计规范》（JTJ 026.1—1999）规定执行。

3. 隧道照明灯具的布置

隧道照明灯具的布置应考虑不要使直接进入驾驶员眼睛的光线过多，否则将使驾驶员产生眩光和不舒适感。

（1）照明灯具的布置依据：配置方式应根据灯具的配光、路面平均照度、均匀度及频闪和眩光要求。本着安全、经济、方便的原则进行综合决策。

（2）照明灯具的布置形式：照明灯具安装通常采用贴顶式或嵌入式，其布置通常有三种形式：对称布置、交错布置和中间布置。

（3）顶侧和侧壁布置：为了避免灯具不连续的直射光由侧面进入驾驶室造成“闪光”不快感，应尽量将灯具装在墙面及天花板顶轴线之间的位置，距路面以上4m为宜，采用对称或交错布置方式。中间布置方式灯具的维修较困难，故不常采用，考虑夜间降低照度，减少开灯数量，从亮度分布考虑，采用对称布置为好；为改善墙面亮度的均匀性，宜采用交错布置。

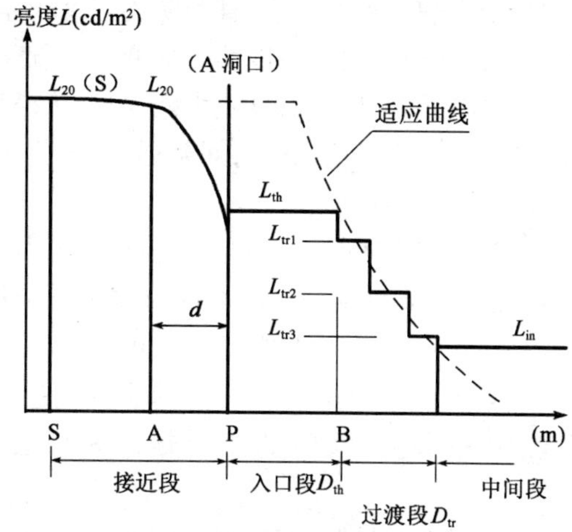

图8-8　亮度曲线

P-洞口（或棚口）；S-接近段起点；A-适应点；d-适应距离；L_{20}（S）-洞外亮度；L_{20}（A）-适应点亮度；L_{th}-入口段亮度；L_{tr1}，L_{tr2}，L_{tr3}-过渡段亮度；L_{in}-中间段亮度；D_{tr1}，D_{tr2}，D_{tr3}-过渡段1,2,3分段长度

国内各个研发教学等单位在灯具节能方面提出许多新思想，其中隧道灯具及光源的新技术推广意义重大。引入新型节能型光源——无极灯、LED灯，同时开发智能控制系统，在新规范的指导下，对照明系统做到无极照明和节能照明。

4. 隧道照明控制

隧道照明系统是一个多光源系统，通常的做法是将这些灯具分组分回路进行控制，洞内亮度的高低由开启灯具数量的多少来决定，不做单个灯具的调光控制。为使驾驶员适应隧道内外的亮度差，保证行车安全，并节约能源。一般应对隧道照明实施自动控制，控制方式有光控和时序控制两种。

（1）光控制

光控制实际上是一种实时控制，即根据实际测得的隧道洞内外亮度值，实时调节洞内照明系统，以满足驾驶员适应洞内外亮度差的需要。驾驶员的适应时间和距离，取决于洞内外的亮度差和车速，一般采用一个停车视距。在隧道入口处洞内外各设一台检测装置，将自动检测到的洞内外光亮度值送给照明监控计算机，计算机经数据处理后，产生控制方案，并将控制指令下传到现场区域控制器，现场区域控制器按照指令要求，实时开启或关闭相应的照明灯具，从而形成一个闭环控制。

为方便照明自动控制,隧道内照明灯具可有两种配合形式,其一为将照明灯具分组分回路供电,依据洞内外光度计的比较值,决定点亮照明灯具的数量,使洞内亮度随着洞外亮度比例变化,此种方式应用最为广泛,配线简单,控制单元少,故障率低;缺点为适配性不好,在换挡过程中会令驾驶员有不适感,且照明均匀度较差。其二为照明灯具采用调光控制装置的连续可变系统,以适应洞内外亮度实时的变化,可产生最好的效果,使隧道照明获得较佳的均匀度;缺点为控制单元多,照明器具须为调光型,价格较贵,在实际工程中很少采用。当然这两种方式在调节时均应考虑适当的时间延迟,以避免在临界状态下过于频繁的变化。

(2)定时控制

定时控制也叫时序控制,即将洞外亮度值按日、周、月、年实测得到的统计规律值输入计算机,计算机调节控制洞内的照明灯具去适应这个值的变化。此法的缺点是用于决策控制的参数是历史统计数据不能与当时的实际气象条件完全吻合,可能造成能量浪费。因此,照明控制系统应当根据任一时间的实际情况来调节其运行状况。根据照度计检测到的实际亮度,对照明进行实时的控制是最为有效的方法,可以达到既保障安全,又节约能源的目的。

当采用实时控制方案,光检测器发生故障时,监控中心计算机应自动转入定时控制。如遇火灾,无论照明现状如何,照明控制系统应将隧道照明开到最大程度,以利救灾。照明系统还应设置手动控制功能,可在中控室计算机或隧道照明配电箱上分别完成,隧道低压配电柜上的手动装置主要用于维修的需要。

(三)隧道交通控制系统

为保持公路隧道安全、舒适和高效的特性,通过对隧道内的交通状况、路面、环境状况和设备工作状态等参数进行实时观察和测量,利用通信系统将信息传输到中心控制室。利用监控中心控制计算机或监控员实时处理系统的各种数据,按照一定的计算模式进行分析、判断和决策,并将最终决策结果和控制命令通过通信系统传输到现场监控系统有关设备,以促进行车安全,提高通行效率;对引起车辆受阻的事件,迅速响应,提供紧急服务,快速排除事件,把事件引起的损失减少到最小值,从而达到调节和控制隧道内交通状况的目的。

1.隧道交通控制的主要任务

公路隧道监控系统是为了解决公路隧道运营中存在的两个主要问题——拥挤与安全而建立起来的,其主要任务一般可以包括以下几项:

(1)减少公路隧道常发性拥挤产生的影响;

(2)减少公路隧道偶发性拥挤产生的影响;

(3)隧道获取最大的营运安全;

(4)提供必要的信息,帮助使用者有效地利用公路隧道的各种设施,减少他们的脑力劳动、体力劳动和人为的失误;

(5)当有危险事故或事件发生时,给受到困难的人员提供诱导信息;

(6)根据公路隧道实际的运营状态,制定合适的诱导策略诱导洞内有关司乘人员驶离隧道;

(7)减少交通事故对环境和人类的危害。

2. 隧道交通控制的方式

公路隧道交通控制系统与行车人员的关系最为密切，用于隧道正常交通、火灾、事故、检修等特殊情况时的交通管制，通过切换交通信号可关闭、开放或改变隧道运行方式，达到减少事故、充分有效地使用隧道的目的。

隧道交通控制系统包括车辆检测器、交通信号灯、车道指示器、可变限速标志、可变情报板等设备。中心计算机根据各区域控制器检测到的交通流量、隧道运行工况模式，通过车道指示器、可变限速标志、交通信号灯和可变情报板来处理各种交通模式。

隧道的交通流方式包括正常交通、双向交通、波动交通、夜间、事故、火灾、维护等多种情况。双洞单向隧道的运行模式一般可分为以下五种：

(1)双洞单向双车道运行模式(正常运行)；

(2)左洞单向单车道，右洞单向双车道；

(3)左洞单向双车道，右洞单向单车道；

(4)左洞双向单车道，右洞关闭；

(5)右洞双向单车道，左洞关闭。

隧道内一旦发生火灾或重大交通事故，交通控制系统会控制隧道车行横洞和人行横洞的开启，有策略有目的进行事故条件下的交通诱导与控制，尽快地控制和疏散事故发生点后续车辆的进入，防止事故的进一步扩大和二次事故的发生，尽可能的减少人员伤亡和财产损失，并可视事故大小由原来的运行模式改为其他运行模式，直至关闭单洞或双洞。同时对洞外车辆进行疏导和控制，并指挥救援人员进行救灾。

3. 隧道交通控制设施

交通控制设施主要用于收集和处理交通信息，根据车辆监测器数据分析、判断交通拥挤和阻塞等异常状况及其发生地点和时间，做出相应的报警处理。同时接收中央控制室计算机传来的有关信息和命令，按照选定的方案或控制命令，实现对隧道内交通流和交通状态的有效控制。

交通控制设施按照选定的方案或控制指令实施诱导与控制，如向道路使用者提供道路交通状况信息，对行驶车辆发出限制、劝诱、建议性指令，对交通管理部门、事故救助机构提供交通事故和其他异常事件的处置指令，对信息媒体或社会提供更为广泛的高速公路交通信息。常提供的交通信息包括：不同地域的交通状况；常交通现象的发生地点、时间和事故类别的信息；流入和流出诱导信息；车道或行驶速度限制信息；路网上工程施工与管理情况等。

交通控制的重要终端设备主要包括交通信号灯、车道指示器、可变信息标志、可变限速标志和交通区域控制单元等，隧道中还设置各种隧道标志作为交通诱导与控制的辅助设施。同时，火灾报警系统和紧急呼叫系统设备在隧道交通诱导与控制中也起到提供信息、引导交通、发布信息的作用。

(1)交通信号灯

交通信号灯是根据隧道内采集到的各种交通信息如阻塞或其他异常情况，由计算机发出交通控制指令，控制信号灯改变颜色，达到交通控制的目的。隧道交通信号灯是通过与其距离较近的区域控制单元与中央控制计算机和控制台相连接，根据隧道的运营状况，可自动或手动改变灯色显示,从而达到交通控制的目的。

(2)车道指示器

由于隧道内的光线较暗、运营环境恶劣,车道指示器一般选用高亮度、高清晰度、密封性能良好的设备。车道指示器安装在其控制车道的上方,是只对本车道行驶车辆起指挥的交通信号。车道指示器一般在隧道入口进深 3 ~ 10m 处设置第一组。进入隧道后,依隧道纵剖面之曲线、高度及标志大小与可见性,约隔 500m 设置一组,并结合土建中预留的人行横洞和车行横洞设置车道指示器。在长大隧道内,车道指示器以能从一个看到下一个为准。在隧道曲线处,应在弯道前设置一组标志。

(3)可变信息标志

可变信息标志可根据实际交通状况的变化动态自动或手动选择计算机已存储的情报显示信息,也能根据临时情况及时编辑显示监控计算机的显示内容,然后以文字或图案的形式显示各种信息,提醒道路使用者注意隧道内交通状况,使道路使用者对前方路况做好充分的心理准备,预防事故发生,它对维持隧道内外正常交通非常重要。

可变信息板可采用 LED、光电式、光纤或屏幕式等各种形式,可以用图形、文字、符号等方式为驾驶员提供各种信息情报:

①气象及路面状况情报,包括雨、雪、雾、冰以及路面维护等;

②交通运行情报,包括交通拥挤、阻塞、交通事故及其发生地点等;

③实时的交通诱导信息。

(4)可变限速标志

可变限速标志是根据隧道内实际交通运行状况和周围环境情况,改变洞内车道上车辆行驶速度限制值的动态标志,多用于隧道入口或内部,在发生交通拥挤、事故等情况时,可根据中央控制室指令改变其内容,确保行车安全。

(5)交通视频检测系统

交通视频检测系统对采集到的视频信号,经过数字信号处理和一系列图像处理技术的处理,为监控系统提供报警和提示的管理系统。拟补传统车检系统破坏路面的不足。随着计算机技术和控制技术的飞速发展,视频车检的功能日益强大。

(四)隧道火灾报警系统

1. 隧道火灾的特点

隧道是管状结构物,存在潜在的交通事故和火灾危险,公路隧道火灾的发生一般具有以下特点:

(1)烟雾大,温度高。隧道内一旦发生火灾,由于隧道空间小,近似处于密闭状态,不可能自然排烟,因此烟雾较大,燃烧产生的热量不易散发。另外,火灾可能将隧道照明系统破坏,使得隧道内能见度大大降低,给扑救火灾和疏散人员带来困难。

(2)疏散困难。隧道的横断面小,道路狭窄,发生火灾时除了人员的疏散困难外,物资的疏散也极其困难,车辆一辆接着一辆,短期内疏散几乎是不可能的。因此,火灾在车辆之间的蔓延也比较快,且每一汽车都有油箱,如汽油燃烧将加剧火势发展。

(3)隧道火灾更容易产生大量的烟雾并充满整座隧道,以致在使用强力照明条件下能见度也只在1m以内。同时，有毒烟雾的传播，将使人员中毒而死亡。

(4)扑救困难。隧道发生火灾，消防人员很难接近火源扑救。如火灾发生在整条隧道中心，即使从隧道口救援到火灾现场有时也有几百米、几千米或更长距离，加之缺乏照明，扑救更加困难。

(5)成灾时间短。失火爆发成灾的时间一般为5～10min，较大火灾的持续时间与隧道内的环境有关，一般在30min到几个小时之间。

(6)隧道内一旦起火，由于烟囱效应，温度和烟会迅速传播，它的大部分能量被用去加热通风的空气。此时顺风的温度可达到1 000℃以上，热的空气在流经途中可能把它的热量传递到任何易燃或可分解的材料上。这样火就能从一个燃烧源"跳跃"一个长度而引燃下一个着火点。试验中已观察到这个"跳跃"的长度值为隧道直径的约50倍。

(7)隧道火灾将极大影响隧道内空气压力的分布，而隧道空气压力的变化可导致通风气流流动速度的变化，加速、减速或者完全逆向流动。隧道火灾时，有强烈的热，且有时只能从逆风端去救火，因而，烟的这种逆向流动将会阻碍救火工作的进行。

(8)发生火灾的时间和地点都具有随机性。

(9)发生火灾的规模和形态等是不恒定的。

影响隧道火灾量级并最终影响生命安全的主要参数是"时间"，即发现火灾的时间、发生报警的时间、确定火源地点的时间、实现应急反应过程的时间，而隧道火灾的防治目的就是希望将以上时间减到最小。

2. 隧道火灾的探测方法

对火灾的探测，是以物质燃烧过程中产生的各种现象为依据，以实现早期发现火灾为前提。因此，根据物质燃烧过程中发生的能量转换和物质转换所产生的不同火灾现象与特征，产生了不同的火灾探测方法。

(1)空气离子化探测法。空气离子化探测法是利用放射性同位素释放的α射线将空气电离，使腔室(一般称为电离室)内空气具有一定的导电性；当烟雾气溶胶进入电离室内，烟粒子将吸附其中的电离子，产生离子电流变化。此电流变化与烟浓度有直接的关系，并可用电子探测器加以检测，从而获得与烟浓度有直接关系的电信号，用于确认火灾和报警。

(2)光电感烟探测法。光电感烟探测法是根据光散射定律(轻度着色的粒子，当粒径大于光波长时将对照射光产生散射作用)工作的。它是在通气暗箱内用发光元件产生一定波长的探测光，当烟雾气溶胶进入暗箱时，其中粒径大于探测光波长的着色粒子将产生散射光，通过置于暗箱内并与发光元件成一定夹角(90°～135°)的光电接受元件收到的散射光强度，可以得到与烟浓度成正比的信号电流或电压，用以判断火灾和报警。

(3)热(温度)检测法。热(温度)检测法是根据物质燃烧释放出的热量所引起的环境温度升高或其变化率(升温速率)大小，通过相应的热敏元件(如双金属片、膜盒、热电偶、热电阻等)和相关的电子器件来探测火灾现象。

(4)火焰(光)探测法。火焰(光)探测法是根据物质燃烧所产生的火焰光辐射，其中主要是对红外光辐射或紫外光辐射，通过相应的红外光敏元件或紫外光敏元件和电子系统来探测火灾现象。

(5)可燃气体探测法主要用于对物质燃烧产生的烟气体或易燃易爆环境泄漏的易燃气体

进行探测。

3. 隧道火灾探测器的布设

1)火灾探测器的安装高度

火灾探测器的安装高度 H_0 是指探测器安装位置(点)距该保护域(隧道)地面的高度。火灾探测器的安装高度还与火灾探测器的类别有一定的关系。在隧道中,安装面(隧道顶面)不是水平的(即为曲面顶),则安装高度 H_0 取中值计算,如图 8-9 所示。

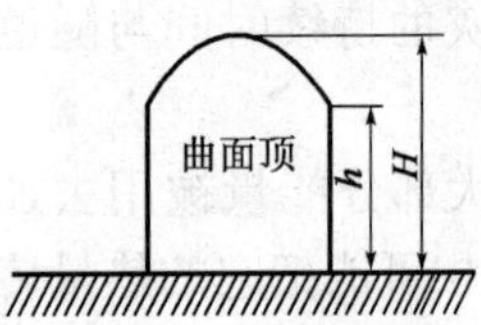

图 8-9　安装高度的计算图

$$H_0 = \frac{H + h}{2} \tag{8-1}$$

式中:H——安装面最高部位高度,m;

h——安装面最低部位高度,m。

对于可燃气体探测器,其安装高度应根据可燃气体的密度而定。对于相对密度大于 1 的气体,如甲烷等,泄漏后上升,可燃气体探测器应安装在环境上部或易积聚上升气体的地方;对于相对密度小于 1 的气体,如石油液化气、乙烷等,泄漏后积聚在地面附近,可燃气体探测器应安装在地面 300mm 以下的地方。

2)火灾探测器的设置数量

一个探测区域内应设置的探测器数量 N,可由式(8-2)计算决定。

$$N \geqslant \frac{S}{KA} \tag{8-2}$$

式中:N——应设置的探测器数量,取整数;

S——该探测区域面积,m^2;

A——探测器的保护面积,m^2;

K——安全修正系数,一般 K 的取值范围为 0.7 ~ 1.0。

安全修正系数 K 的选取,建议重点保护公路隧道(如高等级特长隧道)K 可取 0.7 ~ 0.9,非重点保护公路隧道(一般二级以下的短公路隧道)K 可取 1.0。

3)火灾探测器的安装规则

(1)火灾探测器至隧道侧壁、至隧道顶部的水平距离不应小于 0.5m;火灾探测器周围 0.5m内不应有遮挡物;火灾探测器宜水平安装,如必须倾斜安装时,其安装倾斜角即隧道顶坡度不应大于 45°;在隧道监控室内,火灾探测器至空调送风口边的水平距离不应小于 1.5m;在车行横洞和人行横洞等走道,可按垂直距离每 15m 处安装一只探测器;可燃气体探测器的安装位置应视可燃气体的泄漏点而定。

(2)在宽度小于 3m 的车行或人行横道顶棚上设置探测器时,宜居中布置。感温探测器的安装间距不应超过 10m,感烟探测器的安装间距不应超过 15m,探测器至侧壁的距离,不应大于探测器安装间距的一半。

(3)在公路隧道的横洞安装探测器时,应避开其入口边缘 1.5m 处安装。

(4)公路隧道监控室被设备或隔断物等分隔,其分隔物顶至房间顶棚梁的距离小于房间净高的 5% 时,则每个被分隔开的部分应至少安装一只探测器。

(5)安装在顶棚上的探测器边缘与下列设施的边缘水平间距宜保持以下距离:

①与照明灯具的水平净距不应小于 0.2m；

②感温探测器距高温光源灯具（如碘钨灯、容量大于 100W 的白炽灯、高压钠灯灯）的净距不应小于 0.5m；

③距不突出的扬声器净距不应小于 0.1m；

④与各种自动喷水灭火喷头净距不应小于 0.3m；

⑤距竖井送风口的净距不应小于 0.5m；

⑥与公路隧道车行和人行横洞的防火门、防火卷帘的间距，一般在 1 ~ 2m 的适当位置。

(6) 报警区域内每个防火分区，应至少设置一只手动火灾报警按钮。

(7) 火灾手动报警按钮应在火灾报警控制器或消防控制（值班）室的控制、报警盘上有专用独立的报警显示部位号，不应与火灾自动报警显示部位号混合布置或排列，并有明显的标志。

(8) 手动火灾报警按钮的操作报警信号，在区域—集中系统中宜为：

①当区域机能直接进行灭火控制时，可进入区域机；

②当区域机不能直接进行灭火控制时，可不进入区域机而直接向消防控制室报警。

(9) 手动火灾报警按钮系统的布线宜独立设置。

(10) 手动火灾报警按钮安装在墙上的高度可为 1.5m，在隧道内间隔距离一般为 50m，按钮盒应具有明显的标志和防误动作的保护措施。

4. 隧道火灾自动报警系统

火灾报警系统应符合下列要求：

(1) 系统中应至少设置一台集中报警控制器、两台以上区域报警控制器（或声、光显示器、复示盘）和必要的消防控制设备。

(2) 设在消防控制室以外的集中报警控制器，均应将火灾报警信号和消防联动控制信号送至消防控制室。

(3) 火灾报警控制器当采用总线制编码传输时，同一总线回路上所带探测器及控制模块等的地址编码数量，除应满足所选用设备的技术要求外，还应满足以下要求：

①消防联动控制设备的编码控制和信号接收模块，若与火灾探测器编码底座同一总线回路传输时，不应将以下联动控制设备接入；

②湿式报警阀压力开关和喷淋水泵、控制设备；

③消火栓启泵按钮和消防水泵控制设备；

④正压送风机、排烟机等的控制设备；

⑤气体灭火装置的手动控制设备和防火卷帘在消防控制室的手动紧急下降控制设备；

⑥以上显示和控制应采用交流或直流操作控制信号线，自动和手动控制或显示其动作反馈信号。

(4) 系统的总线传输网络应独立组成。

(5) 消防控制室内除设有控制机房外，还宜设置电源、维修及办公等用房。

(6) 消防控制设备，若采用双列布置时，其控制设备正面操作距离不应小于 2m。

火灾自动报警系统框图如图 8-10 所示。

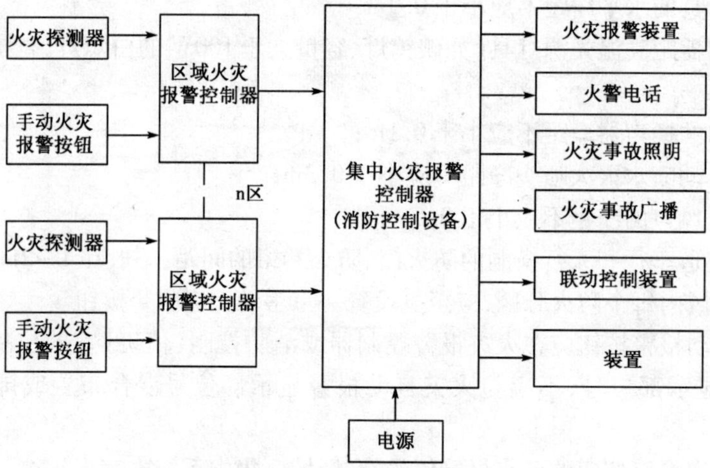

图8-10　火灾自动报警系统框图

(五)隧道电视监视系统

1. 隧道电视监视系统的主要作用

(1)操作人员借助于电视系统对隧道的交通流量及道路使用状况进行实时监视,及时得到交通阻滞的现场情况以及阻滞原因,以便交通管理人员确定交通疏导方案。

(2)通过电视屏幕,可对隧道交通信号灯工作状态、可变信息板等下端显示信息进行直观确认。

(3)通过电视可以对隧道内车辆运行时间、等待时间等基础数据进行实时、直观的监视和记录,为制定交通控制方案提供依据,并可使用录像技术积累影像资料。

(4)通过电视可立即对计算机反映在地图板或显示器上的交通阻塞状况、事故报警及其他状态显示得以确认,从而提高交通指挥中心的应变能力。

(5)给交通管制人员提供消防、治安、救护及重大活动车队等特种车辆的行驶情况的直观信息,以至采用特殊管理方案保证其安全畅通。

(6)对交通阻塞、违章车辆、交通事故现场,可通过录像机随时记录,以利迅速疏导交通、清理行车和事后准确的事故处理。

(7)交通电视无需隐蔽,且具有全天候工作条件和可变焦镜头。这对于配合公安其他业务工作,如治安、消防、警卫、防爆等工作,可提供现场信息,供指挥员和工作人员取证参考。

(8)使用普通摄像机,可以识别行驶中车辆的牌照号码,便于交通事故的及时处理和日常的交通管理工作。

2. 摄像机的技术指标

由于摄像机部分是系统的最前端,并且被监视场所的景象是由它变成图像信号传送到控制中心监视器上,所以从整个系统来讲,摄像部分是系统的原始信号源。因此,摄像部分的好坏及它产生的图像信号的质量将影响着整个系统的质量。

衡量摄像机性能指标主要有以下方面:

1)清晰度

一般多给出水平清晰度。电视监视系统使用的摄像机，要求彩色摄像机水平清晰度在300线以上，黑白摄像机在350线以上。这样的指标即可满足一般电视监视系统的要求。

2）照度（或称灵敏度）

照度是衡量摄像机在什么光照强度的情况下，可以输出正常图像信号的一个指标。在给出照度的这一指标时，往往是给出"正常照度"和"最低照度"两个指标。"正常照度"是指摄像机在这个照度下工作时，能输出满意的图像信号。"最低照度"是指如果低于这个"最低照度"时，摄像机输出的图像信号就难以使用，或者说摄像机至少要工作在"最低照度"之上。在选择摄像机时，有关最低照度指标的考虑是这样的：被监视场所在需要监视时，可能出现的最低照度就是所选择摄像机的"最低照度"指标。如果摄像机的最低照度无法满足被监视场所的要求，就要考虑采用由红外成像功能的摄像机或在被监视场所加装不易损坏的照明装置。

照度或灵敏度一般用勒克斯（lx）表示。如某一摄像机的最低照度为0.011x，或某一摄像机的灵敏度为0.01lx。

3）信噪比

信噪比的定义是摄像机的图像信号与它的噪声信号之比。这一指标往往用S/N表示。S表示摄像机在假设无噪声时的图像信号值，N表示摄像机本身产生的噪声值（比如热噪声等），二者之比即为信噪比。信噪比一般用分贝（dB）表示。信噪比愈高（或称愈好），表明这一指标愈好。电视监视中使用的摄像机，一般要求其信噪比高于46dB。

3. 隧道电视监视系统的设备选择

1）摄像机

在隧道电视监视系统中，主要观察目标是相对于道路而发生变化的车辆运动，应选择具有清晰度高，对外界光线适应范围大，可靠性高、售价低，维修容易，对外界温度和湿度要求范围较宽的摄像机。因此，在隧道电视监视系统中，建议采用CCD电视摄影机。此外，摄像机辅助设备，如镜头、云台、防护罩等的选配也是必不可少的。这些设备决定了摄像机最佳摄像效果。

（1）洞口摄像机：应选用CCD彩色摄像机，信噪比>64dB，最低照度0.3lux，扫描制式为CCIR625行，50帧/s，中心分辨率>420TVL（最低不得低于380TVL），镜头接口配合选用的摄像机，一般为"C"型或"CS"型，焦距范围要实行对宏观场面与局部细节综合观察，需采用变焦镜头，变焦镜头的变倍率应根据观测范围的需要选择，一般取4~10倍放大镜头。

在设计中为使摄像机适应全天候的照明变化，应考虑到自动光圈控制功能，实用中，在夜间观察交通状况时，对突然出现的汽车大灯灯光的照射，自动光圈因是对光通量平均值取样，这样难以看清周围情况，此时应采用手动光圈控制，人为加大光通量，使观察者得到较满意的图像。

①云台。室外摄像机配有灵活方便的电动云台，云台可带动摄像机做左右、上下动作，扩大摄像机的观察视域。一般要求其旋转角度水平为0°~340°（或350°），垂直为向上15°，向下60°。旋转速度水平6°/s，垂直3°/s。负载要大于摄像机、镜头、防护罩（包括加热器、遮阳罩、风扇、刮水器、清洗器等）总重量的30%。额定风负荷应能在风力为当地历史最高水平时，遥摄和俯摄装置的工作维持在额定指标的5%之内。

②防护罩。在室外，摄像机要在各种气候及恶劣条件下正常工作，这仅靠摄像机本身的性能是不可能达到的，只有通过外加防护罩予以解决温度、湿度、日照等问题，防护罩外还配有刮

水器、清洗器。摄像机装在防护罩内,防护罩应附有可自动回位的电动刮水器及清洗观察窗的清洗器,包括高压泵和一个清洗剂瓶。

罩内温度应能自动调节,夏季应防止高温造成元器件参数变化致使转机性能改变,在防护罩内应有排风散热装置,当罩内温度高于+32℃左右时,自动开启排风散热装置。当温度降至约+26℃时,自动关机。为防止在冬季使用摄像机时,因低温造成元器件参数变化及观察窗玻璃上结霜,在防护罩内应有电热装置。当罩内温度低于+4℃时,自动接通加热器,当温度高于+10℃时,自动切断电源并应装有除霜玻璃,电动除霜。当除霜玻璃的表面温度达到一定温度时(一般为30℃左右)自动切断电源。

③遮阳罩。可防止阳光直接照射到外壳上而产生的热量。其额定风负荷以当地历史最高风速作为设计依据。防护罩应满足镜头、摄像机安装空间。

④解码器。安装在摄像机立柱杆上或杆下。提供摄像机电源。接受来自控制室的组合编码信号,提供摄像机的工作电压及开关机信号,云台左右扫描和上下俯视动作电压,镜头变焦、聚焦、光圈大小的动作电压。开启刮水器清洗器。防护罩清洗剂的喷射。报警信号的传输等功能。

(2)洞内摄像机:选用CCD黑白摄像机,具有背景光抑制功能。固定焦距镜头,自动光圈。洞内摄像机因隧道内污染较严重,一般需要配备室内防护罩,若环境条件特殊则需要增加散热,或现场环境条件和投资情况也允许可配备电动云台。

2)中控室设备

(1)电视监视器:控制中心闭路电视控制台上及控制室电视墙上应配置高质量的监视器。

屏幕尺寸:控制台上因距值班操作员较近,可选用14~17英寸监视器即可。电视墙上镶嵌的监视器因距值班操作员较远,视经济条件选择17~21英寸为宜。

清晰度:清晰度为主要指标,选用时要和摄像机清晰度配套,一般根据使用的摄像机的分辨率情况,选用高一档清晰度的监视器。一般应高于100~200线。

(2)录像机:为记录交通情况,控制台应设有可手动或自动控制的长延时录像机或硬盘录像机。

(3)切换控制器:在显示路端有限的情况下,可对提供的多路视频信号进行人为有选择的控制显示。配备标准的视频切换矩阵板,将输入的各摄像机信号中的任一个送到控制台或电视墙上的电视监视器上,为便于值班操作员的监视和记录,可进行自动时序切换。并可保持时延,还可进行手动切换。

(4)视频分配器:为一路图像信号需在多个监视器上显示时所需的阻抗匹配设备。常见的视频分配器有一入二出,一入四出等。

(5)微机控制闭路电视控制器:应配备相应的控制键盘,完成如下功能:

对摄像机进行开机、关机的控制。

可进行对云台的遥摄和俯仰摄的遥控。

可对镜头进行变焦、聚焦、光圈的控制。

可对雨刷进行开启、停止的控制。

可对防护罩清洗器进行开启、停止的控制。

应具有汉字叠加功能:能在每幅图像中叠加上摄像机号码、地点等固定文字符号,以及实时变化的年、月、日、时、分、秒。并可与微机实行联机，利用微机键盘通过闭路电视控制器对图像送入说明性质的文字，以完善录像资料。

具有报警信号接口，在收到报警信号后，在控制台的监视器上自动切换出报警地点的画面，并控制录像机自动录像。当火灾检测、应急电话或各种门报警同时报警，控制台显示器应优先显示火灾报警区。

微机控制闭路电视控制器对隧道内外摄像机有自动检测功能，将检测到该系统正常或故障信号传至中心计算机，从而点亮地图板上相应的指示灯。

微机控制闭路电视控制器在结构上应采用积木式结构，并留有扩展余量。

中控室闭路电视控制台桌面的布局设计应便于摄像机设备、监视器和录像机等的操作和无误差控制。设计时应特别注意监视器应不受外来强光线直射，当有不可避免的强入射光时，应加遮光罩遮挡。

3)传输设备

(1)光缆：光缆由缆芯、加强原件和护层组成。缆芯常由多根二次涂敷处理后的光纤组成。加强元件用钢丝或合成纤维-增强塑料制成，顺轴向布置在缆芯中心或四周。护层要求耐压、防潮和防腐等，常用聚乙烯内层，外层用铝带或塑料。

(2)光端机：包括光发射端机和光接收端机。光发射端机将需要的传递的电信号转换成光信号，送入光缆。经过光缆传输到对方，光接收端机再将光信号变成电信号通过处理，送到电终端机。

4)供电与接地

(1)供电：隧道电视监视系统，一般属远距离多摄像机，一般宜采用本地供电方式，即把摄像机安装位置附近的本地交流电源接入外场控制箱内，长期供电。

(2)避雷接地：隧道口外摄像机立柱顶端应设避雷针，接地电阻≤10Ω。

隧道电视监视系统的供电与接地，应符合《电气装置安装工程电气设备交接试验标准》(GB 50150—2006)的有关规定。

4. 隧道电视监视系统构成

(1)在隧道口两头各设一台室外全天候、具有光圈自动调节、变焦镜头的低照度摄像机。配有云台、防护罩和解码器。用于监视隧道口交通信号灯、车道灯、可变标志及出入隧道口的车流。紧急状态下可监视车辆疏散情况。

(2)隧道洞内可设配有防护罩的数台低照度定焦距摄像机。配有自动光圈以适应光线的变化。达到连续监视全隧道各种设备及运行状态的目的。

(3)闭路电视系统在中控室由控制台、微处理器构成的闭路电视监控器、视频切换矩阵、视频分配器、字符发生器、录像机、监视器、光端机、电缆等组成，如图 8-11 所示。

(六)隧道监控系统

隧道测控系统上位管理计算机较多，下位机整个网络采用二层网络结构，第一层为管理层(即信息层)，采用 Ethernet 局域网，承担管理、决策和控制任务；第二层为控制层，采用 PLC 的光纤环型网络(ControllerLink)，实施现场数据采集、数据传输和设备的控制。现场 PLC 网络由主 PLC 通过以太网模块与局域网连接，实现以太网通信。这种控制系统实现了区域控制器的现场控制,并且信号传输实现了全数字化,从底层到顶层均采用通信网络连接;系统结构采用全分散化,由现场的控制器直接控制设备;上层通信网络采用以太网通信,可方便地实现数据共享。此网络结构体现了 FCS 控制控制系统的优势,当环型网络上的仅有一点发生故障时,数据可正常传输,系统可正常工作,当有多点故障时,现场 PLC 可独立工作,等待系统恢复正常后再接受指令,交换数据,大大增强了控制系统运行的可靠性。系统构成如图 8-12 所示。

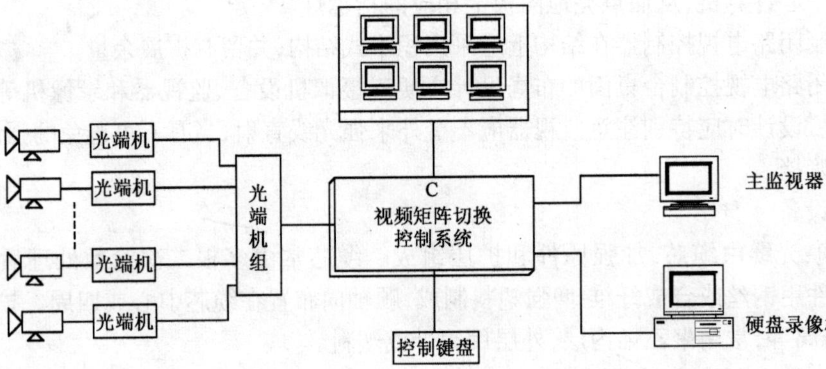

图 8-11　隧道闭路电视系统的构成

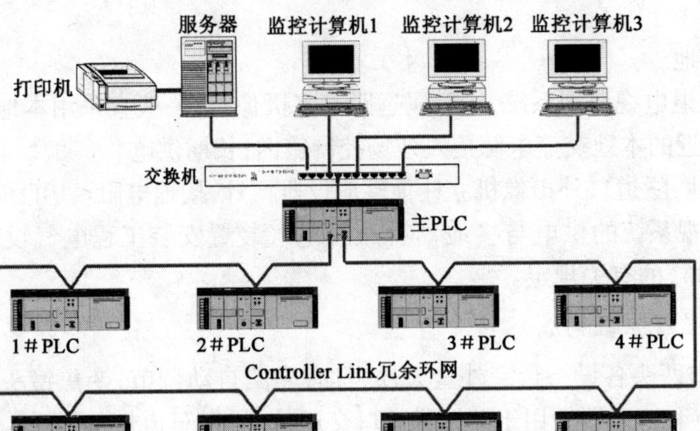

图 8-12　系统网络结构图

在基于 PLC 网络的隧道测控系统中,现场测控设备一方面完成采集数据,另一方面完成控制任务。如果在交通测控中使用集散控制系统,使得布线错综复杂,也会增大出错的概率。事实上,因采集的数据不需一直保存,而是定期保存,所以把部分数据采集与控制任务交于现场设备来完成,可以省去大部分数据传输过程及避免由此带来的传输错误而导致的一些不可预见的后果。因此采用 PLC 网络的隧道测控系统,PLC 完成对现场输入/输出量的控制处理,整个系统可以克服隧道内温度、湿度、噪声、灰尘、振动、汽车点火高频干扰等恶劣的环境,PLC 之间进行组网可以提高 PLC 的控制能力和控制范围,同时便于计算机进行管理和对控制数据进行处理,从而提高了整个系统的可靠性和安全性。

三、隧道机电工程施工质量监理

(一)隧道通风系统

1.系统施工应具备的条件

1)界面

(1)土建主体施工完毕,设备基础及预埋件的位置、高程、尺寸应符合设计规范要求。

(2)隧道现场具备足够的运输空间及作业场地。作业场地清理干净,要求无影响设备安装的障碍物及其他管道、设备、设施等。

2)人员、技术

(1)制定风机安装施工组织实施方案,组织召开技术交底会。

(2)电焊工、起重工应持有相关从业资格证。

3)机具及材料准备

(1)设备和主、辅材料已运抵现场,安装所需机械、机具已准备齐全,并由安全防护措施。

(2)风机安装所使用的主料和辅料的规格、型号应符合设计规定,并具有出厂合格证明书或质量鉴定文件。

(3)地脚螺栓通常随设备配套带来,其规格和质量应符合施工图纸或说明书要求。

(4)设备地脚螺栓的规格、长度,以及平、斜垫铁的厚度、材质和加工精度应满足设备安装要求。

4)安全措施与保护

(1)有可移动高空作业工作台,作业处两边摆放反光锥,人员必须戴好安全帽、系好安全带、穿反光背心,台架贴反光膜。

(2)现场有专职瞭望员,维护现场安全。

2.质量控制要点

1)风机安装基础检验

(1)风机安装前根据设计图纸对设备基础进行全面检查,安装位置、高程及尺寸应符合设备安装要求。并注意核查附近有无其他预留安装的设备,如有及早协调变更。

(2)焊接风机座架专用U形卡,要求双面满焊,焊条型号必须严格符合技术要求。

(3)座架焊接完成后,必须做抗拔力测试。测试拉力为实际静荷载的15倍,拉力持续时间应在15min以上。

2)风机进场检查

(1)风机运抵现场后,保持包装和密封良好,技术文件应当齐全,并有装箱清单,其规格、型号、技术参数应符合设计要求。对照设备装箱清单清点,核对叶轮、机壳和其他部位的主要尺寸是否符合设计要求,做好检验记录。

(2)风机安装前应认真进行外观清理检查,并做好记录。清理检查项目有:外部清扫,包装紧固件的拆卸,外面油漆情况的检查,旋转紧固件的检查,风机各相绝缘情况检查测定。如是轴流风机还应进行液压油油位检查。

(3)进、出风口应用盖板严密遮盖,防止尘土和杂物进入。

(4)搬运设备应有专人指挥,使用的工具及绳索必须符合安全要求。

3)风机吊装

(1)风机安装过程中不得撞击、敲击机壳,以免壳体变形;不得解体风机。现场组装风机时,绳索的捆缚不得损伤机件表面,转子、轴径和轴封等处均不作为捆缚部位。

(2)风机吊装采用专用吊架吊装,也可采用机械设备吊装。吊装时应由风机两端安装螺栓同时起吊。吊装过程应当始终均匀提升,严禁用一组螺栓吊装,严禁吊挂消声器。吊装时应注意风机方向。整个安装过程需由监理工程师监督执行。风机吊装时应有安全措施。

(3)风机安装要确保间距与设计一致,风机中轴线要与隧道轴线处于平行状态,然后按规定力矩拧紧螺母。

(4)风机电源连接及接地必须与施工图的规定一致,并按接线盒上随机所附的接线图连接。接线可采用金属软管保护,线径、规格应与设计一致。接地线应当连接牢靠,并与主接地回路可靠连通,外露接线端子应选用铜端子,并进行防潮处理。

3. 检查与测试

1)运转检查

(1)风机运转试验,应在监理工程师的监控下进行运转试验,试验前应确保电压符合要求,接线正确,连接件牢固,转动叶片与机壳应无触碰。

(2)在启动风机前,应测试电机绝缘电阻,若绝缘电阻值小于 1MΩ,应对定子绕组进行干燥处理;干燥处理时的温度不允许超过 120℃。

(3)经过全面检查,并确定供应电源相序正确后,方可送电试运转。

(4)运转过程中应对电机运行电流进行监控,以保证该电流在风机电机铭牌指标之内。

(5)叶轮旋转方向必须正确;在额定转速下试运转时间不得少于 2h。

(6)射流风机正反转换向时,应等风机叶轮停稳后,方可接通反向电源。

2)检查测试

(1)软启动值正常转速所用时间应保证启动电流不超过额定电流的 3 ~4 倍。

(2)检查风机是否有软停止功能。

(3)正常运转时的风速应达到设计和风机技术参数的要求:

①射流风机正、反转出口风速测试:用风速仪测量风机正反转时的出口风速,在风机出口截面上取 6 个测试点,取点位置为距风机口 10cm,距风机边缘向圆心方向 20cm 处,以 60°角顺时针方向分别取 6 个点,并记录各点数值;

②隧道截面风速测试:用风速仪测量隧道截面风速,在距隧道入口端、出口端各 100m 处,横向截面取 5 个点(左车道路缘、左车道中心线、路面中心线、右车道中心线、右车道路缘),路面垂直向上取 3 个点(距车道高 0.35m、2.0m、4.0m),每个截面共取 15 个点,并记录各点数值。

(4)正常运转时的噪声:在风机运行的情况下,用声级计在风机出口下距风机 10m、45°角位置测量风机运行时的噪声,并记录。

以上数据均应符合设计要求。

(二)隧道照明系统

1. 系统施工应具备的条件

1)界面

施工前要进行施工现场调查,了解隧道、路基施工环境是否具备灯具安装条件,施工界面是否已提交,并用表格详细记录。

(1)隧道、路基界面已具备机电工程施工条件。

(2)有关预埋件及预留孔洞符合灯具设计要求。

(3)装饰工作全部结束。

(4)相关回路管线敷设到位,穿线检查完毕。

2)人员、技术

(1)项目部专业监理工程师要对所安装的灯具施工图进行详细审查,熟悉图纸所要求的每一个灯具安装高度以及每一个技术参数。对所安装灯具的规格、型号和性能要详细了解,对灯具布局位置做到心中有数,特别是灯具固定的预留预埋件尺寸一定要提前复测。

(2)要求施工方在施工前要对作业人员进行技术交底,未参加技术交底签字的作业人员一律不得上岗作业,所以作业人员必须持证上岗。

(3)灯具安装前,先对隧道、公路沿线的沟、槽、管、洞进行疏通,并进行两端封堵,以免造成二次人为不同的故障。同时要对沟、槽、管、洞的尺寸、数量与设计图纸要求的尺寸、数量详细核对。

(4)施工图纸及技术资料齐全。

3)机具及材料

(1)电动工具(电钻、冲击钻),移动发电机组。

(2)可移动高架工作台,架梯,施工车辆。

(3)电烙铁、压接钳、热风机等常用电工工具。

(4)万用表,兆欧表,接地电阻测试仪,照度仪,钢卷尺。

(5)吊车(可租用)。

4)安全措施与保护

(1)施工人员配备安全帽、保险带、反光背心。

(2)施工现场配备施工安全牌、反光锥、施工车辆,工作台架贴反光膜等,做好双向防护。

(3)专职安全员检查施工现场,每日记安全日志。

2. 质量控制要点

(1)监理工程师必须认真熟悉图纸,熟悉每一道工序,做到心中有数。

(2)要认真检查施工方画线时所用的工具、材料。其主要有吊线锤、水平尺、记号笔、钉子、高架车、钢卷尺(30m)、长直尺(2~4m)、电锤、手锤、照明灯、线绳等。

(3)安全防护:监理应检查施工方在隧道内施工的人员应穿戴安全帽、反光背心,在作业区前后端应设置醒目的安全警示牌、安全反光锥、安全警示灯等,在高空作业平台或车辆前后端应设置有反光警示标志(标志尺寸不小于1m×1.5m)。

(4)工序衔接安排到位,确保各工序的连续性,上道工序不影响下一道工序,确保进度和质量。

(5)加强技术管理:要求施工技术管理人员要经常去工地检查,发现问题及时改正,每名施工人员应把自己的工序做细、做准,使工序误差减到最小。

(6)加强检验和设计复核力度,上道工序要为下道工序负责,下道工序检查上道工序,人人负责把关。

(7)加强材料管理:材料应堆放整齐,各类材料按类堆放,便于施工时拿取。

3. 检查与测试

(1)通电前,测试线间绝缘、线地间绝缘,电阻值皆应大于0.5MΩ。

(2)测量各回路供电电压,应符合设计值。

(3)分回路控制各回路灯具点亮情况,应符合设计要求。

(4)用照度仪测量指定点的照度,应符合设计要求。

(5)测量应急灯后备时间,应符合设计要求。

(三)隧道交通监控系统

1. 系统施工应具备的条件

1)界面

(1)土建主体施工完毕,与主体工程相关的设备基础及预埋件已完成,并且位置、高程、尺寸应符合设计规范要求。

(2)隧道现场具备足够的运输空间及作业场地。影响机电工程施工的装饰工程基本完成。

2)人员、技术

(1)监理工程师要对所安装的设备施工图进行详细审查,熟悉图纸所要求的每一个设备安装高度以及每一个技术参数。对所安装设备的规格、型号和性能要详细了解,对设备布局位置做到心中有数,特别是设备固定的预留预埋件尺寸一定要提前复测。

(2)要求施工方在施工前要对作业人员进行技术交底,未参加技术交底签字的作业人员一律不得上岗作业,所有作业人员必须持证上岗。

(3)施工图纸及技术资料齐全。

3)机具及材料准备

(1)设备和主、辅材料已运抵现场,安装所需机械、机具已准备齐全,并由安全防护措施。

(2)安装所使用的主料和辅料的规格、型号应符合设计规定,并具有出厂合格证明书或质量鉴定文件。

4)安全措施与保护

(1)有可移动高空作业工作台,作业处两边摆放反光锥,人员必须戴好安全帽、系好安全带、穿反光背心,台架贴反光膜。

(2)现场有专职瞭望员,维护现场安全。

2. 质量控制要点

1)车辆检测器

(1)检测器线圈的安装应符合下列规定：

①线圈不得跨伸缩缝安装，埋设位置应避开金属物体；切缝应干燥、清洁；

②环形线圈不应有接头、断裂、打结或外皮损坏现象；

③线圈敷设后测量线圈电感量，电感量应符合检测器要求；

④在 250V 直流电压测试条件下，线圈对地电阻应大于 10MΩ；

⑤线圈敷设应留有余量；敷设完成后，宜采用环氧树脂进行封装；

⑥封装应避免产生气泡；馈线与环形线圈应为完整电缆；馈线应扭绞结花。

(2)微波车辆检测器的安装高度、倾斜角度应满足设备技术文件要求。

(3)控制箱安装应牢固，机箱表面应无损伤。

(4)控制箱强电端子对机壳的绝缘电阻不应小于 50MΩ，接地电阻不应大于 4Ω。

(5)控制箱内接线应布线平直、整齐、牢固可靠、标识清晰，插头牢固。

2)摄像机

(1)摄像机在装配、搬运、架设过程中应有防护措施，摄像机装配过程应防止粉尘污染，在搬运、架设摄像机过程中不得打开镜头盖。

(2)摄像机安装前的准备工作应满足下列要求：

①摄像机应逐台通电进行检测和粗调；

②应检查确认云台的水平、垂直转动角度满足设计要求，并根据设计要求定准云台转动起点方向；

③应检查确认摄像机在防护罩内紧固；

④应检查确认摄像机底座与支架或云台的安装尺寸满足设计要求。

(3)摄像机镜头视场内，不应有遮挡监视目标的物体。洞外摄像机镜头应避免强光直射。

(4)摄像机就位后，应通电试看、细调、检查各项功能，确认其满足设计要求。

(5)摄像机立柱垂直偏差不应大于 5mm/m。

(6)从摄像机引出的电缆应留有余量，不得影响摄像机的转动。

3)交通控制与诱导信息发布设备

(1)交通控制与诱导信息发布设备包括交通信号灯、车道指示器、可变信息标志、可变限速标志等。

(2)设备立柱垂直偏差不应大于 5mm/m。

(3)隧道内可变信息标志吊装支架安装完成后应做荷载试验，确认其满足设计要求。

(4)设备安装高度应满足设计要求，水平偏差不应大于 3mm/m，垂直偏差不应大于 5mm/m。

(5)显示屏、控制机箱的出线管与箱体连接处应密封良好，箱体内应无积水、尘土、霉变。

(6)显示屏、控制机箱内电力线、信号线应布线平直、整齐、牢固可靠、标识清晰，插头牢固。

4)区域控制单元

(1)区域控制单元安装应稳固，安装完成后设备表面应无损伤。

(2)控制箱内布线应牢固、整齐、标志清晰。

(3)控制箱门、进出线孔应有防水措施。

3.检查与测试

1)车辆检测器

(1)基本要求:

①车辆检测器及其配件的数量、型号规格符合要求;

②车辆检测器安装位置正确,机箱外部完整,门锁开闭灵活;

③线圈(探头)安装尺寸符合设计要求,线槽顺直、均匀,封填后平整,引线过缘石处理得当;

④电源、通信线路按规范要求连接到位,检测器处于正常状态;

⑤隐蔽工程验收记录、分项工程自检和设备调试记录、有效的设备检验合格报告或证书等资料齐全。

(2)实测项目:

见《公路工程质量检验评定标准》(JTG F80/2—2004)。

(3)外观鉴定:

①机箱安装牢固、端正;

②机箱表面光泽一致、无划伤、无刻痕、无剥落、无锈蚀;

③基础混凝土表面应刮平,无损边、无掉角;联结地脚及螺栓规格符合设计要求,防腐措施得当,裸露金属基体无锈蚀;金属机箱与接地极连接可靠,接地极引出线无锈蚀;

④机箱的出线管与箱体连接密封良好,箱体内无积水、尘土、霉变;

⑤机箱内电力线、信号线、元器件等布线平直、整齐、固定可靠,标志正确、清楚,插头牢固。

以上任一项不符合要求时,该项减0.1~1.5分。

2)闭路电视系统

(1)基本要求:

①闭路电视监视系统的设备及配件数量、型号规格符合要求,部件完整;

②外场摄像机基础安装位置正确,立柱安装竖直、牢固;

③防雷部件安装到位、连接措施符合规范要求;

④摄像机(云台)安装方位、角度符合设计要求;

⑤控制机箱外部完整,门锁开闭灵活;

⑥电源、控制线路以及视频传输线路按规范要求连接到位,闭路电视系统的所有设备处于正常工作状态;

⑦隐蔽工程验收记录、分项工程自检和设备调试记录、有效的设备检验合格报告或证书等资料齐全。

(2)实测项目:

见《公路工程质量检验评定标准》(JTG F80/2—2004)。

(3)外观鉴定:

①立柱、机箱及摄像机(云台)安装牢固、端正;

②各部件表面光泽一致、无划伤、无刻痕、无剥落、无锈蚀;

③基础混凝土表面应刮平,无损边、无掉角;机箱、立柱、凸缘及地脚螺栓规格符合设计要求,防腐措施得当,裸露金属基体无锈蚀;

④防雷接地和安全接地应分开设置，接地焊接牢固，焊缝饱满并做防腐处理；防雷引下线及接地体所用材料规格、防腐与连接措施、安装位置符合设计要求；金属机箱与安全保护地连接可靠，接地极引出线无锈蚀；

⑤云台防护罩和机箱的出线管与箱体连接密封良好，箱体内无积水、尘土、霉变；

⑥机箱内电力线、信号线、元器件等布线平直、整齐、固定可靠，标志正确、清楚，插头牢固。

以上任一项不符合要求时，该项减 0.1 ~1 分。

3）可变标志

（1）基本要求：

①可变标志设备及配件数量、型号规格符合要求，部件完整；

②基础安装位置正确，立柱安装竖直、牢固；

③防雷部件安装到位，连接措施符合规范要求；

④可变标志板面安装方位、角度、高度符合设计要求；

⑤控制机箱外部完整，门锁开闭灵活；

⑥电源、控制线路以及通信线路按规范要求连接到位，设备处于正常工作状态；

⑦显示屏发光单元处于受控状态，失效率符合产品标准要求；

⑧隐蔽工程验收记录、分项工程自检和设备调试记录、有效的设备检验合格报告或证书等资料齐全。

（2）实测项目：

见《公路工程质量检验评定标准》（JTG F80/2—2004）。

（3）外观鉴定：

①立柱、控制机箱及显示屏安装牢固、端正；

②各部件表面光泽一致、无划伤、无刻痕、无剥落、无锈蚀；

③基础混凝土表面应刮平，无损边、无掉角；控制机箱、立柱、凸缘及地脚螺栓规格符合设计要求，防腐措施得当，裸露金属基体无锈蚀；

④防雷接地和安全接地应分开设置，接地焊接牢固，焊缝饱满并做防腐处理；防雷引下线及接地体所用材料规格、防腐与连接措施、安装位置符合设计要求；金属机箱与接地极连接可靠，接地极引出线无锈蚀；

⑤显示屏、控制机箱的出线管与箱体连接密封良好，箱体内无积水、尘土、霉变；

⑥显示屏、控制机箱内电力线、信号线、元器件等布线平直、整齐、固定可靠，标志正确、清楚、插头牢固。

以上任一项不符合要求时，该项减 0.1 ~1 分。

注：本标准中可变标志包括：可变限速标志、可变信息标志，匝道、隧道、收费站的车道控制标志，交通信号灯等交通信息提供装置。

4）环境检测设备

（1）基本要求：

①环境检测器及其配置的 CO 传感器、烟雾传感器、照度传感器、风向风速传感器的数量、型号规格符合要求，部件完整；

②环境检测器及其配置的传感器安装位置正确，符合要求；

③按规范要求连接环境检测器及其传感器的保护线、信号线、电力线,排列规整、无交叉拧绞,经过通电测试,处于正常工作状态;

④隐蔽工程验收记录、分项工程自检和设备调试记录、安装和非安装设备及附(备)件清单、有效的设备检验合格报告或证书等资料齐全。

(2)实测项目:

见《公路工程质量检验评定标准》(JTG F80/2—2004)。

(3)外观鉴定:

①环境检测器控制箱安装稳固、位置正确,表面光泽一致、无划伤、无刻痕、无剥落、无锈蚀;

②控制箱门开关灵活、出线孔分列明确、密封措施得当,机箱内无积水、无霉变、无明显尘土,表面无锈蚀;

③控制箱内电力线、信号线、接地线分列明确,布线整齐、美观、绑扎牢固,接线端头焊(压)接牢固、平滑;编号标识清楚,余留长度适当、规整;

④控制箱至传感器的电力线、信号线、接地线端头制作规范;按设计要求采取线缆保护措施、布线排列整齐美观、安装牢固、标志清楚;

⑤传感器的布设位置正确、排列整齐美观、安装牢固、标志清楚;

⑥传感器表面光泽一致、无划伤、无刻痕、无剥落、无锈蚀。

以上任一项不符合要求时,该项减0.1~1分。

5)本地控制器

(1)基本要求:

①本地控制器及其配件的数量、型号规格符合要求,部件完整;

②本地控制器安装方位正确、不侵入公路建筑限界,设备标识清楚;

③明装的线缆、管道保护措施符合设计要求;

④本地控制器至控制中心以及隧道内下端设备的保护线、信号线、电力线的连接符合设计要求。线缆排列规整、无交叉拧绞,标识完整、清楚;

⑤与下端设备及控制中心计算机进行通电测试、联调,工作状态正常;

⑥隐蔽工程验收记录、分项工程自检和设备调试记录、有效的设备检验合格报告或证书等资料齐全。

(2)实测项目:

见《公路工程质量检验评定标准》(JTG F80/2—2004)。

(3)外观鉴定:

①本地控制器安装稳固、位置正确,设备表面光泽一致、无划伤、无刻痕、无剥落、无锈蚀;

②与外部连接的电力线、信号线、接地线端头制作规范;按设计要求采取线缆保护措施、布线排列整齐美观、安装固定符合要求、标志清楚;

③控制箱内布线整齐、美观、绑扎牢固,接线端头焊(压)结牢固、平滑并进行热塑封合;编号标志清楚,余留长度适当;

④箱门开关灵活、出线孔密封措施得当,机箱内无积水、无霉变、无明显尘土,表面无锈蚀。

以上任一项不符合要求时,该项减0.1~1.5分。

(四)紧急呼叫设施

1. 系统施工应具备的条件

紧急呼叫设施施工应在具备以下条件时进行:

(1)隧道及控制室装饰工程完毕。

(2)隧道外紧急电话基础平台施工完毕并经过检查。

(3)隧道内紧急电话洞室尺寸满足设计要求。

2. 质量控制要点

(1)紧急电话主控设备安装应符合下列规定:

①紧急电话主控设备机柜前净距不应小于800mm,机柜背面净距不应小于600mm;机柜安装应竖直平稳,垂直偏差不应大于5mm/m;

②紧急电话中心控制台设备及外围打印机和电话终端设备的安装,应符合机房平面布置要求,台面排列应整齐;

③紧急电话主控设备接地电阻不应大于1Ω。

(2)紧急电话分机安装应符合下列规定:

①紧急电话分机机身垂直偏差不应大于10mm/m;机身与基础连接应牢固;

②紧急电话分机受话器距地坪高度为1450mm ±20mm;

③隧道内分机洞室应有防潮、防尘措施;壁挂式分机的安装孔和进线孔应密封;

④紧急电话分机接地线应与接地干线可靠连接;

⑤安装完成后分机表面应无划伤、刻痕、保护层剥落;箱体内应无积水、尘土、霉变。

(3)有线广播控制器安装应符合下列规定:

①有线广播控制器的所有部件安装应符合机房平面布置要求;

②机柜前净距不应小于800mm,机柜背面净距不应小于600mm;机柜垂直偏差不应大于5mm/m;

③有线广播控制器接地电阻值不应大于1Ω。

(4)有线广播扬声器的安装位置、高度、间隔、方向等应满足设计要求。

3. 检查与测试

1)基本要求

(1)紧急电话分机、主机的数量、型号符合要求。

(2)紧急电话分机安装位置正确,机箱外部完整、门锁开闭灵活。

(3)紧急电话分机上的标志应符合现行国家标准《道路交通标志和标线》(GB 5768)的要求,反光膜应使用高强级反光材料。

(4)安装方位符合路线走向要求,并按要求安装必要的防护措施。

(5)电源、通信线路按规范要求连接到位,主、分机连通并处于正常工作状态。

隐蔽工程验收记录、分项工程自检和设备调试记录、有效的设备检验合格报告或证书等资料齐全。

2)实测项目

见《公路工程质量检验评定标准》(JTG F80/2—2004)。

3)外观鉴定

(1)防雷接地要求与接地极焊工接,焊缝要饱满,焊后清渣并作防腐处理。

(2)基础混凝土表面应刮平,无损边、无掉角;凸缘及地脚螺栓规格符合设计要求,应用热浸镀锌作防腐层,裸露金属基体无锈蚀。

(3)分机机身与基础连接牢固、端正,安装后外露螺纹长度一致。

(4)分机表面光泽一致、无划伤、无刻痕、无剥落,金属机箱或部件无锈蚀。

(5)机箱内电力线、信号线、元器件等布线平直、整齐、固定可靠,标识正确、清楚。

(6)机箱的出线管与箱体连接密封良好,箱体关键部位无积水、尘土、霉变。

(7)太阳能供电的分机,太阳能电池板自身密封以及与分机的密封状态良好,无积水、无渗透。

以上任一项不符合要求时,该项减0.1~1分。

(五)隧道消防报警设施

1.系统施工应具备的条件

火灾报警设施施工应在具备以下条件时进行:

(1)隧道装饰工程完毕。

(2)控制室、值班室、变电所装饰工程完毕。

(3)预留孔洞、槽、预埋件等满足设计要求。

2.质量控制要点

1)点型火灾探测器

(1)应根据设计要求确定探测器安装位置、高度、间距和角度,探测器的检测范围应覆盖整个检测区域,探测器周围0.5m范围内不应有遮挡物,探测器的确认灯应设置于便于检修人员观察的位置。

(2)点型火灾探测器的安装应符合下列规定:

①探测器探测范围应覆盖全部探测区域;

②探测器与保护目标之间成无遮挡物。

(3)隧道内点型火灾探测器的安装高度在同一工程中应保持一致,安装高度偏差不应大于100mm。

(4)点型火灾探测器的底座应固定牢靠,其布线应符合现行《火灾自动报警系统施工及验收规范》(GB 50166—2007)的规定。导线连接必须可靠压接或焊接,当采用焊接时不得使用带腐蚀性的助焊剂,外接导线应有150mm的余量,入端处应有明显标识。

(5)安装完成后隧道内探测器防护等级应满足设计要求。

2)线型火灾探测器

(1)应根据设计要求确定线型火灾探测器安装位置。

(2)洞顶安装的线型火灾探测器可采用托架或钢索吊装,安装应符合下列规定:

①探测器距隧道顶壁距离应符合设备技术文件要求;

②钢制托架、吊架及附件应热镀锌，且符合现行《高速公路交通工程钢构件防腐技术条件》(GB/T 18226—2000)的规定；

③托架安装时，托架间距应满足设计要求，托架应固定可靠，托架与探测器应用阻燃卡具固定；

④钢索吊装时，钢索应采用吊架固定，吊架间距应满足设计要求，且不应大于50m；吊架应固定可靠，能承受1000N拉力不松动；钢索应张紧并逐段固定，在钢索最低点吊100N重物后钢索最大垂度不应大于100mm；探测器应用阻燃卡具与钢索固定。

(3)线型火灾探测器安装弯曲半径不应小于探测器允许的最小弯曲半径；无明确要求时，探测器弯曲半径不同小于探测器外径的20倍。探测器不应扭曲。

(4)线型火灾探测器安装时，牵引力不应超过探测器允许张力的80%，瞬时最大牵引力不得大于探测器允许的张力。安装时不得损伤探测器护套。

(5)线型火灾探测器安装完毕后应稳固，线形流畅。

3)手动火灾报警按钮

(1)在同一工程中，隧道内手动火灾报警按钮的安装高度应保持一致安装高度偏差不应大于20mm。

(2)隧道内手动火灾报警按钮防护等级不应低于IP65。

(3)手动火灾报警按钮应有醒目标志。

(4)手动火灾报警按钮的外接导线，应留有不小于100mm的余量，且在端部应有明显标志。

4)火灾报警控制器

(1)火灾报警控制器在墙上安装时，应按照设计要求确定其底边距地面高度；落地安装时，其底部宜高出地坪10~20mm。

(2)控制室内控制器与门轴的距离不应小于1m，正面操作空间宽度不应小于1.2m。

(3)控制器应安装牢固；安装水平偏差不应大于2mm/m，垂直偏差不应大于3mm/m。

(4)火灾报警系统传输线路应采用铜芯绝缘导线或铜芯电缆。50V以下供电的控制线路，其电压等级不应低于交流250V；交流220/380V的供电和控制线路，其电压等级不应低于交流500V。

(5)引入火灾报警控制器的电缆或导线，应符合下列规定：

①配线应牢固、整齐，避免交叉，端子板不应承受来自线缆的外力；

②电缆和导线的端部，均应标明编号，并与图纸一致，字迹清晰不易褪色；

③端子板的每个接线端，接线不得超过2根；

④电缆芯线和所配导线应留有不小于200mm的余量；

⑤导线应绑扎成束；

⑥穿线后，进线管孔处应封堵。

(6)火灾报警控制器的主电源引入线，应直接与消防电源、连接，严禁使用电源插头。主电源应有明显标识。

(7)控制器的接地应牢固，并有明显标识，工作接地电阻不应大于4Ω。采用联合接地时，接地电阻不应大于1Ω。

3.检查与测试

1)报警与诱导设施

(1)基本要求:

①报警与诱导设施的数量、型号规格符合设计要求,部件完整;

②报警与诱导设施的位置正确,符合要求;

③按规范要求连接报警与诱导设施的保护线、信号线、电力线,排列规整、无交叉拧绞;

④经过通电测试,工作状态正常;

⑤隐蔽工程验收记录、分项工程自检和设备调试记录、安装和非安装设备及附(备)件清单、有效的设备检验合格报告或证书等资料齐全。

(2)实测项目:

见表8-31。

报警与诱导设施实测项目　　表8-31

项次	查检项目	技术要求	检查方法
1	报警按针钮的位置和高度偏差	符合设计要求	用经纬仪或量尺测量
2	警报器的位置和高度偏差	符合设计要求	用经纬仪或量尺测量
3	诱导设施的位置和高度偏差	符合设计要求	用经纬仪或量尺测量
4	△绝缘电阻	强电端子对机壳≥50MΩ	500V兆欧表测量
5	△安全保护接地电阻	≤4Ω	接地电阻测量仪
6	防雷接地电阻	≤10Ω	接地电阻测量仪
7	△数据传输性能	24h观察时间内失步现象不大于1次或BER≤10^{-8}	数据传输测试仪
8	△警报器音量	96～120dB(A)或设计要求	声级计
9	诱导设施的色度	符合GB 14887要求	用色度/亮度计实测
10	诱导设施的亮度	符合GB 14887要求	用色度/亮度计实测
11	报警信号输出	能将报警位置、类型等信息发送到中心控制室计算机或本地控制器	实际操作
12	△报警按钮与警报器的联动功能	警报器可靠接受报警信号的控制	实际操作

(3)外观鉴定:

①警报器和诱导设施控制箱安装稳固、位置正确,表面光泽一致、无划伤、无刻痕、无剥落、无锈蚀;

②控制箱柜门开关灵活、出线孔分列明确、密封措施得当,机箱内无积水、无霉变、无明显尘土,表面无锈蚀;

③控制箱内电力线、信号线、接地线分列明确,布线整齐、美观、绑扎牢固,接线端头焊(压)接牢固、平滑;编号标识清楚,预留长度适当、规整;

④控制箱至警报器和诱导设施的电力线、信号线、接地线端头制作规范;按设计要求采取线缆保护措施、布线排列整齐美观、安装牢固、标识清楚;

⑤警报器和诱导设施的布设位置正确、排列整齐美观、安装牢固、标识清楚；

⑥警报器和诱导设施表面光泽、无划伤、无刻痕、无剥落、无锈蚀。

以上任一项不符合要求时，该项减 0.1 ~ 1 分。

2）消防设施

（1）基本要求：

①消防设施的火灾探测器、消防控制器、火灾报警器、消火栓、灭火器、加压设施、供水设施及消防专用连接线缆、管道、配（附）件等器材的产品质量符合国家或行业标准，其数量、型号规格符合设计要求，部件完整；

②消防设施的安装支架、预埋锚固件、预埋管线、在隧道内安装孔位、安装间距等符合设计要求；

③明装的线缆、管道保护措施符合设计要求；

④所有安装设施安装到位、方位正确、不侵入公路建筑限界，设备标识清楚；

⑤按规范要求连接消防设施的保护线、信号线、电力线，线缆排列规整、无交叉拧绞，标识完整、清楚，消防系统经过通电测试、联调，工作状态正常；

⑥隐蔽工程验收记录、分项工程自检和设备调试记录、安装和非安装设备及附（备）件清单、有效的设备检验合格报告或证书等资料齐全。

（2）实测项目：

见《公路工程质量检验评定标准》（JTG F80/2—2004）。

（3）外观鉴定：

①消防设施安装稳固、位置正确，与隧道协调、美观；

②消防设施的电力线、安装固定、标识清楚；

③设备表面光泽一致、无划伤、无刻痕、无剥落、无锈蚀；

④控制箱内布线整齐、美观、绑扎牢固，接线端头焊（压）接牢固、平滑并进行了热塑封合；编号标识清楚，预留长度适当；箱门开关灵活、出线孔密封措施得当，机箱内无积水、无霉变、无明显尘土，表面无锈蚀。

以上任一项不符合要求时，该项减 0.1 ~ 1.5 分。

（六）隧道中央控制系统

1. 系统施工应具备的条件

中央控制管理设施施工应在具备以下条件时进行：

（1）房屋装饰装修工程已完成。

（2）当控制室处于强电磁场或强振源、强噪声源附近等恶劣环境时，已采取有效的防治措施。

（3）防静电地板安装已完成，并符合相关规范的规定。

（4）防雷、接地、供电等设施已安装调试完成。

2. 质量控制要点

1）控制台

（1）控制台的平面布置应符合设计要求。

(2)控制台基础型钢的制作和安装应符合设计要求,台体的安装应符合设计要求。

(3)控制台安装时,应保证散热空间,不得堵塞散热孔洞。

(4)控制台设备应布局合理,安装稳固。接插件应安装牢固,接触可靠,接线整齐有序,标识清晰。

(5)控制台的连接线缆应由下部引入,线缆两端应留有余量,并有永久性标识。

2)机柜

(1)机柜前净距不应小于0.8m,机柜背面净距不应小于0.6m壁挂式机柜底面距地面不宜小于0.3m。

(2)机柜基础型钢的制作和安装应符合设计的要求。

(3)机柜安装牢固,并应符合下列规定:

①垂直偏差不应大于10mm/m;

②机柜成排紧密放置时,面板应在同一平面上并与基准线平行,前后偏差不应大于3mm,机柜间缝隙不应大于3mm;

③机柜成排分散放置时,其面板前后偏差不应大于5mm。

(4)机柜内设备、部件的安装,应在机柜定位完毕并固定后进行。安装在机柜内的设备应牢固。

(5)机柜内设备应布局合理,保证必要的散热和维修空间;机柜内应留有不少于10%的卡件安装空间。

(6)线缆布放应牢固、整齐,成端规范,标识清晰,预留长度适当,接线端子预留数量合理。

3)信息显示设备

(1)信息显示设备主要包括监视器墙、地图板、大屏幕系统等。

(2)监视器墙、地图板、大屏幕系统的安装方位、角度、高度应符合设计要求,设备后部净距不应小于800mm。

(3)监视器墙、地图板、大屏幕系统的屏幕不应受外来光直射。

(4)监视器墙、地图板、大屏幕系统的基础型钢制作和安装应符合设计的要求。

(5)设备应有通风散热措施,电磁屏蔽应满足设计要求。

(6)线缆布线应整齐、标识清晰,预留长度应适当。

(7)监视器墙的安装应符合下列规定:

①监视器墙应按设计要求布局,监视器间距满足设计要求;

②监视器墙支架应拼(焊)接完整,安装稳固,横竖端正;

③监视器墙垂直偏差不应大于2mm/m。

(8)地图板的安装应符合下列规定:

①地图板应按设计要求布局;

②地图板模块应拼接完整,安装稳固;

③地图板板面应平整、线形流畅,垂直偏差不应大于2mm/m。

(9)大屏幕系统的安装应符合下列规定:

①大屏幕系统应按设计要求布局;

②屏幕应平整整洁，拼接缝满足设计要求。

4）计算机及网络设备

（1）设备应布局合理，安装牢固，标识清晰。

（2）网线接头、插座的制作应符合 EIA/TIA568A 或 568B 的规定，且在一个系统中只能选用一种制作标准，不得混用。

（3）光电缆布放时应路由正确、排列整齐、成端规范、连接稳固、标识清晰齐全，弯曲半径和预留长度应满足设计和有关规范要求。

（4）设备安装时应根据设备散热要求保留必要的散热空间。

5）软件

（1）应用软件设计、开发和管理应符合国家和行业有关标准、规范的规定。

（2）应用软件人机界面应符合友好、汉化、图形化要求，图形切换流程清楚易懂，便于操作，对报警信息的显示和处理应直观有效。

（3）应用软件应具有可扩展性。

（4）应用软件应有容错功能和分级保密功能。

（5）应用软件应与管理要求相适应。

（6）应用软件安装前，应确认计算机及网络设备软硬件配置满足要求。

3. 检查与测试

1）隧道监控中心设备及软件

（1）基本要求：

①隧道监控中心设备。

a. 所有设备型号规格、数量、性能参数和配置符合设计和合同要求；

b. 隧道监控中心机房的防雷、接地、水暖、供电、空调通风、照明等辅助设施安装试完毕并通过相关专业的验收；

c. 隧道监控中心机房应整洁，通风、照明良好；

d. 计算机控制系统所有硬件设备安装调试完毕，并与外场所有子系统通了联调，系统处于正常运转工作状态；

e. 隐蔽工程验收记录、分项工程自检和设备及系统联调记录、有效的设备检验合格报告或证书等资料齐全。

②计算机控制系统软件。

a. 具有采集隧道段交通流、气象参数、隧道内环境参数、火灾信息、声音图像信息、隧道段主要交通设施运行状态信息的功能；

b. 具有自动探测和确认隧道内异常事件作出快速响应的功能；

c. 具有建立隧道段交通数据库的功能；

d. 按国家相关标准进行软件的稳定性、可靠性测试并附报告；编制并提供符合规范的软件手册及相关文档。

（2）实测项目：

见表 8-32。

隧道监控中心设备及软件实测项目　　表 8-32

项次	检查项目	技术要求	检查方法
1	△系统设备安装连接的可靠性	系统设备安装连接应可靠,经振动试验后系统无告警、错误动作	橡皮锤轻轻敲击设备基架和服务器主机的配线背板 15min
2	接地连接的可靠性	工作地、安全地、防雷地按规范要求分别连接到汇流排上	用万用表测量,目测检查
3	△联合接地电阻	≤4Ω	接地电阻测量仪测量
4	强电端子对机壳绝缘电阻	≥50MΩ	500V 兆欧表抽测人易触摸到的带电金属壳体设备
5	与本地控制器的通信功能	定时或实时轮询各本地控制器的数据,收集信息或发送执行命令	实际操作
6	与监控中心计算机通信功能	与监控中心传输规定的数据,传输准确	实际操作
7	服务器功能	主要完成网管、数据备份、资源共享;其他设计规定的内容	实际操作
8	中央管理计算机功能	协调和管理其他计算机;其他设计规定的内容	实际操作
9	交通控制计算机功能	接收下端车辆检测器传来的信息,作出执行控制方案;其他设计规定的内容	实际操作或模拟操作
10	通风照明计算机功能	接收下端环境检测器传来的信息,作出执行控制方案;其他设计规定的内容	实际操作或模拟操作
11	火灾报警控制计算机功能	接收下端火灾报警控制器传来的信息,作出执行控制方案;其他设计规定的内容	实际操作或模拟操作
12	图像控制计算机的功能	对各 CCTV 图像切换、控制,在大屏幕上显示;其他设计规定的内容	实际操作
13	紧急电话控制台功能	完成对下端分机呼叫的应答;其他设计规定的内容	实际操作
14	大屏幕的安装质量和功能	符合设计要求	目测和实际操作
15	地图板的安装质量和功能	符合设计要求	目测和实际操作
16	△报表统计管理及打印功能	中心计算机系统可打印规定的各种报表	实际操作
17	双机热备份功能	当主机宕机时,从机能够自动接管,保证业务的连续性和正确性,切换时间符合要求	模拟操作
18	数据完整性测试	系统崩溃或电源故障,重新启动时,系统能自动引导至正常工作状态,并执行原控制方案,不丢失历史数据	实际操作或查历史记录

(3)外观鉴定:

①监控中心计算机设备安装稳固、端正;

②中心监控室内操作、座椅、设备、配线列架等整齐、有序、无明显歪斜,标志清楚、牢固;

③所有设备安装后,外观无划伤、刻痕,以及防护层剥落等缺陷;

④设备及收费监控室内布线整齐美观、固定可靠、标识清楚;过墙、板、地下通道处要有保护套管,并留有适当余量;

⑤设备之间连接、插头等部件要求连接可靠、紧密、到位准确；布线整齐、余留规整、标识清楚；固定螺丝等要求坚固，无松动；

⑥配电箱内信号线、动力线及其接、插头要求明显区分，标识清楚，有永久性接线图。

以上任一项不符合要求时，该项减0.1～1分。

2）隧道监控中心计算机网络

见监控系统。

第六节　供配电、照明系统工程质量监理

一、供配电、照明系统概述

高速公路供配电系统是指电能由电力部门输电网提供的输电线路（10kV或35kV），经由变压器将电压降为高速公路机电设备用电电压（380V/220V），然后由低压线路直接为高速公路沿线设施（包括监控、通信、收费系统设备、养护服务设施及道路照明、隧道机电设备、沿线收费站、路段中心、服务区等）提供符合标准的电能；是保证高速公路安全、通畅、经济、快速和舒适等特性的支持系统；是实现高速公路运营管理现代化的根本保证。

（一）高速公路供配电系统的特点

高速公路供配电系统既不同于工矿企业的供配电系统，也不同于电力系统内部供配电系统，其自身特点如下：

（1）高速公路站线长，跨区域运行，不宜集中供电，否则将大大增加建设成本和运行管理成本。

（2）高速公路沿线用电点多而散、负荷量小，多为低压单相设备，考虑低压不宜远供的原则，应采用相对集中供电。如电源引自临近收费站、服务区及隧道变电所，形成以站、区、所为供电中心的相对集中供电体系。

（3）高速公路机电系统对供电质量的可靠性要求较高，各收费站、隧道站、控制中心、分中心供电电源应引自高压供电网，并且采用双备份电源或配置柴油发电机组，以保证为机电系统设备提供不间断供电和自动稳压电源。

（4）高速公路沿线设施如车辆检测器、气象检测器、监视器等对电磁干扰有严格的要求，应采取防干扰措施。

（5）部分机电设备需要直流供电、且功率较小。

（二）高速公路对供配电系统的要求

为了能充分发挥高速公路的优势，达到有效使用的目的，必须根据工程特点合理地选择安全、可靠、安装维护方便的设备。供电系统应做到安全、可靠、优质、经济并满足运营需要，同时系统接线要简单并有一定的灵活性，操作安全、检修方便等。此外，应合理处理局部与全局、当前与长远的关系，既要满足当前用电负荷的要求，又要适应将来的发展。因此，供配电系统应满足以下要求：

1. 安全

供配电系统的安全性是指电能在高速公路各系统的供应、分配和使用过程中,不应发生任何人身伤亡事故、设备损坏事故和由电能引起的其他事故。因此,供配电系统应具有自身完善的安全保护系统;同时相关的工程技术人员必须掌握安全用电的基本知识,使电能更好地为高速公路现代化管理服务。

2. 可靠

供配电系统的可靠性是指电能的供应与分配满足高速公路各机电系统对供配电可靠性即不中断供电的要求。一旦供配电系统发生突然停电故障,将会引起高速公路的监控、通信、收费、照明和隧道通风、监控、消防等系统瘫痪,从而失去对高速公路交通运行的监视与控制功能。因此,为满足高速公路运营管理对供配电系统的要求,提高供配电系统的可靠性,高速公路供配电系统必须对重要系统设备采取不间断的供电措施,如采用自备发电机组或 UPS 电源等。

3. 优质

供配电系统的优质是指应满足高速公路机电系统设备对供电电压、频率、波形、电流等参数的质量要求。供电部门对电力系统中用户的电压波动幅度(对额定电压的偏差值)有以下的规定:

10kV 及以下的高压和低压电力用户为 ±7%;

照明:在一般工作场所为 ±5%;对于远离变电所的小面积一般工作场所,难以满足上述要求时,可为 +5%、-10%;应急照明、道路照明等为 +5%、-10%;

其他用电设备当无特殊规定时为 ±5%。

4. 经济

供配电系统的经济性是指在满足高速公路用电要求的前提下,系统的建设成本和运行费用要低,利用效率要高,并尽可能地节约电能和减少用于输送电能的传输线路中有色金属的消耗量。

(三)高速公路供配电系统的设计原则

高速公路供配电系统设计与工矿企业供配电系统设计有所区别,但总的原则应按国家标准《工业与民用供电系统设计规范》、《10kV 及以下变电所设计规范》、《低压配电设计规范》、《10kV 及以下架空线路设计规范》及《供配电系统设计规范》等的规定执行。高速公路供配电系统设计又具有自身的特点,设计时应遵循以下原则:

(1)供电系统应满足负荷对供电可靠性和电能质量的要求,同时应注意接线简单,操作方便安全,并具有一定灵活性。

(2)单相用电设备应适当配置,力求达到三相负荷基本平衡。

(3)应根据高速公路供配电系统的特点、规模和发展规划,处理好近期建设与远期发展的关系,做到远近结合,留有余地。

(4)结合我国国情,在进行供配电系统设计时应有选择地采用国内外先进技术,选取技术先进,经济合理的方案,不仅要满足用户的使用要求,而且要做到安全和经济用电。

(5)与当地供电部门和其他有关系统协调一致。

(四)高速公路的电力负荷

高速公路的用电设备主要包括:管理机构设施、交通机电设施、养护设施以及服务设施的办公、生活用电负荷。

1.负荷分级

根据用电负荷对供电稳定性、可靠性的要求以及中断供电所造成的影响,电力负荷分为以下三级:

(1)一级负荷(关键负荷),突然中断供电将造成人身伤亡、重大社会影响、重大经济损失或秩序严重混乱者。如隧道照明、收费系统收费车道设备、收费亭照明、监控系统、通信系统、机房电源以及消防设施等。

(2)二级负荷(重要负荷),突然中断供电将造成较大社会、经济影响或公共场所秩序混乱者。如重点区域的照明(包括收费广场、服务区、站区、互通立交及收费天棚等)以及部分隧道通风设施等。

(3)三级负荷(一般负荷),不属于一级、二级负荷的其他负荷。

2.负荷电源及其选择

电力负荷可由多种电源供电,以满足不同设备对电力和供电可靠性的需要。

直接来自电力系统的电源是用户的主要电能来源,它为用户提供了满足长期稳定持续供电需要的大宗电能,属于正常电源。

除正常电源外,用户根据需要可以设置一些应急电源,以备正常电源故障中断供电时的应急之用。如柴油发电机组、蓄电池组、不间断电源(UPS)等。

各级电力负荷的供电电源和供电方式,应根据负荷对供电可靠性的要求和地区供电条件,按下列原则考虑:

(1)一级负荷。应由两个独立电源供电。两个供电电源应在设备的控制箱内实现自动切换,切换时间应满足设备允许中断供电的要求。

(2)二级负荷。应由两回线路供电,并可在配电装置内实现切换,当一回线路故障时,应不影响另一回线路供电。当负荷较小或取得两回线路有困难时,可由一回专用线路供电。

(3)三级负荷。对供电方式无特殊要求,但在不增加投资或经济允许的情况下,也应尽量提高供电可靠性。

高速公路机电设施绝大多数都是重要的一、二级负荷,为保证供电的可靠性,一般应由电力部门不同的变电所引来两路相互独立的高压供电线路,两路电源互为备用。

由于两路电源要取自电力部门不同的变电所,难度较大,并且费用很大,因此在考虑成本问题或当地供电条件困难、无法提供两路独立电源时,可以站、所为供电中心,由电力部门变电所引来一路高压专用电源供电,并在低压侧配置柴油发电机组作为备用电源;由于发电机组启动需要一定时间,所以对通信、监控、收费等系统的主要设备,要求在其前端设置不间断电源(UPS)作为应急电源。

二、供配电、照明系统组成、功能

高速公路供配电、照明系统主要由供配电系统,电力线路,防雷、接地系统,供配电监控系统,道路及隧道照明系统等组成。

(一)供配电系统

高速公路供配电系统一般由变配电所、高压供电系统、低压配电系统、备用电源系统(UPS、柴油发电机)和接地系统等组成。

变配电所。变配电所的任务是接受电能、变换电压和分配电能。变配电所的设计内容应包括:变(配)电所负荷的计算及无功功率的补偿、所址的选定,变电所主变压器台数和容量、形式的选定,变(配)电所主接线方案的选择,进出线的选择,线路架设方式的选择,系统短路计算,开关设备的选择,二次回路方案的确定及继电保护系统的选择与整定,防雷保护与接地保护的设计,以及配电所内照明系统的设计等内容。

高压供电系统。除特长隧道外,一般采用10kV供电系统,10kV配电装置一般由户内10kV交流金属封闭型开关柜组成。交流电源一般自室外10kV架空线路分线开关下端经交联铠装电缆引至高压配电室电源进线柜,然后由电源出线柜经高压电缆引至变压器。

对于一级负荷,通常采用高压双回路(来自不同地区变电所)供电、高压计量、低压无功补偿的供电方式(或增设自启动发电机组)。对于特长隧道或隧道群,考虑到由于供电距离太长可能带来较大的线路损耗,可采用高压集中配电,设置多个变配电所的方式进行供电,以减少线路损耗。对于中短隧道和收费站、服务区等,为节省投资、减少运行费用,可考虑采用箱式变电站。

低压配电系统。设置在变电所内的低压配电装置,由组合式抽屉柜或封闭式低压开关柜组成。低压配电采用380/220V、50Hz变压器中性点直接接地系统。各机电系统(如隧道内:通风、照明、监控、消防及生活用电)设置单独的供电回路。

备用电源系统(UPS、柴油发电机)。为了保证重要负荷供电的可靠性,可在变电所内设置自启动发电机,当10kV电源停电后,发电机即自行启动,维持重要负荷的用电;当市电恢复后,发电机自动停机,两种电源切换;为保证关键设备用电的可靠性,必须在变配电所或监控室内设置UPS不间断电源,作为两种电源切换过程中关键负荷的供电电源。

接地系统。将电气设备或电气装置的某一部分经接地线连接到接地极称为"接地"。"电气装置"是一定空间中若干相互连接的电气设备的组合。"电气设备"是指发电、变电、输电、配电和用电设备,例如电力设备、通信设备、电子设备、闭路电视、照明灯具等。高速公路供配电装置的工作接地和保护接地通常共用一个接地系统,采用TN-S系统。变电所内和由其供电的所有电气设备外壳、金属管线、金属框架等,都应与接地网可靠连接,构成等电位接地系统。

1.变配所位置及设备

1)变配电所位置

高速公路用电负荷(匝道收费站、通信站、监控外场设备等)多集中在互通立交附近、隧道、服务区及养护工区等处,其变电所随之设置在管理中心、收费站、服务区及养护工区内。

隧道变电所宜设置在隧道口外行车道旁，对中、短隧道可在隧道一端设置变电所；对长隧道要考虑在隧道两端分别设置变电所；对于特长隧道，必要时设置洞内变电所；对于隧道群，可将几条隧道统一考虑，便于管理，同时也可节省投资。

2）变配电所变压器容量和台数的确定

确定供电系统变压器的容量和台数，不仅要考虑供电的可靠性，还要兼顾技术经济上的合理性，具体原则是：变压器的总容量不小于用电设备总计算负荷；一般情况下只选择1～2台变压器；对于一级、二级负荷较多的变电所，为了满足供电可靠性要求，宜采用两台变压器，并应尽量考虑变压器型号的一致性；变压器单台容量一般不应超过1 000kV·A，并以800kV·A及以下为宜；应适当考虑发展因素，变压器室的建筑面积应按大一级的变压器容量来设计。

3）变电所的构成

变电所内包括高压配电系统、变压器、有载调压分接开关、0.4kV配电系统和发电机组并配有值班室，供收费站、区和隧道的消防、照明、动力及生活用电，同时还供安装在隧道内和收费站、区的通信、监控和收费设备用电。

4）电压的选择

供电电压的选择，一般取决于传输距离（负荷矩）、用电设备电压的等级、用电负荷的大小、线路结构和传输功率等因素，见表8-33。在同样输送功率的条件下，电压越高，线路电流越小，则可选用小截面的电线或电缆，从而可降低输电线路的建设成本。

输电容量和输送距离的关系　　表8-33

序号	线路电压（kV）	线路结构	输送功率（kW）	输送距离（km）	分析情况
1	0.38	架空	≤100	≤0.25	电缆容量大75%，而且供电距离远
	0.38	电缆	≤175	≤0.35	
2	6	架空	≤2 000	3～10	10kV比6kV输电距离远，而且功率大；功率5:3时，距离1:1
	6	电缆	≤3 000	≤8	
3	10	架空	≤3 000	5～15	
	10	电缆	≤5 000	≤10	
4	35	架空	2 000～1 500	20～50	电压大1倍，功率大1倍，且距离远
	63	架空	3 500～30 000	20～100	

由于高压电源由附近电力部门的高压网引入，因此供电电压的选择一般还要受当地供电部门供电条件的限制。

高压配电电压一般多用10kV。由于6kV/10kV两种电压等级之间需要设备进行变换，增加了技术复杂程度、工程费用和维护费用。除非特殊需要，一般不采用同时采用6kV和10kV两种电压配电。

除特殊情况外，低压配电电压一般均采用380V/220V。

5）变配电所母线的主接线方式

主接线是指电气设备按照规定的次序连接，完成输送和分配电能任务的电路。其中变压器、开关、母线、电缆、电容等设备称为一次设备。连接一次设备的电气线路称为一次接线，其主要作用是接受电能和分配电能。变电所的主接线是供电系统的重要组成部分，主接线的确定对供电系统的安全、稳定、灵活、经济的运行以及变电所的电气设备选择、配电装置的布置、继电保护和控制方法的确定将产生直接的影响。

母线即汇流排,它是接受电能和分配电能的导体,母线的接线方式直接关系着各路负荷运行的可靠、安全与灵活性。母线的材料通常采用铜或铝。母线制是指变压器或电源进线与各馈出线之间的连接方式。母线制主要有三种:单母线制、单母线分段制和双母线制,高速公路供配电系统常用前两种。

(1)单母线制。单母线制用于只有一回进线的情况。单母线制的可靠性和灵活性都较低,母线或连接于母线上的任一隔离开关发生故障或检修时,都将影响全部负荷的用电。

(2)单母线分段制。在两回电源进线的情况下,宜采用单母线分段制,母线分段开关可采用隔离开关或断路器,当分段开关需要带负荷操作或继电保护和自动装置有要求时,应采用断路器,否则可仅装设隔离开关。

单母线分段制在可靠性和灵活性方面较单母线制有所提高,基本上可满足一、二类负荷用户的要求。

6)高压配电线路的接线方式

(1)放射式。每一变电所分别由母线单独供电,没有分支接点,若其中一个干线有故障不会影响其他干线。因此,放射式供电可靠性较高,线路敷设简单,操作维护方便,一旦发生故障,其影响范围小,便于切换,保护较简单,便于实现自动控制,但其成本较高。

(2)树干式。树干式配电系统是由地区变电站引出的每路高压配电干线沿高速公路架空敷设,各变电所都从该干线上直接接出分支供电,分支线数目不宜太多,通常 $n \leqslant 6$,并要根据故障供电的影响、负荷的大小和干线在系统中的地位而定。这种线路的优点是:总降压变电所 6~10kV 的高压配电装置数量少、投资小、敷设简单、可节省有色金属、降低线路的损耗。其缺点是:供电可靠性差,只要线路上任何一段发生故障,该线路供电的所有变电所均断电,影响面较大。

7)低压供配电方式

低压 380V/220V 配电系统类似于高压配电系统,引出若干支路到用电设备,有放射式、树干式和二者兼用的混合式以及链式等。

(1)放射式。放射式低压配电系统的干线由变电所低压侧引出,接至用电设备或主配电箱,再以支干线引到分配电箱后接到用电设备上,由配电箱接至用电设备的线路称为支线。

(2)树干式。树干式配电不需要在变电所低压侧设置配电盘,从变压所二次侧的引出线经过空气开关或隔离开关直接引至用电负荷,因此,这种配电方式使变压器低压侧结构简化,减少电气设备需要量。

(3)混合式。纯树干式极少单独使用,往往采用的是树干式与放射式的混合。变压器——干线式便是一种常用的配电方式,变电所变压器二次侧经低压断路器将干线引至不同的用电区域,通过支干线,由支线引至用电设备。

(4)链式。链式线路,只用于相互距离近,容量又很小的用电设备。只设置一组总的断路器,可靠性较低。

2. 高低压设备选择

为保证高低压供配电系统的可靠运行,高低压电器和设备应按正常工作条件下的额定电压、电流等进行选择，并按短路电流校验动稳定和热稳定性能，对断路器和熔断器还要按三相短路容量校验其断流能力。此外，还要根据电器的安装、使用环境（如温度、空气介质及海拔高度）等，选用不同类型的高低压电器，并保证工作安全可靠、运行维护方便、投资经营合理。

1）按正常工作条件选择电气设备

（1）选择额定电压：电气设备最高耐压不得低于安装位置的最大可能工作电压。一般只需使电气设备的额定电压 U_N 不低于安装位置的系统额定电压 U_{NS}。

（2）选择额定电流：电气设备的额定电流不应小于在各种合理运行方式下流过设备的电流。

（3）考虑环境条件的影响：当电气设备安装地点的环境条件，如海拔、温度、污秽等超过一般使用条件时，应采取措施进行设备调整。

2）按短路校验电气设备

（1）短路热稳定性校验：短路电流通过电气设备时，各部分温度或发热量不得超过允许值：

$$I_t^2 t \geqslant Q_k \tag{8-3}$$

式中：Q_k——短路电流效应；

I_t、t——设备允许通过的热稳定电流和时间。

（2）短路动稳定校验：设备有承受短路电流机械效应的能力：

$$i_{ch} \geqslant i_{sh} \quad 或 \quad I_{ch} \geqslant I_{sh} \tag{8-4}$$

式中：i_{ch}、I_{ch}——设备允许通过的动稳定电流幅值与有效值；

i_{sh}、I_{sh}——短路冲击电流幅值与有效值。

在实际工程中，选择各类电气设备和载流导体时，除了上述的基本条件外，还应考虑它们在供电系统中不同的功能，根据其特殊的工作条件进行校验。如：高、低压断路器和熔断器还应校验其断流能力，即断路器或熔断器在额定电压下能切断的最大电流必须大于或等于其安装处的短路电流。

3）一般性环境要求

（1）落地式配电箱的底部宜抬高，室内宜高出地面50mm以上，室外应高出地面200mm以上。底座周围应采取封闭措施，并应能防止鼠、蛇类等小动物进入箱内。

（2）安装于外场的机箱外壳防护等级（IP代码）一般不得低于IP54。室内标称电压超过交流25V（均方根值）容易被触及的裸带电体必须设置遮护物或外罩，其防护等级不低于IP2X。

（3）我国低压配电设备都能适用于海拔2 000m及以下地区，否则应采用高原型设备。

（4）热带地区根据常年空气的干湿程度分为湿热带和干热带。湿热带宜采用TH型产品。干热带宜采用TA型产品。

（5）地震基本烈度为7度以下地区的电器可不采取防震措施。安装在7度以上地区的电器设备应考虑能承受相应的地震力度。

3. 无功功率补偿

1）功率因数对供电系统的影响

在高速公路供电系统中，绝大部分用电设备都具有电感特性，需要从电力系统吸收无功功

率,当有功功率需要量保持恒定时,无功功率需要量的增大将引起:

(1)电流增加,使电力系统中的元件,如变压器、电气设备、导线等容量增大。使机电设备的起动控制设备,量测仪表等规格尺寸增大,因而增大了投资费用。

(2)传送同样有功功率情况下,总电流的增大,使设备及供电线路的功率损耗和电能损耗大大地增加。在有功功率为一定值时,不同功率因数相应的铜损百分数,如表8-34所示。

(3)线路及变压器的电压损失增大,使调压困难。

(4)对电力系统的发电设备来说,无功电流的增大,对发电机转子的去磁效应增加,导致发电机的输出减小。

无功功率对供电系统有着极不良的影响,因此有必要降低系统的无功功率,无功功率的减小就相应地提高了功率因数 $\cos\varphi$。功率因数是反映电力用户设备合理使用状况和利用程度的具有代表性的重要指标。

各种 $\cos\varphi$ 下的铜损百分比　　表8-34

$\cos\varphi$	铜损百分比%	$\cos\varphi$	铜损百分比%
1.0	100	0.6	282
0.9	124	0.5	405
0.8	158	0.4	650
0.7	206		

2)功率因数的及分类

功率因数:电网中的电气设备和变压器等属于既有电感又有电阻的电感性负载,电感性负载的电压和电流的相量间存在着一个相位差,相位角的余弦 $\cos\varphi$ 即是功率因数。

功率因数有以下几种:

(1)瞬时功率因数:瞬时功率因数由功率因数表(相位表)直接读出,或由功率表、电流表和电压表在同一时刻的读数按式(8-5)求出:

$$\cos\varphi = \frac{P}{\sqrt{3}UI} \tag{8-5}$$

式中:P——功率表测出的三相功率读数,kW;

U——电压表测出的线电压读数,kV;

I——电流表测出的线电流读数,A;

瞬时功率因数只用来观察、了解和分析设备在生产过程中功率因数的变化情况,以便采取适当的补偿措施。

(2)平均功率因数:平均功率因数指某一规定时间内功率因数的平均值,也称加权平均功率因数,平均功率因数按式(8-6)计算:

$$\cos\varphi = \frac{W_p}{\sqrt{W_p^2 + W_q^2}} = \frac{1}{\sqrt{1 + \left(\frac{W_q}{W_p}\right)^2}} \tag{8-6}$$

式中:W_p——某一时间内消耗的有功电能,kW·h,由有功电度表读出;

W_q——同一时间内消耗的无功电能,kVar·h,由无功电度表读出;

(3)最大负荷时功率因数:是指在年最大负荷(即计算负荷)时的功率因数,按式(8-7)计算:

$$\cos\varphi = \frac{P_{30}}{S_{30}} \tag{8-7}$$

我国有关电力设计规程规定:高压供电的负荷,最大负荷时的功率因数不得低于0.9;其他供电系统,功率因数不得低于0.85。如果达不到上述要求,则必须采取无功功率补偿措施。

3)无功功率补偿

把具有容性功率的装置与感性负荷连接在同一电路,当容性装置释放能量时,感性负荷吸收能量,而感性负荷释放能量时,容性装置吸收能量,能量在相互转换,感性负荷所吸收的无功功率可由容性装置输出的无功功率中得到补偿。

(1)无功补偿的目的:

①补偿无功功率,提高功率因数;

②提高设备的供电能力;

③降低电网中的功率损耗和电能损失;

④改善电压质量,节省电网投资;

(2)无功补偿容量的选择:

①按提高功率因数值确定补偿容量。要使功率因数由 $\cos\varphi$ 提高到 $\cos\varphi'$,就必须装设人工补偿设备,通常是装设并联电容器。其补偿容量应为:

$$Q_c = Q_{30} - Q'_{30} = P_{30}(\tan\varphi - \tan\varphi') \tag{8-8}$$

或:

$$Q_c = \Delta q_c \cdot P_{30} \tag{8-9}$$

式中:$\tan\varphi$ ——补偿前的功率因数角 $\cos\varphi$ 对应的正切值;

$\tan\varphi'$ ——补偿后的功率因数角 $\cos\varphi'$ 对应的正切值;

Δq_c ——无功功率补偿系数;kvar/kW。

②按配电变压器容量确定补偿容量。配电变压器低压侧安装电容器集中补偿时,应考虑以下原则:在轻负荷时,防止向10kV配电网倒送,以取得最大的节能效果,根据配变容量可按下式估算:

$$Q_c = (0.10 \sim 0.15)S_N(k\text{var}) \tag{8-10}$$

式中:S_N ——配电变压器容量,kV · A。

4. UPS 系统

1)UPS系统的定义和作用

为保证设备用电的可靠性和电能质量,必须设置UPS系统。UPS不间断电源系统是一套将交流市电变为直流电的整流/充电装置和一套把直流电再转变为交流电的PWM逆变装置。一旦市电中断,蓄电池立即对逆变器供电以保证UPS电源交流输出电压供电的连续性。当市电发生故障时,UPS在柴油发电机完全起动前取代市电,继续向用电设备供电。另外,交流电网严重干扰常常会造成计算机的计算错误和数据丢失,采用UPS后输出的正弦波能保持良好的波形而且不受干扰。UPS通常有两套系统构成,利用蓄电池贮能和直接利用交流电网对负荷供电,二者之间可以进行切换,以确保重要负荷的不间断供电。所有列为一级负荷的交通监控设备、通信设备和收费设备均应由UPS供电。

2)UPS 的分类

UPS 电源按其输出波形可分为方波输出和正弦波输出两大类。而按其操作方式又可分为离线后备式和在线式 UPS 电源。

离线后备式 UPS 在正常工作时,负荷由电网侧直接供电,当电网故障时,自动切换至由蓄电池——逆变器组供电,此过程有间断时间,一般在 10ms 内。即 UPS 电源的逆变器总是处于对负荷提供后备供电状态。

对在线式的 UPS 电源来说,它平时是由交流电→整流→逆变器方式对负荷提供交流电源。一旦市电中断时,UPS 改由蓄电池→逆变器方式对负荷提供电源。只有当蓄电池放电至终了电压时,由控制电路发出信号去控制自动切换开关,转换成由另一路交流旁路的市电供电。当市电恢复后,UPS 又重新切换到由逆变器对负荷提供电源。因此,对在线式 UPS 电源而言,在正常情况下它总是由 UPS 电源的逆变器对负荷供电,这样就避免了所有由市电电网而带来的任何电压波动对负荷所产生的影响。

显而易见,在线式 UPS 电源的供电质量明显优越于离线后备式 UPS 电源;因为它可以易于对负荷的稳压、稳频供电。

由于 UPS 的高可靠性,加上在接 UPS 之前一般会先连接稳压器,设计时以经济性为原则,除收费系统外一般不再考虑采用两台 UPS 一主一备的方案。当市电电源发生停电问题时,UPS 的供电电源将通过配电室内的双电源切换装置自动转接至柴油发电机供电系统,以确保一级负荷电源不间断。

3)UPS 容量的选择

在确定 UPS 容量的选择时,先计算设备的负载容量,从而得到 UPS 的额定输出容量。

$$S = n \cdot m \cdot P \tag{8-11}$$

式中:S——UPS 容量;

P——实际负载容量;

n——UPS 安全系数,一般为 1.2~1.5;

m——余量系数,通常为 1.15~1.2。

UPS 最大启动负载应控制在 UPS 额定输出功率的 80% 以内。实践证明,UPS 将其负载控制在 30%~70% 以内为最佳方式。UPS 容量选择过大或过小都会对 UPS 产生不良影响。

4)UPS 系统的技术要求

(1)收费系统及隧道内特别重要的负荷应采用在线式不间断电源系统,其电池维持供电时间不小于 30min。

(2)不间断电源应具有过载、短路保护功能,输出端宜设有隔离变压器。

(3)不间断电源应设有手动、自动旁路装置。

(4)不间断电源应配置密封式免维护铅酸蓄电池组,并且具有对电池组进行测量及显示的功能。

(5)不间断电源输出端的中性线(N 极)必须与由接地装置引来的接地干线相连接,做重复接地。

5. 柴油发电机

柴油发电机组供电系统是为市电故障停电情况下设置的备用电源,主要提供隧道火灾通风、基本照明、监控、消防和收费、监控、通信等一级负荷所需要的电能。市电停电时先由 UPS 过渡，再通过连锁及自动切换系统接至柴油发电机，以此提高供电系统的供电可靠性。柴油发电机供电系统同时配备手动/自动转换装置，以供测试之用。柴油发电机的选择应考虑以下因素：

1）柴油发电机启动方式选择

柴油发电机组通常是为了重要负荷而设，它的首要任务是必须在应急情况下，能够可靠起动并投入正常运行，因此应具有快速自起动功能。通常使用配有蓄电池作为起动电源，其容量应保证柴油发电机连续起动 6 次。

同时，为了避免柴油发电机组与电网故障的相互影响，柴油发电机组应与电网之间有互锁关系，不得并联运行。当电网恢复供电后，柴油发电机组应能自动退出工作并延时停机。

2）柴油发电机中性点运行方式选择

为降低系统内部过电压以及同时兼顾三相和单相设备的供电，柴油发电机采用中性点直接接地的中性点运行方式。

3）柴油发电机台数的选择

柴油发电机总台数一般不超过 2 台。多台机组应选择型号、规格和特性相同的成套设备，所用燃油性质应一致。

4）柴油发电机容量的选择

柴油发电机容量应根据应急负荷大小以及启动时母线电压降等因素综合考虑确定。

（二）电力线路

1. 概述

电力线路是高速公路供电系统的重要组成部分，担负着输送电能和分配电能的重要任务。此外也可作为各种电气设备间之的连接线。

一般电力线路按电压高低分为高压线路（1kV 以上）和低压线路（1kV 以下）；按结构分为架空线路和电缆线路。

架空线路主要由杆塔、横担、绝缘子、导线、金具、拉线、戗杆等组成。有的输电线路为了防雷，还在架空线路上架设避雷线（又称架空地线）。导线的材料为铜、铝等金属，采用多股绞线，目前在输电线路中大多采用钢芯铝绞线。

电缆是一种特殊的导线，在几根（或单根）绝缘导电芯线外面，包有绝缘层和保护层。保护层又分为内保护层和外保护层，内保护层用以直接保护绝缘层，而外保护层用以防止内保护层免受机械损伤和腐蚀。

电缆按其构造及作用的不同可分为电力电缆、控制电缆、电话电缆、射频同轴电缆、移动式软电缆等；按电压不同可分为低压电缆（1kV 以下）、高压电缆，工作电压等级有 0.5kV、1kV、6kV、10kV、35kV 等。

目前高速公路 10kV 及以上的高压供电线路广泛采用架空线路，其特点是设备材料简单，造价低、施工方便且易于发现故障而便于检修，但容易受外界环境影响，供电可靠性较差。

随着我国高速公路的现代化发展和美化环境的要求，站区和沿线的用电设施越来越多的采用电缆线路，目前高速公路高、低压供电线路已全部采用电缆供电线路，其特点是受外界环境因素(如雷害、鸟害、风害等)的影响小,供电可靠性高;电缆电缆电容较大,电抗较小,可改善线路的功率因数,减少无功损耗,提高供电质量,节约电能;有利于环境美观;但其成本高,一次性投资大,约为同等级架空线路的4倍;电缆线路主要埋设在地下和电缆沟内,不易发现缺陷,有故障时较难寻找,不便及时处理故障。

2. 导线和电缆截面的选择

1)选择导线和电缆截面应满足的条件

为了保证供电系统安全、可靠、优质、经济的运行,选择导线和电缆截面时必须满足下列条件:

(1)发热条件。导线和电缆包括母线在通过正常最大负荷电流(即计算电流)时产生的发热温度,不应超过其正常运行时的最高允许温度。

(2)电压损耗条件。导线和电缆在通过正常最大负荷电流时产生的电压损耗,不应超过正常运行时允许的电压损耗。对于输送距离较短的高压线路,可不进行电压损耗检验。

(3)经济电流密度。高压线路及特大电流的低压线路,一般应按规定的经济电流密度选择导线和电缆的截面,以使线路的年运行费用接近最小,节约电能和有色金属。但对很短的10kV及以下的高压线路和母线,可不按经济电流密度选择。

(4)机械强度。导线的截面不应小于最小允许截面,如表8-35和表8-36所列。对于电缆,不必校验机械强度,但需校验短路热稳定度。

架空裸导线的最小截面表 表8-35

导线种类	最小允许截面(mm^2)		备注
	高压(至10kV)	低压	
铝及铝合金线	35	16※	※与铁路交叉跨越时应为$35mm^2$
钢芯铝线	25	16	

绝缘导线线芯的最小截面表 表8-36

用途或敷设方式			线芯最小截面(mm^2)	
			铜芯	铝芯
照明用灯头引下线			1.0	2.5
敷设在绝缘支持件上的绝缘导线,其支持点间距L	室内	$L≤2m$	1.0	2.5
	室外	$L≤2m$	1.5	2.5
		$2m<L≤6m$	2.5	4
		$6m<L≤15m$	4	6
		$15m<L≤25m$	6	10
穿管敷设,槽板,护套线扎头明敷;线槽			1.0	2.5
PE线或PEN线	有机械保护时		1.5	2.5
	无机械保护时		2.5	4

此外,对于绝缘导线和电缆,还应满足工作电压的要求。

根据工程经验,低压动力线,因其负荷电流较大,所以一般先按发热条件来选择截面,再校验其电压损耗和机械强度。低压照明线,因其对电压水平要求较高,所以一般先按允许电压损耗条件来选择截面,然后校验其发热条件和机械强度。而高压线路因其造价较高,一般先按经济电流密度来选择截面,再校验其他条件。

2)按发热条件选择导线和电缆的截面

(1)导线和电缆截面选择必须满足的发热条件。

按发热条件选择三相线路中的相线截面时,应使其允许载流量 I_{al} 不小于通过相线的计算电流 I_{30},即:

$$I_{al} \geqslant I_{30} \tag{8-12}$$

所谓导线的允许载流量,就是在规定的环境温度条件下,导线能够连续承受而不致使其稳定温度超过规定值的最大电流。如果导线敷设地点的环境温度与导线允许载流量所采用的环境温度不同时,则导线的允许载流量应加以温度校正。

(2)低压系统中性线和保护线截面的选择:

①中性线(N 线)截面的选择。中性线的允许载流量,不应小于三相线路中最大的不平衡负荷电流,同时应考虑谐波电流的影响。中性线截面一般应不小于相线截面的 50%。

对于 3 次谐波电流相当突出的三相线路,由于各相的 3 次谐波电流都要通过中性线,使得中性线的电流可能接近与相电流,因此这种情况下,中性线截面宜选为与相线截面相同或相近,即 $A_0 \approx A_\varphi$。

对于使用高压钠灯的照明回路,由于高压钠灯在启动和运行时产生大量的高次谐波电流,中性线的电流与相电流相近,因此,中性线截面宜选为与相线截面相同或相近,即 $A_0 \approx A_\varphi$。

对于由三相线路分出的两组线路及单相线路中的中性线,由于其中性线的电流都与相线电流完全相等,因此这种情况下,中性线截面应与相线截面完全相同,即 $A_0 = A_\varphi$。

②保护线(PE 线)截面的选择。保护线按规定,其电导一般不得小于相线电导的 50%,因此保护线的截面不得小于相线截面的 50%,但考虑到短路热稳定度要求,当 $A_\varphi \leqslant 16\text{mm}^2$ 时,保护线应与相线截面相等,即 $A_{PE} = A_\varphi$。

(3)保护中性线(PEN 线)截面的选择:保护中性线兼有保护线(PE 线)和中性线(N 线)的双重功能,因此其截面选择应同时满足上述保护线和中性线的要求,取其中的最大值,所以其截面应视具体情况选为相线截面的 50% ~100%。

3)按经济电流密度选择导线和电缆的截面

导线(或电缆,下略)的截面越大,电能损耗就越小,但是线路投资、维修管理费用和有色金属消耗量要增加。因此从经济方面考虑,导线和电缆应选择一个比较合理的截面,即使电能损耗小,又不致过分增加线路投资、维修管理费用和有色金属消耗量。

各国根据其具体国情特别是有色金属资源的情况,规定了导线和电缆的经济电流密度 j_{ec}。我国规定的经济电流密度如表 8-37 所列。

经济截面与电流密度的关系式为:

$$A_{ec} = \frac{I_{30}}{j_{ec}} \tag{8-13}$$

按式(8-13)计算出 A_{ec} 后,应选最接近的标准截面。

我国规定的导线和电缆经济电流密度 j_{ec} 表 8-37

线路类别	导线材料	年最大负荷利用小时		
		3 000h 以下	3 000 ~ 5 000h	5 000h 以上
架空线路	铝	1.65	1.15	0.90
	铜	3.00	2.25	1.75
电缆线路	铝	1.92	1.73	1.54
	铜	2.50	2.25	2.00

4)按允许电压损耗选择导线和电缆截面

线路输送电能时,由于线路存在阻抗,所以在负荷电流通过线路时要产生电压损耗。按规定,高压配电线路的电压损耗,一般不超过线路额定电压的5%;从变压器低压侧到用电设备受电端的低压线路的电压损耗,一般不超过用电设备额定电压的5%,对视觉要求较高的照明线路,则为2% ~3%。如线路的电压损耗值超过了允许值,则应适当加大导线的截面,使之满足允许的电压损耗要求。

在进行设计时,常常是按照给定电压损耗的允许值,选取导线和电缆的截面。计算低压线路的电压损耗时,因三相线路的线间距离很近,导线截面小,电阻的作用大,因此可忽略不计电抗。这样,计算电压损耗时,只考虑线路电阻、功率和功率因数。

对于三相四线制:

$$\Delta U_{al}\% = \frac{Pl\rho}{U_n^2 \cdot S} \times 100 \tag{8-14}$$

对于单相制:

$$\Delta U_{al}\% = \frac{2Pl\rho}{U_n^2 \cdot S} \times 100 \tag{8-15}$$

令:

$$C = \frac{U_n^2}{\rho} \times 100 \tag{8-16}$$

或:

$$C = \frac{U_n^2}{2\rho} \times 100$$

则上两式写成:

$$\Delta U_{al}\% = \frac{Pl}{CA} \tag{8-17}$$

式中:$\Delta U_{al}\%$——允许电压损耗,%;

P——负荷的功率(单相或三相),kW;

l——线路长度,m;

A——导线或电缆截面,mm^2;

C——由电路的相数、额定电压及导线材料的电阻率等决定的常数,称为电压损耗计算常数,见表8-38。

电压损耗计算常数　　表 8-38

线路系统	额定电压(V)	C 值	
		铜线	铝线
三相四线制	380/220	77	46.3
单相交流	220	12.8	7.75

3. 线路敷设

高速公路配电线路主要采用电缆线路，其敷设方式主要有直接埋地敷设、电缆沟内敷设、电缆桥架内敷设、架空敷设等。

1）一般技术要求

（1）应使电缆不易受到机械、振动、化学、地下电流、水锈蚀、热影响、蜂蚁和鼠害等各种损伤；便于维护；避开场地规划中的施工用地或建设用地；电缆路径较短。

（2）对于露天敷设的电缆，尤其是有塑料或橡胶外护层的电缆，应避免日光长时间的直晒；必要时应加装遮阳罩或采用耐日照的电缆。

（3）电缆在屋内、电缆沟、电缆隧道和竖井内明敷时，不应采用黄麻或其他易延燃的外保护层。

（4）支承电缆的构架，当采用钢制材料时，应采取热镀锌等防腐措施。当处于较严重腐蚀的环境中时，应采取相适应的防腐措施。

（5）电缆的长度，宜在进户处、接头、电缆头处或地沟及隧道中留有一定余量。

（6）在经常会受到振动的桥梁上敷设电缆，应有防振措施。桥墩两段和伸缩处的电缆，应留有松弛冗余部分。

2）电缆沟内敷设

（1）电缆沟应采取防水措施；其底部排水沟的坡度不应小于 0.5%，并应设置集水坑，积水可经水坑用泵排出；当有条件时，积水可直接排入下水道。

（2）在多层支架上敷设电缆时，电力电缆应放在控制电缆的上层；在同一支架上的电缆可并列敷设。当两侧均有支架时，1kV 及以下的电力电缆和控制电缆宜与 1kV 以上的电力电缆分别敷设于不同侧支架上。电缆支架的长度不宜大于 350mm。

（3）电缆沟一般采用钢筋混凝土盖板，盖板的质量不宜超过 50kg。

3）埋地敷设

（1）公路沿线用电设备的配电电缆敷设，一般采用在路肩或边坡下方直埋的敷设方式。直埋敷设的电缆，严禁位于地下管道的正上方或下方。

（2）电缆直接埋设地敷设时，沿同一路径敷设的电缆数量不宜超过 8 根。

（3）电缆在室外直接埋地敷设的深度不应小于 700mm；应在电缆上下各均匀铺设细砂层，其厚度宜为 100mm，在细砂层应覆盖混凝土保护板或砖等保护层，保护层宽度应超出电缆两侧各 50mm。在寒冷地区，电缆应埋设于冻土层以下。当受条件限制不能深埋时，可增加细砂层的厚度，在电缆上方和下方各增加的厚度不宜小于 200mm。

（4）直埋敷设的低压配电电缆与通信电缆平行敷设最小间距为 0.1m，交叉敷设最小间距为 1m，与排水沟平行敷设最小间距为 1m；特殊情况时可视向现场条件，在采用必要保护措施后可以酌减且最多能减少一半值。

(5)建筑物和构筑物的基础,散水坡、楼板和穿过墙体等处,铁路、道路处和可能受到机械损伤的地段,引出地面2m至地下200mm处的一段和人容易接触使电缆可能受到机械损伤地方,电缆通过上述场所时应穿金属管保护,其保护管的内径不应小于电缆外径的1.5倍。

(6)电缆与建筑物平行敷设时,电缆应埋设在建筑物的散水坡外。电缆引入建筑物时,所穿保护管应超出建筑物散水坡100mm。

(7)电缆与道路、铁路交叉时,应穿管保护,保护管应伸出路基1m。

(8)埋地敷设电缆的接头盒下面必须垫混凝土基础板,其长度宜超出接头保护盒两端0.6~0.7m。

(9)电缆沿坡度敷设时,中间接头应保持水平;多根电缆并列敷设时,中间接头的位置应互相错开,其净距不应小于1.5m。

(10)电缆在拐弯、接头、终端和进出建筑物等地段,应装设明显的方位标志,直线段上应适当增设标桩,标桩露出地面宜150mm。

4)架空敷设

(1)低压配电缆线架空敷设时一般采用水平排列,并可与高压线路同杆架设,但直线杆横担不宜超过四层(包括路灯线路)。高低压同杆时宜少于四回路(允许有两路高压),且高压线路在上,低压线路在下;路灯照明回路应在最下面。

(2)三相四线配电的架空低压绝缘在引入用户处应将零线重复接地。接地体深埋不应小于0.6m,接地体不应与地下燃气管、送水管接触。接地电阻不应大于10Ω。

5)电缆桥架

电缆桥架宜采用钢制梯式桥架,桥架安装一般位于隧道拱顶两侧,距路面6m左右,两侧宜水平安装,严禁侵界,因隧道内衬砌存在较大的偏差,桥架安装中应尽可能消除该偏差,尤其对于曲线隧道和变坡隧道。

(三)防雷、接地系统

1.防雷系统

雷电是自然界中一种激烈的放电现象,由此引起的雷电灾害被联合国列为十大自然灾害之一,每年都要给国家财产和人民的生命造成严重的损失和威胁。特别是随着电子信息时代的到来,这种损失愈加显现出来。现代电子设备广泛使用CMOS集成电路芯片,承受过电压的能力较差,一个很小的过电压就可能使存储的信息受到干扰或丢失,严重时还可能将元器件烧毁,系统瘫痪,甚至伤害工作人员。

雷电的特点是:放电量大,电场强度大,过电压高,冲击电流大,放电时间短(1~4μs达最大,几十微秒后衰减到工频续流),具有强烈的冲击性。

雷击过电压(过电流)形式:直接雷击、感应雷击和雷电侵入波三种。

雷电危害:在放电过程中产生强烈的机械效应、热效应、电磁效应和闪络放电等。

防雷是通过拦截、疏导最后泄放入地的一体化系统方式,以防止由直击雷、雷电侵入波或雷电电磁脉冲对建筑物本身或设备造成伤害的防护技术。

1）防雷装置（设备）

防雷系统通常由闪接器（避雷针、避雷带、避雷线和避雷网）、引下线、接地装置（包括接地极和接地体）组成。

（1）避雷针：由接闪器（直接接受雷击的金属体），引下线，接地体组成；三者金属性连接（焊接）成一体，将雷电流安全导入大地，保护了附近建筑物和设备免遭雷击。一般安装在设备、杆、塔和建筑物的顶部。

单根避雷针保护范围：上圆锥与下圆台结合的空间。

①避雷针在地面上的保护半径：

$$r = 1.5hP \tag{8-18}$$

式中：r——保护半径，m；

h——避雷针高度，m；

P——高度影响系数，$h<30$m 时 $P=1$；$h>30$m 时 $P=\frac{5.5}{\sqrt{h}}$；当 $h>120$m 时，取 $h=120$m。

②避雷针在被保护物 h_x 水平面上时，保护半径 r_x 按以下方法确定：

当 $h_x \geqslant 0.5h$ 时

$$r_x = (h - h_x)P = h_c P \tag{8-19}$$

当 $h_x < 0.5h$ 时

$$r_x = (1.5h - 2h_x)P \tag{8-20}$$

式中：r_x——避雷针在被保护高度 h_x 水平面上的保护半径，m；

h_x——被保护物的高度，m；

h_c——避雷针的有效高度，m。

（2）避雷线：用25号镀锌钢绞线，架空敷设在架空线路之上，隔一定距离接地一次，又称架空地线。单根避雷线保护范围：带状空间。

（3）避雷带、避雷网：主要用于建筑物防雷。

（4）避雷器：用来防止雷击过电压（雷电侵入波）沿线路侵入变配电所或其他建筑物内，避免高电压危害被保护设备的绝缘；即将雷电侵入波过电压限制在设备绝缘耐压之下。当线路出现过电压时，它对地放电。它与被保护设备并联，安装在设备前端。分阀型避雷器、管型避雷器、保护间隙三种。

（5）网络避雷器和信号避雷器：用于各种数据、信号、控制和通信系统的防雷。

2）防雷措施

（1）变电所防雷措施：

①用避雷针或避雷带、避雷网，保护变电所的建筑物免遭雷击。如果变电所在附近高大建筑物的避雷装置保护范围以内，则不必再考虑被雷击的防护问题。

②在高压侧应在每组母线和每路架空进线上装置阀形避雷器，以免雷电冲击波沿高压线侵入变电所。避雷器应以最短的接地线与变电所、配电所的主接地网连接。

③低压侧也应该装置阀形避雷器或保护间隙，主要用来防止雷电侵入波沿低压线路侵入

而损坏变电所内设备。

(2)架空线路的防雷措施:

①架设避雷线。一般高于10kV的架空线路需装设避雷线。由于避雷线造价较高,对不大于10kV的架空线路只是利用钢筋混凝土杆的自然接地作用和中性点的非直接接地作用。线路电压等级越高,使用避雷线效果越好。

②对不设避雷线的架空线路,应提高线路本身的绝缘水平。如可采用木横担、瓷横担或采用高一级的绝缘子,以提高防雷电冲击波的能力。

③对低压线路上的断路器、负荷开关、隔离开关及架空线相连的电度表等,应装设避雷器或保护间隙。

(3)机房防雷措施:

机房一般应设于无线电塔避雷针的保护范围之内,需在房顶四周敷设闭合的环形避雷带,钢筋混凝土的屋面板和支柱的钢筋作引下线。同时在机房外地下应围绕机房敷设闭合环形水平接地体,在机房内应沿墙壁敷设环形接地母线。机房内各种电缆的外皮、设备外壳和不带电的金属部分、各种金属管道等,均应以最短的距离与环形接地母线连接。室内的环形接地母线与室外的闭合接地环带及屋顶的避雷带间,应有不少于4根连接线互相连接,相邻连接线间的距离不宜超过18m。

引向机房的电力线、通信线应有金属外皮或金属屏蔽层或敷设在金属管内,并要求埋地敷设。由机房引出的金属管、线也应埋地,在机房外埋地不应小于10m。

2. 接地系统

一般电气设备的金属外壳在正常情况下是不带电的,但当电气设备的绝缘损伤或意外情况发生,其金属外壳会带电造成触电事故。因此有必要采取技术保护措施,即将电力设备和系统进行接地处理。

接地是将电气回路中的某一节点通过导体与大地相连,使该节点与大地保持等电位(零电位)。从定义上可以将接地分为人工接地和自然接地。从工作性质上可分为保护接地(如防雷接地、防静电接地、设备接地等)、工作接地(如电力设施的发、送、配电接地等)两大类,此外尚有进一步保证保护接地的重复接地。

1)接触电压和跨步电压

(1)电气设备发生接地故障时,其接地部分与大地零电位之间的电位差称为对地电压。

(2)当接地短路电流流过接地装置时,大地表面形成分布电位,在该地面上离设备水平距离0.8m,沿设备垂直距离1.8m间的电位差,称为接触电势。人体接触该两点时所承受的电压称为接触电压。

(3)水平距离0.8m两点间的电位差,称跨步电压。

2)接地系统分类

系统接地形式的分类是依据电源点的对地关系和负荷侧电气装置外露可导电部分的对地关系。电气装置是指所有的电气设备及其之间相互连接的电路组合。外露可导电部分是指电气设备的金属外壳、布线的金属槽盒、套管与电缆金属外护层、铠装层等。

(1)工作接地。为保证电力系统和设备实现正常工作要求而进行的接地,称为工作接地。如供电系统中电源中性点接地、高压消弧线圈接地和设备防雷采取的接地等,不同的工作接地有各自不同的功能。

(2)保护接地。保护接地是为保障人身安全,防止间接触电而将设备外壳进行接地,称为保护接地。

保护接地的形式有两种,一种是把设备金属外壳经各自的PE线分别直接接地;另一种是将设备金属外壳部分经公共的PE线与供电线路的中性线做金属连接,这种连接称保护接零。

供配电系统按保护接地的形式,可分为:

①TN系统:TN系统的电源中性点直接接地,并引出有N线,属三相四线制系统。TN系统按中性线(N线)与保护线(PE线)的组合情况还可分为TN-S、TN-C-S、TN-C三种类型。其中,TN-S系统:整个系统的中性线(N线)与保护线(PE线)是分开的;TN-C-S系统:系统中有一部分中性线与保护线是合一的(PEN线),其余则是分开的(N线和PE线);TN-C系统:整个系统中的中性线与保护线是合一的(PEN线)。

②TT系统:TT系统的电源中性点直接接地,也引出有N线,属三相四线制,只是设备的金属导电外壳可经各自的PE线分别接地。这种接地系统不但具有TN系统类似的优点,而且还可保证在故障尚未切除、人体触及故障设备的金属外壳时,由于人体电阻远大于保护接地电阻,使通过人体的电流比较小,对人体的危险性也小。但这种系统会因设备外壳接地而导致漏电流较小,从而导致过电流装置不及时动作,使设备外壳长期带电。对此应该设置灵活的触电保护装置。

③IT系统:IT系统的电源中性点不接地或是经一定的阻抗(约1 000Ω)接地,且该系统通常不引出N线,属三相三线制系统。其中用电设备的金属导电外壳可经各自的PE线分别接地,这种接地系统称为IT系统。该系统的一个突出优点是在系统发生一相接地的故障时,所有三相用电设备仍可暂时继续运行。但此时另两相的对地电压将由相电压升高到线电压,增加了对人身安全的威胁。该系统的另一个优点与TT系统一样,都经各自的PE线分别直接接地,各自PE线无电磁联系,因此IT系统也适应于对数据处理、精密检测装置供电。

(3)重复接地。在TN系统中,为确保公共PE线的安全可靠,除需要在电源中性点进行工作接地外,还需在PE线的下列地方进行必要的重复接地:在架空线路的干线和分支线的终端及沿线每1km处;在电缆和架空线引入建筑物处。

3)接地形式选择

在选择系统接地形式时,应根据系统的要求及用电环境进行选择。但应注意:

(1)在同一配电系统中,不允许一部分电气设备采用保护接地,而另一部分电气设备采用保护接零。这是因为,如果其一接地保护设备绝缘损坏导致外壳带电时,会使中线上出现对地的电压,导致所有接零保护的设备都可能有触电的危险。

(2)在电源变压器中性点不接地的系统中,当电压低于1 000V时,多选用保护接地措施。而对于电压高于1 000V的设备,无论电源中性点接地与否,都应采取保护接地。

(3)在中性点接地的低电压电力网中,电力设备的外壳宜采用保护接地,其零线应在电源处接地。

(4)单相用电设备的保护接零宜采用三孔插座,将设备外壳接在有接地标志的插座上,并通过插座与中性线相连。

高速公路接地系统形式通常为TN或TT系统,其中,TN-S或TN-C-S系统多用于室内各系统的配电线路;TT系统则常用于野外(外场)设备的配电系统。

3. 接地装置

在接地系统中,接地体和接地线的总和称为接地装置。

(1)接地体

接地体可分为两类,即人工接地体和自然接地体。人工接地体是人为的把金属管、角钢或扁钢、圆钢等埋入地下,称为人工接地体。自然接地体是指利用建筑物的钢结构和钢筋、埋地的金属管道及与大地接触的各种金属构件等作为接地体。

最常用的人工接地体为直径50mm、长2.5m的钢管或50mm×50mm×5mm,长2.5m的角钢垂直埋设。水平接地体一般用扁钢,其截面积不小于48mm^2,厚度不小于4mm;采用圆钢时,直径不小于8mm。

对交流电器设备,其接地应充分利用自然接地体。连接时,应用不少于2根导体在不同地点与人工接地体相连接。对直流电回路,不允许利用自然接地体作为电流回路的零线、接地线或接地体。

低压电力设备钢或铝线接地线最小截面(mm^2)　　表8-39

接地线种类	铜	铝
裸导线	4	6
绝缘导线	1.5	2.5
电缆接地芯线	1	1.5

(2)接地线

接地线一般采用钢质导线,其截面积应符合载流量、短路时自动切除故障及热稳定的要求,且不应小于表8-39的要求。

接地线与电力设备的连接,可用螺栓连接或焊接。用螺栓连接时,应设防栓螺帽或防栓垫片。而接地线与接地体的连接宜用焊接。每一个电力设备应以单独的接地线与接地干线相连接,严禁在一条接地线上串联几个需要接地的设备。

(3)接地电阻

接地电阻是接地体的流散电阻与接地线电阻和接地体电阻的总和。由于接地线和接地体电阻相对很小,可略去不计,因此可以认为接地电阻就是指接地体的流散电阻。接地电阻有工频接地电阻和冲击接地电阻之分,前者是指工频接地电流流经接地装置所呈现的接地电阻,后者是指雷电流或过电流经接地装置所呈现的接地电阻。一般情况下,需计算接地装置的工频接地电阻,对于防雷和过电压保护的接地装置则需要计算冲击接地电阻。

接地电阻越小,散流就越快,被雷击物体高电位保持时间越短,危险性就越小。常见的四种接地形式的接地电阻如下:

①工作(系统)接地:接地电阻值为0.5~10Ω;对于计算机场地的接地电阻要求≤4Ω;在采用联合接地(将防雷接地、电器保护接地和交、直流工作接地采用共同接地的方法统一为一个接地装置)时不大于1Ω。

②保护接地:接地电阻值要求在1~10Ω。

③防雷电接地:接地电阻值一般在1~30Ω。

④防静电接地:接地电阻值不大于30Ω。

我国有关规程规定的部分电力装置所要求的接地电阻如表8-40所示。

部分电力装置所要求的工作接地电阻　　表 8-40

电力装置名称	接地的电力装置特点	接地电阻 R_E
1kV 以上电流接地系统	仅用于该系统的接地装置	≤10Ω
1kV 以下系统	与总容量在 100kV · A 以上的变压器相连的接地装置	≤4Ω
	与总容量在 100kV · A 以下的变压器相连的接地装置	≤10Ω
建筑物的防雷装置	第一、二类防雷建筑物	≤10Ω
	第三类防雷建筑物	≤30Ω
供电系统的防雷装置	保护变压所的独立避雷针	≤10Ω
无避雷线的架空线	低压线路水泥杆、金属杆	≤30Ω

(四)供配电监控系统

高速公路供电系统变电所比较分散,尤其是隧道变电所远离城镇,位于山野之中,随着特长隧道和隧道群的出现,隧道变电所也越来越多,同时也由洞外延伸进洞内;为提高供电系统管理水平、减少人员投入、降低运营成本,对变电所各设备加设监控设施,实现无人值守已成为发展的必然。

1. 远动终端及功能

1)远动终端 RTU

远动终端就是电网监视和控制系统中安装在发电厂或变电所的一种远动装置,简称 RTU。RTU 采集所在发电厂或变电所表征电力系统运行状态的模拟量和状态量,监视并向控制管理中心传送这些模拟量和状态量,执行控制管理中心发往所在发电厂或变电所的控制和调节命令。

2)远动终端的功能

在电网监控系统中,RTU 的功能是指 RTU 对供电网的监视和控制能力,也包括 RTU 的自检、自调和自恢复等能力。由于电网监控系统面对一个庞大而错综复杂的对象,RTU 所承担的任务不仅数量上多,而且复杂。通常 RTU 的功能可划分为远方功能和本地功能。

(1)远方功能:RTU 是安装在变电所的一种远动装置,它与调度中心相距遥远,与调度中心计算机通过信道相连接。RTU 与调度中心之间通过远距离信息传输所完成的监控功能称为 RTU 的远方功能。其功能主要有:遥测(即远程测量);遥信(即远程信号);数字值(直接以数字形式输入给 RTU 的一些物理量);计数脉冲(RTU 所采集的反映电能量的脉冲信号);遥控(即远程命令);遥调(即远程调节);时间顺序记录;电力系统统一时钟;转发(指接收别的 RTU 送来的远动信息,根据上级调度的需要,按规约编辑组装后转发给指定的调度中心);适合多种规约的数据远传等。

(2)本地功能:RTU 的本地功能是指 RTU 通过自身或连接的显示、记录设备,实现对电网的监视和控制的能力。其功能主要有:CRT 显示(可显示所在发电厂或变电站的电气主接线图等);汉字报表打印;本机键盘、显示器(RTU 都有一块操作面板,在面板上带有小键盘和显示器,通过操作小键盘,在显示器上显示有关信息,以实现巡测、定测、选测、显时等功能);RTU 的自检与自调功能。

2. 供电监控系统的功能

为便于叙述,把远动 RTU 纳入计算机监控系统来讨论,其中包括站级 SCADA 系统,统称为监控系统。其功能主要有:继电保护功能;自动控制功能;数据采集功能;安全监控功能;数据处理和记录功能;人机联系系统(MMI)功能;远动 RTU 功能;监控系统自诊断及自恢复功能等。

3. 供电监控系统的基本组成

公路隧道供电监控系统是一个分层分布式自动化系统,主要组成部分有:间隔层、变电站现场通信网络、变电站管理层、通信通道、调度中心局域网系统等。

4. 供电监控系统的设备配置

(1)控制中心

控制中心的系统由网络通信系统和计算机系统两大部分组成,其设备的配置根据用户的需求可有多种形式。一个具备基本 SCADA 功能的控制中心硬件系统由以下设备构成:实时服务器(可冗余配置);历史服务器(可冗余配置);调度操作员工作站;系统维护工作站;控制中心局域网络;大屏幕显示系统及其控制器;打印机等外围设备。

(2)变电站自动化系统

完整的变电站自动化系统应当包括间隔层设备(保护、测控装置)、网络层和管理层三大部分,间隔层按照设备性质不同可分为高压交流系统(10kV 或 35kV 保护测控装置)、低压交流系统(0.4kV 保护测控装置)和其他系统(如电源屏控制机、变压器保护测控装置等)。

变电站综合自动化系统,按无人值班设计的分布式系统,系统由站级管理层、网络通信层、间隔设备层三部分组成。

站级管理层由控制信号屏以及设置在其内的通信控制器、显示设备、音响报警装置等设备组成。

变电所自动化系统的控制方式采用远动控制、所内集中控制、设备本体控制三级控制方式,正常运行时采用远动控制,当设备检修时采用所内集中控制或设备本体控制。一般在开关柜上设当地/远方选择开关,对于接触轨/网电动隔离开关,在控制信号盘上设置当地/远方转换开关和相应的合分闸开关。三种控制方式相互闭锁,以达到安全控制的目的。

(五)照明系统

高速公路照明系统是高速公路机电系统的重要组成部分,同时也是一个国家科学技术、经济实力与能源工业发展水平的综合体现。

1. 作用与构成

为保证交通安全视认性以及视觉效果的舒适性,可在公路一般路段、互通立交、收费广场及收费天棚、特大桥、隧道、平面交叉路口等区段设置照明设施,满足机动车安全行驶与交通管理的需要。

照明系统主要是由照明光源、灯具与电器附件等装置、配电与控制设施、安全防护设备等组成。

2. 照明分类

根据高速公路照明系统的功能可分为以下几类:

(1)道路照明:包括高速公路主线照明、互通立交照明、桥梁照明和隧道照明(详见隧道机电系统)等。

(2)管理业务及服务照明:包括高速公路收费广场照明、收费雨棚照明及服务区照明等。

(3)景观照明:主要应用于服务区、大中城市收费站和大型桥梁等。

根据高速公路沿线设施功能的需求,主要的照明形式有高杆照明、中杆照明、低杆照明、庭院照明等。

高速公路常规照明布灯的基本方式有单侧布置、交错布置、对称布置、悬索式布置和中心对称布置等。

高杆照明是一种先进的、科学的道路照明解决方案,主要适用于高速公路的立体交叉、收费广场、服务区广场等的大面积照明。

3. 照明评价指标

决定道路照明质量的主要因素有灯具及电光源的选择、灯具的安装高度及倾斜角、平均照度、亮度分布的均匀性、采用的照明器眩光程度、路灯排列的诱导性指标等。

公路照明应以路面平均亮度(或路面平均照度)、路面亮度均匀度和纵向均匀度(或路面照度均匀度)、眩光限制、诱导性等作为评价标准。

4. 常用术语

(1)路面有效宽度:用于道路照明设计的路面理论宽度,它与道路的实际宽度、灯具的悬挑长度和灯具的布置方式有关。

(2)诱导性:沿着道路恰当地安装灯杆、灯具,可以给驾驶员提供有关道路前方走向、线形、坡度等视觉信息,称其为照明设施的诱导性。

(3)标准规定的照度值为作业面或参考平面上的维持平均照度值。

(4)路面维持平均亮度(照度):在计入光源计划更换时光通量的衰减,以及灯具因污染造成效率下降等因素(即维护系数)后,设计计算时所采用的平均亮度(照度)值。

(5)维护系数:照明装置在同一表面上维护平均照度(即使用一定周期后)与新装设时的初如平均照度之比。当光衰减至70%时,应更换光源和清扫灯具。

(6)设计时的照度计算值与选定的照度标准值之间允许有±10%偏差。

(7)路面平均亮度:按照国际照明委员会(CIE)有关规定,在路面上预先设定点上测得的或计算得到的各点亮度的平均值。

(8)路面亮度总均匀度:路面上最小亮度与平均亮度的比值。

(9)路面亮度纵向均匀度:同一条车道中心线上最小亮度与最大亮度的比值。

(10)路面平均照度:按照CIE有关规定在路面上预先设定点上测得的或计算得到的各点照度的平均值。

(11)路面照度均匀度:路面上最小照度与平均照度的比值。

(12)灯具的上射光通比:灯具安装就位时,其发出的位于水平方向及以上的光通量占灯具发出的总光通量的百分比。

(13)眩光:由于视野中的亮度分布或者亮度范围的不适宜,或存在极端的对比,以致引起不舒适感觉或降低观察目标或细部能力的视觉现象。

(14)失能眩光:降低视觉对象的可见度,但不一定产生不舒适感觉的眩光。

(15)阈值增量:失能眩光的度量。表示为存在眩光源时,为了达到同样看清物体的目的,在物体及其背景之间的亮度对比所需要增加的百分比。

(16)光源颜色包含光源色表和显色性。

①光源表按相关色温分为三组:暖色(色温 <3 300K);中间色(色温 3 300 ~ 5 300K);冷色(色温 >5 300K)。

②显色性是光源对物体色表的影响,以显色指数 R_a 表示,如收费亭、监控中心等场所为80,收费天棚下方地面则可根据辩色要求选择 60、40 或 20。

(17)灯具效率:在相同的使用条件下,灯具发出的总光通量与灯具内所有光源发出的总光通量之比。

(18)环境比:车行道外边 5m 宽状区域内的平均水平照度与相邻的 5m 宽车行道上平均水平照度之比。

(19)交会区:位于道路的出入口、交叉口、人行横道等区域。在这种区域,机动车之间、机动车和非机动车及行人之间、车辆与固定物体之间的碰撞有增加的可能。

(20)道路照明功率密度(LPD):单位路面面积上的照明安装功率(包含镇流器功耗),即:W/m^2。

三、供配电、照明系统工程施工质量监理

(一)概述

高速公路机电工程中,供配电系统是所有机电工程的基础,与供配电、照明系统工程相关的项目主要包括以下几个分部(或分项)工程:

(1)低压配电设施:包括中心(站)内低压配电设备和外场设备电力线路。

(2)照明设施:主要是道路及广场照明。

(3)隧道机电设施:包括隧道通风设施、隧道照明设施和隧道低压供配电(内容同上)。

供配电、照明系统工程施工质量监理主要分为施工准备;工程施工、设备安装;工程完工测试及联调;试运行;缺陷责任期等几个阶段。

供配电、照明系统的监理工作,其重点是质量监理、进度监理和安全监理。为了保证工程质量,创造优质工程,监理的工作方法与措施主要有:

1. 工程质量监理

(1)供配电照明系统设备较多,虽然大多产品都是定型产品,但严把设备质量关也至关重要,必须严格按合同规定,核对产品型号、规格、产地,不得轻易变更;重点产品要加强工厂监造、厂验工作,缺陷在厂内解决。

(2)全过程旁站监理:对关键部位施工,隐蔽工程(如基础、接地装置、缆线敷设)、样板工程要全过程旁站监理。在施工过程中,不断对施工单位的施工工艺、有关技术问题、施工中出现的难题进行检查、询问,及时更正和解决,确保施工质量。

(3)加强施工测量,对各类安装尺寸、垂直度、水平度、镀层厚度要加强测量,用数据说话。

(4)加强功能测试:供配电系统应设专职监理工程师,对通风、照明、变电所等加强各项功能性试验,确保各机电设施正常工作。

(5)配合好质检部门的质监检查,利用各种测试仪表,对各供电性能指标(电压、电流、功率因数、三相平衡等)、安全指标(绝缘电阻、接地电阻等)等进行全面测试。

(6)系统联调:供配电照明系统完工测试检验合格后,最后还应进行系统联调,联调的目的是检验该工程的各项功能是否满足规范及设计的要求,以提高整个机电系统的可靠性。联调应委托有资质单位组织进行,监理人员要全程参加,协调组织好联调测试工作。

2. 工程进度监理

(1)供配电系统工程进展情况,直接影响到总的机电工程完工情况,因此要加强对供配电系统工程进度的控制,监理人员应编制和建立施工进度图表,用于记录、统计、反映实际工程进度与计划进度的差距,以便随时对工程进度进行分析和评价,并作为对施工单位要求加快工程进度、调整进度计划的依据。

(2)监督审查施工单位上报的月进度、旬进度工程计划表,对计划进度与实际进度进行核实,分析原因,研究对策,提出纠偏措施,协调施工单位在进度方面的各种实际困难,提出建设性的意见。

(3)加强协调,供配电系统施工单位进度往往受房建、土建施工方面的制约,因此做好与各有关单位的组织协调工作至关重要,及时向业主反映和建议,预防和排除对施工进度的干扰,保证工程顺利进行。

3. 安全监理

(1)供配电系统工程的施工安全与其他机电工程相比更为重要,一旦发生安全事故,将直接造成人身伤亡或重要设备损坏,导致其他机电系统工作瘫痪;因此建立完善的工程安全保障措施非常重要。

(2)在施工准备阶段就要审查施工单位的安全保证体系,监督施工单位的安全教育,要求施工单位对全体参建人员进行全面系统的安全教育,强化全员安全意识,提高自我防范能力,明确专职安全员。

(3)在施工阶段要加强检查,严格落实各项安全保障措施,一旦发现缺陷要立即纠正并及时通报,预防各种安全事故苗头,保证工程顺利进行。

(4)在完工测试及联调阶段更要重视安全;由于大多是带电操作,必须严格遵守操作规程,先安全测试(绝缘、接地等),必须在专人监护下进行通电测试,以防触电及短路故障的发生。

(二)低压配电设施

1. 原则与要求

针对公路低压配电系统特点,一般采取下列原则:

(1)高速公路沿线站点设施一般为一、二级负荷,普通公路一般为三级负荷。

(2)位于变电所正常供电区域内,一般采用放射式配电;当用电设备容量不大且无特殊要求时,可采用树干式配电。

(3)当部分用电设备距离供电点较远,而彼此间却相距很近且容量均较小时,可采用链式配电,但每一回路连接设备不宜超过5台,其总容量不宜超过10kW。

(4)当采用380V/220V的TN及TT系统接地形式且不存在较大功率的冲击性负荷时,照明和其他电力设备宜由同一台变压器供电。

(5)在TN及TT系统接地形式低压电网中,当变压器选用的是Yyn0接线组别的三相变压器时,其由单相不平衡负荷引起的中性线电流不得超过低压绕组额定电流的25%,且其任一相的电流在满载时不得超过额定电流值。

(6)低压配电一般采用380V/220V电压。因特殊场所安全需要,可选用安全电压供电。当线路损耗较大时,也可以在局部支线回路利用升/降压方式供电,从而减少线路损耗,节省导线截面。

(7)太阳能、风能条件适宜的地区,可选择光伏、风力或风光互补等技术提供新型能源。

(8)连续稳定工作要求等级较高的公路机电系统或设备,应根据当地供电条件配备相应的应急电源,其供电、投切与保护方式应能满足相应的可靠性规定。

2.带电导体和采用接线方式

(1)带电导体是指正常通过工作电流的导体,包括相线和中性线(N线及PEN线),但不包括PE线。常见的形式有:单相二线制、两相三线制、三相三线制、三相四线制及三相五线制。

(2)交流配电电缆芯线的相间额定电压不得低于使用使用回路的工作线电压;电缆的冲击耐压水平应满足系统绝缘配合要求。

(3)电缆截面选取应满足持续允许电流、短路热稳定、允许电压损失等要求。

(4)公路低压配电系统通常接线方式主要有放射式、树干式、链式三种。

3.技术要求

1)通用要求

(1)电器的额定电压应与所在回路标称电压相适应。

(2)电器的额定电流不应小于所在回路的计算电流。

(3)电器的额定频率与所在回路的频率相适应。

(4)电器应适应所在场所的环境条件。

(5)电器应满足短路条件下的动稳定与热稳定的要求。用于断开短路电流的电器,应满足短路条件下的通断能力。

(6)配电装置及馈电线路的绝缘电阻值不应小于0.5MΩ。

2)配电缆线的要求

(1)线路电压损失应满足用电设备正常工作及启动时端电压的要求。

(2)按敷设方式及环境条件确定的导体载流量,不应小于计算电流。

(3)导体应满足动稳定与热稳定的要求。

(4)导体最小截面应满足机械强度的要求。

(5)在三相四线制配电系统中,中性线(N线)的允许载流量不应小于线路中的最大不平衡负荷电流,且应计入谐波电流的影响。以气体放电灯为主要负荷的回路中,N线截面应与相线截面相同。

(6)保护线(PE 线)采用单芯绝缘导线时,按机械强度要求,有机械性保护时≥2.5mm^2;无机械性保护时≥4mm^2。

(7)装置外可导电部分禁用作保护中性线(PEN 线)。在 TN－C 系统中,PEN 线严禁接入开关设备。

3)配电线缆的保护

(1)配电线路应装设短路保护、过负载保护和接地故障保护。

(2)配电线路采用的上下级保护电器,其动作应具有选择性;各级之间应能协调配合。

(3)保护电器应装设在操作维护方便,不易受机械损伤,不靠近可燃物的地方,并应采取措施避免保护电器运行时意外损坏对周围人员造成伤害。

(4)保护电器应装设在被保护线路与电源线路的连接处;应采取将短路危险减至最小的措施;保护电器不接近可燃物。

(5)短路保护电器应装设在低压配电线路不接地的各相(或极)上,但对于中性点不接地N 线也不引出的三相三线配电系统,可只在二相(或极)上装设保护电器。

(6)在 TT 或 TN-S 系统中,若 N 线的截面与相线相同,或虽小于相线但已能为相线上的保护电器所保护,N 线上可不装设保护;若 N 线不能被相线保护电器所保护,应另在 N 线上装设保护电器保护,将相应相线电路断开,但不必断开 N 线。

(7)在 TT 或 TN-S 系统中,N 线上不宜装设电器将 N 线断开;当需要断开 N 线时,应装设相线和 N 线一起切断的保护电器。当装设漏电保护电器时,应能将其所保护的回路所有带电导线断开。在 TN-C 系统中,严禁断开 PEN 线;不得装设断开 PEN 线的任何电器。

(8)当维护、测试和检修设备需断开电源时,应设置隔离电器。

4)电能质量的技术要求

(1)配电系统的电能质量包括电压质量、波形质量(谐波)和频率质量(频率偏差)。电压质量则包括电压偏差、电压波动和电压闪变、不对称(不平衡)等性能指标。

(2)正常运行情况下,用电设备端子处电压偏差允许值(以额定电压的百分数表示)宜符合规定要求。

(3)采用电力电容器作为无功补偿装置时,宜就地平衡补偿。

(4)低压电容器组宜加大投切容量或采用专用投切接触器。当在受谐波量较大的用电设备影响的线路上装设电容器组时,宜串联电抗器。

5)应急电源

因为多数地方的公路沿线电力条件有限且很不稳定,所以有必要在负荷等级要求较高的场所配置应急电源。应用于公路机电系统的应急电源种类主要有以下几种:

(1)蓄电池装置:适用于允许停电时间为毫秒级,且容量不大又要求直流电源的重要负荷。

(2)静止型不间断供电装置(UPS):适用于允许停电时间为毫秒级,且容量不大又要求交流电源的重要负荷。

(3)快速启动的柴油发电机组:适用于停电时间允许 15s 以上的,需要驱动电动机且启动电流冲击负荷较大的重要负荷(注:一般快速自启动的发电机组自启动时间为 10s 左右)。

6)柴油发电机组的技术要求

柴油发电机组主要由柴油机、发电机和控制屏三部分组成;有移动式和固定式两种安装形式。作为应急电源使用时,应选择 G3 级以上的自动化柴油发电机组(柴油发电机组性能分为 G1、G2、G3、G4 共四个等级)。其功能要求如下:

(1)自动维持:机组应急启动和快速加载时的机油压力、机油温度、冷却水温度应符合产品技术条件的规定。

(2)自动启动和加载:接受自控或遥控指令或市电供电中断时,机组能自动启动供电。机组允许 3 次自动起动,每次起动时间为 8 ~ 9s,起动间隙为 5 ~ 10s。第 3 次失败时,应发出启动失败的声光报警信号。当有备用机组时,应能自动地将起动信号传递给备用机组;机组自动启动的成功率不低于 98%,市电失电后恢复向负荷供电的时间一般为 8 ~ 20s。对于额定功率不大于 250kW 柴油发电机,首次加载量应不小于 50% 的额定负荷;大于 250kW 柴油发电机首次加载量应按产品技术条件规定。

(3)自动停机:接收自控或遥控的停机指令后,机组应能自动停机;当电网恢复正常后,机组应能自动切换和自动停机,由电网向负载供电。

(4)自动补给:燃油、机油、冷却水应能够自动补充,机组启动利用蓄电池自动充电。

(5)有过载、短路、过速度(或频率)保护装置。

(6)有表明正常运行或非正常运行的声光信号系统。

7)不间断电源的要求

不间断电源(UPS)一般由整流器、蓄电池、逆变器、静态开关和控制系统组成。5kVA 以下容量 UPS 电源可分为后备式和在线式两种,通常采用在线式 UPS。不间断电源的功能要求如下:

(1)静态旁路开关的切换时间一般为 2 ~ 10min。

(2)用市电旁路时,逆变器的频率和相位应与市电相同步。

(3)对于三相输出的负荷不平衡度,最大一相和最小一相负载基波的方均根电流之差,不应超过不间断电源额定电流的 25%,而且最大的线电流不得超过其额定值。

(4)三相输出的系统输出电压不平衡系数(负序分量对正序分量比)应不超过 5%,输出电压的总波形失真度不超过 5%(单相输出允许 10%)。

(5)不间断电源给计算机系统供电时,单台 UPS 的输出功率应大于计算机系统各设备额定功率总和的 1.5 倍;对其他设备供电时,为最大负荷的 1.3 倍。负荷冲击电流不应大于不间断电源设备的额定电流的 150%。

(6)为保证用电设备按照操作顺序进行停机,其蓄电池的额定放电时间可按停机所需最大时间来确定,一般可取 8 ~ 15min。

8)蓄电池和充电装置的要求

(1)蓄电池:

①蓄电池通常分为碱性蓄电池和酸性蓄电池;按其供电性质可分为经常负荷、事故负荷和冲击负荷。

②铅酸蓄电池不宜采用降压装置;镉镍碱性蓄电池组应设置降压装置。

③蓄电池试验放电装置按额定电流选择,额定电压应不小于蓄电池组的额定电压,额定电流应为(1.10 ~ 1.30)I_{10}(镉镍电池为 I_5)。

(2)充电装置:

①充电装置主要有两种类型：高频开关型和晶闸管整流型。目前广泛应用的是高频开关模块型充电装置。

②充电器应满足蓄电池组的充电和浮充电要求。在均衡充电时，若带有经常性负荷，则需特别注意充电装置的容量。

③充电装置的直流输出电压（通常称为标称电压）一般指220V或110V，而实际上长期连续工作电压为230V或115V，应该高出额定电压的5%。

④充电装置应具有良好的稳流、稳压和限流性能，并应具有自动和手动浮充电、均衡充电和稳流、限流充电等功能。

⑤充电装置的交流电源输入宜为三相制，频率为50Hz，额定电压为380（±10%）V。小容量充电装置可采用220（±10%）V。

4. 中心（站）内低压配电设备施工质量监理要点

1）基本要求

（1）电源设备数量、型号规格符合设计要求，部件及配件完整。

（2）电源室内市电油机转换屏（柜）、交直流配电、动力开关柜、UPS、室外配电箱、发电机组控制柜等设备安装稳固，位置、方位正确。设备、列架排列整齐、有序，标志清楚、牢固。

（3）进入配电（箱）柜的所有电缆接头按规范进行开剥、焊接、镀锡、绑扎、密封和热塑封合防潮处理。

（4）设备、列架内以及设备之间的连接布线符合规范要求。所有进出线都要进行标记，并附有配电简图。

（5）蓄电池组的连接条、螺栓、螺母进行防腐处理，且连接可靠。

（6）所有设备安装到位，工作、安全、防雷等接地连接可靠。

（7）经过通电测试，处于正常工作状态。

（8）电源室、发电机组室通过安全、消防验收。

（9）隐蔽工程验收记录、分项工程自检和设备调试记录、安装和非安装设备及附（备）件清单、有效的设备检验合格报告或证书等资料齐全。

2）实测项目、要求及检测方法

（1）室内设备、列架的绝缘电阻：符合设计要求，无要求时应≥2MΩ（设备安装后）；用500MΩ表在设备内布线和地之间测量。

（2）安全接地电阻≤4Ω；联合接地电阻≤1Ω；发电机组控制柜接地电阻≤4Ω；用接地电阻测量仪测量。

（3）设备安装的水平度≤2mm/m；设备安装的垂直度≤3mm；用铅垂和量具实测。

（4）发电机组控制柜绝缘电阻≥2MΩ（设备安装后）；发电机组控制柜绝缘电阻≥2MΩ（设备安装后）。

（5）检验发电机组启动及启动时间、发电机组容量测试、发电机组相序和发电机组输出电压稳定性。

（6）检验自动发电机组自启动转换测试与机组供电切换对机电系统的影响等。

3）外观鉴定

（1）配电屏、设备、列架布局合理、安装稳固、横竖端正、排列整齐。

(2)设备安装后表面光泽一致、无划伤、无刻痕、无剥落、无锈蚀;部件标识正确、清楚。

(3)电源输出配线路由和位置正确、布放整齐,符合施工工艺要求。

(4)设备内部件整齐、美观、绑扎牢固,接线端头焊(压)接牢固、平滑;编号标识清楚,预留长度适当。

(5)设备抗振加固措施符合设计要求等。

5.外场设备电力电缆线路施工质量监理要点

1)基本要求

(1)室内外配电设备、电缆程序、保护管道、人(手)孔形式等设施的数量、型号规格、技术要求符合设计规定,部件及配件完整。

(2)电缆路由符合设计要求、人(手)孔及管道设置安装齐全、防水措施良好。

(3)室内外配电箱等设备安装稳固,位置、方位正确。标识清楚、牢固。

(4)室外配电箱应做双层防腐处理并有明显的"高压危险"字样及图案等标志。

(5)进入配电(箱)柜的所有电缆接头都按规范进行了开剥、焊接、镀锡、绑扎、密封处理,最后并进行热塑缝合防潮处理。

(6)设备、列架内以及设备之间的连接布线符合规范要求。所有进出线都进行标记,并附有配电简图。

(7)直埋电缆符合相关施工规范要求。

(8)所有设施安装到位并作可靠的接地连接。

(9)已经过通电测试,处于正常工作状态。

(10)已提交隐蔽工程验收记录、分项工程自检和设备调试记录、安装和非安装设备及附(备)件清单、有效的设备检验合格报告或证书等资料。

2)实测项目、要求及检测方法

(1)配电箱基础尺寸及高程:符合设计要求:用量具测量。

(2)配电箱涂层厚度:符合设计要求,无要求是按《高速路交通工程钢构件防腐技术条件》(GB/T 18226—2000)执行;用涂层测厚仪实测。

(3)电缆埋深:符合要求;检验记录和实测。

(4)电源箱、配电箱、分线箱安全接地电阻≤4Ω,用接地电阻测量仪实测。

(5)配线架对配电箱绝缘电阻≥10MΩ,用兆欧表实测。

(6)对绝缘护套的绝缘电阻≥2MΩ(全程),用兆欧表实测。

3)外观鉴定

(1)基础混凝土表面应刮平,无损边、无掉角;连接地脚及螺栓规格符合设计要求,外观无腐蚀现象。

(2)配电箱安装后,防腐涂层光泽一致,无划伤,无刻痕,无剥落等缺陷。

(3)箱体开孔合适、切口整齐;出线管与箱体连接密封良好;箱门开闭灵活。

(4)箱内接线整齐、回路编号齐全正确。

(5)机箱密封良好,机箱内应无积水、无明显尘土和霉变。

(6)接地焊接牢固,焊缝饱满并做防腐处理;机箱应接地可靠,连线标识清楚,走线横平竖直,符合视觉美观要求。

(7)电缆成端符合规范要求,沿电缆井引入时,电缆排列整齐有序、绑扎牢固;进入墙壁有保护套管,预留长度满足使用要求。

(8)直埋电缆两端铠装层接地处理措施得当,电缆标石埋设符合设计要求。

"隧道低压供配电"工程施工质量监理亦按上述规定执行。

(三)照明设施

1.概述

为了保证交通安全视认性以及视觉效果的舒适性,可在公路一般路段、互通立交、收费广场及收费天棚、特大桥、隧道、平面交叉路口等区段设置照明设施,满足机动车安全行驶与交通管理的需要。

公路照明系统主要是由照明光源、灯具与电器附件等装置、配电与控制设施、安全防护设备等组成。

公路照明应以路面平均亮度(或路面平均照度)、路面亮度均匀度和纵向均匀度(或路面照度均匀度)、眩光限制、诱导性等作为评价指标。

2.技术要求

根据《公路照明技术条件》(GB/T 24969—2010),照明设施的技术要求主要有:

1)照明质量要求

(1)照明等级

公路照明等级可按适用条件分为一级和二级,见表8-41。

公路照明等级　　表8-41

公路照明等级	使用条件
一级	车流密度较大或/和公路自身条件复杂的照明路段
二级	车流密度适中、视距条件好、公路自身条件良好的照明路段

(2)照明质量要求

①公路照明应具有良好的视觉诱导性。

②公路照明质量应符合表8-42的要求。

公路照明质量要求　　表8-42

公路照明等级	亮度要求			照度要求		眩光限制 阈值增量 T_1 (%)	环境比SR
	平均亮度 L_{av} (cd/mm^2)	总均匀度 U_0	纵向均匀度 U_1	平均照度 E_{av} (lx)	总均匀度 U_0		
	最小维持值	最小值	最小值	最小维持值	最小值	最大初始值	最小值
一级	2	0.4	0.7	30	0.4	10	0.5
二级	1.5	0.4	0.6	20	0.4	10	0.5

注:表中所列数值仅适用于干燥路面;照度要求仅适用于沥青混凝土路面,水泥混凝土路面照度要求可相应降低不超过30%;公路照明的维护系数可按0.70确定。

③公路交会区和沿线特殊设施及场所照明质量应符合表8-43的要求。

公路交会区和公路沿线特殊设施及场所照明质量要求　　表 8-43

照明区域		照度要求		眩光限制
		平均照度 E_{av} (lx)	总均匀度 U_0 (E)	
		最小维持值	最小值	
公路交会区	与一级照明等级公路相连	50	0.4	与灯具向下垂直轴夹角在 80°和 90°的观察方向上的光强应分别不大于 30cd/1 000lm 和 10cd/1 000lm
	未与一级照明等级公路相连	30	0.4	
公路沿线特殊设施及场所	收费站广场	20 ~ 50	0.4	
	服务区	10 ~ 20	0.3	应防止照明设施给行人、机动车驾驶员和作业者造成眩光
	养护区	10 ~ 20	0.3	
	停车区	15 ~ 30	0.3	

注:公路交会区指交叉区、匝道及进出口区、限制宽度车道等。

2)光源和灯具

(1)照明光源

①公路照明光源的选择应综合考虑光效、使用寿命和显色性等因素。

②常规路段照明宜采用高压钠灯,不应采用白炽灯。

③对显色性有较高要求的设施及场所可采用显色指数较高的光源。

④对公路照明也可采用能够符合公路照明要求的新型光源,如 LED 光源、无极灯等。

(2)照明灯具及附属设施

①公路照明应采用截光型或半截光型灯具。

②公路照明灯具的安全要求应符合《灯具第 1 部分:一般要求与试验》(GB 7000.1—2007)和《道路的街道照明灯具安全要求》(GB 7000.5—2005)的规定。

③公路照明灯具的防护等级按《外壳防护等级》(GB 4208—2008)的规定应不低于 IP55,环境污染严重、维护困难的路段和区域,照明灯具的防护等级应不低于 IP65。

④公路照明灯具应具有耐蚀性能和耐火性能。

⑤公路照明应选用金属灯杆或钢筋混凝土灯杆。当采用金属灯杆时,其防腐性能要求符合《高速路交通工程钢构件防腐技术条件》(GB/T 18226—2000)的规定。

3)照明布设要求

(1)照明布设一般要求

①根据公路横断面形式、宽度、照明器具的配光性能和照明要求,灯具的布设可在单侧布置、双侧交错布置、双侧对称布置、中心对称布置和中心布置的方式中选择。

②照明灯具的间距应个根据安装高度(H)、公路宽度、灯具的配光性能以及照明质量的要求设置,一般灯杆间距宜为 $3H \sim 4.5H$。采用泛光灯照明时,高杆灯的灯杆间距宜为 $4H \sim 6H$。

③照明灯具的悬挑延伸长度一般不宜超过灯杆高度的 1/4,灯具的仰角不宜超过 15°。

(2)曲线路段照明布设要求

①平曲线半径不小于 1 000m 的曲线路段,可按直线路段进行照明布设。

②平曲线半径小于 1 000m 的曲线路段，照明灯具的布设间距宜为直线段的 0.5 ~0.7 倍。半径越小，间距也应越小。

③在反向曲线路段上，宜固定在单侧设置灯具，产生视线障碍时可在曲线外侧增设附加灯具。

④当曲线路段的路面较宽需采取双侧布置灯具时，宜采用双侧对称布置。

⑤曲线路段的照明灯具不得安装在直线路段照明灯具的延长线上。

(3)公路交会区和公路沿线特殊设施及场所照明布设要求

①公路沿线特殊设施及场所照明应根据其范围和不同功能的要求进行照明布设。小型收费站广场宜采用低杆、中杆照明方式；大型收费站广场和互通式立体交叉应根据其特点及照明要求采用高杆照明方式；停车场宜采用高杆照明方式。当采用高杆照明方式时，宜优先选用升降式高杆照明设施。

②特大型桥梁照明宜根据桥梁结构形式采用与之相适应的照明灯具和布设方式。桥梁照明应防止眩光，必要时采用严格控光灯具，不得使用对船舶航行等水上交通及渔业活动造成不利影响的照明设施。

③有照明设施且平均亮度高于 1.0cd/m^2 的公路的出入口，应设置照明过渡段。

4)照明供电要求及控制

(1)照明供电安全要求

①公路照明配电回路应设保护装置，每个灯具应设有单独保护装置。

②可触及的金属灯杆和配电箱等金属照明设备均需保护接地，接地电阻不大于 4Ω。

③高杆灯或其他安装在高耸构筑物上的照明装置应配置避雷装置，并应符合《建筑防腐设计规范》(GB 50057—2010)的规定。

(2)照明控制要求

①照明控制宜优先采用定时控制和光电控制相结合的控制方法。定时控制应根据公路所在地区的地理位置和季节变化合理确定；光电控制的开关时间应按照满足照明质量要求的原则合理确定。

②对照明系统采用远程控制方式时，照明系统应具有本地控制功能。

(3)照明配电及控制要求

①道路照明总功率较大时，宜采用专用变压器。电压偏差较大时，为保证照明质量和光源寿命并有利节能，宜采用有载自动调压变压器。

②一般照明光源电压采用 220V，1500W 及以上高强度气体放电灯的电源电压宜采用 380V。照明灯具输入端的端电压不宜大于其额定电压的 105%，且不宜低于 90%。

③照明配电宜采用放射式和树干式结合的系统。配电室宜设置在靠近照明负荷中心且便于操作维护的位置。

④照明配电线路应设置短路保护、过负载保护和接地保护，每段配电线路的首段应装设保护电器(熔断器或断路器)。此外，每个灯具也应设单独的保护器。

⑤三相配电干线的各相负荷分配平衡，不宜超过三相负荷平均值的 ±15%。

⑥每一单相分支回流的电流不宜超过 16A，所接光源数不宜超过 25 个；连接组合灯具时，回路不宜超过 25A，光源数不宜超过 60 个。单相分支回路宜单独装设保护器，不宜采用三相

断路器对三个单相分支回路进行保护和控制。

⑦供气体放电灯的配电线路,宜在线路或灯具内设置电容补偿,使功率因数不低于0.9。气体放电灯的频闪效应对视觉有影响的场所,采用电感镇流器时,相邻灯具应分接在不同相序,以降低频闪程度。

⑧道路照明宜采用TN-S或TT接地形式。当采用I类灯具时,灯具的外露可导电部分应可靠接地(直接接地或PE接地)。

⑨照明配电线应采用铜芯绝缘电线或电缆,分支线截面不应小于1.5mm^2。

5)照明节能要求

(1)照明灯具及器件节能要求

①气体放电灯线路功率因数应在0.85以上。

②常规照明灯具的性能指标应符合国家现行有关能效标准规定的节能评价值要求。

(2)照明控制节能要求

①应根据所在地区的地理位置(纬度)和季节变化合理确定开关灯时间,并根据天空亮度修正。黄昏时天然光照度为15lx时开启路灯,清晨天然关照度为20lx(对次干路和支路)或30lx(对快速路和主干路)时关灯。

②道路照明应采用集中遥控方式,有条件时最好采用光控和时空相结合的控制方式,所有情况都应具有集中手动控制功能。

③道路照明同一电杆装有两只光源时,半夜时应能关闭一个;只装一个光源时宜采用功率转换控制,半夜时能转换至低功率状态运行。

6)升降式高杆照明装置

(1)灯杆

①灯杆分为圆形拔俏状和多边形拔俏状两大类。对于圆形拔俏状灯杆,其截面圆度误差不超过3‰;对于多边形灯杆,其截面各内角偏差不超过±1.5°,边长误差不超过2mm。

②每10m灯杆,其轴线测量的直线误差不超过0.5‰,灯杆的全长直线度误差不超过1‰。

③灯杆的壁厚根据使用地区和设计文件确定。多边形灯杆的插接长度不小于插接直径的1.5倍。灯杆小门内下部应设有接地螺栓。

(2)灯盘

①灯盘直径与灯盘高度之比宜控制在1:5~1:7。

②灯盘造型可分为圆形和对称多边形,也可分为框架式功能型。

③灯盘结构应有足够的机械强度,其结构可分为2~3瓣,采用现场拼接。

(3)升降系统和安全保护装置

①升降系统采用单根钢丝绳作为主绳的,应设置防止灯盘发生意外坠落的制动装置,其钢丝绳设计安全系数不小于8。

②升降系统采用2根及以上钢丝绳作主绳的,其单根钢丝绳设计安全系数不小于6。

③灯盘上必须设置橡胶轮或橡胶圈,以防止在升降过程中灯盘与灯杆之间的碰撞。

④钢丝绳升降传动滑轮轴最大应力应小于材料屈服点应力的30%,其传动滑轮直径应大于钢丝绳直径的12倍。电源电缆线随钢丝绳升降用的导向滑轮的直径应大于电缆直径的

8 倍。

⑤升降系统应设电气、机械限位装置和过扭矩保护装置。

⑥升降系统应具备电动、手动两种功能。电动时,灯盘的升降速度不宜超过 2m/min;手动时,操作应轻便灵活。

⑦采用单根主钢丝绳的升降系统在灯盘升至工作位置后,应具有自动卸载装置,将灯盘可靠地挂置在灯杆上,使牵引钢丝绳卸载。当使用两根或两根以上不锈钢丝绳作主绳时,灯盘上升至工作位置后,允许钢丝绳处在负载状态。

(4)防腐处理

升降式高杆照明装置的各加工部件,以及标准件中作改装的部件均应作防腐处理。防腐处理采用热浸锌、热铝喷涂以及涂漆处理等。对于沿海等腐蚀较严重的地区,应采用热浸锌或热铝喷涂方式进行结构防腐蚀处理。热浸锌层厚度不应低于 85μm;热铝喷涂防腐蚀铝喷涂厚度不小于 80μm;所涂底漆厚度不得小于 40μm,涂完面漆后总厚度为 125 ~ 175μm。

(5)防雷装置

高杆照明设施的防雷接地装置接地电阻不大于 10Ω。灯杆的避雷针一般采用圆钢或焊接钢管制成,选用圆钢时直径不小于 16mm;选用钢管时直径不小于 25mm。

3. 施工质量监理要点

(1)基本要求

①照明器和亮度传感器的类别、规格、适用场所、有效范围、数量、位置、安装间距、安装质量等应符合要求。

②设备的电力线、信号线、接地线的类别、规格、数量、布设方式、位置、连接质量等应符合要求。

③路面照明、建筑物(构造物)的景观照明、航空障碍灯等照明设施应完整、协调。

④高杆灯应由取得相应资质的单位供货,并有可靠的测试记录和报告。

⑤隐蔽工程验收记录、分项工程自检和设备调试记录、有效的设备检验合格报告书或证书等资料应齐全。

(2)实测项目、要求及检测方法

①灯杆基础尺寸:符合设计要求;长、宽用量具测量,埋深查隐蔽工程验收记录或实测。

②灯杆壁厚:符合设计要求;金属灯杆用超声波测厚仪测量,混凝土灯杆查隐蔽工程验收记录。

③灯杆、避雷针(接闪器)高度、凸缘和地脚几何尺寸:符合设计要求;用全站仪测量灯杆和避雷针高度,用量具测量其他尺寸。

④金属灯杆防腐涂层壁厚:镀锌≥85μm,其他涂层符合实际要求;涂层测厚仪测量。

⑤灯杆垂直度≤5mm/m;用经纬仪测量。

⑥灯杆横纵向偏差:符合设计要求;用经纬仪测量。

⑦照明设备控制装置的接地电阻≤4Ω,用接地电阻测试仪测量;灯杆接地电阻≤10Ω,用接地电阻测试仪测量。

⑧高杆灯的灯盘升降功能测试:符合设计要求;实际操作。

⑨路段直线段照度及均匀度、路段弯道段照度及均匀度、大桥桥梁段照度及均匀度、立交

桥面段照度及均匀度、收费广场照度及均匀度、收费天棚照度及均匀度:符合设计要求;用照度计测量。

⑩自动、手动两种方式控制全部或部分照度器的开闭,亮度传感器与照明器的联动功能,定时控制功能:可控性检验;模拟或实际操作验证。

(3)外观鉴定

①灯柱、机箱及灯具安装位置和方位正确、牢固、端正。

②各部件表面光泽一致、无划伤、无刻痕、无剥落、无锈蚀。

③基础混凝土表面应刮平,无损边、无掉角;机箱、立柱、凸缘及地脚螺栓规格应符合设计要求,防腐措施得当,裸露金属基体无锈蚀。

④高杆灯防雷接地焊接牢固,焊缝饱满并做防腐处理;防雷引下线及接地体用材料规格、防腐与连接措施、安装位置符合设计要求;金属机箱与安全保护地连接可靠、接地极引出线裸露金属基体无锈蚀。

⑤机箱的出线管与箱体连接密封良好,箱体内无积水、尘土、霉变。

⑥机箱内电力线、信号线、元器件等布线平直、整齐、固定可靠,标识正确、清楚,插头牢固。

⑦灯杆、灯具装配安装后,线形与道路线形在横向、纵向、高度协调一致,线形美观。

思　考　题

1. 公路机电工程内容及其特点是什么?

2. 公路机电工程施工监理主要划分哪些阶段?各阶段主要包括哪些内容?

3. 高速公路通信系统的基本组成是什么?

4. 程控数字交换系统功能初验测试的主要内容是什么?

5. 通信管道敷缆气吹施工法有何特点?

6. 简述高速公路敷设的光缆质量的监理内容。

7. 简述紧急电话施工阶段质量监理内容。

8. 道路环境检测设备和气象监测分别有哪些?

9. 监控系统由哪几个子系统组成?各子系统又包括哪些内容?

10. 交通监控系统的主要监控对象是什么?主要为解决什么问题而设置?具有哪两大功能?

11. 监控分中心软件功能测试的主要内容?

12. 监控系统功能测试注意内容有哪些?

13. 监控系统中机电设备施工质量控制程序要点是什么?

14. 简述监控中心的功能是什么?

15. 交通监控的特点是什么?

16. 收费系统有哪几种的收费制式和收费方式?

17. 简述收费管理中心(分中心)的组成和功能。

18. 简述收费车道设备的组成和功能。

19. 说明收费系统计算机网络系统工程监理流程和要点。

20. 说明收费车道设备工程监理流程和要点。

21. 公路隧道照明亮度偏低时驾驶员可采取什么方式应对？

22. 公路隧道照明通风设计规范计算中的 L20 指的是什么？大致的取值范围是多少？

23. 公路隧道交通控制的功能有哪些？

24. 公路隧道照明节能应主要考虑哪些因素？

25. 公路隧道消防系统中的常高压供水和临时高压供水有什么区别？

26. 高速公路用电设备负荷等级如何分类？各级负荷对供电电源的要求是什么？

27. 什么是变电所的电气主接线？其基本要求是什么？高速公路系统常用的母线制是什么？

28. 在供电系统中，功率因数对供电系统的影响有哪些？提高功率因数的措施有哪些？

29. 在供电系统中，无功补偿的目的是什么？无功补偿的方式有哪几种？

30. 供配电系统中电力线路有哪几类？各自有何特点？

31. 选择导线和电缆截面应满足哪些条件？在工程实际中，一般如何实施？

32. 供配电系统中常用的防雷装置（设备）有哪些？主要的防雷措施有哪些？

33. 在供电系统中，什么叫保护接地？它分哪几种类型？各自有何特点？高速公路接地系统通常采用哪种类型？

34. 公路供电监控系统的主要功能是什么？其主要组成部分有哪些？

35. 高速公路照明系统分为哪几类？常用的电光源和照明布灯方式有哪几种？

36. 决定公路照明质量的主要因素有哪些？评价公路照明的技术指标是什么？

参 考 文 献

[1] 中华人民共和国行业标准. 公路工程技术标准(JTG B01—2003)[S]. 北京:人民交通出版社,2003.

[2] 中华人民共和国行业标准. 公路工程名词术语(JTJ 002—87)[S]. 北京:人民交通出版社,1987.

[3] 中华人民共和国行业标准. 公路建设项目环境影响评价规范(JTG B03—2006)[S]. 北京:人民交通出版社,2006.

[4] 中华人民共和国行业标准. 公路环境保护设计规范(JTG B04—2010)[S]. 北京:人民交通出版社,2010.

[5] 中华人民共和国行业标准. 公路路线设计规范(JTG D20—2006)[S]. 北京:人民交通出版社,2006.

[6] 中华人民共和国行业标准. 公路排水设计规范(JTG/T D33—2012)[S]. 北京:人民交通出版社,2012.

[7] 中华人民共和国行业标准. 公路桥涵设计通用规范(JTG D60—2004)[S]. 北京:人民交通出版社,2004.

[8] 中华人民共和国行业标准. 公路桥涵地基与基础设计规范(JTG D63—2007)[S]. 北京:人民交通出版社,2007.

[9] 中华人民共和国行业标准. 公路隧道设计规范(JTG D70—2004)[S]. 北京:人民交通出版社,2004.

[10] 中华人民共和国行业标准. 公路路基设计规范(JTG D30—2004)[S]. 北京:人民交通出版社,2004.

[11] 中华人民共和国行业标准. 公路沥青路面设计规范(JTG 50—2006)[S]. 北京:人民交通出版社,2006.

[12] 中华人民共和国行业标准. 公路水泥混凝土路面设计规范(JTG D40—2011)[S]. 北京:人民交通出版社,2011.

[13] 中华人民共和国行业标准. 公路路基施工技术规范(JTG F10—2006)[S]. 北京:人民交通出版社,2006.

[14] 中华人民共和国行业标准. 公路路面基层施工技术规范(JTJ 034—2000)[S]. 北京:人民交通出版社,2000.

[15] 中华人民共和国行业标准. 公路沥青路面施工技术规范(JTG F40—2004)[S]. 北京:人民交通出版社,2004.

[16] 中华人民共和国行业标准. 公路水泥混凝土路面施工技术规范(JTG F30—2003)[S]. 北京:人民交通出版社,2003.

[17] 中华人民共和国行业标准. 公路工程沥青及沥青混合料试验规程(JTG E20—2011)[S]. 北京:人民交通出版社,2011.

[18] 中华人民共和国行业标准.公路养护技术规范(JTG H10—2009)[S].北京:人民交通出版社,2009.

[19] 中华人民共和国行业标准.公路沥青路面养护技术规范(JTJ 073.2—2001)[S].北京:人民交通出版社,2001.

[20] 中华人民共和国行业标准.公路水泥混凝土路面养护技术规范(JTJ 073.1—2001)[S].北京:人民交通出版社,2001.

[21] 中华人民共和国行业标准.公路工程施工监理规范(JTG G10—2006)[S].北京:人民交通出版社,2006.

[22] 中华人民共和国行业标准.公路通风照明设计规范(JTG 026.1—1999)[S].北京:人民交通出版社,1999.

[23] 中华人民共和国行业标准.公路隧道交通工程设计规范(JTG/T D71—2004)[S].北京:人民交通出版社,2004.

[24] 中华人民共和国国家标准.电气装置安装工程电气设备交接试验标准(GB 50150—2006)[S].北京:中国计划出版社,2006.

[25] 中华人民共和国行业标准.公路工程质量检验评定标准(JTG F80/2—2004)[S].北京:人民交通出版社,2004.

[26] 中华人民共和国国家标准.火灾自动报警系统施工及验收规范(GB 50166—2007)[S].北京:中国计划出版社,2007.

[27] 中华人民共和国国家标准.高速公路交通工程钢构件防腐技术条件(GB/T 18226—2000)[S].北京:中国标准出版社,2000.

[28] 李宇峙,秦仁杰.工程质量监理(2版)[M].北京:人民交通出版社,2007.

[29] 盛安莲.路基路面检测技术[M].北京:人民交通出版社,1997.

[30] 李宇峙,等.路基路面工程检测技术[M].北京:人民交通出版社,2003.

[31] 赵忠杰.公路隧道机电工程[M].北京:人民交通出版社,2007.

[32] 邓学钧.路基路面工程[M].北京:人民交通出版社,2000.

[33] 邓学钧,等.路面设计原理与方法[M].北京:人民交通出版社,2001.

[34] 习应祥,等.道路工程材料质量控制与检测[M].长沙:湖南地图出版社,1989.

[35] 沙庆林.公路压实与压实标准[M].北京:人民交通出版社,1999.

[36] 张学维,朱维益.质量检测员手册[M].北京:中国建筑工业出版社,1995.

[37] 浙江大学.盛骤,等[M].概率论与数理统计,1999.

[38] 杨惠连.误差理论与数据处理[M].天津:天津大学出版社,1992.

[39] 谢式千,盛骤,等.概率论与数理统计[M].北京:高等教育出版社,1989.

[40] 沈同.常用综合性基础指标指要(一)[M].北京:中国统计出版社,1993.

[41] 丁汉哲.试验技术[M].北京:机械工业出版社,1983.

[42] 饶鸿雁.数理统计在道路工程中的应用[M].北京:人民交通出版社,1983.

[43] 赵特伟.试验数据的整理与分析[M].北京:中国铁道出版社,1991.

[44] 邓学钧,等.刚性路面设计[M].北京:人民交通出版社,1992.

[45] 姚祖康.道路路基和路面工程[M].上海:同济大学出版社,1994.

[46] 黄晓明,等.公路工程检测手册[M].北京:人民交通出版社,2004.
[47] 杨熙章,等.土木试验与原理[M].上海:同济大学出版社,1993.
[48] 孟高头.土体工程勘察原位测试及其工程应用[M].北京:地质出版社,1992.
[49] 胡长顺,等.高等级公路路基路面施工技术[M].北京:人民交通出版社,1994.
[50] 李生林,等.土质分类及其工程应用[M].北京:水利水电出版社,1998.
[51] 黄仰贤[美].路面设计与分析[M].齐诚,邓学钧,译.北京:人民交通出版社,1998.
[52] 殷岳江.公路沥青路面施工[M].北京:人民交通出版社,2000.
[53] 汤林新.高等级公路路面耐久性[M].北京:人民交通出版社,1997.
[54] 张登良.沥青路面[M].北京:人民交通出版社,1999.
[55] 茅梅芳.路基路面工程质量检测[M].南京:东南大学出版社,1998.
[56] 周庆桐,等.日本沥青路面规范[M].北京:人民交通出版社,1983.
[57] [美]奥本大学国家沥青技术中心.热拌沥青混合料材料、混合料设计与施工[M].余叔藩,译,1991.
[58] 卢照辉.动力触探测试及应用[J].焦作工学院学报,2003.
[59] 袁钟,李思源.标准贯入试验的应用及贯入击数的影响因素[J].港工技术,2002.
[60] 王钟琦.我国的静力触探的发展前景[J].岩土工程学报,2000.
[61] 张志祥,孙文州.沥青混凝土路面车辙病害原因的调查分析与评价[J].公路,2004.